金子修一 著

古代東アジア世界史論考

――改訂増補 隋唐の国際秩序と東アジア――

八木書店

はしがき

本書は『隋唐の国際秩序と東アジア』（名著刊行会、二〇〇一年、以下「前著」と称する）の改訂増補版である。名著刊行会が解散し前著は絶版状態になったが、その後さまざまな機会に関連した拙稿を発表していたので、それらを増補すると共に前著の一部の論文等を削除し、前著に無かった索引も附け加えて新たに編集したのが本書である。前著のうち削除したのは以下の通りであり、初出時の書誌データも併せて掲げておく。「序章」等の章立ては前著のものである。

○序章「日本における隋唐時代の国際関係に関する研究について」『民国以来国史研究的回顧与展望研討会論文集』中冊所収、国立台湾大学、一九九二年
○付論Ⅰ「中国から見た渤海国」『月刊しにか』一九九八年九月号
○付論Ⅲ「漢代蛇鈕印に関する覚書―最近の蛇鈕印研究に寄せて―」『山梨大学教育人間科学部紀要』第一巻第一号、一九九九年

以上のうち、「序章」は山根幸夫編『中国史研究入門』（山川出版社、一九八三年、増補版一九九一年）の筆者執筆の「Ⅳ隋唐時代　§4少数民族・対外関係」を元に、その後の研究を増補した日本における当該研究史の概括であるが、それから四半世紀が経ち、筆者が追いきれない程の研究が蓄積されているので、本書への再録は見送った。しかし概括的な論説は必要であるので、本書ではこれに代えて「東アジア世界論」（第一部第一章）を収録した。「付論Ⅰ」は、主に前著第八章「唐朝より見た渤海の名分的位置附けについて」（本書第三部第八章）に基いて唐朝の立

場からする渤海の国際的、国内的な扱いについて概説したものなので、章立ての増加した本書では掲載を見送った。また「付論Ⅲ」は、中国の甘粛省天水市で蛇鈕印を実見したことを契機に、漢代の蛇鈕印について考察した一文であるが、近年では新たに石川日出志氏を中心に蛇鈕印に関する詳細な研究が進められているので、素人談義的な拙論は割愛することとした。併せて、前著第一章「中国皇帝と周辺諸国の秩序」（本書第一部第三章）の「付論　蛇鈕印の謎」も本書では収載を見送った。

あらためて、本書の章立て及び各章の初出データは以下の通りである。副題は省略した。このうち、上に○の附いた論文は本書に初めて収録したものであり、◎の附いた論文は前著にも収録されていたものである。なお、前著収録の際に初出時の論文名を改めたものは、前著収録の題名を掲げた。

第一部　東アジア世界研究の課題

○序　章「古代東アジア研究の課題」、専修大学社会知性開発研究センター『東アジア世界史研究センター年報』第一号所収、二〇〇八年（専修大学学術機関リポジトリ Permalink:http://id.nii.ac.jp/1015/00002685/で公開）

○第一章「東アジア世界論」、荒野泰典・石井正敏・村井章介編『日本の対外関係1　東アジア世界の成立』所収、吉川弘文館、二〇一〇年

○第二章「東アジア世界論摭遺」新稿

◎第三章「中国皇帝と周辺諸国の秩序」、田村晃一・鈴木靖民編『新版古代の日本第二巻　アジアからみた古代日本』所収、角川書店、一九九二年

◎附論一「中国西北の蛇鈕印」『本の窓』（小学館PR誌）第九巻第九号（一九八六年一一月号）
○附論二「倭奴国王と倭国王帥升をめぐる国際環境」、『歴史読本』編集部編『ここまでわかった！　卑弥呼の正体』所収、株式会社KADOKAWA、二〇一四年

第二部　魏晋南北朝期の東アジア世界
◎第一章「二・三世紀の東アジア世界」、平野邦雄編『古代を考える　邪馬台国』所収、吉川弘文館、一九九八年
○附論三「『魏志』倭人伝の字数」『創文』第五〇三号、二〇〇七年一一月
◎附論四「倭人と漢字」『国文学　解釈と教材の研究』第四四巻第一一号（一九九九年九月号）
○第二章「中華王朝の分裂と周辺諸国」、鈴木靖民・金子修一・田中史生・李成市編『日本古代交流史入門』所収、勉誠出版、二〇一七年
○第三章「『宋書』夷蛮伝に関する覚書」『國學院雑誌』第一〇八巻第三号、二〇〇七年
○第四章「北朝の国書」、鈴木靖民・金子修一編『梁職貢図と東部ユーラシア世界』所収、勉誠出版、二〇一四年
○第五章「「後魏孝文帝與高勾麗王雲詔一首」について」『嵐義人先生古稀記念論集　文化史史料考證』所収、『文化史史料考證』刊行委員会、二〇一四年

第三部　隋唐時代の東アジア世界

○第一章「東アジアの国際関係と遣隋使」、氣賀澤保規編『遣隋使がみた風景』所収、八木書店、二〇一二年
◎第二章「隋唐交代と東アジア」、池田温編『古代を考える　唐と日本』所収、吉川弘文館、一九九二年
◎第三章「唐代の国際文書形式」『史学雑誌』第八三編第一〇号、一九七四年
◎第四章「唐代冊封制一斑」、西嶋定生博士還暦記念論叢編集委員会編『東アジア史における国家と農民』所収、山川出版社、一九八四年
◎第五章「唐代の異民族における郡王号」『山梨大学教育学部研究報告』第三六号（一九八五年度）所収、一九八六年
○第六章「禰氏墓誌と唐朝治下の百済人の動向」『日本史研究』第六一五号、二〇一三年
◎第七章「唐代国際関係における日本の位置」『古代文化』第五〇巻第九号所収、一九九八年
◎第八章「唐朝より見た渤海の名分的位置」、唐代史研究会報告第Ⅷ集『東アジア史における国家と地域』所収、刀水書房、一九九九年。初出は、平成七～九年度文部省科学研究費報告書『東アジア史における国家と地域社会―主として一〇世紀以前―』（代表高橋継男）、一九九八年
◎附論五「突厥の冊立をめぐる諸問題」『海南史学』第一八号、一九八〇年
○附論六「則天武后治政下の国際関係に関する覚書」『唐代史研究』第六号、二〇〇三年

第四部
○第一章「唐以前の東アジア諸国に授与される称号の特質について」未発表
○終　章「古代東アジア世界の特質」新稿

以上のうち、本書に新たに収録した諸篇の多くは出版社や学会の依頼で執筆したものであり、「東アジア世界」「冊封体制」といった用語はその都度説明することになるので、部分的な重複は不可避であった。本書に収録する際に類似した表現の長く続くところはできるだけ削除したが、各章を単独で読む読者もいるであろうから、一度行った説明を次から削除する、という訳にはいかなかった。本書中に重複した説明の多い点については御容赦願いたい。

私が東京大学文学部に進学したのは一九七〇年であり、西嶋定生先生（以下には西嶋氏と記す）が東アジア世界について積極的に論じられるようになった時期であった。冊封体制や東アジア世界に対するその後の厳しい論理的批判を知らない訳ではないが、活字化して公表される前の西嶋氏の講義を聴講した者として、本書では西嶋氏の発想について留意すべき点を述べることが多くなった。ただ私も既に定年間近で、積極的に自分の見方を明らかにする必要性を感ずるようになり、第四部では自分の見解を述べるように努めた。第四部の諸論を含めて、「新稿」とあるのは今回書き下ろしたものであり、「未発表」とあるのは研究会等で発表したが活字化はしなかった論考である。また前著に載せたものも含めて、旧稿については本書編集の過程で随時補訂を行い、分量の多い修整や追加については、「追記」でその点を明らかにした。

なお、本文の漢文史料については原則として初めに書き下し文を掲げ、その後に括弧内に原文を掲げた。ただし、書き下しても同語反復に等しいような短文は原文のみを掲げた。また、史料紹介を意図して註に掲げた原文については書き下しは省略し、本文に掲げた原文でも長文で後に内容を要約、解説したものについてはやはり書き下しは省略した。書き下しの漢文について、どこまで歴史的仮名遣いの表記に従うかは悩ましい問題であるが、歴史的仮名遣いにはあまり捉われずに、耳から聞いて判るような書き下しを私は試みている。本書における書き下し文について違和感を持つ方々も多数おありかと思うが、試行錯誤の過程として御容赦頂ければ幸いである。

『古代東アジア世界史論考―改訂増補　隋唐の国際秩序と東アジア―』目次

図表一覧

第一部　東アジア世界研究の課題

序章　古代東アジア研究の課題
―西嶋定生・堀敏一両氏の研究に寄せて―

一　東アジア世界論の意義

著名な中国史研究者の西嶋定生氏は、晩年には冊封体制を軸とした東アジア世界論を熱心に唱えるようになった。戦前の日本は、明治以降に中国や朝鮮に先駆けて西欧化の道を歩み、一時的にアジアの先進国となったが、その後は中国や朝鮮に進出して多大な損害を与えた。西嶋氏はこのことに鑑み、古代以来の日本の歴史が中国・朝鮮の動きと関連しながら展開してきたことを理論的に述べ、東アジア諸国の歴史的な関係を日本人に明示しようとしたのである。氏の東アジア世界論やその前提となる冊封体制論の根底に、近代以来の日本の動きに対する厳しい反省の念があったことを忘れてはならないと思う。

ただし、西嶋氏の冊封体制論は中国を中心とする東アジア諸国と日本との関係を追究する理論的枠組みとして提示されたもので、その理論を中国と周辺諸国全体の中で考えようとすると様々な問題が生じてくる。これに対し、西嶋氏の提言を真摯に受け止めながらより広い範囲で東アジア世界論を考究されたのが、同じ中国史家の堀敏一氏であった。以下、既に故人となられた二人の碩学を偲びながら、両氏の東アジア世界論について考えてみたい。

二　西嶋定生氏の東アジア世界論

初めに、西嶋氏の冊封体制論と東アジア世界論との内容について、やや詳しく紹介しておきたい。東アジア世界や冊封体制に言及した西嶋氏の論著は極めて多いので、以下には私の理解したその内容をかいつまんで述べておく。初めに西嶋氏自身の関係論著を掲げておく。

○『中国古代国家と東アジア世界』東京大学出版会、一九八三年。
○『日本歴史の国際環境』東京大学出版会、一九八五年。
○『邪馬台国と倭国―古代日本と東アジア―』吉川弘文館、一九九四年。
（二〇一一年に筆者の解題を附して復刊）
○『中国史を学ぶということ―わたくしと古代史―』吉川弘文館、一九九五年。
（一九九八年逝去）
○『倭国の出現―東アジア世界のなかの日本―』東京大学出版会、一九九九年。
○李成市編『古代東アジア世界と日本』岩波現代文庫、二〇〇〇年。
　第一章　序説―東アジア世界の形成―（一九七〇年）。
　第二章　東アジア世界と冊封体制―六―八世紀の東アジア―（一九六二年）。
　第三章　東アジア世界と日本史（一九七五～七六年）。

世界史像について（一九九七年）。

＊第二章は「冊封体制」の用語を提起した記念碑的論文であるが、本来の題名は「六－八世紀の東アジア」である。『中国古代国家と東アジア世界』に収録する際に題名を改め、文章を一部訂正した。西嶋氏の構想が冊封体制を起点に東アジア世界論に発展していったことをよく現している。

○窪添慶文編『西嶋定生東アジア史論集第三巻―東アジア世界と冊封体制―』岩波書店、二〇〇二年。

＊「東アジア世界と日本」（初出は一九七二年）を収録。末尾の「一二　東アジア世界の終焉」「一三　日本人の心情と固有文化」は、前掲『日本歴史の国際環境』に収録される際に「終章　東アジア世界の終焉と日本」と題して独立した章となった。また、「一三」の最終節「日本人の心情と歴史」の第三段落以降が書き足された。本書所収「一三」はそれに拠っている。

○甘粕健・金子修一編『西嶋定生東アジア史論集第四巻―東アジア世界と日本―』岩波書店、二〇〇二年。

最初に西嶋氏は、唐以前の国際関係における王号授与の事例に着目した。例えば日本では、現存する蛇鈕金印の「漢委奴国王」（五七年授与）や『三国志』魏書・東夷伝・倭人条（『魏志』倭人伝）の「親魏倭王」（二三九年授与）、さらには『宋書』倭国伝の「倭国王」や「倭王」の事例がある。朝鮮の高句麗・百済・新羅の三国が、中国の諸王朝から高句麗王（高麗王）・百済王・新羅王等の爵号を受けた例は枚挙にいとまがない。西嶋氏は、これらの「王」号が爵位であることに着目したのである。中国の爵位は本来周王や皇帝が諸侯や諸侯王に授与するものであり、同時に土地の封建を伴った。それを外国の首長に転用して授与したのが「漢委奴国王」「親魏倭王」「高句麗王」等の王号であり、従って「委奴国」「倭」「高句麗」等の地名は形式上中国から封建された土地となるのである。こうして周辺諸国の首長が中国王朝によって封建された王となれば、中国内で王号を授与された者と同じ立場の存在となり、中国国内における君臣関係が中国王朝とその国との間で結ばれたことになる。よって、その国の要請があれば中国王朝が援助に乗り出すこともある一方、中国王朝からその国に対して臣下としての一定の義務の遵守（西嶋氏は職約という）を要求することも生じる。こうした動きによって中国王朝と周辺諸国との政治的な動きが決まることもあり、中国の制度や文化が君臣関係の秩序に従って周辺諸国に流入することもある。西嶋氏は、このように周辺諸国の首長が中国王朝から王や侯の爵号を受けることを冊封と名附け、冊封関係が結ばれることによって生じる文化の伝播を含む国際的な体制を冊封体制と命名したのであった。

この場合注意しなければならないのは、冊封体制の成立を当初は次のように論じていたことである。三一三年に楽浪郡が高句麗によって、帯方郡が伯済（百済）によって滅ぼされた後、四世紀後半には朝鮮半島は高句麗・百済・新羅・日本（倭）の勢力が抗争する場となった。四二七年に高句麗が都を輯安（集安）から楽浪郡の置かれていた平壌に移すと、百済・新羅・日本の勢力は圧迫され、四七五年には百済の都漢城が高句麗の攻撃で陥落し、百済は南方の熊津への遷都を餘儀なくされる。こうして、中国王朝による郡県支配の終焉後、朝鮮半島は中国王朝と無関係にその歴史を展開させたようであるが、まもなく郡県制に代わる新しい中国王朝との関係が発生する。楽浪郡攻略のあと高句麗は西方にある慕容氏の前燕の圧迫を受け、三四二年には国都丸都城が陥落して王母その他を前燕に奪われる。高句麗は三四三年・三五五年と前燕に遣使し、三五五年には王母の帰国が許されると同時に征東大将軍・営州刺史・高句麗王・楽浪公の称号を受けた。これは、高句麗が中国王朝（ここでは前燕）に称臣入朝してその藩国となったのであり、楽浪郡失陥のあと中国王朝と朝鮮半島との間に郡県関係と相違する新しい関係が発生したことを示している。三七〇年に前燕が滅亡するとこの関係は消滅するが、四一三年に高句麗の長寿王は東晉に遣使朝貢し、使持節・都督営州諸軍事・征東将軍・高句驪王・楽浪公に封ぜられた。因みに、この称号は高句麗が前燕から受けた称号をほとんどそのまま引き継いでおり、堀敏一氏はそれが高句麗から申し出た称号であることを指摘している。

以上のように、高句麗王が前燕と東晋とから楽浪公の爵号を賜わっていることは注目されなければならない。漢以来の中国王朝の郡名が爵名に転化していることは、中国王朝から見れば郡県が封国《ほうこく》に転化したに過ぎず、中国王朝の秩序体制内の存在と観念されることには変わりない。逆にこのことを高句麗側から見れば、楽浪郡を占領し中国の郡県を覆滅させながらも、楽浪公に封ぜられたことによって中国王朝の秩序体制に参加したことになる。つまり、この冊封によって高句麗と中国王朝との間には、中国王朝を中心とする政治体制が形成されるのである。このような西嶋氏の見解に拠れば、冊封体制の成立は高句麗王・新羅王等の本国王（本国王の用語は南北朝期に見える）の授与よりも、楽浪公・帯方郡王といった中国の旧領域の称号を授与した事実に求められよう。しかし、氏の「六―八世紀の東アジア」の「結語」においては、冊封体制は周代封建制の基本理念であり、秦漢時代には国内における爵制的秩序の整備と共に登場する外臣の制度がこれに当たる、としている。公印制度の分析から、漢代に内臣・外臣の区別の存在することを指摘したのは栗原朋信氏であるが（「文献にあらわれたる秦漢璽印の研究」、同氏『秦漢史の研究』所収、吉川弘文館、一九六〇年）、西嶋氏は栗原氏の成果を援用して、冊封体制を秦漢（正しくは漢代か）以降のものであるとするのである。そして、「漢委奴国王」「親魏倭王」の事例を冊封体制存在の一証とする。かくして西嶋氏においては、冊封体制は漢から唐までの古代東アジア世界の秩序を規律する原理となるのである。

しかし、以上の説明では冊封体制の本質が本国王の授与にあるのか、楽浪公等の中国王朝の旧来の地名の授与にあるのかは判然としない。おそらく、西嶋氏においてはいずれも冊封体制の存在を示す事例となるのであろう。実際、「六―八世紀の東アジア」の「結語」においては、冊封体制自体は伝統的なものであるがその実現の仕方は各時代の特殊的諸条件によって規定され、それがいったん形成されるとその体制自体の論理によって国際政局を規制する、と述べている。言い換えれば、冊封体制の論理自体は一義的であっても、その現れ方は時代によって一様ではない、ということであろう。しかし、次の堀敏一氏の東アジア世界論とも関係するが、どのような称号の授与を冊封と見做すかによって、冊封体制の適用される範囲が東アジアを中心とするか、その他特に北アジアを含む地域まで拡大し得るか、が違ってくる。次章以下で具体的に述べるが、唐代までの正史には冊封の用語はほとんど見られないのであり、少なくとも唐以前の中国において「冊封」の用語を具体例から定義し得ないところに、冊封体制の議論を実証的に深める上での困難が潜んでいるのである。因みに渤海は、中国王朝の旧来の地名が異民族の爵号に転用された唐代の貴重な実例である。

一方、唐代までの東アジアの国際関係の基本は冊封体制に拠っている、という上述の論点を西嶋氏はさらに発展させ、前近代の東アジアの歴史は「東アジア世界」という一つの小世界の歴史として発展した、と理解すべきことを主張した。西嶋氏に依れば、東アジア世界の共通の指標となるのは漢字・儒教・律令制及び中国化した仏教（漢訳仏典）であり、儒教以下の三指標は漢字によって表現される。従って、漢字の伝播が東アジア世界成立の前提となり、周辺諸国が中国王朝と交渉しようとすれば外交手段として漢字を用いざるを得ない。しかし周辺諸国の中では、東アジア諸国のみが自国の言語を表記するのに漢字そのものを採用、定着させた。東アジア世界の範囲は歴史的に変動するが、以上を前提に、特に河西回廊以東の中国と朝鮮・日本及びヴェトナム北部を想定することが出来る。そして前述の如く、唐代以前の東アジア世界の歴史は冊封体制を軸に展開した。宋代に入ると、それまでの中国優位の国際関係は大きく変化し、遼・金に対して北宋・南宋は対等ないし対等以下の関係を結ばざるを得なくなる。しかし、発展した経済力によって、宋は依然として東アジア世界の中心であった。明清になると、中国王朝は周辺諸国との関係を再び冊封によって編成することになり、冊封体制は唐代より広がった形で清末に至る。よって、日本の歴史展開の特質は常に東アジア世界の中で考えなければならない。以上が、私の理解する西嶋氏の東アジア世界論の概要である。

冊封体制を論拠とする西嶋氏の東アジア世界論は、日本史研究者に特に大きな影響を与えた。日本と中国との間に直接交渉の無かった時期についても、日本の歴史展開に中国や朝鮮の影響を検証する理論的根拠が与えられたのである。一方、西嶋氏の東アジア世界論に対する批判も早くから見られたが、一番の問題点は右に述べたように、氏の東アジア世界論が冊封の定義を曖昧にしたままで、その存在をほとんど唯一の根拠として構成されていることであろう（李成市『東アジア文化圏の形成』山川出版社世界史リブレット、二〇〇〇年、参照）。西嶋氏が冊封体制や東アジア世界について論ずると、堀敏一氏も同様に東アジア世界論を展開し、晩年まで発言し続けた。そこで次に、堀氏の東アジア世界論を取り上げ、東アジア世界や冊封体制の見方が研究者によって一様でないことを指摘しておこう。

（附記）本書では西嶋氏の論著に度々言及するので、書誌データについてはここで一括して記し、次章以下の本文中では論文名または著書名とその初出の発表年または刊行年のみを記すこととする。「六―八世紀の東アジア」は『中国古代国家と東アジア世界』に収録した際に「東アジア世界と冊封体制」と改題された。本書では、研究史的に元の題名を重視する時には原題の「六―八世紀の東アジア」を用い、新しい論考として紹介する時には「東アジア世界と冊封体制」の題名を用いた。また、「序説―東アジア世界の形成―」の当初の題名は「東アジア世界の形成Ⅰ総説」である。

次章以降に言及するものの、本章で特に掲出しなかった西嶋氏の論著は以下の如くである。

『中国古代帝国の形成と構造―二十等爵制の研究―』東京大学出版会、一九六一年。

「古墳と大和政権」一九六一年、『西嶋定生東アジア史論集』（以下『論集』と記す）第四巻所収。本稿は、日本において前方後円墳が全国的に一斉に出現したことの契機とその意義とを考察した記念碑的論文であり、これ以前にも何回か再録されている。

「私の古墳遍歴」一九六四年、『論集』第四巻所収。

「古墳出現の国際的契機」一九六六年、『論集』第四巻所収。

「皇帝支配の成立」一九七〇年、『論集』第一巻所収、岩波書店、二〇〇二年。

「中国史を学ぶということ―とくに日本史との関連において―」一九七三年、『中国史を学ぶということ』所収。

「東アジア世界の形成と展開」一九七三年、原題は「東アジア世界」、『邪馬台国と倭国』及び『論集』第三巻に収録。

「東アジア世界と日本史」（『歴史公論』一九七五年一二月創刊号～一九七六年一一月号）。

「一―三世紀の東アジアと倭国」一九七九年、原題は「一―三世紀の東アジア世界」、『日本歴史の国際環境』及び『論集』第四巻所収。

「四―六世紀の東アジアと倭国」一九八〇年、原題は「四―六世紀の東アジアと日本」、『日本歴史の国際環境』及び『論集』第四巻所収。

「親魏倭王冊封に至る東アジアの情勢」一九七八年、『中国古代国家と東アジア世界』及び『論集』第三巻所収。

「七―八世紀の東アジアと日本」一九八一年、『日本歴史の国際環境』所収。原題は「序説・七世紀の東アジアと日本」。

「遣唐使と国書」『論集』第三巻所収。初出は一九八七年、同年に刊行された茂在寅男編『遣唐使研究と資料』（東海大学出版会）に収録される際に改稿されており、『論集』所収の論文は後者に拠っている。

『秦漢帝国―中国古代帝国の興亡―』講談社学術文庫、一九九七年。本書は中国の歴史のシリーズの一冊として一九七四年に刊行されたものの文庫化であるが、一部加筆訂正が施されている。

「漢字の伝来とその変容」一九九七年、『倭国の出現』所収。

三　堀敏一氏の東アジア世界論

東アジア世界に関する堀敏一氏の主要な業績は以下の如くである。

○『中国と古代東アジア世界―中華的世界と諸民族―』岩波書店、一九九三年、書き下ろし。

○『律令制と東アジア世界―私の中国史学（二）―』汲古書院、一九九四年。

「東アジアの歴史をどう構成するか―前近代の場合―」「近代以前の東アジア世界」（共に一九六三年）、「古代東アジアの国際関係をめぐる若干の問題―史学会のシンポジウムを聴いて―」（一九六四年）、「古代東アジア世界の基本構造」（一九九三年）、「日本と隋・唐両王朝との間に交わされた国書」（一九九四年）等を収録。

○『東アジアのなかの古代日本』研文出版、一九九八年。本書で次章以下に掲げる「魏志倭人伝の読み方―東アジア史の観点から―」「渤海・日本間の国書をめぐって」を含めて書き下ろし。

ただし、既発表の「中華世界―魏晋南北朝・隋唐時代における―」（一九九七年）、「隋代東アジアの国際関係―冊封体制論の検討―」（一九七九年）、「日本と隋・唐両王朝との間に交わされた国書」（改訂版）を含む。

○『東アジア世界の形成―中国と周辺国家―』汲古書院、二〇〇六年、書き下ろし。

ただし、「唐代新羅人居留地と日本僧円仁入唐の由来」（一九九八年）及び以下の二篇の日本語版を含む。そのうちの同書における前者の題名は「匈奴と前漢との国家関係に関する考察」、後者の題名は「漢代の異民族支配における郡県と冊封」である。

○「匈奴と西漢との国家関係に関する考察」『金啓孫先生逝世周年紀年文集』東亜歴史文化研究会、二〇〇五年。

○「漢代少数民族地区的郡県与冊封—以朝鮮、東北、西南夷為例—」『黎虎教授古稀紀念中国古代史論叢』北京・世界知識出版社、二〇〇六年。

○『東アジア世界の歴史』講談社学術文庫、書き下ろし、未完、絶筆。二〇〇八年。

（二〇〇七年逝去）。

東アジア世界論の提唱者である西嶋氏の場合、その論を理論的に提示しようとする志向が極めて強かった。西嶋氏と比較すると、堀氏の東アジア世界論は、覚え書き的に積み上げられてきた感が強い。従って、細かく論じようと思うと様々な点を取り上げることが可能であるが、ここでは西嶋氏の論と対比して注意すべき点を挙げておく。なお、西嶋氏は本格的に論じていないが、秦漢時代の中国統一期に中国王朝の立場から国際秩序がどのように形成されたのか、という問題は東アジア世界を考える上で重要な課題の一つとなる。堀氏が右の最後の二篇の論文で漢代の問題を取り上げているのも、同様な問題関心の現れではないかと推察される。

堀氏によれば、中国の異民族支配のやり方を示す言葉として、羈縻《きび》が一番適当である。臣属を意味する冊封の語は魏晉南北朝時代の日本・朝鮮・中国の関係を示すには適当かも知れないが、中国の異民族支配全般からすれば、重要ではあるが一部のやり方である。西嶋氏の東アジア世界論は、日本の歴史展開を中国・朝鮮と結びつけて考える上での枠組みであったと言えるが、堀氏の東アジア世界論は一貫して中国を中心に考えようとしている。また、冊封体制は魏晉南北朝時代に最も有効に機能した、という。この点も、唐代を重視する西嶋氏とはやや違っている。堀氏は異民族が中国王朝から授与される官号も満遍なく取り上げているが、これも王号の授与を重視する西嶋氏と相違する点である。そして、内臣と外臣との区別は魏晉南北朝には消滅したという。外臣の用語は唐代にも見えるので、この点は慎重に考えなければならないが、唐代に漢代のような内臣・外臣の差が無いことは筆者も感じている。従って、以上の堀氏の指摘が正しいとすれば、唐代の冊封体制の存在と漢代の内臣・外臣の制度とを結びつけて、漢代以降の冊封体制の存在を説明する西嶋氏の論拠は揺らぐことになり、漢代の冊封体制についてはその成立過程から再考していかなければならない。おそらく、堀氏は最後の論文を執筆しながら、そのことを考えていたのであろう。なお、羈縻と羈縻州とは区別せねばならず羈縻州は唐に至って出現する、というのも堀氏が再三注意を喚起している点である。

西嶋氏と堀氏との東アジア世界論の相違を以上のように確認した上で、次に問題としたいのは冊封体制や東アジア世界の適用範囲である。西嶋氏は日本の歴史展開を考える上で東アジア世界の存在を重視するので、日本・朝鮮・中国とヴェトナム北部とを東アジア世界としてその範囲の冊封を考察するのみで、それ以外の地域における冊封の存否は特に問題としなかった。一方堀氏は、中国を中心とする東アジアの歴史は北アジアないし中央アジアの諸民族との関係を抜きにしては考えられず、中国が日本・朝鮮に対して適用した政策も北アジア諸民族との関係の中で生まれたものが多いとする。さらに、チベット高原も中国との関係は緊密であり、西嶋氏が東アジア世界から除外する河西回廊以西の地域も歴史上の西域であって、東アジアの歴史的世界に含めて差し支えない、とする。堀氏の説では、中国王朝と密接な関係にあった北アジアやいわゆる西域、さらには吐蕃のいたチベット方面まで東アジア世界に含めて考えることになるが、これでは東アジア世界を広く捉え過ぎることにもなろう。ただし唐代について言えば、これらの地域が唐の国際秩序を考える上で欠くことの出来ない重要な地域であることも確かである。西嶋氏の東アジア世界が日本と東アジア諸国との関係を重視したものであるのに対し、堀氏が東アジア世界を中国中心に考えたことは、このような視点にも反映していると言えよう。

この点は、中国王朝と周辺諸国とのどのような関係を冊封と見做すか、という前にも触れた問題とも関わってくる。西嶋氏の冊封は、それが中国と周辺諸国との君臣関係の契機となるという点で、中国王朝から授与された「王」等の爵位が基本となる。これに対し堀氏は、突厥や回紇（回鶻）の首長に可汗の称号を授与することも冊封として認めている。確かに、中国王朝による「王」号の授与は東アジア諸国に限られる訳ではないので、中国王朝を中心として見た場合には、冊封の範囲は西嶋氏の想定する東アジア世界より遙かに広い範囲を含むことになる。言い換えれば、西嶋氏の冊封体制は東アジア世界に限られず、広く中国王朝と周辺諸国全体について認められるべきものとなる。そこで、可汗等の異民族首長の自称号を中国王朝が授与する行為を冊封と認めるか否か、も重要な課題となってくる。例えば、安史の乱に際して唐に助兵した回紇に対しては、唐は広徳元年（七六三）に登里頡咄登密施含（合）倶録英義建功毗伽可汗を冊立すると共に、左殺を雄朔王、右殺を寧朔王、胡禄都督を金河王、抜覧将軍を静漠王に封じ、諸都督一一人を全て国公に封じた（『旧唐書』巻一九五・廻紇伝）。これによって、可汗号と王号は同時に授与し得ることと、その場合には異民族固有の称号である可汗号の方が王号より上位の称号となることが明らかとなる。ただし、この例では左殺（左殺・右殺は回紇の官名）以下の受けた王号は前述の本国王ではない。このように、どのような称号の授与まで冊封の範囲で理解するかは、いまだ掘り下げて検討されていないのである。

唐朝が周辺諸国に授ける王号に種々の区別の見られることは、唐と周辺諸国との関係がそれだけ複雑多彩であったことを物語っている。その中で、東アジア諸国が唐から授与される称号は本国王で一貫していた。また、安史の乱以降は唐朝が王号を授与する周辺諸国の範囲は急激に縮小するが、唐末まで本国王を授与された国々は東アジア諸国のみであった。さらに、北アジアや西域の国々は興亡が激しく、一国が中国王朝と交渉する期間はそれほど長くはない。これに対し、東アジア諸国は一国の存続期間が長く、高句麗を始め百済・日本・新羅もそれぞれ幾つかの中国王朝と交渉した。従って、冊封体制の存在のみから東アジア世界の特殊性を抽出するのは困難であるが、中国と周辺諸国との間に多様な関係の存在することを前提として、東アジア諸国と中国王朝との交渉の特徴が王号の授与の仕方に現れているのを認めることは可能である。西嶋氏の提示する東アジア世界の視点で日本の歴史展開を理解する姿勢を堅持しながら、より広く北アジアや西域諸国との交渉も視野に収めて東アジア世界の冊封体制の特質を考究することは、日本人研究者の一つの責務であると言えるであろう。

四　高昌国への射程

最後に、拙論を記すきっかけとなった留学生の問題について若干触れておこう。これまで述べてきた西嶋・堀両氏の東アジア世界論では、異民族留学生の問題は取り上げられていない。堀氏が東アジア世界の視野から広く人口移動の問題を扱っている程度である。しかし、『唐会要』巻三五・学校條には

貞観五年（六三一）以後、太宗は数《しばし》ば國學・太學へ幸し、遂に學舎一千二百間を増築す。國學・太學・四門（四門學）は亦た生員を増す。……已《すで》にして高麗・百濟・新羅・高昌・吐蕃諸國の酋長、亦た子弟を遣して國學に入ることを請わしむ。是《ここ》に于《お》いて國學之内は八千餘人、國學之盛んなること、近古に未だ有らず。（貞観五年以後、太宗數幸國學・太學、遂增築學舍一千二百間。國學・太學・四門亦增生員。……已而高麗・百濟・新羅・高昌・吐蕃諸國酋長、亦遣子弟請入國學。于是國學之内八千餘人、國學之盛、近古未有）

とあり、唐の太宗が東突厥を平定した次の年の貞観五年から国学・太学の充実に力を入れ、留学生も増えてきたこ

とを伝えている。伊瀬仙太郎氏はこの記事を引用しながら、西域諸国の中で留学生を唐に送ったのが高昌国だけであった事実を指摘している（『西域経営史の研究』日本学術振興会、一九五五年、五二九頁及び五五三頁註〈28〉）。西嶋氏は、東アジア世界に共通する指標として漢字・儒教・律令制・仏教の四点を挙げた。高昌国の土地制度が中国の律令制の影響を受けているか否かについては議論があるが、西嶋氏の挙げた指標が高昌国と無関係であったとは言えない。東アジア世界論の中に留学生の問題も組み込み、さらにその射程を高昌国まで伸ばして考えることもできるのではなかろうか。

（附記）本稿は専修大学社会知性開発研究センター『東アジア世界史研究センター年報』第一号（二〇〇八年）に載せられたものであるが、本書収載に合わせて一部加筆や省略を行った。長安で客死した遣唐留学生井真成の墓誌の発見、紹介に専修大学の矢野建一氏が関わったことから、同大学では『東アジア世界史研究センター年報』を第六号まで発行し、その後継事業は今日まで続いている。

本稿の元になった報告を含むその第一回のシンポジウムは二〇〇七年一〇月二八日に行われ、そのテーマは「古代東アジアの国際関係と留学生」であり、本稿が最後に唐代の留学生のことに簡単に触れているのもそのためである。前日の井真成の墓誌をめぐるシンポジウム「井真成―日中の研究状況―」で、荒木敏夫氏が「遣隋使・遣唐使はなぜ隋・唐建国の二十年後、十数年後に初めて派遣されたのか。隋・唐建国後の高句麗や百済との反応の違いに、冊封の有無が関係しているのか」、という主旨の問題提起をされていた。この点と対比して興味深いのは、邪馬臺国以降の倭国の動きである。卑弥呼が難升米らを初めて魏に派遣したのは公孫氏の燕が滅ぼされ、帯方郡が魏に接収された翌年である。倭人が西晋に来朝したのも晋建国の翌年、餘り注意されていないが、倭王讃が宋に初めて遣使したのも宋建国の翌年である。こうしてみると、建国時の隋・唐に対する倭国の姿勢は良く言えば慎重、悪く言えば鈍感である。荒木氏の問題提起のように、五世紀までの日本と六世紀以降の日本との間に、朝鮮諸国との関係や中国王朝との関係において本質的な差が生じたのか、あるいは中国のいわゆる冊封体制に変化が生じていたのか、充分に吟味する必要があろう。以上、本稿の位置附けを明らかにするため、最初の報告の追記に多少の加筆をした。

第一章　東アジア世界論

一　東アジア世界論の前提

「東アジア世界」の認識

「東アジア世界」という視座は、日本史の立場から見た場合に多分に意味を持つ。一回一回の外交交渉のあり方を述べるのではなく、日本の対外関係の特質を構造的に捉えようとする努力の中から、東アジア世界論は登場してくる。第二次世界大戦以前の日本における対外関係史の研究は、貿易史・商業史重視の立場、政治史重視の立場、文化史重視の立場の三つに大別し得るが、初めの貿易史・商業史重視の立場が対外関係史の主流を形成しており、政治史重視の立場の研究は極めて少なかった(1)。戦前の日本における東アジア諸国と中国との交渉に関する研究は数も多くはなく主題も限定されており、多国間の交渉を主題とし広く東アジア全体を見渡した論考は見当たらない。この点は田中健夫氏の指摘の如く、対外関係史＝貿易史＝商業史と捉え、貿易当事国の交渉のみを論じようとする傾向が強かったことと無関係ではないであろう。もちろん、個々の研究には先駆的なものとして尊重すべきものも多いが、対外関係・国際交渉の問題を意識的に構造化して捉えようとする研究は見られなかった。言い換えれば、日本から見た対外関係を個別の事例を越えて体系的に把握する必要性は、戦前には餘り感じられていなかったのである。

これに対して戦後の研究では、東アジア諸国の関係を総体的に把握しようとする視座が提示されるようになった。その先駆的な試みが、一九四八年に発表された前田直典氏の「東アジヤに於ける古代の終末」である。(2) 本論文は、中国史における中世から近代への転換点を唐から宋の交代期に置く従来の通説に対し、唐代までを古代とする新しい見解を提示したものである。しかしそれと同時に、東アジア（原文は東アジヤ）ではまず中国（原文はシナ）で九世紀前後に古代の終末を見たが、朝鮮・日本では一一～一二世紀に同様なことが起こったと解釈し、次のように指摘した。即ち、東アジアでは中国に対して朝鮮・日本は石器時代の終末には非常な差があり、古代統一国家の形成期には七～八世紀以上もの差があったが、古代の終末・中世の開始期には三～四世紀の差に縮まり、近世の日本と中国とではほとんど平行のレベルになったのであり、東アジア諸国の歴史発展に連関性を見出すことができる、というのである。この前田論文で初めて、東アジアの歴史発展の総体的な把握が試みられたと言える。しかし、以上のような情況を以てなぜ東アジア諸国の歴史発展に連関性があると言い得るのか、その連関性は何によって実現し得るのか、という点は前田氏によってそれ以上追及されることはなかった。この時代にあっては、東アジア各国の歴史を相互連関的に捉えようとする視点そのものが斬新、貴重であったのである。

一九六一年には、筑摩書房の『世界の歴史』第六巻の一章として松本新八郎「東アジア史上の日本と朝鮮」が発表された。本論文で松本氏は前田氏を批判して諸国家の発展段階の相違を強調し、八～一〇世紀の東アジアでは社会的段階を異にする諸国家が、冊封関係や国交・貿易によって相互に影響しあい制約しあう状態にあった、と述べた。「冊封」の語義については次に述べるが、おそらく本論文は、唐以前の東アジア諸国の冊封関係に注目した最初の論文であろう。本論文を収めた『世界の歴史』第六巻の副題は「東アジア世界の変貌」であり、「冊封」や「東アジア世界」の語がこの頃から学術的に用いられるようになったことが窺われる。続いて一九六二年には、西嶋定生氏の「六―八世紀の東アジア」が発表された。唐以前の東アジア諸国の冊封に、国際関係史における重要な意義を賦与した論文として、本論文は研究史上不動の位置を占める。本論文も収録されている戦後最初の『岩波講座日本歴史』全二三巻は一九六二年から一九六四年にかけて刊行されたが、第一巻の藤間《とうま》生大《せいた》「四・五世紀の東アジアと日本」（一九六二年）や本論文など、都合四巻に日本と中国・朝鮮との関係を考察した専論が収録された[3]。直前の一九六〇年には、国論を二分する激しい運動や論争の中で日米新安全保障条約が締結され、日本は西側諸国の一員としてその後の世界を歩むことになった。松本氏の論文にしろ、藤間氏・西嶋氏の論文にしろ、日本と世界との関わりが問われるこのような世界情勢の中で企画、執筆されたのである。日本と東アジアとの関係に関する研究史の上で、一九六〇年代は一つの画期であるということができよう。

「冊封体制」の提唱

次に、西嶋氏の主唱した冊封体制についてやや詳しく説明したい。ただ、「六―八世紀の東アジア」は長大で具体例も豊富な論文であるので、以下かいつまんでその内容を追いながら、筆者の理解した限りでの氏の冊封体制論の特質について述べることとする。

西嶋氏は、本論文を朝鮮における高句麗・百済・新羅三国の出現から説き起こす。三国のうちの高句麗による楽浪郡の領有（三一三年）及び百済による帯方郡の領有（同年以後）によって、中国王朝による朝鮮半島の直接支配は終わりを告げる。しかしその後、三五五年に高句麗は五胡十六国の一国である前燕から征東大将軍・営州刺史・

高句麗王・楽浪公の称号を授与され、このことによって楽浪郡失陥後の中国王朝と朝鮮半島との間に、郡県関係と相違する新しい関係が発生した。前燕は三七〇年に滅亡するが、このような関係は五世紀に入ると朝鮮半島と南朝との関係として展開した。例えば、四一三年に高句驪王高璉《こうれん》（長寿王）は東晉から使持節・都督営州諸軍事・征東将軍・高句驪王・楽浪公に封《ほう》ぜられ、四一六年には百済王餘映（腆支王）がやはり東晉から使持節・都督百済諸軍事・鎮東将軍・百済王に封ぜられた。西嶋氏に依れば、高句麗の二例で楽浪公の爵位の授与されていることが注目に値する。即ち楽浪は漢以来の中国の郡名であり、これが爵名に転化していることは、中国王朝側から見れば郡県が封国に転化しているに過ぎず、高句麗が中国王朝の秩序体制内の存在として観念されていることには変わりない。一方、これを高句麗側から見れば、楽浪郡を占領して中国の郡県を覆滅させながら、楽浪公に封ぜられたことによって中国王朝の秩序体制に参加したことになる(4)。こうした冊封によって、高句麗と中国王朝との間には中国王朝を中心とする政治体制が形成される。五世紀の倭国王も、このような政治体制に参入したのである。

西嶋氏の冊封体制の論点から見て、次に注目されるのは隋唐の高句麗遠征である。六世紀後半には、朝鮮三国のうちで中国に近い位置にある高句麗と百済とが、比較的頻繁に南北両朝に使者を送っていた。五八一年に建国した隋が、五八九年に南朝の陳を滅して中国の統一を達成すると、それまで南北両朝に使者を送っていた高句麗・百済の両国は外交姿勢の修正を迫られることになる。幸い百済は隋との関係を立て直すことができたが、高句麗と隋との関係は次第に悪化し、煬帝《ようだい》による六一二年から六一四年までの連年の高句麗遠征に突入することに至る。煬帝自身の親征も含む三次の遠征で高句麗も疲弊し、六一四年には隋に和睦を請い、面目を保った煬帝が遠征軍を引き揚げて隋の高句麗遠征は終熄した。しかし、六一三年の第二次遠征の途中から隋の国内では反乱が起こり、その広がりの中で煬帝は六一八年に江都で弑殺《しさつ》され、隋朝は滅亡するに至る。「まことに隋は高句麗遠征に命運をかけたというべきである」、と西嶋氏は評している。

煬帝の第一次高句麗遠征では実数一一三万三八〇〇、二百万と号する大軍が動員された。西嶋氏は、これを煬帝の恣意に基づくものとすればこのような大動員は不可能であろうし、専制君主の物質的欲望に基づく領土拡張のためとすれば、それによって期待される利得は平衡を喪失しているとする。そこで注目したのが臣下による高句麗遠征の議論であり、西嶋氏をこれを次のように言い換える。既に中国の伝統的封疆となっている地域で冊封体制が維持されているならば、それは王化の及ぶ礼の貫徹する地域、即ち中国王朝の秩序内の存在であるが、もしこれが不臣の外域になればそれは中国の封疆（領域―金子）が礼の秩序の外にある夷狄の郷となることであり、中国王朝の秩序から脱落することになる。中国王朝の臣下とならない不臣の外域の存在を認めないというのではないが、伝統的な封疆がそれに転落することは王者たるものの認むべきところではない。それゆえ、これを防止してその秩序を正すことが討伐の最大の理由とされるのである、と。さらに煬帝の高句麗遠征は、「このような当時の中国王朝の国家体制自体が必然的に突入せざるをえなかった運命的な自己運動として、理解しなければならぬものであ」り、「藩国の臣礼を正すという冊封体制の維持は、このように国運を賭して行なわれたのである」とも述べている。

多面的な西嶋氏の論述の一部分だけを取り出すのは、当該論文に接したことのない読者に一定の予断を与える恐れもあるが、続く唐代の東アジア世界に関する西嶋氏の議論についても、高句麗をめぐる問題だけを取り上げておきたい。

高句麗遠征と冊封体制

高句麗との対立は唐に入っても続いたが、唐の高祖は当初高句麗を冊封体制から除外することを考慮した。それは臣下の反対によって達せられなかったが、その反対理由は、かつて郡県制支配下にあった伝統的封疆の地はあくまで中国王朝の体制内に位置附けられるべきものであり、これを不臣の外域としてその体制外に放擲《ほうてき》すべからざるものである、という点にあった。また、次の太宗は六四五年に高句麗遠征を行ったが、前年一〇月に発布された「討高麗詔」は高句麗の権臣泉蓋蘇文が君主の栄留王を弑逆したことを責めたもので、これによれば冊封関係にある藩国の秩序の保持は中国王朝の責務であり、中華の秩序を保つ所以《ゆえん》でもあった。西嶋氏に依れば、藩国の秩序維持が国内の秩序維持に直結するというこの詔文の考え方は、冊封体制の国内的意義（傍点—金子）を表明するものとして重要である。そこには冊封体制にあるものは夷狄と雖も君臣の義を以て律すべきであり、その罪を糾《ただ》すことは同一の君臣関係下にある国内秩序の保持と共通する、という考え方が表明されている。また、この遠征軍には新羅・百済・奚・契丹等の兵の参集が命ぜられたが、これらの諸国はそれぞれ冊封関係によって出兵の義務を課せられたのであり、一藩国の秩序攪乱《こうらん》が冊封体制の全秩序構造に関連するものである限り、他の藩国が問罪討伐の軍に参加するのも当然のこととされたのである、という。

六四五年の高句麗遠征は失敗に終わったが、太宗は六四七年・六四八年にも遠征を繰り返すことになる。しかるに、太宗の最後の高句麗遠征に対しては名臣房玄齢の批判が現れる。それには、高句麗を討伐する場合はそれが臣節を失った時、中国に侵寇した時、及び永久に中国の患となった時に限定されるべきものである、と述べられている。西嶋氏はこれを、冊封関係にある藩国に対しては無名の師（名目の立たない戦争）を興すべきでないことが主張されている、と敷衍する。その後、高宗朝になると朝鮮三国のうち初めに六六〇年に百済が滅亡（最終的には六六三年の白村江の戦い）、ついで六六八年に高句麗が滅亡し、最後に六七六年に新羅が朝鮮半島を統一するまで、東アジアでは日本（当時は倭国）も巻き込む形で複雑な動きが進行する。七～八世紀の交には旧高句麗領から沿海州に至る地域に渤海が成立し、八世紀に入ると日本・新羅（統一新羅）・渤海が、時に二国間に緊張を迎えることはあっても比較的安定した中で鼎立し、それぞれ唐との交渉を続けることになる。本論文の西嶋氏の筆はそこまで及んでいるが、以上の高句麗をめぐる隋唐の動きを説明する部分に、同時期の中国国内における詔勅や臣下の発言の引用が特に目立っている。

右のような高句麗遠征に関する西嶋氏の説明には、外国の冊封は国内の君臣関係の秩序維持と繋がる問題であること、その冊封の秩序維持のためには他の冊封国の出兵が要請される場合もあること、中国王朝が冊封国に軍事行動を起こす前提には、その地域がかつて中国の封疆であったという意見の存すること、等の論理の存在を認めることができよう。西嶋氏の理解では、隋の滅亡に直結した煬帝の高句麗遠征についても、このような論理が遠征強行の背後に存在していたことになる。しかしながら、高句麗をめぐる隋唐の動きに関する氏の説を追ってみると、気になる点が一つある。それは、隋にあっても唐にあっても、中国王朝の「伝統的封疆」にあったことが高句麗遠征の理由になっている点である。これは、隋や唐の側の主張としては正当であるかも知れない。しかし、その主張をそのまま認めて冊封体制が存在することの説明に持ち込むとすれば、それは単に古代中国の華夷思想に乗ることになりはしないであろうか。西嶋氏の冊封体制論の持つ意義と問題点とについては改めて述べるが、冊封体制論や東アジア世界論が提唱された当初、周辺諸国の主体性を無視する議論である、との主旨の反発が少なからず見られた。その批判は決して西嶋氏の本来の意図に沿うものではない。しかし、できる限り中国の史料に即して冊封体制の存在を説明しようとすると、史料の立場を単に祖述するだけの結果に陥る可能性を、絶えず意識しておく必要性はあるであろう。

二　東アジア世界論とその展開

「東アジア世界」の提唱

以上のように、西嶋氏は「六―八世紀の東アジア」において、当該時期の東アジア国際政治の推移に関わる原理として、冊封体制の存在を主張した。その上で、一九七〇年に刊行された『岩波講座世界歴史』第四巻の「総説」において、「東アジア世界」の存在を提唱した。「東アジア世界」の語は現在の日本では広く用いられているので、ここでは西嶋氏の提唱する東アジア世界について概略のみを説明しておく。

西嶋氏に依れば、近代以前の世界には複数の歴史的世界が存在しており、東アジア世界はその一つである。歴史的文化圏としての東アジア世界の指標としては、漢字文化・儒教・律令制・仏教の四者を挙げることができる。これらは文化的諸現象のようであるが、中国で形成された文化、あるいは受容・同化された文化（仏教―金子）は、中国王朝の政治的構造に結合され従属して存在する。そして、中国王朝と周辺諸国との間に形成された直接的・間接的な支配もしくは規制の関係を媒介として、以上の諸文化が周辺諸国に伝播して「東アジア世界」に共通する指標が形成される。中国王朝の政治的権力や権威と無関係に諸文化が独自に波及することは見られない。つまり、前節で述べた冊封体制が東アジア世界形成の鍵となるのである。西嶋氏はその東アジア世界の範囲を、中国を中心として周辺の朝鮮・日本・ヴェトナム及びモンゴル高原とチベット高原との中間にある西北廻廊地帯の諸地域（甘粛省の河西回廊から新疆ウイグル自治区の東部地域か―金子）を含むものとする。しかしまた、歴史的世界として設定されるので、その地域は流動的であって固定的に理解すべきものではない、とも述べている。その上で東アジア世界の歴史的推移を素描するが、その内容は割愛する。ただしそこで、漢代から唐代までの国際関係が冊封体制の存在を中心に説明されていることは注意すべきであろう。

さきにも触れたように、《中国王朝を中心に冊封体制を媒介として形成される東アジア世界》という考え方に対して、周辺諸民族（この言葉からして中国中心であるが）の主体的努力を過小評価するものである、という反論も当初は存在したが、「東アジア世界」という枠組みは日本国内では次第に広く受け入れられるようになってくる。その理由の一つは、中国や朝鮮との直接交渉のなかった時期についても、中国や朝鮮の存在を考慮に入れながら日本歴史の展開を検討する理論的根拠が提供されたことにあるであろう。今では日本古代史の古典的名著の位置を占める石母《いしも》田《だ》正《しょう》の『日本の古代国家』（岩波書店）が出版されたのは一九七一年である。本書は、推古朝から大化改新を経て律令国家の成立に至る七~八世紀が、日本の国家成立を総括的に問題にし得る基本的な場であるとして、当該時期の日本の国家形成を多面的に論じている。その第一章は「国家成立史における国際的契機」であって、本書は一貫して日本の国家形成における国際的な動因や刺戟の存在を指摘している。石母田氏は一九六二~六三年から、古代日本における「東夷の小帝国」の観念の存在を指摘しているが[5]、日本古代史研究者の国際的契機への関心がこうして広まっていく時期に、国際的な体制としての東アジア世界の存在を西嶋氏が提唱したことの意義は、決して小さいものではなかったであろう。

一方、日本の唐代史研究者を中心に結成された唐代史研究会は、一九七九年に『隋唐帝国と東アジア世界』（汲古書院）という専著を出版したが、執筆者の中には朝鮮古代史研究者の井上秀雄氏、日本古代史研究者の吉田孝氏が加わっている。吉田氏の論文名は「隋唐帝国と日本の律令国家」であったが、隋唐の律令制度の影響を大きく受けた日本では、古代史研究の進展には中国の律令に関する一定の理解が不可欠である。もちろん、日本の律令研究は当初から中国の律令との異同に留意していたが、日本史研究者自身による中国律令の特質をめぐる議論は、一九七〇年代以降に精緻の度を加えていったように筆者には感じられる。そのような日本史研究者の動向にも、冊封体制や東アジア世界に関する西嶋氏の提言の影響を認めてよいのではなかろうか。なお、本書には栗原益男・菊池英夫・谷川道雄・堀敏一・池田温・布目潮渢・中村裕一という唐代史研究者が、東アジア世界に関係した論文を寄せている。このうちの堀氏の論については次に述べるし、池田氏には別に『東アジアの文化交流史』（吉川弘文館、二〇〇二年）という専著がある。(6) しかしながら、他の諸氏には東アジア世界に関する専著はなく、本書は中国史研究者の東アジア世界論を集めた貴重な論集である。(7)

堀敏一氏の東アジア世界論

右に述べたように、西嶋氏が東アジア世界の存在を提唱して以来、東アジア世界の存在に配慮した日本史研究者の研究は確実に増してきた。しかし、東アジア世界について発言を続けてきた中国史研究者は決して多くはない。その数少ない中国史研究者を代表するのが堀敏一氏である。堀氏には東アジア世界に限っても、『中国と古代東アジア世界―中華的世界と諸民族―』（一九九三年）・『律令制と東アジア世界―私の中国史学(二)―』（一九九四年）・『東アジアのなかの古代日本』（一九九八年）・『東アジア世界の形成―中国と周辺国家―』（二〇〇六年）・『東アジア世界の歴史』（二〇〇八年）の専著がある。以下には前章の要約の形になるが、特に西嶋氏の論との相違を中心に、筆者の理解する堀氏の東アジア世界の考え方について述べてみたい。なお、『律令制と東アジア世界』は既発表の論文から構成されているが、最も早い一九六三年の二篇の論文に「東アジア世界」の語が用いられている。前にも触れたが、「東アジア世界」という熟語自体は既にこの頃に用いられていたのである。

堀氏と西嶋氏との東アジア世界論の最も大きな相違は、中国と周辺諸国との間における冊封の役割または位置附けの評価である。堀氏に依れば、中国の異民族支配のやり方を示す言葉としては羈縻《きび》が一番適当である。羈は馬の面繋《おもがい》、縻は牛の鼻綱である。熟語の羈縻は牛馬を制御するように相手を繋《つな》ぎ留める意味に用いる。堀氏に依れば、臣属を意味する冊封の語は魏晋南北朝時代の日本・朝鮮・中国の関係を示すには適当かも知れないが、中国の異民族支配全体の中では重要であるが一部のやり方である。こうして、堀氏の東アジア世界論では冊封の役割は相対化される。このこととも関連するが、西嶋氏の東アジア世界論は日本の歴史展開を中国・朝鮮と結びつけて考える上での枠組みであったが、堀氏の東アジア世界論は一貫して中国を中心に考えられている。また、堀氏の理解では冊封体制は魏晋南北朝時代に最も有効に機能しており、この点も唐代を重視する西嶋氏とはやや相違している。堀氏は異民族が中国王朝から授与された官号を比較的満遍なく取り上げているが、西嶋氏は中国・朝鮮と日本との関係を重視して王号の授与を中心に冊封体制論を展開している。これも両者の相違点の一つである。なお次章に示すように、現実の羈縻の用例を調べてみると、前漢・後漢では異民族と何らかの関係を結んだ時に多用されたが、中国王朝側の積極的な態度を示す場合と消極的な態度を示す場合との両方の用法があった。三国以降の羈縻の用例を検討するのは今後の課題である。

内臣と外臣

堀氏は内臣と外臣との区別は魏晋南北朝には消滅したというが、ここで内臣と外臣との区別について説明しておきたい。

今まで触れてこなかったが、西嶋氏は「六―八世紀の東アジア」の結語で、冊封体制は周代封建制の基本理念であり、秦漢時代においても国内の爵制的秩序の整備と共に登場してくる外臣の制度がそれに当たる、と述べていた。その後の「総説」においては、周代までに華夷思想が形成されまた封建制の成立したことが、政治的体制としての東アジア世界を規律する論理の前提となる、と指摘する。そして、漢代に郡県制が登場して周辺諸民族の首長にも「王」「侯」の爵位を与えるようになって、異民族を中国王朝の政治体制の一環に組み入れることが可能となった、という。即ち、儒教的君主観が皇帝制度と結合して、華夷思想と封建思想とが理想化された形で政治思想内に定着し、中国王朝と外民族との関係の仕方に定着した。漢代にそれが「外臣」関係として実現しているが、これを含めて冊封体制という東アジア世界の政治的構造様式の形成に連なる、と述べている。このように西嶋氏にあっては、漢代における外臣の出現が冊封体制の先駆的形態となり、従って漢代が東アジア世界の出発点であると考えられるのである。華夷思想の出現と封建制の形成にまで溯らせれば、東アジア世界形成の端緒は先秦時代に至ることになるが、個別の論文では堀氏も西嶋氏も漢と匈奴、漢と朝鮮・西南夷等とのあり方を扱っており、両者とも漢代を東アジア世界の出発点と考えていた、と理解してよいであろう。

右に述べた「外臣」の存在は栗原朋信氏が初めて指摘した(8)。栗原氏は有名な「漢委奴国王」金印の真贋を考察するに当たり、今日まで伝承された伝世印と比較するのであれば、それらについても真贋を弁別する必要があると考えた。そこで、伝世印を離れて文献の記載から秦漢璽印の制度を整理し、その上で「漢委奴国王」印の真贋を考察しようとしたのである。結果として「漢委奴国王」印の真贋の確定はならなかったが、論証の過程で漢代では国内の臣下の内臣と、国外の異民族の首長や有力者を臣下と見做す外臣との区別があり、内臣と外臣との印章の規格には、外臣を一段階低く扱うという差等のあることを見出したのである。栗原氏が漢代の印章制度から示したこの内臣―外臣の制度を、西嶋氏は冊封体制の初期形態として理解した。一方、堀氏は国内の臣下と国外の臣下との間に差等を附ける内臣―外臣の制度は、周辺諸民族の中国進出が本格化した魏晋南北朝には消滅した、と考えた。実は、唐代の史料にも「外臣」の用語は散見する。しかし管見では、漢代のような内臣―外臣との間に差等を設ける制度や事例を、唐代の史料に見出すことはできない。従って、以上の堀氏の指摘は正鵠を得ているように思われる。しかしそうなると、漢代から唐代までの東アジア世界の存在を冊封体制によって説明しようとする見解も、多少の修正を迫られることになるのかも知れない。また栗原氏の時代に比べて、伝世印や出土印に関する情報が飛躍的に増えている今日では、栗原氏の見解自体の再検討も行わなければならないであろう。漢代から唐代までの内臣―外臣のあり方については、今後なお具体的な検証を続ける必要があるのではなかろうか。

三　東アジア世界論の意義と課題

「冊封体制」の発想

以上、西嶋定生氏の提唱した東アジア世界論と、同じく中国史研究者である堀敏一氏の東アジア世界論とを紹介した。以下には西嶋氏と堀氏との東アジア世界論の相違から導き出される問題点について述べるが、その前に西嶋氏がなぜ冊封体制に基づく東アジア世界の存在を提唱するようになったか、その点を少しく検討しておきたい(9)。

西嶋氏の本来の専攻である中国史の主著は『中国古代帝国の形成と構造―二十等爵制の研究―』（東京大学出版会、一九六一年）である。西嶋氏は本書で、漢代には貴族や官僚だけでなく一般庶民にも爵位を授与する二十等爵制が行われていた点に着目し、皇帝が国家の慶事に民爵を賜与し、それを媒介にして民間の秩序維持と皇帝の支配とを結びつけたことが、漢代における皇帝支配の確立とその維持とに繋がったことを論じた。同じ一九六一年に発表した「古墳と大和政権」では、西嶋氏は大化以前における大和政権の国家構造の特色を古墳造営の消長と関連づけて考察し、全国に散在する古墳のあり方を大和政権による身分編成という統一的観点から理解すべきことを提唱して、日本の考古学者や古代史研究者に大きな影響を与えた。この「古墳と大和政権」は、西嶋氏自身の編集した『現代のエスプリ』第六号〈特集・日本国家の起源〉（至文堂、一九六四年）に収録されたが、氏は同号に寄せた「私の古墳遍歴」の中で

> そのころのわたくしの問題関心は、日本における中国史研究の存在意義にむけられていた。そしてそれは現在のわれわれを規定する歴史性の把握のためであると考え、そのことから日本史研究と絶縁した場で中国史研究を取り扱うべきではないと考えた。中国史研究はその直接的結果により、あるいはそこで把握された方法によって、日本史研究に奉仕しなければならないと考えたのである。（傍点―金子）

と述べている。そして、当時の西嶋氏が課題としていた中国古代帝国の構造に関する研究から得た方法を、古墳研究という場に試みたのが「古墳と大和政権」であったことを明らかにしている。

冊封体制論と爵制

このように西嶋氏の中国史研究は、それを日本で行うことの意味を問う姿勢と結びついていた。氏はその後の東アジア世界に関する論著の各所で、明治以降の日本が朝鮮ついで中国に進出し、最後には第二次世界大戦で両地域を戦禍に巻き込んだあげく、自壊していった過程を強く批判している。西嶋氏の東アジア世界論の根底には、島国である日本の歴史展開を孤立させて捉えるのではなく、常に中国や朝鮮の歴史発展と関連させて捉えることが大事である、という発想がある。細かく検討すれば氏の冊封体制や東アジア世界論に問題点があるのは事実であるし、

その点を指摘するのに憚る必要はない。しかし、日本の歴史を中国や朝鮮の歴史とどのようにして結びつけるか、という問題意識や方法論上の模索がその背後にあったことは忘れてはならないであろう。

ここで西嶋氏の冊封体制に関する方法論について一言しておきたい。氏は一九六六年に「古墳出現の国際的契機」という一文を書いている。考古学のシリーズの月報（『日本の考古学』Ⅳ・古墳時代〈上〉・月報四、河出書房）に書かれた小論であるが、右の題にあるような問題提起で話題を呼んだ文である[(10)]。即ち、倭・百済・新羅・高句麗では、いずれも国家形成の初期の段階で高塚の王墓が出現する。その時期には相互にずれがあるが、それぞれの王が中国王朝に帰属し官爵を得たことを契機として、中国王朝の礼法に従って高塚を造営し国内的権威を示現したのではないか、と述べている。ここには古墳の伝播が在地の社会発展を待って実現するのではなく、大和政権の身分秩序への編入という一元的契機に依っている、という「古墳と大和政権」の主張と通底する発想を認めることができる。この二篇に共通するのは、墳丘墓のあり方が中国王朝や大和政権という君主権力による身分秩序の編成に関係する、という点であるが、その前の『中国古代帝国の形成と構造』では、皇帝による二十等爵制に基づく国内の社会編成が問題とされていた。一方、「六―八世紀の東アジア」で述べられている冊封体制の特質の一つは、爵制に基づく国内の君臣関係の国外への拡延ということである。つまり、一九六〇年代初頭の西嶋氏の関心は爵制に基づく身分秩序の編成という問題に強く向けられており、それを中国と東アジア諸国の首長との関係に適用したのが「六―八世紀の東アジア」であり、日本の古墳のあり方に適用したのが「古墳と大和政権」であったと言える。その問題関心が第二次世界大戦に至る近代日本の悲劇的過程に対する反省と結びついた所で、氏の東アジア世界論が生まれたのではないか、と私には思えるのである。

東アジア世界論の問題点

以上のように、西嶋氏の東アジア世界論の根底に近代日本の歴史に対する反省があると理解した上で、氏の東アジア世界論と堀氏の東アジア世界論とを対比した所で生ずる問題点について考えてみたい。

まず、冊封体制や東アジア世界の適用範囲の問題がある。西嶋氏は日本の歴史展開を考える上での東アジア世界の存在を重視するので、日本・朝鮮・中国とヴェトナム北部とを範囲とする東アジア世界の冊封を考察するのみで、それ以外の地域における冊封の存否は特に問題とはしなかった。ヴェトナム北部を東アジア世界に含めるのは、この地域が漢から唐まで中国王朝の領域に含まれていたからである。一方堀氏は、中国を中心とする東アジアの歴史は北アジアないし中央アジアの諸民族との関係を抜きにしては考えられず、中国が日本・朝鮮に対して適用した政策も北アジア諸民族との関係の中で生まれたものが多いとする。さらに、チベット高原も中国との関係は緊密であり、河西回廊以西の地域も歴史上の西域であって、いずれも東アジアの史的世界に含めて差し支えない、とする。この堀氏の説では、中国王朝と密接な関係にあった北アジアやいわゆる西域、さらには吐蕃のいたチベット方面まで東アジア世界に含めて考えることになるが、これでは東アジア世界を広く捉え過ぎることにもなろう。おそらく、堀氏は東アジア諸国の歴史展開を考える上で、これに関連する地域も東アジア世界の範囲に含めたのであろう。しかし、学説に作業仮説としての役割もあることを考えれば、西嶋氏のように何らかの指標を立てて東アジア世界の範囲を限定することも必要なのではなかろうか。ただ唐代について言えば、これらの地域が国際秩序を考える上で欠くことのできない重要な地域であることも確かである。西嶋氏の東アジア世界は日本と東アジア諸国との関係を重視したものであるが、堀氏の東アジア世界は中国を中心に考えられていると言えよう。

この点は、中国王朝と周辺諸国とのどのような関係を冊封と見做すか、という論証上の問題にも関わってくる。

西嶋氏の取り上げる冊封は、それが中国と周辺諸国との君臣関係成立の契機となるという点で、中国王朝から授与された「王」等の爵位が基本となる。これに対して堀氏は、突厥や回紇《ウイグル》（回鶻）の首長に可汗の称号を授与することも冊封として認めている。確かに、中国王朝による「王」号の授与自体は東アジア諸国に限られるわけではないので、中国を中心に見た冊封の範囲は西嶋氏の想定する東アジア世界より遙かに広い範囲を含むことになる。言い換えれば、西嶋氏の冊封体制は東アジア世界に限られず、中国王朝と周辺諸国全体について広く認められるべきものとなる。西嶋氏は日本の歴史展開と関連させて東アジア世界を設定したせいか、北アジア諸国・中央アジア諸国に対する中国王朝の冊封的な動きについては、残念ながら全く言及することがなかった。日本から中国・朝鮮を見るにはそれでも餘り問題はないが、一度中国に視点を移すと、実証の上で種々の疑問が出てくるのは事実である。

冊封の多様な性格

中でも、可汗等の異民族固有の称号の授与を冊封と認めるか否か、という問題は重要である。堀氏は中国王朝による可汗等の冊立も冊封と認める。しかし西嶋氏の冊封体制の理解は、王・侯等の爵号の授与による国内君臣秩序の国外への拡延であるから、可汗等の冊立は氏の冊封体制論では餘り意味を持たなかったのであろう。しかし次のような例もある。

安史の乱において唐に助兵した回紇に対し、唐は広徳元年（七六三）に登里頡咄登密施含（合）倶録英義建功毗伽可汗を冊立すると共に、左殺（回紇の官名、以下同じ）を雄朔王、右殺を寧朔王、胡禄都督を金河王、抜覧将軍を静漠王に封《ほう》じている（『旧唐書』巻一九五・廻紇伝）。この例では可汗号と王号とが同時に授与されており、異民族固有の称号である可汗号が王号より上に位置附けられ、王号は可汗の臣下に授与されている。また、左殺の雄朔王は「中国の北方に雄たる王」の意味であるし、右殺の寧朔王は「北方を寧《やす》んずる王」という意味となる。これに対し、高句麗王・新羅王・百済王等は本来の国名に冊封による王号を加えたものであり、このような王号を「本国王」という（『南斉書』加羅国伝参照）。王号の授与といっても、具体例に即して見るとその実情は決して単純ではないのである。ただし、倭や高句麗・百済・新羅の東アジア諸国が中国王朝から授与された王号はいずれも本国王であり、逆にこのことから東アジア世界の範囲を設定することが可能であるとも言えよう。

「渤海」の称号について

ここで渤海について述べておく。渤海は唐から初めは渤海郡王、後には渤海国王の称号を授与された。これは他の東アジア諸国と同じように思えるかも知れないが、実は渤海の称号は本国王ではない。七〜八世紀の交に建国した渤海の、当初の国号は震国または振国であった。七一三年に大祚栄が唐から渤海郡王の称号を受け、大武藝—大欽茂と続けて渤海郡王の称号を受けた後、大欽茂は七六二年に渤海国王の称号を受けた。従って、渤海国王は渤海郡王より上位の称号ということになる。後に大嵩璘は七九五年に渤海郡王の称号を受けたが、自ら願い出て七九八年に渤海国王の称号を受け、以後の歴代の君主は渤海国王を継続して受けるようになったのである。このように、渤海の国号は唐から受けた郡王号を本にしていた。そこで注意しなければならない点が二つある。一つは、渤海郡王が唐の国内で用いられる称号であったことである。唐の郡王号は唐室の李氏一族に授与されると共に、一部の功臣や唐に内属した異民族の有力者にも授与される称号であった(11)。渤海郡王の場合、唐の建国時の六一八年に高祖李淵の侄《おい》の李奉慈が渤海郡王に封ぜられており、渤海の君主が渤海国王を授与されるようになった後の八〇六年には、渤海郡王高崇文のいたことが確認できる（『旧唐書』憲宗紀上・元和元年九月丙寅條）。従って、渤海郡王の称号が渤海建国の前後を通じて唐で爵号として通用していたことは明らかである。

いま一つは、渤海が日本と交渉を始めた当初から渤海郡王を名乗っていたことである。『続日本紀』聖武天皇・神亀四年（七二七）九月條に

庚寅、渤海郡王使首領高齊徳等八人、出羽國に來著す。遣使して存問し、兼ねて時服を賜う。（庚寅、渤海郡王使首領高齊徳等八人、來著出羽國。遣使存問、兼賜時服）

とあるのが、日本において渤海のことを伝えた最初の記事であり、そこには渤海使ではなく「渤海郡王使」と記されている。このほか、渤海の最初の遣日使に関わる記録には全て「渤海郡王」または「渤海郡」とあり、「渤海郡王」が当初から渤海側の用いた自称であったことは間違いない。前述のように、唐代の郡王号は帝室及び一部の臣下に授与される爵号であったが、異民族の場合には唐朝に内属した者に対して授与された。渤海郡王の称号は渤海の存在と併行して唐朝で授与されており、渤海が初めて日本に使者を送った時にその称号を用いたのであるから、唐朝における郡王号の用法や用例を承知の上で、渤海は意識的に日本で渤海郡王の爵号を用いたと考えて誤りないであろう。この渤海の例などは、中国王朝による冊封を周辺国家の側で積極的に活用した具体例として挙げることができよう。

四　東アジア世界と冊封体制との実証上の諸問題

国際関係における王号の性格

前節では、中国史研究者の西嶋・堀両氏の東アジア世界論を対比しながら、東アジア世界や冊封体制の理解に関

わる諸問題を述べてきた。本節では、関連する実証上の問題点について考えてみたい。「東アジア世界」という概念が方法論上の作業仮説的な側面を持つことは否めないであろうし、そうであれば実証的な問題点を列挙しても餘り意味がないように思えるかも知れない。しかし、李成市氏は、西嶋氏の挙げた東アジア世界に共通する指標の一つである漢字について、中国王朝と周辺国との直接交流だけでなく、漢字を受容した国から他の国へとその用法が伝播していった例（高句麗から新羅、それとは別に新羅から日本）のあることを明らかにしている。(12) 李氏は西嶋氏の東アジア世界論や冊封体制論には、その意義は認めつつも多分に批判的であるが、右の指摘はそうした批判的検討の中から明らかにされた事実である。従って、東アジア世界や冊封体制について実証面での問題点を挙げていくことも、決して無意味な作業ではない。ただし本章では、これまで取り上げてきた王号授与に関する諸問題についてのみ言及することとする。

前節では、東アジア世界の範囲に触れてさまざまな王号の存在について述べ、東アジア諸国には本国王が授与されたことを指摘した。実は、周辺諸国が中国王朝から授与された王号の性格にしても一様ではない。さきに本国王以外の例として回紇の雄朔王・寧朔王等を挙げたが、唐代の諸例から見ると、当人を讃える雄朔・寧朔のような王号は却って特殊である。唐代における本国王以外の王号としては、中国に遣使したことに対して唐の徳に浴したことを愛《め》でる懐徳王・奉化王・恭順王等の王号を授与する例が多い。筆者はこれを「徳化王」と名附けたが、王の交代ごとに中国王朝によって更新して授与される本国王に対し、徳化王は一度限りで継承されず、遠方から稀に唐朝に使者を遣わした諸国の王に授与されるケースが多い。また、回紇では一度に数名の者が王号を受けたが、渤海でも大武藝が渤海郡王を受けた翌年の七二〇年に嫡男の大都利行が桂婁郡王を受けたことがあり、西域では石《タシュケント》国の王子那倶車鼻施（那倶車鼻施）が七五三年に懐化王を受けている。これらは首長以外の者が王号や郡王を受けた例である。また、渤海では郡王から国王へと王号を進めた事実を述べたが、「国王」と「郡王」との差異は明確には把握できない。唐代の例では近接した諸国には本国王の「王」を授与することが多く、より遠方の国に対しては本国王では「国王」を授与することが多いが、王・国王・郡王の書き分けに無頓着な史料も少なくなく、右の点は完全に実証し切れない憾みがある。倭の五王のひとり倭王武は、四七八年に有名な上表文を宋に提出して倭国王を倭王に改められているが、この時の倭国王と倭王との意義の相違も不明なのである。

以上のように、王号授与に限っても多様な例が存在し、決して一律には処理し得ない。しかし、朝鮮や日本の諸例でその事実に気附かれなかったということは、東アジア諸国には基本的に本国王が授与されたことの裏返しであり、西嶋氏の設定する東アジア世界の妥当性を示す事例である、と言えるのかも知れない。ただし、高句麗の場合四～五世紀には高句麗王・楽浪公の爵号を授与されたが、唐初の朝鮮三国には遼東郡王高麗王（魏晉から隋唐の史料で高句麗のことを高麗と表記する例は少なくない）・帯方郡王百済王・楽浪郡王新羅王が授与されている。これらの郡王と本国王との複合は、隋代の遼東郡公高麗王・帯方郡公百済王・楽浪郡公新羅王の郡公が郡王に昇格したことに因って生じたものであるが、中国の旧領域を示す郡王号と本国王との複合的授与というのも、唐代では朝鮮三国のみに見られる現象である。唐代の他の異民族における郡王号授与については、唐に内属した吐谷渾に郡王号と可汗号とを授与した例が二つあり、渤海の場合は郡王号単独の授与であった。従って、郡王や郡公と本国王との複合的授与も、東アジア諸国と中国王朝との交渉の歴史的特質を示すもの、と考えることができるかも知れない。

「冊封」と「羈縻」の問題点

このように、王号授与のあり方だけを考えてもさまざまな問題を提起し得る。つまり、冊封のあり方自体が東アジア世界に関わる検討課題となるのである。しかし、ここからまた一つの問題が生じてくる。さきに、どのような称号の授与まで冊封と見做すか、ということが東アジア世界の範囲の理解に関係してくることを指摘した。それでは、中国王朝では本来どのような称号の授与を冊封と呼んだのか、ということを問うと、その点が全く判らないのである。中国の正史について見た限りでは、唐以前に冊封の用例はほとんどない。明らかに熟語と認められる冊封の用例は唐の後の五代に現れるが、それもごく僅かで異民族に限られるわけでもない（次章参照）。唐以前には封冊の語は存するが、正史ではそれも僅かであり、琉球の事例に見る如く冊封の語は明・清に多用されるようになる。唐以前の史料で異民族冊封の用例を豊富に収録しているのはやはり正史であるが、正史に即して冊封の用語を帰納的に定義しようとしても、結局のところそれは不可能なのである。この点は、具体的な事例を伴う羈縻とそれの無い冊封との大きな相違である。しかし、正史に見える羈縻の用例も決して多くはなく、冊封や和蕃公主等の中国王朝と周辺諸国との諸関係を包括する概念として、堀氏の言うように羈縻を想定できるかどうかは今後の検討に委ねられている（次章参照）。また、異民族の首長を名目的に州の長官の刺史とすることによって、その領域を形式的に中国の行政区域に編入する羈縻州の制度は唐に始まると思われる。堀氏も強調するように、羈縻と羈縻州とを混同しないように気を附ける必要があるのである[13]。

このように、唐以前には冊封について帰納的に定義することは実は不可能なのであり、羈縻の用法も充分には検討されていない。従って、冊封と羈縻との差異を定義することも不可能なのである。西嶋氏が古代東アジアの国際関係の構造を理論化するに当たり、なぜ冊封の語を用いたのかは今となっては知る術もないが、われわれ現代の研究者が冊封を論ずる場合には、どのような称号まで冊封に含めて考えるかを明言しておく必要があるであろう。また、例えば倭王済の使持節・都督倭新羅任那加羅秦韓慕韓六国諸軍事・安東将軍・倭国王のように、中国王朝が周辺諸民族に授与する称号は王号や可汗号のような君主号に限られず、実際には武官系統の称号も数多い。倭の五王に関係して、魏晉南北朝の異民族に対する将軍号等の武官の称号授与に関係する研究は存在する。(14) しかし、王号授与を重視した西嶋氏の冊封体制論の影響が強いせいか、唐代の異民族に対する武官系統の称号授与に関する研究は、池田温氏の「唐朝処遇外族官制略考」(註〈6〉参照)を除いてほとんど存在しない。異民族における武官系統の称号についても、今後留意する必要があろう。

東アジア世界と北方民族・東南アジア諸国

また、堀氏が重視したように、中国を統一した王朝にあっては北方民族との関係が重要となる。秦の始皇帝の時から万里の長城が存在した所以である。近年は唐代史にあっても、墓誌等の新出土史料の著増もあって唐在住のソグド人の研究が急速に進展しており、従来の北方民族に関する研究の見直し、新しい見方の提示が盛んになっている。(15) それだけに、中国と北アジア諸国との関係を重視する研究者からは、西嶋氏の提唱した東アジア世界についてはその設定を疑問視する声も揚がっている。筆者としては、西嶋氏の東アジア世界論が日本と東アジア諸国との関係を構造的、有機的に捉えようとしている点を大事にしたい。しかし、研究の進展に伴って批判的見解の出るようになる理由の一端が、西嶋氏の冊封体制論の実証不足にあることは否めないであろう。日本史の立場では、中国で新しく紹介された北宋の天聖令を用いた律令の比較研究も、当然深化させることが必要となろう。東アジア世界について論ずる場合、日本の立場から見ていくのと中国中心に見ていくのとで、論証の核となる素材が違ってくるのは止むを得ない。日本の立場から見ていくには、西嶋氏の指標のように中国や朝鮮と共通する條件を具体的に掘り下げていくことが必要であろうし、中国史の立場では中国王朝の国際関係の総体的な特質を見出すことが何よりも必要であろう。中央集権的な皇帝制度に基づく中国では、各時代の天下観念のあり方も当然問題となるが、[16]東アジア世界の特質を考える立場からすれば、前述のように異民族に対する各王朝の称号授与の事例を個別に検討していくことがなお必要である。筆者は南朝における王号等の授与について考察を試みたが、東南アジア諸国と高句麗・百済・倭の東アジア諸国とでは、称号授与のあり方に明らかな相違が見られる（第二部第三章参照）。西嶋氏の設定した東アジア世界は、南朝ではその存在を認めても差し支えないのである。問題は隋唐であるが、前述のように中国を統一した王朝では長城以北の遊牧民族との関係が圧倒的に重要である。南北朝を統一した隋唐では北朝の影響が強いが、現在では北朝における国際関係の特質の検討はほとんど手つかずである。中国王朝に軸足を置いた東アジア世界がいかに設定されるか、そしてその設定が作業仮説としてどれほど有効であるかという問題には、なお多くの検討課題が残っていると言うべきであろう。

ただし、本章で述べてきた王号授与の特徴から見て、日本・朝鮮に対する爵号の授与には、他の地域に対する爵号授与のあり方と違う側面を指摘できそうである。従って、西嶋氏の設定した東アジア世界は、冊封のあり方から見て他の地域と違う特質を持っていることは言い得ると思うが、その点を詰めていくのも今後の課題である。

五　残された課題

それぞれの東アジア世界

本章では、中国史の立場から冊封体制や東アジア世界に関連した諸問題を述べ、実証的に未解決の問題がなお多く残っていることを指摘した。中でも、羈縻と羈縻州とは同じでないこと、唐以前については冊封の語を帰納的に定義するのは不可能であること、従って冊封と羈縻との相違を実証的に論ずるのは不可能であること、といった点は是非とも了解しておいてもらいたい。史料の限界を承知しておかなければ、東アジア世界や冊封体制について無駄な議論を積み重ねることになりかねないからである。最後に、今まで触れなかった別の問題の存在を指摘して本章を閉じたい。

西嶋氏は「六―八世紀の東アジア」において、国書問題に見られるように日本が隋と対等な立場を取ろうとしたことについて、新羅・百済を朝貢国としてそれに君臨しようという、日本を中心とする小「冊封体制」維持の上からそのような立場が取られた、という解釈を示した。そして、日本は隋唐の冊封体制の枠内にあったが自らは隋唐の冊封を受けることがなかった、という意味のことも述べている。また、「七―八世紀の東アジアと日本」[17]では、日本が国号を倭国から日本に変えた八世紀になっても、七世紀の対隋・対唐外交の時の対等的姿勢をそのまま維持して改めることはなかった、と述べている。また、唐に対する日本の国書についても、唐に対等な姿勢を取りながらもその威信を損なわぬよう国書の形式に配慮していた、と考えている[18]。一方、石母田正氏は日本の大宝令制定に関連して、唐に対して日本は一貫して朝貢関係にあったが、朝貢関係を基本とする唐の秩序の内部においてその国際的地位を築こうとした。そのためには朝鮮諸国を諸蕃とし、諸蕃の朝貢の上に立つ小帝国としての日本の国家体制を律令的形態で固め、それによって中国王朝の承認をかちとるように努めた、と述べている[19]。

このように西嶋氏は、日本は隋唐に意識的に対等な立場を取ろうとして冊封は受けなかったと解釈し、その理由を、新羅・百済を朝貢国と見做す日本としては両国と同じ立場で隋唐の冊封を受けるわけにはいかなかった、という点に求めている。これに対して石母田氏は、唐代の日本は朝貢国の位置にあったが、唐の律令を導入することで朝鮮諸国に対して上位に立とうとした、と解釈した。古代日本と朝鮮との関係についてはさまざまな議論があるが、朝鮮諸国に対する日本の立場を同じように解釈する西嶋氏と石母田氏とにあって、唐に対する日本の立場の解釈が正反対であるのはどのように考えればよいのであろうか。筆者の理解では唐代の日本は形式的には朝貢国の立場にあり、西嶋氏のように唐に対等な立場を取ろうとしたと考えるには無理があると思う[20]。ただし、氏は八世紀の日本・新羅・渤海について、これらの諸国には従属の姿勢を取る場合と対等な姿勢を取る場合とがあるが、一方が対等な姿勢を取ろうとしても相手国がそれを認めることはなかった、という意味のことも述べている[21]。酒寄雅志氏も、高句麗・百済・新羅・渤海・日本及び一〇世紀以降のヴェトナムに、それぞれ華夷思想が存在したことを指摘している[22]。

新たな課題

以上のように見てくると、西嶋氏の設定する東アジア世界においては、その中の諸国家がそれぞれの東アジア世界なり冊封体制なりを作ろうとしていた、ということができる。いわゆる小中華である。だが、前述のように中国を統一した王朝にあっては北アジア諸国との関係が最も重要となるが、そうした遊牧諸国が自らの周囲にこのような小世界を作り出そうとしていたか否かは明らかにされていない。周囲の諸国に対する小帝国として自らを位置附けようとする発想が、東アジア諸国に特に強く見られるものであるとすれば、この点からも日本に軸足を置いた東アジア世界の視点が一定の有効性を持つことになろう。冊封体制・東アジア世界の性格やその設定の当否を検証するには、国際関係におけるどのような素材を取り上げるのが妥当であるのか、どのような枠組みの設定の仕方が意味を持つのか、等の点を考慮しながら粘り強く実証や解釈を積み上げていく努力が、今後ともなお必要なのである。

註

（1）田中健夫『中世対外関係史』（東京大学出版会、一九七五年）「緒言」。

（2）前田直典「東アジヤに於ける古代の終末」（同氏『元朝史の研究』所収、東京大学出版会、初出は一九四八年）。

（3）藤間氏の論文は「五・六世紀の東アジアと日本」と改題して同氏『東アジア世界の形成』（春秋社、一九六六年）に収録された。また、西嶋氏の「六―八世紀の東アジア」は「東アジア世界と冊封体制―六―八世紀の東アジア―」と改題して同氏『中国古代国家と東アジア世界』（一九八三年）及び『論集』第三巻（二〇〇二年）に収録。また、後述の「総説」は「序説―東アジア世界の形成―」と改題して、同じく『中国古代国家と東アジア世界』及び『論集』第三巻に収録。また、この二篇は李成市氏の編集による西嶋『古代東アジア世界と日本』（二〇〇〇年）にも収録されている。

（4）ただしこの説明では、高句麗王より楽浪公に封ぜられたことの意味が重視されていることになる。

（5）石母田正「日本古代における国際意識について―古代貴族の場合―」（『石母田正著作集』第四巻所収、岩波書店、一九八九年、初出は一九六二年）及び「天皇と「諸蕃」―大宝令制定の意義に関連して―」（同巻所収、初出は一九六三年）参照。

（6）『隋唐帝国と東アジア世界』に発表された池田氏の「唐朝処遇外族官制略考」は、『東アジアの文化交流史』には収録されていない。また次註参照。

（7）吉田氏の「隋唐帝国と日本の律令国家」は「「律令国家」と「公地公民」」と改題し、同氏『律令国家と古代の社会』（岩波書店、一九八三年）に収録。また、栗原益男氏以下の諸論文のうち、後に出版された諸氏の論文集に収録されたものは以下の通りである。栗原益男「七、八世紀の東アジア世界」（『唐宋変革期の国家と社会』所収、汲古書院、二〇一四年）、谷川道雄「東アジア世界形成期の史的構造―冊封体制を中心として―」（『谷川道雄中国史論集』上巻所収、汲古書院、二〇一七年）、堀敏一「隋代東アジアの国際関係」（『東アジアのなかの古代日本』所収）、布目潮渢「隋の大義公主について―隋唐世界帝国の指標としての「和蕃公主」」（『布目潮渢中国史論集』上巻所収、汲古書院、二〇〇三年）、中村裕一「渤海国咸和一一年中台省牒に就いて―古代東アジア国際文書の一形式―」（「渤海国咸和一一年

（八四二）中台省牒―古代東亜国際文書の一形式―」と改題して『唐代官文書研究』に収録、中文出版社、一九九一年）。

（8）栗原朋信「文献にあらわれたる秦漢璽印の研究」（同氏『秦漢史の研究』所収、吉川弘文館、一九六〇年、増補版一九六九年）

（9）以下の点については、李成市氏に筆者とは別の観点からの考察がある。同氏『東アジア文化圏の形成』（山川出版社世界史リブレット、二〇〇〇年）参照。

（10）『論集』第四巻に収録（二〇〇二年）

（11）拙稿「唐代の異民族における郡王号」（初出一九八六年）、及び「唐朝より見た渤海の名分的位置」（初出一九九八年）、いずれも拙著『隋唐の国際秩序と東アジア』所収、二〇〇一年。前者は本書第三部第五章、後者は同じく第八章として収録。題名はそれぞれ拙著収録の際に改めた。

（12）註（9）所掲『東アジア文化圏の形成』参照。

（13）堀敏一『東アジアのなかの古代日本』（一九九八年）第二章「中華世界―魏晉南北朝・隋唐時代における―」（初出は一九九七年）参照。

（14）坂元義種『古代東アジアの日本と朝鮮』（吉川弘文館、一九七八年）・堀敏一『中国と古代東アジア世界―中華的世界と諸民族―』（一九九三年）等参照。

（15）森部豊『ソグド人の東方活動と東ユーラシア世界の歴史的展開』（関西大学出版部、二〇一〇年）、石見清裕編著『ソグド人墓誌研究』（汲古書院、二〇一六年）、福島恵『東部ユーラシアのソグド人―ソグド人漢文墓誌の研究―』（汲古書院、二〇一七年）等。森安孝夫『シルクロードと唐帝国』（講談社、二〇〇七年、講談社学術文庫再刊、二〇一六年）・『東西ウイグルと中央ユーラシア』（名古屋大学出版会、二〇一五年）も参照されたい。

（16）渡辺信一郎『中国古代の王権と天下秩序―日中比較史の視点から―』（校倉書房、二〇〇三年）、戸川貴行『東晉南朝における傳統の創造』（汲古書院、二〇一五年）参照。

（17）西嶋定生「七―八世紀の東アジアと日本」、『日本歴史の国際環境』所収（初出は一九八一年）。

（18）西嶋定生「遣唐使と国書」、『論集』第三巻所収（初出は一九八七年）。

(19) 註(5)所掲石母田「天皇と「諸蕃」」参照。
(20) 拙稿「唐代の国際関係における日本の位置」(本書第三部第七章、初出は一九九八年)参照。題名は註(11)所掲拙著収録時のものである。
(21) 註(17)所掲「七―八世紀の東アジアと日本」参照。
(22) 酒寄雅志「華夷思想の諸相」(同氏『渤海と古代の日本』校倉書房、二〇〇一年、初出は一九九三年)参照。

第二章　東アジア世界論摭遺

一　はじめに

私は二〇〇〇年以降、「日本から見た東アジア世界と中国から見た東アジア世界」（『白山史学』第三九号、二〇〇三年）、「東アジア世界論と冊封体制論」（田中良之・川本芳昭編『東アジア古代国家論—プロセス・モデル・アイデンティティ—』所収、すいれん舎、二〇〇六年）、「東アジア世界論」（石井正敏他編『日本の対外関係1　東アジア世界の成立』所収、吉川弘文館、二〇一〇年、本書第一章）、「古代東アジア世界論とその課題」（『メトロポリタン史学』第六号、同年）、「東アジア世界論の現在」（『駒沢史学』第八五号、二〇一六年）等、東アジア世界に関する文章を幾つも発表してきた。右のうち、「東アジア世界論」を除くとすべて学会の講演や報告を後に活字化したもので、冊封体制や東アジア世界に関する解説的な部分には重複が多い。しかし、全く同内容となることは避けて、各文章に他の発表に無い部分を少しずつは盛り込むことにした。すると逆に、ある文章に掲げた史料等が気附かれずに見過ごされる恐れも出てくる。そこで、本章では第一章に収録した「東アジア世界論」を除く上記各論文の一部を抜き出して再構成し、一篇の論文に仕立て直した。「摭遺」と題する所以である。なお本章では、語順や断句の在り方を見極める必要のある原文については書き下しを省略した。

二　冊封体制論の立脚点

西嶋定生氏の東アジア世界論が構想されたのは一九六〇～七〇年代である。その後、中国とアメリカ・日本が国交を結ぶなど、世界の交流は急速に活発化し、日本の研究者が中国やモンゴル人民共和国、或いは後のロシアなどに出かけて現地調査を行う機会も増えてきた。また、日本史の分野でも古代から中世にかけての国際関係の見直しが進み、西嶋氏の東アジア世界論が日本側からの視点で構想されていること、或いは遊牧民の世界が視野に入っていないこと、別の言い方になるが北アジア・中央アジア諸国に対する視点が欠落していること、等の欠陥が指摘されるようになった。近年では、東アジア世界より広い東部ユーラシア世界、或いは東ユーラシア世界という視点から日本の歴史的な在り方を把握しようとする動きも目立ってきている。

しかしながら、一九六〇～七〇年代の日本の学問的情況を無視して、西嶋氏の東アジア世界論に他の地域の諸国と中国王朝との国際関係の実態に関する論証が欠落していることを指摘しても、生産的な意味は餘りない。李成市氏は、一九五〇年代に西嶋氏が上原専禄氏と高校世界史の教科書の作成に関わり、ヨーロッパによって世界が一体化する以前の、互いに独立した複数の歴史的世界の存在を積極的に認めようとする立場を共有し、その当時の極めて現実的、実践的な課題に取り組んだ上原氏の構想を継承し、それを前提として東アジア世界論を構想した、と論ずる。そして、中国・朝鮮・ヴェトナム・日本の四箇国の地域は、アメリカのヴェトナム戦争を媒介とする国家矛盾・民族矛盾の対立が具体的に現象する共通の場としての地域世界を形成しており、一九六〇年代の現実と向き合う中で、四箇国の密接に関わりあった地域が東アジア世界と認識され、そのことが一九七〇年代に発表される東アジア世界論の前提になった、と指摘している。西嶋氏の東アジア世界論がこのような形で上原専禄氏の世界史像と結びついている筋道を見出したのは李氏の炯眼であり、氏の編集した西嶋『古代東アジア世界と日本』（岩波現代文庫、二〇〇〇年）の中に、一見すると関係の希薄な「世界史像について」（第二次『岩波講座世界歴史』第二五巻月報、一九九七年）が収められている理由は、以上のような上原氏との関わりを西嶋氏の言葉で示すために他ならない。従って、西嶋氏の立論の根拠をこの点に求める限り、氏の東アジア世界論に中国王朝と北アジア諸国や、中国の西に当たる中央アジア諸国との具体的な考察の無いことを批判するのは、批判する側の問題意識の乏しさを表明することにもなりかねないのである。

ただし、西嶋氏の東アジア世界論が以上のような問題意識に発することを認めたとしても、それが冊封体制を軸として組み立てられている、ということについてはまた別の議論が必要である。中国古代史家としての西嶋氏を代表する業績は、『中国古代帝国の形成と構造』（東京大学出版会、一九六一年）である。本書は漢代における民爵の存在に着目し、漢代には庶民の住む里《り》の内部の秩序も、国家による民爵の賜与を媒介として年長順に整序されていることを指摘した。そして、国家権力によって国家的身分が編成、維持され、国家が庶民の社会秩序維持の鍵を握ることで、漢代の皇帝支配が庶民からも支持される形で存在することを明らかにしたものである。本書の発表は一九六一年であるが、第一章でも述べたように、大和政権と全国の地方首長との政治的関係の成立を前方後円墳の成立から説き、大化前代の政治史研究に古墳に基づく重要な問題提起をした「古墳と大和政権」（『岡山史学』第一〇号）が発表されたのも同年のことであった。本論文を再録した『現代のエスプリ』（至文堂、一九六四年）に寄せた「私の古墳遍歴」には、現在の我々を規定する歴史性の把握のためにも日本史研究と絶遠した場で中国史研究を取り扱うべきではなく、中国史研究はその直接的結果により、或いはそこで把握された方法によって日本史研究に奉仕しなければならない、ということが記されている。これこそ、前述した上原専禄氏との関わりの反映であろう。そして、その頃課題としていた中国古代帝国の構造に関する研究から得た方法を古墳研究の場に試みたのが「古墳と大和政権」であった、と述べられているのである(1)。

ここには、日本の中国史研究は我々のいる現在の日本という場を離れては考えられないこと、即ち日本史研究と無関係な中国史研究は想定しがたいこと、そして「古墳と大和政権」は当時の西嶋氏が従事していた中国古代帝国の構造に関する研究方法、つまり爵制的秩序による皇帝支配の解明、という手法を日本史研究に応用したものである、ということが同時に表明されている。そして、西嶋氏が冊封体制の存在を初めて提唱した「六―八世紀の東アジア」の発表も一九六二年であって、中国古代帝国における爵制的秩序の歴史的意義の究明と、日本における古墳の在り方に関するその方法の適用と、中国の爵制的秩序の周辺諸国への拡延である冊封体制によって古代東アジアの国際関係を把握しようとする論証とは、同時並行で行われていたのである。その数年後に発表された「古墳出現の国際的契機」(『論集』第四巻所収、二〇〇二年、初出は一九六六年)では、高句麗や倭・百済・新羅という東アジア諸国王がそれぞれ中国王朝の官爵を得て、中国王朝の礼法に従ってその墳墓を築造し、それによって国内に権威を示現することで、古墳を始めとする高塚墳墓が東アジアに伝播、普及したのではないか、と述べられている。そしてそこには、関係する論文として「六―八世紀の東アジア」が挙げられている。依って西嶋氏の冊封体制論は、六〇年代までの西嶋氏の中国史研究における主要な課題であった爵制的秩序による国家的身分編成の問題と繋がり、そうした中国古代の皇帝支配の特質を日本に至る国際関係の中にも検証しようとして見出した論理であった、と認めることができよう。

三　冊封体制論再検討のための史料上の諸問題（1）―校尉―

以上のように、西嶋氏の冊封体制論と東アジア世界論とが、それらが発表される前の氏の学問的営為と繋がっているのであれば、今日の我々は氏の東アジア世界論をどのような形で継承し、発展させていけば良いのであろうか。実はそこに一つの大きな問題が存するのであり、それは唐以前の史料に「冊封」の用語を見出すことが極めて困難である、という事実である。唐以前の正史に見られる冊封の事例は、次の『新唐書』巻二二二上・南蛮伝の（1）南詔伝上、及び同巻下・（2）室利仏逝伝の二例のみである。

（1）後五年（貞元九年〈七九三〉南詔異牟尋）乃決策遣使者三人、異道趨成都、遺皐（韋皐）帛書曰、……（吐蕃の）神川都督論訥舌使浪人利羅式眩惑部姓、發兵無時、今十二年、此一忍也。……訥舌等皆冊封王、小國奏請、不令上達、此二忍也。

（2）（開元年間以降）後遣子入獻、詔宴于曲江、宰相會、冊封賓義王、授右金吾衛大將軍、還之。

これらのうち、（1）は南詔の異牟尋の使者が剣南西川節度使の韋皐に差し出した文書の中に、吐蕃の行為として冊封が語られているものである。しかし、これは四字句の表現であり、二字ずつに分けて「皆な冊して王に封ず」と読むべきであろう。（2）は唐以前の中国王朝で唯一の「冊封」の事例となるが、「冊して賓義王に封ず」とも読め、「冊封」が熟語として定着した例とは言い切れない。また、これも四字句に分けて「宰相會冊、封賓義王」と読むことも可能である。五代の例を『旧五代史』『新五代史』に求めても、五代の諸王朝が十国の王を封じた例を含めて両書それぞれ数例に止まるのみである。[2] 明や清が琉球を冊封したことに見られるように、冊封は基本的に明清の用語なのである。

因みに、向達《しょうたつ》氏の著名な『唐代長安与西域文明』（生活・新知・読書三聯書店、一九五七年）では、前掲（1）の交渉の後に行われた、唐による南詔王異牟尋の冊立を冊封と表現している（「唐代紀載南詔諸書考略」一四三頁、初出は一九五一年）。該当する原文は『新唐書』南詔伝上の「明年（貞元一〇年、七九四）夏六月、冊異牟尋爲南詔王、以祠部郎中袁滋持節領使……、賜黄金印、文曰貞元冊南詔印」であり、「冊」とのみ記されている(3)。おそらく、向氏は明清に頻出する「冊封」の語を唐に転用したのであろう。

以上のように、唐以前においては冊封は史料の用例に則った用語ではなく、あくまでも学術上の用語に止まる。当時の中国王朝と周辺諸国との君臣関係を表わすのに、西嶋氏がなぜ冊封の語を用いたのかは今となっては問う術もないが、唐以前の冊封の語を用例から帰納的に定義していくことは少なくとも正史においては不可能なのであり、逆に漢代以来の国際関係総体の中から再定義していかなければならないのである。その仕事は残された我々のものでなければならない。その場合注意しておきたいのは、漢代では異民族に対する武官称号授与の例が多く見られることである(4)。また、後漢では度遼将軍のように、辺境の武官が異民族に対する行政官の役割を果たした例もある(5)。

これまでの研究史では、西嶋氏の冊封体制論の影響が強かったせいか、倭の五王の諸問題に関係する南朝から周辺諸国に授与された将軍号の意義の分析を除いては、東アジア世界論や中国古代の国際関係の議論において、武官の称号授与はそれほど問題とされてこなかった。しかし例えば、南朝の異民族に対する校尉の授与の在り方も、当時の国際関係の特質を考える上では充分に意味のある分析対象となり得る。管見では、当時の国際関係における校尉の性格について日本で発表された論文は一篇に止まるが(6)、筆者の関係した卒業論文に異民族に対する南朝の校尉授与を扱ったものがあるので、その内容の一部を紹介しておこう。

佐藤加代子氏の「南朝の校尉に関する一考察」（山梨大学教育学部卒業論文、二〇〇一年一月提出）に依れば、南朝と継続的に交渉を行いその冊封を受けていた周辺諸国には、東方では高句麗・百済・倭、南方では林邑、西方では北涼（河西）・仇池・吐谷渾（河南）・宕昌・鄧至がある。このうち、南朝が「校尉」号を与えたのは、鄧至を除く西方勢力（『梁書』諸夷伝にいう西北諸戎の一部）である。即ち、北涼の西夷校尉・西域戊己校尉、仇池の平羌校尉、吐谷渾の領護羌校尉、宕昌の東羌校尉である。一方、北朝の北魏・北周からは高句麗に対してのみ東夷校尉が授与された。かつて坂元義種氏は、南朝の周辺諸国に対する将軍号授与の情況を整理し、その全体的傾向から南朝の重視した周辺諸国は、五世紀半ばに滅亡する河西（北涼）を除くと、上から順に高句麗―河南（吐谷渾）―百済―倭―林邑・宕昌―鄧至―武都となる、とした。そして、南朝外交の中心課題である北魏封じ込めに重要な位置を占める東の高句麗と南の河南（吐谷渾）とが高い位置にあるが、北朝にも朝貢する高句麗に対してはその南方の百済に高句麗牽制の役割を期待し、その結果、倭の五王の都督……諸軍事の除正要求から百済は常に除かれることになった、と解釈した[7]。筆者は坂元氏のこの議論に接した時、宕昌・鄧至・武都という小国の西北諸戎が南朝の将軍号授与の対象となることが腑に落ちなかった。しかし、これを佐藤氏の整理した校尉号授与の結果と照らすと、南朝は吐谷渾を中心とする西北諸戎に北魏牽制の役割を期待していた、と推測し得る。一方の北朝は、東に隣接する比較的大きな勢力で、しかも南朝にも通交する高句麗に東夷校尉を授与して、南朝の動きに対抗したものと解することができよう。

南朝の各王朝ごとに見ると、宋が異民族に与えた校尉の称号はケース・バイ・ケースで一定せず、実態に対応した授与であったと言えるが、南斉・梁に至ると虚号化し、陳では異民族に対して校尉を授与する例は見られなくなる。また、西方独立勢力にのみ校尉号を授与した宋では、それらが国内の臣下に授与した校尉号と重なる例は全くない。この点からも、宋の西方独立勢力に対する校尉号授与は、北魏対策の要地の勢力に対する授与であったと解釈できる。よって、北朝では高句麗に北魏・北周から（領）東夷校尉が授与されたほか、北斉から高句麗に（領）護東夷校尉（『北斉書』文宣帝紀・天保元年〈五五〇〉九月癸丑條）、新羅に東夷校尉（同書武成帝紀・河清四年〈五六五〉二月條）の授与が行われたことは、北朝独自の施策であったと理解できる。

佐藤氏の成果からは、南朝各王朝の国際関係に対する姿勢など、当時の国際関係に関してさまざまな解釈を引き出すことができるが、ここではこれ以上触れない。しかし、中国王朝と周辺諸国との関係の動きを深く理解するためには、王号の冊封のみならず種々の関係を追究する必要のあることは、既に明らかであろう。冊封体制論は、漢代以降の中国王朝と異民族との多面的な分析からあらためて検討され、その内容が深められていかなければならない課題なのである。

四　冊封体制論再検討のための史料上の諸問題（2）―王号等の仮授について―

『魏志』倭人伝では、魏が卑弥呼を「親魏倭王」に任命した制詔には「假金印紫綬」「假授」「假銀印青綬（難升米・都市牛利に対し）」とあり、その後の文にも「拜假倭王」「詔賜倭難升米黄幢、付郡假授」とあって、倭に対する金印等の賜与はすべて「仮授」である。『宋書』倭国伝の倭王武の上表文中にも「仮授」の語が見えるが、こちらは宋王朝に除正を要求する前の自称であり、その用法は変化している。こうした魏晉南北朝に頻出する「仮授」については、日本や東アジア諸国と中国王朝との交渉を論ずる中で、さまざまに議論されている。しかし、仮授自体は異民族に授与される場合のみに限られないのであり、『後漢書』霊帝紀・中平四年（一八七）條には「是の歳、關內侯を賣り、金印紫綬を假して傳世せしめ、錢五百萬を入る（是歳賣關內侯、假金印紫綬傳世、入錢五百萬）」という文があり、その王先謙の集解には「何焯《かしゃく》曰く、光和元年に已に關內侯を賣る、此れ則ち幷せて傳世せしむる也（何焯曰、光和元年已賣關內侯、此則幷傳世也）」とある。この何焯の説を参考にすれば、『後漢書』の文の意味は霊帝の光和元年（一七八）には既に爵関内侯を売り出したが、同じ霊帝の中平四年には金印紫綬を仮すことによって売爵の関内侯の相続を可能にした、ということである。仮授とは、本来与える資格のない者に対して特別に授与を認めることである、というのが私の解釈であるが、ここでは売爵の関内侯が仮授によって相続可能になったことが示されている。仮授の機能の一面を示していて興味深いが、そこからさらに、仮授された印綬は回収する必要がない、と敷衍することができる。

そうであれば、卑弥呼に仮授された「親魏倭王」の金印も回収する必要がないことになる。当時の倭国のように、中国王朝に来朝する機会の少ない遠方の外国に対しては、回収する必要がないように印綬は仮授の形式で認めておく、という中国側の事情を想定できるかも知れない。漢から新への交代期の建国元年（始建国元年、九）には、前漢の「匈奴単于璽」を回収し格落ちの「新匈奴単于章」を授与して、新と匈奴との関係が悪化した（『漢書』匈奴伝下）[8]。このようなトラブルを避け、かつ一々回収する手間を省くためにも、印章の仮授は中国王朝にとって簡便な方法であったのではなかろうか。仮授の爵位が相続され得るのであれば、逆に仮授の印綬は回収しなくても良い、という解釈が成り立ちそうである。

栗原朋信氏は伝世印を排除して文献のみで漢代の印章制度を考察したが、その後に紹介されたものも含めて伝世印を通覧すると、チベット系の羌について「晉歸義羌王」「西寧羌王」「四角羌王」「親晉羌王」の印文が認められるほか、同じくチベット系の氐について一九四八年に甘粛省西和県で出土した「晉歸義氐王」金印のほか、印譜には一五点の「晉歸義氏王」の印影が確認できる（阿部加奈恵「印からみる古代東アジア世界の国際関係」、二〇一一年度國學院大學文学研究科修士論文）。この晉はおそらく西晉であるが、西晉が羌・氐を王に冊封していたことは文献からは全く確認できない。伝世印がすべて後世の偽印ということはないであろうから、以上の事例が事実であれば、東アジア世界論・冊封体制論にも多少の影響を及ぼすことになろう。

因みに正史では、『魏志』鮮卑伝に後漢末に曹操が鮮卑の大人《たいじん》沙末干を親漢王とし、魏の文帝に至って他の大人素利・彌加を帰義王とし、明帝の時にも別系の鮮卑の大人泄帰泥を帰義王としている。西晉恵帝の太安二年（三〇三）には鮮卑の段勿塵（務勿塵）が親晉王・遼西郡公となり、西晉には他にも親晉王の例がある。五胡の匈奴の劉淵（漢―前趙）は胡族の部大（首長）張㔨《はい》督に親漢王を授与している。これに対し東晉では、燕王を自称していた慕《ぼ》容皝《ようこう》に対し、成帝の咸康七年（三四一）に大都督河北諸軍事・大将軍・燕王の地位を与えている（堀敏一『東アジアのなかの古代日本』一九九八年、第二章「中華世界」に挙げられた例）。よって、西晉から東晉の交代期に「親漢」「親魏」「親晉」といった、「親」と中国王朝名とを重ねた称号は消滅したようである。こうした称号の変化は、五胡諸国の出現に伴う東アジア世界・東部ユーラシア世界の激変に対応して生じたのであろう。

中国史では、漢から魏晉南北朝の爵制の特質についてはある程度の研究の蓄積があるが、唐に続く宋代以降の爵位の社会的役割についてはあまり研究がない。宋代以後、正史の列伝に爵号を明記する例が見られなくなることから、爵位自体の社会的機能が宋代以後に低下すると筆者は考えたが(9)、呉麗娯氏が官人の死後の贈官に関して、漢魏から唐朝前期まで爵位を標準にして贈官が行われていたのに対し、開元・天宝以後の唐後期から宋代にかけて生前に就任していた官が標準となる、と指摘しているのも参考になる(10)。西嶋氏自身、唐代以前の東アジア世界と宋代以降の東アジア世界との相違に論及している。唐と宋との間で爵位の社会的機能が変化していたとすれば、同時期の東アジア世界の変質について、そうした観点から検討することも可能となろう。

また、意外に知られていないが、以下のように唐の封爵令では爵位に例降の制度があり、王号が直系の子孫に何代もそのまま相続されることはない。

諸の皇兄弟・皇子は親王と爲し、親王之子の承嫡する者は嗣王と爲し、皇太子の諸子は並びに郡王と爲し、親王之子の恩澤を承ける者も亦た郡王に封《ほう》じ、諸子は郡公に封じ、其の嗣王・郡王、及び特に王に封じて子孫の承襲する者は降して國公を授く。（諸皇兄弟皇子、爲親王、親王之子、承嫡者、爲嗣王、皇太子諸子、並爲郡王、親王之子、承恩澤者、亦封郡王、諸子封郡公、其嗣王郡王、及特封王、子孫承襲者、降授國公）

（『唐令拾遺』復原唐封爵令第一條）

よって、東アジア諸国における新羅王のような王位の継承は、唐の封爵令の制度からは導かれない。また実例から見ると、中央アジア諸国に対する本国王（国名を冠した王号）の授与は多くは一代限りであり、その点で東アジア諸国の高句麗王・百済王・新羅王とはやや相違する。王爵の授与だけとっても、実態は簡単に一元化できないのである。

五　冊封体制論再検討のための史料上の諸問題（3）──前漢の羈縻──

一方、羈縻についても実は実証上の問題がある。堀敏一氏は、中国の国際関係を理解する上で冊封より羈縻の方が一般的な用語である、という意味のことを述べているが、このような解釈も史料から一義的に導き出せるわけではない。漢代には、羈縻は朝廷が異民族と何らかの関係を結んだ時に広汎に用いられる用語だったのであり、冊封が羈縻の一部のやり方であるというのは、恐らくそこから敷衍した堀氏の解釈といって良いであろう。以下に、国学院大学の卒業論文に基づいて、漢代の羈縻の用例を網羅的に紹介しておこう（阿部加奈恵「漢王朝の外交政策について」國學院大學文学部二〇〇七年度卒業論文、同年一二月提出）。

『史記』『漢書』『後漢書』の中で、最も早い羈縻の用例は『史記』律書の次の文である。

　高祖は天下を有つも、三邊は外に畔《そむ》き、大國之王は蕃（藩）輔を稱すると雖も、臣節未だ盡くさず。會《たま》ま高祖は軍事を厭苦し、亦た蕭・張之謀有り、故に武を偃《やす》めて一たび休息し、羈縻して備えず。（高祖有天下、三邊外畔、大國之王、雖稱蕃輔、臣節未盡。會高祖厭苦軍事、亦有蕭・張之謀、故偃武一休息、羈縻不備）

すなわち、漢王朝が天下を領有しても当初は周辺諸国が従わなかっただけでなく、諸侯王も臣節を尽くさず、高祖は軍事作戦に苦心した。しかし、蕭何・張良の謀り事もあり、軍事を控え羈縻して事を構えなかった、というのである。この羈縻の用法は「三辺」のみならず、国内の「大国の王」に用いられているのかも知れない。しかし、直接的な郡県体制下に入っていない者に対して用いられていることと、漢王朝の消極的な姿勢を示す意味で用いられていることとは確かである。

次に、『史記』司馬相如伝に（『漢書』同伝もほぼ同文）、武帝から西南夷を説諭する使者に任命された司馬相如が長安に帰還したあと、西南夷計略の意義を述べた文に以下のように見える。その冒頭に「漢興七十有八載」とあるところから、元朔五年（前一二四）のものと推定される。

　蜀都に至り、耆老・大夫・薦紳・先生之徒、二十有七人、儼然として造《いた》る。辭畢りて、因りて進みて曰く、蓋し聞く、天子之夷狄に於ける也《や》、其義は羈縻して絶える勿《な》からしむる而已《のみ》、と。（至于蜀都、耆老・大夫・薦紳・先生之徒、二十有七人、儼然造焉。辭畢、因進曰、蓋聞天子之於夷狄也、其義羈縻勿絶而已）

前後の引用は省略するが、蜀の長老や有力者達は西南夷との交通拡大に反対する文脈でこの語を用いている。この羈縻の語は西南夷を対象とし、また漢王朝の発言ではないが、中国の人民の負担を増大させないという文脈で、消極的な外交を示す用例である。

周知の如く、漢の武帝は積極的に対外経略を推し進めたが、以下の『史記』大宛列伝及び『漢書』張騫伝の文は、烏孫王（昆莫《こんび》）に江都王劉建の女《むすめ》を降嫁させた頃の西域の情況を述べたものである。前後の文脈から元封四年（前一〇五）頃のことと推測される。

宛以西、皆自以遠、尚驕恣晏然、未可詘以禮、羈縻而使也。　（『史記』大宛列伝）

大宛以西、皆自恃遠、尚驕恣、未可詘以禮、羈縻而使也。　（『漢書』張騫李広利伝、張騫伝）

即ち、漢から遠く驕恣の態度をとっていた大宛以西の国々に対して、漢が礼を詘《おしえ》ることができずに羈縻して使っていた、というのである。ここでの羈縻も、異民族を繋ぎ留めるという程度の消極的な用法であるといえよう。

武帝期の羈縻の用例として興味深く、また漢代の用例としても異例なのは、『史記』封禅書及び武帝紀の末尾の文（ほぼ同文）並びに『漢書』郊祀志下の次の文である。

天子益々方士之怪迂の語に怠厭するも、然るに羈縻して絶たず、其の眞に遇うを冀《こいねが》う。此れ自り之後、方士の神祠を言う者は彌《いよい》よ衆《おお》く、然るに其の效は睹る可し。（天子益怠厭方士之怪迂語矣、然羈縻不絶、冀遇其眞。自此之後、方士言神祠者彌衆、然其效可睹矣）　（『史記』封禅書）

而して方士之神を候《うかが》い海に入りて蓬萊を求める者は終《つい》に驗無く、公孫卿は猶お大人之跡を以て解と爲す。天子猶お羈縻して絶たず、其の眞に遇うを幾《こいねが》う。（而方士之候神入海求蓬萊者終無驗、公孫卿猶以大人之跡爲解。天子猶羈縻不絶、幾遇其眞）　（『漢書』郊祀志下）

漢の武帝が秦の始皇帝と並んで方士に傾倒したことは良く知られているが、彼等の言動を武帝が疑うようになっても、依然として羈縻してその言の万一の実現を期待した、というのである。この場合の羈縻は関係を絶たない、手放さない、程度の意味であろう。方士は一般の臣民とは別のいわば方外の士であるが、異民族と並んでそのような方士に羈縻の語が用いられているのは興味深い。逆に言えば、国内の一般の臣僚や庶民には羈縻の語は用いられないのである。(11)

次に、昭帝の治世中のこととして、『漢書』匈奴伝上（以下の引用については『漢書』の表記を省略する）に次のような文がある。

衛律在りし時、常に和親之利を言うも、匈奴は信ぜず。死後に及び、兵は數《しばし》ば困しみ、國は益々貧し。單于の弟左《さ》谷蠡《こくり》王《おう》は衛律の言を思い、和親せんと欲す。而れども漢の聴かざるを恐れ、故に肯《あえ》て先に言わず、常に左右をして漢の使者に風《ふう》（＝諷）せ使《し》む。然るに其の侵盜は益々希《まれ》に、漢使を遇すること愈よ厚く、漸を以て和親を致さんと欲し、漢も亦た之れを羈縻す。（衛律在時、常言和親之利、匈奴不信。及死後、兵數困、國益貧、單于弟左谷蠡王思衛律言、欲和親。而恐漢不聽、故不肯先言、常使左右風漢使者。然其侵盜益希、遇漢使愈厚、欲以漸致和親、漢亦羈縻之）

衛律は匈奴に亡命した漢人である。彼に関する説明は割愛するが、この文自体は前漢後半に勢力の衰えた匈奴が漢に和親を求めるようになり、漢もこれを羈縻した、と伝えている。『漢書補注』では、王先謙はこれを元鳳二年（前七九）のこととする。今まで見てきた羈縻には、方士の例も含めて積極的な用法は見られなかったが、ここでの羈縻は匈奴の動きに対応したものとして、そこに漢側の積極的な動きを認めることができるのではなかろうか。

続く宣帝の時代になると、郅支《しつし》単于と呼《こ》韓邪《かんや》単于とが対立し、敗北した東匈奴の呼韓邪単于が日逐王と共に漢に

入朝するという事件が起こる。このことについて匈奴伝下・哀帝建平四年（前三）の黄門郎揚雄の上書には

元康（前六五〜前六二）・神爵（前六一〜前五八）之間に至るに逮《およ》び、大化は神明、鴻恩は溥洽たり。而るに匈奴は内に亂れ、五單于争いて立ち、日逐・呼韓邪は國を擕《たずさ》えて歸化し、扶伏して臣を稱す。然るに尚お之れを羈縻し、顓制（専制）せざらんことを計る。（逮至元康・神爵之間、大化神明、鴻恩溥洽。而匈奴内亂、五單于争立、日逐・呼韓邪擕國歸化〈原文、死〉、扶伏稱臣、然尚羈縻之、計不顓制）

とあり、蕭望之《しょうぼうし》伝には

單于は正朔の加える所に非ず、故に敵國を稱し、宜しく待するに不臣之禮を以てし、位は諸侯王の上に在らしむべし。外夷は稽首して藩を稱するも、中國は譲りて不臣とす、此れ則ち羈縻之誼、謙亨之福也。（單于非正朔所加、故稱敵國、宜待以不臣之禮、位在諸侯王上。外夷稽首稱藩、中國譲而不臣、此則羈縻之誼、謙亨之福也）

とある。この時（宣帝甘露年間、前五三〜前五〇）の呼韓邪単于に対する「待するに不臣の禮を以てし、位は諸侯王の上に在り」という待遇には種々の議論があるがその点は割愛し、羈縻の用法についてのみ右の二点の史料を見ると、前者では日逐王と呼韓邪単于が帰化しても漢はなおこれを羈縻し、顓制《せんせい》すなわち専制させなかったという。また後者では、外夷が藩臣を称しても中国が譲って不臣としておくのが羈縻の誼《すじみち》（義）である、と述べている。さきに方士の羈縻という事例から、一般の臣僚や庶民（併せて栗原氏のいう内臣）には羈縻の語は用いないと考えたが、この二点はまさしくその点を証明するものと言えよう。外夷が臣下の立場を表明したとしても、中国王朝の方でこれを羈縻するというもので、外夷の枠内に繫ぎ留めておく、といった意味になろう。その点では、ここでの羈縻には漢王朝の積極的な意志を認めることができる。

一方、傅常鄭甘陳段伝の陳湯伝は、西突厥の郅支単于について次のように伝えている。

　初元四年（前四五）、遣使して奉獻し、因りて侍子を求め、內附を爲さんことを願う。漢は衛司馬谷吉を遣して之れを送らしめんと議す。御史大夫貢禹・博士匡衡以爲《おもえら》く、……今郅支單于は郷化未だ醇ならずして、所在絶遠なり。宜しく使者をして其の子を送り、塞に至りて還ら令めよ、と。吉上書して言えらく、中國は夷狄與《と》羈縻して絶たざる之義有り。今既に其の子を養全すること十年にして、德澤は甚だ厚し、空絶にして送らず、近く塞從《よ》り還るは、棄捐《きえん》して畜《やしな》わざるを示し、郷從之心を無から使《し》め、前恩を棄てて後怨を立つ、便ならず。（初元四年、遣使奉獻、因求侍子、願爲內附。漢議遣衛司馬谷吉送之。御史大夫貢禹・博士匡衡以爲、……今郅支單于郷化未醇、所在絶遠、宜令使者送其子、至塞而還。吉上書言、中國與夷狄有羈縻不絶之義。今既養全其子十年、德澤甚厚、空絶而不送、近從塞還、示棄捐不畜、使無郷從之心、棄前恩立後怨、不便）

即ち、漢の朝廷に十年いた質子を郅支単于が返すように求めた。これについて境界の塞まで送ればよいと言った貢禹・匡衡の意見に対し、使者に立てられた谷吉自身は礼を尽くして単于の所まで送るべきである、と主張した。ここでの「羈縻不絶」は、中国が夷狄を繋ぎ留めておくという一般的な意味に取って良いであろう。使者に立った当人の言でもあり、異民族との関係の維持という点では積極的な用法であったとしても良いのかも知れない。しかし、質子を送り届けた谷吉は郅支単于に殺されてしまった。郅支単于はその後西域に勢力を張ったが、結局は陳湯に追い詰められて逃亡先の康居で殺された。

　こうして漢と西域との交通路が確保されると、多くの西域諸国が漢に使者を派遣するようになった。しかし、西域伝の康居国條には

　成帝（在位前三三～前七）の時に至り、康居は子を遣して漢に侍りて貢獻せしむ。然るに自ら絶遠を以て獨り

驕慢、諸國與《と》相《あい》望むを肯んぜず……漢其の新たに通ずるが爲に、遠人を致すを重んじ、終《つい》に羈縻して未だ絶たず。（至成帝時、康居遣子侍漢貢獻。然自以絶遠獨驕慢、不肯與諸國相望……漢爲其新通、重致遠人、終羈縻而未絶）

とある。康居は漢から遙かに離れているので、より漢に近い国々とは違う尊大な態度を取ったが、漢の方では新たな交通路を維持していくために、これに対して羈縻して絶たないという方針を取り続けたのである。ここでも「羈縻而未絶」も、さきの谷吉の言にあった「羈縻不絶」と同様に、異民族との間の一般的な関係を指すと共に、それを維持しようとする点では漢の積極的な姿勢を感じさせる用法である、と言えよう。

前漢の最後に、王莽の新における唯一の用例を挙げておきたい。『漢書』ではなく『後漢書』烏桓鮮卑列伝、烏桓伝に次のように見える。

王莽の簒位に及び、匈奴を撃たんと欲し、十二部軍を興こし、東域将嚴尤をして烏桓・丁令の兵を領して代郡に屯せ使《し》め、皆な其の妻子を郡縣に質《ち》す。烏桓は水土に便ならず、久しく屯して休《きゅう》せざるを懼れ、數《しば》ば謁去せんと求むるも、莽は遣すを肯んぜず。遂に自ら亡畔《ぼうはん》し、還りて抄盗を爲す。而るに諸郡は盡く其の質《ち》を殺し、是れに由りて怨みを莽に結ぶ。匈奴は因りて其の豪帥を誘いて以て吏と爲し、餘者《は》皆な羈縻して之れを屬《つな》ぐ。

（及王莽簒位、欲擊匈奴、興十二部軍、使東域將嚴尤領烏桓・丁令兵屯代郡、皆質其妻子於郡縣。烏桓不便水土、懼久屯不休、數求謁去、莽不肯遣。遂自亡畔、還爲抄盜、而諸郡盡殺其質、由是結怨於莽。匈奴因誘其豪帥以爲吏、餘者皆羈縻屬之）

王莽は異民族を対等の存在とは認めず、名目的に中国の下に置こうとする政策を露骨に推し進め、多くの異民族が離反した。『漢書』匈奴伝に拠れば、右の記事は始建国三年（一一）のことである。王莽は匈奴征討の準備として、烏桓・丁令（丁零）の兵を匈奴と対峙する代郡に駐屯させると共に、彼等の妻子を郡県に置いて人質とした。烏桓は慣れない土地での駐屯が長引くのを恐れて帰郷を願ったが、王莽が許さないために逃亡し、逆に中国の辺境に侵入するようになった。そのため郡県が人質を尽く殺したので、すっかり王莽を怨むようになった烏桓に対し、匈奴が働きかけてその有力者を官吏とし、一般の庶民は羈縻して配下に置いた、というのである。従って、ここでの羈縻は匈奴と烏桓との間で用いられたものであるが、単に繋ぎ留めるという以上に統属下に置くという意味になろう。

このように、前漢の羈縻の語は異民族との関係を取り結ぶ意味に用いられ、当初は漢王朝からの主体的な働きかけを示さない消極的な用法が多かったが、国際関係が漢王朝主体に構成される後半期になると、相手を羈縻の立場に置いておくという意識的な用法も見られるようになった。また、僅か一例であるが方士に対する用例があるのは、羈縻が一般の臣僚や庶民以外の者に本来用いられる語であったことを窺わせる。それでは、後漢の羈縻の用例にはどのような特徴が見られるのか、次に見てみよう。

六　冊封体制論再検討のための史料上の諸問題（4）――後漢の羈縻――

後漢になると匈奴は南北に分裂し、建武二四年（四八）に南匈奴の日逐王比は祖父と同じ呼韓邪単于を名乗って入朝した。一方の北匈奴も建武二八年（五二）には後漢に和親を求めるが、次の文はその時の司徒班彪の上奏中に見える用例である（『後漢書』南匈奴伝、以下『後漢書』の表記は省略）。

今北匈奴は南單于の來附を見、其の國（北匈奴）を謀るを懼れ、故に數ば和親を乞う。又た遠く牛馬を驅り、漢與《と》合市し、重ねて名王を遣し、貢獻する所多し。斯《すなわ》ち皆な外に富強を示し、以て相《あい》欺誕する也。臣は其の獻の益々重きを見て、其國の益々虛しく、歸親愈々數ばにして、懼れを爲すこと愈々多きを知る。然るに今既に未だ南を助けるを獲ざれば、則ち亦た宜しく北と絶つべからず、羈縻之義、禮として荅えざる無し。(今北匈奴見南單于來附、懼謀其國、故數乞和親。又遠驅牛馬、與漢合市、重遣名王、多所貢獻、斯皆外示富強、以相欺誕也。臣見其獻益重、知其國益虛、歸親愈數、爲懼愈多。然今既未獲助南、則亦不宜絶北、羈縻之義、禮無不荅)

即ち、南匈奴が臣属する中で北匈奴が和親を求めてきたのは、むしろ北匈奴の弱体化を示すものである。しかし、まだ完全に南匈奴を援助できていない段階では北匈奴とも関係を絶つべきではない、というのである。「羈縻之義」は下の「禮無不荅」と照応しており、相手が和親を求めてきた場合には断るべきではない、というようにこの対句を言い換えることができよう。従って、ここでの羈縻は異民族との一般的な交渉を述べたものと言える。

班彪の子の班固はたびたび引用した『漢書』の著者であるが、その西域伝末尾の賛には光武帝の外交について次のように述べている。

……故に建武(二五～五五)自り以來、西域は漢の威徳を思い、咸な内屬を樂《ねが》う。唯だ其の小邑の鄯善・車師《きょし》、界は匈奴に迫り、尙お拘する所と爲る。而して其の大國の莎車・于闐之屬、數ば遣使して質《ち》(人質)を漢に置き、都護に屬せんことを願請《ママ》す。聖上(皇帝)は遠く古今を覽《み》、時之宜に因り、羈縻して絶たず、辭して未だ許さず。(……故自建武以來、西域思漢威德、咸樂内屬。唯其小邑鄯善・車師、界迫匈奴、尙爲所拘。而其大國莎車・于闐之屬、數遣使置質于漢、願請屬都護。聖上遠覽古今、因時之宜、羈縻不絶、辭而未許)

つまり、後漢になって西域諸国は中国に内属することを望むようになった。匈奴近隣の小国である鄯善や車師は匈奴の影響下にあったが、莎車・于闐のような大国であっても西域都護の保護下に入ることを望んだ。しかし、光武帝は時宜に従って羈縻して絶たないようにするだけで、莎車・于闐の請願を許さなかった、というのである。よって、ここでの羈縻不絶にも餘り積極的な意味はないと見るべきであろう。

また、章帝建初四年（七九）頃、和親を求めてきた北匈奴単于への対応を議論した際の班固の発言には次のように見える（班彪伝附班固伝下）。

今烏桓は闕に就き、譯官に稽首し、康居・月氏は遠く自り至り、匈奴は離析し、名王は來降す。三方歸服するに、兵威を以てせざるは、此れ誠に國家の神明自然に通ずる之徵也。臣愚以爲《おもえら》く、宜しく故事に依り、復た使者を遣し、上は五鳳・甘露の遠人を致す之會を繼ぎ、下は建武・永平の羈縻之義を失わざる可し。（今烏桓就闕、稽首譯官、康居・月氏、自遠而至、匈奴離析、名王來降。三方歸服、不以兵威、此誠國家通於神明自然之徵也。臣愚以爲、宜依故事、復遣使者、上可繼五鳳・甘露致遠人之會、下不失建武・永平羈縻之義）

ここでは、烏桓や康居・月氏も後漢に来朝し、匈奴は分裂して三方（中国の東・北・西）が帰服するようになった。そこで異民族に使者を遣わし、宣帝の五鳳（前五七〜前五四）・甘露（前五三〜前四九）年間の呼韓邪単于の来朝という成果を継ぎ、また光武帝・明帝の羈縻の方針を失わないように、と述べている。前述のように、実際には建武・永平（明帝の年号、五八〜七五）の羈縻は餘り積極的な意義は持たなかったが、ここでは前漢宣帝期の呼韓邪単于の来朝と対比されて、羈縻の語はより積極的な意味を持たされているのではなかろうか。

次の和帝の章和二年（八八）、鮮卑による北匈奴撃破を好機と見た南匈奴が後漢に出兵を要請、竇太后の兄の侍中竇憲を車騎将軍とする北匈奴遠征が企てられた。それに反対した侍御史魯恭の上奏には

夫れ戎狄者《は》四方之異氣也、蹲夷踞肆すること、鳥獸與《と》別無し。若し中國に雜居すれば、則ち天氣を錯亂し、善人を汙辱す。是《ここ》を以て聖王之制、羈縻して絕たざる而已《のみ》。（夫戎狄者四方之異氣也、蹲夷踞肆、與鳥獸無別。

若雜居中國、則錯亂天氣、汙辱善人、是以聖王之制、羈縻不絕而已）

とある（卓魯魏劉列伝、魯恭伝）。異民族に対する否定的な評価に明らかなように、ここでの羈縻不絶は消極的な用法である。この時には尚書宋意も竇太后を諫める発言をしているが、その中には

光武皇帝躬ら金革之難を服し、深く天地之明を昭らかにす。故に其の來降に因り、羈縻畜養《きく》して、邊人は生きるを得て、勞役は休息すること、茲に於いて四十餘年なり。（光武皇帝躬服金革之難、深昭天地之明、故因其來降、羈縻畜養、邊人得生、勞役休息、於茲四十餘年矣）

という文言がある（第五鍾離宋寒列伝、宋意伝）。羈縻畜養は異民族に対する消極策として語られ、またそのことが光武帝の功績として評価されている。ただしこの時は、魯恭や宋意の反対にもかかわらず竇憲が派遣され、北匈奴は翌年に滅ぼされている。

なお、『漢書』の著者である班固は、この直後の和帝による外戚竇氏の排除に巻き込まれ、竇憲の側近として獄死している。さきの班固伝にも班固の羈縻に関する発言が見られたが、『漢書』匈奴伝下の賛の末尾には

其の義を慕いて貢獻すれば、則ち之れに接するに禮讓を以てし、羈靡して絕たず、曲をして彼に在ら使《し》むるは、蓋し聖王の蠻夷を制御する之常道也。（其慕義而貢獻、則接之以禮讓、羈靡不絕、使曲在彼、蓋聖王制御蠻夷之常道也）

とある。聖王が蛮夷を制御する常道という一般論であるので、強いて前漢の所では引かなかったが、右の羈靡は羈縻と同義と見てよい。蛮夷が慕義貢献した時に礼譲を以て接し、羈縻して絶たないようにし、曲即ち非は蛮夷の側にあるようにするのが聖王の常道であるというのであるから、この羈靡（羈縻）も餘り積極的な意味を持たない用法である。

安帝期になると、国内では羌族の反乱が起こって後漢の西域経営は頓挫した。元初六年（一一九）には、北匈奴に攻撃された鄯善が救いを求め、敦煌太守曹宗がこれを援助しようとしたが鄧太后は許さなかった。このことについて西域伝には

鄧太后は許さず、但だ護西域副校尉を置き、敦煌に居ら令《し》め、部營兵三百人を復し、羈縻せしむる而已。其の後、北虜連《つづ》いて車師與《きょしと》河西に入寇し、朝廷禁ずる能わず。議者因りて玉門・陽關を閉じ、以て其の患を絶たんと欲す。（鄧太后不許、但令置護西域副校尉、居敦煌、復部營兵三百人、羈縻而已。其後北虜連與車師入寇河西、朝廷不能禁。議者因欲閉玉門・陽關、以絶其患）

とあり、また班梁列伝、班勇伝には

是《ここ》に於いて勇の議に従い、敦煌郡の營兵三百人を復し、西域副校尉を置いて敦煌に居らしむ。復た西域を羈縻すると雖も、然るに亦た未だ屯を出ずる能わず。其後匈奴果たして數《しばし》ば車師與共に入りて寇鈔し、河西大いに其の害を被る。（於是從勇議、復敦煌郡營兵三百人、置西域副校尉居敦煌。雖復羈縻西域、然亦未能出屯。其後匈奴果數與車師共入寇鈔、河西大被其害）

とある。要するに、羌族の大反乱のあとに後退した西域経営を復活させ、護西域副校尉を復置したが、結局は敦煌に駐屯するのみで積極的な経営はできなかったのである。従って、この二史料にある「羈縻而已」「羈縻西域」は、「来る者は拒まず」程度の消極的な外交を意味していたと言える。

順帝期になると、永和元年（一三六）には武陵太守が上書して、漢人に同化しつつある西南夷の租賦を増すように建議した。大勢が容認に傾くなか、虞詡《ぐく》一人が以下のように反対した（南蛮西南夷列伝）。

尚書令虞詡獨り奏して曰く、古《いにしえ》自り聖王は異俗を臣とせず、德の及ぶ能わず、威の加うる能わざるに非ざれ

ば、其の獣心の貪婪《たんらん》にして、率うに禮を以てし難きを知る。是れ故に羈縻して之れを綏撫し、附すれば則ち受けて逆《しりぞ》けず、叛すれば則ち弃《す》てて追わず。（尚書令虞詡獨奏曰、自古聖王不臣異俗、非徳不能及、威不能加、知其獣心貪婪、難率以禮。是故羇縻而綏撫之、附則受而不逆、叛則弃而不追）

この「羇縻」は、さきの「羈靡」と同様に羈縻と同義と見てよい。そして、これが『後漢書』における羈縻の最後の用例となる。虞詡は、聖王が異俗を不臣としたのはその獣心貪婪にして礼に率《したが》わせるのが困難であることを知っていたからであると述べ、増税は彼等の怨叛を招くだけである、と批判したのである。異民族の評価はかなり低く、ここでの羈縻も消極的な外交手段の意味となる。しかし、虞詡の意見はいれられず、後漢朝廷は増税を実施して武陵蛮の離反を招いてしまった。

以上が、『史記』『漢書』『後漢書』における羈縻（羈靡・羇縻）の用例の全てである。前漢では方士に関する用例、後漢では国内の蛮に関する用例もあり、一般の臣僚・庶民以外の者に対して「羈縻」の語が用いられる、と概括できる。大半は異民族に対して用いられたが、国内の例も含めて全て原義に即した「繋ぎ留める」という用例であったといえる。ただし、前漢の初期や後漢の大半の時期には、異民族に対して積極的に関わらない態度を示す場合に羈縻の語が用いられた。一方、前漢の宣帝期の例や後漢明帝の永平八年（六五）の班固の言などは、敢えて内臣の列に編入しないで羈縻しておく、或いは就闕、来降した異民族に対して使者を派遣して羈縻する、という漢王朝側の意図的な政策を示す積極的な用例であったと言える。要するに、異民族に対して消極的な態度を取ろうとする場合には羈縻にも消極的な内容が認められ、積極策を取ろうとする場合には羈縻にも積極的な内容が認められるのである。その意味では堀敏一氏のように、羈縻を中国が異民族と何らかの外交的な関係を結んだ時の包括的な用例として捉え、朝貢や和蕃公主もその中に含めて考えることは可能であろう。ただし、例えば和蕃公主が羈縻に含まれるという理解が、史料から直接得られる解釈でないことは承知しておく必要があるであろう。

七　おわりに

以上、「はじめに」に掲げた数点の拙論の内容を点綴し、序章や第一章では餘り触れなかった唐・五代の冊封や前後漢の羈縻、あるいは南朝の校尉の用例について述べた。西嶋氏の冊封体制論は、日本の歴史と中国朝鮮等の東アジア諸国との歴史にどう架橋するか、という強い動機の上に提示されたもので、唐以前にほとんど用例の無い冊封の語を用いたことに示されるように、多分に理念的な議論であった。従って、その一々について批判しても餘り積極的な意味はないが、王号のみならず校尉等の軍号の授与まで含めて考えると、唐以前の東アジア世界について従来と別の関係が見えてくることは事実であろう。

西嶋氏の所説に比較すると、堀氏の所説は具体例に即して述べられている場合が多い。前節までに示した具体例から見ても、中国の異民族支配のやり方を示す言葉として羈縻が一番適当である、という指摘はその通りである。しかし前節の最後に述べたように、和蕃公主が羈縻に含まれるという理解は、史料の用例から直接導かれるわけではない。唐以前に限れば冊封は学術用語に止まるが、羈縻は史料上の用語であると同時に、理念的な学術用語として用いることも可能である。今日の我々も東アジア世界や東部（東）ユーラシア世界について論ずる時、冊封や羈縻については理念的な学術用語としての用法と、史料用語としての用法との相違に常に留意しておく必要があるであろう。

註

（1）「私の古墳遍歴」は『論集』第四巻（二〇〇二年）に収録。「古墳と大和政権」は同書及び『中国古代国家と東アジア世界』（一九八三年）の他に、歴史科学大系3『古代国家と奴隷制』下巻（校倉書房、一九七二年）にも再録されている。

（2）『旧五代史』巻七七・晉書三・高祖紀・天福三年（九三八）一〇月庚子條に「于闐國王李聖天冊封爲大寶于闐國王」とあるのが、五代における異民族冊封の唯一の例であり、また、「冊封して……と爲す」と読めるように、冊封が熟語として用いられたことの明瞭な最初の例である。ただし、「冊封爲……」という句については、「爲」字を脱している版本もある（中華書局標点本校勘記〔9〕参照）。

（3）南詔についての記録は、『新唐書』南詔伝の方が『旧唐書』巻一九七南蛮・西南蛮、南詔伝より詳しい。本文の引用文に相当する箇所は、後者では「以祠部郎中兼御史中丞袁滋持節冊南詔、仍賜牟尋印、鑄用黃金、以銀爲窠、文曰貞元冊南詔印」とのみある。

（4）熊谷滋三「後漢の異民族統治における官爵授与について」（『東方学』第八〇輯、一九九〇年）参照。

（5）小林聡「後漢の少数民族統御官に関する一考察」『九州大学東洋史論集』第一七号、一九八九年）参照。

（6）三﨑良章「東夷校尉考」（同氏『五胡十六国の基礎的研究』所収、汲古書院、二〇〇六年、初出は二〇〇〇年）参照。

（7）坂元義種『古代東アジアの日本と朝鮮』（吉川弘文館、一九七八年）

（8）『漢書』匈奴伝下に見えるこの時の王莽側の使者と匈奴単于側の遣り取りは大変興味深いので、長文であるが、以下に引用しておく。

王莽之簒位也、建國元年（始建國元年、九）遣五威將王駿……多齎金帛、重遺單于、諭曉以受命代漢狀、因易單于故印。故印文曰匈奴單于璽、莽更曰新匈奴單于章。將率旣至、授單于印紱、詔令上故印紱、單于再拜受詔。譯前欲解取故印紱、單于擧掖授之。左姑夕侯蘇從旁謂單于曰、未見新印文、宜且勿與。單于止、不肯與、請使者坐穹廬、單于欲前爲壽。五威將曰、故印紱當以時上。單于曰諾、復擧掖授譯。蘇復曰、未見印文、且勿與。

單于曰、印文何由變更。遂解故印紱奉上、將率受。著新紱、不解視印飲食、至夜迺罷。右率陳饒謂諸將率曰、鄉者姑夕侯疑印文、幾令單于不與人。如令視印見其變改、必求故印、此非辭說所能距也。既得而復失之、辱命莫大焉、不如椎破故印、已絕禍根。將率猶與、莫有應者。饒燕士果悍、卽引斧椎壞之。明日、單于果遣右骨都侯當白將率曰、漢賜單于印、言璽不言章、又無漢字。諸王已下、迺有漢言章。今印去璽加新、與臣下無別、願得故印。將率示已故印、謂曰、新室順天制作、故印隨將率所自爲破壞。單于宜承天命、奉新室之制。當還白、單于知已無可奈何、又多得賂遺、卽遣弟右賢王輿奉馬牛、隨將率入謝、因上書求故印。

（9）拙稿「爵位（中国の）」（『歴史学事典』【第一〇巻　身分と共同体】所収、弘文堂、二〇〇三年）

（10）呉麗娯『終極之典　中古喪葬制度研究』（中華書局、二〇一二年）下編下・結語「唐代贈官制度的再分析与中古世界的新秩序」参照。

（11）栗原朋信氏は、方士の欒大が不臣の地位にあったことを指摘している。「漢帝国と印章―「漢委奴国王」印に関する私印説への反省―」、同氏『秦漢史の研究』第三版所収、吉川弘文館、一九六九年（初出は一九六二年）参照。

第三章　中国皇帝と周辺諸国の秩序

一　東アジア世界と中国

古代中国と周辺諸民族との間には、独特の国際関係の形式が存在した。中国の周辺諸国は中国王朝から爵位や官号を授与されて、形式的に中国王朝の臣下となることが多かった。このような国際的な君臣関係は冊封関係といわれ、冊封関係を基軸として成立する国際的な体制は冊封体制といわれる。また前近代においては、中国・朝鮮半島・日本及びその周囲の諸地域は「東アジア世界」という一つの歴史的世界を形成していたが、唐代までの東アジア世界を規律する国際的な体制が冊封体制であった（西嶋定生『中国古代国家と東アジア世界』一九八三年、同『日本歴史の国際環境』一九八五年）。

しかしながら、中国王朝は東アジア世界以外の国々とも幅広く交渉していた。唐朝の外交関心の主要な対象は突厥・回紇（ウイグル）・吐蕃などの国々であり、これらの国々の動きは東アジア諸国の動向とも無関係ではなかった。近年、東アジア世界の観点から日本歴史の展開過程を理解しようとする試みは盛んであるが、唐代なら唐代の国際関係全般から日本の位置を考えようとする動きはほとんどない(1)。また、冊封体制の本質が中国国内の君臣関係の外国への拡延であったとすれば、その対象は本来東アジア諸国には限られなかったはずである。本章では以上のような理由から、中国王朝と周辺諸国全体の国際秩序に関わる諸問題を広く取り上げる。それによって、特に唐代における東アジア世界の特色もより鮮明に浮かび上がってくるであろう。

漢代以来中国王朝は広く周囲の諸国と種々の関係を結んできた。しかし、東アジア諸国とも深く関係するのは東北アジア・北アジアの国々であり、中国にとっても隋代までは東アジアから北アジアにかけての国々が、国際関係上の主要な相手国であった。そこで本章では、隋代までの国際関係では主に以上の国々に言及するにとどめる。また筆者の力量もあり、本章が中国の史料による中国中心の叙述となっていることも預めお断りしておきたい。

二　中国王朝と周辺諸民族

漢帝国の成立

中国と異民族との交流は古くから行われていた。しかし、それが冊封関係のように君臣関係を基本とする形態をとるようになるのは、漢帝国成立以後のことである。中国全土の統一と皇帝制の創始は、紀元前二二一年に秦の始皇帝によって果たされたが、秦の支配領域には、中央から官僚が派遣されて地方の支配に当たる郡県制が施行された。このような直接支配の方式では、異民族の領域が秦の直接支配下に置かれない限り、秦と異民族との間に君臣関係が成り立つことはあり得なかった。しかるに、秦に次いで中国を統一した漢帝国では、郡県制と封建制とを併用する郡国制が採用された。ここにいう封建制とは、皇帝一族や功臣を諸侯王・列侯(2)とし、彼等に食邑の「国」を与えてその地域の支配を委ねる、というものである。このような郡国制の採用は、周辺諸国の首長に官職を授けるという外交方式に道を開くことになった。恵帝（在位前一九五～前一八八）・文帝（在位前一八〇～一五七）時代の朝鮮王・南越王という外藩の王の出現は、そのことを示している。

国内で封建諸国の直接統治権を奪う王国抑損策をとった武帝（在位前一四一～前八七）は、近隣の外藩国を滅ぼして郡県制を施行し、朝鮮半島にも楽浪・玄菟《げんと》・臨屯・真番の四郡を設置した。しかし朝鮮側の抵抗も激しく、武帝の没後には臨屯・真番の二郡は廃止、玄菟郡は遼東半島附近に遷され、朝鮮半島には楽浪郡のみが残った。王莽の新（紀元八～二三）の時には異民族を露骨に軽視する彼の政策のため、中国と周辺諸民族との関係は悪化したが、後漢（二五～二二〇）以降は、君臣関係を基本とする中国と異民族との関係が持続することになった（西嶋定生前掲『日本歴史の国際環境』）。

内臣と外臣

漢代には官爵の授与に際して公印が支給され、在職者の身分を保証した。漢代の公印には爵位や官秩の高下によって規格に差があり、それを示したのが第一表である。用語としては璽―印・章（「印」と「章」との間には厳密には上下の差はつけられない）、鈕《つまみ》の形としては螭虎《ちこ》―亀―鼻鈕《びちゅう》、在質としては玉―金―銀―銅、印を身に佩びる時の綬《くみひも》の色としては綟《もえぎ》または緑―紫―青―黒―黄というのが主な上下の順序である。なお、螭虎鈕の螭とは水の中の龍のみずちであり、螭虎という鈕の形状を説明した史料はない。ただ、漢の高祖の長陵附近から採取された「皇后之璽」という玉璽（陝西歴史博物館蔵。呂后のものと推定される）は虎の顔に長い胴体のついた鈕を有しており、螭虎鈕とは虎の顔と龍の胴体との形の鈕ではないかと想像される。また、鼻鈕とは鼻輪を半分にしたような半円形の飾りの無い鈕のことであり、鈕の幅によって橋鈕・瓦鈕とも称される。

第一表　漢代公印の規格表（栗原朋信「文献にあらわれたる秦漢璽印の研究」に拠って作表）

官秩等／規格	名称	材質	鈕	綬	備考
皇帝	璽	白玉	螭虎	黄地六采	(1)
皇后	璽	玉	金螭虎	赤、または黄赤綬四采	
皇太子	璽	金	亀鈕	纁朱綬	『漢旧儀』では前漢は章
相国	章	金	亀鈕	緑綬	
太尉	章	金	亀鈕	紫綬	
太師・太傅・太保	章*	金	亀*鈕	紫綬	*は推定を示す。以下同じ
大将軍	章	金	亀鈕	紫綬	
前・後・左・右将軍	章*	金	亀*鈕	紫綬	
御史大夫	章	銀	亀*鈕	青綬	
秩比二千石以上の吏	章	銀	亀鈕	青綬	
秩比六百石以上の吏	印	銅	鼻鈕	墨綬	後漢では秩比四百石以上
秩比二百石以上の吏	印	銅	鼻鈕	黄綬	
諸侯王	璽（某王之璽）	金	槖駝	綟綬	(2)
列侯	印（某侯之印）	金	亀鈕	紫綬	
関内侯	印*または章*	銀*	亀*鈕	青*綬	
一般外臣	章（漢某王章） 印（漢某侯印）	金	亀鈕	紫綬	

(1) 漢代の公印は方寸、すなわち一寸（約二・三センチメートル）四方が通則であるが、皇帝の璽は一寸二分四方であった。
(2) 槖駝はラクダ、綟は萌黄色。ただし、この槖駝鈕は出土品により亀鈕と訂正される。

以上の漢の公印の規定に照らして問題となるのが外臣の印である。漢は帝国領域内の臣下を内臣、領域外の臣下を外臣と呼んで区別していた。外臣の主だった者には朝廷から「漢某王章」「漢某侯印」が贈られるが、この「王」は内臣の諸侯王に、「侯」は列侯に相当する。しかるに、内臣の諸侯王の印章が金質―綟綬―「某王之璽」であるのに対し、外臣の王の印章は金質―紫綬―「漢某王章」と、内臣の列侯に共通するところが多く、かつ印文に「漢」字が加えられている。つまり、外臣の王に対する漢印の規格は、内臣に比べて一段階下がるものとなっている。中国では春秋時代に華夷思想が形成され、それが中国の対外観を長く支配してきたといわれるが、漢代の公印の制度には華夷思想が文字通り刻印されていたのである（栗原朋信「文献にあらわれたる秦漢璽印の研究」、同氏『秦漢史の研究』所収、吉川弘文館、一九六〇年、増補版一九六九年）。

坂元義種氏に依れば、南朝の宋・斉でも外臣の印章の規格は内臣より一段階低いものであった（同氏『倭の五王―空白の五世紀―』教育社、一九八一年）。また大庭脩氏に依れば、邪馬臺国の女王卑弥呼が親魏倭王に封ぜられた時の制書は、内臣の王が任命される時の冊書より一段低い文書様式であり、明代でも異民族の蕃王が受ける誥命は、国内の親王・郡王より低く文官一・二品と同じ規格であった（同氏『親魏倭王』学生社、一九七一年、増補版二〇〇一年）。このように、何らかの形で外臣が内臣より一段低い資格を与えられることは、中国歴代を通じてしばしば見られる事実であった。しかるに、唐代についてはこのような事例は知られていない。ただ、漢代で外民族の王爵相当の者が内臣となると列侯とされるのを格落ちの一例とすれば（栗原朋信「漢帝国と周辺諸民族」、同氏『上代日本対外関係の研究』所収、吉川弘文館、一九七八年、初出は一九七〇年）、唐朝に内属した異民族の者が郡王以下に任ぜられて王には任ぜられないのを、類似の例とすることはできる。唐代でこれ以外に外臣が内臣より一段降る規格で律せられた事例の無いことは、注意に値する事実であろう。

漢王朝と周辺諸民族

漢初には、周辺諸民族の中では匈奴が最も強力であった。文帝が匈奴の老上単于に、長さ一尺一寸の牘《とく》（木簡）を用いて「皇帝は匈奴大単于に敬問す（敬《つつし》んで問う）、恙《つつがな》無きや」に始まる国書を出したのに対し、単于は一尺二寸の牘に漢より大きな封印を用いて、「天地が生みたる所の、日月が置きたる所の匈奴大単于は漢皇帝に敬問す、恙無きや」という返書を送る、という具合であった。文帝の別の国書にも「漢と匈奴とは鄰敵の国」「兄弟の驩」という文言があり、匈奴と漢とが隣敵即ち対等、または兄弟の関係にあることは、漢の認めるところでもあった（『史記』匈奴列伝）。

この状態は武帝によって破られた。武帝は幾度も軍隊を派遣しては匈奴を撃破し、武威・酒泉・張掖・敦煌の河西四郡を置いて西域諸国との通交を円滑にした。その結果匈奴は弱体化し、単于の一人呼韓邪《こかんや》は前五二年に漢に入朝し、彼と争っていた郅支《しつし》単于《ぜんう》は西北に去って匈奴は南北に分裂した。王莽が立つと匈奴も再び中国と敵対し、後漢初めにはしばしば漢の北辺に侵入した。だが四八年には内紛から再び南北に分裂して南匈奴は後漢に内属し、北匈奴は遠く烏孫《うそん》の地に逃れた。長城一帯に定着した南匈奴は漢化の度を深め、やがて五胡十六国時代には漢・前趙などの国を建てることになる。

匈奴に代わって漢の北辺に力を伸ばしたのが鮮卑・烏桓《うがん》である。両者は漢の東北、匈奴の東にあって、その向背は定まらなかったが、後漢の初めには中国との関係は平穏であった。彼等の部族長である大人《たいじん》は、後漢から鮮卑王・率衆王・率衆侯などの外臣向けの爵位を受けた。鮮卑は、八九年に北匈奴が撃退された後にその故地に移り、餘衆を併せて強力になった。後漢の勢威は桓帝（在位一四六〜一六七）の頃から衰え始めるが、鮮卑では檀石槐が登場して諸部を統一し、しばしば中国の北辺に侵入した。彼の死後その統一は崩れるが、既に長城の内外に定着した鮮卑族の地盤は堅く、後にそのうちの拓跋《たくばつ》氏が北魏を立て、中国を南北に二分することになる。

魏晋南北朝時代の国際秩序

二二〇年に後漢が滅亡すると、魏・蜀漢・呉の三国が相次いで成立した。邪馬臺国が登場するのもこの時代であり、魏の邪馬臺国に対する積極的な交渉は、魏の対呉戦略と密接に関係していた（西嶋定生「親魏倭王冊封に至る東アジアの情勢」、前掲『中国古代国家と東アジア世界』所収、初出は一九七八年）。その魏を奪った晋（西晋）が二八〇年に再び中国を統一したが、二九一年には八王の乱と呼ばれる帝室一族の勢力争いが起き、各王は長城以南に進出していた匈奴・鮮卑などをそれぞれの陣営に引き込んで争った。三〇六年に乱が収まった時には、既に前趙（三〇四～三二九）等の漢族以外の民族による国家が立てられ、華北一帯は匈奴・鮮卑・烏桓に加えて、チベット系の氐《てい》・羌《きょう》の五胡の活躍する場となった。晋王室は長江沿岸に逃れ、三一七年に建業（建康、今の南京市）に都を置いて東晋王朝を開いた。以後、江南では宋（四二〇～四七九）・斉（四七九～五〇二）・梁（五〇二～五五七）・陳（五五七～五八九）と、漢民族の南朝が続いた。華北では五胡を中心とする国々の目まぐるしく興亡する五胡十六国時代を経て、四三九年に北魏が華北を統一し北朝として南朝と対峙するに至った。

中国に同時に複数の王朝が成立し、国際関係が多元化するこの時期でも、各王朝と周辺諸国との関係は皇帝と首長との君臣関係で示されたが、そのあり方には変化が見られた。晋代までは、異民族に対し「親魏倭王」「魏率善氐佰長」「晋鮮卑率善中郎将」「晋烏丸帰義侯」のように、中国王朝への慕化を示す外臣特有の官爵が授与された。しかるに、三五五年には高句麗の故国原王が前燕から、高句麗王のまま征東大将軍・営州刺史に任ぜられ、楽浪公に封ぜられた。これは、異民族の首長が中国王朝から本国王の地位を王爵として認められ、かつ中国の爵位を得て藩臣となったことを意味する。次いで四一三年に長寿王が、東晋から使持節・都督営州諸軍事・征東将軍・高句麗王・楽浪公を授与された。以上は一例に過ぎないが、四世紀後半以降、異民族に対し都督・将軍・刺史のような一定の領域の軍事権や行政権を示す称号と共に、本国王と併せて中国の地名に由来する爵号の授与されることが多くなるのである（坂元義種、前掲『倭の五王』及び『古代東アジアの日本と朝鮮』、吉川弘文館、一九七八年、参照）。

この現象は、異民族の首長が同時に封建諸侯として中国王朝の秩序に関係することになる新しい国際秩序の成立と解釈され、冊封体制の論理の成立をここに見出すことができる（西嶋定生「東アジア世界と冊封体制」、初出は一九六二年）。また、都督・将軍・刺史・爵号は中国国内の臣下にも授与されることから、漢民族中心の体制から周辺諸民族を包摂する、より高次な段階への中国王朝の発展を説く意見（谷川道雄「東アジア世界形成期の史的構造」、『谷川道雄中国史論集』上巻所収、汲古書院、二〇一七年、初出は一九七九年）や、異民族の首長に対する性格の異なる爵位の並授は、異民族自体の統治と当該地域の漢人の統治とに対応すると解する説（窪添慶文「四世紀における東アジアの国際関係」、同氏『魏晋南北朝官僚制研究』所収、汲古書院、二〇〇三年、初出は一九八二年）もある。このように、四世紀半ば以降の異民族への官爵授与に対する解釈はいくつかあるが、中国国内で用いられる官爵がそのまま異民族に対して用いられるようになったことが、東アジア世界の新たな展開を意味していることは誤りない。

隋代東アジアの国際関係

南北朝時代、百済や倭が南朝と交渉する中で、高句麗は北魏と密接な関係にあった。しかし、四九四年に北魏が平城（山西省大同市）から洛陽に遷都すると、北魏における高句麗の地位は軽くなり、これより高句麗は南朝にもしきりに通交するが、以前より国勢は振わなくなった（栗原朋信「三―五世紀の東アジアの形勢」、竹内理三編『図説日本の歴史』三、集英社、一九七四年）。四世紀半ばに朝鮮半島南部に建国した百済と新羅とが勢力を伸ばし、新羅が六世紀半ばに加羅諸国を併合すると、朝鮮では三国鼎立の形勢が定まった。五八一年に北周（五五七～五八一）に代わって隋が建国すると、百済王・高句麗王はその年のうちに遣使し、それぞれ帯方郡公・百済王、遼東郡公・高麗王に任ぜられた。新羅は遅れて五九四年に隋に朝貢し、その王は楽浪郡公・新羅王に任ぜられた。

高句麗・百済は南北二朝に朝貢していたが、五八九年に隋が南朝の陳を滅ぼすと、南北朝並立のバランスが崩れ、隋に近接する高句麗と隋との間には緊張の度が高まった。当時、中国の周辺諸国の中で強力だったのは高句麗・吐谷渾・突厥の三国であった。五胡十六国時代以降、青海省に拠る吐谷渾は河西回廊に代わる東西交渉のルートを押さえ、南北朝時代には強勢を誇った。しかし、隋の煬帝（在位六〇四～六一八）は六〇九年に親征を敢行し、吐谷渾の地に西海・河源等の四郡を置いた。六世紀に建国した突厥は、北魏末期の分裂に乗じてモンゴル高原から中央アジアに跨る大帝国となった。しかし、隋の離間策によって五八三年にはモンゴル高原の東突厥と中央アジアの西突厥とに分裂し、東突厥は隋末まで隋に臣属した。六〇七年にその突厥可汗の牙帳《がちょう》に行幸した煬帝は、そこで高句麗の使者と出会い、高句麗への警戒心を高めて親征を決意した。翌年には黄河から涿郡《たくぐん》（今の北京市）まで大運河を開き、六一一年には煬帝自身が涿郡に至った。しかし、翌年の六一二年から六一四年までの三次にわたる連年の高句麗遠征は、惨憺たる失敗に終わった。しかも、六一三年には政府の高官楊玄感の乱が起こったのをはじめ、有力者や農民の反乱が全国に起こり、戦火の中で六一八年に煬帝が殺されて、隋朝は滅亡するに至るのである。

三　唐王朝と周辺諸民族

唐と西域

六一八年に成立した唐は、十年ほどで国内を統一すると、周辺諸国への影響力を強めていった。唐初の主要な外敵は、隋末の混乱に乗じて勢力を強めた突厥であった。しかし、名君太宗（在位六二六～六四九）の巧みな戦略もあって内部分裂を深め、六三〇年には主力が唐に内属、華北の辺境地帯に移された。この時、諸蕃の君長が長安に至って太宗に天可汗の称号を奉り、以後西域や北荒の君主に璽書を賜わる際には「皇帝天可汗」と称し、諸蕃の渠帥が死亡した時には必ず詔して後継者を冊立した、という（『唐会要』巻一〇〇・雑録）。

唐は以後次第に河西回廊に進出、高宗（在位六四九～六八三）の時に西突厥を平定すると、六五九年には西突厥に服属していた諸国に、形式上ではあるが州県府一二七を置いた（『資治通鑑』巻二〇〇）。当時、西アジアではイスラムのウマイヤ朝が台頭、中央アジアへの進出を開始し、六五一年にはササン朝ペルシャを滅ぼし、吐火羅を挟んで唐と対峙した。仏教国である吐火羅は唐朝に依り、唐は六六一年に吐火羅勢力圏の一六国にも都督府・州・県を置いた。さらに六七九年には西突厥の残存勢力が拠っていた砕葉を滅ぼし、それまで亀茲《きゅうじ》・于闐《うてん》・焉耆《えんき》・疏勒《そろく》にあった安西四鎮を、砕葉・亀茲・于闐・疏勒まで前進させた。砕葉は、唐朝が天山山脈以西に置いた最初にして最後の基地であった。

八世紀に入ると、ウマイヤ朝を倒したアッバース朝の勢力が旧西突厥支配地域に及び、玄宗即位の頃には、パミール高原一帯をめぐって唐とアッバース朝及び吐蕃の三者が鼎立し、七〇三年に砕葉を奪って本拠地とした突騎施が割って入る形勢となった。突騎施はもと西突厥の属部であったが、西突厥の衰微に乗じて勢力を伸ばし、唐から父子関係で呼ばれたこともある（四部叢刊・張九齢『唐丞相曲江張先生文集』巻一一「勅突騎施毗伽可汗書」）。しかし、七三八年ごろ二部に分裂し、唐は一方を支持して、残る一方を支持する石国を討った。石国はじめ中央アジアの諸国はアッバース朝に支援を求め、そこで七五一年に起こったのが史上名高いタラス河畔の戦いである。結果は唐軍が大敗し、唐の勢力は天山以東に後退した（前嶋信次「タラス戦考」『東西文化交流の諸相　民族・戦争』誠文堂新光社、一九八二年、初出は一九五八〜一九五九年）。その四年後、中国の当時の先進地帯であった華北一帯を巻き込んだ安史の乱（七五五〜七六三年）が勃発した。その結果唐の国勢は衰微し、唐の西北には吐蕃が進出、敦煌を占領して九世紀半ばまでここを経営した。こうして唐の後半期には敦煌以西に唐の勢力は及ばなくなり、西域に対する唐の威信はほとんど無に帰してしまった。

唐と突厥

唐に内属した東突厥（以下突厥と略称する）は、唐の羈縻《きび》支配下に置かれることとなった。羈とは馬の面繫《おもがい》、縻とは牛の鼻綱のことである。異民族に対し、その民族固有の社会生活を認めながら形式上唐の都督府や州・県に編入し、朝廷派遣の官僚が都護府や都督府に拠ってこれを督察する。このような間接的な異民族支配の領域を唐では羈縻州などと呼び、内地の州が三百数十で推移したのに対し、羈縻府州は総数で八五六あったという（『新唐書』地理志下）。突厥の場合、北モンゴリアの突厥やその配下部族の首領は、六四七年に都督府の長官である都督や州の長官である刺史に任命され、唐朝の官僚を都護とする燕然都護府（後に瀚海都護府と改名）の統制下に置かれた。華北辺境から南モンゴリアにかけての諸部族は、六四九年に部族ごとに族長を刺史とする州に分属させられ、雲中・

定襄両都督府の統制下に置かれた。両都督府の長官の都督には突厥の部族長が任命されたが、やはり燕然都護府の統制に服した。その後ほぼ三十年間、突厥はこのような羈縻支配下に置かれた。

高宗朝の末から突厥は再び独立の機運を見せ、六八六～六八七年には唐の羈縻支配から脱して本拠地を北モンゴリアの故地に移した。これを突厥第二帝国と称する。この時は中国史上唯一の女帝である則天武后（実質的な在位は六八四～七〇四年）の治世に当たっている。武后朝には突厥の他にも、契丹・奚の台頭や渤海の建国が見られた。これらの事実は、唐王朝の周辺諸民族に対する圧力がこの時期に弱まったことを物語るものであろう。しかし、その後突厥は配下の諸部族の離反にあって勢力を弱め、七二一年には玄宗の子と称して唐と父子関係を結ぶに至った。この父子関係は以後二代の可汗に引き継がれたが、配下にあった同じトルコ系の回紇（ウイグル）が自立して可汗を称するに及び、七四四年に突厥は滅亡するに至る。

回紇とキルギス

七五五年に安禄山・史思明の乱（安史の乱）が起こると、唐は新興の回紇に援軍を要請し、回紇軍は唐軍と共に長安や洛陽を奪回した。安史の乱は七六三年に終熄したが、唐の律令体制は崩壊し、唐朝の権威は内政、外交両面で大きく揺らいだ。乱の平定に一役買った回紇は、七五八年には粛宗（在位七五六～七六二）の娘寧国公主の降嫁を受けた。恐らくその前年に粛宗と回紇の英武威遠可汗とは兄弟の関係を結び、唐と回紇との兄弟関係は七八七年まで続いた。また後述する絹馬交易《けんばこうえき》では、回紇はしばしば約束以上の数の馬を送って多額の絹を要求し、唐の財政を脅かした。回紇の唐に対する立場は、従来の諸民族に比べて遥かに優位にあるものであったが、そのことを示すのが公主の降嫁である。

寧国公主以後に回紇に降嫁した公主のうち、七八八年の咸安公主は徳宗（在位七七九〜八〇五）の娘、八二一年の太和公主は穆宗（在位八二〇〜八二四）の父憲宗（在位八〇五〜八二〇）の娘である。公主とは皇帝の娘で、公主が異民族に嫁する場合は和蕃公主と呼ばれた。唐代は中国史上和蕃公主が最も多く見られた時代であるが、その大半は公主以外の女性が公主の名義で降嫁したものであった。唐帝の真の娘が実際に降嫁した例は、さきの寧国・咸安・太和公主の三例に留まる。これを見ても、安史の乱以降唐に対して回紇がいかに強勢を誇っていたかが判るであろう。なお、東アジア諸国に和蕃公主が降嫁した例はない。

回紇は八〇九年には、「回旋軽捷」な鶻《はやぶさ》に因んで国号を回鶻と改めた。しかし、八三〇年代には内紛が続いて勢力が傾き、その上イェニセイ河上流を本拠とする黠戛斯《かつかつし》（キルギス）に北方から攻め込まれ、主力は東方へと逃走した。それを知った武宗（在位八四〇〜八四六）は、キルギスに対して可汗の称号の授与を約して回鶻の討伐を勧めた。唐とキルギスとの挟撃に会って回鶻が八四六年に滅亡すると、即位したばかりの宣宗（在位八四六〜八五九）は、武宗の約に従ってキルギス国王に可汗の称号を与えようとした。しかし、「回鶻は盛時に冊號ありしも今は幸いに衰亡せり。又、黠戛斯に（冊号を）加うれば、後且《まさ》に患を生ずべし（回鶻盛時有冊號、今幸衰亡、又加黠戛斯、後且生患）」（『新唐書』回鶻伝下附黠戛斯伝）という宰相らの議に従い、この時の可汗号授与は見送られた。冊立《さくりつ》が外交政治に利用された典型と言うべきであろう。宣宗は翌八四七年に英武誠明可汗に冊立したが、群臣の懸念に反してキルギスは以後回鶻に替わる勢力を築くことはできなかった。

唐と吐蕃

チベットの吐蕃は六三四年に初めて唐に遣使した。六四一年には賛普（ツェンポ＝君主）棄宗弄讃に唐朝宗室の文成公主が降嫁し、これを契機に吐蕃には中国の文化・風俗が導入されるようになった。六四五年に太宗が高句麗遠征から戻ると、吐蕃は遣使して「聖天子は四方を平定し、日月の照らす所之國、竝びに臣妾と爲る。而るに高麗（高句麗の略称）遠きを恃みて臣禮を闕く（聖天子平定四方、日月所照之國、竝爲臣妾、而高麗恃遠、闕於臣禮）」と賀詞を述べた（『旧唐書』吐蕃伝上）。また、高宗が即位して棄宗弄讃に駙馬都尉・西海郡王を授けると、彼は高宗の母方の伯父の長孫無忌に書を致し、「天子初めて卽位す。臣下の不忠の心有る者の若《ごと》きは、當《まさ》に兵を勒《ととの》え以て國に赴き除討すべし（天子初卽位、若臣下有不忠心者、當勒兵以赴國除討）」（同）と述べて高宗に忠誠の意思を表明し、賓王の称号を受けた。これらの文言から判断すると、唐と交渉を開始した頃の吐蕃は、唐の臣下を以って任じていたのである。

しかし、六七〇年に吐谷渾の全領域を占領すると、吐蕃は急速に勢力を拡大した。七一〇年には中宗（在位七〇五～七一〇）のおいの娘に当たる金城公主の降嫁を受け、次の睿宗（在位七一〇～七一二）からは金城公主の湯沐の所（化粧料）の名目で青海省東部に至る地域を唐から獲得した。以後、西はパミール高原から東は河西回廊までの唐の西域ルートの南方は吐蕃の勢力下となり、唐の西域経営は東においても西においても、浸透する吐蕃の勢力に悩まされた。さらに安史の乱後吐蕃が敦煌を占領すると（七八六年頃）、唐と西域諸国との関係は完全に断たれるに至った。

七八三年、唐と吐蕃とは会盟を結んだ。その文には「甥舅之國、將二百年」「二國之成（誠）、其永保之」などとあり（『唐大詔令集』巻一二九・与吐蕃会清水盟文）、またその前に「其禮本均」という吐蕃の主張を唐が認めていることから（『新唐書』吐蕃伝下）、この時の会盟は双方の立場を対等とするものであったと言える。その後も唐—吐蕃関係はなお安定を欠いたが、八二二年に再び会盟が行われ、両者の関係はようやく安定した。なお、この時の碑文にも「甥舅二主商議」とあり（佐藤長「唐蕃会盟碑の研究」、同氏『古代チベット史研究』下所収、東洋史研究会、一九五九年）、唐—吐蕃間には舅《しゅうと》—甥《むこ》関係が続いている。吐蕃は金城公主以後は公主降嫁を受けていないが、甥舅関係は唐—吐蕃間の公的な関係として、百年後にも存続していたのである。しかしその後八四二年に王が暗殺され、国内は分裂、吐谷渾滅亡後に得た領土もことごとく失い、吐蕃は唐一代の間に再び統一国家として立つことはなかった。

東アジアと契丹・奚

六六三年に百済が滅亡し、次いで六六八年に高句麗が滅亡したことで、隋代以来の高句麗と中国王朝との対立には決着が附いた。その後、旧高句麗領・旧百済領をめぐって唐と新羅との争いが続いたが、新羅王の謝罪と唐王朝からの冊封、六七六年の安東都護府の平壌から遼東への移転によって、朝鮮半島は統一新羅の領有するところとなった。六九八年ごろ高句麗の故地を中心に渤海が成立すると、新羅・渤海は共に唐の冊封を受け、以後唐と両国との関係は比較的平穏に推移した。

中国東北地方にあって新羅・渤海の動向にも影響を与えていたのが、協同して行動することが多く唐の史料には両蕃と記される契丹・奚であった。太宗の高句麗遠征には両蕃の諸部長が従軍した。六四八年には契丹は松漠都督府、奚は饒楽都督府に編成され、両蕃の首長がそれぞれ松漠都督、饒楽都督に任命された。典型的な羈縻府州の誕生である。しかし、両蕃は高宗の末年には唐の羈縻から脱し、再興した突厥に帰服した。六九六年、契丹の李尽忠・孫万栄が唐の営州都督の圧迫に抗して反乱を起こしたが、翌年には平定され、契丹は以後突厥に隷附した。しかし、渤海の建国の一因となるなど、この乱の東アジア世界に与えた影響は小さくなかった。玄宗が立つと、七一六年には両蕃は再び唐の羈縻府州に編入され、契丹の李失活には松漠郡王、奚の李大酺には饒楽郡王が授与された。また翌年には、それぞれ和蕃公主の降嫁を受けた。しかし天宝年間（七四二〜七五六年）には営州都督の安禄山が外征の功によって玄宗の寵を得ようとしばしば両蕃に侵入したため、唐との関係は悪化した。安史の乱の後、両蕃を始めとする東北諸族は唐の影響下から脱し、回紇の勢力下に入った。

その後両蕃は唐朝への朝貢と侵寇とを散発的に繰り返し、唐朝も賜姓（李氏）、授官、授爵を行った。その中には松漠郡王・饒楽郡王の称号は見当たらず、両蕃が唐の羈縻府州に編入されたことはなかった。唐が回鶻を破ると、八四二年には契丹は唐に内附し、唐は回鶻の与えていた旧印に換えて「奉国契丹之印」という新印を与えた（『新唐書』契丹伝）。このことから、唐朝も異民族に対して印章を授与していたことが判るが、印文は漢魏とは全く相違するものとなっている。(3) その後契丹は強力になり、奚を始めとする東北アジアの諸部族を従属させ、耶律阿保機による遼の建国（事実上は九〇七年）に至る。遼（九一六〜一一二五年）の存在は、その後の東アジア世界の変動の大きな要因となった。

四　中国から見た唐代の国際秩序

王号と郡王号

唐王朝から周辺諸国の首長や王子・有力者に授与される称号で、最も基本的なのは王号であろう。可汗のような異民族固有の称号や官号を唐朝が授与する場合もあるが、東西突厥・突騎施・吐谷渾・回鶻などの可汗、吐蕃の賛普のように、その例は北アジア・中央アジアの近隣諸国に限定されている。これに対し、王号は遠近を問わず四方

第二表　高祖〜睿宗朝の諸外国の王号表

皇帝	年月	国名	人名	王号	出典・備考
高祖	六二四（武徳七）年一月	高句麗	高建武	遼東郡王高麗王	冊九六四、旧一九九上等
		百済	扶餘章	帯方郡王百済王	冊九六四、旧一九九上等
		新羅	金真平	楽浪郡王新羅王	冊九六四、旧一九九上等
太宗	六三五（貞観九）年	新羅	＊金善徳	楽浪郡王新羅王	旧一九九上
	六四一（貞観一五）年五月	百済	＊扶餘義慈	帯方郡王百済王	冊九六四、旧一九九上等
	六四三（貞観一七）年閏六月	高句麗	＊高蔵	遼東郡王高麗王	冊九六四、旧一九九上等
	六四八（貞観二二）年一月	新羅	＊金真徳	楽浪郡王新羅王	冊九六四等、旧一九九上では二一年。
高宗	六四九（貞観二三）年	吐蕃	弄讃	賓王	旧一九六上、新二一六上。西海郡王からの進爵。
	六五〇（永徽一）年八月	亀茲	訶黎布失畢	亀茲王	冊九六四、旧一九八
	六五四（永徽五）年閏五月	新羅	＊金春秋	楽浪郡王新羅王	冊九六四等、旧一九九上では三年。
	六五八（顕慶三）年一月	亀茲	＊白素稽	亀茲王	冊九六四、資二〇〇
	六六一（龍朔一）年九月	新羅	＊金法敏	楽浪郡王新羅王	冊九六四、資二〇〇
	六六二（龍朔二）年一月	波斯	卑路斯	波斯王	冊九六四、資二〇〇
	六六六（乾封一）年五月	吐谷渾	慕容諾曷鉢	青海国王	新二二一上、河源郡王からの進爵。
	六七四（上元一）年一月	新羅	金仁問	新羅王	資二〇二、新二二〇。金法敏の背反による。
	六七五（上元二）年二月	新羅	金法敏	（新羅王）	資二〇二、旧五。法敏の官爵を復す。
	六七九（調露一）年六月	波斯	＊泥洹師（泥涅師）	波斯王	資二〇二。旧一九八に卑路斯とあるは誤り。
	六八一（開耀一）年一〇月	新羅	＊金政明	新羅王	旧五、冊九六四、資二〇二。
則天武后	六九二（天授三）年	于闐	尉遅瑕（璥）	于闐王	冊九六四、資二〇五。旧一九八では于闐国王。
	六九三（長寿二）年二月	新羅	金理洪	新羅王	冊九六四、旧一九九上等
	六九六（万歳通天一）年九月	康国	篤娑鉢提	康国王	冊九六四、旧一九八
	六九八（聖暦一）年七月	康国	泥沮（涅）師師	康国王	冊九六四、旧一九八
	六九八（聖暦一）年	高句麗	高宝元	忠誠国王	旧一九九上、新二二〇。朝鮮郡王からの進爵。
	七〇三（長安三）年閏四月	新羅	金隆基（興光）	新羅王	資二〇七。冊九六四、旧一九九上では二年。
中宗	七〇五〜七〇七（神龍一〜三）年	康国	＊突昏	（康国王）	『唐会要』九九、旧一九八

○旧は『旧唐書』、新は『新唐書』、冊は『冊府元亀』、資は『資治通鑑』の略。次の数字は巻数を示す。
○人名欄の＊印は王位の継承または王の交代による冊立を示し、王号欄の（　）は推定によることを示す。

第三表　玄宗朝の諸外国の王号表(4)

（略称等は第二表に同じ）

年	月	国名	人名	王号	出典・備考
七一七（開元五）年	五月	勃律国	蘇弗舎利支離泥	勃律国王	冊九六四
七二〇（開元八）年	三月	護密国	羅施伊具骨咄禄多比勒	護密国王	冊九六四では護密王、開元二〇年の例に従う。
			莫賀咄達靡薩爾		
	四月	烏長国		烏長国王	冊九六四
	四月	骨咄国		骨咄国王	冊九六四
	四月	倶位国		倶位国王	冊九六四、原文の倶立は誤り。
	六月	勃律国	*蘇麟陁逸之	勃律国王	冊九六四
	八月	箇失密国	真陁羅祕利	箇失密国王	冊九六四
	九月	謝颶国	葛達羅支頡利発誓屈爾	謝颶国王	冊九六四
	九月	罽賓国	葛達羅支特勒	罽賓国王	冊九六四
	一一月	南天竺国	尸利那羅僧伽宝多抜摩	南天竺国王	冊九六四
七二三（開元一一）年		小勃律国	没謹忙	小勃律国王	新二二一下では王、以下の例に従う。年代は推定。
七二六（開元一四）年	一月	契丹	李邵固	広化王	冊九六四、旧八等
	一月	奚	李魯蘇	奉誠王	冊九六四、旧八等
七二八（開元一六）年	一月	于闐	尉遅伏師	于闐王	冊九六四、旧一九八
	一月	疎勒	裴安之（定）	疎勒王	冊九六四、旧一九八、新二二一上
七二九（開元一七）年	一月	吐火羅	骨咄勒頡達度	吐火羅葉護悒怛王	冊九六四、新二二一下では挹怛王。
七三一（開元一九）年	四月	小勃律国	*難泥	小勃律国王	冊九六四、原文は「其国王」。
	四月	曹国	咄褐	曹国王	冊九六四、九九九、旧一九八
	四月	米国	黙啜	米国王	冊九六四、九九九、旧一九八
七三二（開元二〇）年	九月	護密国	*護真檀	護密国王	冊九六四
七三二（開元二〇）年		*奚	李詩	帰義王	旧一九九下、唐に来降しての授与。
七三三（開元二一）年	四月	箇失密国	*木多筆	箇失密国王	冊九六四
七三五（開元二三）年	七〜八月	奚	李帰国	帰誠王	『曲江集』九、『全唐文』二八五
七三七（開元二五）年	一月	新羅	*金承慶	新羅王	冊九六四、旧一九九上
七三八（開元二六）年	九月	南詔	蒙帰義	雲南王	冊九六四、旧一九七
	一〇月	康国	*咄喝	康国王	冊九六四、それぞれ先王の死はこれ以前で、この年に至って使者を遣して封じたもの。
	一〇月	謝颶国	*如没拂達	謝颶国王	
	一〇月	曹国	*蘇都僕羅	曹国王	
	一〇月	史国	*忽鉢	（史国王）	
	一〇月	罽賓国	*拂林罽婆	罽賓国王	冊九六四

七三九（開元二七）年		抜汗那	阿悉爛達干	奉化王	新二二一下
七四〇（開元二八）年	三月	石国	莫賀咄吐屯	石国王・順義王	冊九六四
	三月	突騎施	吐火仙可汗骨啜	循義王	冊九六四
七四一（開元二九）年	二月	小勃律国	*麻号来	勃律国王	冊九六四。新二二一下では麻来兮。
七四二（天宝一）年	一月	女国	趙曳夫	帰昌王	冊九六五、旧一九七
	一月	室利仏逝国	劉滕未恭	賓義王	冊九六五、新二二二下
	一月	日南国	揚多過	懐寧王	冊九六五、旧九
		回紇	骨力裴羅	奉義王	旧一九五、資二一五
七四三（天宝二）年	五月	新羅	*金憲英	新羅王	旧一九九上。冊九六五では新羅国王。
七四四（天宝三）載	閏二月	陁抜薩憚国	阿魯施多	恭化王	冊九六五
	七月	曹国		懐徳王	冊九六五
	七月	米国		恭順王	冊九六五
	七月	康国		欽化王	冊九六五、旧一九八
七四五（天宝四）載	三月？	契丹	李懐節	崇順王	冊九七九。新二一九。ともに公主降嫁を受けたときの援爵か。
		奚	李延寵	懐信王	
	七月	安国	屈底波	帰義王	冊九六五
	九月	罽賓国	*勃匐準	罽賓国王・烏長国王	冊九六五、旧一九八。罽賓国王を継承。
七四七（天宝六）載	二月	陁抜斯単国	忽魯汗	帰信王	冊九六五。新二二一下では天宝五載入朝。
	二月	羅利支国	伊思倶習	義寧王	冊九六五
	二月	岐蘭国	盧薛	義賓王	冊九六五
	二月	涅蒲国	謝没	奉順王	冊九六五。新二二一下では国名は怛満。
	二月	渤達国	摩倶濫思	守義王	冊九六五。新二二一下では勃達王摩倶渋斯。
	二月	都盤国	謀思健摩訶延	順徳王	冊九六五。新二二一下では健は健、順化王。
	二月	阿没国	倶般胡没	恭信王	冊九六五。新二二一下では王名は倶那胡設。
	二月	沙蘭国	卑略斯威	順礼王	冊九六五。新二二一下
七四八（天宝七）載		南詔	閣羅鳳	雲南王	冊一九七
七五〇（天宝九）載	三月	堨師国	*素迦	堨師国王	冊九六五
七五三（天宝一二）載	九月	葛邏禄	頓毗伽（進頓毗）	金山王	冊九六五。新二一七下では金山郡王。
	一〇月	石国	王子那倶車鼻施	懐化王	『唐大詔令集』六四。新二二一下では那倶車鼻施。

第四表　粛宗朝以後の諸外国の王号表

（略称等は第二表と同じ）

皇帝	年月	国名	人名	王号	出典・備考
粛宗	七五七(至徳二)載一一月	回紇	太子葉護	忠義王	旧一九五
代宗	七六二(宝応一)年	渤海	大欽茂	渤海国王	旧一九九下。渤海郡王からの進爵。
	七六四(広徳二)年	于闐	尉遅曜	于闐王	旧一四四、資二二三。曜の兄勝(唐に帰附)には武都王を賜う。
	七六五(永泰一)年	林邑	*文欵	林邑王	冊九六六。先王入朝途上の死去による。年代は推定。
	七六八(大暦三)年一月	新羅	*金乾運	新羅王	冊九六五、旧一九九上
徳宗	七八五(貞元一)年二月	新羅	*金良相	新羅王	旧一二、旧一九九上
	七八五(貞元一)年	新羅	*金敬信	新羅王	冊九六五、旧一九九上。いずれも「令襲其官爵」とある。
	七九三(貞元九)年七月	哥鄰国	*利羅	哥鄰国王	『唐会要』九九。冊九六五では哥隣王。
	七九四(貞元一〇)年六月	南詔	異牟尋	南詔王	新二二二上
	七九八(貞元一四)年三月	渤海	大嵩璘	渤海国王	冊九六五、旧一九九下。渤海郡王からの進爵。
	八〇〇(貞元一六)年四月	新羅	*金俊邕	新羅王	旧一九九上、資二三五。旧一三、冊九六五では新羅国王。
順宗	八〇五(永貞一)年三月	新羅	*金重熙	新羅王	冊九六五、旧一九九上
	八〇五(永貞一)年四月	弥臣国	*楽道勿礼	弥臣国王	冊九六五、『唐会要』一〇〇、旧一四
憲宗	八〇九(元和四)年一月	渤海	*大元瑜	渤海国王	冊九六五。『唐会要』九六では元和元年。
	八〇九(元和四)年一月	南詔	*蒙閣勧	南詔王	『唐会要』九九
	八一二(元和七)年七月	新羅	*金彦章	新羅王	冊九六五、旧一九九上。『唐会要』九五では新羅王。
	八一三(元和八)年一月	渤海	*大言義	渤海国王	冊九六五、旧一五、旧一九九下
	八一八(元和一三)年五月	渤海	*大仁秀	渤海国王	冊九六五、旧一五、旧一九九下
穆宗	八二三(長慶三)年九月	南詔	*豊祐	(南詔王)	冊九六五
文宗	八三一(大和五)年一月	渤海	*大彝震	渤海国王	冊九六五、旧一七下、旧一九九下
	八三一(大和五)年四月	新羅	*金景徽	新羅王	冊九六五、旧一七下、旧一九九上
武宗	八四一～八四六年(会昌年間)	牂柯蛮		羅殿王	新二二二下。「世襲爵。其後又封別帥為滇王」ともある。
宣宗	八五八(大中一二)年二月	渤海	*大虔晃	渤海国王	旧一八下

の異民族に授与された。

唐代には王・郡王・国公・郡公・県公・県侯・県伯・県子・県男の九等の爵位があった。契丹に県男・県公・郡王・王が順次授与された例があり、異民族に授与される王号も唐の爵制の延長線上にあった。しかし、唐代で異民族に授与された郡王号にその国名を冠したものはなく、大多数の郡王号は、羈縻府州の場合も含めて唐に内属した異民族に授与された（第三部第五章「唐代の異民族における郡王号」参照）。これに対し、王号には異民族の国名を冠したものも多く、唐に内属していない国々に与えられる場合がほとんどである。つまり唐代においては、概して郡王号は内属した異民族に与えられ、王号は独立して活動している異民族に与えられたのである。

そこで、異民族の首長などに唐王朝から授与された王号を掲げたのが第二表〜第四表である。これらの表から、唐の勢力が次第に西へ延びて玄宗朝で頂点に達し、漢代以来未曽有の外交交渉の活況を呈したが、安史の乱以後は唐の冊封が東アジア世界と東南アジアとに局限されてしまう情況を見て取ることができる。また、異民族に唐が授与する王号には、国名に直接王号を附ける本国王と、奉化王・循義王のように唐の徳化を示す形容句を冠した王号とがある。後者を仮に徳化王と名附けると、本国王と徳化王との間には、前者は継承されるが後者は継承されない、という基本的な相違がある。従って、特に政治的な役割の無い儀礼的な交渉に授与されるのは、もっぱら徳化王であった。また、本国王には「王」と「国王」との区別があるが、この点については後に触れる。

東アジア世界と王号

唐代で異民族に王号と郡王号とが複合して授与された例は、統一新羅出現以前の朝鮮三国に限られる。これは、隋代の帯方郡公百済王・遼東郡公高麗王・楽浪郡公新羅王の郡公が郡王に進爵された結果であるが、一方で、郡王号が内属した異民族に授与される例は唐初から広汎に見られた。朝鮮三国にのみ異例の郡王号と王号との複合授与が行われたところに、これらの国々と中国王朝との歴史的な関係の深さを見るべきである。ただし、新羅では百済滅亡の六六三年に文武王が雞林州大都督を得てからは、楽浪郡王・郡公の称号を授与された例はほとんど無くなる。朝鮮半島の情勢の変化に対応して、新羅王の王号が継承される一方、雞林州都督が楽浪郡王に替わる称号として授与されたのであろう。

また八世紀の渤海には、郡王から国王への進号が見られる。唐代では「国王」号は異民族でも遠方の者に授与される場合が多いが、少数だが内属した異民族における郡王から国王への進号の例も見られる。六六六年の吐谷渾の河源郡王から青海国王、六九八年の高句麗の朝鮮郡王から忠誠国王への二例である。前者は、吐谷渾が吐蕃に住地を奪われて唐に内徙してからのもので、青海国王は「烏地也抜勒豆可汗」の称号と併せて七九八年まで継承された。後者は、唐に移住させられた高句麗王高蔵が受けた朝鮮郡王(5)を継承した高宝元が、安東の旧戸の統摂を委ねられた際に受けた称号である。これらは、内属した異民族を称号の上で優遇した例である。前述の吐蕃の西海郡王から賓王への進号も、当時強力であった吐谷渾や高句麗を牽制する上で、新興の吐蕃を特に優遇したものであろう。

渤海の建国当初の国号は振国（震国）であった。七一三年に初めて渤海郡王を授与され、七六二年には一度渤海国王への進号が行われたが、その後は郡王に戻された。しかるに、七九五年に渤海郡王を受けた大嵩璘が、渤海国王への進号を願い出て認められて以後は、即位のたびに国王に封ぜられるようになった（第四表）。このように、振国すなわち渤海は郡王号を授与されたところで、唐に内属した異民族に相当する処遇を受けたのである。郡王から国王への進号も、唐に内属して以後の吐谷渾や高句麗の例に対応する。従って、実のところ渤海の「渤海」という称号は内属した異民族に授与される例の範囲内にあったのである。八世紀以後の冊封体制下で、新羅と渤海との間に唐の処遇上それほど大きな差はなかったが、旧来の国家から発展して朝鮮半島を統一した新羅に対し、新興の渤海を称号の上で差等を附けて扱った唐の配慮を、そこに認めるべきであろう。

遣使と朝貢

異民族が唐に遣使する理由としては、冊封国の場合、（一）先王の薨去を伝え、新王の冊立を要請する、（二）王子らを派遣して唐の朝廷に仕えさせる、（三）賀正使らの定期的な遣使、（四）何らかの必要性が生じた場合の臨時の遣使、といったことが考えられる。唐の朝廷で正月を祝う賀正使は、特に新羅にその例が多い。しかし異民族全体を見渡した場合、正月に向けた年末の入朝の例の多いのは事実であるが、特に正月に限られるわけではなく、遊牧民の遣使には実質的には貿易である朝貢も多かった。

馬を豊富に産する遊牧民族と中国との間では、古くから馬と絹との交換を中心とする貿易が行われていた（『松田壽男著作集』二、六興出版、一九八六年、参照）。唐代の異民族からの進貢品を見ても、周囲の遊牧民族から一度に多数の馬などの動物が献上される場合が多い。六二六年の突厥の馬三千匹・羊万口、六二八年の突厥の馬牛数万、六三七年の吐谷渾の牛羊一万三千頭、六四三年の薛延陀の馬五万匹・牛及び駱駝一万・羊十万等々である（『冊府元亀』巻九七〇・外臣部朝貢三、『旧唐書』太宗紀下）。回鶻の進貢品と唐の回賜品との間には一定の換算基準が存在したが、上の例も多くは事実上の貿易であったであろう。ただし、「受けず」「許す」などと記された例もあり、すべての朝貢貿易が許可されたわけでもないようである。

これに対し、新羅・渤海の場合には鷹と鷂（ハシタカ・ハイタカ）の進貢が注目される。七七九年五月に即位した徳宗は、閏五月丙子に「天下の州府及び新羅・渤海の、歳ごとに鷹鷂《ようよう》を貢する者は皆な罷めよ（天下州府及新羅・

渤海歳貢鷹鶻者皆罷）」と詔しており（『冊府元亀』巻一六八・帝王部却貢献）、当時新羅と渤海とが唐の州県と並んで毎年鷹と鶻とを進貢していたことが判る。それがいつから始められたかは明らかではないが、七三九年には渤海が遣使して鷹を献上している例がある（同書巻九七一・外臣部朝貢四）。また、八一四年にも渤海が鷹と鶻《はやぶさ》とを献上し（同書巻九七二・外臣部朝貢五）、八二六年には二名の宦官が鷹鶻を取りに新羅に行っており（同書巻六六九・内臣部譴責）、九世紀にも両国の鷹鶻の進貢は続けられていた。このように特定の物産（動物）の献上が年ごとに、しかも唐から使人を派遣してまで要求された例は他にはなく、ここからも唐と新羅・渤海との緊密な関係が窺われる。

一方、パミール高原以西の国々の場合は、唐とイスラム帝国及び吐蕃との間にあって玄宗の時には特に複雑な動きを示し、冊立や朝貢にも政治的な意義が顕著であった。また日本の場合、高句麗・百済が滅亡し新羅が朝鮮半島を統一する七世紀には、遣唐使も著しく政治的な役割を帯びていた。しかし、八世紀に入って東アジアの情勢が安定すると、遣唐使の政治的性格は減少した。その点で、七世紀の東アジアにおける日本の位置を、玄宗朝の中央アジアにおけるパミール高原以西の国々に対比することができる。

争長事件と蕃望

唐の朝廷で異民族同士が序列を争うことがあり、これを争長事件という。その著名な例は、第一〇次遣唐使の大伴古麻呂の場合である。七五三年正月一日の長安の含元殿における朝賀の際、日本使の席次は唐初西畔第二の吐蕃の下にあり、新羅使の席次は東畔第一、大食（アッバース朝イスラム）の上にあった。そこで古麻呂は「新羅は古来日本に朝貢してきている」と抗議し、新羅使の席次は西畔の吐蕃の下、日本使の席次は東畔の大食の上に変更された、という（『続日本紀』天平勝宝六年〈七五四〉正月丙寅條）。

玄宗の七三二年（開元二〇）に成立した『大唐開元礼』巻九七「皇帝元正冬至受群臣朝賀」に拠れば、冬至と元旦との朝賀の後の会（朝会）即ち宴席においては、東方・南方の蕃客（異民族の使節）は南面する皇帝の東南に、西方・北方の蕃客は西南に、都督・刺史と共に北面して位置することになっている。これは君臣の礼における臣下の位置である。朝賀における蕃客の位置についての記述は無いが、都督・刺史の位置は会の場合と変わりない。そこで、開元礼の朝賀における蕃客の位置も朝会の場合と同様であったとすれば、これに対して古麻呂の争長事件の際の席次では、変更の前後を問わず異民族の地理上の位置が顧慮されていなかったことが判る。

唐代の争長事件としては、古麻呂の例以外に三件が知られている。第一は、七三〇年の大明宮丹鳳楼での宴会の際に突厥使が突騎施使の下位に置かれていたことに抗議し、突厥使が東側、突騎施使が西側に分かれて坐すことになった例である（『旧唐書』突厥伝下）。第二は、七五八年五月に回紇の使者と黒衣大食（アッバース朝）の酋長らが閤門で先を争い、左右に分かれて東西門から並列して入ることになった例である（『旧唐書』廻紇伝）。第三は、八九七年七月に渤海の賀正王子大封裔《だいほうえい》が、国力の上昇を背景に渤海使を新羅使の上席とするように進状したのに対し、昭宗がこれを認めず旧例通り新羅使を渤海の上席とした例である（濱田耕策「唐朝における渤海と新羅の争長事件」、末松保和博士古稀記念会編『古代東アジア史論集』下所収、吉川弘文館、一九七八年）。

以上のうち、唐側が席次の上下を固守したのは第三例のみであり、第一例・第二例では東西に分置、並列させて切り抜けている。唐代には蕃望という異民族のランクがあり、皇帝に朝見する時には蕃望に応じて官品を授与したが、以上の諸例では、唐は蕃望や異民族の方位に余り固執していなかったように見える。おそらく、蕃望が基本となるのは内附した異民族の人々に官職を授ける場合などであり、争長事件については、唐朝は明確に序列を示さずに臨機応変に対処したのであろう。その意味で、古麻呂の事件の処理から、唐の朝廷で日本の位置が常に新羅より高く評価されていた、と考えることはできないのである。

五　唐代国際秩序の中の日本

唐代の日本

最後に、国際秩序の形式面から唐代の日本の位置について考えることとしたい。前述のように本国王には「王」と「国王」との区別があり、朝鮮三国や于闐のような唐に近接した国々の首長には「王」号が授与されることが多く、パミール高原以西の国々のような遠方の異民族の首長に「国王」号が授与される例が多い。唐は外国に使者を派遣する際の旅費の基準として、近接する入蕃の地域（蕃域）と遠方の絶域とを区別していたが、本国王における「王」と「国王」との区別は、蕃域と絶域との区別に対応しているようである。ただし、第二表～第四表の備考欄に記したように、史料によっては王と国王とを厳密に書き分けていない。そこで、開元年間（七一三～七四一）後半の宰相で、多くの国書や詔勅を起草した張九齢の『唐丞相曲江張先生文集』から国書冒頭の郡王・王・国王に冠せられた国名を列挙すると、郡王―渤海、王―契丹・新羅、国王―護密・識匿・勃律・罽賓・日本となる。「国王」の国々は日本を除いて開元天宝年間の「国王」冊立の国々であり（第三表参照）、いずれも唐に隣接した国々ではない。従って少なくとも玄宗朝については、本国王中の「王」号と「国王」号とが使い分けられ、後者が絶域の遠夷に用いられていた、と言い得る。「遣使と朝貢」の項で述べた日本とパミール高原以西の国々との対称は、ここに認めることができるのである（第三部第七章「唐代国際関係における日本の位置」第四節参照）。

唐代の国書冒頭の書式には「皇帝敬問（某）」「皇帝問（某）」「勅（某）」の三種類があった。また唐代には無いが、隋や五代には「皇帝（天子）致書（某）」という書式も存在した。これらのうち、「致書」は対等な関係にある二者の間で用いられる書式であるが、「皇帝敬問」「皇帝問」は慰労制書、「敕」は論事敕書という、それぞれ皇帝が臣下に降す文書の書式であった（中村裕一『唐代制勅研究』汲古書院、一九九一年、参照）。

唐代では「敕」の論事敕書が異民族に対して最も頻繁に用いられ、相手国が唐から冊立を受けていない場合も多かった。このことは、唐が異民族を基本的には臣下の国として扱おうとしていたことを示している。慰労制書は論事敕書よりも相手を鄭重に扱う場合に用いられ、ことに「皇帝敬問」の文言は実質上相手を対等に扱う場合に用いられた。従って国書冒頭の形式には、致書―皇帝敬問―皇帝問―敕の序列が存するのである。右に挙げた『唐丞相曲江張先生文集』の日本宛の国書は、「敕日本国王主明楽美御徳《すめらみこと》」で始まる七三五年の論事敕書である[6]（同書巻一二）。日本は唐の冊封を受けたことがなく、ここでは絶域の臣下の国として扱われているのであるが、統一新羅・渤海・日本が鼎立して東アジア世界の情況が安定した八世紀段階における、日本に対する唐の評価はこのようなものだったのである。ただし天皇の名号が「主明楽美御徳」という好字で表記されているのは、絶域の諸国の中では日本が高く評価されていたことを示していよう。

東アジア諸国と日本

以上、漢代から唐代までの中国と周辺諸国との関わりを見てきた。冊封体制の基本は、中国国内の君臣関係の異民族国家への適用にある。異民族に王・侯を授与して形式上これを臣下とすることは漢代に見られたが、五胡十六国時代に中国古来の地名を伴う爵位の授与が行われるようになり、中国王朝と周辺諸国との間に冊封関係が結ばれるようになった。盛唐には唐の国際関係も全盛を極め、パミール高原以西の国々まで冊立された。しかし、安史の乱を契機に唐の勢力が衰えると、冊封関係は新羅・渤海を中心とする極めて限定された地域のものとなった。また、隋代までは周辺諸国に対し、本国王と公などとの重複した爵号授与が行われた。さらに新羅が朝鮮半島を統一し渤海が登場して以後は、唐に朝貢する国々の中では両国のみが毎年鷹と鶻との献上を行っていた。このように、他国との間には見られない関係が唐と東アジア諸国との間には成立していた。こうした関係は中国王朝と東アジア諸国との長い歴史的交渉の中で培われてきたものであり、国際秩序形式への東アジア世界の歴史の反映を、そこに認めることができるであろう。

唐代の東アジア世界では、日本と唐との関係はやや疎遠であった。具体的には述べられなかったが、近隣諸国と唐との関係が緊迫する中でその存在が唐から注目された点では、七世紀後半の日本と玄宗朝のパミール高原以西の国々とを対比することができると思う。その上で日本のみに見られる特色として、唐との関係が比較的緩やかな中で律令の積極的摂取が行われたことがあった。唐代における日本の存在は、東アジア世界の中にあり、かつその中で独自の位置を保った点で、二重の意味で特殊であったと言えよう。

註

（1）現在では、唐宋時代の東ユーラシアの国際情勢を、書儀の用語に共通する国書の語句の分析を主に包括的に理解しようとする廣瀬憲雄氏の『東アジアの国際秩序と古代日本』（吉川弘文館、二〇一一年）・『古代日本外交史―東部ユーラシアの視点から読み直す―』（講談社選書メチエ、二〇一四年）、同様に中国を中心とする仏教の伝播や交流から捉えようとする河上麻由子氏の『古代アジア世界の対外交渉と仏教』（山川出版社、二〇一一年）、和蕃公主のあり方を中国王朝から異民族に降嫁する事例のみでなく、異民族から中国王朝に来嫁する事例も併せて全面的に考察する藤野月子『王昭君から文成公主へ―中国古代の国際結婚―』（九州大学出版会、二〇一二年）といった、意欲的な試みの研究書も出版されている。

（2）列侯は二〇等ある漢代の爵位の最上位。諸侯王は「諸侯としての王」として、列侯のさらに上に位する。なお、『漢書』郊祀志下・平帝元始五年（五）條の大司馬王莽の奏言に「王者父事天、故爵稱天子」とあり、『白虎通』爵の冒頭に「天子者爵稱也」とあるように、「天子」は諸侯王のさらに上の爵位である、という解釈も漢代に存在した。

（3）唐朝が諸民族に授与した印章を『旧唐書』『新唐書』の外国伝から拾うと、以下のようになる。

①明年（貞元一〇年＝七九四）夏六月、冊異牟尋爲南詔王。以祠部郎中袁滋持節、領使成都少尹龐頎副之、崔佐時爲判官、倶文珍爲宣慰使、劉幽巖爲判官、賜黃金印、文曰「貞元冊南詔印」。（『新唐書』巻二二二上・南蛮伝上・南詔伝上）

①以祠部郎中兼御史中丞袁滋持節冊南詔、仍賜牟尋印、鑄用黃金、以銀爲窠、文曰「貞元冊南詔印」。先是、韋皐奏南詔前遣清平官尹九寬獻所受吐蕃印五、二用黃金、今賜請以黃金、從蠻夷所重、傳示無窮。從皐之請也。十年（貞元一〇年）八月、遣使蒙湊羅棟及尹九寬來獻鐸槊・浪人劍及吐蕃印八紐。（『旧唐書』巻一九七・南蛮西南蛮伝・南詔蛮伝）

②（元和）三年（八〇八）十二月、異牟尋卒。廢朝三日。四年正月、以太常少卿武少儀充弔祭使、仍冊牟尋之子驃信苴蒙閤勸爲南詔（王）、仍命鑄「元和冊南詔印」。（同書・同伝）

③元和三年、異牟尋死。詔太常卿武少儀持節弔祭。子尋閤勸立、……改賜元和印章。明年死、子勸龍晟立、淫肆不道、上下怨疾。十一年（八一六）、爲弄棟節度王嵯巓所殺、立其弟勸利。詔少府少監李銑爲冊立弔祭使。……長慶三年（八二三）始賜印。是歲死、弟豐祐立。（『新唐書』巻二二二中・南蛮伝中・南詔伝下）

④會昌二年（八四二）九月、制契丹新立五（王）屈戍可雲麾將軍・守右武衛將軍員外置同正員。幽州節度使張仲武上言、屈戍等云、契丹舊用廻紇印、今懇請聞奏乞國家賜印。許之、以「奉國契丹之印」爲文。（『旧唐書』巻一九九下・北狄伝・契丹）

④會昌二年回鶻破、契丹酋屈戍始復內附、拜雲麾將軍・守右武衛將軍。於是幽州節度使張仲武爲易回鶻所與舊印、

賜唐新印曰「奉國契丹之印」。（『新唐書』巻二一九・北狄伝）

以上のうち、本文で触れたのは④の二例である。その前の南詔の場合は「貞元冊南詔印」「元和冊南詔印」と、「冊南詔印」の上に年号を加える点で規則性があるが、それは契丹には受け継がれていない。南詔が唐の冊封を継承した場合であるのに対し、契丹は弱体化した回鶻から離反して唐に内附した場合という相違はあるが、以上の例から唐が異民族に授与した印章に一定の規格があったとは思われない。漢代に比べて、唐代では国制における印章の重要性は格段に低くなっていたのであろう。ただし、『新唐書』巻二二一上・西域伝上・党項條には

明年（宝応元年＝七六二）又攻梁州、刺史李勉走。進寇奉天、大掠華原・同官去。詔臧希讓代勉爲刺史。於是歸順・乾封・歸義・順化・和寧・和義・保善・寧定・羅雲・朝鳳凡十州部落詣希讓獻欵、丐節印。詔可。

とあり、党項が内附した時にも印は要求している。

（4）『冊府元亀』巻九七四・外臣部褒異一・開元五年（七一七）條には

六月丙子、文單國・眞臘國朝貢使還蕃、竝降璽書及帛五百疋賜國王。文單・眞臘皆南方小國也、嘗（常）奉正朔、職貢不絕。帝嘉之、故有是寵。

とある。このうちの「賜国王」を「国王を賜う」と読めば、第三表に掲示すべき国として文単国王と真臘国王とが増えることになる。しかしこれは、「……並びに璽書及び帛五百疋を降し、国王に賜う」と読むべきであって、国王号を賜わったものではないと思う。

（5）『旧唐書』巻一九九上・東夷伝・高麗條には「儀鳳中（六七六〜六七九）、高宗授高藏開府儀同三司・遼東都督、封朝鮮王」とある。しかし孫の高震墓誌などから、朝鮮王は朝鮮郡王の誤脱であることが確認される（第三部第六章参照）。本文にも述べたように、唐に内属した異民族の者に授与される称号としては郡王号の方が適合的である。

（6）玄宗の日本宛の国書については河内春人氏の註釈がある（鈴木靖民・金子修一・石見清裕・浜田久美子編『訳註日本古代の外交文書』八木書店、二〇一四年、所収）。

附論一　中国西北の蛇鈕印

中国甘粛省の天水市は、省都蘭州と陝西省の省都西安とのほぼ中間にある山間の落ち着いた都市である。南を流れる渭水は古都西安の北側を通り、やがて黄河に流れ込む。天水市東南四五キロの地点には五世紀前後から開鑿された麦積山石窟があり、その優れた泥塑の仏像群によって、敦煌・雲崗（雲岡）・龍門と並んで中国四大石窟の一つに数えられている。

天水市は一九八四年四月に外国人に開放された。寒さの訪れの早いこの地方では、私の訪ねた一九八五年一〇月半ばにはもう観光シーズンも終わりであったが、それまでの半年間に既に二百人以上の日本人が麦積山の参観を果たしたという。以下に紹介するのは、この麦積山で有名な天水市で見聞した蛇型のつまみ（蛇鈕《だちゅう》）を持つ漢代の印章のことである。

蛇鈕印というと思い出されるのは、江戸時代の天明四年（一七八四）に福岡県志賀島《しかのしま》から発見された「漢委奴国王」の銘を持つ金印である。中国の後漢時代（二五〜二二〇）の歴史を記した『後漢書』には、五七年に朝貢した倭奴国の使人に光武帝が印綬を賜与したことが書かれており、志賀島の金印はこの記事と見事に対応するのである。ところが、この金印には漢代の印章の規格に合う所と合わない所とがあり、蛇鈕もその合わない部分の一つであった。加えて千七百餘年を経ての発見であったため、後世の偽作であると疑われることにもなった。しかし、一九五七年に雲南省晉寧県の石寨山から「滇王之印」銘の漢代の蛇鈕金印が出土し、蛇鈕の印章が漢代に存在することは確実となり、蛇鈕の持つ意味についても以下のような説が提唱されるようになった。

一説によると、漢代では、漢の領域内の臣下である内臣と外国の臣下である外臣とでは皇帝の賜与する印綬の規格が異なるが、滇の地方は漢の領域に編入されながら旧来の王が土着民の統治を行う点で、内臣と外臣との中間の性質を持つ。即ち、「滇王之印」は内臣と外臣とのいずれにも属さない者の特例の印であり、蛇鈕もそのような特色を現している。同様に「漢委奴国王」金印も、漢に臣属しないで遣使奉献するだけの関係を持つ不臣の朝貢国の印であり、蛇鈕も倭奴国が一般外臣層に属していないことに対応する、という。別の説では、漢及び次の魏晉時代には沙漠やステップ地帯の北方異民族に駱駝鈕印が中国から賜与され、南方卑湿の地の異民族に蛇鈕印が賜与された、という（以上大谷光男『研究史　金印―漢委奴国王印―』吉川弘文館、一九七四年、参照）。一方、上海博物館にも「浙江都水」銘の蛇鈕印があり、中国の東や南の沿岸地帯や川の流域の住民には蛇がシンボル的だと華北人から意識されていた、という見方も提出された（森浩一編『日本の古代1　倭人の登場』中央公論社、一九八五年）。

さて天水市には、漢の高祖を救うために高祖と詐って項羽に投降して焼き殺された漢将紀信を祭る城隍廟があり、現在では天水市文化館となっている。その一室に、三重にとぐろを巻いた蛇を鈕とする「樊輿《はんよ》侯印」銘の銅印があったのである。中国の西北地区で蛇鈕印を眼にするとは思いもかけないことであった。驚く私に向かって、文化館の係員は、天水地区には他にも蛇鈕印があり、すべて漢から晉代のものである、と語ってくれた。

樊輿は河北省保定市の東北に比定される前漢の県名であり、後漢には県の下の地方行政単位である亭となり、記録によっては晉代にも一時県が置かれたという。前漢には侯国が置かれ、皇帝劉氏の一族が樊輿侯の爵位を受けた。しかし、漢制では内臣の侯爵印は亀鈕の金印であり、樊輿侯印はこれに合わない。墓に入れる冥器としては銅の侯爵印もあり得るが、蛇鈕であることの説明はつかない。後漢印としても亭侯印の規格には合わず、魏晉印の可能性もあろう。また、地名の樊輿と印のある天水とはいかにも離れている。こうした問題はあるが、この印が真印であれば南方卑湿の地に関係しない内臣の印ということになり、「漢委奴国王」印の解釈に及ぼす影響は小さくない。天水地区にあるという他の蛇鈕印の印文も是非とも知りたいものである。一顆の方寸の蛇鈕印は、麦積山に劣らぬ強い印象を残してくれた。

〔追記〕以上の文は、小学館のＰＲ誌『本の窓』一九八六年一一月号に載せたものである。それから三十年以上経ち、蛇鈕印に関する情報も飛躍的に増えた。しかし、右の天水市や天水地区の蛇鈕印については未だに纏まった紹介は無いようなので、この短文を本書にも敢えて再録した。なお、二〇一五年に開館した西安市の曲江池遺址公園博物館には、この地域で出土した漢の蛇鈕印が展示されているが印文は不明である。注意すれば、今後も蛇鈕印の情報は増えていくであろう。

また、中国の蛇鈕印について有益な情報を与えてくれる論文として、吉開将人「印からみた南越世界―嶺南古璽印考―」前編・中編・後編、『東洋文化研究所紀要』第一三六冊・第一三七冊・第一三九冊、一九九八～二〇〇〇年、及び石川日出志「「漢委奴國王」金印の考古学」『駒澤大学大学院史学論集』第四八号、二〇一八年、がある。

附論二　倭奴国王と倭国王帥升をめぐる国際環境

一　はじめに

『後漢書』倭伝には倭国の二回の遣使が記録されている。初回は光武帝末年の建武中元二年（五七）の倭奴国の遣使奉献であり、次は五〇年後の安帝永初元年（一〇七）の倭国王帥升等の遣使である。卑弥呼の三国魏への最初の遣使は景初三年（二三九）、帥升等の遣使から百二十年以上、後漢の滅亡からでも二十年近く経ってのこととなる。

そこで小論では、帥升等の時期に至る後漢の国際関係を素描することで、倭奴国・帥升等の派遣がどのような国際環境下に行われたのかを確かめてみたい。後漢における外国使節往来の情況は、『後漢書』では中期までは外国伝以上に本紀に詳しく記されているので、以下の文も主に本紀に拠って記述する。

二　光武帝期の後漢と倭奴国

『後漢書』光武帝紀下・建武六年（三〇）是歳條に「匈奴遣使して來獻し、中郎將をして命《めい》（光武帝の言葉）を報ぜ使《し》む（匈奴遣使來獻、使中郎將報命）」とあるのが、後漢における異民族遣使記事の初見であり、建武八年（三二）條に「十二月、高句麗王遣使奉貢」とあるのがその次の記事である。

匈奴は漢初以来の北方遊牧民の雄であるが、前漢中期には東西に分裂し、宣帝（在位前七四～前四九）の時には漢に服属し、一般の臣下よりやや高い位置を得ていた。また高句驪（以下、高句麗と記す）は、前漢末には王を名乗って国際関係に姿を現していた。その両国が後漢の最初期に遣使したのであり、後漢の国際関係においても匈奴と高句麗とが第一の主要相手国であったと認められる。しかし、匈奴は建武一三年（三七）に河東（黄河が北から南に流れる時のその東側、山西省）に寇したりして、すぐに後漢に恭順な姿勢を取ったわけではなかった。

一方、前年の建武一二年（三六）には九真の徼外（後漢の領域外）蛮夷の張遊が後漢に内属し、帰漢里君に封《ほう》ぜられた。これは所領安堵の意味で「帰漢里君」の印綬を受けたものと想定される。しかし、「蛮」「夷」と呼ばれる勢力は後漢の領域内の長江中流域や四川省などにも種々存在しており、小論では蛮・夷の帰属についてはこれ以上触れない。

西域諸国の後漢への遣使は、建武一四年（三八）の莎車国・鄯善国の遣使奉献が最初の例となる。莎車国は三年後の建武一七年（四一）にも遣使貢献している。その前年の建武一六年（四〇）には、交阯（北ヴェトナム）で徵側・徵貳姉妹の反乱が起こったが、この反乱は建武一九年（四三）に平定された。

建武二〇年（四四）には、東夷の韓国人が衆を率いて楽浪郡に詣《いた》って内附した。翌年秋には鮮卑が遼東に寇したが、遼東太守祭肜《さいゆう》がこれを大破した。また同年一〇月には、徵側・徵貳の乱を平定した名将の馬援を派遣して烏桓《うがん》を討ったが成功しなかった。鮮卑・烏桓のこうした敵対的な行動は、前年の韓国が後漢に内附した行動に対する反発であったのかも知れない。

一方、建武二一年（四五）の冬には西域の鄯善王・車師王《きょし》らの一六国がそれぞれ子を派遣して都護を願請《ママ》した。「願請都護」とは後漢王朝の保護を願ったということであろう。しかし光武帝は、中国が定まったばかりで外事に眼を向けるいとまがない、という理由で侍子（人質）を還し、一六国には厚く賞賜を加えた。当時の後漢は、自国中心に外交を展開していく余裕がなかったのである。

この情勢が変化するのは翌年の建武二二年（四六）からである。この歳には匈奴の薁鞬日逐王《いくけんじっちくおう》比（以下、日逐王比と記す）が後漢に和親を請うた。しかし、烏桓に撃破されて匈奴は北に徙《うつ》り、ゴビ沙漠の南の地は空となった。翌年には日逐王比は遣使して河西《かせい》に詣って内附し、さらにその翌年の建武二四年（四八）には北虜を防ぐことを求めた。これまでの経過からすると、北虜とは烏桓のことである。一〇月には日逐王比は自立して南単于となった。

前漢中期には匈奴は東西に分裂していたが、ここに至って東匈奴は烏桓によって分断され、ゴビ沙漠の北の北匈奴と後漢に内属した南匈奴とに再分裂したのである。また、建武二三年（四七）には高句麗も種人（部族）を率いて楽浪郡に詣って内属していた。

建武二五年（四九）正月には、遼東徼外《きょうがい》の貊《ばく》人が河北省・山西省に寇したが、祭肜はこれを招き降した。烏桓の大人《たいじん》も来朝したが、これは祭肜が貊人の攻略を抑え込んだからであろう。南単于は後漢の都の洛陽に遣使貢献し、蕃《はん》（藩と同義）となって臣と称した。そして重臣の左賢王を遣わして北匈奴を撃破し、千餘里（約五百キロ）も彼等を追い払い、三月には後漢の朝廷に人質を送った。

こうして、南単于は自ら後漢の藩臣であることを表明し、その庇護を得ることによって北匈奴に対して優位を保った。一〇月になると、中国東北の扶餘王も遣使奉献した。烏桓の大人も衆を率いて内属し、洛陽に朝貢した。それが何月であるかは不明だが、正月に来朝した後の南単于の動きなどを見て、これと敵対していた烏桓も後漢への内属を決めたのではなかろうか。建武二五年（四九）は国際関係が圧倒的に後漢優位に展開した年であった。建武二六年（五〇）には、後漢は南単于に璽綬を授けて雲中（内蒙古自治区呼和浩特《フフホト》市托克托《トクト》県）に居らせ、使匈奴中郎将を置いて匈奴の監督に当たらせた。南匈奴は完全に後漢の配下に置かれたのである。一方、北匈奴は建武二七年（五一）に武威に遣使して和親を乞い、翌年にも遣使貢献して和親を乞い、さらに建武三一年（五五）にも遣使奉献した。その間の建武三〇年（五四）には、鮮卑の大人が正月元日の朝賀の儀礼に参列して内属した。最後に、光武帝崩御の僅か一箇月前、建武中元二年（五七）正月に東夷の倭奴国王が遣使奉献した。

既にお気附きの読者もあろうが、以上の『後漢書』光武帝紀の記述では、内属・内附と遣使貢献・遣使奉献などとは使い分けられている。高句麗は当初は遣使奉貢と記されていたが、後には内属と記されている。南北分裂後の南匈奴も当初は遣使と記されていたが、後には奉藩称臣して雲中に置かれた。しかし北匈奴については遣使貢献、遣使奉献などと記されている。

後漢王朝にとって、近接する韓国・高句麗・烏桓・鮮卑は内属し、南匈奴は藩臣から内地に編入された存在となった。倭奴国が洛陽まで使者を送ったのはこのような時期であった。『後漢書』光武帝紀の記述を見る限り、倭奴国は北匈奴と同じような扱いである。しかし、倭奴国王には印綬を賜わったことが記録されている。異民族の受けた璽綬については、光武帝紀では他に藩臣となった南匈奴に璽綬を授けた例が見えるのみである。光武帝や後漢王朝にとって、周囲の諸勢力との外交が有利に展開した時に倭奴国は遣使したのであり、遠来の東夷の遣使としてその分優遇されたと言えそうである。

三　後漢をめぐる国際関係の変化

次の明帝の永平元年（五八）には、遼東太守祭肜が鮮卑に烏桓を討たせてこれを大破した。祭肜は後漢初期の東北アジアで後漢の主導権を確立した功労者である。明帝は翌年正月に、皇帝の徳治を象徴する明堂という建物に父の光武帝を祭ったが、それには百蛮が貢職して烏桓・濊《わい》（かい）・貊が助力し、単于の侍子その他も参加した。ここから、後漢王朝の勢威が東北アジアから北アジアまで広がったことが看て取れる。しかし、高句麗や韓といった朝鮮半島諸国や西域諸国はこれには参加していない。

その後、永平五年（六二）には北匈奴が入寇し、南単于に撃退されている。永平七年（六四）には北匈奴は遣使して和親を乞うが、その後再び後漢の領域に入寇するようになる。その具体的な事実については、以下ではいちいち触れない。

永平一七年（七四）には西域諸国が遣使して人質を差し出し、一一月には後漢の軍勢が敦煌を抜けて車師《きょし》まで入った。また、この年には西域諸国に対処する西域都護・戊己校尉を置いた。永平八年（六五）には北匈奴などに対処する度遼《どりょう》将軍を置いており、将軍・都護・校尉という武官による後漢の辺境経営の体制が整えられた。しかし、永平一八年（七五）に焉耆・亀茲《きゅうじ》が西域都護の陳睦を攻め、北匈奴・車師後王が戊己校尉の耿恭を囲むなど、北方・西域の諸国の反撃も激しくなった。

章帝の建初元年（七六）正月には酒泉太守段彭が車師を討撃してこれを大破したが、この年には戊己校尉を廃止するなど、北匈奴や西域諸国とは小競り合いが続いた。しかし、西暦八〇年代から九〇年代にかけては、西域長史から西域都護となった班超が活躍し、和帝の永元六年（九四）には西域の五十餘国を降伏させ、人質を取ることができた。

だが同年中に南単于配下の一部が離反し、その原因を作った行度遼《こう》将軍朱徽らは処分されたが、永元八年（九六）にも南匈奴の一部が叛して入寇し、翌年には鮮卑が入寇した。永元一二年（一〇〇）には西域の蒙奇・兜勒《とうろく》二国が遣使内附し、それぞれに金印紫綬を賜わった。『後漢書』西域伝の序文に拠れば、蒙奇・兜勒の遣使は、永元九年（九七）に班超の派遣した甘英が西海まで達したことの成果である。永元一三年（一〇一）に安息国が遣使して師子（獅子）を献じたのも同じ成果ではなかろうか。永元一六年（一〇四）には北匈奴が遣使して称臣貢献した。だが、翌元興元年（一〇五）には高句麗が後漢との境界に入寇した。

殤帝の延平元年（一〇六）には鮮卑が今の北京北郊の漁陽まで入寇し、漁陽太守張顕が戦没した。同年中に安帝が立つと、西域諸国が叛して西域都護任尚《じんしょう》を攻め、救援軍に撃破されたが、翌年の永初元年（一〇七）に西域都護は廃止に追い込まれた。この年には、後漢内部でチベット系の羌族の叛乱が起きている。羌族の叛乱は連年にわたり、後漢王朝を疲弊させたほか、後漢と西域とを結ぶ隴道を遮断して後漢の西域経営を頓挫させた。

四　帥升等の遣使の理由とは？

帥升等の使者が派遣されたのは、その永初元年（一〇七）であった。『後漢書』安帝紀には「冬十月、倭國遣使奉獻」とあり、倭伝には「安帝永初元年、倭國王帥升等、獻生口百六十人、願請見」とある。請見の請とは目通りすることで、春には朝、秋には請という。建武中元二年（五七）春正月の倭奴国の場合は「奉貢朝賀」と書かれていた（倭伝）。帥升等の一〇月は陰暦では初冬で秋ではないが、『後漢書』は書き分けていたのであろう。

上述のように、永初元年（一〇七）は国際情勢において後漢がかなり苦境に立たされた年であった。その後、永初三年（一〇九）に高句麗の遣使貢献があったものの、同年中には烏桓の入寇、鮮卑や匈奴南単于の離反が相継ぎ、後漢の苦境は改まらなかった。そのような時に帥升等は、即位翌年の安帝になぜ目通りを願ったのであろうか。倭奴国の遣使の場合、後漢の政情が国際関係も含めて頂点に向かう時期であった、ということで説明できる。帥升等の場合がそのような国際情勢で説明できないとなれば、その理由は倭国国内に求める以外ないであろう。

倭国は、前漢の百餘国（『漢書』地理志下・燕地條）から、後漢や魏の三十国（『魏志』倭人伝及び『後漢書』倭伝）に分かれていた。後漢初に遣使した倭奴国は、その中の一小国である。「帥升等」については「等」まで含めて一人の人名とする見解もあるが、献上した生口百六十人は卑弥呼の献上した男生口四人・女生口六人、壱与の男生口三十人に比べて遙かに多い。

生口の多さから見ても、帥升等は倭国中の複数の王と解すべきであろう。壱与の生口が卑弥呼の生口の三倍であるのは、女王国の王位継承を安定させた魏使張政らの功績に酬いるためであったであろう。邪馬臺国の卑弥呼は南の狗奴国とは対立しているものの、既に奴国を含む約三十国を配下に従えている。一〇七年には、小国の併存から大国中心の諸国連合へと動き出す過程で、大国へと抜け出す途上の諸国が纏まって後漢へ使者を送ったのであろう。

以上、五七年の倭奴国の遣使と一〇七年の帥升等の遣使とで、彼等を受け入れる側の後漢の国際情勢が大きく変わっていたことを指摘した。このような中国に足場を置いた見方が、当時の倭国の動きを考える上で参考になることを祈っている。

第二部　魏晋南北朝期の東アジア世界

第一章　二〜三世紀の東アジア世界

一　二世紀の後漢の政局

二〜三世紀の中国と周辺諸国

二〜三世紀というと、中国では後漢の後半期から三国時代を経て西晉（二六五〜三一六）に及ぶ時代である。ただし本章では、三世紀は邪馬臺国が魏と交渉を重ねていた前半期までを扱う。

『三国志』魏書巻三〇・東夷伝・倭人條（『魏志』倭人伝は本條の俗称であり、正しい名称ではない。しかし、叙述の便宜上、以下には『魏志』倭人伝の表記を用いる）には、景初二年（二三八）六月に倭の女王の使節難升米らが帯方郡を経て洛陽に至ったと記されているが、景初二年が三年の誤記であることは間違いないであろう。当時の魏と朝鮮半島とを結ぶ陸路上に公孫氏の拠る燕があり、呉と接触する油断のならない国として燕を魏が滅ぼしたのが景初二年八月で、その結果、魏は帯方郡を領有することができたのである。景初二年六月に倭の使者が帯方郡に行ったとしても、そこはまだ燕の地であり、戦陣が張られている中で洛陽まで行くことは不可能であった。これは一例であるが、『魏志』倭人伝を読み解くためには、当時の中国と周辺諸国との関係の理解が不可欠なのである。本章はその前提として、邪馬臺国が『三国志』魏書に登場する頃までの中国及び周辺諸国の情勢を叙述するものである。

東アジア世界というと、中国と朝鮮半島の諸国及び日本を中心に考えるのが普通である。しかし後述するように、二〜三世紀の朝鮮では高句麗以外に纏まった国をなしているものは無く、百済・新羅の成立は四世紀半ばまで降る。後漢や魏の時代の東アジアの国々に眼を向けた場合、前述の公孫氏の燕の存在が最も重要であり、加えて東北アジア・北アジアの烏桓（烏丸）・鮮卑の動きも関係してくる。『後漢書』東夷列伝の序文には

建武（光武帝の年号、二五〜五五）之《の》初め、（東夷）復た來たりて朝貢す。時に遼東太守祭肜《さいゆう》（祭彤《とう》とも記される）、威は北方に讋《ふる》い、聲《せい》は海表に行わる。是《ここ》に於いて濊《わい》・貊《ばく》・倭・韓、萬里朝獻す。故に章・和（章帝・和帝）已後、使聘流通せり。永初（安帝の年号、一〇七〜一一三）の多難に逮《およ》び、始めて入りて寇鈔す。桓・靈（桓帝・霊帝）政を失し、漸く滋曼せり。（建武之初、復來朝貢。時遼東太守祭肜威讋北方、聲行海表。於是濊・貊・倭・韓、萬里朝獻。故章・和已後、使聘流通。逮永初多難、始入寇鈔。桓・靈失政、漸滋曼焉）

とある。即ち、後漢の初期には朝鮮半島の諸国や倭は朝廷に使節を送っていたが、二世紀に入ると離反し始め、世紀後半の桓帝・霊帝の頃にはその傾向が一層甚だしくなった、という。一方、同書烏桓鮮卑列伝末尾の論には、「四夷之暴、其の埶（勢）互いに彊《つよ》し。匈奴は隆漢に熾《さかん》にして、西羌は中興に猛し。而して靈・獻（霊帝・献帝）之間、二虜（烏桓・鮮卑）迭《こもご》も盛んなり（四夷之暴、其埶互彊矣。匈奴熾於隆漢、西羌猛於中興。而靈・獻之間、二虜迭盛）」とある。即ち、前漢の最盛期には匈奴が強勢を誇り、後漢の初めにはチベット系の羌族に勢いがあったが、後漢末の霊帝・献帝の頃になると、烏桓・鮮卑が活躍したという。この烏桓・鮮卑や高句麗などと当たるために後漢末に公孫度《こうそんど》が遼東太守に任ぜられ、彼の孫の公孫淵が自立した時に名乗った国号が燕であった。

このように、本章の主題となる二〜三世紀の東アジア世界の動向を中国との関係で理解しようとするには、両者

の間に介在する公孫氏の燕や烏桓・鮮卑の動向にも注意を払わなければならない。標題に東アジア世界を掲げながらこれらの記述にもスペースを割くのは、以上のような理由に因るものである。

羌族の反乱と外戚・宦官

さきに『後漢書』東夷列伝の序を引いて、後漢（二五～二二〇）も中期の二世紀に入ると東アジア諸国の離反の動きが見られるようになる、とあるのを示した。この、二世紀に入ると後漢からの離脱の動きが見られるようになる、というのは『後漢書』の多くの外国列伝に共通した表現である。烏桓・鮮卑列伝の例はさきに引いたが、西域伝の序には「陽嘉（順帝の年号、一三二～一三五）自り以後、朝威稍《や》や損ない、諸國驕放にして、轉相（たがいに）陵伐す（自陽嘉以後、朝威稍損、諸國驕放、轉相陵伐）」とあり、西域では順帝（在位一二五～一四四）以後、後漢王朝の威光が及ばなくなったという。

青海省東部から陝西《せんせい》省西部にかけての山岳地帯にはチベット系の羌族が住んでいたが、建武年間には甘粛省東部から陝西省西部に侵入を繰り返した。後漢では光武帝（在位二五～五七）、明帝（在位五七～七五）、章帝（在位七五～八八）、和帝（在位八八～一〇五）と鎮圧に努め、降伏した羌族を甘粛・陝西・山西・河南省の各地に移住させた。ところが安帝（在位一〇六～一二五）の永初元年（一〇七）、内徙《ないし》させられた羌族は官吏や豪族の酷使に耐えかねて反乱を起こした。この反乱は元初五年（一一八）にひとまず鎮定されたが、羌族の反乱はその後も後漢末まで止むことがなかった。これについて『後漢書』西羌伝末尾の論は、「和熹は女君を以て親政し、威は外接せず。朝議は兵力之損なうを憚り、情は苟安《こうあん》（一時逃れ）に存す（和熹以女君親政、威不外接。朝議憚兵力之損、情存苟安）」と評している。この内徙系羌族の反乱は後漢王朝に深刻な打撃を与え、国家財政は空となり、并州（陝西省・山西省）と涼州（甘粛省）とは荒廃に帰したという。また永初元年には西域都護が廃止されて西域経営が一時放棄されたが、これは内徙系羌族の大反乱と無関係ではなかった（西嶋定生『秦漢帝国―中国古代帝国の興亡―』講談社学術文庫、一九九七年）。このように、二世紀初頭以来の羌族の動きは後漢の政治外交に大きな影響を与えたのであるが、朝威の損なわれた理由はそれだけではなかった。右の西羌伝の論は、和熹親政時の外交が消極的で、武力で周辺諸民族を屈服させようとしなかった、と批判しているが、和熹とは和帝の皇后鄧氏で、和帝の死後即位した殤帝・安帝の時代に政治の実権を握った女性であった。

いったい、後漢は光武帝・明帝・章帝の初期三代が全盛期であったといわれる。ところが、章帝が三三歳の若さで没して一〇歳の和帝が帝位を継ぐと、章帝竇《とう》皇后の兄竇憲らが権力を握って政局を左右した。永元四年（九二）に和帝は宦官鄭衆らと謀って竇憲らを誅滅したが、和帝が元興元年（一〇五）に二七歳の若さで没すると、その後は生後百餘日の殤帝（在位一〇五～一〇六）、一三歳の安帝と、若年の皇帝の即位が相継いだ。このように幼弱の皇帝が続くと、勢い政治の実権は先帝の皇后（即ち皇太后）やその一族の手に握られることになる。皇后や皇太后の一族を外戚というが、後漢の朝廷では竇氏以後外戚の専権が続いたのである。殤帝・安帝の時代には鄧太后（和熹皇后）が実権を握ったが、建光元年（一二一）に鄧太后が没すると、安帝の皇后閻氏の兄閻顕らが台頭した。延光四年（一二五）三月に安帝が三二歳で没すると、閻顕らは少帝（生年不詳）を皇帝に立てた。しかし少帝はその年の一〇月に病死し、孫程ら一九人の宦官が閻顕らを倒して一一歳の順帝を立てた。こうして順帝は宦官に擁立された最初の皇帝となったが、彼等の功に酬いるために一九人を一度に侯爵に封《ほう》じ、陽嘉四年（一三五）には宦官が養子を立てて封爵《ほうしゃく》を世襲することを許した。『後漢書』西域伝が朝威退潮の時としたのは、この陽嘉年間のことであった。

順帝が在位二〇年、三〇歳で没すると、沖帝（二歳で即位、在位一四四～一四五）、質帝（八歳で即位、在位一四五～一四六）と、またしても幼弱の皇帝が相継いだ。この三代の朝廷で権力を振ったのが順帝の皇后梁氏の一族で、彼等は史上最大の外戚と言われた。その専横に腹を据えかねた桓帝は、延熹二年（一五九）宦官単超《ぜんちょう》らと謀って梁氏一族を誅滅した。ところが、今度はその単超らが権力を専断し、皇帝もその恣意を押し止めることはできなかった。こうして、外戚でなければ宦官が跋扈し、政治を混乱に陥れたのが二世紀の後漢の状態であり、後漢は中国史上でも外戚・宦官が国家滅亡の因をなした代表的な王朝とも評されるのである。内政の混乱が外交や周辺諸民族の統制に影響を及ぼさないはずがなく、『後漢書』の外国伝がそろって安帝・順帝以後の後漢の権威の衰退を伝えるのも道理であった。なお、桓帝即位時に定策の功をもって費亭侯を授けられた宦官に曹騰がおり、曹騰の養子曹嵩の実子が、かの曹操であった。

党錮の禁と黄巾の乱

梁氏一族誅滅の後、後漢の朝廷の権力は完全に宦官に握られた。その後、地方に台頭してきた豪族達の言論社交界が形成されつつあったが、宦官による政権の壟断は地方豪族の官界への進出を阻む要因となった。よって彼等は中央の太学生と共に、宦官政府とそれに結びつく豪族を批判する言論（輿論）の輪を広げた。清議と呼ばれる彼等の言論活動が活発になり、宦官攻撃が激しくなった桓帝の延熹九年（一六六）、宦官達は運動の中心人物の司隷校尉李膺ら二百餘人を捕え、党人として投獄した。彼等は翌年には郷里に帰されたが、官職を剝奪されて生涯仕官の許されない終身禁固の処分を受けた。これを第一次党錮の禁という。そこへ一二月に桓帝が没すると、清議派の支持者であった外戚の竇武（桓帝竇皇后の父）は、翌年（建寧元年）正月に桓帝の従父兄弟（いとこ）の子で一二歳の霊帝（在位一六八～一八九）を擁立した。さらに竇武らは朝廷に復帰した党人達と宦官誅滅の計画を立てたが、逆に宦官側に攻撃され殺されてしまった。翌建寧二年（一六九）に起きた第二次党錮は峻烈を極め、李膺ら百人以上が獄死し、主だった党人達は全国に指名手配され、禁固から死刑に及ぶ処分を受けた者は六、七百人に上った。こうして、桓帝・霊帝時代には宦官と地方豪族や外戚との対立が強まり、政治は混乱の度を深めていった。

この間《かん》、周辺民族の活動が盛んになって漢の辺境への侵入が激しくなったほか、地方では中央政府の監督が緩んで用水の管理が放棄されるなど、各地で荒廃が進んだ。中央派遣の官僚に代わって豪族が地方の指導者として台頭してくる一方、困窮した農民の中には宗教に救済の道を求める者も増えてきた。そうした農民達の信仰を集めて急速に強力になった集団に、華北東部から長江中下流域に広まった張角らの太平道や四川の張魯らの五斗米道などがあった。これら宗教結社の救済運動は政治活動ともなり、太平道に対する朝廷の弾圧も行われた。そこで張角らは、干支の六十周年の始まりとなる甲子の年の中平元年（一八四）二月、一斉に蜂起した。この反乱は同志の目印とした黄色の巾《きれ》に因んで黄巾の乱と呼ばれるが、張角らの主力は後漢側の攻撃を受けてその年の内に壊滅した。しかし黄巾の乱の勃発によって、衰退しつつあった後漢の支配体制は大打撃を受け、豪族や有力者の中には自立を計る者も出始めた。

中平六年（一八九）四月に霊帝が三四歳で没すると、弘農王が一七歳で即位し、母の何太后が政治を見ることとなった。何太后の兄の大将軍何進は、前年に皇帝の身辺防備のために置かれた西園の八校尉（曹操もその一人であった）の一人袁紹と、宦官の誅滅を画策した。この計画は何太后の反対にあって思うように進まず、八月に何進は逆に宦官に殺されたが、袁紹らはこれを機として宮中の宦官二千餘人を一気に皆殺しにした。この時、弘農王は弟の陳留王と共に宦官に宮殿外に連れ出されたが、何進に援軍として呼び出されて洛陽郊外にいた幷州牧（牧は軍事監督権を有する州の長官）董卓の軍に保護された。ところが董卓は洛陽に入城すると九月に弘農王を廃し、九歳の陳留王を立てて皇帝とした。後漢最後の皇帝となった献帝（在位一八九～二二〇）である。董卓に対抗した袁紹は冀州（河北省南部）に走って渤海郡太守となり、ここを根拠地とした。各地の群雄は袁紹を支持して董卓討伐の軍を洛陽へ向ける動きを示し、董卓は翌年三月に洛陽を焼き払って献帝を長安へ移動させた。その後董卓は長安で側近に殺されたが、洛陽の首都機能は停止して事実上後漢王朝は瓦解し、群雄が覇を競う分裂状態に突入してしまった。

二　公孫氏と三国

公孫氏の自立

群雄の中で、当時の先進地帯である中原の領有に成功した曹氏が、後漢を滅ぼして魏を立てたのは三十年後のことであった。曹操は、冀州《きしゅう》に拠っていた袁紹を建安五年（二〇〇）の官渡（河南省中牟《ちゅうぼう》県）の長期戦で打ち破り、袁紹の根拠地の鄴《ぎょう》（河北省臨漳県）を都としたが、建安二五年（二二〇）正月に没した。しかし、一〇月に太子の曹丕が献帝の禅譲を受ける形で即位して（文帝、在位二二〇～二二六）黄初と改元し、一二月に洛陽に都して魏王朝が開かれた。次いで翌年四月に成都（四川省成都市）に劉備が即位、やや遅れて二二九年正月に孫権が即位して建業（江蘇省南京市）に拠り、三国時代の幕開けとなった。その後の魏・蜀漢・呉の角逐は英雄・猛将・謀臣の活躍と共に『三国志演義』に活写されて有名であり、本章で敢えて述べるには及ばない。しかし、遼東の公孫氏の興亡だけは語っておかなければならない。

朝鮮半島では、前漢武帝の元封《げんぽう》三年（前一〇八）から四年にかけて楽浪・真番・臨屯・玄菟《げんと》の朝鮮四郡が設置され、漢の領域に編入された。しかし、三十年ほど後には真番・臨屯両郡が廃止され、元鳳六年（前七五）に玄菟郡も遼東に移転して、以上の三郡の一部は楽浪郡に編入された。以後の楽浪郡を大楽浪郡と通称するが、大楽浪郡の東部には東部都尉、南部には南部都尉が置かれた。後漢に入ってからは、建武六年（三〇）に東部都尉が廃された以外は特に大きな変化は無かったが、黄巾の乱以後の混乱の波はこの地方にも及んだ。

当時の遼東太守は、董卓らの推薦でその地位を得た公孫度《こうそんど》であった。彼は東に高句麗、西に烏桓を討って勢力を強め、中国の混乱を耳にすると自立を計った。遼東郡を遼西郡と中遼郡とに分けると共に、渤海湾を越えて山東半島にも営州刺史を置き、自らは遼東侯・平州牧を名乗った。また漢の高祖と世祖（光武帝）との二祖廟を立て、二祖から制（みことのり）を承けたと称して天を祀る壇や地を祀る墠《せん》を郡都の襄平城（遼寧省遼陽市）に設け、天地を郊祀し、籍田を行って兵（武器）を治めた。郊祀とは皇帝の行う天地の祭祀であり、籍田とは豊作を祈って春に皇帝が畑を鋤《す》き返す予祝儀礼である。公孫度は、これらの祭祀を行って自立の意思を明らかにしたのである。初平元年（一九〇）のことで、この年の正月には洛陽で献帝が董卓に伴われて郊天の祀りを行っていた。

その後、曹操は献帝に勧めて公孫度を武威将軍・永寧郷侯としたが、公孫度は「我は遼東に王たり、何の永寧ぞや（我王遼東、何永寧也）」と言って、送られた印綬を武庫に放り込んでしまった。こうして自立した公孫度は建安九年（二〇四）に没し、子の公孫康が継いだ。公孫康は、楽浪郡南部の屯有県（所在地未確定）以南の地を割いて帯方郡を立てた。桓帝・霊帝の後漢衰亡期以後、朝鮮半島では韓族・濊族が強勢となり、楽浪郡下の多くの人々は韓に流入していた。公孫康は部下を派遣して遺民を集める一方、兵を興して韓・濊を討ち、旧民も漸く復帰することになった。この後、韓や倭は帯方郡に属することになった、という（『三国志』東夷伝・韓條）。

公孫氏と魏・呉

　袁紹は官渡の戦いに敗れて間もなく没し、子の袁尚が継いだが、曹操に追い詰められて建安一〇年には烏桓に逃亡した。当時烏桓は幽州（北京）まで侵寇することがあり、袁紹は烏桓の酋豪を立てて単于とし、身辺に仕える者の娘を自分の娘と名乗らせて彼らに嫁がせた。ことに遼西単于の蹋頓《とうとん》と袁紹との関係は密接で、その縁で袁尚らは烏桓に逃げ込んだのである。そして烏桓と共にたびたび辺塞に侵寇したので、建安一二年（二〇七）曹操は遼西親征を敢行して蹋頓の首を斬った。袁尚は公孫康の拠る遼東に走ったが、公孫康は袁尚・袁熙《えんき》兄弟らを斬り、その首を曹操に送った。曹操は公孫康を襄平侯に封《ほう》じ左将軍としたが、これが遼東の公孫氏と魏の曹氏との関係の始まりとなった。公孫康が死ぬと叔父の公孫恭が周囲によって遼東太守に立てられ、曹丕は魏王朝を開くや、公孫恭を車騎将軍・仮節・平郭侯とし、公孫康に大司馬を追贈した。ところが、持病のある公孫恭は国を治めることができず、太和二年（二二八）公孫康の子の公孫淵がその地位を奪った。魏の明帝（在位二二六〜二三九）は公孫淵を揚烈将軍・遼東太守としたが、公孫淵は南の孫権に贈り物をして呉と通じた。

　さきに公孫度が山東半島まで進出したことを記したが、長江下流から黄河沿岸を北上して山東半島に達すれば、渤海湾を横切って朝鮮半島や遼東半島に至るのは容易である。唐代後半に新羅の商船が交易に活躍したのもこのルートであった。公孫康が袁尚らの首を曹操に送ったのは、河北省まで手に入れた曹操に脅威を感じたからであろうが、公孫淵も魏に対する脅威から、これに敵対する呉と結んで魏を牽制する必要を感じたのであろう。嘉禾《かか》二年（二三三）、孫権は張弥・許晏らを遣わして公孫淵を燕王に立てた。燕の名称は、北京を中心に存した周代の国名に由来する。ところが公孫淵は翻意し、呉が遠方に在って頼り甲斐が無いと、魏の青龍元年（二三三）に張弥・許晏らの首を斬って明帝に送った。明帝は公孫淵を大司馬・楽浪公としたが、いざ魏の使者が来ると公孫淵は軍を出して警戒する始末で、国内でもしばしば賓客に魏の悪口を言っていた、という。こうして魏と呉とに二股をかける公孫淵に対し、明帝は景初元年（二三七）幽州刺史の毌（母）丘倹（姓の毌丘については、毌を貫に通じて「カンキュウ」と読む説と、毋すなわち无として「ブキュウ」と読む説とがある）らを派遣し璽書をもって公孫淵を徴したが、公孫淵は毌丘倹を追い返した。そして自ら燕王と名乗って百官を置き、鮮卑単于に使者を遣わして「鮮卑単于璽」を仮し、鮮卑と共に魏の北辺に侵入した。公孫淵は皇帝こそ名乗らなかったが、官吏任命権・外交権が自分にあることを示し、さらに紹漢（漢を紹《つ》ぐ）という年号を立てて魏から離脱する姿勢を明らかにしたのであった。

翌景初二年、明帝は太尉司馬懿《しばい》を派遣して公孫淵を攻撃した。司馬懿の字《あざな》は仲達、「死せる諸葛、生ける仲達を走らす」の故事で有名な魏の権臣である。青龍二年（二三四）八月その蜀の丞相諸葛亮（字孔明）が五丈原（陝西省岐山県）で病没した後、蜀軍と対峙していた精鋭と共に洛陽に引き上げていたのであった。彼は六月に遼東に至るや、燕軍の抵抗を排除してたちまち公孫淵の本拠の襄平を衝き、八月に陥落させた。時に一夜、大流星が襄平城の東南に墜ち、後に城を棄てた公孫淵の斬られたのがまさしくその場所であったという。こうして遼東・玄菟・楽浪・帯方の四郡は悉く魏の領有に帰した。卑弥呼の大夫難升米らが帯方郡に至ったのは、その翌年の六月であった。時間の経過から言うと、諸葛孔明の病没が司馬懿の対燕戦線への移動を可能にし、その結果、倭人が魏都洛陽に至るルートが開かれたことになる。「孔明死して倭使通ず」と言われる所以であり（大庭脩『親魏倭王』学生社、一九七一年）、諸葛孔明も思わぬところで日本と中国との縁を取り持ったものである。

公孫淵は魏の征討計画を聞くと呉に援軍を依頼し、孫権も太子賓客羊衜《ようどう》の意見に従って兵を遼東に派遣した。しかし、呉軍は遙かに声援を送ったのみで燕を見殺しにし、翌年三月に再び派兵して魏の遼東太守張持らを撃ち、男女を略取したのみであった。しかしながら、公孫氏の燕の滅亡に当たって、魏のみならず呉や蜀漢の動向もこれに絡んでいたことは、忘れてはならない事実である。

三　二〜三世紀の東アジア

東夷伝の諸国

当時の朝鮮半島には、韓・濊・高句麗などの国々があった。濊《わい》（穢）族は朝鮮半島東北部を中心に居住し、『三国志』魏書・東夷伝には戸数二万とあるが、大君長はおらず、纏まった国家を形成していたわけではなかった。韓族には馬韓・辰韓・弁辰があり、最も強大な馬韓でも五十餘国に分かれ、大国でも万餘家、小国は数千家で、馬韓全体の総戸数は十餘万であった。辰韓は十二国、弁辰も十二国に分かれていた。このように、諸韓国とも一人の君主を戴く統一国家ではなく、地域ごとに分立、併存する国家群であった。従って、二〜三世紀を通じて中国に大きな影響を与えることはなく、『後漢書』や『三国志』にも中国との外交交渉は詳しくは伝えられていない。しかし後述するように、毌丘倹の高句麗遠征の際には大規模な叛乱を起こした。

『後漢書』東夷列伝には夫餘・東沃沮《よくそ》、『三国志』東夷伝には両者と挹婁《ゆうろう》との記載もある。夫餘は南に高句麗、東に挹婁、西に鮮卑と接する位置にあり、領域は東夷の中では最も広く、戸数八万を擁して君王を戴いていた。建武二五年（四九）以来後漢に朝貢し、安帝永初五年（一一一）には楽浪郡を攻撃したが、その後は後漢に帰附した。永寧元年（一二〇）には王の嗣子を遣わし、順帝永和元年（一三六）には王自身が洛陽まで来朝した。桓帝延熹四年（一六一）には朝賀貢献したが、永康元年（一六七）には玄菟郡に寇した。遼東の公孫氏の勢力が強まると夫餘は遼東に属したが、高句麗・鮮卑に傾くこともあり、公孫康は一族の女性を夫餘王に妻《めあわ》せて関係の強化を図った。

魏の正始六年（二四五）、毌丘倹の第二次高句麗遠征で玄菟太守王頎《おうき》が夫餘に至ると、夫餘は魏軍に軍糧を提供した。この王頎は、正始八年（二四七）に帯方太守に遷り、卑弥呼の派遣した使節と接した人物である。

東沃沮は元の玄菟郡の地にいたが、玄菟郡が遼東に移ると新設された東部都尉の所管に置かれた。東沃沮の戸数は五千で大君長はおらず、国土が小さく高句麗に服属していた。挹婁は東沃沮の北側の日本海側に拠っていた。やはり大君長はおらず、漢初以来夫餘に服属していたが、魏の黄初年間（二二〇～二二六）に夫餘の課す過重な租賦に抗して叛し、夫餘も挹婁を再び服属させることはできなかったという。このように、夫餘・東沃沮・挹婁は、漢魏と直接領域を接していないこともあって、中国との関係はそれほど密接ではなかった。

高句麗と中国

高句麗は前漢末からその存在が中国に知られていた旧国で、光武帝の建武八年（三二）には朝貢して高句驪王の称号を得た。高句麗は高句驪の南北朝以降の略称であり、さらに略して高麗とも記された。建武二五年（四九）には遼東に侵入したが、太守祭肜《さいゆう》（祭肜《さいとう》とも）の働きで再び後漢に款《よしみ》を通ずるようになった。しかるに和帝元興元年（一〇五）に遼東に侵入してからは、時に服属、時に侵攻を繰り返した。ことに安帝建光元年（一二一）の侵攻は大規模で春から秋に及び、夏には遼東の鮮卑八千餘人と遼隊《りょうすい》県（遼寧省鞍山市西）に侵攻、吏人を殺略した。秋には馬韓・濊・貊《ばく》（高句麗配下の一部族）数千を率いて玄菟城を囲んだが、後漢の州郡兵を援助した二万の夫餘兵に打ち破られた。順帝・桓帝の間にも遼東に侵入したが、霊帝の建寧二年（一六九）には玄菟太守耿臨の前に敗北した。公孫度が遼東に自立すると高句麗はこれを援助したが、建安年間（一九六～二二〇）に公孫康は高句麗を撃って邑落を焼いた。たまたまこの時、高句麗では抜奇・伊夷模の兄弟が王位を争っており、長子の抜奇は公孫康に降ったが、後に公孫氏の玄菟郡を討って敗北した。伊夷模は高句麗第一〇代の王の山上王で、彼の建設した高句麗の王都が、後に第一九代広開土王の碑で有名となる丸都《がんと》城（中国吉林省集安市）であった。彼の没後、子の位宮が王となり（東川王）、司馬懿が公孫氏を滅ぼした時には数千人を派して魏に加勢した。しかるに正始三年（二四二）には西安平（遼寧省丹東市東北）に寇し、幽州刺史毌丘倹の攻撃を受けることとなった。

毌丘倹の高句麗遠征は、正始五年（二四四）・六年の二回にわたって行われた（池内宏「公孫氏の帯方郡設置と曹魏の楽浪帯方二郡」『満鮮史研究』上世第一冊、吉川弘文館、一九七九年）。初回は王都丸都城に至って千人以上を斬殺または虜にし、二回目は玄菟太守王頎を遣わして沃沮に逃げた位宮を追い、千有餘里を過《よぎ》って粛慎《しゅくしん》の南界に至り、紀功碑を丸都城などに残して帰った。魏軍の圧勝であるが、魏と高句麗との交渉を伝えた記事はこれ以後見られなくなる。大功を挙げた毌丘倹が左将軍・領豫州（河南省南部）刺史から鎮南将軍に遷って対呉戦線に投入されたように、魏はこれ以後司馬懿やその子司馬昭の領導下に呉や蜀漢との直接対決に向かう。してみると、この時の毌丘倹の高句麗遠征は、七縦七擒《しちしょうしちきん》で有名な蜀漢の諸葛孔明の西南夷遠征や、呉の孫権の交州（広東・広西両省およびヴェトナム北部）の土豪士氏の制圧と並ぶ、三国の後背地の安定を図る作戦の一つと見るべきであろう（窪添慶文「楽浪郡と帯方郡の推移」、井上光貞他編『東アジア世界における日本古代史講座第三巻　倭国の形成と古文献』所収、学生社、一九八一年）。

話は遡るが、呉が公孫氏に派遣した張弥・許晏が斬られた時、秦旦ら一部の使節は高句麗に逃げ込み、高句麗使を伴って帰還して、呉と高句麗との間に交渉が成立した。その後、呉の嘉禾四年（二三五）・五年にも呉の使節が高句麗に至ったが、高句麗王位宮は呉使胡衛らを斬ってその首を魏に届けた。高句麗の動きは決して呉に有利なものではなかったが、両者の関係が魏に刺戟を与えたことは誤りないであろう。

魏の正始六年の高句麗遠征に当たっては、高句麗配下の濊族に対して楽浪太守劉茂・帯方太守弓遵《きゅうじゅん》らが攻撃を仕掛け、濊の不耐侯らは邑を挙げて降った。ついで辰韓十二国のうち八国を楽浪郡下に置こうとしたが、辰韓の反発を買って韓族の攻撃を受け、弓遵は戦死してしまった。おそらく正始七年（二四六）のことであるが、その後韓族は魏に降り、正始八年には高句麗遠征で勇名を馳せた王頎が玄菟太守から帯方太守に転任した。この人事は、朝鮮半島西部の鎮静化を魏が図ったことを示すものであろう。卑弥呼が載斯烏越らを魏に遣わして、狗奴国との抗争を訴えたのは恰もこの年であるが、王頎が塞曹掾史張政らを遣わして邪馬臺国を援助したことも、魏の後背地安定策の一環と考えることができる。

四　東アジアと烏桓・鮮卑

二世紀の烏桓・鮮卑

初めに述べたように、二世紀に活躍した周辺民族の代表格が烏桓と鮮卑とであった。その存在は邪馬臺国の動向に直接影響を与えるものではなかったが、高句麗が時に鮮卑と協同して中国の北辺に侵攻したように、その動きは東アジア諸国と無関係ではなく、また漢魏にとってみれば高句麗と並ぶ要注意の存在であった。

後漢初頭に内紛から匈奴が南北に分裂すると、南匈奴は建武二六年（五〇）に後漢に内属して長城一帯に移住した。烏桓はその前年に後漢に入朝、時に四夷の入朝する者多く、烏桓の中には都洛陽の宿衛に留まることを願う者もあった。そこで後漢の朝廷は、烏桓の主立った者八一名に王・侯・邑君・邑長を授与し、長城以南の縁辺諸郡に入居させて偵察に役立たせ、匈奴・鮮卑を討つ際の援軍とした。また護烏桓校尉を甯城《ねいじょう》（河北省張家口市西北）に置き、烏桓・鮮卑のことや賞賜・質子《ちし》（人質）・定期的交易のことを掌らせた。鮮卑は、建武二一年（四五）に匈奴と共に遼東に侵入したが、太守祭彤（祭彤）に撃破され、建武二五年には初めて後漢に遣使し、三〇年には主立った者が入朝して内属を願った。こうして、光武帝の末から明帝・章帝の時まで北辺は平穏であった。

しかるに、和帝の永元年間（八九〜一〇四）に大将軍竇建が北匈奴を討ち、彼等が遠く烏孫の地まで西走すると、鮮卑は匈奴の故地に移り、残留の匈奴十餘万落を併せて勢力を増大した。永元九年（九七）に遼東の鮮卑が肥如県（河北省遷安県東北）を攻めたのを皮切りに、鮮卑は和帝朝から、烏桓は次の安帝朝からたびたび北辺に侵入するようになった。ことに鮮卑は、桓帝の時に檀石槐が出てから急速に勢力を伸ばし、北は丁零、東は夫餘、西は烏孫に至る一大勢力となり、その攻勢に悩まされた後漢は檀石槐を封じて和親を結ぼうとしたが、檀石槐は王の印綬の受取りを拒絶し、その寇略はますます激しくなった。彼は鮮卑の領域を東部・中部・西部に三分して治めたが、東部は右北平郡（河北省豊潤県）以東、遼東から夫餘・濊貊に接する地域であった。しかし、檀石槐は霊帝の光和年間（一七八〜一八三）に四五歳で死去し、子の和連が継いだが、北地郡（寧夏回族自治区）に侵入した時に戦死した。その後は跡目争いが起こって人々は離散し、檀石槐の時の強さは取り戻せなかった。

檀石槐と倭

『後漢書』鮮卑列伝には

光和元年（一七八）冬、又た酒泉に寇し、緣邊は毒に被《おお》われざるなし。種衆日ごとに多く、田畜射獵は食を給するに足らず。檀石槐乃《すなわ》ち自ら徇行し、烏侯秦水を見る。廣從《よこたて》數百里、水停《とどま》りて流れず、其の中に魚有るも、之れを得る能《あた》わず。倭人の網捕を善くするを聞き、是《ここ》に於いて東のかた倭人國を撃ち、千餘家を得。徙《うつ》して秦

水の上《ほとり》に置き、魚を捕えて以て糧食を助け令《し》む。（光和元年冬、又寇酒泉、緣邊莫不被毒。種衆日多、田畜射獵、不足給食。檀石槐乃自徇行、見烏侯秦水。廣從數百里、水停不流、其中有魚、不能得之。聞倭人善網捕、於是東擊倭人國、得千餘家、徙置秦水上、令捕魚以助糧食）

とある。即ち、酒泉附近に移動した鮮卑に食料が不足した時、烏侯秦水に魚類が豊富なのに眼を着け、倭人を移住させて漁撈に従事させた、というのである。

この倭人国が日本のことであれば面白いが、魚を獲ることもできない鮮卑の軍が海を渡って日本を討つとは考え難い。また、『魏志』倭人伝には「今倭の水人、好んで沈没して魚蛤《ぎょこう》を捕う（今倭水人、好沈沒捕魚蛤）」とあって、日本人が得意としたのは水に潜って魚介類を採る海女の漁法であるのに対し、檀石槐の倭人は網捕すなわち網を用いる漁法を行っている、という相違も見逃せない。また、『三国志』東夷伝鮮卑條の裴松之注に引用された『魏書』には『後漢書』鮮卑列伝と重なる記述があるが、そこで「汗人の善く魚を捕えるを聞き、是に於いて檀石槐は東のかた汗國を撃ちて千餘家を得、烏侯秦水の上《ほとり》に徙し置き、魚を捕えて以て糧を助け使《し》む。今に至るも烏侯秦水上に汗人數百戶有り（聞汗人善捕魚、於是檀石槐東擊汗國、得千餘家、徙置烏侯秦水上、使捕魚以助糧。至于今烏侯秦水上有汗人數百戶）」と、倭人に関係する所がすべて汗人となっている。

この『魏書』は今日では部分的な引用の逸文のみが残る書物で、著者の王沈《おうちん》は魏末に活動して晋朝建国翌年の泰始二年（二六六）に死去した人物である。従って、裴松之注所引の『魏書』は、西晋初頭にできた陳寿の『三国志』や、南朝宋（四二〇～四七九）に范曄《はんよう》によって纏められた『後漢書』よりも早く成立した書物なのである（山尾幸久『新版・魏志倭人伝』講談社現代新書、一九八六年）。その汗人を汙《わ》人の誤りとし、汙と倭とは同音で汗人は即ち『魏志』倭人伝の倭人である、という旧説もあるが、前述の漁法の相違などに着目すれば、汗人を直ちに日本の倭人に等置するわけにはいかない。王沈の『魏書』に「今に至るも」云々と当時の汗人の現状に及んでいるのも史料価値を高めるもので、檀石槐が強制移住させた漁民を倭人、まして日本の倭人とするには問題があるであろう（船木勝馬「後漢後期の鮮卑について―檀石槐時代を中心として―」『東洋大学紀要文学部編』一九、一九六五年）。なお、漢代には汗水＝鴨緑江の下流に番汗県があり、船木氏は、汗人はこの地域の住民で鴨緑江で漁撈に従事していた者、と推測している。また、汗を汙の誤記とし、汙は薉に通じ薉《わい》は濊と同義なので、汙人＝濊人とする説もある（前掲山尾幸久『新版・魏志倭人伝』）。

魏と烏桓・鮮卑

建安の初め、当時冀州《きしゅう》牧の袁紹は幽州に拠る前将軍公孫瓚《こうそんさん》と対立したが、烏桓は袁紹に助勢して公孫瓚を撃破し、袁紹の地歩確立に貢献した。袁紹が制（皇帝の命令）と称して蹋頓らに単于の印綬を与えたのは、この時のことであった。その後曹操の親征に烏桓が敗れると、降伏した烏桓及び幽州・并州（山西省）にいた烏桓はことごとく部落を徙して中国に移住した。その後は魏に服属して征討に従事し、天下の名騎となった。

鮮卑では、後漢末には歩度根と軻比能とが対立し、中国に侵入することは餘りなかった。軻比能は魏の建国直前に馬を献上して附義王を受け、歩度根も魏の建国後に馬を献上して王を拝した。明帝の青龍元年（二三三）には両者は和親を結び、并州に侵入したが、歩度根の将泄帰泥《せっきでい》は軻比能に叛して魏に降り、帰義王を拝して并州に留まった。歩度根は軻比能に殺されたが、青龍三年（二三五）に軻比能も幽州刺史王雄の放った勇士に刺殺された。後には弟が立ったが、以後の鮮卑の動きは『三国志』に記載がなく、魏に敵対する勢力は持ち得なかったようである。

軻比能は檀石槐には及ばないと評されたものの、部落の大人《たいじん》に畏敬され、その活動は蜀にも知られていた。蜀の後主の建興九年（二三一）二月、祁山《きざん》（甘粛省礼県西北）を囲んだ諸葛孔明は軻比能を招き、軻比能もこれに応じようとした。六月には軍糧が尽きて孔明は退却し、両者の連繫は実現しなかったが、この動きを察知した魏も軻比能を招いた。『三国志』魏書巻三・明帝紀には、四月に軻比能は幽州に至って名馬を貢ぎ、魏は護匈奴中郎将を復置した、とある。これは、軻比能が自軍を還した後に魏に朝貢し、この事件を考慮した魏が護匈奴中郎将を置いたことを意味する、という（船木勝馬「三国時代の鮮卑について」『中央大学文学部紀要』史学科第二一号、一九七六年）。前述のように、呉は公孫氏や高句麗と連絡していたが、蜀漢が魏の北辺の異民族の動きを注視していたのも興味深い。こうした呉や蜀漢の動きは、魏と邪馬臺国との関係を考える上でも参考となるであろう。

魏の外交政策と倭

以上、『魏志』倭人伝を理解する前提として、東アジア世界を中心に二〜三世紀の中国と周辺諸国との関係について述べてきた。後漢の権威が確立した光武帝の末年には周辺諸国は一斉に朝貢したが、二世紀に入って後漢の政治が乱れると、北辺では烏桓・鮮卑の動きが活発となったように、後漢王朝の周辺諸国に対する統制力は低下していった。三国時代では、華北に拠った魏と東アジア・東北アジア諸国との間に外交や戦闘があったのは当然であるが、袁紹や公孫氏の活動が後漢末以来の曹氏の対外政策に大きな影響を与えていたことは忘れてはならない。その公孫氏による帯方郡の設置や公孫氏の滅亡は、倭と大陸との交渉にもインパクトを与えた。さらに、公孫氏や高句麗と呉が関係し、鮮卑の動きに蜀漢が関心を寄せていた事実は、三国に分裂していた当時の外交の特徴を示すものであった。三国がそれぞれの後背地の安定を図ったのは、後背地の動向に関心を寄せる敵対国のこうした動きを顧慮したからであろう。

『三国志』魏書東夷伝の記述からは、正始年間（二四〇～二四八）の高句麗・韓・倭の動きを最後に具体的な交渉の記録は姿を消してしまう。これ以後は実質的には司馬氏が魏の朝廷の権力を握るようになるが、斉王（曹芳、在位二三九～二五四）の嘉平年間（二四九～二五三）以後、魏の滅亡に至る数十年間に魏と東アジア諸国との交渉が全く無いというのも奇妙である。おそらくこれは、正始年間までに東アジア・東北アジア諸国との関係がある程度安定した所で、魏や司馬氏が南の呉や蜀漢との対決に関心を集中させたことの反映であろう。魏の周辺諸国に対する政策は、あくまで呉や蜀漢の存在を念頭に置いて遂行されたのである。

『魏志』倭人伝は、『三国志』魏書東夷伝の中でも最も長文で且つ精彩に富んだ内容を持ち、そこに見られる魏と邪馬臺国との交渉は、当時としては稀有な平和裡に終始した交渉であった。日本に対する魏の深い関心や両者の頻繁な接触は、前近代日中交流史上でも例外的な現象であるが、それが実現した理由は当時の国際関係の情況を踏まえて考察されなければならないのである。

附論三　『魏志』倭人伝の字数　―卑弥呼の時代と三国―

一　はじめに

実は、『魏志倭人伝』という書物は存在しない。正確に言えば、『三国志』魏書東夷伝倭人條である。邪馬臺国や卑弥呼について記した、日本に関する纏まった最古の記録として有名で、日本では『魏志倭人伝』という名称が定着している。ただ、それによって『三国志』中の一篇の文章であることが意識されにくくなるのであれば、餘り喜ばしいこととは言えない。しかし、『三国志』の『魏書』『蜀書』『呉書』はもともと独立しており、印刷の普及した宋代に、出版に際して合本して『三国志』と称するようになったのである。その『魏書』を『魏志』と称する例は中国の古文献にもしばしば見られ、いちいち『三国志』魏書東夷伝倭人條と称するのも確かに煩わしい。そこで私は『魏志』倭人伝と記すことにしており、本稿でもこれに依る。

二　『魏書』東夷伝各国の字数

『魏志』倭人伝は、日本史・日本考古学の愛好者が関心を寄せる卑弥呼や邪馬臺国の記述以外に目立って大きな特色を持っている。それは字数が多いということである。私の恩師の西嶋定生先生は一九三八字と数えた（同氏『倭国の出現』一九九九年、の絶筆となった「あとがき」二八八頁）。そこで、日本の朝廷から中国王朝に公的な使節を派遣した、南朝宋・隋・唐の記録である『宋書』倭国伝・『隋書』倭国伝・『旧唐書《くとうじょ》』倭国日本伝の字数を見ると、順に五六六字・一二九二字・七二八字である。『旧唐書』は初めに倭国について記し、唐の途中で倭国から日本に変わったことを述べており、前半の倭国の記述が三四六字、後半の日本の記述が三八二字である。伝存する正倉院の宝物がそのまま日唐文化交流の成果を伝えていることもあって、今日の我々は日本と唐との交渉には強い関心を抱いている。しかし、『旧唐書』倭国日本伝の記述は『隋書』倭国伝より少ないのであり、遣唐使に関する記述も淡々としている。私には、日本（倭）の唐に対する関心は些か片思いであったのではないか、と思えてならないのである。

次に、『三国志』に記されている外国の字数を比べてみたい。中国の正史には外国に関する列伝が記載されている例が多く、これを外国伝と総称しておく。その記述には好奇的な関心を満足させるものも多いが、外国は皇帝の徳を慕って中国に来訪して来るという建前から、本来は皇帝の徳治を示すバロメータとして外国伝の記録が残されたものと考えられる。中国の四方には種々の異民族が存在するので、有力な異民族には匈奴伝・突厥伝・吐蕃伝など単独の列伝が立てられるが、その他の雑多な異民族には北狄伝・東夷伝・南蛮伝・西戎伝などに纏めて伝が立てられる。三国時代には中国の東北に烏丸《うがん》（烏桓）、東北アジアから北アジアにかけて鮮卑が展開し、陳寿の『三国志』は魏を正統としているので『魏書（魏志）』に烏丸伝・鮮卑伝が立てられているが、その他の異民族については東夷伝しか立てられていない。南方には呉と蜀とがあるので、魏と南方の異民族との交渉の記事が乏しくなる情況は理解できるが、西域の諸国に関する伝を立てることは可能であったと思われる。それにも拘らず東夷伝のみが

郵 便 は が き

料金受取人払郵便

神田局
承認

4705

差出有効期間
2020年4月
25日まで

（切手不要）

101-8791

514

東京都千代田区神田小川町 3-8

八木書店 古書出版部

出版部 行

ご住所 〒	
TEL	
お名前（ふりがな）	年齢　　歳
E メールアドレス	
ご職業・ご所属	お買上書店名　都府県　市区郡　書店

お願い　このハガキは、皆様のご意見を今後の出版の参考にさせていただくことを目的としております。また新刊案内などを随時お送りいたしますので、小社からのDMをご希望の方は、連絡先をご記入のうえご投函賜りたく願いあげます。ご記入頂いた個人情報は上記目的以外では使用いたしません。

お買上げ書名

＊以下のアンケートに是非ご協力ください＊

1、ご購入の動機

☐ 書店で見て
☐ 書評を読んで（新聞・雑誌名：　　　　　　　　　　　　　　　　　　）
☐ 広告を見て（新聞・雑誌名：　　　　　　　　　　　　　　　　　　）
☐ ダイレクトメール
☐ 八木書店の Web サイト・Twitter を見て
☐ その他（　　　　　　　　　　　　　　　　　　　　　　　　　　　）

2、ご意見・ご感想をご自由にお聞かせください。

3、機会があれば、ご意見・ご感想を新聞・雑誌・広告・小社ホームページなどに掲載してもよろしいでしょうか？

☐ はい　☐ 匿名掲載　☐ いいえ

ありがとうございました。

立てられた事情を考察する必要もあるが、その点は本稿では割愛する。

要するに、三国の魏では東夷に関する関心が極めて高かったのである。そこで、その東夷伝に見える諸民族の字数を掲げると以下のようになる。数え違いもあると思うので、大体の目安として受け取って頂きたい。

夫餘―七一五字　高句麗―一三五一字　東沃沮《よくそ》―六一七字　北沃沮―六一字

挹婁《ゆうろう》―二七六字　濊《わい》《(かい)》―四七五字　辰韓―一一八字　弁辰（弁韓）―三九九字

馬韓―九一〇字（韓全体で一四二七字）　倭―一九八三字

このほか、烏丸―四六二字、鮮卑―一二三〇字である。つまり、『三国志』外国伝全体の中で字数が最も多いのは倭人伝なのである。南朝の宋や隋唐に対する日本の使節派遣の回数は、魏に対する倭国使の派遣回数を下回るものではない。それにも拘らず、『宋書』や『隋書』『旧唐書』の日本の扱いは決して大きなものではない。南蛮や東夷が主要な交渉相手となる『宋書』では特に日本の扱いだけが小さいわけではないが、突厥など北アジアの諸民族と直接対峙した統一王朝の隋や唐にあっては、北アジアの諸民族の記述が圧倒的に多い。『三国志』の倭国重視はその点で特異なのであり、当然その理由が問われなければならないのである。

三　倭国に対する魏の関心

『魏志』倭人伝（以下、倭人伝とのみ記す）というと、邪馬臺国の所在地をめぐる論争を真先に思い浮かべる人が多い。しかし、倭人伝には邪馬臺国（正確には邪馬壹国）という語句は僅か一箇所にしか見られない。邪馬臺国は女王卑弥呼の都《みやこ》する所であるし、唐の則天武后以外に女性皇帝を持たなかった中国では女王が珍しかったのか、女王や女王国の表現は倭人伝に頻出する。しかし、倭人伝の多くが邪馬臺国に関する記事で占められていると思うと誤りである。倭人伝は、邪馬臺国を中心とする倭国について、交渉を通じて魏の得た情報を記したものなのである。

倭国（邪馬臺国）から魏への遣使は、景初三年（二三九）・正始四年（二四三）・正始八年（二四七）の卑弥呼の三回、彼女の後継者である壱与《いよ》（または台与《とよ》）の一回、合計四回行われている。壱与の使者の派遣年次は不明であるが、卑弥呼の最後の要請に応えた帯方郡の使者張政が倭国に来た時には卑弥呼は死んでいた。千人以上が殺し合う動乱の後に壱与が擁立されたが、それは正始八年ではないとしても餘り年月を隔てた時期でもないであろう。仮にそれを翌年のこととすると、二三九年から二四八年の十年間に倭の使者は四回魏に派遣されたことになるが、正始八年を除く三回は魏都の洛陽まで行っている。魏の使者も正始元年の梯儁《ていしゅん》と前述の張政との二人が来ており、梯儁は卑弥呼に親魏倭王を仮授する制詔と「親魏倭王」金印とを持参した。仮授とは、本来授ける資格の無い者に特別に授けることと解釈し得る。また、張政は檄文《げきぶん》を作り、新女王の壱与を支持する魏の姿勢を明示した。二人の魏使は二代にわたる倭の女王の地位を支持、強化する役割を果たしているのであり、魏と倭との交渉は中央直結型であった。前近代における日本と中国との交渉を代表するのは遣唐使である。しかし、唐と日本との間で十年ほどの間にこれだけ密接な交渉が行われたことはない。唐と倭との軍隊が直接戦った白村江の戦い以後の両者の交渉は、頻度から言えば魏と倭との交渉に匹敵しよう。しかし、その時の唐の使者は概ね百済占領の軍司令官である百済鎮将の使者であり、常に唐中央の意向を伝えたわけではない。旅行記のように具体的で豊富な倭人伝の記述は魏使の報告に拠るものと考えられるが、倭人伝の字数の長さは以上のような倭に対する魏の強い関心の反映であったのである。

以後の中国に見られない日本に対する魏の強い関心は、おそらく次のような事情から生まれた。当時、魏・蜀漢・呉の三国のほかに、後漢末以来中国の東北には漢人の公孫氏の政権（燕）が存在した。二二〇年に魏が建国すると蜀の漢は翌年に建国したが、呉は二二九年になって建国した。呉はそれまで魏に服属していたので、建国後に魏との関係は緊張したはずである。呉の大帝孫権は、翌二三〇年に衛温・諸葛直の二将軍を東シナ海に派して夷洲《いしゅう》・亶洲《たんしゅう》を探索させた。夷洲・亶洲は秦の始皇帝の命で仙薬を求めた徐福がたどり着いたという島で、蜃気楼現象からその伝承が生まれたとも言われる。従ってその探索は成功するべくもないが、失敗した衛温・諸葛直の二将は獄中死してしまう。孫権が海上にロマンを求めたものとすれば、二人の処分は餘りにも重い。建国による魏との対立によって孫権は海上に協力勢力を求め、その目的を果たせなかった二人が厳罰に処せられたものと理解すべきであろう。ところが、その直後の二三二年に東北の公孫淵が呉に使節を送り、喜んだ孫権は公孫淵に燕王の位を授けると同時に使者を送った。しかしこの動きは魏の知る所となり、公孫氏の燕は結局魏に滅ぼされてしまう。景初二年のことで、卑弥呼の使者が魏の接収した帯方郡に到着したのはその翌年であった。

倭人伝では、倭国の位置を帯方郡から一万二千里、会稽《かいけい》・東冶《とうや》の東にあるであろう、と判断している。これは呉の東方海上に当たっている。呉はこの方面に夷洲・亶洲を求めて失敗した後、魏の東方の燕と結ぼうとした。魏が同様の遠交近攻の策を取ろうとすれば、倭はまさしく呉の横腹の位置にある。現実の日本は遙か北方に位置するが、魏は対馬以降の里程を総合してこのように判断したのである。呉と燕との交渉が発端となって、魏が燕を滅ぼした直後に魏の前に卑弥呼の使者が姿を現し、しかも倭国の位置は呉の横腹の東方海上にあると認識された。これらの点から、魏は倭国に対して強い関心を寄せたのであろう。

四　魏倭交渉の特質

魏と倭との交渉の特質を右の点に求める見解は何人もの先人によって既に提示されており、本稿は私なりにそれを敷衍して述べたものに過ぎない。それにしても、卑弥呼の使者派遣のタイミングは餘りにも見事である。三国の攻防は周辺諸国を巻き込む形で展開しており、周辺諸国も三国の動きを注視していたのである。『魏志』倭人伝は三世紀の日本の実情を伝えた貴重な記録であるが、それは日本人のために中国人が残した記録ではなく、当時の中国人にとってこそ必要な記録であったはずである。それがかくも詳細なものとなった理由を尋ねていくと、結局は当時の魏や倭を取り巻く国際関係に到り着く。今日に残された古代の貴重な文献は、できるだけ広い視野で読み解いていく必要があるのである。

附論四　倭人と漢字

一　日本における漢字受容の問題点

〈東アジア世界の視野のなかで日本を見る〉という本特集の原稿依頼を受けた時、私の脳裏に浮かんだのは昨年（一九九八年）七月に亡くなられた恩師西嶋定生先生のお姿だった。先生は「冊封体制」「東アジア世界」の用語の提唱者であり、本特集の右のテーマ設定にも先生の影響を認めることができる。文化というものは水が高い所から低い所に流れるように中心から周辺に伝播すると考えられがちだが、古代東アジアでは一見文化的な現象も冊封体制の枠組の中で伝播した、というのが先生の年来の御主張だった。中国のある文化が周辺諸国に受容されるにはそれなりの必然性があったということであり、その例として先生のよく挙げられていたのは漢字であった。亡くなる二週間前にお見舞いに参上した時にも、国際政治の構造が漢字の伝播に関係している、という年来の御主張が広く受け入れられるよう願っておられた。既に死期の近いことを感じておられたのであろうか、時折涙を流しながら話されていたその御様子を、私は今もありありと思い出すことができる。

私事に亘って恐縮だが、今回紙面を与えられたのを機会に、私なりに先生のお説を咀嚼した上で、日本の漢字の受容と国際関係との関連について述べてみたい。西嶋先生の御高説については生前最後の著述となった「漢字の伝来とその変容」（御遺著『倭国の出現―東アジア世界の中の日本―』所収、初出は一九九八年）に拠り、それ以外の事例の解釈については私見に拠ることとする。また、以下の文中では西嶋先生についても敬称は省略することとした。

二　漢王朝の印章と漢字

最初に確認しておきたいのは、漢字が便利だから日本や朝鮮に伝播したのではない、ということである。西嶋氏に依れば、日本・朝鮮・ヴェトナムは中国と共に漢字文化圏を形成するが、それぞれ中国とは言語系統を異にしており、古代漢語が日本語・朝鮮語・ヴェトナム語の発音や文法の表記に適していたわけではなかった。その証拠に、日本では平安時代に仮名が作られ、朝鮮では一五世紀にハングルが、ヴェトナムでは陳朝（一二二五～一四〇〇）頃に字喃《チュノム》が作られ、それぞれ自国語の表記に用いられた。つまり日本や朝鮮・ヴェトナムでは、漢字による自国語の表記が不便であるので自国語の表記が工夫されたのである。ではなぜ、そのような不便をおしてまで漢字が受容されたのであろうか。その点を日本について考えてみたい。

北九州の弥生時代の甕棺墓《かめかんぼ》などからは前漢鏡が出土しており、それらには銘文を記したものもあって、漢字は紀元前一世紀代には日本に伝来していた。しかし、これら舶載鏡を日本で模倣して作った仿製鏡には銘文を無意味な紋様に改変したものもあり、当時から鏡銘の漢字の文字としての機能が理解されていたとは言い難い。しかし、後漢初代の光武帝が授与した金印は、日本人に漢字の使用を強制的に求めるものとなった。『後漢書』光武帝紀及び東夷伝倭條に拠れば、建武中元二年（五七）正月に倭の奴国が遣使奉献し、光武帝は奴国王に金印を賜わった。その後、江戸時代の天明四年（一七八四）に博多湾の志賀島から「漢委奴国王」という印文の金印が出土し、一辺が漢代の印章の規格である一寸＝二・三センチメートルに一致することなどから、まさしく光武帝の授与した金印であると考えられるに至った。

「委奴国」は倭の奴国と解され、福岡県春日市の須玖《すく》岡本遺跡がその中心地であるとされる。印文には「委」とあって人偏がないが、小さな印面に文字を刻む場合に偏《へん》や旁《つくり》を省略することはよくある。なお、『後漢書』倭伝には奴国の使者は自ら大夫と称したとあり、そうであれば奴国では漢字がある程度理解されていたことになる。しかし、『後漢書』の成立は『三国志』より遅く、「大夫」云々は後述の『魏志』倭人伝に拠った『後漢書』編者の作文かも知れず、当時の事実であったとは断言できない。

漢王朝では、奴国に限らず周辺諸国の首長や有力者に種々の印章を授与しており、印章は外交上の必須の文物であった。漢の印章には材質・鈕《つまみ》の形状・用字・身につける時の綬の色にそれぞれ区別があり、材質では玉が最高で次いで金・銀・銅となる。鈕は螭虎鈕《ちこちゅう》（虎の頭で龍のような長い胴をした動物の鈕。螭《みずち》は水に棲む龍）・亀鈕・鼻鈕（装飾のないアーチ型の鈕）の順となる。用字は「璽」を最上とし、章・印の順となるが、章・印の使い分けは明確ではない。漢代には紙は普及しておらず、木簡・竹簡の上に文を書くと巻いて紐で縛った。その紐の結び目に粘土を当て、その上から印章を押して封印としたのである。官僚には印の所持が義務づけられ印には官職名が記されるので、印章は身分証明書の役割も果たした。そこで印は身に帯びる必要があり、そのために用いたのが綬である。印の鈕の穴に金属の環を通し、その環に綬を通して腰に結んだ。皇帝の綬は何色もの糸で綴られたが、一般の官職では綟《れい》（萌黄《もえぎ》―黄緑）または緑・紫・青・黒または黄、の順であった。王・侯などの爵位に関しても以上のような区別が導入され、外国の君主等にも王・侯の称号が与えられることもあったが、その場合には国内の王・侯より低い別の規格で印章が与えられた。これは漢代の国際秩序を考える上で興味深い事実であるが、詳細については割愛する。

かくして異民族の首長に漢の印綬が授与されると、異民族の首長が漢に対して国書を作成する場合には、その印の使用が義務づけられた。金印を得た奴国がそのような外交上の義務を理解し、国書を作成したか否かは判らない。後漢の記録に日本からの遣使が次に現れるのは五十年後の安帝永初元年（一〇七）のことだが、倭国王帥升等の派遣で遣使の主体は奴国ではなくなっていた。しかし、日本でもその後ある程度は漢字（中国語）が習得されたと推測される。次なる日本の遣使を伝え、また日本に関する纏まった最古の記録となる『魏志』倭人伝から、以下にそのことを検証してみたい。『魏志』倭人伝は俗称で、正確には『三国志』魏書東夷伝倭人條と言わなければならないが、表現が簡潔で判り易いので本稿でも便宜上『魏志』倭人伝の表記を用いる。

三　倭国における漢字の活用

魏の景初三年（二三九）六月、倭の女王卑弥呼は大夫難升米・次使都市牛利を帯方郡に遣わし、天子に謁見したいと願った。帯方郡太守劉夏は吏を同行させ、難升米たちを魏都の洛陽まで連れていった。帯方郡は、後漢末に自立した公孫氏が朝鮮半島西北部にあった漢の楽浪郡の南に設置した郡で、倭国や朝鮮半島の韓族と中国王朝との交渉は以後帯方郡の管轄となった（西嶋定生「「倭韓これに属す」の解」、前掲書所収、初出は一九九四年）。二三八年八月、六月以来の魏軍の進攻によって公孫氏は滅亡した。『魏志』倭人伝に景初二年（二三八）六月に難升米等が帯方郡に詣《いた》ったとあるが、当時は魏と公孫氏との決戦が始まった時であり、二年は三年の誤記と見るのが妥当である。卑弥呼は帯方郡が魏に接収された翌年に早速遣使したのであり、魏帝への謁見を願ったことといい、中国・朝鮮の動向に敏感に反応している。以前から倭と帯方郡との間に接触のあったことが、このような機敏な動きを可能にしたのであろう。

二三九年一二月に、魏の皇帝曹芳（後に廃されて斉王芳と呼ばれる）は「制詔親魏倭王卑彌呼」で始まる詔を下し、卑弥呼に親魏倭王の王号を授与した。その文で難升米らは、初め大夫難升米・次使都市牛利と記され、次いで来使難升米・牛利と言い換えられている。従って、「大夫」「次使」は難升米らが帯方郡を訪れた時の自称であったと考えられる。『魏志』倭人伝は別の所で、「古自《よ》り以來、其の使の中國に詣《いた》るや、皆な自ら大夫と稱す（自古以來、其使詣中國、皆自稱大夫）」と説明している。倭国が以前から用いていたという「大夫」とは、中国では春秋時代の諸侯の有力家臣の呼称で、後述のように後漢当時には使者としての用例もあった。「次使」も自称であったとすれば、当時の倭国はこの程度の漢語（熟語）は使えたのである。また、難升米・都市牛利の名はこの制詔に四度出てくるが、難升米が常にフルネームで呼ばれるのに対し、都市牛利は二度目以降「都市」を省略して牛利と呼ばれている。吉田孝氏はこの点に着目して、「都市」は国の市場を統括する官名と考えた（『日本の誕生』岩波新書、一九九七年）。氏はこれを倭国使の説明に基づく中国側の表記と解したが、大夫・次使が自称であれば都市も倭国側の自称と考えてよいのではないか。それが官名であるか否かの判断は今は保留したいが、倭国の用いた漢語表現の一つと見ることはできると思う。

『魏志』倭人伝中の伊都国（福岡県前原市東部か）のものと思われる記述には

> 國中に於いて刺史《しし》の如き有り、王（倭王）の遣使して京都（魏都洛陽）・帯方郡に詣り、諸韓國及び郡（帯方郡）の倭國に使するや、皆な津《しん》に臨みて捜露し、文書・賜遺之物を傳送して女王に詣らしめ、差錯するを得ず。（於國中有如刺史、王遣使詣京都・帯方郡、諸韓國及郡使倭國、皆臨津捜露、傳送文書・賜遺之物詣女王、不得差錯）

とある。伊都国は帯方「郡使の往來常に駐まる所（郡使往來常所駐）」で、倭国と大陸との交渉では重要な拠点となっていた。そこには中国の州の長官の刺史に当たる官がおり、倭国から魏への使いや、朝鮮半島の諸韓国や帯方郡の倭国への使者がある時には、いずれも津《みなと》で荷物をチェックし、韓国や帯方郡使の卑弥呼に対する文書や贈物は間違いなく届くようにした、というのである。卑弥呼を親魏倭王に任命する制詔の後半は、有名な銅鏡百枚を含む彼女への贈物のリストになっている。賜遣の物もこうした目録に従って点検するのであろう。それを文書と共に誤りなく卑弥呼の在所まで伝送するのであるから、伊都国の役人の一部はある程度漢語が理解できたのであろう。

親魏倭王に任命された卑弥呼には、魏から金印と紫綬とが賜与された。これらは大事なものなので、装封していったん帯方太守に渡された。難升米は率善中郎将、牛利は率善校尉という魏の官を得てそれぞれ官名を記した銀印青綬を受け取った。翌年の正始元年（二四〇）、新たに帯方太守となった弓遵《きゅうじゅん》は、建中（建忠）校尉梯儁《ていしゅん》らを難升米たちと倭国に行かせ、制詔や「親魏倭王」金印紫綬を卑弥呼に渡した。卑弥呼は帰国する梯儁に上表文を託し、制詔の恩寵に感謝した。表とは臣下が皇帝に差し出す文書で、卑弥呼の側でその文を作成したのであろう。正始四年（二四三）には卑弥呼は大夫伊声者・掖邪狗ら八人を遣わし、彼等は全員率善中郎将の印綬（銀印青綬）を魏から受けた。正始六年には斉王芳は詔して難升米に黄幢を賜与し、帯方郡から渡すこととした。幢《どう》とは釣鐘形に長く垂れ下がる布製の旗で、軍事用の儀飾である（栗原朋信「『魏志』倭人伝にみえる邪馬臺国をめぐる国際関係の一面」、同氏『上代日本対外関係の研究』所収、吉川弘文館、一九七八年、初出は一九六四年）。それが難升米に賜与されるに至った経緯は不明であるが、暫くは帯方郡に留め置かれた。

正始八年（二四七）になると、卑弥呼は載斯烏越らを帯方郡に遣わして、南の狗奴《くぬ》国と戦闘状態に陥ったことを訴えた。時の帯方太守王頎《おうき》は塞曹掾史張政らを邪馬臺国に遣わし、難升米への詔書・黄幢を伝え、檄《げき》文を作ってそのことを告諭させた。ところが彼等が邪馬臺国に着くと卑弥呼は死んでおり、後継者争いが起きて千人以上が殺し合う始末であった。そこで卑弥呼一族の一三歳の少女壱与《いよ》（旧字体では壹與。臺與《とよ》とも解される）が立てられ、国中は漸く収まった。張政らはこの時も檄文によって壱与に告諭した。檄文とは自分の意思を広く表明するための文書で、この三国時代には兵を起こす時の趣意書などによく用いられた。張政の初めの檄は狗奴国に対する邪馬臺国への魏の支持を表明したもの、二度目の檄は新女王壱与への魏の支持を表明したものと考えられるが、その内容を解する者が倭国にはある程度はいたのであろう。そうでなければ、卑弥呼の訴えでわざわざ倭国に来て檄文を作ることの意味がない。彼等の働きに対して壱与は大夫率善中郎将掖邪狗ら二十人を遣わしてその帰還を送り、掖邪狗らは洛陽まで行って献上品を差し出した。

『魏志』倭人伝はここで終わっているが、最後の倭国使が「大夫率善中郎將掖邪狗」と記されている点は注目される。魏に二度派遣されたのが確実な倭国使は彼だけである。大夫は倭国使の自称であったが、掖邪狗の率善中郎将は彼が二四三年に魏から得た官職号である。前述の如く当時の印章は身分証明書の役割も持っていたので、彼は二度目の遣使には率善中郎将の印綬を携行したのであろう。印綬を見せることで、掖邪狗の洛陽入京はスムースに行ったことと想像される。中国王朝の印綬を受けた者には以後の中国行きに印綬の携行が義務づけられ、掖邪狗の印綬がこのように活用されたのであれば、「親魏倭王」の印も二度目から四度目の遣使に用いられたと考えられる。倭国の上表文は初回の梯儁帰国時に確認されるだけであるが、掖邪狗の二度の入京の時にはそれぞれ生口（生きた人間）や絹織物などを献上している。この時にも何らかの上表文が添えられ、その封印に「親魏倭王」印が用いられたのではないだろうか。また、掖邪狗は二度目の遣使の時にも大夫を自称しているが、『後漢書』（『続漢書』）百官志五の王国條には「大夫、比六百石《せき（たん）》。本注に曰く、員無し。王使を奉じて京都に至り、璧《へき》を奉じて正月を賀すこと、及び諸國に使するを掌る。本《もと》皆な節を持《じ》し、後に節を去る（大夫、比六百石。本注曰、無員。掌奉王使至京都、奉璧賀正月、及使諸國。本皆持節、後去節）」とある。漢代には朝廷から土地（王国）の領有を認められた諸侯王がいたが、彼等に仕える官僚に大夫がおり、使者として都（後漢では洛陽）に行って新年の正月を賀《いわ》ったり、他の王国に使いした、というのである。すると、倭国の使者としての「大夫」は、当時としてはむしろふさわしい用語となろう。後漢の王国の「大夫」を自覚的に使者の表現として用いていたのならば、倭国の漢字理解の水準は相当なものであったと言わなければならない。

以上、漢語使用の問題を中心に簡単に倭国と魏との交渉を見てきた。「大夫」という使人の自称、「親魏倭王」金印や「率善中郎将」銀印の使用、卑弥呼の上表や張政の檄文、伊都国での文書・贈物リストのチェックなど、当時の倭国が漢字使用の必要性に迫られ、ある程度漢字を使いこなす状況にあったことは了解し得るであろう。『魏志』倭人伝に見える倭国の官名には、対馬や壱岐の卑狗・卑奴母離、伊都国の爾支・泄謨觚・柄渠觚、奴国の兕馬觚・卑奴母離等々があり、これらは明らかに当時の日本語の音訳である。当時の日本は独自に形成された官職には日本語の名称をつけたが、中国に対してはそれなりに通用する漢語を使うことができたのである。ただし、漢語が使えたのは渡来人を主とするごく一部の人々であったであろう。

四　倭王武の上表文の漢字表現

四世紀代には倭国と中国との交渉はほとんどないが、五世紀に入ると讃・珍・済・興・武のいわゆる倭の五王が次々に南朝の宋に遣使し、安東将軍・倭国王などの官爵を得た（『宋書』倭国伝）。例えば珍は、遣使貢献して使持節、都督倭・百済・新羅・任那・秦韓・慕韓六国諸軍事、安東大将軍・倭国王と自称し、宋から安東将軍・倭国王に除せられた。また、倭隋ら一三人の倭人に対して平西・征虜・冠軍・輔国の各将軍号の授与を求め、こちらはすべて認められた。このように、五世紀代には倭国は宋（四二〇～四七九）に対して積極的な外交を展開し、日本国内のみならず朝鮮半島に及ぶ称号の授与を求め、王権の確立、伸長を図ったのである。このような外交は、倭国における漢語・漢文の習得の深化抜きには実現不可能である。その極め付きが、昇明二年（四七八）に武（雄略天皇）が遣使して上《たてまつ》った、いわゆる倭王武の上表文である。

その文は

> 封國は偏遠にして、藩を外に作《な》す。昔自《よ》り祖《そ》禰《でい》躬《みずか》ら甲冑を擐《つらぬ》き、山川を跋渉し、寧處に遑《いとま》あらず。東は毛人を征すること五十五國、西に衆夷を服すること六十六國、渡りて海北を平ぐること九十五國。（封國偏遠、作藩于外。自昔祖禰躬擐甲冑、跋渉山川、不遑寧處。東征毛人五十五國、西服衆夷六十六國、渡平海北九十五國）

という堂々たる書き出しで始まり、代々の倭国王が宋に忠誠をつくし、宋のために辺境を切り開いてきたこと、武も先王の道に従って百済から海路宋まで遣使しようとしたこと、を述べる。次に、「而《しか》るに句驪（高句麗）無道にして、……邊隷を掠抄《りゃくしょう》し、虔劉《けんりゅう》して已《や》まず（而句驪無道、……掠抄邊隷、虔劉不已）」と、高句麗の妨害に遭って宋への遣使が実現できない事情を弁明する。そして、高句麗討伐の軍を起こそうと思うが宋の援助が欲しいこと、よって自称した開府儀同三司、使持節、都督倭・百済・新羅・任那・加羅・秦韓・慕韓七国諸軍事、安東大将軍・倭国王の称号を、宋の方で正式に認めてほしいと要求する。これに対して宋は、使持節、都督倭・新羅・任那・加羅・秦韓・慕韓六国諸軍事、安東大将軍・倭王の称号を認めた。つまり、倭王武の上表文は、宋から右あるいはそれ以上の称号を得るための文だったのであるが、その修辞や用語はなかなかに華麗である。五世紀の倭ではおそらく渡来人を中心に、一部の人の間で漢語・漢文の技法が充分に修得されていたのである。

ただし、冒頭の「躬ら甲冑を擐き」以下の文については、『春秋左氏伝』成公一三年（前五七八）四月戊午條の晉の使者の言に「文公（晉の文公）躬ら甲冑を擐き、山川を跋履し、険阻を踰越して東之諸侯を征す（文公躬擐甲冑、跋履山川、踰越險阻、征東之諸侯）」という類似の表現がある。その間の「寧処に遑あらず」には『毛詩（詩経）』召南の殷其雷序に同文がある。後に引いた虔劉云々については、『春秋左氏伝』成公一三年條の同じ使者の言中に「（秦の桓公は）我が邊垂を虔劉す（虔劉我邊垂）」と見える。このように、倭王武の上表文には『春秋左氏伝』を中心に『毛詩』『荘子』『尚書（書経）』など、中国の古典に拠った表現が随所に認められる。これは作者が当時の代表的な漢籍に習熟していたことを示すものであるが、一方で倭王の父祖たちが実際に山川を跋渉していたのか、疑いを持たせる理由にもなる（志水正司「倭の五王に関する基礎的考察」、同氏『日本古代史の検証』東京堂出版、一九九四年所収、初出は一九六六年）。しかし時代は降るが、梁末の混乱の中で自立を計った武陵王蕭紀《しょうき》に与えた太清五年（五五一）六月の元帝の書には、「獯《くん》醜馮《ひょう》陵して象魏（みやこ）を虔劉し、……朕は戈《ほこ》を枕に東望し、……身は屬甲を被り、手は流矢を貫き（獯醜馮陵、虔劉象魏、……朕枕戈東望、……身被屬甲、手貫流矢）」など、倭王武の上表文に似通った表現が用いられている（『梁書』巻五五・武陵王紀伝）。従って、古典を下敷きにしているからと言って、それだけで作文と言うわけにはいかない。倭王武の上表文については、南北朝期の類例を検討した上で、その特質を確認することが必要であろう。

因みに、『宋書』倭国伝は同書巻九七・夷蛮伝の中にあり、同伝は南夷・西南夷の仏教国の記述が中心である。それらの国々の上表文には仏教の影響が明らかに認められ、主に儒教の古典に依拠した倭王武の上表文とは好対照をなしている。書頭の宋の皇帝に対する呼びかけの部分（倭王武の上表文では省略されている）には「常勝天子足下」「大吉天子足下」「宋国大主大吉天子足下」「謹白大宋明主」とあり、「皇帝」称は用いず、「天子」「大主」「明主」

と宋帝を称するなどの特徴が見られる。日隋間の国書に照らすとこれらは破格の表現と言えるが、文中には漢文特有の四字句の表現も多用されている。これらの文書が現地で書かれたのか、使節が中国に入った所で中国側で翻訳されたのか、中国側の翻訳であればなぜ右のような書頭の表現が用いられたのか、興味を惹かれる所である。倭王武の上表文は日本国内での作成と判断して良いであろうが、国書が現在の漢文史料に著録されるまでのプロセスは、慎重に検討されて然るべき問題である。

五　倭国における漢字使用の意義

以上、第二節では西嶋氏の所論に拠って漢王朝が異民族に与えた印章の役割を述べた。第三節ではそれを踏まえて三国魏と倭国との交渉における漢字使用の問題について考察し、当時の倭国がある程度漢字を使いこなしていたことを指摘した。第四節では、倭の五王が宋に対して積極的な外交を展開し、古典に則った漢語表現を駆使して自己の要求を主張するに至ったことを確認した。このような日本人の漢語修得は、内政とも関連する外交上の必要から起こったことである。卑弥呼は狗奴国との抗争を魏に訴えたし、倭王武は高句麗の妨害を理由に自分の称号の格上げを宋に求めた。これらの動きは、中国王朝が当時の大国として日本の眼前に存在していたことに因って生じた。

七世紀以降、日本は遣隋使・遣唐使を送って律令の摂取に努めるが、律令は隋初に最初の完成期を迎えていたし、隋唐は中国を統一した。当時の日本は天皇の下で中央集権化を推進しており、隋唐における律令の完成はそうした日本側の必要に良く応えるものであった。こうした国際情勢の展開を抜きに、日本の中国文物摂取の理由を考えることはできない。本稿はその点を漢字について述べたものである。

第二章　中華王朝の分裂と周辺諸国

一　はじめに

日本の中国への使節派遣は、後漢の光武帝（在位二五～五七）が亡くなる一箇月前の建武中元二年（五七）正月における倭奴国の遣使奉献が最初であり、ちょうど五〇年後の安帝（在位一〇六～一二五）における倭国王帥升《すいしょう》の遣使奉献が二度目となる。中国王朝と諸国の交渉が活発化するのは、ユーラシア大陸全体を見回しても後漢（二五～二二〇）に入ってからのことである。

先に私は、「倭奴国と倭国王帥升をめぐる国際環境」（第一部附論二、初出は二〇一四年）で、倭国王帥升の遣使の時期に至る後漢王朝と周辺諸国との交渉の推移を概観した。本章のテーマは三国鼎立期から五胡十六国を経て、隋の中国統一に至る時期の中国王朝と周辺諸国との交渉の推移であるが、後漢後半期には既に中国分裂期の国際関係の変化の予兆は現れている。そこで本章では、二世紀代の後漢と周辺諸国との交渉の推移を一瞥した上で、三国から隋が登場するまでの中国王朝と周辺諸国との関係を概観してみたい。この時期は邪馬臺国と魏との交渉や倭の五王と南朝宋との交渉を含む時期であり、極めて多くの論著が様々な形で論及している時期である。しかし、紙数の関係で参考文献の列挙は割愛することとした。

二　後漢後半期の国際情勢

後漢の建国当初から、後漢王朝と積極的な交渉のあったのは高句麗と匈奴とであった。匈奴は前漢中期には東匈奴・西匈奴に分裂していた。光武帝の建武二二年（四六）に、東匈奴はその東方の烏桓に撃破されて南北に分裂し、南匈奴は後漢に内属した。一世紀末には西域都護班超の活躍で、現在の新疆ウイグル自治区にあった諸国も後漢に降伏し、人質を差し出す国も五十餘国に上った。永元九年（九七）には班超の派遣した甘英が西海（ペルシャ湾等の諸説あり）に達し、永元一二年（一〇〇）には西域の蒙奇・兜勒《とうろく》二国が遣使内附し、翌年には安息国（パルティア）が獅子を献上した。しかし、この頃が後漢の対外経略の絶頂期で、二世紀に入ると後漢周囲の諸国の自立的な動きが目立ってくる。

漢代には、現在の陝西《せんせい》省西部から甘粛省東部・青海省東部にかけてチベット系の羌《きょう》族や氐《てい》族が居住していたが、羌族は後漢王朝の周辺に侵入を繰り返した。後漢王朝はこれを鎮圧しては郡県制の統治の確立している内地の郡に移住させたが、安帝の永初元年（一〇七）に内徙《ないし》させられていた羌族が叛乱を起こした。この乱は元初五年（一一八）には平定されたが、各地の羌族の叛乱はその後も続き、後漢疲弊の一因となった。西域都護も永初元年に廃止されて西域経営は中断したが、その後延光二年（一二三）以降、西域経営は都護の属官であった西域長史が担うことになった。東方では、二世紀に入ると高句麗が辺境に侵入するようになり、後漢に服属していた南匈奴も叛乱を起こすようになった。そればかりでなく、中国東北方にいた鮮卑も後漢の領域に侵入するようになる。ことに、二世紀半ばに檀石槐《だんせきかい》が登場すると鮮卑は急速に勢力を拡大し、東は中国東北地方から西は敦煌・烏孫までの地域に、匈奴に代わって勢力を振うようになった。霊帝の光和中（一七八～一八四）に檀石槐が死ぬとその勢いはやや衰えたが、依然として有力部族の勢力を保ち、四世紀末には鮮卑の拓抜族が北朝の北魏を建国する。こうして二世紀の後半には、後の中国分裂の原因となる五胡勢力の多くが中国北辺で活躍するようになるのである。

三　三国と周辺諸国との交渉

霊帝の中平元年（一八四）に黄巾の乱が勃発すると後漢は一気に分裂状態に陥り、群雄の争いが暫く続いた後、黄初元年（二二〇）の曹丕（文帝）による魏の建国、翌年の劉備（前主）による漢（蜀漢）の建国、二二九年（呉の黄龍元年）の孫権（大帝）による呉の建国で、三国時代に突入する。元末の羅貫中の小説『三国志演義』は蜀漢を中心に叙述するが、西晉の初めにできた『魏書』『蜀書』『呉書』の三書からなる正史の陳寿『三国志』は、魏を正統として叙述する。そして、『魏書』のみに烏丸《うがん》伝・鮮卑伝及び東夷伝から成る、いわゆる外国伝が記載されるが、西域伝や南蛮伝の無いのが特徴である。本紀を見ても、『魏書』では文帝紀・黄初三年（二二二）二月條に「鄯善《ぜんぜん》・龜茲《きゅうじ》・于《う》闐《てん》王、各遣使奉獻」とあり、明帝紀・太和三年（二二九）一二月條に「癸卯、大月氏王波調、遣使奉獻」とあり、斉王芳・景初三年（二三九）二月條に「西域、重譯獻火《か》浣布《かんふ》」とあり、最後の陳留王（元帝）・景元三年（二六二）條に「夏四月、遼東郡言、粛愼國遣使重譯入貢（下略）」とあるのが、鮮卑や東夷などの魏・蜀漢・呉と多分に関係する諸国との交渉を除いた、異民族来朝の全ての記事である。これに相当する記事は『蜀書』にはなく、『呉書』では孫権の呉主伝・赤烏《せきう》六年條に「十二月、扶南王范旃《はんせん》遣使して樂人及び方物（その地方の特産物）を獻ず（十二月、扶南王范旃遣使献樂人及方物）」とあるのが唯一の記事である。このように、三国の異民族との交渉は、後漢と比べると遙かに限定されたものであった。

そうしてみると、魏と倭（邪馬臺国）との交渉は、三国時代の中でも注目すべきものであったと言い得る。倭の女王卑弥呼から魏への遣使は景初三年・正始四年（二四三）・正始八年と三度行われ、正始八年の使者は帯方郡止まりであるが、前二者は魏都の洛陽まで行っている。魏では帯方郡が諸韓国や倭国との交渉の窓口になっていたが、帯方郡の使者も卑弥呼の遣使に応じた正始元年（二四〇）の梯儁《ていしゅん》らと、卑弥呼が南の狗奴国との抗争の援助を訴えた時の、正始八年の張政らとの二回派遣されている。このうち、梯儁は「親魏倭王」の金印紫綬と、親魏倭王任命の辞令である制書（制詔）とを携行した。また、卑弥呼が狗奴国との抗争を訴える前の正始六年（二四五）には、魏帝の曹芳（斉王芳）は詔して倭の最初の使者であった難升米に黄幢を賜うこととし、帯方郡に送った。張政は倭国に来た時に、この黄幢と詔書とを齎《もたら》して難升米に授けている。しかしその時には卑弥呼は以《すで》に死んでおり、後継者争いで千人以上が死ぬという状況であった。独身であった卑弥呼の一族の女性で一三歳の壱与《いよ》（壹與）を立てて王とすると、国中は漸く収まった。張政は檄文《げきぶん》を作って壱与に告諭したが、魏の朝廷は壱与の政権を支持する、というのが檄文の内容であったであろう。これに対して壱与は掖邪狗らの使者を立てて張政を送らせ、掖邪狗らは洛陽まで至って男女三十人その他を献上した。その遣使の年代は不明であるが、正始九年か翌年の嘉平元年（二四九）の頃であったのではないだろうか。

四　魏―倭の外交の特色

そうすると、倭は魏に対して僅か十年ほどの間に四回使者を送り、そのうちの三回は魏都の洛陽まで行ったことになる。魏の帯方郡の使者が倭に派遣されたのはこの間に二回あるが、三国時代にこれだけの頻度で使者を交わした王朝と周辺国は他に無かったと言ってよい。しかも、梯儁は「親魏倭王」金印紫綬と詔書、張政は難升米に授ける黄幢と詔書とを携えており、彼等は魏の朝廷と倭国との橋渡しをしている。つまり、倭国と魏との交渉は中央直結型であった。難升米に授けられた黄幢にも注目すべき点がある。幢は軍の指揮に用いる吹き流し状のはたである。それが正始六年に難升米に授与されることになったことについては、韓族と帯方郡・楽浪郡との間に諍《いさか》いがあり、帯方太守弓遵《きゅうじゅん》の戦死したのが正始六年であって（『三国志』魏書東夷伝・濊《わい》伝）、韓族への牽制を期待して黄幢が難升米に授与された、という見解もある。しかし、その後の倭国と狗奴国との抗争、あるいは壱与擁立に至る時期に齎されているのであるから、魏が卑弥呼―壱与の王位継承の支持を表明する上で黄幢が効果を発揮したと見てよいであろう。

しかし、黄幢に期待された効果はそれのみに止まらなかったとも考えられる。幢は魏と呉との対立の中で、両国によって異民族に授与されているのである。蜀の後主劉禅の建興九年（二三一）、魏の祁山《きざん》（甘粛省礼県西北）を囲んだ諸葛孔明は鮮卑の軻比能と接触を図り、軻比能もこれに応じようとした。両者の連繋は実現しなかったが、この動きを察知した魏も軻比能を招き、軻比能は幽州に至って名馬を貢いだ。しかし、魏の青龍元年（二三三）に軻比能はそれまで対立していた鮮卑の歩度根と和親を結び、歩度根の将泄帰《せっき》泥《でい》と魏の并州を寇鈔した。明帝が将軍を派遣すると泄帰泥は軻比能から離反して魏に降って帰義王を拝し、幢麾《どうき》・曲蓋・鼓吹を賜わっている（『三国志』魏書鮮卑伝）。このように、蜀漢とも連繋する動きを示した軻比能から離反した人物に、魏は幢麾を賜わっていた。麾も軍事用の指図旗である。

呉では、孫権が黄龍元年（二二九）に皇帝を名乗ると、三年後の嘉禾《かか》元年（二三二）一〇月に遼東の公孫淵が遣使して称臣した。彼の祖父の公孫度《こうそんど》は後漢末に自立し、公孫淵の父の公孫康がその後を継いだ。帯方郡を立てたのはその公孫康である。公孫氏は遼東に自立しつつ魏に接近していたが、ここに至って呉とも結ぼうとしたのである。翌嘉禾二年三月、孫権は遣使して公孫淵に燕王の位を授けたが、『三国志』呉書巻四七・呉主伝・裴松之《はいしょうし》所引『江表伝』に見える孫権の詔には、「君を封《ほう》じて燕王と為す。……大将軍の曲蓋・麾幢を以て幽州を督せしめ（封君為燕王。……以大将軍曲蓋・麾《き》幢《どう》督幽州）」云々とあり、魏に近接する位置にある燕の公孫淵に幢を授与したのである。以上のような幢の授与の仕方を見ると、三国の諸王朝と異民族との間で幢が一定の役割を果たしていたことが窺われる。

五　公孫氏の燕と倭

しかし、以上のような公孫淵の動きは裏目に働いた。孫権の使者が来ると公孫淵は翻意し、彼等の首を切って魏に送った。その一方で魏に対する警戒も怠らず、皇帝こそ名乗らなかったものの、魏の景初元年（二三七）には紹漢（漢を紹《つ》ぐ）という年号を立て、魏から離脱する姿勢を顕示した。これに対して、魏は翌景初二年に名将司馬懿を派遣し、八月に燕の都の襄平（遼寧省遼陽市）を陥れた。司馬懿はそれまで五丈原（陝西省岐山県）で蜀漢の諸葛孔明と対峙していたが、孔明が病死したあと精兵と共に洛陽に引き揚げていたのである。『三国志』東夷伝・倭人條（『魏志』倭人伝）では卑弥呼の遣使した難升米らが景初二年六月に帯方郡に至っているが、『日本書紀』神功皇后紀・摂政三九年條に引く『魏志』には、「明帝景初三年六月、倭女王は大夫難斗《ママ》米等を遣して郡（帯方郡）に詣《いた》らしむ（明帝景初三年六月、倭女王遣大夫難斗米等詣郡）」云々とある。そこで、難升米が帯方郡に至った年次については景初二年と三年との二説があるが、前述の親魏倭王任命の制書は景初三年の翌年の正始元年（二四〇）に倭に齎されたと認められるので、難升米が帯方郡に着いたのは景初三年六月と解するのが素直であろう。つまり、諸葛孔明の死去によって転戦できた司馬懿が燕を滅ぼし、その結果として倭が魏に通ずることになったので、大庭《おおば》脩《おさむ》氏は「孔明死して倭使通ず」と評している（『親魏倭王』学生社、一九七一年）。

そして、魏が倭と積極的に交渉したことについては、倭の位置を呉の東方の海上にあるものと魏が認識し、呉に対する牽制を倭に期待したという解釈が提示されている（西嶋定生「親魏倭王冊封に至る東アジアの情勢」、初出は一九七八年）。難升米に授与された黄幢については、前述のように韓族に対する牽制を期待したという解釈もあるが、倭に齎されてからは壱与の擁立に効果的に用いられたものと推測される。しかし、魏から泄帰泥に授与された幢麾が、魏に敵対する動きを示した鮮卑の軻比能を牽制したものであり、呉から公孫淵に授与された麾幢が、魏に対抗する姿勢を示した燕に授与されたことを考えれば、壱与の政権が確立した後の難升米の黄幢も、魏にとっては呉に対抗する象徴的な役割を期待したものとなった、と想定することもできよう。幢の黄色が、魏の王朝の徳である土徳を示す色であることも示唆的である。また、難升米は公孫氏の燕が倒された景初二年八月から僅か十箇月後に帯方郡に至っている。卑弥呼は燕の滅亡による魏の帯方郡接収の直後に難升米らの派遣を決心したのであろうし、当時の東アジアの情勢もそれだけ早く倭国に伝わっていたのであろう。そうした倭の機敏な行動も、倭が呉の東の海上に位置すると認識されていたことと共に、魏が積極的に倭に対応する理由となった、と理解して良いのではなかろうか。

六　魏の周辺諸国と司馬氏

先には言及しなかったが、『三国志』魏書巻四・陳留王紀・咸熙二年（二六五）條に「閏月庚辰、康居・大宛は名馬を献ず。相國府に帰《き》し、以て萬國を懷《なつ》け遠くを致すの勳を顯《あらわ》す（閏月庚辰、康居・大宛獻名馬、歸于相國府、以顯懷萬國致遠之勳）」という記事がある。同年の一二月に晉が建国しており、これは異民族の魏に対する最後の遣使記事であるが、遠方の康居や大宛が名馬を献じたのは相国、つまり晉の武帝の功績であると述べられている。また、前述の景元三年（二六二）の粛慎の重訳入貢については、『晉書』巻二・文帝（司馬昭）紀にも「三年夏四月、肅愼來たりて楛矢《こし》・石砮《やじり》・弓甲・貂皮《ちょうひ》等を献ず。天子命じて大將軍府に帰す（三年夏四月、肅愼來獻楛矢・石砮・弓甲・貂皮等。天子命歸於大將軍府）」とある。『三国志』魏書では、この時粛慎が献上したのは長さ三尺五寸（八四センチ程度）の国弓三十張《はり》、長さ一尺五寸（三六センチ程度）の楛矢、石弩《おおゆみ》《いしゆみ》三百枚、骨皮鉄雑鎧二十領、貂皮百枚であるが、これらが大将軍司馬昭の府（役所）に送られたのである。楛矢とは楛という木を幹《やがら》とする矢で、周の武王が殷の紂王を滅ぼした時に粛慎氏が楛矢・石弩を貢いだという伝承があり、古来有徳の天子が現れた時に粛慎氏が楛矢を献上しに来朝するものとされていた。景元三年にはそれらが司馬昭の府に納められたのであり、既にその時から晉の勢威は魏を凌いでいたのである。

さかのぼって『晉書』巻一・宣帝（司馬懿）紀には

正始元年春正月、東倭、譯を重ねて納貢し、焉耆・危須諸國、弱水以南、鮮卑名王、皆遣使來獻す。天子は美を宰輔に歸し、又た帝（司馬懿）の封邑《ほうゆう》を増す。（正始元年春正月、東倭、重譯納貢、焉耆・危須諸國、弱水以南、鮮卑名王、皆遣使來獻。天子歸美宰輔、又增帝封邑）

とある。つまり卑弥呼の遣使が、司馬懿の功績としての焉耆や鮮卑の来朝の筆頭に記されているのである。これは単純に、司馬懿の徳の高さを誇示する上で東海の倭の遣使が特筆されたと考えることもできるが、卑弥呼の遣使そのものが公孫氏の燕を倒した司馬懿の功績に関連して実現した、と当時から評価されていたことを物語っているのかも知れない。魏と周辺諸国との交渉については、武帝即位以前の『晉書』本紀の記述にも注意を払う必要があるのである。

七　晉朝の興衰と倭

晉の武帝が魏の陳留王（元帝）の禅譲を受けて建国したのは泰始元年（二六五）一二月のことであった。蜀漢は既に二六三年に魏に滅ぼされていたが、孫氏の呉の滅亡は晉の太康元年（二八〇）のことである。晉への異民族の来朝としては、建国翌年の泰始二年一一月己卯に倭人が方物を献上したのが最も早い記録となる。武帝はその一一日後の一一月庚寅冬至に、天の祭祀である南郊祀（郊祀と略称）を即位後初めて行っているが、倭の使節もそれに参加したであろう。皇帝と天との繋がりを示す郊祀に異民族の参加することは、皇帝の徳の高さの証明となるからである。倭の女王として一三歳の壱与の立ったのは二四七年以後間もなくであろうから、二六六年には三十歳を少し過ぎた程度である。この時の倭使が壱与によって派遣された可能性は高いのではなかろうか。晉の建国から一年足らずで倭使が洛陽に到着しているのは、東アジア地域に関する倭の情報収集能力が衰えていないことを物語っていよう。

しかし晋では、武帝の後を暗愚な恵帝が継ぎ、武帝の皇后であった楊太后とその子恵帝の賈《か》皇后との争いに端を発した、帝室の争いの八王の乱が起こって政治は混乱した。その間、後漢末から勢力を蓄えていた匈奴（南匈奴）・氐・羌・鮮卑、及び山西省中部に進出していた匈奴の別部と言われる羯《けつ》族とが華北で活発に行動するようになった。匈奴の劉淵（唐にできた『晋書』では、唐の高祖李淵と同名であるので劉元海と記す）は三〇四年には漢王、三〇八年には皇帝を称し、その子の劉聡は永嘉五年（三一一）に洛陽を陥しいれ（永嘉の乱）、恵帝の後を継いだ懐帝をその都の平陽（山西省臨汾市）に拉致し、二年後に殺害した。その後に長安に立った愍帝も、劉聡が三一六年に平陽に拉致して翌年に殺害した。

こうして、洛陽を都とする晋王朝は崩壊した。華北では四世紀半ば過ぎまで五胡を中心とした十数箇国が興亡し、この時代は五胡十六国時代と呼ばれる。一方、晋王朝は建康（江蘇省南京市）にいた元帝（実質的な在位は三一七〜三二二）が継承した。都の位置関係からこの晋王朝を東晋、愍帝以前の晋王朝を西晋という。倭国は先の遣使に次いで、東晋の滅亡も間近い安帝（在位三九六〜四一八）の義熙九年（四一三）に高句麗及び西南夷の銅頭大師（どのような国か不明）と共に方物（特産物）を献上したが、この遣使の性格については倭国独自の遣使とするものと、高句麗使に随伴したとするものと、意見が分かれている。いずれにしても、中国王朝に対する倭国の遣使が泰始二年以来百年以上も断絶していることに、華北における西晋の瓦解と五胡諸国の台頭及び江南における東晋の再建という、中国大陸の大変動が関係していることは間違いない。華北で北朝最初の王朝の北魏が建国したのは四世紀末であり、義熙九年時点では南北朝対立の情勢は固まりつつあった。その点では、百五十年近くに亘って中国と断絶している間にあっても、倭は大陸の情勢はある程度把握していたのであろう。

八　晉代国際関係の特色

西晉・東晉時代の中国と周辺諸国との関係については、ごく簡単に触れておく。

中国で統一王朝が出現すると、周囲の国々の中では北方遊牧民の国家との関係が最も重要となる。この点は、清が長城以北まで領有するようになる以前、秦から明までの長城の役割を考えると容易に理解できる（青木富太郎『万里の長城』近藤出版社、一九七二年）。その次に、倭を含む東アジア諸国や西域諸国との関係が重要となろう。一〇世紀の宋代以後に東シナ海の海上交通・南海貿易が活発になる前は、中国と東南アジア諸国との関係はそれほど密接ではなかった。しかし、三国の呉は魏と対抗する上で、後漢以来中国の領域であった交阯郡（ベトナム北部）を拠点に、扶南等のインドシナ半島の諸国と積極的に交渉するようになった。晉になると、扶南の他に林邑とも交渉するようになった。宋以後の南朝では、北側を北朝に押さえられていることもあって、中国王朝の中では珍しく東南アジア諸国との交渉が大きな比重を占めるようになるが、これは孫呉及び晉以後の情況を引き継いでいる。当時のインドシナ半島では、南東岸の林邑で土豪の范氏が権力を振い、晉に遣使すると同時に東晉末まで晉の日南・九真等の諸郡に侵攻した。

中国王朝が異民族の君長に授与した称号について見ると、『後漢書』本紀や李賢注に「帰漢里君」「南単于」「漢帰義調国邑君」「守義王」（一四三年の匈奴）が見られるほか、「漢委奴国王」金印の存在はよく知られている。三国時代には「親魏大月氏王」が『魏書』明帝紀に記されているほか、東夷伝では「親魏倭王」「濊王之印」の二顆の印の存在が伝えられている。また、魏の建国時に匈奴の南単于呼廚《こちゅうせん》泉に魏の璽綬を与えており（同書文帝紀）その印文の基本は「南単于」であったであろう。このように、後漢から三国までの中国王朝が異民族に授与する称号は、匈奴の君主号である単于のほか、「帰漢里君」や「漢帰義…邑君」のような漢に帰属したことを示す行政区の長の称号、そして王号であり、単于号や王号も含めて概括的には地方行政官の称号であった。

これに対して晋に入ると、東晋簡文帝咸安二年（三七二）の百済王餘句（近肖古王）に対する「鎮東将軍・領楽浪太守」や孝武帝太元一一年（三八六）の辰斯王に対する「使持節・都督・鎮東将軍・百濟王」という称号授与が出現する（以上『晉書』本紀）。後者には百済王の継承に伴う王号の授与も含まれているが、使持節・都督・将軍という武官の称号の授与されるようになることが注意される。さらに前者では「領樂浪太守」という、本来中国の領域であった郡の長官の授与も行われている。楽浪郡が帯方郡と共に滅亡したのは三一三年のことであり、百済王の領楽浪太守には実質的な意味はない。しかし、楽浪郡や帯方郡が郡としてはやや特殊な存在であるとしても、異民族の王が同時に中国王朝の地方長官になるという形式は、三国時代までには見られないことである。その先例は、五胡の前燕で最初に皇帝を名乗った慕容儁《ぼようしゅん》（景昭帝）が三五五年に高句麗の故国原王に授与した、営州諸軍事・征東大将軍・営州刺史・高句麗王にあった（営州諸軍事は都督営州諸軍事の略称、『資治通鑑』及び『晉書』慕容儁載記）。

西嶋定生氏はこれに着目して、中国王朝が異民族の君主を臣下の列に編入する冊封の初例であるとし、そうした君臣関係を媒介として中国の制度・文物が周辺諸国に伝播する、と解釈した。そこから、唐代までの東アジア世界は冊封体制によって規律されているとして、冊封体制に基づく東アジア世界論を提唱した（『古代東アジア世界と日本』二〇〇〇年、その他を参照）。現在では、西嶋氏の冊封体制論・東アジア世界論には種々の形で批判も寄せられているが、中国王朝を中心とする国際関係が大きく変転した東晋・五胡時代における異民族の称号に、それまでにない新しい要素が加わってきたことは見逃すことのできない重要な事実である。

九　南北朝の推移と国際関係

鮮卑拓跋《たくばつ》氏の拓跋珪は三八六年に代王、次いで魏王を名乗り、三九八年には黄河以北の大部を領して皇帝を称し（道武帝、在位三八六～四〇九）、都を平城（山西省大同市）に置いた。この魏を三国の魏（曹魏）と区別して北魏という。江南では、四二〇年に劉裕（武帝、在位四二〇～四二二）が東晋の恭帝の禅譲を受けて宋（四二〇～四七九）を建国し、東晋に引き続いて建康を都とした。その後、江南では建康を都とする斉（南斉、四七九～五〇二）・梁（五〇二～五五七）・陳（五五七～五八九）という短命の王朝が続き、これらを南朝という。一方、北魏は五胡諸王朝の課題であった北方遊牧民族（北族・胡族）と農耕を主とする漢民族とを統一して統治することに成功し、ことに孝文帝（在位四七一～四九九）は洛陽への遷都を断行、胡漢融合政策を推進した。そうした動きに対する反発もあり、北魏は五三〇年代に東魏・西魏に分裂、東魏から北斉（五五〇～五七七）、西魏から北周（五五七～五八一）が成立した。北周は梁末の混乱に乗じて長江中流域以西の南朝の地域を領有し、南朝の陳に対する優勢を確保した。また、五七七年には北斉を滅ぼしたが、末期の政治的混乱に乗じて楊堅（文帝、在位五八一～六〇四）が隋（五八一～六一八）を建国した。隋の文帝は開皇七年（五八七）に、梁の後裔《こうえい》として北周や隋の属国となっていた長江中流域の後梁《りょう》を併合し、そこを拠点に長江を下って開皇九年に陳を滅ぼし、中国統一を実現した。ただし、隋建国時には陳も併存していたので、隋を北朝に含めることもある。

以上の南北朝の国際関係では、江南を中心とした南朝と華北を中心とした北朝とでかなりの相違がある。前述のように、他の時代と比べて南朝では東南アジア諸国との関係が密接であった。北朝の諸国は主に北アジア・中央アジア諸国と交渉した。東アジア諸国の中では、北朝に近接する高句麗は北朝との関係も比較的密接であったが、百済は四七〇年代に北魏との外交を試みて失敗し、その後六世紀後半まで北朝との交渉はほとんどなかった。朝鮮半島東南部にある新羅は、北側や西側を高句麗・百済に押さえられ、北朝との交渉が六世紀後半になって漸く始められたほか、南朝との交渉も六世紀の梁代になって開始された。倭国は讃・珍・済・興・武の五王が継続して宋へ使者を送ったが、その後の南北朝への遣使はほとんどないまま隋の統一を迎えた。このような情況なので、南北朝と周辺諸国との交渉については、南朝を中心に論ずることとする。

一〇　倭王の称号（一）

倭の遣使で触れた東晉安帝の義熙九年（四一三）は、高句麗の長寿王（在位四一三〜四九一）が即位した年であり、長寿王はこの時に使持節・都督営州諸軍事・征東将軍・高句驪王・楽浪公の称号を授けられている（『宋書』高句驪伝）。このうちの営州諸軍事・征東将軍・楽浪公は、前燕から故国原王が受けた称号を引き継いでおり、堀敏一氏は、これらの称号は高句麗の側から東晉に持ち込まれたものであり、征東大将軍の大のないのは東晉側が削ったものであろう、とする（『中国と古代東アジア世界』一九九三年、一五三〜一五四頁）。しかし、宋の建国時には長寿王の将軍号は再び征東大将軍に引き上げられている。このように、建国の際に国内外の諸将軍の位を引き上げることは、続く斉や梁でも行われている。東晉・南朝の国際関係の新しい傾向として、前の王朝の授与した各種称号が次の王朝に引き継がれることと、そうした称号の継承を周辺諸国の方が要求する場合のあることが注意される。この時期には南朝から多くの国々に種々の称号が授与されたが、紙数の関係で以下には倭の事例のみを紹介する。なお、都督諸軍事とは、都督と諸軍事との間にある諸地域の治安維持の活動を皇帝が承認する、という意味の武官としての称号である。

倭王の場合、初めに宋の武帝の永初二年（四二一）に讃に除授（称号の授与、除は古い官を除いて新しい官を授けること）が行われている。宋朝建国の翌年のことであり、倭が東晋の滅亡から宋の建国に至る情勢を引き続き把握していたものと想定される。この時に授与された讃の称号は不明であるが、珍以下の初例から見て安東将軍・倭国王であったと推測される。讃が死んで弟の珍が立つと、宋に貢献して使持節・都督倭百済新羅任那秦韓慕韓六国諸軍事・安東大将軍・倭国王を自称したが、宋朝からは安東将軍・倭国王のみが認められた。『宋書』文帝紀に拠れば元嘉一五年（四三八）のことである。使持節とは二千石《せき（たん）》（郡の長官である太守に相当）以下を皇帝に伺いを立てずに専殺できる権限を指し、持節は通常では官位のない庶民を、軍事下では二千石以下を専殺できる権限、仮節は軍事の時にのみ軍令違反者を専殺できる権限であり（『宋書』巻三九・百官志上）、地方官や異民族の首長に当時盛んに授与された称号であった。珍は倭隋以下の一三名に平西将軍・征虜将軍等の将軍号の除正（称号の正式な授与）も求め、宋の文帝に聴許されたが、このことは再説する。

二　倭王の称号（二）

珍と次の倭王済との続柄は明らかではないが、済は元嘉二〇年（四四三）に安東将軍・倭国王を授与され、元嘉二八年（四五一）には使持節・都督倭新羅任那加羅秦韓慕韓六国諸軍事・安東将軍・倭国王の称号を認められた。

さらに、二三人の軍・郡（将軍号と郡太守号とであると考えられる）の称号の授与も認められている。済が死ぬと、世子（世継）の興が遣使し、孝武帝の大明六年（四六二）に安東将軍・倭国王を授けられた。興が死ぬと弟の武が立ち、使持節・都督倭百済新羅任那加羅秦韓慕韓七国諸軍事・安東将軍・倭国王を自称した。順帝の昇明二年（四七八）には古典的な漢語の語彙を駆使したことで有名な表を上《たてまつ》り、さらに開府儀同三司を自称したが、認められたのは使持節・都督倭新羅任那加羅秦韓慕韓六国諸軍事・安東大将軍・倭王であった。ただし、この年は順帝が南斉の高帝に禅譲して宋の滅ぶ前年であり、倭王武としてはこの外交成果は目覚ましいものであった、とは言えないのではなかろうか。

以上の倭の五王の遣使については、各王がどの天皇に比定されるかが古くから議論されているほか（笠井倭人『研究史　倭の五王』吉川弘文館、一九七三年、参照）、最近では武王の上表文についても東アジアの見地から種々議論されているが、ここでは以下の点についてのみ述べておきたい。

珍は倭隋ら一三人の将軍号を要求し、済も二三人の軍・郡を要求していずれも認められているが、同様に百済王餘慶（蓋鹵王）が孝武帝の大明二年（四五八）に冠軍将軍・右賢王餘紀等一一人に将軍号の除正を要求して認められた例がある。堀敏一氏は、これらは周辺諸国家の王権が成長してきた時に、国内の君臣関係を中国王朝の官位によって秩序づけようとするもので、君主とそれを取り巻く貴族との間で、彼等の身分関係を明確にするために中国王朝の賜わる官位をそのまま利用したものである、と指摘している。つまり、これら将軍号の除正は、周辺国家の側が自分達の必要上から要請したものであった（『東アジアのなかの古代日本』一九九八年、六一～六三頁）。この点は、当時の冊封の役割を検討する上で注意すべき指摘であろう。また、倭王の珍や武が繰り返し都督百済諸軍事の除正を要求したのに対し、宋王朝がこれを拒否し続けた理由は、当時の異民族に対する将軍号授与の実例を精査した坂元義種氏に依れば以下のようである。すなわち、宋は北朝を牽制する上で高句麗を最も重視したが、北朝とも交渉する高句麗をさらに牽制する役割を百済に期待して百済を相対的に高く評価し、これより低く評価した倭に対しては都督百済諸軍事の除正を終始認めなかったのである（『古代東アジアの日本と朝鮮』吉川弘文館、一九七八年）。

一二　「梁職貢図」の題記と倭国

「梁職貢図」といえば徒跣《はだし》の倭国使の図のあることで知られている。梁の初代皇帝武帝（在位五〇二～五四九）の在位四十年を記念して、その子の蕭繹《しょうえき》（後の元帝、在位五五二～五五四）の制作したもので、使節の図と当該国について解説した題記とから成り、元は三十国ほどであったと推定される。現在は一三箇国しか残っていないが、二〇一一年に趙燦鵬氏によって題記のみを著録した「清・張庚諸番職貢図巻」の逸文が紹介された。そこでは例えば斯羅（新羅）・高句麗など、従来知られていなかった諸国の題記が著録されており、当時の中国王朝の世界観の研究を前進させる上で、貴重な史料を提供することとなった（鈴木靖民・金子修一編『梁職貢図と東部ユーラシア世界』勉誠出版、二〇一四年、参照）。倭国の題記は従来の倭国使図の題記を補う部分もあるが、基本的には『魏志』倭人伝からの摘録である。しかし、新しく得られた唯一の情報として、その末尾の「齊建元中（四七九～四八二）、奏表貢獻」という記述がある。これに関連して、『南斉書』東南夷伝・倭国條には「建元元年、新除の使持節・都督倭新羅任那加羅秦韓六《ママ》國諸軍事・安東大将軍・倭王武の號を進めて鎭東大将軍と爲す（建元元年、進新除使持節・都督倭新羅任那加羅秦韓六《ママ》國諸軍事・安東大将軍・倭王武號爲鎭東大将軍）」とあり、また『梁書』倭国伝には「齊建元中、武を持節《ママ》・督《ママ》倭新羅任那伽羅秦韓慕韓六國諸軍事・鎭東大将軍に除す。高祖卽位し（五〇二）、武の號を征東将軍に進む（齊建元中、除武持節・督倭新羅任那伽羅秦韓慕韓六國諸軍事・鎭東大將軍。高祖卽位、進武號征東將軍）」という記事がある。これらは南斉や梁の建国と同時に行われた、いわば御祝儀相場の機械的な将軍号の昇格であり、実際には南斉や梁の建国時には倭国は遣使していなかった、というのが従来の通説であった。

確かに、雄略天皇に比定される倭王武が梁の建国時にも存命であったとは考えにくい。しかし、宋の末年に遣使していた倭国が翌年の南斉建国の事情を把握していなかったと想定するのもいささか困難である。新発見の「斉の建元中、奉表貢献す」という文こそ、南斉建国時の倭国の遣使を示す記事に他ならないであろう。これまでも、中国王朝の交代などの重要な時期に倭国は中国に遣使していた。『南斉書』倭国條の建元元年の、倭王武の将軍号を安東大将軍から鎮東大将軍に進めたという記事は、その年に実際に倭国の遣使があったことを示すものと考えてよいのではなかろうか。なお、『南斉書』倭国條に「新除の使持節・都督倭新羅任那加羅秦韓（慕韓）六國諸軍事・安東大將軍・倭王武」とあるのは、宋の昇明二年の除正のことを指している。ここでも、前の王朝の授与した称号が新しい王朝にも継承されているのである。この点も、南斉・建元初年に倭国の遣使があったことの傍証となるのではなかろうか。

なお、宋以後の南朝では、仏教用語を駆使した東南アジアや中央アジアの諸国の国書が数多く見られ、これに着目した研究も少なくないが、本章では以下の点のみを指摘しておきたい。東アジアの倭王武の上表文や百済の蓋鹵王の上表では、自国の有力な臣下に対する除正の要求が記されている。東南アジア諸国では、宋の孝武帝の孝建二年（四五五）に林邑の派遣した長史范龍跋を揚武将軍に除した例、媻皇国に対する孝建三年と泰始二年（四六六）との龍驤将軍授与の例など、諸国の臣下に称号を授与した例が無いわけではない。しかし、『宋書』夷蛮伝の東南アジア諸国で王号の授与された例は、孝文帝元嘉二六年（四四九）の訶羅単国王・媻皇国王・媻達国王に限られる。

そして、東アジア諸国のような国王の交代による継続的な王号及び将軍号の授与は見られないし、国王自身に対する将軍号の授与もない。また、百済や倭国のような国王配下の有力者に対する将軍号の分配授与もない。国内の紛争調停のために中国王朝に協力を要請した事例も、該当しそうな例が林邑に一件ある以外にはない。倭国王の都督百済諸軍事の場合のような、他国との関わりで称号の授与を要求した例もない。総じて、南朝と東南アジア諸国・中央アジア諸国との交渉では、百済や倭国のような東アジア諸国との交渉に見られる政治的な駆け引きは少なかった、と言うことができるであろう（次章「『宋書』夷蛮伝に関する覚書」参照）。このことは、東アジア世界の特質を考える上で注意すべき点である。

一三　北朝の国際関係

隋を除く北朝と日本との間には直接の交渉はないが、北魏の歴史を記した『魏書』の本紀には極めて多くの諸国の来朝が記録されている。その中には高句麗や東北アジアの国々の記録もあるが、多くは北アジアや西域の国々で、しかも国名の判読すら困難な場合も少なくない。例えば、同書巻八・宣武帝紀・景明三年（五〇二）條には

是歳、疏勒・罽賓・婆羅捺・烏萇・阿喩陁・羅婆・不崙・陁拔羅・弗波女提・斯羅・噠舍・伏耆奚那太・羅槃・烏稽・悉萬斤・朱居槃・訶盤陁・撥斤・厭味・朱沴洛・南天竺・持沙那斯頭諸國、竝遣使朝貢。

とある。このような記述からどのような国際関係が復原できるのか、課題は今後に残されている。既に紙数も尽きているので、本稿では北朝と北アジア・中央アジア諸国との関係には触れず、東アジア諸国との交渉の概略を述べるに止めておきたい。

北魏が東魏・西魏に分裂すると、東魏には高句麗・蠕蠕・吐谷渾・室韋・勿吉・地豆于が朝貢している。吐谷渾を除けば、これらは東アジアの高句麗、北アジアの蠕蠕と東北アジアの諸国である。北斉に入っても、庫《しゃ》莫奚《ばくけい》（庫莫奚・奚とも）の遣使が見られるようになる以外、その傾向に変わりはないが、文宣帝の天保元年（五五〇）に散騎常侍・車騎将軍・領東夷校尉・遼東郡開国公・高麗王成（陽原王）を使持節・侍中・驃騎大将軍・領護東夷校尉・遼東郡開国公・高麗王としている。また、北斉は五五〇年代には蠕蠕（柔然）を滅ぼし、代わって突厥が北朝と対峙するようになった。武成帝の河清四年（五六五）には新羅国王金真興（真興王）を使持節・東夷校尉・楽浪郡公・新羅王としている。百済は北魏孝文帝の延興二年（四七二）に遣使して高句麗の非道を訴えたが、高句麗寄りの姿勢を取る北魏にはその訴えは聴かれず、逆に高句麗に攻められて四七五年に都を漢城から南の熊津に遷さざるを得なくなり、北朝との交渉はその後断絶していた。北斉後主の天統三年（五六七）にほぼ百年振りに北朝に遣使し、武平元年には夫餘昌（威徳王）が使持節・侍中・驃騎大将軍・帯方郡公・百済王を授与された。こうして、北斉からは高句麗王が遼東郡公・高麗王、新羅王が楽浪郡公・新羅王、百済王が帯方郡公・百済王の称号を授与されるようになった。

一方、西魏から代わった北周に対しては、北斉を滅ぼした武帝の建徳六年（五七七）に百済・高句麗が遣使したほか、宣帝の宣政元年（五七八）には百済が遣使した。しかし、新羅の北周への遣使は見られず、高句麗も右の一例を除いては北周に遣使していない。こうした状態で隋が北周を滅ぼすと、北斉と朝鮮三国との関係が隋に引き継がれ、そこに倭国が加わるようになるのである（第三部第二章「隋唐交代と東アジア」参照）。

一四　おわりに

本章では、中国が分裂していた三国時代から隋初までの中国王朝と周辺諸国との関係を日本（倭）を中心に概観した。中国王朝の立場からすれば、東アジア諸国のみが外交の主たる対象となるわけではないが、地名を示す遼東郡公等の郡公と、その国の名を冠した高句麗王等の王号（本国王）とを北朝から同時に授与された国々は朝鮮三国に限られている。王号授与という冊封の観点からすると、この時期の中国王朝にとって東アジア諸国との関係が希薄であった、と言うことはできない（第三部第一章「東アジアの国際関係と遣隋使」参照）。

日本や朝鮮の東アジア諸国の立場からのみ中国との関係を捉えるのは正しくはないが、中国王朝と北アジア諸国・中央アジア諸国との関係を一方的に重視するのも正しくない。当時の複雑な交際情勢を整理してその特質を見通すのは困難であるが、中国王朝と周辺諸国との関係全体の中から東アジア諸国との関係を把握し直していくことは、われわれ日本人には殊に大切である。東ユーラシアという形でいったん視野を広げた上で、東アジア諸国と中国王朝との関係に一定の独自性を見出していくことは可能であると思う。

第三章　『宋書』夷蛮伝に関する覚書

一　はじめに

『宋書』倭国伝は、その大半を占める倭王武の上表文の存在など、日本人の強い関心を呼ぶ中国史料である。[1]しかしながら、倭国伝を含む『宋書』夷蛮伝に、倭王武の上表文とは形式、内容ともに異なる東南アジア諸国の国書が多数含まれていることは、餘り注意されていない。[2]また、南朝に対する東南アジア諸国の国書は『梁書』諸夷伝にも多数収録されているが、梁と日本との間には国交は無かったと考えられ、[3]同書所収の国書も日本では餘り関心を持たれていない。一方、梁と周辺諸国との交渉を伝える別の史料には「梁職貢図」があり、倭国使の図もあって日本人の関心を呼んでいる。しかし、「梁職貢図」の呵跋檀国・周古柯国・胡蜜丹国の各国使図の傍の題記には、『梁書』諸夷伝には無い梁に対する各国の国書が記されているが、この事実については従来ほとんど注意が向けられてこなかった。本章ではこの点も踏まえ、『宋書』夷蛮伝・『梁書』諸夷伝の諸国の伝と比較して気附いた『宋書』倭国伝に関する諸点を述べると共に、中国の南朝と東南アジア諸国の交渉と比較した場合の東アジア諸国と南朝の交渉の特質について、多少の問題提起をしようと思う。

二　倭王武の上表文の表現について

倭王武の上表文は、日本で記された最初期の本格的な漢文として知られている。その内容は以下のように要約できよう。即ち、倭国は宋の東海の藩国で、代々の王が自ら戦場に赴き、東西及び北の衆夷等を平定して宋のために領土を拡げると共に、怠りなく宋に朝貢していた。天皇の位を継いだ自分も先祖の例に従い、百済を経て宋に朝貢しようとして船の準備をした。しかるに、高句麗が無道で辺境（百済の領域）に侵入したため、良風を失うなどして倭国は宋に自由に通交することができなかった。自分の亡父済はそのような高句麗を攻撃しようとした。しかしその済、続いて自分の兄の興が相継いで亡くなったため、自分は喪中にあって軍隊を動かすわけにはいかず、高句麗に勝つことはできなかった。今に至って、漸く高句麗征討の軍を興すことができるようになったので、それによって先祖の功績を継承しようと思う。そこで開府儀同三司その他の称号を自称したので、それらの称号を是非正式に認めてほしい、と言っているのである。

このうちの倭王武の除正要求に関わる部分を、関連するその前の部分も含めて引用すると次のようになる。

興死し、弟武立ち、自ら使持節・都督倭・百済・新羅・任那・加羅・秦韓・慕韓七國諸軍事、安東大將軍、倭國王と稱す。順帝昇明二年（四七八）、遣使上表して曰く、……若し帝德の覆載を以て、此の強敵を摧《くじ》き、克《よ》く方難を靖んぜば、前功を替《す》てること無けん。竊かに自ら開府儀同三司を假し、其の餘は咸な各々假授し、以て忠節を勸む。（興死、弟武立、自稱使持節・都督倭・百濟・新羅・任那・加羅・秦韓・慕韓七國諸軍事、安東大將軍、倭國王。順帝昇明二年、遣使上表曰、……若以帝德覆載、摧此強敵、克靖方難、無替前功、竊自假開

府儀同三司、其餘咸各[4]假授、以勸忠節）
詔して武を使持節・都督倭・新羅・任那・加羅・秦韓・慕韓六國諸軍事、安東大將軍、倭王に除《じょ》す。（詔除武使持節・都督倭・新羅・任那・加羅・秦韓・慕韓六國諸軍事、安東大將軍、倭王）

右のうち、上表文の「竊自假開府儀同三司」は、開府儀同三司を自称したことを言う。その下の「其餘咸各假授」の「其餘」は、中華書局標点本『宋書』では段落が移っていて判りにくいが、『宋書』倭国伝の原文に即する限りでは、興が死んで武が立った時の自称「使持節・都督倭・百濟……七國諸軍事、安東大將軍、倭國王」以外には考えられない。このうちの加羅を除いた「使持節・都督倭・百濟・新羅・任那・秦韓・慕韓六國諸軍事、安東大將軍、倭國王」は、既に倭王珍が自称していた。また済は、百済に代えて加羅を入れ安東大将軍ではなく安東将軍のままとした、「使持節・都督倭・新羅・任那・加羅・秦韓・慕韓六國諸軍事、安東將軍、倭國王」の称号を宋朝から認められた。武はその上に開府儀同三司を要求するのに、見事な修辞を駆使した上表文を宋に差し出したのである。「使持節・都督……百濟……七國諸軍事、安東大將軍、倭國王」という新たな要求（傍点）を含んだ「其の餘」の自称を武がどのような形で示したのかは倭国伝からは判らないが、〔附記〕で後述するように、前年の使者派遣の時に表明していた可能性も考えられる。いずれにしても、武が立った時の自称と上表文中の「其の餘の仮授」とは照応させて理解すべきであると思う。なお、自称の「倭国王」と宋の認めた「倭王」との具体的な相違は不明である。

この文は基本的に四字の対句で綴られており、五世紀の日本で漢文が使いこなされていることを示す文とも言えるが、大陸か朝鮮からの渡来人によって記されたものとも想定されている。[5] 一方、その文には儒教の経書など中国の古典の成句が多用されており、その表現が当時の日本の現実をどこまで反映しているか、という疑問も提示された。初めに志水正司氏は、倭王武の上表文に『春秋左氏伝』『周礼《しゅらい》』『尚書』『荘子』等、経書を中心とする先秦文献の用語が頻出することを指摘し、このような潤色された表現に依拠して古代日本の史実を推定することに疑問を呈した。(6)その後に内田清氏は、『魏書』巻一〇〇・百済伝・延興二年（四七二）条に見える百済王餘慶（蓋鹵王）の北魏孝文帝に対する上表文と、その六年後となる『宋書』倭国伝の倭王武の上表文との用語を精査し、唐の貞観二〇年（六四六）成立の『晉書』に上記二通の上表文と共通する表現が最も多く見出されることを指摘した。そして、倭と百済とが共に参照し得た宋以前の文献として『原・晉書』の存在を想定し、『原・晉書』の用語をもとに倭や百済の上表文が作られた、と結論した。(7)

この結論が成立するためには、倭と百済とが共に『原・晉書』を入手して活用したこと、その『原・晉書』が唐代に成立した現行の『晉書』とほぼ同内容、同じ表現の書物であったこと、等の條件を前提としなければならない。従って、内田氏の見解に直ちに賛意を表するわけにはいかないが、田中史生氏はその提言を受けて、中国の経書や正史のうち編集者の表現した可能性のある語句を除き、前述の倭王武の上表文及び百済王餘慶の上表文と同じ語句の用例について精査した。その結果、両上表文と類同の語句は現行『晉書』以外の他書に見られる用例も含みつつ、『晉書』への強い偏在性を示すことを指摘した。さらに、唐初に成立した現行『晉書』が南斉永明六年（四八八）に七四歳で死去した臧栄緒《ぞうえいしょ》の『晉書』を主に参照しているので、倭と百済との上表文の起草者も臧栄緒撰『晉書』を参照し得た、と判断した。(8)

よって、倭王武の上表文に現行『晉書』に共通する語句が多く見られることは、高い確度で言い得るようになったが、筆者も田中氏が検索していないと思われる関連史料を見出しているので、ここで紹介しておこう。

①「虔劉」

然るに猶お跋扈《ばっこ》し、邊陲を虔劉す。（然猶跋扈、虔劉邊陲）（『三国志』魏書巻八・公孫淵伝裴松之註所引『魏書』、公孫淵が官属に魏に上書させた時の文中の言。祖父公孫度《こうそんど》が赴任した時の楽浪郡の情況について言う）

獯醜《くんしゅう》は馮陵《ひょうりょう》し、象魏を虔劉す。……朕は戈に枕して東に望み、泣血して西に浮き、……身は屬甲を被り、手は流矢を貫く。（獯醜馮陵、虔劉象魏。……朕枕戈東望、泣血西浮、……身被屬甲、手貫流矢）（『梁書』巻五五・武陵王紀伝。梁末に自立を計った武陵王蕭紀に対して太清五年〈五五一〉に与えた元帝の書）

②「躬擐甲冑」

高祖晉陽自《よ》り發し、亂を撥《おさ》めて正しきに反《かえ》し、先朝（太宗）は躬《みずか》ら甲冑を擐《つらぬ》き、大業を成すを賛《たす》く。（高祖發自晉陽、撥亂反正、先朝躬擐甲冑、贊成大業）（『冊府元亀』巻三六・帝王部封禅二。乾封《けんぽう》元年〈六六六〉正月の封禅後における高宗の発言）

③「不遑寧處」

朕（孫権）は曆數を受け、萬國に君臨し、……東自り西に徂《ゆ》き、寧處に遑《いとま》靡《な》し。苟《いやし》くも力の及ぶ所、民に災害無し。（朕受曆數、君臨萬國、……自東徂西、靡遑寧處、苟力所及、民無災害）（『三国志』呉書巻四七・呉主伝・嘉禾二年〈二三三〉三月條裴松之註所引『江表伝』の孫権の詔）

このように、挙げ得る例は僅少であるが、倭王武の上表文に見える表現は三国時代から唐代まで用いられたことが確認できる。それぞれの文脈における用法は倭王武の上表文中の表現と類似しているのみならず、多くは皇帝の詔勅や公的な発言の中で用いられている。よって、経書等の先秦文献の用語を多用していることを根拠に倭王武の上表文の信憑性を疑うことはできない。逆に、文脈上適切で多様な表現を可能とする漢語能力を倭国が獲得した過程こそが問われなければならない。川本芳昭氏が述べるように[9]、当時の東アジア各国の交渉や情報伝達は、記録に残る以上に活発であったのであろう。

なお、高句麗は『宋書』夷蛮伝では高句驪国と記され、本紀では高麗国と記されている。倭王武の上表文では「句驪無道」と表現されているが、高句麗のことを「句驪」というのは『宋書』の通常の表現ではない。これは「高句驪」から好字の「高」字を削除したものであり、高句麗と比較的良好な関係を保っていた宋朝の表現であるとは思われない。この点からも、どのような人物が起草したかは別として、『宋書』の倭王武の上表文が倭国側の表現に従っていたことは言い得るのではなかろうか。

三　南朝に対する周辺諸国の上表文について

以上は、倭王武の上表文に関する筆者の最近の見解を述べたものである。しかし初めにも述べたように、以上のような通時的な比較のみでなく、倭王武の上表文（国書）を同じ『宋書』夷蛮伝の他の国々の上表文（国書）に照らしてその特質を考えるという、共時的な比較も本来必要であろう。

例えば、比較的短い国書として師子国（セイロン）の次の例を挙げることができる。

元嘉五年（四二八）、國王刹利摩訶南は表を奉りて曰く、謹んで大宋明主に白《もう》す。山海は殊に隔てると雖も、而して音信は時に通ず。伏して承わるに、皇帝は道徳高遠にして、覆載は天地に同じく、明照は日月に齊し。四海之外は往きて伏せざる無く、方國の諸王は信を遣して奉獻し、以て徳に歸《き》する之誠を表さざる莫《な》く、或いは海に泛かぶこと三年、陸行千日、威を畏れ徳に懷《なつ》き、遠くより至らざる無し。我は先王以來、唯だ徳を修めるを以て正と爲し、嚴しからずして治め、三寶を奉事して、道は天下を濟り、人を欣ばすを善と爲し、慶びは己に在るが若《ごと》く、天子與《と》共に正法を弘め、以て化し難きを度《わた》さんと欲す。故に四道人に託して二白衣《びゃくえ》を遣し、牙臺像を送りて、以て信誓と爲す。信還らば、願くは音告を垂れんことを。（元嘉五年、國王刹利摩訶南奉表曰、謹白大宋明主、雖山海殊隔、而音信時通。伏承皇帝道徳高遠、覆載同於天地、明照齊乎日月、四海之外、無往不伏、方國諸王、莫不遣信奉獻、以表歸徳之誠、或泛海三年、陸行千日、畏威懷徳、無遠不至。我先王以來、唯以修徳爲正、不嚴而治、奉事三寶、道濟天下、欣人爲善、慶若在己、欲與天子共弘正法、以度難化。故託四道人遣二白衣、送牙臺像、以爲信誓。信還、願垂音告）

同様に、比較的短い国書として次の闍婆婆達国[10]の例を挙げることもできよう。

元嘉十二年（四三五）、國王師黎婆達陁阿羅跋摩は遣使して表を奉りて曰く、宋國大主大吉天子足下、敬禮一切、種智安隱たり。天人の師は四魔を降伏せしめ、正覺を成等し、法輪を轉尊し、衆生を度脱す。教化は已に周く、涅槃に入り、舍利は流布して、无量塔を起こす。衆寶は莊嚴にして、須彌山の如く、經法は流布して、日の照明する如く、無量の淨僧は、猶お列宿の如し。國界は廣大にして、民人は衆多《あまた》、宮殿城郭は、忉利《とうり》天宮の如し。名は大宋揚州大國大吉天子、其の中に安處し、先聖を紹繼し、四海を王有し、閻浮《えんぶ》提《だい》內は、來服せざる莫し。悉く茲の水を以て、普く一切に飲ませ、我は遠くに在ると雖も、亦た靈潤に霑《うるお》う。是《ここ》を以て巨海を隔てると雖も、常に遙かに臣屬せん、願わくは至誠を照らして、哀みを垂れて納受せられんことを。若《も》し聽許を蒙らば、當年に信を遣し、若し須いる所有らば、惟だ命のみ是れ獻ず、伏して願わくは信受し、異想を生ぜざらんことを。今は使主佛大陁婆・副使葛抵を遣し、微誠を奉宣し、大吉天子足下に稽首敬禮せん。陁婆の啓する所、願わくは信受せられん、諸の請う所有るは、唯だ聽を賜わらんことを願う。今微物を奉じて、以て微心を表す。（元嘉十二年、國王師黎婆達陁阿羅跋摩遣使奉表曰、宋國大主大吉天子足下、敬禮一切、種智安隱。

天人師降伏四魔、成等正覺、轉尊法輪、度脱衆生、教化已周、入于涅槃、舍利流布、起无量塔、衆寶莊嚴、如須彌山、經法流布、如日照明、無量淨僧、猶如列宿。國界廣大、民人衆多、宮殿城郭、如忉利天宮。名大宋揚州大國大吉天子、安處其中、紹繼先聖、王有四海、閻浮提內、莫不來服。悉以茲水、普飲一切、我雖在遠、亦霑靈潤。是以雖隔巨海、常遙臣屬、願照至誠、垂哀納受。若蒙聽許、當年遣信、若有所須、惟命是獻、伏願信受、不生異想。今遣使主佛大陁婆・副使葛抵、奉宣微誠、稽首敬禮大吉天子足下。陁婆所啓、願見信受、諸有所請、唯願賜聽。今奉微物、以表微心）

このような東南アジア諸国の国書は、仏教国である宋（揚州は建康のことを指す）をひたすら敬仰する内容で統一され、政治的な交渉をことさら求めることの無い内容であることが特徴となっている。政治的内容に及ぶものとしては、元嘉一三年（四三六）の呵羅単国王毗沙跋摩の上表の後半に(11)

忝《かたじけ》けなくも先業を承け、嘉慶は無量なるも、忽ち悪子の爲に見る所爭奪せられ、遂に本國を失う。今は唯だ一心に、誠を天子に歸し、以て自ら存命せり。今毗紉《ひじん》を遣し、大家に問訊せしむ。意は自ら往き、誠を歸して宣訴せんと欲すれども、復た大海の風波に達せざらんことを畏る。今の命の存するを得るは、亦た毗紉に由り、此の人忠志にして、其の恩は報い難し。此れ（呵羅単国）は是《これ》大家（宋）の國なるも、今は悪子の奪う所と爲り、而して驅擯せられ、意は頗る忿惋にして、規りて雪復せんと欲す。伏して願わくは大家、毗紉に諸鎧仗・袍襖及び馬を買うを聽し、願わくは爲めに毗紉に料理して、時を得て還ら使《し》めんことを。前《さき》に闍邪仙婆羅訶を遣し、大家の厚賜を蒙るも、悉く悪子が奪去すること、大家に啓して知ら使む。今薄獻を奉る、願わくは納受を垂れんことを。（忝承先業、嘉慶無量、忽爲悪子所見爭奪、遂失本國。今唯一心、歸誠天子、以自存命。今遣毗紉、問訊大家、意欲自往、歸誠宣訴、復畏大海、風波不達。今命得存、亦由毗紉、此人忠志、其恩難報。

此是大家國、今爲惡子所奪、而見驅擯、意頗忿惋、規欲雪復。伏願大家、聽毗紉買諸鎧仗・袍襖及馬、願爲料理毗紉使得時還。前遣闍邪仙婆羅訶、蒙大家厚賜、悉惡子奪去、啓大家使知。今奉薄獻、願垂納受）

とあり、悪子に国を奪われてしまったので、毗紉という使者に鎧仗袍襖及び馬の買い付けを許してほしい、と訴えているのが唯一の例である。この訴えに対する宋の対応は記されていないが、『宋書』には続けて

此の後又た遣使す。二十六年（元嘉二十六年、四四九）、太祖詔して曰く、訶羅單・媻皇・媻達三國、頻りに遐海を越えて、款化納貢す、遠誠宜しく甄《あらわ》すべく、竝びに除授を加う可し、と。乃《すなわ》ち遣使して之れを策命して曰く、惟爾《これなんじ》は義を慕いて款化し、誠を荒遐に效《いた》す。恩之洽《うるお》す所、殊遠も必ず甄し、用《もつ》て典章を敷《の》べ、茲の策授を顯《あらわ》す。爾其れ欽んで凝命を奉り、永《とこし》えに厥《そ》の職を固めよ、愼まざる可けん歟《や》。（此後又遣使。二十六年、太祖詔曰、訶羅單・媻皇・媻達三國、頻越遐海、款化納貢、遠誠宜甄、可竝加除授。乃遣使策命之曰、惟爾慕義款化、效誠荒遐、恩之所洽、殊遠必甄、用敷典章、顯茲策授。爾其欽奉凝命、永固厥職、可不愼歟）

とあり、訶羅単国・媻皇国[12]・媻達国に対して除授を加えるように詔が発布され、それにあわせて策命の使者が訶羅単国に派遣されたことが判る。

以上の文では、訶羅単国にどのような称号が授与されたのかは不明であるが、同巻の媻皇国伝には

媻皇國、元嘉二十六年、國王舍利媻羅跋摩は遣使して方物四十一種を獻ず。太祖は之れを策命して媻皇國王と爲して曰く、惟爾は政を邊城に仰ぎ、貢を率いて來庭し、皇澤は凱被して、幽かにも洽《うるお》わざる無し。宜しく典策を班《わか》ち、茲の嘉命を授く。爾其れ祇《つつし》んで禮度に順い、式《もつ》て厥の終りを保て、愼まざる可けん歟。（媻皇國、元嘉二十六年、國王舍利媻羅跋摩遣使獻方物四十一種。太祖策命之爲媻皇國王曰、惟爾仰政邊城、率貢來庭、皇澤凱被、無幽不洽。宜班典策、授茲嘉命。爾其祇順禮度、式保厥終、可不愼歟）

とあり、媻達国伝には

媻達國、元嘉二十六年、國王舍利不陵伽跋摩は遣使して方物を献ず。太祖は之れを策命して婆達國王と爲して曰く、惟爾は化を仰ぎて誠を懐き、聲教を馳慕し、皇風は遐《とお》く曁《およ》びて、荒服は來款す。是《ここ》を用《もっ》て茲の顯策を加え、式て義順を甄す。爾其れ祗んで憲典に順い、永えに休福を終えよ、愼まざる可けん歟。（媻達國、元嘉二十六年、國王舍利不陵伽跋摩遣使獻方物。太祖策命之爲婆達國王曰、惟爾仰化懷誠、馳慕聲敎、皇風遐曁、荒服來款、是用加茲顯策、式甄義順。爾其祗順憲典、永終休福、可不愼歟）

とある。これらの例から策命とは国王号の授与であり、従って、訶羅単国の場合も授与されたのは訶羅単国王の称号であったことが判明する。

なお、同巻の高句麗伝に

高祖踐阼し、詔して曰く、使持節・都督營州諸軍事・征東將軍・高句驪王・樂浪公璉、使持節・督百濟諸軍事・鎭東將軍・百濟王映、竝びに義を海外に執り、遠く貢職を修む。惟新は始めを告げ、宜しく國休を荷うべし。璉は征東大將軍たる可く、映は鎭東大將軍たる可く、持節・都督・王・公は故の如し。（高祖踐阼、詔曰、使持節・都督營州諸軍事・征東將軍・高句驪王・樂浪公璉、使持節・督百濟諸軍事・鎭東將軍・百濟王映、竝執義海外、遠修貢職。惟新告始、宜荷國休、璉可征東大將軍、映可鎭東大將軍、持節・都督・王・公如故）

とあるのは、右に述べた訶羅単国・媻皇国・媻達国の例を参照すると、この詔がそのまま高句麗と百済とに授与されたのではなく、この詔の後に別々に策命の文が作成され、両国に授与されたものと推定される。すると、倭国伝に見える「高祖永初二年、詔曰、倭讚萬里修貢、遠誠宜甄、可賜除授」の詔の文も、これがそのまま倭王讚に授与されたものではない。高句麗・百済と同じく宋の建国後まもなく倭国の使者が来たので、然る可き官爵を授けるよう有司（鴻臚寺?）に指示した高祖武帝の詔の文と理解すべきである。この点は倭国伝だけからは想到されないが、『宋書』夷蛮伝中の他の国々に関する記述を勘案することによってこのように判断し得る例であるといえる。高句麗・百済の場合には東晉以来の中国王朝との交渉があり、東晉の授与した官爵を継承する形で宋が新たな称号を授与したのであるが、西晉初年以来ほとんど中国王朝との交渉のなかった倭国については、宋王朝としても授与すべき称号を検討する必要があったのであろう。

以上のような東南アジア諸国と宋の交渉と高句麗・百済・倭の東アジア諸国と宋の交渉とでは、国王号以外の称号授与が行われたか否かという点で大きな違いがある。既述の如く、倭王武は自称した使持節・都督倭百済新羅任那加羅秦韓慕韓七国諸軍事・安東大将軍・倭国王の除正を宋王朝に要求した。また、右の高祖（武帝）の詔では、高句驪王高璉（長寿王）は使持節・都督営州諸軍事・征東大将軍・高句驪王・楽浪公の称号を受けたし、百済王餘映（毗有王）は使持節・督百済諸軍事・鎮東大将軍・百済王の称号を受けた。さらに、高句麗・百済の上表文として『宋書』に唯一伝わる百済王餘慶（蓋鹵王）の文には

二年（大明二年、四五八）、慶は遣使上表して曰く、臣の國は累葉、偏えに殊恩を受け、文武良輔は、世々朝爵を蒙る。行冠軍將軍右賢王餘紀等十一人、忠勤は宜しく顯進に在るべし。伏して願わくは愍みを垂れ、竝びに賜除を聽《ゆる》せ。（二年、慶遣使上表曰、臣國累葉、偏受殊恩、文武良輔、世蒙朝爵。行冠軍將軍右賢王餘紀等十一人、忠勤宜在顯進、伏願垂愍、竝聽賜除）

とある。これは、蓋鹵王配下の右賢王餘紀等の称号授与を宋（孝武帝）に要求したもので、『宋書』に続けて「仍以行冠軍將軍右賢王餘紀爲冠軍將軍、以行征虜將軍左賢王餘昆・行征虜將軍餘暈竝爲征虜將軍（下略）」とあるので、「行某将軍」が百済側の要求した称号であり、宋はそれらの「行」を除いて正式に任命したことが判る。倭の

場合、珍は宋の文帝に対して倭隋など一三人に平西将軍等の将軍号を要求して聴許され、珍の後の済も文帝に二三人の軍・郡を除正されているが、これらも百済と同じやり方で要求したのであろう。[13]

堀敏一氏は、百済王や倭国王が配下の者に対する将軍号を要求したことについて、百済や倭が国内の有力氏族を編成するに際して宋の将軍号の序列を転用したものである、と指摘している。[14]百済や倭では、国家形成初期の王朝権力が伸長する時期に、国王と配下の有力氏族との関係を整序していく上で、既にそうした役割を担っていた宋の将軍号に着目したわけである。これに対して東南アジア諸国では、宋に隣接して双方の領土侵略も生じていた林邑について、孝建二年（四五五）に林邑の派遣した長史范龍跋を孝武帝が揚武将軍に除した例がある。また、婆皇国が泰始二年（四六六）に遣使貢献した時には、明帝は長史竺須羅達及び前長史振威将軍竺那婆智を並びに龍驤将軍とした。婆皇国はその前に孝建三年（四五六）に長史竺那婆智を派遣しており、その際に孝武帝は振威将軍を授与していた。つまり、泰始二年に明帝は婆皇国の使者竺須羅達に龍驤将軍を授与すると同時に、孝武帝が孝建三年の使者竺那婆智に授与していた振威将軍を龍驤将軍に引き上げたのである。明帝は、同じ泰始二年に遣使貢献した天竺迦毗黎国（比定地不明）に対しても、その使主の竺扶大・竺阿弥を並びに建威将軍としている。使主とは、同じ『宋書』夷蛮伝の闍婆婆達国の国書に「使主佛大陁婆・副使葛抵」とあるのを参照すれば（一八五頁）、副使の上の大使のことである。

以上のように、宋から東南アジア諸国に授与された称号は国王であり将軍であって、都督諸軍事の無い点を除けば、高句麗・百済・倭国の東アジア諸国に授与された称号と同質である。しかしながら『宋書』夷蛮伝に拠る限り、東南アジア諸国に国王号の授与された例は孝文帝元嘉二六年（四四九）の訶羅単国等三国に限られる。そこには、東アジア諸国のような国王の交代による継続的な王号や将軍号の授与は見られないし、国王自身に対する将軍号の授与も無い。また、国内の紛争調停のために宋王朝に協力を要請した例も、呵羅単国の一件が該当すると考え得るのを除けば他には無い。倭国王の都督百済諸軍事の要求に見られるような、称号授与をめぐる他国との関わりも存在しない。東南アジア諸国と宋との交渉は主に各国独自の交渉であったと概括し得るし、宋に対する国書の内容も宋における仏教の隆盛を讃え、仏教国としての宋朝やその皇帝をひたすら称揚するものに限られる。そこには倭王武の上表文のような、他国との厳しい対立を背景とする駆け引きは見られない。倭国を含む東アジア諸国と宋の交渉と、東南アジア諸国と宋の交渉とでは明らかに質的な相違が見られるのである。

四　東南アジア諸国の国書中の表現について

東南アジア諸国の国書における皇帝の独特の表現も、これらの地域の外交の特色が反映している。さきに引用した師子国の上表文の文頭は「謹白大宋明主」、末尾は「信還、願垂音告」であり、文中の皇帝の称謂は「皇帝」「天子」である。また、呵（訶）羅単国王は元嘉一〇年（四三三）と一三年（四三六）とに上表しているが、前者の冒頭は「常勝天子陛下」、末尾は「呵羅單國王毗沙跋摩稽首問訊」であり、文中の皇帝の称謂は「常勝大王」「我尊主常勝天子」である。後者の文頭は「大吉天子足下」、末尾は「今奉薄獻、願垂納受」であり、文中の皇帝の称謂は「天子」及び「大家」である。さきに引用した闍婆婆達国の上表文の文頭は「宋國大主大吉天子足下」、末尾は「今奉微物、以表微心」であり、文中の皇帝に対する表現は「大宋揚州大國大吉天子」「稽首敬禮大吉天子足下」である。このほか、元嘉七年（四三〇）の訶羅陁国の上表文の文頭は「伏承聖主、信重三寶」、末尾は「今奉微物、願垂哀納」であり、文中の皇帝に対する表現として「伏惟皇帝是我眞主、臣是訶羅陁國王、名曰堅鎧、今敬稽首聖王足下」

という長い一文があるほか、皇帝を「聖王」「大王」「天子足下」と形容している。最後に、元嘉五年（四二八）の天竺迦毗黎国の上表文は、「伏聞彼國（宋）據江傍海、山川周固」という宋に関する形容で始まり、自国のことを「此（迦毗黎国）之境土、便是王國（宋の国）、王之法令治國善道、悉當承用」と、宋の文明に従う国として記し、末尾を「所白如是、願加哀愍」で結ぶ。そして文中では、宋の皇帝のことを「聖王」「大王」「帝修淨戒」「王身」「大王足下」と記している。

以上のように、当時の東南アジア諸国の宋に対する国書は、宋の仏教文化を崇拝しその体現者である皇帝を賞讃する内容でほぼ一貫している。文中の皇帝の称謂としては「皇帝」「天子」もあるが、「天子」については「天子足下」「常勝天子」「大吉天子足下」「大吉天子」など、「常勝」「大吉」のような形容詞や「足下」という呼びかけの敬語を附した例の方が多い。「聖王」「大王」という「王」の表現も見られ、「大宋明主」「大家」という表現も少数ではあるが挙げることができる。皇帝の称謂の規定については、復原唐儀制令第一條に（括弧内は原註）

> 皇帝天子（夷華通稱之）、陛下（對敭咫尺・上表通稱之）、至尊（臣下内外通稱之）、乘輿（服御所稱）、車駕（行幸所稱）

とある（開元七年令及び開元二五年令）[15]。原註を参照すると、唐代で異民族が表記し得る皇帝の称謂は皇帝・天子・陛下・至尊の四種類であり、南朝でもそれほど違わなかったとすれば、聖王・大王・大家・明主・足下の表現は極めて異例であったことになる。

このうちの足下については、顧炎武の指摘に依れば戦国時代には人主の称であったが、漢の文帝が即位前に代王として長安に著いた時に「大王足下」と呼ばれたのが、中国国内最後の主要な例となる。顧炎武はその後に、『宋書』夷蛮伝の「聖王足下」「天子足下」「大王足下」等、及び『梁書』巻五四・諸夷伝の盤盤国の「常勝天子足下」、干陁利国の「天子足下」、狼修牙国（狼牙脩国が正しい）の「大吉天子足下」、婆利国の「聖王足下」を挙げている（上海古籍出版社一九八五年刊行の『日知録集釈〈外七種〉』巻二四「足下」）。つまり、漢の文帝即位の頃までは足下は君主に附ける敬称として用いられたのであるが、それ以後は宋及び梁代の東南アジア諸国の国書に唐突に用いられているのである。そうすると、これらの国書がそれぞれ初めから漢文で書かれたものであるのか中国側で翻訳されたものであるのか、後者だとすれば当時は通常用いられていない大宋明主や足下といった呼称がなぜ翻訳で用いられたか、が問題となるであろう。

こうした点を考える上で、『南斉書』巻五九・芮芮虜伝の（建元）二年・三年（四八〇～四八一）、芮芮《ぜいぜい》主頻りに遣使して貂《ちょうひ》皮雑物を貢獻し、上《しょう》（皇帝）に書を與えて魏虜を伐たんと欲し、上《しょう》を足下と謂い、自らは吾と稱す。（二年・三年、芮芮主頻遣使貢獻貂皮雑物、與上書欲伐魏虜、謂上足下、自稱吾）

とあるのは参考となろう。芮芮は柔然で、南斉が建国するとその翌年、翌々年に続けて遣使し、上書して魏虜すなわち北魏の討伐を南斉に提案したが、その時に南斉の高帝に対して「足下」と言い、自分は「吾」と称した、というのである。従って、足下は異民族側による中国皇帝の表現となるが、わざわざ『南斉書』に特記されたのであるから、多少不自然な表現であったのであろう。それにも拘らず、「足下」が宋代・梁代の東南アジア諸国の国書に多出することは、柔然のいる北アジアから東南アジアに至るまで、「足下」の表現が中国皇帝に対する敬称として知られていたことになろう。しかしながら鈴木中正氏が指摘するように、既に引いた元嘉五年の師子国の上表文と、『梁書』巻五四・諸夷伝の大通元年（五二七）の師子国の上表文とはほとんど同文であり、同様の例は元嘉五年の天竺迦毗黎国の上表文と梁の天監元年（五〇二）頃に発信された中天竺国の上表文との間にも見られる。鈴木氏はそこから、セイロン古代王国やインドのある国ではある時期に中国君主宛に送られた外交書簡の写しが保存されていて、後の者はそれを参考に必要箇所だけを訂正して再び中国宛の外交書簡を作成したのであろう、と推定している[16]。そうすると、最初の国書がどこまで自力で作られたのかが問題となろう。さきに示した『宋書』夷蛮伝の東南アジアの国書は、皇帝に関する表現が異質なだけで、あとは四字句を主とする整った対句表現でできていたからである[17]。正史における国書の内容がどのようにして今の形に落ち着いたか、という問題の検討は難しいが、本論の初めに述べた『梁職貢図』中の国書はこの点を考える手懸りとなるのではないかと思う。

『梁職貢図』は、梁の初代皇帝武帝（在位五〇二～五四九）の在位四十年を記念して、その子の蕭繹《しょうえき》（後の元帝、在位五五二～五五四）によって作成されたものであり、元は三十国ほどであったと推定される使節の図と当該国について解説した題記とから成っている。元帝が荊州刺史であった時に外国人の容貌風俗を自ら描き、荊州に来ない者については建康に人を派して調査し、使節の図にその国に関係する文書（題記）を添えて作成したもの、とされる。一九六〇年代になって北宋熙寧一〇年（一〇七七）の模写の伝存していることが紹介され[18]、日本ではそこに倭国使図のあることが注目されたが、その中の周古柯国使・呵跋檀国使及び胡蜜丹国使の解説文には国書が引用されていたのである。これらの国書はいずれも『梁書』諸夷伝には著録されていない。榎一雄氏に依れば、同書同伝は『梁職貢図』に大体基づいていると考えられるが、現存の『梁職貢図』の記事には『梁書』に略されている重要なものも少なくない[19]。従って、周古柯国以下三国の国書が、『梁書』所載の他の国書と比べて形式や内容において大きな差が無ければ、『梁書』諸夷伝編集の際に国書の表現には餘り手が加えられなかったことになろうし、大きな相違があれば『梁書』の編集段階で手の加わったことが推定されよう。『梁書』中の国書と『宋書』中の国書とでほとんど同文のものもあるのであるから、『宋書』の国書と『梁職貢図』中の周古柯国以下三国の国書と比較することも意味のある試みと考えられよう。

以下、三国に関する『梁職貢図』の記述を引用するが、いずれも短文であるので全文を引き、国書と判断される部分には「　」を附した。引用文の判読は『榎一雄著作集』第七巻所載の写真に拠り、私見によって句読点を附した。また、『梁書』に用いられている文字には傍点を添えた。[20]

○周古柯國使

周古柯、滑旁小國。普通元年、隨滑使朝貢。奉表曰、「一切所恭敬、一切吉具足、如天靜無雲、滿月明曜。天子身淸靜具足、亦如此、爲四海弘、願以爲舟舫。揚州閻浮提、第一廣大國、人民布滿、歡樂庄《〔莊〕》嚴、如天上不異。周古柯王頂禮弁拜、問訊天子□□□。今上金椀一、琉璃椀一、馬一疋。」

○呵跋檀國使

呵跋檀、滑旁小國。普通元年、隨滑使入貢。其曰《ママ》、「最所寔恭敬吉天子・東方大地。呵跋檀王問訊□一過、乃百千万《?》億天子安隱《ママ》。我今遣使、手送此書、書不空、故上馬一疋、銀器一故。」

○胡蜜丹國使

胡蜜丹、滑旁小國也。普通元年、使使隨滑使來朝。其表曰、「揚州天子出處、大國聖主。胡密王名□□、遙長跪合掌、作禮千万。今滑使到聖國、用附函啓幷水精鍾一口、馬一疋。聖主有若所勅、不敢有異。」

以上のように、三国の上表文はいずれも普通元年（五二〇）に滑国使と共に梁に入朝した時の文である。仏教用語が多用されていることと中国の皇帝を賞讃する内容で一貫していることとは、『宋書』『梁書』に収録されている他の東南アジア諸国の国書と同様である。しかしながらいずれも短文で、四字句の表現が充分には展開されていない。傍点を附した『梁書』諸夷伝と重なる文字については、『梁書』では例えば周古柯国について

周古柯國、滑旁小國也。普通元年、使使隨滑來獻方物。

とあるように、三国のいずれについても表の文の前で記述を止めている。これが、充分にこなれていない表現の国書の採録を見合わせたものとすれば、『梁書』所収の国書は編集の手が加わっていないものと考えられるし、『宋書』所収の国書についても同様に判断することができるであろう。私としては、『宋書』『梁書』所収の東南アジア諸国の国書が四字句を主とする対句表現で一貫していることと、仏教国である宋や梁の皇帝をひたすら賞讃する内容で統一されていることの二点で、中国側で文章を整えたという疑念を捨てきれないでいる。しかし、周古柯国・呵跋檀国・胡蜜丹国の国書の不掲載がその拙劣な文章表現や内容の乏しさに因るものであるとすれば、『宋書』や『梁書』の編集過程で東南アジア諸国の国書の内容に大きく手が加えられた、と想定することも難しいのではなかろうか。

五　おわりに

『宋書』倭国伝は日本人の関心を集めている史料であるが、同じ『宋書』夷蛮伝中に記されている東南アジア諸国の国書との比較考察は、これまでほとんど試みられてこなかった。本章では初めに、倭王武の上表文の「其餘皆各假授」の解釈について私見を示し、また文中の表現が前後の時代の中国文献に見られることを指摘した。次いで『宋書』夷蛮伝中の東南アジア諸国の国書を取り上げ、それらに①皇帝の称謂が多様であること、②宋朝や皇帝の熱心な仏教信仰をひたすら賞讃する内容で一貫していること、③逆に、宋と当該国との政治交渉を示す内容はほとんど見られないこと、④文体が四字句を中心とする対句でほぼ統一されていること、といった共通の要素の見られることを指摘した。以上の②④からは、宋朝の東南アジア諸国の国書について、どこかで表現の調整が図られていたことも想定できる。そこで、『宋書』夷蛮伝とほぼ同文の国書も見られる『梁書』諸夷伝について、同伝に収録されていない周古柯国・呵跋檀国・胡蜜丹国の国書を検討した。そして、これら三国の国書の『梁書』への収録が意識的に見送られたとも考えられること、従って、『梁書』や『宋書』における東南アジア諸国の国書が、両書の編集者によって積極的に改変された情況は想定しにくいこと、を指摘した。よって、宋の皇帝に対する「常勝天子」「聖王」等の呼称の使用や、宋朝やその皇帝の仏教信仰に対する憧憬は、当時の東南アジア諸国の中国外交に共通する特徴であったと言うことができる。

一般に、中国の南北を統一した王朝にあっては北方民族との関係が圧倒的に重要であり、例えば唐における東南アジア諸国との交渉は、両唐書外国伝に拠る限りそれほど重要ではなかったような印象を受ける。緊迫した政治交渉が無かったという点では、宋・梁等の南朝と東南アジア諸国との交渉も同様であるが、そこでなぜ中国王朝の仏教信仰が積極的に評価されたのか、なぜ諸国の国書中に皇帝に対する特異な表現がなされたのか、という問題を改めて考察する必要があろう。このうちの後者については、漢訳仏典中の呼称と比較することも必要となろう。

一方、倭国や高句麗・百済と宋との交渉では、王号以外に都督諸軍事の称号や将軍号を王自身が授与されるほか、配下の有力者に対する将軍号の班賜を求める点で、東南アジア諸国と宋との交渉とは全く異質であった。倭国や百済の纏まった国家としての動きは四世紀半ば以降に始まるが、国内の身分秩序を国王中心に編成していくに当たって、中国王朝の将軍号の序列が必要とされたのである。また倭国にあっては、都督百済諸軍事の除正要求や倭王武の上表文における高句麗非難の文言に見られるように、朝鮮半島との外交交渉においても宋朝の積極的な支援を求めた。その場合、王号や将軍号の除正を要求するには、倭王武の上表文に見られるように自ら「仮授」するか、百済のように自称した「行某将軍」の除正を求めたのであろう。これに対して宋の方では、高句麗・百済や訶（呵）羅単国・婆皇国・婆達国の場合のように、除授を加える詔を発布した後で正式の除授の手続きを行ったのであろう。倭国でも武のほかに讃・珍・興に除授を賜わる詔の存在が確認され、それらは単独に発布されて除正が認められたと思われるが、高句麗・百済両国や訶羅単国等三国の場合は、その詔自体は複数の国を対象としている。従って、それらは直接各国に授与された文ではなく、宋王朝内の有司に除授の手続きを指示した詔であったのであろう。そこで、倭王讃の宋への最初の遣使についても、『宋書』倭国伝に「倭讃萬里修貢、遠誠宜甄、可賜除授」とある詔も、有司への指示を述べた文と考えるべきであろう。前述の訶羅単国等三国の場合、国王号授与に先んじて「遠誠宜甄、可竝加除授」と、倭王讃とほぼ同文の詔が発布されているのである。

以上のように、国書の内容を手懸りに宋と東南アジア諸国、宋と東アジア諸国との交渉を比較していくと、除授の手続きのように共通の理解が得られる場合もあるが、全体的には大きな相違のあった点が明らかとなる。ひとことで言えば、東南アジア諸国が仏教に基づいた宗教的、文化的交渉を求めていたのに対し[21]、東アジア諸国は政治的、国際的交渉を積極的に求めていたのである。周知の如く西嶋定生氏は、唐以前の東アジアには周辺諸国の首長に中国の皇帝が王号を授与する、冊封体制を軸とした東アジア世界が成立していたと説いた。今日ではその諸説も再検討され、西嶋氏が日本・朝鮮以外の地域と中国王朝との交渉について全般的な検証をしていなかったことも指摘されている[22]。だが西嶋氏の論証の限界は、日本の歴史を東海中の一国の歴史に局限するのではなく、東アジアの視点から広く検討することの必要性を第一に挙げたことに起因している。従って、西嶋氏の視点が他の研究者にも共有されたとすれば、次の段階として、北アジア諸国・中央アジア諸国及び東南アジア諸国と中国王朝との交渉に、それぞれ独自の性格が見られるか否かを考察することが必要となってくるであろう。

右の点と関わって、東南アジア諸国と宋との交渉に比較すれば、東アジア諸国と宋との交渉には明らかに独自性が存在した、というのが本章の結論である。今後機会があれば、本章では少ししか触れなかった『梁書』諸夷伝の国書、及び宋と梁との間の『南斉書』東南夷伝に収録された国書の性格についても、あらためて考察を進めていきたい。

（附記）『宋書』には、倭国伝以外に本紀にも倭国の遣使に関する記録があるが、その年次が必ずしも倭国伝の年次と対応していないことについては、これまで餘り深く議論されてこなかった。そこで、本稿を準備する過程で気附いたことについてメモしておこうと思う。『宋書』巻五・文帝紀・元嘉七年（四三〇）正月條に「是月、倭國王遣使獻方物」とあるのが本紀における倭国遣使の最初の記事である。その次にあるのが、元嘉一五年（四三八）四月條の「己巳、以倭國王珍爲安東将軍」とある記事である。さらに同年條の末尾に、「是年、武都王・河南國・高麗國・倭國・扶南國・林邑國、竝遣使獻方物」とある。正史や『資治通鑑』では、諸外国の遣使をその年の記事の末尾に一括して記すことはよくある。倭国伝では、倭王珍が安東将軍・倭国王を授与された年については明記されていないが、これは右の元嘉一五年のことと認めてよいであろう。また、同年には倭国遣使に関する記事が二度出てくるが、実際にあったのは四月條の一回だけであったと考えてよいであろう。ただ、そうすると最初の倭王讃の遣使については本紀には倭人伝に対応する記事がないことになる。本文で述べたように、永初二年の高祖（武帝）の詔は有司に対するものであって、この文がそのまま讃の使者に渡されたものではない。珍・済・興が宋から最初に受けた称号が安東将軍・倭国王であるので、讃の授与された称号も安東将軍・倭国王であったと推定されているが、それが永初二年の最初の遣使の際にすぐに授与されたのか、倭国伝元嘉二年條の司馬曹達を遣した時に授与されたものか、また元嘉七年に遣使した倭王も讃であったのかどうかは、差し当たり不明と言うほかはない。

次にあるのは、同書同巻・元嘉二〇年（四四三）條の「是歲、河西國・高麗國・百濟國・倭國竝遣使獻方物」という記事である。その次に元嘉二八年（四五一）條に「秋七月甲辰、安東將軍・倭王倭濟進號安東大將軍」とあるのが、文帝紀における倭の遣使に関する最後の記事となる。この二つの記事は、倭国伝に見られる倭王済に関する二つの記事とよく対応しており、倭王済の遣使については特別な考証は必要ないことになる。なお、倭王済は二三人に対する将軍号・郡太守号の除正も要求したが、その前の珍も倭隋等一三人の将軍号の除正を要求している。この「倭隋」については、「倭」は姓であって倭王（天皇）の一族の者であると考える研究者が多いが、文帝紀に「倭王倭済」とあるのは、「倭」が姓であるとする考え方の正しさの有力な論拠となるであろう。

次に同書巻六・孝武帝紀に、大明四年（四六〇）一二月丁未條「倭國遣使獻方物」と、大明六年（四六二）三月條「壬寅、以倭國王世子興爲安東將軍」との二つの記事がある。後者の記事は倭国伝大明六年條にある興に対する安東将軍賜与の詔と明確に対応する。すると、倭国伝にある「濟死、世子興遣使貢獻」に対応するのが、孝武帝紀大明四年一二月丁未條の「倭國遣使獻方物」の記事ということになる。最初の倭王讃についても、本紀と倭国伝との両方の記事を生かそうとすれば、複数回の遣使も想定されることになるが、同じことが倭王興についても想定しうるのである。

『宋書』最後の本紀となる順帝紀にも、昇明元年（四七七）條「冬十一月己酉、倭國遣使獻方物」と、昇明二年（四七八）條「五月戊午、倭國王武遣使獻方物、以武爲安東大將軍」との二つの記事がある。後者の記事は倭国伝の倭王武による開府儀同三司除正要求の記事に対応するが、前年の遣使は倭王武によるその他の称号自称の記事、即ち「興死、弟武立、自稱使持節・都督倭・百濟・新羅・任那・加羅・秦韓・慕韓七國諸軍事、安東大將軍、倭國王」に対応するものとなろう。すると、倭王武も実は二回遣使していたことになる。私はさきに、倭王讃も授与されたと推定される安東将軍・倭国王が永初二年の最初の遣使の際に授与されたのか、元嘉二年の司馬曹達を遣した時に授与されたのか、また元嘉七年に遣使した倭王も讃であったのかどうかは不明である、と述べた。しかし、以後の倭王遣使の諸例を見ると、各倭王は二回ずつ遣使してその二回目に正式な最終の称号を手にした、と考えられそうである。従って、倭王讃が安東将軍・倭国王を授与されたのは元嘉二年の司馬曹達を遣した時のことであり、元嘉七年に遣使した倭王は珍であったということになる。ただ、済のみは元嘉二〇年（四四三）の一回目ですぐに安東将軍・倭国王の称号を手に入れたのである。済は二回目の遣使で、倭王の中で初めて使持節・都督倭・新羅・任那・加羅・秦韓・慕韓六国諸軍事の称号を宋から認められているので、一回目で安東将軍・倭国王の称号を認められたのはそのことと関係しているのかもしれない。

以上、はなはだ雑駁ではあるが、『宋書』本紀と倭国伝との倭の五王の遣使記事について、できるだけ双方の記事を生かす形で遣使の実態を想定してきた。すると、各王はそれぞれ二回ずつ遣使し、二回目で自称する称号を宋から認められることが多かった、という結果となった。この解釈が妥当なものであるか否かを検証するには、『宋書』本紀の各国の遣使記事と夷蛮伝の記事全体とを対応させながら再考しなければならないであろう。今回は、『宋書』本紀の倭国遣使記事が倭国伝ほどには注目されていないことに鑑み、取り敢えず倭国の記事についてのみ多少踏み込んで私見を述べたものである。

註

（1）『宋書』倭国を主な分析対象として、南北朝時代の東アジア世界における日本の位置を論じた代表的な著作に、坂元義種氏の『古代東アジアの日本と朝鮮』（吉川弘文館、一九七八年）がある。

（2）堀敏一「渤海・日本間の国書をめぐって」（『東アジアのなかの古代日本』所収、一九九八年）二三七頁には、『宋書』夷蛮伝中の師子国（スリランカ）等、東南アジア諸国の国書が三例取り上げられている。また、栗原朋信「東アジア史からみた『天皇』号の成立」（同氏『上代日本対外関係の研究』所収、吉川弘文館、一九七八年、初出は一九七六年）も、『宋書』夷蛮伝・『梁書』諸夷伝所収の東南アジア諸国の国書を取り上げている。同氏「（続）〝天皇〟号成立の背景」（『歴史と地理』第二三一号、一九七四年）も参照。

（3）「梁職貢図」については、本章の元になった原稿の脱稿後の二〇一一年に、趙燦鵬氏によって題記のみを著録した「清・張庚諸番職貢図巻」（張庚『愛日吟盧書画続録』所収）の逸文が紹介された。そこでは例えば斯羅（新羅）・

高句麗など、従来知られていなかった諸国の題記が著録されており、当時の中国王朝の世界観の研究を前進させる上で、貴重な史料を提供することとなった（鈴木靖民・金子修一編『梁職貢図と東部ユーラシア世界』勉誠出版、二〇一四年、参照）。倭国については従来の倭国使図の題記を補う部分もあるが、基本的には『魏志』倭人伝からの摘録である。しかし、新しく得られた情報でありながらほとんど注目されていないのが、その末尾の「齊建元中奉表貢獻」という部分である。前年の宋・順帝の昇明二年（四七八）に、倭王武の使節が滅亡直前の宋に行っていながら、その翌年の南斉建国に無関心であったとは想定しがたいので、筆者はかねてから南斉建国時の倭国使の遣使はあり得ると考えていた。その点では、この文こそ南斉建国時の倭国の遣使を示す記事に他ならないのではなかろうか。この点については前章で触れたが、新しい題記の逸文が紹介されてもこの記事に関心が集まらなかったのは、倭国の題記自体は『魏志』倭人伝の節略で変わり映えがしなかったことと、南斉及び梁への倭国の遣使は無かったという通説が疑われていなかったこととに因るのであろう。しかし宋の最後の遣使時期から考えれば、南斉の建国の事情を倭国が把握していた、と想定することは決して不自然ではない。倭国使の題記の末尾の文にも、もう少し注意が払われてしかるべきである。

（4）　この「各」字は『宋書』の諸本には無い。中華書局標点本『宋書』が、『南史』巻七九・夷貊伝下・倭国伝及び『通典』巻一八五・辺防一・倭條から補った文字である。

（5）　倭王武の上表文については、中国における改作説も含めて日本ではさまざまに議論されている。河内春人「倭王武の上表文と文字表記」（同氏『日本古代君主号の研究―倭国王・天子・天皇―』所収、八木書店、二〇一五年、初出は二〇〇三年）参照。ただし現在では、河内氏も含め倭王武の上表文は原文である、という見解が定説となっていると言えよう。

（6）　志水正司「倭の五王に関する基礎的考察」『史学』第三九巻第二号、一九六六年。原島礼二編『論集日本歴史1　大和政権』（有精堂出版、一九七三年）に収録。また、志水氏『日本古代史の検証』（東京堂出版、一九九四年）に再録。

（7）　内田清「百済・倭の上表文の原典について」（『東アジアの古代文化』第八六号・第八七号、共に一九九六年）。

近年では川本芳昭氏も、百済王餘慶の北魏に対する上表文と倭王武の宋に対する上表文との類似に注意している（同氏「四～五世紀東アジアにおける天下意識―中国政治思想の伝播との関連から見た―」、田中良之・川本芳昭編『東アジア古代国家論―プロセス・モデル・アイデンティティ―』所収、すいれん舎、二〇〇六年、二八九～二九〇頁）。

（8）田中史生「武の上表文―もうひとつの東アジア―」（平川南他編『文字と古代日本2　文字による交流』所収、吉川弘文館、二〇〇五年）

（9）川本芳昭『中国の歴史5　中華の崩壊と拡大―魏晋南北朝―』（講談社、二〇〇五年）第九章「古代東アジアと日本の形成」参照。

（10）闍婆婆達国について、陳佳栄・謝方・陸峻嶺『古代南海地名匯釈』（中華書局、一九八六年）はジャワ島のこととし、「婆達」は衍字であろう、とする（同書九五五頁）。

（11）註（10）所掲『古代南海地名匯釈』は、呵羅単国をスマトラ島またはジャワ島に比定する。

（12）槃皇国については、『古代南海地名匯釈』はマレーシア東南部のPahang（彭亨）とする。槃達国については不明。

（13）軍が将軍を指し、郡が郡太守を指すことについては、坂元義種氏が伊藤武氏の坂元氏宛の書簡を紹介しつつ詳細に証明している。同氏「倭の五王―中国正史外国伝の研究から見た―」（註〈1〉所掲『古代東アジアの日本と朝鮮』所収、初出は一九七六年）参照。なお、坂元氏は本書の各所で「行」を仮の称号としているが、朝貢国側の自称と理解して差支えないと思う。

（14）堀敏一『中国と古代東アジア世界』（一九九三年）一六二～一七〇頁参照。

（15）仁井田陞『唐令拾遺』（東方文化学院東京研究所、一九三三年。東京大学出版会復刊、一九六四年）。本條は仁井田陞著・池田温編集代表『唐令拾遺補附唐日両令対照一覧』（東京大学出版会、一九九七年）では追補、訂正はなされていない。

（16）鈴木中正「南海諸島から南朝の諸帝に送られた国書について」（鈴木俊教授還暦記念会編『鈴木俊教授還暦記念東洋史論叢』所収、同記念会、一九六四年）三二三～三三五頁。また、宮川尚志「宋書・梁書に見えるインド・東南アジア諸国（其一）（其二）」（『岡山史学』第一二号・一九六二年、及び第一四号・一九六四年）は、標題に見える国の地名を考証した最初期の論文である。

(17) 河上麻由子氏は「中国南朝の対外関係において仏教が果たした役割について—南海諸国が奉った上表文の検討を中心に—」（同氏『古代アジア世界の対外交渉と仏教』所収、山川出版社、二〇一一年、初出は二〇〇八年）で、現在のカンボジアの扶南に中国と東南アジア諸国との貿易の中枢があり、諸国から南朝に宛てた国書は主に扶南で作成されたと考えている。

(18) 金維諾「〝職貢図〟的時代与作者—読画札記—」（『文物』一九六〇年第七期）

(19) 榎一雄「梁職貢図について」（『榎一雄著作集第七巻中国史』所収、汲古書院、一九九四年、初出は一九六三年）参照。また本書に拠れば、周古柯国はKarghalik＝中国新疆吾維爾自治区ヤールカンド南方、呵跋檀国はKabadiyān＝旧ソビエト連邦タジク共和国南部、胡蜜丹国はKumedhān＝旧ソビエト連邦ドゥシャンベの南である。

(20) 南京博物院旧蔵の『梁職貢図』と新紹介の『愛日吟廬書画続録』の題記とを参照して、周古柯国以下の三国の文を纏めると次のようになる。

周古柯國、滑旁小國也。普通元年（五二〇）、使使隨滑使、來朝貢。表曰、一切所恭敬、一切吉具足、如天淨無雲、滿月明耀、天子身清淨具足、亦如此爲四海弘。願以爲舟航揚州（建康のこと）、閻浮提夷、一廣大國、人民布滿、歡樂莊嚴、如天上不異。周古柯王、頂禮弁拜、問訊天子念我。上金碗一、琉璃椀一、馬一疋。

呵跋檀者、滑旁小國也。普通元年、使使隨滑使、來貢。其表曰、君所應恭敬吉天子、東方大地。呵跋檀王問訊、非一過、乃百千億万、天子安穩。我今遣使、手送此書、書不空。故上馬一疋、銀器一枚。

胡蜜檀、滑旁小國也。普通元年、使使隨滑使、來朝貢。其表曰、揚州天子、日出處大國聖主、胡蜜王名時僕、遙長跪合掌、行（作）禮千万。今滑使到聖國、因附函啓、幷水精鐘一口、馬一疋。聖主（國）若有所頒勑、不敢有異。

以上は、『愛日吟廬書画続録』の題記に従った部分が多い。

(21) 河上麻由子氏は「仏教与朝貢的関係—以南北朝時期為中心—」（上海社会科学院『伝統中国研究集刊』第一輯、二〇

〇六年）及び註（17）所掲「中国南朝の対外関係において仏教が果たした役割について」では、南海諸国の朝貢目的は基本的には交易活動の維持・発展にあったと考えられる、とする。ただし、その点を直接明示する史料が存在するわけではない。

（22）西嶋氏の東アジア世界論を的確に紹介し、併せてその不充分な点を批判した著書として、李成市氏の『東アジア文化圏の形成』（山川出版社世界史リブレット、二〇〇〇年）を挙げることができる。また、『論集』第四巻（二〇〇二年）の私の解題、及びそれに基づいた拙稿「日本から見た東アジア世界と中国から見た東アジア世界」（『白山史学』第三九号、二〇〇三年）も参照。なお、拙稿「東アジア世界論と冊封体制論」（註〈6〉所掲『東アジア古代国家論―プロセス・モデル・アイデンティティ―』所収）は、李氏の所論に拠りながら以上の諸点を私なりに詳説したものである。

（23）中華書局標点本『宋書』順帝紀の校勘記（四）には「冬十一月己酉　下有丙午。按是月辛巳朔、初五日乙酉、二十六日丙午、二十五日己酉。己酉不当丙午前、建康實錄作乙酉、疑己酉是乙酉之譌」とある。

史料

①『宋書』巻九七・夷蛮伝所収倭国伝

倭國在高驪東南大海中、世修貢職。高祖永初二年（四二一）、詔曰、倭讃萬里修貢、遠誠宜甄、可賜除授。太祖元嘉二年（四二五）、讃又遣司馬曹達、奉表獻方物。讃死、弟珍立、遣使貢獻。自稱使持節・都督倭・百濟・新羅・任那・秦韓・慕韓六國諸軍事、安東大將軍、倭國王、表求除正。詔除安東將軍・倭國王。珍又求除正倭隋等十三人平西・征虜・冠軍・輔國將軍號、詔竝聽。二十年（四四三）、倭國王濟遣使奉獻、復以爲安東將軍・倭國王。二十八年（四五一）、加使持節・都督倭・新羅・任那・加羅・秦韓・慕韓六國諸軍事、安東將軍如故。幷除所上二十三人軍郡。濟死、世子興遣使貢獻。世祖大明六年（四六二）、詔曰、倭王世子興、奕世載忠、作藩外海、稟化寧境、恭修貢職。新嗣邊業、宜授爵號、可安東將軍・倭國王。興死、弟武立、自稱使持節・都督倭・百濟・新羅・任那・加羅・秦韓・慕韓七國諸軍事、安東大將軍、倭國王。順帝昇明二年（四七八）、遣使上表曰、封國偏遠、作藩于外、自昔祖禰、躬擐甲冑、跋渉山川、不遑寧處。東征毛人五十五國、西服衆夷六十六國、渡平海北九十五國、王道融泰、廓土遐畿、累葉朝宗、不愆于歳。臣雖下愚、忝胤先緒、驅率所統、歸崇天極、道逕(1)百濟、裝治船舫。而句驪無道、圖欲見呑、掠抄邊隷、虔劉不已。毎致稽滯、以失良風、雖曰進路、或通或不。臣亡考濟、實忿寇讎、壅塞天路、控弦百萬、義聲感激、方欲大擧。奄喪父兄、使垂成之功、不獲一簣、居在諒闇、不動兵甲、是以偃息未捷。至今欲練甲治兵、申父兄之志、義士虎賁、文武效功、白刃交前、亦所不顧。若以帝德覆載、摧此強敵、克靖方難、無替前功、竊自假開府儀同三司、其餘咸(2)各假授、以勸忠節。詔除武使持節・都督倭・新羅・任那・加羅・秦韓・慕韓六國諸軍事、安東大將軍、倭王。

（1）道逕百濟　「逕」各本竝作「遙」、據南史・通典邊防典改。（標点本校勘記）

（2）其餘咸各假授　各本竝脱「各」字、據南史・通典邊防典補。（標点本校勘記）

②『宋書』本紀中の倭国遣使記事

（一）元嘉七年（四三〇）正月條　是月、倭國王遣使獻方物。（巻五文帝紀）

（二）元嘉一五年（四三八）四月條　己巳、以倭國王珍爲安東將軍。（同巻）

（三）同年條　是年、武都王・河南國・高麗國・倭國・扶南國・林邑國、竝遣使獻方物。（同巻）

（四）元嘉二〇年（四四三）條　是歳、河西國・高麗國・百濟國・倭國竝遣使獻方物。（同巻）

（五）元嘉二八年（四五一）條　秋七月甲辰、安東將軍・倭王倭濟進號安東大將軍。（同巻）

（六）大明四年（四六〇）一二月丁未條　倭國遣使獻方物。（巻六孝武帝紀）

（七）大明六年（四六二）三月條　壬寅、以倭國王世子興爲安東將軍。（同巻）

（八）昇明元年（四七七）條　冬十一月己酉、倭國遣使獻方物。（巻一〇順帝紀、己酉が乙酉の誤りと思われることについては、註〈23〉参照）

（九）昇明二年（四七八）條　五月戊午、倭國王武遣使獻方物、以武爲安東大將軍。（同巻）

（追記）編集の過程で生じた余白を利用して、南朝までの倭国と隋代の倭国との中国王朝に対する姿勢の相違について思いついたことを、備忘録として記しておくこととする。

倭の五王の時代までの倭国の君主は、基本的には中国王朝の臣下の立場に身を置いていた。しかし、本書では詳しく述べなかったが、『隋書』倭国伝に見える六〇〇年の遣隋使の報告では、天皇は天を兄として太陽を弟としており、それを隋に咎められた後の六〇七年の国書でも、天皇は隋の皇帝と対等な立場を示している。また、『善隣国宝記』所載の菅原在良の勘文では、白村江の戦い直後の倭国は唐からほぼ対等の文言の国書を受けている。倭国に対するそうした唐の態度が唐初まで溯り得るとは言い切れないが、少くとも隋代の倭国は五世紀までとは違って、中国王朝の臣下の立場を保とうとはしていない。また、倭の五王の時代までとは違って、隋初・唐初の倭国は建国直後の中国王朝に使節を送ろうとする、時勢に合わせた敏捷性を見せていない。

第一部序章の（附記）では、「遣隋使・遣唐使はなぜ隋・唐建国の二十年後、十数年後に初めて派遣されたのか」という荒木敏夫氏の問題提起を引いたが（一六頁）、この点についても隋から唐初の倭国と倭の五王の時代までの倭国との中国王朝に対する交渉の姿勢の相違について考える必要があるであろう。その鍵は、中国王朝との交渉の途絶えた六世紀代の倭国と朝鮮三国との関係、交渉の再検討にありそうである。今後の課題としておきたい。

第四章　北朝の国書

一　はじめに

日本では、中国の南北朝との交渉については、南朝との交渉に関心が集中している。北朝は北魏・東魏・西魏・北斉・北周のほかに隋も含むが、隋以前の北朝諸国と日本との交渉は皆無であるので、南朝との交渉に関心が集まるのは当然である。しかしながら、日本以外の東アジア諸国や中国の西方に位置する中央アジア諸国は南北の両朝と交渉しており、北朝と周囲の国々との交渉の実相が明らかになれば、当時の日本外交の特質や東部ユーラシアにおける日本の位置附けなどについても、より深い理解が可能となることは言うまでもない。

南北朝の国書についても、日本では南朝の宋に対する倭王武の上表文に関心が集中していたが、最近ではこれに関連して後述する北魏に対する百済の国書や、或いは南朝に対する東南アジア諸国の国書について関心が持たれるようになってきた。そこで本章では、初めに北朝全体の国書の存在について把握した上で、日本とも関連して興味ある事例について、やや詳しく考察していきたいと思う。前述のように北朝には隋も含まれるが、隋と日本（倭）との間の国書について既に多くの議論が存在するほか、隋と突厥との間には数通の長大な国書が存在する。これらについて言及するには多くの紙幅を必要とするので、本章では北魏から北斉・北周までの国書に限定して論を進めることとする。

二　北朝の正史における国書

初めに、北朝に関する正史とその異民族関連の列伝（以下、外国伝と称する）の特徴について説明しておく。北朝の正史には、『魏書』『北斉書』『周書』『隋書』及びこれらの王朝の歴史を通史的に叙述した『北史』があるが、以下においては『隋書』の説明は省略する。

『魏書』は北斉の魏収の撰。本紀・列伝は北斉の天保五年（五五四）に完成し、志は天保一〇年（五五九）に完成した。『北史』が登場すると北朝史にはもっぱら『北史』が用いられるようになり、『魏書』『北斉書』『周書』は次第に散佚して、現在の『魏書』等の残欠部分は『北史』から補われている。『魏書』の外国伝では、東夷伝と北狄伝とに当たる巻一〇〇高句麗・百済・勿吉《ふっきつ》・室韋《しつい》・豆莫婁《とうばくろう》・地豆于（地豆干とも記す）・庫莫奚《しゃばくけい》（庫莫奚とも記す）・契丹・烏洛侯《うらくこう》（オロッコ）が『魏書』本来の記述であり、その他の外国伝はすべて『北史』によって補われている。

『北斉書』は唐・李百薬等奉敕撰、貞観一〇年（六三六）成立。本書は散佚甚だしいが、外国伝はもともと無かったので、北斉及びその前身となる東魏と諸外国との交渉については『北史』に拠らなければならない。『北周書』ともいう『周書』は、唐・令狐《れいこ》徳棻《とくふん》等奉敕撰、貞観一〇年成立。「異域伝」と称する外国伝には欠落は無いが、国書に類する文書は収録されていない。『北史』は唐の李延寿撰、顕慶四年（六五九）成立。父の李大師がそれまでの南北朝の正史に不満を持ち、編年体の史書の編纂に着手したのを、その死後に継承して完成させた。『魏書』『北斉書』『周書』『隋書』を基礎に増補しており、節略は『魏書』に多く、北斉・北周部分には増補もなされているという。また、東魏を正統とした魏収の『魏書』に欠落している西魏史を補っている。外国伝の国書を見ると、掲載した部分は原書（『隋書』突厥伝を含む）の国書の文に近く、その他の部分を大幅に削除するか国書によっては完全に省略するという形をとっており、原書の国書を大きく書き換えることはしていない(1)。

以上のように、『北斉書』には外国伝が無く、『周書』異域伝には国書相当の史料が収録されていないので、『魏書』巻一〇〇の諸国以外の北朝における国書については、『北史』に拠らなければならない。そこで『魏書』及び『北史』について、内容の記載された国書の所在を示したのが後掲の第五表「北朝における国書」である（二三二〜二三三頁）。中国では個人宛の詔敕が異民族の首長にも適用され、時にはそれが国書とも呼ばれる。また外国といっても、唐代までの中国王朝からその国が対等と認められるのはむしろ例外であった。したがって、今日の我々から見てその文書が国書と言えるかは実は曖昧である。第五表では、外国伝に収録されている諸国の上表文や上書、及び皇帝の詔を国書と認めて掲出した。別に地の文に記された表や詔敕があるほか、『北史』蠕蠕《ぜんぜん》伝には北魏の正光元年（五二〇）から二年にかけて、蠕蠕の阿那瓌《あなかい》が北魏の朝廷で遣り取りした内容が阿那瓌の「啓」、孝明帝の「詔」として掲載されている。宮中における首長と皇帝との遣り取り、及びその儀礼の詳細を示す史料として興味深いが、文書としての国書ではないので、第五表には掲載していない。

第五表で見ると、『魏書』『北史』を問わず、内容の確認できる国書はすべて北魏のものである。高句麗・百済に関する『北史』の⑦⑧⑨⑩は『魏書』の①③④⑤⑥に対応するが、⑦は①とはほぼ同文である。⑧は③④を併せて、それぞれ一部を省略している。⑨は⑤の、⑩は⑥のそれぞれ節略文である。『魏書』の②は『北史』では省略されている。『北史』の節略には大幅なものとそうでないものとがあるが、前述のように収録した部分は概ね原文を生かしている。従って以下に取り上げる国書では、高句麗と百済とについては『魏書』の文を採用する。その他の勿《ふつ》吉《きつ》・吐谷渾《とよくこん》・于闐《うてん》・車師《きょし》・高昌・蠕蠕・高車については、紙幅の関係で本稿では取り上げない。しかし、⑲波斯国王居和多の国書は文中に「大国天子」などという表現もあり、『隋書』倭国伝の「天子」表現とも関連して先学の論文にも取り上げられている。以下では、初めに⑲についてその内容を紹介し、次いで高句麗・百済と北魏との間で交わされた国書の内容について検討したい。

三　波斯国王の国書について

『北史』巻九七・西域伝・波斯国條に次のような記事がある。

神龜中、其の國遣使して書を上《たてまつ》り物を貢いで云う、「大國の天子は天の生む所なり。願わくは日出ずる處、常に漢中の天子爲《た》れ。波斯國王居和多、千萬敬拜す」、と。朝廷は之れを嘉納し、此自《ここよ》り毎《つね》に使して朝獻す。（神龜中、其國遣使上書貢物、云、「大國天子、天之所生、願日出處、常爲漢中天子。波斯國王居和多、千萬敬拜」。朝廷嘉納之、自此毎使朝獻）

神亀は北魏の粛宗孝明帝の年号で三年までであるが、『魏書』巻九・粛宗紀・神亀元年（五一八）閏七月條には、「丁未、波斯・疎勒・烏萇《うちょう》・龜茲《きゅうじ》諸國竝びに遣使朝獻す（丁未、波斯・疎勒・烏萇・龜茲諸國竝遣使朝獻）」とあり、波斯国の遣使したのは神亀元年のことと知られる。したがって波斯はササン朝ペルシャ、居和多はカワート（コバート）一世（在位四八八～四九六、四九九～五三一）である。

本国書については栗原朋信氏が最初に注目し[(2)]、「大国天子」以下について「大国の天子は、天の生みし所、願はくは日出づる処、常に漢為《た》れ、中天子波斯国王居和多……」と読み、「大国の天子は天の生みし所」とは北魏の皇帝のことであるとし、これを「大天子」と読める。「願はくは日出ずる《ママ》処、常に漢為れ」とは、大地を二分して「日出づる処」を中国すなわち北魏に当てており、「漢」とは中国の汎称である、とする。そして、北魏の皇帝は「大国天子」で「大天子」に見立てられているから、波斯国王居和多は「中天子」を自称し、文には無いが、「日没する処」の君主に当てられている。そこには、北魏を上とし波斯国王が卑下する、という傾斜関係がある。そのうえ、波斯国王は「居和多」という自分の「名」を書き入れ、「千万敬拝」している。この傾斜関係に対し、北魏の朝廷はこれを嘉納したのである、とする。栗原氏は本国書についてこのように解釈した上で、倭の「日没処天子致書日没処天子」国書について、中国にはこのような外交上の前例があったところへ、日本から突然に「日出」「日没」を謳い込んだ国書が送られてきたので、「日出づる処」の「大国天子」「大天子」の隋の煬帝は、反対の立場に置かれて不快に感じたのであろう、とする。

本章では隋代の国書は取り上げないので、当面の問題は居和多の国書に関する栗原の断句及び解釈が妥当であるか否か、ということである。この点について榎一雄氏及び増村宏氏から批判が加えられ(3)、これに対して栗原氏は再批判された(4)。榎氏の説は史学会の大会で報告されたが、榎氏はその後この報告を論文とされることはなかったようである。そこで、栗原氏の再批判に拠って榎氏の説を紹介すると以下のようになる。

榎説では、『隋書』に見える日本の国書の「日出」「日没」は「東」「西」という対等の立場を意味するに過ぎず、優劣という価値的な傾斜関係は無い。波斯国王の上書は、「大国の天子は天の生ずる所、願はくは、日出の処、常に漢中の天子たらん、波斯国王居和多、千万敬拝す」と読むか、「大国の天子は天の生ずる所、願はくは、日出の処、常に漢中たらん、天子よ、波斯国王居和多、千万敬拝す」と読むべきである、という。「漢中」については「漢」、すなわち支那の領域と解する。(5) 後者の読みでは下文の「天子」を独立させ、「天子よ」という呼びかけとしてこれを北魏の「天子」に当てる。前者の読みでは「漢中の天子」と続けて読むが、いずれにしても「天子」を波斯国王には掛けない。その理由は、波斯には君主である大王が「天の子」であるという思想は無く、国王居和多が「天子」号を称するわけがなかろう、ということである。

栗原氏の断句及び解釈を疑問とするのは増村氏も同じであるが、波斯王の上書を榎氏が「……願わ《ママ》くは日出の処常に漢中の天子たらん……」と読むことについても疑問を呈し、これは「大国の天子は天の生む所、願わくは日出処は常に漢中天子の為めにあれ（為めにあらんことを）」と読むべきである、とする。そして、中国の観念では「日出処」は天下の周縁地域であるから、これは中国に対する賛辞とはならず、しかも「中天子」にせよ天子を自称する者の国書を、魏廷が「嘉納」（栗原氏の表現）するほどのことはなかったはずである。波斯国王の上書はもともと土語で書かれたものが漢訳され、それが要約されて史書に記載されたのである。「漢中天子」は、魏朝側としては「中国中原の天子」の意味に解し得るものであった。(6)『魏書』本紀で見ても、波斯国は太安元年（四五五）以来、神亀元年（五一八）までに六回遣使しており、魏朝が中国の北朝であることを知っていて、「願わくは日出ず《ママ》る処は常に中国天子の為にあれ」という賛辞を呈したのであろう。一方で北魏から見れば、この文言は「日出ずるきわみまで、すべて中国天子の為にあれ」と解すべきものであり、十分に嘉納するに値するものであった、という。

これに対する栗原氏の反論は「日出」「日没」に関するもので、本論自体は隋に対する倭の国書の議論であるが、増村氏が「日出」「日没」はいずれも中国ではないとするのに対し、『洛陽伽藍記』で宋雲は「日出」の地を中国世界の一部分と認めていた、と反論する。そして、中国人は世界を「日没」「日出」の二つに分け、「日出之部」に君臨する中国の皇帝は、「日入之部」に君臨する君主よりも上位に在ると考えた。そのような傾斜関係において、中国世界の皇帝は全世界の最高の位置を占めるものと観念していた、という。

これに対して、増村氏は「日出ずる処と日没する処について」において、『洛陽伽藍記』の「日出」は単に東方の意味であって、栗原氏のように、東方「日出」の中国を西域の烏場《ウジャーナ》（二一二頁に前出の烏萇）国王が優れた国と認めたとしても、「世界を二つに分けて大観し」「日没の世界」を「日出の世界」と対比して、傾斜関係において対等以下に卑下しているとは理解できない、とする（『遣唐使の研究』五三頁）。そして、波斯国王居和多の国書で、波斯国王は「大地を二分して日出処を中国世界、すなわち北魏にあてていることになる」、と栗原氏が解釈することについては、右の烏場国王の場合と同じ批判がなされる、という。また、栗原氏が北魏の皇帝を「大天子」、波斯国王を「中天子」と解する点については種々論拠を挙げて批判を加え、中国思想では「大天子」と「小天子」との間の「中天子」、または「大天子」より一段下の「中天子」のようなものの存在を許容せず、異国語の訳語としても「中天子」とは訳出されない。従って、栗原氏のように「願はくは日出ずる処、常に漢為れ」と読むことはできない、とする。

栗原・増村両氏の議論は『隋書』倭国伝の「日出処」「日没処」の解釈に重点があるので、波斯国王居和多の上書（国書）に関する議論の紹介は以上に止めておく。それでは、「願日出処常為漢中天子波斯国王……」の文言はどのように解するのが妥当であろうか。「日出処」について栗原氏は中国と解し、榎氏も同様であったと思われる。これに対して増村氏は、「日出処」とは中国の周縁地域と解釈する。この点については、新紹介の「清・張庚諸番職貢図巻」胡蜜檀国條に

胡蜜檀國は滑の旁の小國なり。普通元年（南朝梁の年号、五二〇）、使を使わし、滑使に随いて來たりて朝貢せしむ。其の表に曰く、楊州の天子は日出處の大國聖主なり。胡密王、名は時僕、遙かに長跪して合掌し、禮を

行うこと千万。（胡蜜檀國、滑旁小國也。普通元年、使使隨滑使來朝貢。其表曰、楊州天子、日出處大國聖主。胡密《ママ》王名時僕、遙長跪合掌、行禮千万）

とある。当時の楊州は南朝の首都の建康（今日の南京）を指しており、この上表文の「楊州天子」と「大国聖主」との間にある「日出処」が中国、或いは梁を指すことに疑問の余地がない。しかもこの上表文は、波斯国王居和多の上書の僅か二年後に発信された。「日出処」を「願」の目的語にとって、「願わくは日出ずる処は、常に漢中天子の為めにあれ（為めにあらんことを）」と読む増村氏の解釈は成り立たないと言わざるを得ない。

次に、「常為漢中」以下の解釈であるが、増村氏が批判するように、「中」以下を下に続けて「中天子波斯国王」とする栗原氏の読み方は、短い文の中にさまざまな條件を読み込まなければならないので、素直に従うことは難しい。「漢中天子」の語は、「大国天子」から僅か一〇文字を挟んで用いられており、榎氏や増村氏のように、大国も漢中も中国と同義と考え得るので、漢中天子は中国の天子の意味に理解することができる。ただし、碩学の榎氏が二通りの読みを提示しているように、「願日出処、常為漢中天子」はそのままでは読みにくい。さりとて、「願日出処」を除いた「大国天子、天之所生、常為漢中天子」という文は、同義反復であってほとんど意味をなさない。波斯国王居和多が、北朝の北魏と南朝の梁とに中国の分裂していたことを念頭に置いて、「大国の天子は天の生む所であり、願はくは日出ずる処において、漢中即ち中国全体の天子であらせられるように」と言った、と解するのが良いのではなかろうか。それでも、「日出処」を「於日出処」のように読むのはやや苦しい。こうした問題を孕むが、北魏に対する波斯国王居和多の国書は日本とも無関係ではなく、新紹介の胡密丹（胡蜜檀）国王の国書との比較においても、注目に値する国書であることは確かであろう。(7)

四　高句麗と北魏との間の国書

前述のように、伝存する北朝と高句麗・百済との間の国書は、『魏書』に収録された高句麗に対する北魏孝文帝（在位四七一～四九九）の一通（第五表①）と、百済蓋鹵王と北魏献文帝（在位四六五～四七一）との間の五通（②～⑥）との合計六通に限られる。後者はいずれも長文であるので、時代の前後は逆になるが、高句麗に対する孝文帝の詔書から述べておきたい。

孝文帝の高句麗に対する詔書（『魏書』巻一〇〇・高句麗伝）は以下の如くである。

高祖詔責璉曰、道成親殺其君、竊號江左、朕方欲興滅國於舊邦、繼絶世於劉氏。而卿越境外交、遠通簒賊、豈是藩臣守節之義。今不以一過掩舊款、即送還藩。其感恕思愆、祗承明憲、輯寧所部、動靜以聞。

この文の前には、孝文帝が即位すると高句麗の長寿王は貢物を以前の倍とし、孝文帝の報賜も増加したが、光州（山東省掖県）沿海で南斉（四七九～五〇二）の初代皇帝高帝に長寿王の派遣した使者餘奴等が北魏に捕まったという事実があり、そこで高句麗の二重外交を非難したのがこの詔である。その内容を、以上の点を踏まえて敷衍して説明すると次のようになる。

蕭道成（南斉の高帝）は主君である宋の順帝を殺し、江南に皇帝号を僭称した。朕は滅んだ宋朝を復興させ、途絶えた劉氏（南朝宋の皇帝一族）の皇統を継がせようとしている。それなのに、卿《あなた》（長寿王）は国境を越えて外の国と結ぼうとし、遠く宋を簒奪した南斉と通じた。どうしてこれが北魏の藩臣としての高句麗の節義であると言えようか。しかし今は、一度の過ちによって卿と北魏との旧好を否定することなく、使者の餘奴等を送還する。この思い遣りに感じて自らの過ちを反省し、北魏の示した明らかな憲《のり》を謹んで継承し、配下の者を統制し、高句麗内の事柄を朕に聞き届けるように。

この詔書の発布された年次は明記されていないが、南斉の高帝は建元四年（四八二）に在位四年で崩御しているので、この詔書の発布年次は四七九～四八二年、即ち北魏の太和三～六年と限定できる。そうすると、当時の北魏の朝廷で主導権を握っていたのは孝文帝の祖母文明太后であるので、この詔書を発布した主体も文明太后であったかも知れない。海陸を通じて中国に近接していた高句麗は、当時は南北朝双方と交渉していた。おそらく、この時は建国直後の南斉に対して使者を送っていたのであろう。本詔書の文面からも、北魏が宋の滅亡と南斉の建国という南朝の動向を把握していたのは明白である。高句麗が南斉と新たな関係を築こうとすることも予想して、北魏は警戒網を敷いていたのではないか。本詔書の内容から以上のような情況を推測することができよう。

しかし、北魏側は高句麗を咎めずに使者を送還し、高句麗との交渉の継続を図った。『魏書』高祖紀上では、高句麗は次に太和八年（四八四）に遣使朝貢している。一方、同書高句麗伝では前述した詔に続いて

太和十五年（四九一）、璉死す、年百餘歳。高祖は東郊に擧哀し、謁者僕射李安上を遣し、車騎大将軍・太傅・遼東郡開國公・高句麗王を策贈し、諡して康と曰う。（太和十五年、璉死、年百餘歳。高祖擧哀於東郊、遣謁者僕射李安上、策贈車騎大將軍・太傅・遼東郡開國公・高句麗王、諡曰康）

とある。長寿王の死去を知った孝文帝は都の平城（山西省大同市）の東郊で挙哀した。挙哀とは葬式において棺の側で哭声《こくせい》を放つ儀式であるが、葬儀に参加できない時には遠方で哭声のみを挙げることもある。高句麗の都の平壌は東の彼方にあるので、孝文帝は東の郊外に出て挙哀したのであろう。これは、中国皇帝の異民族の首長に対する挙哀の最初の例であるという(8)。北魏と高句麗との関係は揺るがなかったのである。

五　百済と北魏との間の国書について

北魏と百済との国書の遣り取りは、孝文帝の即位二年目の延興二年（四七二）のみに限られる。初めに、北魏に対する百済の国書について述べる。

『魏書』では、百済の国書について「其王餘慶始遣使上表曰……、又云……、又云……」と記しており、長文の一通の上表文を三箇所に分けて記したものと思われる。『魏書』高祖紀上でも、高句麗は同年中に二度遣使しているが、百済については「八月丙辰、百濟國遣使奉表、請師伐高麗」とあるのみである（高麗は高句麗の短縮表現）。当時の北魏では、孝文帝に譲位した父の太上皇帝献文帝（顕祖）が実権を握っていたが、『魏書』百済伝には「顯祖……詔曰、……又詔曰……」とあり、献文帝の詔は二度にわたって出されていた（次節参照）。右に引用した本紀の文に見えるように、この時百済は高句麗征討の助勢を北魏に要請したのであるが、北魏に拒否された上に高句麗の攻撃を受けることとなり、百済の北魏外交は結果的には完全な失敗であった。

百済の国書は以下の如くである。各国書ごとに分けて掲げるが、以下の引用文は連続している。また原文は難解であるが、詳しい語釈は割愛し意訳的な内容紹介を示すに止める。

延興二年、其王餘慶始遣使上表曰、臣建國東極、豺狼隔路、雖世承靈化、莫由奉藩。瞻望雲闕、馳情罔極、涼風微應、伏惟皇帝陛下、協和天休、不勝係仰之情。謹遣私署冠軍將軍・駙馬都尉・弗斯侯・長史餘禮、龍驤將軍・帶方太守・司馬張茂等、投舫波阻、搜徑玄津、託命自然之運、遣進萬一之誠。冀神祇垂感、皇靈洪覆、克達天庭、宣暢臣志、雖旦聞夕沒、永無餘恨。

延興二年（四七二）、百済の蓋鹵王が初めて北魏に遣使上表して次のように述べた。臣は東の果てに国を建てており、豺《やまいぬ》や狼が路を隔てているので、代々北魏の化《か》を承けても、藩国としての礼を奉ずることができません。北魏の都の門を遙かに望み、情を天の中心（北魏の都の平城）に馳せれば、そこからの涼風が微かに応じます。伏して惟いますに、皇帝陛下は天の休《さいわい》を協和しており、（蓋鹵王は）仰ぎ慕う気持ちを抑えることができません。謹んで、自ら任命しました冠軍将軍・駙馬都尉・弗斯侯・長史の餘礼と、龍驤将軍・帯方太守・司馬の張茂等を遣し、高波の中に船を出し、海中に航路を捜し、天の運に任せて万が一の誠意を進めたいと思います。願わくは天神地祇は情けを垂れ、皇帝の霊威が広く地を覆い、（百済の使者が）よく天庭（北魏の朝廷）に到着し、臣《わたし》の志を宣べることができますように。そうすれば、「朝《あした》に道を聞きては、夕べに死すとも可なり」（『論語』里仁篇）の喩えの通り、死んでも思い残すことはありません。

以上は、百済が北魏に初めて使者を送ることを述べた挨拶文である。「私署」というのは、中国や北魏で行われている官名・爵位・将軍号等を自分で勝手に使者に附けたことを断ったものである。本来の目的は、次の文で述べられる。

又云、臣與高句麗、源出夫餘、先世之時、篤崇舊款。其祖釗輕廢隣好、親率士衆、陵踐臣境。臣祖須整旅電邁、應機馳擊、矢石暫交、梟斬釗首。自爾以來、莫敢顧南。自馮氏數終、餘燼奔竄、醜類漸盛、遂見陵逼。構怨連禍、三十餘載、財殫力竭、轉自孱踧。若天慈曲矜、遠及無外、速遣一將、來救臣國、常奉送鄙女、執掃後宮、幷遣子弟、牧圉外廐。尺壤匹夫、不敢自有。

また云うには、臣（の国）と高句麗とは共に夫餘を源流とし、先世の時代には古い款《よしみ》を重ねていました。ところが、祖先（長寿王の曽祖父）の故国原王釗は、軽々しく百済との隣好を廃し、自ら士衆を率いて、臣の国の境を侵犯しました。臣の祖先の近仇首王は（王子の時に）軍隊を整えて電のように進撃し、矢石が暫く交わっただけで、釗の首を斬って梟《さらしくび》としました。(9) 以来、高句麗は南下して百済の領域を侵すことはありませんでした。ところが、馮《ふう》氏の北燕（四〇七または四〇九～四三六）が滅びると、その餘衆は高句麗に逃げ込み、醜類である高句麗の勢力は盛んになり、百済は圧迫されだしました。こうして怨みを構え禍を連ねること三十餘年、百済の財力は尽き、次第に窮迫してきました。もし北魏の慈みで曲げて矜《あわれ》みを遠く際果ての百済まで及ぼし、速やかに一将を派遣して臣の国を救って下されば、常に（百済王の身辺の）田舎娘を送って後宮の掃除に従事させ、幷せて自分の子弟を遣わして牧場で馬の番をさせましょう。尺寸《せきすん》の地にいる匹夫は、どうして物惜しみすることがありましょう。

要するに、かつて高句麗の故国原王が百済の近肖古王（在位三四六～三七五）の時に百済に侵入したが、太子であった近仇首王がこれを撃退し、その時以来百済と高句麗との間は平穏であった。ところが、遼東にあった北燕が滅ぶとその一部が高句麗に逃げ込み、高句麗は再び強盛となって、絶えず南下して百済に攻め込むようになった。そこで、北魏が軍隊を派遣して百済を救援してほしい、と要請するのである。この上表は以下の文で締め括られる。

又云、今璉有罪、國自魚肉、大臣強族、戮殺無已、罪盈惡積、民庶崩離、是滅亡之期、假手之秋也。且馮族士馬、有鳥畜之戀、樂浪諸郡、懷首丘之心。天威一擧、有征無戰、臣雖不敏、志效畢力、當率所統、承風響應。且高麗不義、逆詐非一、外慕隗囂藩卑之辭、內懷兇禍豕突之行。或南通劉氏、或北約蠕蠕、共相脣齒、謀陵王略。昔唐堯至聖、致罰丹水、孟常稱仁、不捨塗詈、涓流之水、宜早壅塞、今若不取、將貽後悔。去庚辰年後、臣西界小石山北國海中、見屍十餘、幷得衣器鞍勒、視之非高麗之物。後聞乃是王人來降臣國、長蛇隔路、以沈于海、雖未委當、深懷憤恚。昔宋戮申舟、楚莊徒跣、鷂撮放鳩、信陵不食、克敵建名、美隆無已。夫以區區偏鄙、猶慕萬代之信、況陛下合氣天地、勢傾山海、豈令小豎、跨塞天逵。今上所得鞍一、以爲實驗。

また云うには、今高句麗の長寿王は罪深く、その国内は魚や肉のように切り刻まれ、大臣や勢族は殺され続けて、その罪は満ち溢れ、悪は積み上がり、人民は離反しています。これこそ滅亡の時であり、(百済として北魏の)手を借りる好機です。しかも、(高句麗に逃げた)北燕の馮氏の人や馬は鳥や家畜のように故郷を思う気持ちがあり、(高句麗に滅ぼされた)楽浪の諸郡も故郷を忘れずにおります。北魏の威力が一たび発揮されれば、それは正義の征伐であって(名目の無い)戦闘ではありません。臣《わたくし》は不敏ではありますが、志を明らかにして尽力し、配下の者を率いて、北魏の動きに響応しましょう。しかも高句麗は不義であり、逆らったり詐《いつわ》ったりすることは一度ではありません。外には隗囂《かいごう》が後漢の光武帝に対して自立を計りながら藩臣を装っていた前例を慕い、内にはあたかも禍が猪突するような行いを懐いています。南に宋に通じたかと思うと、北には蠕蠕《ぜんぜん》(柔然)と約して共に密接な関係を結び、北魏の経略に優越しようと謀っています。昔の堯は至聖の君主でしたが、丹水の戦いで南蛮を服属させ、孟嘗君は仁を称えられましたが、趙の人達の悪口を許しませんでした。小さな流れでも早く塞(いでおいて、大河になるのを防)ぐべきです。今もし高句麗を討たなければ将来に悔いを貽《のこ》すことになりましょう。去る庚申の年(四四〇。北魏太武帝の太平真君元年、高句麗長寿王二八年、百済毗有王一四年)の後に、百済の西海の小石山北国(未詳)の海中に十餘体の屍が見つかり、また衣服や器物、鞍や勒《おもがい》も回収されましたが、高句麗の物ではありません。後に聞いたところでは、北魏の人が百済に来降しようとして、高句麗に進路を妨げられて海に沈んだものであるとのことです。いまだ当否は判りませんが、深く憤るものであります。昔、楚の使者の申舟が宋の国で殺されると、楚の荘王は仇討ちのために徒跣《はだし》で宮殿から降りました。魏の信陵君は、放った鳩が鶴《はいたか》に捕えられると、暮れになっても食事をしませんでした(10)。敵に勝って名を建てることは、この上ない名誉となります。辺境の小国でも、信義の万代に及ぶことを慕います。まして陛下は、天地を合せるように気宇は壮大であり、勢力は山海を傾けております。

どうして高句麗のような小僧っ子に、北魏に至る天路を越えたり塞いだりさせることがありましょうか。今、海中から得た鞍の一つを献上し、証拠とします。

ここでは、中国の故事にも盛んに言及しながら、高句麗長寿王の非道を北魏に訴え、北魏の人達が船で百済に行こうとして高句麗に沈められたとする証拠の鞍まで送って、北魏を高句麗討伐に向かわせようとしている。この上表に対する献文帝の二通の詔書も長文であるので、節を改めて述べることとする。

六　北魏の百済に対する返書について

献文帝は遠方から危険を冒して朝献した百済の使者を優遇し、北魏の使者として邵安《しょうあん》を遣わして餘礼等に同行させた。そして詔して以下のように述べた。

詔曰、得表聞之、無恙甚喜。卿在東隅、處五服之外、不遠山海、歸誠魏闕、欣嘉至意、用戢于懷。朕承萬世之業、君臨四海、統御羣生。今宇內清一、八表歸義、襁負而至者、不可稱數。風俗之和、士馬之盛、皆餘禮等親所聞見。卿與高麗不穆、屢致陵犯、苟能順義、守之以仁、亦何憂於寇讎也。前所遣使浮海、以撫荒外之國、從來積年、往而不返、存亡達否、未能審悉。卿所送鞍、比校舊乘、非中國之物、不可以疑似之事、以生必然之過。經略權要、已具別旨。

詔して曰う、（百済の）表を得て内容を知り、恙無いというので甚だ嬉しい。卿《あなた》は東隅に在って、五服の外に居るのに、山や海を遠しとせず、魏の都まで誠意を伝えた。喜んでその心栄えを嘉し、心中に納めておく。朕は万世に伝えるという皇帝の位を継ぎ、四海に君臨し、人々を統御している。今、天下は清く一つに、世界は（北魏の）

大義に帰し、子を背負ってまで（北魏に）至る者は数知れない。風俗の和や士馬の盛強なる様子は、皆な餘礼等が自ら見聞する所である。卿は高句麗と不仲であって、しばしば国境を侵犯しているが、かりそめにも義《すじみち》に順い、そのために仁を守るのであれば、どうして仇のことなど心配することがあろうか。以前に海を渡って荒外の国を宣撫させようとした使節は、歳月を積んでも帰ってこないが、その存亡や到着できたかどうかは、未だ詳しく知ることができない。卿の送った鞍は（古い物なので）、以前の鞍と比較したが中国の物ではない。似たような物で必ず起こる過ちを生じさせてはいけない。こちらの方針の主要な点は、既に別旨（別の詔）に具体的に記しておいた。

以上の詔の前半は、朝貢国に対する定型的な中国王朝の挨拶である。次に北魏の統治が順調であることを誇ってから本題に入る。そこでは、高句麗に対する百済の接し方をかなり手厳しく批判したあと、以前に派遣した（百済への？）渡海の使節が未だ帰還していない事実を明らかにしている。しかし、北魏からの渡海者が高句麗の妨害にあったという、百済の提出した鞍については中国の物ではないとし、誤った証拠で不測の事態を引き起こしてはいけない、と言う。つまり、北魏の朝廷の対応は百済の期待したものとはなっていない。最後に触れた、別旨に具さに述べたという「経略の権要」が次の詔書なのであろう。

又詔曰、知高麗阻強、侵軼卿土、修先君之舊怨、棄息民之大德。兵交累載、難結荒邊、使兼申胥之誠、國有楚越之急、乃應展義扶微、乘機電擧。但高麗稱藩先朝、供職日久、於彼雖有自昔之釁、於國未有犯令之愆。卿使命始通、便求致伐、尋討事會、理亦未周。故往年遣禮等至平壤、欲驗其由狀。然高麗奏請頻煩、辭理俱詣、行人不能抑其請、司法無以成其責。故聽其所啓、詔禮等還。若今復違旨、則過咎益露、後雖自陳、無所逃罪。然後興師討之、於義爲得。九夷之國、世居海外、道暢則奉藩、惠戢則保境、故羈縻著於前典、楛貢曠於歲時。卿備陳強弱之形、具列往代之迹、俗殊事異、擬貺乖衷、洪規大略、其致猶在。今中夏平一、宇內無虞、每欲陵威東極、懸旌域表、拯荒黎於偏方、舒皇風於遠服、良由高麗即叙、未及卜征。今若不從詔旨、則卿之來謀、載協朕意、元戎啓行、將不云遠。便可豫率同興、具以待事、時遣報使、速究彼情。師擧之日、卿爲郷導之首、大捷之後、又受元功之賞、不亦善乎。所獻錦布海物、雖不悉達、明卿至心、今賜雜物如別。

又た詔して曰う、高句麗は強い国力を拠り所に、百済王の領土を侵犯し、先祖以来の古い怨みを持続させ、民を息《いこ》わせるという大徳を放棄したことを知った。何年も兵器を交え、辺境は困難に陥っており、使者が申包胥（春秋時代の楚の人。呉が楚を侵した時に秦に使し、秦の援軍を得て呉を破った）の誠意を持ち、国に反目しあう楚と越のような危急の事態があれば、義挙して弱い勢力を助け、機敏に雷《いかずち》の如く行動すべきである。しかし、高句麗は北魏に対して先朝から藩国となり、臣下として久しく仕えているので、百済には昔からの過ちがあるからといって、北魏の法令を犯した罪は無い。卿《あなた》は初めて使者を寄越したその場で高句麗の討伐を要求したが、事の成り行きを考えてみると、理として充分ではない。そこで以前に礼（百済の使者の餘礼であろう）を高句麗の都の平壌まで遣し、百済の申し立ての状況を調べようとした。ところが、高句麗の北魏への奏請は頻繁で、文章・内容とももっともであり、担当の係もその要請を抑えることができず、司法は高句麗の咎《とが》を見出せなかった。そこで高句麗の上奏の要求を認め、餘礼等に詔して帰還させた。今後こちらの主旨に違《たが》うようであれば、その罪過はますます明らかになり、自分で抗弁しようとも、罪を逃れることは無いであろう。その後に軍隊を興して討伐しても、筋を立てることができよう。北魏を遠く離れた九夷の国々は、代々海外にあって、北魏への道が通じれば藩国となるし、（中国王朝の）恵が豊かになればおのずと国を保つ。そこで、（異民族に対する中国王朝の）羈縻《きび》の事実は過去の記録に著され、粛《しゅく》慎《しん》が楛矢《こし》を貢ぐような中国王朝の徳は定期的に明らかになっている。卿は高句麗と百済との強弱の情勢を述べ、過去の前例を説明している。（しかし）時代や情況も移り変わり、贈物を並べても衷《まごころ》に乖《そむ》くこともある。洪規や大略

（という原則）は、いつの時代にも変わらずに存在するものである。今、中夏（中華に同じ）は平らぎ、天下は平穏である。つねに東方に（北魏の）威信を及ぼし、士気を鼓舞する旌《はた》をその地域の境に立て、辺境の民を東偏に救い、皇帝の威徳を遠くに及ぼそうと思っているが、高句麗が秩序正しくしているので、未だに征討（の可否）を卜《うらな》う機会がない。今もし高句麗が詔旨に従わなければ、使者に寄せた卿の謀《はかりごと》は朕の意にも協《かな》うことになり、兵車の進発も遠いことではないであろう。あらかじめ同時に軍を興す準備をして待機し、時に応じて偵察の使を遣し、速やかに高句麗の動静を把握させるべきである。軍を興す日に卿が嚮導の先頭に立ち、大勝の後に元勲としての賞を受けるのも、善いことではなかろうか。百済の献上した錦や布《あさぬの》・海産物はすべて到着したわけではないが、卿の真心を明示している。今つまらぬ物を賜わろう。別記の通りである。

この詔では、初めに百済の主張を認めつつ、高句麗は北魏の藩臣であり北魏に対して落度がない、そこでかつて礼等を平壌に派遣して百済の言い分を調べさせた、という。文中に「往年遣禮等」とあるのは、これまでの文脈からは百済使の餘礼等であると考えざるを得ない。それが事実であるとすれば、献文帝の二通の詔は百済の上表からある程度年月が経ってから発信されたことになる。しかし、高句麗の北魏への奏請は頻繁であり、理窟も行き届いているので餘礼等は還らせたという。北魏へ帰還させたのであろう。そして、今後高句麗の咎が露わになったら協同して討伐しよう、と縷々述べている。最後に、百済の献上した錦布海物が全ては北魏に届いていない事実に触れているが、百済の北魏への遣使がそれだけ困難であったのか、高句麗の妨害があったのかのいずれかであろう。

以上の遣り取りを見ると、百済の北魏との外交は、それまで実績のあった高句麗―北魏の外交の前には明らかに分が悪く、実際にも完全な失敗であった。(11) 三年後の蓋鹵王二一年（四七五）になると、百済の都漢城は高句麗軍に陥《おと》された。蓋鹵王は敗死し、子の文周王（在位四七五～四七七？）が熊津に遷都する。『三国史記』巻二五・百済本紀三・蓋鹵王一八年（四七二）条には『魏書』の上表や詔を掲げたあと、「王以麗人（高句麗人）屢犯邊鄙、上表乞師於魏、不從、王怨之、遂絶朝貢」とあるが、百済がこれ以後北朝に通ずるのは北斉（五五〇～五七七）に入ってのことである。

以上のように、百済と北魏との間の交渉は百済にとっては完全な失敗であったが、その上表文は有名な倭王武の上表文との関連で注目されている。宋・順帝の昇明二年（四七八）の倭王武の上表文は、日本で作成された最初期の本格的な漢文である。内田清氏は、『晉書』に倭王武の上表文と類似の表現が多数あることを指摘し、上述の蓋鹵王の上表文に武の上表文と類似した箇所のあることに注目して、両国の上表文が同一の百済人によって起草されたことも推測した[12]。川本芳昭氏も、この二つの上表文に類似の表現の用いられていることを指摘している[13]。また田中史生氏は、台湾の中央研究院の「漢籍電子文献」を利用して、倭王武の上表文と中国の正史及び経書との類同語句を対照し、やはり『晉書』が他の文献に比して最も多くの類同語句を含んでいることを確認した。さらに、高句麗文咨王が正始年間（五〇四～五〇八）に北魏に派遣した使者の上言や、隋の開皇一八年（五九八）の高句麗嬰陽王の文帝への上表文も取り上げ、それらにも『晉書』と同じ表現が用いられていることを指摘している。そして、倭・百済・高句麗はいずれも中国との交渉の場面において、広く史書・経書に通じた人物が晉代の用例を意識しつつ、北魏や宋で使われた新たな用語例も取り入れて外交文書を起草していた。つまり、この三国の外交文書作成に関与していた人々は、いずれも文字に対する知識・意識の上で共通の基盤を持っていたと考えられる、と指摘している[14]。

一方、蓋鹵王の上表文の全文を正面から取り上げたのは、註（10）所掲の川崎晃氏の論文である。倭王武と蓋鹵王との上表文に共通する語句は「率（倭王武の上表文では駆率）所統」と「壅塞」との二つであり、全く共通するのは「壅塞」のみであるという。そして百済の上表文では、高句麗の表現に「豺狼」「長蛇」「小豎」等とあって憎悪や侮蔑の意識が強く、また隗囂・堯・孟嘗君・楚の荘王・信陵君にまつわる故事が援用されている。倭王武の上表文と蓋鹵王の上表文とでは目的や緊張度が異なっており、高句麗の攻勢を前に起死回生を狙った百済の側では、北魏軍の派遣要請により強い説得力を持たせるために、こうした故事を多用する筆法をとっていた、とする。

倭王武の宋への上表文と蓋鹵王の北魏への上表文とは、共に省略の無い完全な原文ではないであろうが、中国王朝に対する自国の位置附けから始まっており、その前の文が大幅に削られているとも思われない。蓋鹵王の文は『魏書』の引用でも三部に分かれており、途中の省略はあるかも知れないが現状のままでも長文である。北魏に対する百済唯一の遣使となってしまった時のもので、高句麗の攻勢の前に必死に説得力を持たせようとした文であることは確かである。川崎氏の言うように、称号の上乗せを狙った倭王武の上表文とは目的も文の緊張感も異なっているので、両者の異同を述べ立てても餘り意味は無いかもしれない。しかしながら、五〜六世紀という長い時間軸で見れば、田中氏の指摘のように、文章や意識の上で倭・百済・高句麗の知識人の間に共通の基盤が形成されていた、と言うことも可能であろう。蓋鹵王の上表文と倭王武の上表文とに近似した表現の見られることの背後には、五世紀代の東アジアにおける文献の記録以上に緊密な交流の存在を想定しても良いのではなかろうか[15]。

七　おわりに

以上、北朝の史書に見られる国書について紹介してきた。北魏と高句麗との間の国書では高句麗が南北両朝に交渉していたことと、これに対して北魏が一定の警戒心を懐いていたと思われることが読み取れた。北魏と百済との双方の国書からは、高句麗を含めて三国の間で緊迫した交渉の行われていたことが認められた。また、百済の上表文の表現に関する諸論から、五世紀代の東アジアにおいて正史の記録以上の緊密な交流の行われていたことが推定し得た。また、北魏に対する波斯国王居和多の上表文の「日出処」の解釈については、新紹介の「梁職貢図」胡密丹（胡蜜檀）国條に照らして、それらが中国のことを指している事実が確認できた。「日出処」の表現の解釈が、『隋書』倭国伝における倭の国書の解釈に関係することは言うまでもない。

北朝は倭国とは直接関係を持たなかったが、以上のように北朝と諸外国との間の国書は、さまざまな形で倭国の国書とも関係してくるのである。それは取りも直さず、当時の国際関係が南北朝の対立を越えて活発に行われていたことの反映である。そのことを念頭に置いて、この時期の西域諸国の国書の表現と東南アジア諸国の国書の表現との間に共通性があるか否か、という問題も再考していく必要があるのではなかろうか。

註

（1）堀敏一氏は、「中国の記録は通常原史料の文章を引用するばあい、省略する部分はあるにしても、必要な部分はそのまま引用するのがしきたりである」と述べている。『東アジアのなかの古代日本』（一九九八年）第一章「魏志倭人伝の読み方」一八頁。

（2）栗原朋信「日本から隋へ贈った国書―とくに「日出処天子致書日没処天子」の句について―」（同氏『上代日本対外関係の研究』所収、吉川弘文館、一九七八年、初出は一九六五年）一八九〜一九一頁。ただし、本文の説明は註（4）所掲「日・隋交渉の一側面」の栗原氏による要約に従った。

（3）榎一雄「波斯国王居和多の上表について」（第六五回史学会大会東洋史部会報告要旨、『史学雑誌』第七五編第一二号、一九六六年）及び増村宏「日出処天子と日没処天子」（昭和四二年度東洋史談話会大会報告）。次註に示す「日・隋交渉の一側面」で、栗原朋信氏の挙げた榎・増村両氏の発表は以上の学会報告であるが、増村氏は本報告を「日出処天子と日没処天子―倭国王の国書について―」（同氏『遣唐使の研究』所収、同朋舎出版、一九八八年、初出は一九六八年）に纏め、報告要旨に基づく栗原氏の再批判に対しては、さらに「日出ずる処と日没する処について―栗原氏の批判に答える―」（同書所収、初出は一九七〇年）を発表している。

（4）栗原朋信「日・隋交渉の一側面―いわゆる国書問題の再考察―」（註〈2〉前掲『上代日本対外関係の研究』所収、初出は一九六九年）

（5）この「支那」はおそらく榎氏の表現であろう。

（6）註（3）前掲「日出処天子と日没処天子」三一頁註（31）参照。

（7）河上麻由子『古代アジア世界の対外交渉と仏教』（山川出版社、二〇一一年）第一章「南北朝～隋代における仏教と対中国交渉」（初出は二〇〇六年、中国語）六一頁註七〇では、Nicholas Sims-Williams, "From Babylon to China:Astrological and epistolary formulae across two millennia" *Atti Dei Convegni Lincei*, 127, 1996 に拠って、「波斯国王居和多千萬敬拜」は中世ペルシャ語の文言を反映していた、という。しかし、これを仏教用語に基づいた表現と見ることはできないのであろうか。

（8）栗原朋信氏の教示に依る。

（9）『三国史記』巻二四・百済本紀第二の近肖古王二四年（三六九）條及び二六年條に高句麗侵入の記事があり、二六年條に

　冬、王與太子帥精兵三萬、侵高句麗、攻平壤城。麗王斯由（釗）力戰拒之。中流矢死。

とある。同書同巻の近仇首王即位前紀も参照。なお、同書巻一八・高句麗本紀第六・故国原王四一年（三七一）條に

　冬十月、百濟王率兵三萬、來攻平壤城。王出師拒之、爲流矢所中。是月二十三日薨、葬于故國之原。

とあり、その原注に「百濟蓋鹵王表魏曰梟斬釗首、過辭也」とある。

（10）信陵君の故事は『芸文類聚』巻九一・鳥部中・鷂所引『列子伝』参照。隗囂から信陵君に至る中国の故事の解釈については、川崎晃「倭王武・百済王余慶の上表文と金石文」（同氏『古代学論究―古代日本の漢字文化と仏教―』所収、慶應義塾大学出版会、二〇一二年、初出二〇〇一年）を参照した。

（11）『魏書』百済伝では、本文に掲げた詔書に続けて
又詔璉護送安（邵安）等。安等至高句麗、璉稱昔與餘慶有讎、不令東過。安等於是皆還、乃下詔切責之。五年（延興五年、四七五）、使安等從東莱浮海、賜餘慶璽書、褒其誠節。安等至海濱、遇風飄蕩、竟不達而還。

とある。本文に掲げた二通目の詔（別旨）に拠れば、顕祖献文帝は百済の訴えによって餘礼等を高句麗に派遣して調査させたが、高句麗側の言い分を認めて餘礼等を北魏に帰らせている。そこで右の引用文を参照すれば、顕祖は二通の詔を持たせて餘礼等を百済に帰還させ、高璉（高句麗の長寿王）に道中の護送を命じたのである。ところが、長寿王が餘礼等の東帰を妨害したので、邵安と餘礼等とは北魏に戻った。つまり、顕祖の詔書は二通とも百済王の許には届かなかったのである。右の文に「乃下詔切責之」とあるのは、邵安に対してではなく高句麗の長寿王に対して、餘礼等の百済帰還を妨害したことを責めた、ということであろう。そして漸く延興五年になって、邵安等（餘礼も当然含まれる）を今度は山東半島から海路を通って百済まで帰らせたのである。ということは、その前には陸路で高句麗領内を通過して百済に行かせようとしたのであろう。ところが、邵安等は良風を得られずに結局は百済に到達することはできなかった。その時に顕祖は餘慶に璽書を賜わり、その誠節を褒めたのであるが、二通の詔書はまだ餘礼が持っているはずなので、そのいずれかを「璽書」と言い換えたのかも知れない。そうすると、「明卿至心」という第二首の文言に比べて、「卿在東隅、……用戢于懐」とある第一首の方が該当しそうであるが、第一首も末尾には「不可以疑似之事、以生必然之過」とあって、けっこう手厳しい。そうすると、時間の経ってしまった二通の詔書に併せて、顕祖は新たに璽書を発信したことになろう。しかしそうであったとしても、顕祖の二通乃至三通の国書は結果として蓋鹵王の許には届かなかったことになる。

　なお、国書のような皇帝の親書は、官公庁を経て公開される一般の詔敕とは違い、皇帝の御璽の押される個人宛の文書であるので、しばしば璽書とも表現される。中村裕一『唐代制勅研究』（汲古書院、一九九一年）第四章「璽書」参照。

（12）内田清「百済・倭の上表文の原典について」（『東アジアの古代文化』第八六号・第八七号、一九九六年）

（13）川本芳昭「五胡における中華意識の形成と「部」の制の伝播」（『古代文化』第五〇巻第九号〈第四七六号〉、一

九九八年）
(14)　田中史生「武の上表文―もうひとつの東アジア―」（平川南他編『文字と古代日本2　文字による交流』所収、吉川弘文館、二〇〇五年）
(15)　川本芳昭『中国の歴史05　中華の崩壊と拡大―魏晉南北朝―』（講談社、二〇〇五年）三三二～三三四頁参照。

第五表　北朝における国書

国名・王名	相手側	年代等	書き出し等	出典
①北魏孝文帝	高句麗長寿王	太和三年（四七九）～太和六年	高祖詔責璉曰、……	『魏書』高句麗伝
②～④百済蓋鹵王	北魏献文帝	延興二年（四七二）	其王餘慶始遣使②上表曰、……③又云、……④又云、……	『魏書』百済伝
⑤～⑥北魏献文帝	百済蓋鹵王	延興二年（四七二）	顯祖以其僻遠……⑤詔曰……⑥又詔曰、……	『魏書』百済伝
⑦北魏孝文帝	高句麗長寿王	太和三年（四七九）～太和六年	孝文詔責曰、……（①に同じ）	『北史』高句麗伝
⑧百済蓋鹵王	北魏献文帝	延興二年（四七二）	上表自通曰、……（③④の略）	『北史』百済伝
⑨～⑩北魏献文帝	百済蓋鹵王	延興二年（四七二）	獻文以其僻遠、……詔曰（⑤の略）、又詔曰（⑥の略）	『北史』百済伝
⑪勿吉	北魏孝文帝	太和（四七七～四九九）初	自云、其國先破高句麗十落……	『北史』巻九四
⑫吐谷渾慕璝	北魏太武帝	太延二年（四三六）以前	慕璝表曰、臣誠庸弱……	『北史』巻九六
⑬吐谷渾拾寅	北魏献文帝	献文（在位四六五～四七一）	拾寅表曰、奉詔聽臣還舊土……	『北史』巻九六
⑭北魏宣武帝	吐谷渾伏連籌	宣武（在位四九九～五一五）初	詔責之曰、……	『北史』巻九六

⑮于闐	北魏献文帝	献文（在位四六五～四七一）末	遣使……上表曰、……	『北史』巻九七
⑯北魏献文帝	于闐	献文（在位四六五～四七一）末	於是詔之曰、……	『北史』巻九七
⑰車師王車夷落	北魏太武帝	太平真君一一年（四五〇）	遣使……上書曰、……	『北史』巻九七
⑱北魏孝明帝	高昌麴嘉	熙平（五一六～五一八）初	詔曰、卿地隔關山、……	『北史』巻九七
⑲波斯国王居和多	北魏孝明帝	神亀中（五一八～五二〇）	上書貢物云、大國天子、……	『北史』巻九七
⑳北魏献文帝	蠕蠕予成	延興五年（四七五）	乃詔報曰、所論婚事、……	『北史』巻九八
㉑蠕蠕阿那瓌	北魏孝明帝	正光二年（五二一）	七月阿那瓌啓云、投化阿那瓌	『北史』巻九八
㉒北魏孝明帝	蠕蠕阿那瓌	孝昌三年（五二七）四月	明帝詔之曰、北鎮羣狄……	『北史』巻九八
㉓北魏孝荘帝	蠕蠕阿那瓌	建義初（五二八）	孝荘詔曰、夫勳高者賞重、……	『北史』巻九八
㉔北魏宣武帝	高車弥俄突	宣武（在位四九九～五一五）	宣武詔之曰、卿遠據沙外……	『北史』巻九八

＊このほか『北史』蠕蠕伝には、正光初（元年、五二〇）一〇月に阿那瓌が孝明帝の朝廷で孝明帝と遣り取りした際の阿那瓌の「啓」、及び孝明帝の「詔」が収録されている。

第五章　「後魏孝文帝與高勾麗王雲詔一首」について

一　はじめに

私は『梁職貢図と東部ユーラシア世界』（鈴木靖民氏と共編、勉誠出版、二〇一四年）において、「北朝の国書」と題して、北魏から隋までの北朝の国書について正史に基づいて概略を説明した（前章）。ところがこのほど、『文館詞林』巻六六四・詔卅四・撫辺に「後魏孝文帝與高勾麗王雲詔一首」が収録されていることに気が附いた。北朝の国書の史料に関して『文館詞林』の点検を失念していたことには恥じ入るほかないが、一読してみると、この国書自体さまざまな問題に関連する興味深い史料であった。そこで一文を草して、北朝の国書に関する新たな話題を提供することとした。

二　北魏の「郊丘之礼」について

『文館詞林』は唐の許敬宗（五九二〜六七二）の撰、全一千巻、漢以来の詩文で遺存しているものを集め得る限り集めた、という類聚の書である。中国では北宋初期には亡逸したようだが、唐代のうちに我が国に将来され、『日本国見在書目録』冊・惣集家の部には「文館詞林千」と著録されている。その後我が国でも散逸したが、幸いに弘仁一四年（八二三）の鈔本二十餘巻が今に伝わる。江戸幕府の大学頭林述斎（一七六八〜一八四一）は、我が国に伝存して中国に亡逸した漢籍を輯集して「佚存叢書」と名附け、第一帙を寛政一一年（一七九九）の孟冬月附の序を附して刊行した。次いで、『文館詞林』の巻六六二・六六四・六六八・六九五の四巻を、享和元年（一八〇一）の序を附した第二帙に収録した。現在では「後魏孝文帝與高勾麗王雲詔一首」（以下、本詔と称する）を含む巻六六四の弘仁鈔本は所在不明で、古典研究会編『影弘仁本文館詞林』（一九六九年）では佚存叢書本から補っている[1]。

本詔の標題に見える高句麗王雲とは、高句麗の第二一代・文咨明王（在位四九二〜五一九）のことである。『三国史記』巻一九・高句麗本紀第七では文咨明王は一名明治好王、諱は羅雲、有名な長寿王の孫である。父の助多が早逝したので、長寿王薨去の後に孫の身で王位を継いだ。同書・同巻には

元年（四九二）春正月三月、魏の孝文帝は遣使し、王を拜して使持節・都督遼海諸軍事・征東將軍・領護東夷中郎將・遼東郡開國公・高句麗王と爲し、衣冠・服物・車旗之飾を賜う。又た王に詔して世子を遣して入朝せしむ。王辭するに疾を以てし、従叔升千を遣し、使者に隨いて闕に詣《いた》らしむ。夏六月、遣使して魏に入りて朝貢す。秋八月、遣使して魏に入りて朝貢す。冬十月、遣使して魏に入りて朝貢す。（元年春正月三月、魏孝文帝遣使、拜王爲使持節・都督遼海諸軍事・征東將軍・領護東夷中郎將・遼東郡開國公・高句麗王、賜衣冠・服物・車旗之飾。又詔王遣世子入朝。王辭以疾、遣從叔升千、隨使者詣闕。夏六月、遣使入魏朝貢。秋八月、遣使入魏朝貢。冬十月、遣使入魏朝貢）

とある。初めの「元年春正月三月」については、『魏書』巻七下・高祖紀下・太和一六年（四九二）三月條に「辛

巳、以高麗王璉孫雲爲其國王」とあり、三月が正しいと判る。右の『三国史記』高句麗本紀・文咨明王條では六月・八月・一〇月の北魏への遣使朝貢が記されているが、『魏書』高祖紀下では太和一六年三月條に「是月、高麗・鄧至國竝遣使朝貢」とあるほか、「六月己丑、高麗國遣使朝貢」「（八月）辛卯、高麗國遣使朝貢」「（十月）丙午、高麗國遣使朝獻」とあって、六月以後の高句麗の朝貢記事は『三国史記』と『魏書』高祖紀下とで一致している。

一方、『魏書』（以下『魏書』については書名は省略する）巻一〇〇・列伝第八八・高句麗では、太和一五年以後のこととして

又た大鴻臚を遣し、璉の孫雲を使持節・都督遼海諸軍事・征東將軍・領護東夷中郎將・遼東郡開國公・高句麗王に拜し、衣冠・服物・車旗之飾を賜う。又た雲に詔して世子を遣して入朝せしめ、郊丘之禮に及ば令《し》む。雲は上書して疾もて辭し、惟だ其の從叔升于を遣して使に隨いて闕に詣らしめ、（孝文帝は）嚴しく之れを責む。此れ自り歳ごとに常に貢獻す。（又遣大鴻臚拜璉孫雲使持節・都督遼海諸軍事・征東將軍・領護東夷中郎將・遼東郡開國公・高句麗王、賜衣冠・服物・車旗之飾。又詔雲遣世子入朝、令及郊丘之禮。雲上書辭疾、惟遣其從叔升于隨使詣闕、嚴責之。自此歳常貢獻）

とある。この文の前半「車旗之飾」までの部分は、さきに引いた『三国史記』高句麗本紀・文咨明王元年條の文とほぼ一致する。従って、次の「又詔雲遣世子入朝、……惟遣其從叔升于隨使詣闕」についても、『三国史記』文咨明王元年條に照らして同年のことと認めることができる。本詔の冒頭には「門下。得黃龍表、知卿愆悖朝旨、遣從叔隨使」とあり、「遣從叔隨使」の部分は右の高句麗伝や『三国史記』文咨明王元年條の記述と一致する。よって本詔が、高句麗伝に言う「雲上書辭疾、惟遣其從叔升于隨使詣闕、嚴責之」の、まさしく「厳しく之れを責めた」文であることが確認されるのである。

本詔の本文を紹介する前に、行論上の必要から高句麗伝に見える「令及郊丘之禮」の郊丘の礼について簡単に説明しておく。北魏の孝文帝は、平城（山西省大同市）から洛陽に遷都したことを始めとして、漢化政策を推進したことで知られる。孝文帝の遷都のきっかけとなる洛陽へ向けての巡幸、いわゆる南伐は翌年の太和一七年（四九三）八月に開始された。つまり、太和一六年は孝文帝が平城に落ち着いていた最後の年であったが、孝文帝の漢化政策の一つに天地の祭祀である郊祀の改革がある。北魏が東晉・南朝に対抗する中国王朝であることを正当化するためには郊祀を行うことが必要で、北魏で初めて皇帝を名乗った道武帝は天興元年（三九八）〜二年以後、天の祭壇である南郊と地の祭壇である北郊とを整えた。南郊壇は大小の円盤を複数重ねた形の円丘、北郊壇は正方形の方丘である。三国魏の儒者王粛は南郊＝円丘、北郊＝方丘であると解釈し、西晉から南朝にかけてはそのような郊祀が行われた。これに対して、後漢の鄭玄は南郊と円丘、北郊と方丘とはいずれも別の祭壇であるとして、南郊の郊祀は正月、円丘は冬至、方丘は夏至に行われるものとしていた（北郊の郊祀の日取りは不明）。孝文帝は太和一二年（四八八）以降、鄭玄説を採用して南郊・北郊に加えて圜《えん》丘（円丘に同じ）・方沢（方丘に同じ）を設置し、冬至に圜丘、夏至に方沢、そして正月に南郊に祀るようにした(2)。

高祖紀下を見ると、太和一六年は孝文帝によるこうした国家祭祀や儀礼の諸制度の整備が進展した年である。正月己未には父の顕祖献文帝を明堂に宗祀し、上帝に配しているが、この明堂については後述する。辛酉には、北魏で初めて皇帝を名乗った太祖道武帝を南郊に配しているが、王朝の開祖を配祀するのは円丘や南郊の祭祀における大切な要素である。この年は正月壬午朔なので、己未は二日、辛酉は四日である。正月上旬の辛《かのと》の日である正月上辛は南郊祀の定例日であるので、この日の南郊祀は孝文帝の親祀で行われた可能性が高い。また二月には、孝文帝はそれまでの平城の正殿であった太華殿を壊して太極殿を建設し、一〇月中に完成させている。ほかに、「始めて」

「此れ自り常と為す」など、祭祀儀礼の創始や改革を示す記事だけでも、「（正月）丙子、始めて孟月を以て廟を祭る（丙子、始以孟月祭廟）」「（三月）癸酉、西郊の郊天の雑事を省く。乙亥、車駕（孝文帝）初めて氣を南郊に迎え、此れ自り常と爲す（癸酉、省西郊郊天雜事。乙亥、車駕初迎氣南郊、自此爲常）」「八月庚寅、車駕初めて西郊に夕《せき》月《げつ》し、遂に以て常と爲す（八月庚寅、車駕初夕月於西郊、遂以爲常）」と、既述の例も含めて三例を挙げることができる。太和一六年は、孝文帝の漢化政策における祭祀・儀礼方面の画期となる年であった。

従って、孝文帝が文咨明王に詔して世子を入朝させ、郊丘の礼に列席させるように求めたというのも、一連の改革によって面目を一新した北魏の祭祀に参加させる、という意味を持っていたことになる。郊天の儀礼に異民族が参加したという記述は魏晉以来しばしば見られるが、皇帝儀礼への異民族の参加は皇帝の徳の高さを示すものと捉えられていた。よって、高句麗王に対する世子の参列の要求は、北魏が高句麗に対して従属的な姿勢を強く求めたもの、と言うことができよう。文咨明王が病気（後述するように王自身の病気）を理由にこれを断り、従叔の升于（『三国史記』では升千）を派遣したというのは、王子がそのまま人質とされることを恐れたと考えることもできるが、北魏が高句麗に対して従属的な姿勢を要求したことに対する抵抗と見ることもできよう。

高句麗伝の「令及郊丘之禮」とある「郊丘之礼」が、冬至の円丘を指すのか翌年正月上辛の南郊を指すのかは、高句麗伝自体では判然としない。しかし、以下に掲げる本詔には「必令及元正到闕」とあり、太和一七年正月の元日朝賀に間に合うように到著することが要求されており、郊丘とはその後の正月上辛の南郊祀であることが判る。大和一七年正月は壬午朔であるので（孝文帝紀下）、上辛は一〇日辛卯である。なお、太和一六年冬至の円丘や翌年正月の南郊の実施は、孝文帝紀下には記されていない。しかし、同紀下の末尾には「天地・五郊・宗廟二分之禮、常に必ず躬《み》親《みずか》らし、寒暑を以て倦と爲さず（天地・五郊・宗廟二分之禮、常必躬親、不以寒暑爲倦）」とあり、孝文帝は皇帝の行うべき祭祀はすべて親ら行っていたというから、太和一六年冬至の円丘や翌年正月の南郊も、本紀には記載が無いものの、孝文帝自身が行っていたと考えてよいであろう。

三　太和一六年の「郊丘之礼」と高句麗使

それでは、本詔を句読点を附して以下に著録する(3)。行論の使のため、内容順に①〜⑦の番号を附しておいた。

①門下。得黃龍表、知卿愆悖朝旨、遣從叔隨使。夫儀乾統運、必以德信爲先、准列作藩、亦資敬順爲本。若君信一虧、何以臨御萬國、臣敬蹔替、豈能奉職宸居。故霆震作威、以明天罰、五刑垂憲、以肅不恭、斯乃人神之常道、幽顯之通規。②往以明堂肇制、皇化惟新、敕諸藩侯、脩展時見。至於言獎羣方、勸說荒服、每以勾麗虔誠、喩厲要戎。今西南諸國、莫不祇奉大命、星馳象魏、或名王入謁、或藩貳恭覲。顴光駿奔、欣仰朝祀、皇皇之美、於斯爲盛。③而卿獨乖宿款、用違嚴敕、前辭身痾、後託子幼、妄遣枝親、仍留同氣。此而可忍、孰不可恕也。若卿父子、審如所許者、應遣親弟、以赴虔貢。如令弟復沈瘵、應以卿祖、枌體代行、過事二三、竝違朝命、將何以固。④昔房風晩至、大禹所以垂威、東國闕敬、周公所以親駕。斯豈急急於兩夫、遄遄於兵甲者哉。但以縱之則萬國同奢、戮之則九宅齊肅故也。⑤從叔之朝、乃西藩常事、今於旅見之辰、而同之歲時之使、於卿之懷、寧可安乎。卿之親弟、及郎鄒二人、隨卿所遣、必令及元正到闕。若言老病者、聽以四牡飛馳、車輿涉路。⑥須待卿親至此、然後歸反羣后、重爽今召。今朕失信藩辟者、尋當振旅東隅、曜戎下土、收海金賨華夏、擁狢隷而給中國、廣疆畿於蒼濱、豐僮使於甸服、抑亦何傷乎。⑦其善思良圖、勿貽後悔。如能恭命電赴、既往之稽、一無所責、恩渥之隆、方在未已矣。不有君子、奚能爲國。其與蒯秀宗賢、善參厥衷、稱朕意焉。

以上の句読にも誤りはあるかも知れないが、「収海金賚華夏、擁狢隷而給中國」のところが対句として成り立たない。おそらく、「収海金以（あるいは而）賚華夏、擁狢隷而給中國」のように、金と賚との間に接続詞一字が脱落しているのであろう。以下に①〜⑦の概略を述べるが、紙数の関係もあるので語釈は行論に必要なものに限定しておく。

①では、北魏の朝旨に背いて従叔（文咨明王のいとこ）を北魏の使者に随行させたことを責め、藩臣が皇帝の意思に背いた場合には武力による秩序の維持もあり得る、と威嚇している。高句麗伝に「嚴責之」とある所以である。初めの黄龍は表を奉っているので、北魏への高句麗の使者であろう。「臣敬蹔替」の替は「すたれる、おとろえる、やめる、おこたる」の意味。因みに、倭王武の上表文にも「無替前功」の語句があるが、その替も同様の意味。しばしば誤解されるような交替の意味ではない。

②では、明堂が新しく作られたので周辺諸国に時見するように敕した。これまで、高句麗は常に誠を尽くして周辺諸国の模範となっていた。今は西南諸国が北魏の命に応じて平城に集まり、北魏皇帝の盛徳が明らかになった、という。時見とは、定例ではなく特別な場合に諸侯が王の許に集まることである（『周礼』春官・大宗伯）。③では、文咨明王は独り宿款に背き、厳敕に違反して初めに病気と断り、後に世子（を遣わす）と言いながら傍系親の従叔を遣わした。親子が駄目なら王の弟を遣わすべきで、弟も病気であれば祖父の世代の者の中から派遣すべきである。そうすれば、過去の多少の朝命違反は今後の問題としない、という。宿款とは過去の長い間の誼みの意味であろう。病気について高句麗伝では世子の病気のようにも読めるが、本詔に「前辭身痾、後託子幼」とあるので、病気は文咨明王自身が入朝しないことの口実であったのであろう。また逆に高句麗伝から、子幼とは世子のことであったことが判明する。④では、禹や周公のような聖人でも周辺に威力を及ぼした。異国の勝手な振舞を許せば万国も奢る

ようになるが、処罰すれば周囲が粛然とするからである、という。

⑤では、従叔の来朝は西域諸国ではよくあるが、そのような定期的な使節と、今回のような特別な使節派遣とは同じではない。文咨明王の弟や即鄒はその他の使者と共に、必ず正月には平城に到著するように。もし老齢や病身を理由とするなら、四頭立ての馬車や車輿で来ることも聴《ゆる》す、という。旅見の旅は衆の意味で、旅見は多数が集まること。ここから、西域諸国の来朝（おそらくキャラバン）はよくあるが、今回の明堂設立に伴う来朝は特別であったことが看て取れる。即鄒については詳らかにしないが、「卿之親弟及即鄒」で二人という意味であれば、即鄒は高句麗の地位の高い人物ということになる。博雅の示教を乞う。⑥では、王の親族の到著を待って諸藩国の使者を返すとして、それだけ今回の招集が重要であったことを明らかにする。ここで藩国に信を失えば、東方に軍を派遣して海辺の金銀財宝を中華に齎し、領域を滄海に拡げて僮僕をふやしても、それで北魏の良心が病むことはない、という。群后の后《きみ》は諸侯の意味で今回の各国使節のこと。爽は明かにするで、今回の招集の重要性を示すのであろう。「振旅東隅」の東隅はもちろん高句麗のことである。「狢隷」は貉隷に同じ。貉隷は『周礼』に出てくる官名、秋官の属、珍禽・奇獣を馴らすことを掌る。⑦では、こちらが以上のような決意であるから、よく考えて後悔を残さないように。もしよく恭んで平城まで急行すれば、過去の遅滞を責めることなく、こちらの恩渥は已《や》むことがないであろう、という。以下は常套的な結びの文言である。

以上の要約から、太和一六年（四九二）の北魏と高句麗との遣り取りでは、北魏の主催する祭祀への諸国の参加が重要な主題となっていることが判る。②に拠れば、明堂が建てられた時は藩侯に敕して時見を修展した。藩侯とは周辺諸国であり、時見とは前述のように臨時の諸侯の会合である。孝文帝紀下・太和一五年一〇月條に「是月、明堂・太廟成」とあり、一六年正月條に己未、顯祖獻文皇帝を明堂に宗祀し、以て上帝に配す。遂に靈臺に升《のぼ》り、以て雲物を觀る。降りて青陽左个《さか》に居り、政事を布《の》ぶ。朔毎《ごと》に、依りて以て常と爲す。（己未、宗祀顯祖獻文皇帝於明堂、以配上帝。遂升靈臺、以觀雲物。降居青陽左个、布政事。毎朔、依以爲常）

とある。つまり、太和一五年一〇月に明堂が建てられると、翌年正月にこれに関連した祭祀が行われたのである。明堂は経書に由来する王の徳治を象徴する建物であり、円丘や南郊とは別に明堂でも天帝（上帝）が祀られた。献文帝は孝文帝の父で、後漢以来明堂では父あるいは直前の皇帝を上帝に配祀することが建前となっていた[4]。霊台は簡単に言えば天文台で、経学では明堂・霊台と学校の辟雍とがセットで語られることが多い。青陽左个は明堂の一室、そこで月々の政務を述べるのが布政事で、明堂に関わる行事の一つである。「毎朔、依以爲常」というのは、これ以後毎月朔日の明堂における布政事を定例とした、ということである[5]。孝文帝紀下・太和一五年九月條には、「壬午、吐谷渾・高麗・宕昌・鄧至諸國竝遣使朝獻」とある。本詔に照らすと、この時の諸国の使者が翌年正月の明堂の祭祀に参加したのであろう[6]。本詔では、その時には北魏に対する高句麗の忠誠が吐谷渾その他の国々に対する説得材料になっていた。同年一二月癸巳條には「帝爲高麗王璉擧哀於城東行宮」とあるが、北魏の皇帝が異民族の王のために挙哀したのはこの一例のみであると思う。北魏にとって、高句麗が東方における重要な相手国であったことは間違いない。

前述のように、この明堂の祭祀の二日後に孝文帝は道武帝を南郊に配祀した。三月癸酉には西郊の郊天に関する雑事を省いている。西郊の郊天とは、北魏の都の西郊で天を祀る遊牧民族由来の伝統的祭祀で、道武帝は皇帝を称して南北郊を導入して以来、それらを中国由来の郊祀と併行して行っていた。これを省いたというのは、孝文帝が祭天儀礼を中国由来の郊祀に一本化したことを意味する。前述のように、太和一七年正月上辛の南郊祀については、孝文帝紀下及び礼志には共に記録が無いが、太和一六年のうちに天の祭祀を中国風に一本化した孝文帝にとって、明堂の祭祀と並んで重視さるべき祭祀であったのであろう。③に拠れば、これに対して文咨明王は病気を理由に世子を派遣することにしながら、さらに従叔を派遣したのである。高句麗伝には「又詔雲遣世子入朝、令及郊丘之禮。雲上書辭疾」とあったが、本詔を見ると北魏が初めに文咨明王自身の入朝を促したのに対し、王の方で自分の病気を理由に世子の派遣を申し出たものらしい。また、「令及郊丘之禮」とは、南郊の祭祀に間に合うように到著させる、という意味になろう。即鄒については不明だが、藩国から北魏に派遣する親族の序列として、王自身―世子―王弟―祖父の輩行、(7)という順序が読み取れるのも興味深い。

本詔には「時見」「旅見」とあって、特別の祭祀における異民族の列席が強調されていることも注目される。特別の祭祀に異民族の列席した例としては、唐・高宗の乾封《けんぽう》元年（六六六）の泰山封禅が知られているが、その前例として太和一六～一七年の明堂や南郊の祭祀を位置附けることもできよう。「従叔之朝、乃西藩常事」ともあり、西域諸国にあっては王の傍系親族の北魏への入朝は珍しくなかった。しかしそれは「歳時之使」という日常的な使者の派遣であり、おそらく実態は交易のための使者であったのであろう。

四　おわりに

以上、『文館詞林』巻六六四に収められた「後魏孝文帝與高勾麗王雲詔一首」を一瞥した。高句麗伝等には、太和一六年（四九二）に北魏の孝文帝は高句麗に対して譴責したことが記されているが、本詔はまさしくその国書であった。具体的な内容については繰り返さないが、明堂を建設した翌年の太和一六年の明堂の祭祀、さらに同年中に西郊の祭天儀礼を廃止したその翌年の南郊祀に、高句麗等の異民族を招いていたことが明らかとなった。かつて私は北魏の郊祀・宗廟の祭祀の制度及び実態を検討したが、その時は主に礼志に依拠したため、太和一六年が一つの画期となっていたことにそれほど注意が向かなかった。本詔に見える北魏の異民族への対応を通して、その点が明らかになったことは貴重である。また、このような重要な祭祀における臨時の異民族の参集と、通常の異民族の朝貢との相違が明確に述べられている点は本詔の注目すべき特徴であり、この点が明らかになったこともやはり貴重である。南北朝それぞれの外交における高句麗の重要性は、夙に坂元義種氏が指摘しているが[8]、本詔の内容を踏まえた上で、北魏と諸外国との国際関係の在り方を再考することも必要となるであろう。

註

（1）『文館詞林』に関する以上の解説は、『影弘仁本文館詞林』の阿部隆一「文館詞林考」に依拠した。

（2）拙著『中国古代皇帝祭祀の研究』（岩波書店、二〇〇六年）第六章「北朝における郊祀・宗廟の運用」の「一北魏」参照。

（3）羅國威整理『日藏弘仁本文館詞林校證』中華書局、二〇〇一年、は弘仁本『文館詞林』を活字に起こして句読点を施しているが、筆者の本詔の句読とは多少異なるところがある。

（4）拙著『古代中国と皇帝祭祀』第三章「漢代の郊祀と宗廟と明堂及び封禅」（汲古書院、二〇〇一年、初出は一九八二年）参照。北魏の明堂址は一部が発掘されている。王銀田・曹臣明・韓生存「山西大同市北魏明堂遺址一九九五年的発掘」『考古』二〇〇一年第三期、参照。なお北魏の明堂については、南澤良彦『中国明堂思想研究―王朝をささえるコスモロジー』第五章「北朝北魏時代　正統王朝となるために」（岩波書店、二〇一八年、元の論文の初出は二〇一一年）の専論がある。

（5）毎月の布政事は、月令・告朔《こうさく》などとも言われて儀礼化しているが、各王朝でどこまで実践されていたかは不明である。告朔については則天武后の実例があるが、極めて特殊な事例であった。拙稿「則天武后の明堂の政治的役割」（註〈4〉所収拙著『古代中国と皇帝祭祀』第八章、初出は一九八六年）参照。

（6）孝文帝紀下・太和一五年條では、その前の正月丁卯條に「吐谷渾國遣使朝獻」、二月條に「己丑、蕭賾《しょうさく》（南斉武帝）遣使朝貢」、三月條に「己酉、悉萬斤等五國遣使朝貢」、五月乙卯條に「高麗國遣使朝獻」、七月條に「戊寅、吐谷渾國遣使朝貢」とあり、また「九月辛巳、蕭賾遣使朝貢」とある。これらのうち、使者を複数回派遣している南斉や吐谷渾・高句麗（高麗）の朝貢を除くと、三月己酉條の悉萬斤等五国の朝貢が注目される。しかし、一〇月の明堂の完成を遡ること半年以上なので、明堂の祭祀に参加するためにこれら五国が使者を派遣したとは考えにくいであろう。

（7）初めに述べたように、文咨明王の祖父の長寿王、父の助多は共に既に死去している。

（8）坂元義種『古代東アジアの日本と朝鮮』（吉川弘文館、一九七八年）。

第三部　隋唐時代の東アジア世界

第一章　東アジアの国際関係と遣隋使

一　はじめに

「冊封《さくほう》体制」「東アジア世界」という熟語は、今では高校の教科書にも用いられている。しかし、これらの用語がそれこそ東アジア世界の特色を示す言葉として積極的に用いられるようになったのは、一九六〇年代から七〇年代にかけてであった。一九六二年に西嶋定生氏は「六―八世紀の東アジア」を発表し、中国王朝が周辺諸国の君主に王号以下の爵号を授与する行為が、国内における爵号授与の国外への拡延として解釈できることを示し、王号を主とする爵号の東アジア諸国への授与（冊封）によって形成される国際的な体制を冊封体制と名附けた。(1) 一九七〇年にはその見解をさらに発展させ、前近代の中国・朝鮮・日本・北ヴェトナムの地域は東アジア世界という地域的世界として見るべきである、と提唱し、東アジア世界に共通する指標として漢字・儒教・律令制及び中国化した仏教（漢訳仏典）を挙げた。さらに、唐代までの東アジア世界は冊封体制を軸に展開した、と述べたのである。(2)

このように、日本をその一員とする東アジア世界の視点で日本の歴史展開を捉えようとすると、古代日本と中国王朝との関係も両国の間だけで考えるわけにはいかなくなる。例えば、六四五年の大化改新（乙巳《いっし》の変）は遣唐使の派遣の途絶えている時期に起こった事件であるが、この年には唐の太宗による高句麗遠征が行われており、こうした東アジア規模の大事件の影響が日本に波及し、中大兄皇子らによって乙巳の変が引き起こされた、という考え方もある。この考え方には賛否両論があるが、東アジア世界という視点を設定することによって、日本が遣隋使・遣唐使を派遣しなかった時期についても、東アジア諸国との関連を考慮しつつ日本の歴史展開を考えることが可能となったことは明らかであり、本章の以下の記述からもその点を感得して頂ければ幸いである。

東アジア世界の視点で遣隋使の時代の国際関係を捉えた基礎的な文献としては、第一にさきの西嶋氏の「六―八世紀の東アジア」があり、遣隋使の専論ではないが種々注目すべき記述が見られる。隋代の東アジア世界に関する必読の専論としては、堀敏一氏の「隋代東アジアの国際関係」（一九七九年）があり、堀氏書き下ろしの『中国と古代東アジア世界』（一九九三年）にも関連した記述がある。また、次章の「隋唐交代と東アジア」は一般向けの論考であるが、隋唐交代期における高句麗の存在の重要性、及び高句麗とその西に位置する北アジア諸国との直接交渉に留意して記述した。本章はこれらの先行研究を基礎に記述したが、第三節は正史の外国伝を通読した経験を踏まえて執筆した。

二　隋の東アジア政策と隋代東アジアにおける日本の位置

隋の文帝と東アジア

隋の文帝（在位五八一～六〇四）は、開皇元年（五八一）二月に北周の幼主静帝の禅譲を受ける形で即位し、隋王朝を開いた。すると九月には靺鞨《まっかつ》、八月には突厥《とっけつ》の遣使があったが、一〇月には百済の威徳王、一二月には高句麗の平原王が遣使した。一方、隋は八月には吐谷渾《とよくこん》を青海に討ってこれを降しており、開皇三年（五八三）になると内紛に乗じて突厥を東西に分裂させることに成功し、東突厥は隋末まで隋に臣属した。こうして、北と西との異民族を抑えた隋の外交は、東アジア諸国中心に展開することとなった。ただし新羅の隋への遣使はやや遅れ、隋が中国を統一した五年後の開皇一四年（五九四）に真平王の遣使したのが最初となる。南北朝時代でも、高句麗は南北両朝と、百済は主に南朝と交渉していた。これに対して、新羅が中国王朝（主として北斉と陳）と本格的に交渉するようになるのは六世紀後半のことである。また、倭（日本）が北朝と交渉した事実はない。南北朝時代の東アジアにあっては、黄海を挟んで向かい合う高句麗・百済が中国との交渉の主役となっており、隋初もその情勢には変わりはなかった。

しかし、開皇四年（五八四）まで毎年隋に遣使していた高句麗は翌年になると一転して陳に遣使し、以後は隋に使者を送らなくなる。百済も五八二年には隋に使者を送ったが、五八四年・五八六年には一転して陳に遣使した。つまり、隋の建国から数年すると、高句麗・百済とも陳との交渉を重視する方向に転換したのである。陳の建国時（五五七年）には長江上流の四川省方面は既に北周が領有しており、北周が北斉を滅ぼし（五七七年）、その北周の禅譲を隋が受けた時点では、北朝の隋と南朝の陳との国力の差は歴然としていた。それにも拘らず高句麗と百済が陳に遣使したのは、隋に対する警戒心が高まったからともいえるが、南北朝の対立を長引かせることで中国王朝との交渉における自国の優位を保とうとする両国の苦心の現れ、と理解することもできる。既に突厥と北斉・北周との間にも同様の動きが見られた。五六〇年代から五八〇年頃にかけて突厥は北斉・北周と頻繁に交渉したが、当初は北周に軍事援助したものの、北斉が劣勢に陥ると逆に北斉を援助し、北斉滅亡後もその残存勢力を援助している。突厥の外交姿勢は二転し、一貫していないように思われる。しかし突厥の側から見れば、その南方政策は北斉・

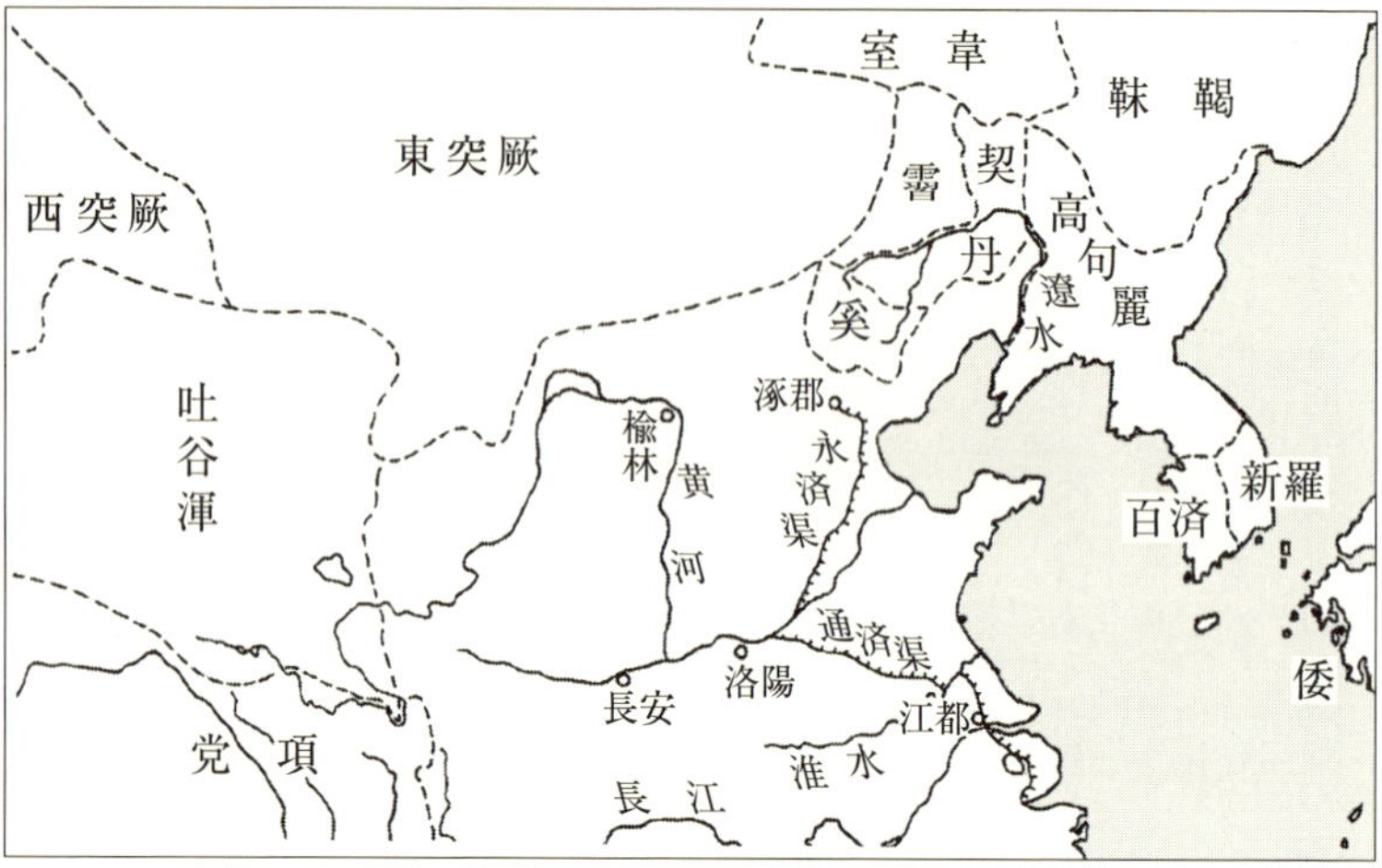

第１図　隋および唐初の周辺諸国

北周のいずれか一方による華北統一の阻止という点で一貫している、と解釈できる。(3) あるいは、隋の建国前にあったこのような動きが、隋建国後の高句麗や百済の外交に影響を与えたのかも知れない。

従って、開皇九年（五八九）正月に隋が陳を滅ぼしたこと（平陳）の高句麗・百済に与えた影響の大きさは想像に難くない。たまたまこの年、隋の戦船が聃牟羅国《たんむら》（耽羅すなわち済州島）に漂着した。百済の威徳王は戦船を隋に送り返すと共に、遣使して隋の平陳を賀《いわ》う上表文を奉った。文帝は詔を下し、百済はあえて毎年入貢するには及ばず隋もまた特に使者を送ることはない、という意味のことを述べた（『隋書』百済伝）。隋の側では百済との交渉に消極的な姿勢で臨むという意味であるが、これまでの百済の態度も問題としないという文帝の意思表示、とも読み取れる。こうして、百済は隋との関係悪化を回避することができた。一方、高句麗の平原王は大いに懼《おそ》れ、武器を整え軍糧を蓄える防禦策を講じた。文帝も翌開皇一〇年（五九〇）には平原王に璽書《じしょ》を下し、隋の働きかけに対して高句麗が警戒心を解かないことなどを非難した。平原王は謝罪しようとしたが同年のうちに卒《しゅつ》し、子の嬰陽《えいよう》王が立った。嬰陽王は隋と交渉して高句麗王に封《ほう》ぜられ、隋との関係を維持することに成功した。しかし、平原王の死去という偶然によって問題が先送りされただけで、高句麗と隋との関係が根本的に改善されたわけではなかった。

煬帝と高句麗・日本

隋と高句麗との関係が決定的に悪化するのは、隋二代目の皇帝煬帝（在位六〇四～六一八）の時代になってからである。創業の主である文帝は内政を優先し、対外関係には概して消極的であった。煬帝は一転して対外積極策に乗り出し、大業三年（六〇七）には突厥を始めとする北方民族を威圧しようとして北辺に巡幸した。煬帝が突厥の啓民可汗の牙帳（テント）に赴いた時、折悪しく高句麗の使者が先に来ており、啓民可汗は隠さずにその使者を煬帝に引き合わせた。隋の与《あずか》り知らない北方ルートで高句麗と突厥とが自由に往来している事実を知った煬帝は、大きな警戒心を抱いたのであろう。高句麗の使者に対して高句麗王に早く来朝すべきことを伝えるように言い、来朝しない場合には啓民を将《ひき》いて巡幸する、と威嚇した（『隋書』突厥伝）。嬰陽王は懼れて入朝しなかったが、頗《すこぶ》る藩礼（外国の臣下としての礼）を欠くものとみなされてしまった。なお、煬帝の第一次高句麗遠征には、大業五年（六〇九）に隋に来朝した高昌国王麴伯雅《きくはくが》が従軍している（同書高昌国伝）。高昌国は現在の新疆《しんきょう》回紇《ウイグル》自治区吐魯番《トウルファン》市にあった漢人王朝である。突厥の啓民可汗ではなかったが、西域の遠方の国まで自分に従っていることを、煬帝は高句麗に誇示したのであろう。

大業四年（六〇八）正月には煬帝は詔して河北諸郡の男女百餘万を発し、黄河から涿郡（今の北京）を結ぶ運河永済渠を開鑿させた。これは、高句麗遠征用の兵員や物資を運ぶための準備であった。煬帝はまた突厥の啓民可汗を東都洛陽で謁見し、手厚く厚遇した。啓民可汗はこの年に亡くなったが、次の始畢可汗《しひつかがん》とも良好な関係を保つように図った。翌大業五年には煬帝は西方の吐谷渾に親征してこれを破り、その地に西海・河源・鄯善《ぜんぜん》・且末《しょまつ》の四郡を置いた。高句麗遠征の前に西方を抑え、兵力を東方に集中できるようにしたのである。

倭国が隋に遣使したのはこのような時であった。『隋書』倭国伝には『日本書紀』に見えない開皇二〇年（六〇〇）の遣隋使のことがその前に記されており、「倭王は天《てん》を以て兄と為し、日を以て弟と為す」という使者の言葉が、文帝から「此れ太《はなは》だ義理《ぎり》無し」すなわち「全く筋の通らない話だ」、と言われた(4)。しかるに、このたびの遣隋使でも倭王（推古天皇）と煬帝とを対等とする、「日出る処の天子、書を日没《ひぼっ》する処の天子に致す、恙《つつが》無きや、云《うん》云《ぬん》」という国書を持参し、「このような礼を無視した蛮夷の書があれば二度と自分の眼に触れさせないように」、と煬帝に言われてしまった（次章参照）。それにも拘らず、煬帝は翌年に裴世清《はいせいせい》を倭国に派遣した。ちょうど、高句麗と隋との間が急速に悪化した時期で、高句麗の背後にある日本との関係を維持する必要を、煬帝も感じていたのであろう。

なお、隋使の裴世清の官職は『隋書』倭国伝では文林郎（官職の高さを示す官品は従九品上か従八品）、『日本書紀』では鴻臚寺掌客（官品は正九品）と高くはないが、彼は後の唐朝草創期（六一八年建国）には、外交を職掌とする要職の主客郎中（官品は従五品上）に任ぜられた。隋唐の裴氏は名門であり、煬帝が倭国を低く見て裴世清を派遣したとは考えられない(5)。

三　隋の高句麗遠征と冊封体制

高句麗遠征と煬帝・太宗

以上のような突厥・倭・吐谷渾等の周辺諸国への働きかけを経て、煬帝の高句麗遠征は決行された。この間《かん》、百済や新羅も高句麗征討への協力を申し出ている。大業七年（六一一）には、煬帝は
高麗《こうらい》（高句麗はしばしば高麗と略記される）の高元、藩禮を虧失《きしつ》す。将《まさ》に罪を遼左（遼河の東、高句麗のこと）に問い、勝略を恢《おおき》く宣《の》べんと欲す。（高麗高元、虧失藩禮、将欲問罪遼左、恢宣勝略）
という詔を発した（『隋書』煬帝紀上・同年二月壬午條）。煬帝の高句麗親征の理由は、あくまで嬰陽王が藩臣の礼を欠いたことにあったのである。翌大業八年（六一二）には総勢一一三万三八〇〇の軍を二〇〇万と号し、煬帝は高句麗の国都の平壌へと進撃した。しかし、夏を過ぎた七月に至っても勝利を収めることができず、逆に各地で大敗を喫して軍を引き揚げた。続く大業九年・一〇年にも煬帝は高句麗遠征の軍を起こしたが、既に大業九年の第二次遠征の途中から国内では反乱が続発し、親征の完遂は到底不可能となった。しかし、翌年の第三次遠征では高句麗も疲弊して降を請うたので、面目を保った煬帝は軍を返した。だが時既に遅く、大業一四年（六一八）三月に煬帝は避難先の江都（揚州）で側近に殺され、隋朝の命脈は尽きたのである。

西嶋定生氏は以上の経過を詳述した後、「まことに隋は高句麗遠征に命運をかけたというべきである。藩国の臣礼を正すという冊封体制の維持は、このように文字どおり国運を賭して行われたのである」と述べ（註〈1〉所掲「東アジア世界と冊封体制」、二〇〇〇年版では六一頁）、中国王朝が外国王朝との関係を冊封体制によって維持する

ことは国を傾けるほどの重要な意義を持つ、と主張した。しかるに、これより先の開皇一八年（五九八）には、高句麗の遼西侵入をきっかけに文帝も高句麗征討の軍を起こしたが、さしたる成果もないままに引き揚げていた。宮崎市定氏はこの文帝の高句麗討伐について、平陳後十年近くも大きな戦争がなく昇進や賞賜の機会を得ない軍人達の希望を聞くために、気が進まぬながらも文帝が高句麗侵入の軍を起こすに至ったのであろう、という。そして煬帝の高句麗戦争は、褒美の貰いたい上級将校の始めた戦争であり、三回も続いたのは将校達の名誉挽回の心理が働いたからである、という意味のことを述べている[6]。これに対して堀敏一氏は、煬帝の末年には蘇威・宇文述・裴矩《はいく》等の「五貴」が権力を握り、そうした少数近臣の政権独占が煬帝による高句麗征討の客観的判断を狂わせた、とする（「隋代東アジアの国際関係」、一九七九年）。

　このように、隋滅亡の引き金となった煬帝による高句麗遠征の原因については、これを冊封体制の論理の発現とする西嶋氏の解釈に対して、宮崎氏や堀氏の解釈は取り立てて東アジア世界や冊封体制論とは関係しない。煬帝の高句麗遠征の解釈は、西嶋氏の冊封体制論を考える上で一つの重要な論点となろう。

　高句麗と隋との対立は唐に入っても引き継がれ、最後には六六八年の唐と新羅とによる高句麗討滅という形で解消されることになる。西嶋氏は、当初高句麗に称臣（臣を自称して臣下としての立場を明示する）を求めない態度を示した唐の高祖に対し、中書侍郎温彦博の述べた

　遼東之地、周は箕子《きし》の國と爲し、漢家の玄菟郡なるのみ。魏晉已前《いぜん》、近く提封《ていほう》之内に在り、許すに不臣を以てすべからず。若《も》し高麗（高句麗）與《と》抗禮すれば、則ち四夷何を以て瞻仰《せんぎょう》せん。且《か》つ中國之夷狄に於けるは、猶《な》お太陽之列星に比するがごとし。理として降尊し、俯《ふ》して夷貊《いばく》と同じくすること無し。（遼東之地、周爲箕子之國、漢家玄菟郡耳。魏晉已前、近在提封之内、不可許以不臣。若與高麗抗禮、則四夷何以瞻仰。且中國之於

夷狄、猶太陽之比列星、理無降尊、俯同夷貊）

という言を引き（『旧唐書』巻六一・温彦博伝。同書高句麗伝はやや簡略）、かつて郡県制支配下にあった伝統的封疆の地は、あくまでも中国王朝の体制内に位置づけられるべきものであり、これを不臣抗礼の外域と認めることは（他の異民族との関係から言っても―筆者註）中国王朝としては不可能であった、という意味の指摘をしている。

なお、「不臣」とは「臣下としない、臣下とならない」という意味で、唐までの中国王朝は基本的に外国を臣下とみなすので、「不臣」の地位を中国王朝が認めれば優遇ということになり、外国が自らそのような態度をとれば、中国王朝からすれば傲慢ということになる。また、「抗礼」とは外国が中国王朝に対等の礼つまり不臣の立場をとることであり、「抗」という語自体が外国の対等外交が不遜である、という意味を表している。

さらに、六四二年には高句麗で権臣泉蓋蘇文が栄留王を弑《しい》して宝蔵王を立てるという政変があり、これに対して唐の太宗は高句麗征討の軍を起こした。西嶋氏はその時の「討高麗詔」から、冊封関係にある藩国の秩序の保持は中国王朝の責務であり中華を保つ所以《ゆえん》であると考えられていた、と指摘する。そしてこのことは、冊封体制内にあるものは夷狄といえども君臣の義を以て律せられるべきであり、その限りにおいてその罪を糺《ただ》すことは同一の君臣関係にある国内秩序の保持と共通すると考えられていた、と言い換える。この遠征は貞観一九年（六四五）に行われたが（「はじめに」参照）、十分な成果を収めることができなかった。すると太宗は六四七年・六四八年にも高句麗征討を行うが、西嶋氏は最後の三回目の高句麗征討を批判した房玄齢の上表から（『旧唐書』巻六六・房玄齢伝）、高句麗を討伐すべき場合はそれが臣節を失った時、中国に侵寇した時、及び永久に中国の患となるべき時に限定されるべきものであって、そこでは冊封関係にある藩国に対しては名目の無いいくさを興すべきでないことが主張されている、と説明する。そして、唐の太宗朝における朝鮮三国とこれに対応した唐の動きは冊封関係の存在を前提とするものであり、よって当時の東アジアにおける国際政局が現実に展開する場として、中国王朝を中心とする冊封体制の存在が重視されなければならない、と指摘する（註〈1〉所掲「六—八世紀の東アジア」）。

煬帝の高句麗遠征の発動された理由を尋ねて唐の太宗朝にまで筆が及んでしまったが、宮崎・堀両氏が隋朝または煬帝朝の政治情況の中で考えようとしているのに対し、西嶋氏は唐代に至る長い時間軸の中で考えようとしている、と言える。西嶋氏の著目した前引の温彦博の言がその場限りの発言でないとすれば、玄菟郡・楽浪郡・帯方郡のあった朝鮮の地域に対する中国王朝の封疆（領域）意識と、長城以北の遊牧民族の地域に対する中国王朝の意識とは当然相違するものとなる。従って、煬帝の高句麗遠征の原因についても、それまでの中国王朝と高句麗との関係の中で考えるか隋の政治史の中で考えるかで、その理解は大きく変わってくるであろう。その点を実証的に考察しようとするならば、隋唐までの異民族との戦争における征討詔の内容を逐一吟味していくことも必要となろう。それは今後の課題としたいが、以上の煬帝の高句麗遠征をめぐる問題を見ても、どのような視点で冊封体制や東アジア世界を捉えるかで、その理解のずいぶん違ってくることが判る。そこで次に、西嶋定生氏の東アジア世界論と堀敏一氏の東アジア世界論との相違について、やや詳しく述べてみたいと思う。

二つの東アジア世界論

前述のように、西嶋氏は一九六二年に冊封体制の存在を指摘し、その後に冊封体制の存在を手がかりに東アジア世界設定の必要性を説いた。西嶋氏の冊封体制論は初めから東アジア世界論と緊密な関係を有していたのである。ではなぜ東アジア世界の設定にこだわったのであろうか。西嶋氏は一九六四年発表の「私の古墳遍歴」において、一九五七年（昭和三二）頃の氏の問題関心が日本における中国史研究の存在意義に向けられていた、と述べている。

また、それは現代日本のわれわれを規定する歴史性の把握のためであり、日本史研究と絶縁した場で中国史研究を取り扱うべきではなく、中国史研究はその直接的結果やそこで把握された方法によって日本史研究に奉仕しなければならない、とも述べている(7)。その後、西嶋氏は明清に至る東アジア世界総体の歴史叙述を何度も試みているが、ヨーロッパ経済の浸透によって最終的に崩壊した東アジア世界から離脱し、帝国主義化した日本のその後の歴史については厳しい視線を向けている。また、日本は海によってアジア大陸から切り離された島国であるが、日本の歴史は国内だけで進行していたと考えるべきではなく、東アジア世界という領域を設定してその中で日本の歴史展開を考察すべきである、ということも繰り返し述べている(8)。つまり西嶋氏にとっては、日本の歴史について独善的な見方を排して中国史・朝鮮史との関連で理解していく上で、東アジア世界の設定は是非とも必要なことであったのである。

以上の西嶋氏の視点は貴重であり、今後にも生かされなければならないと思う。しかしながら、すぐれて理論的なその視点は、実証的には種々の問題を残すことになった。例えば、西嶋氏の言う冊封体制論は爵制に基づく国内の君臣関係が国外に拡延したものであり、その限りでは東アジア諸国に限定されるべきものではない。また、「冊封」は明清時代の国際関係には頻見する用語であるが、元以前の用例は極めて少なく、唐以前の正史の用例は皆無に近い(9)。従って、唐以前においては「冊封」の語を用例から帰納的に定義することはほとんど不可能であり、論者によって用例の範囲も異なることになるのである。事実、以下に見る堀敏一氏の場合は冊封の対象は西嶋氏の場合に比べて広く取られている。また、冊封体制が機能した時代については、「六―八世紀の東アジア」の叙述では四世紀後半から唐代にかけてのように読み取れるが、その結語では冊封体制は漢代から存在したと記されている。従って西嶋氏は、まず冊封体制という政治構造が中国文化を「東辺諸国」に拡延した事実を前提にして、あとは論証することなくさらに地域と時代とを拡大、延長させ冊封を媒介とした文化圏の形成を論じている、という厳しい批判も出てくるのである(10)。また、西嶋氏の挙げる東アジア世界に共通する四つの指標の漢字・儒教・律令制・中国化した仏教(漢訳仏典)についても、李成市氏はことに漢字について、その歴史的・地理的な使用範囲が西嶋氏の言う東アジア世界に止まるかどうか疑問を呈しており、さらに高句麗—新羅—日本のように、中国王朝とは直接結びつかない形での周辺諸国における漢字の伝播の事実について注意を喚起している。

西嶋氏の問題提起を受けて、一九六〇年代からその逝去に至るまで冊封体制や東アジア世界を論じ続けた中国史研究者に堀敏一氏がいる。学徒出陣によって中国の山西省で敗戦を迎えた堀氏にあっても、戦前の日本の中国侵略には厳しい眼を向けていたと思われるが、西嶋氏のように日本からの視点を強調することはない。むしろ、中国王朝から視るという立場が貫かれているように思われる。また、生涯にわたって数多く書き続けられた堀氏の東アジア世界論は、西嶋氏の「六—八世紀の東アジア」のような、以後の所論の大前提となる基礎的な論を持たない。そこで、堀氏の冊封体制論・東アジア世界論については、西嶋氏の論と対比して注意すべき点についてかいつまんで述べていく(第一部序章参照)。

西嶋氏の東アジア世界論では冊封体制の存在が重要であったが、堀氏によれば中国の異民族支配のあり方を示す用語としては羈縻《きび》が最もふさわしい。中国王朝と異民族との間には冊封・朝貢・和蕃公主《わばんこうしゅ》(皇帝の娘の公主である ことを建前とする女性の異民族への降嫁)等々の種々の関係が見られるが、それらを包括的に表現した語が羈縻である。臣属を意味する冊封の語は魏晉南北朝の日本・朝鮮・中国との関係を示すには適当かも知れないが、中国の異民族支配全体の中では重要ではあるが一部のやり方である、と堀氏は言う。冊封体制の存在を西嶋氏は隋唐東アジアの国際関係から論証しようとしたが、堀氏によれば冊封体制は魏晉南北朝に最も有効に機能した。よって冊封の良く作用した期間についても、西嶋氏と堀氏とでは理解に相違がある。また、唐代には異民族の領域を名目的に唐の府州に編入し、その首長を府の長官の都督《ととく》や州の長官の刺史《しし》に任命する羈縻府・羈縻州の制度が盛んに行われた。羈縻州という熟語は良く知られているが、堀氏によれば羈縻州の制度が行われるようになったのは唐代からで、漢代からある羈縻の語と羈縻州とを混同してはならない。さらに、唐代では吐蕃《とばん》の賛普《さんぷ》、突厥や回紇《かいこつ》（回鶻《かいこつ》）の可汗《かがん》など異民族固有の称号の授与も唐王朝によって盛んに行われたが、堀氏はこれも冊封と理解する。西嶋氏の場合には、君臣関係の周辺諸国への拡延として中国国内の爵号に由来する王号の授与が重視されるが、どのような称号の授与まで冊封の範囲に認めるか、という点でも堀氏の見解は西嶋氏と相違するのである。

従って、冊封体制及び東アジア世界の適用範囲も西嶋氏と堀氏とでは相違してくる。西嶋氏は日本の歴史展開を考える条件として東アジア世界の存在を重視するので、自ら設定した日本・朝鮮・中国及び北ヴェトナムという東アジア世界以外の地域における冊封の存否には言及しなかった。一方堀氏は、中国を中心とする東アジアの歴史は、北アジアないし中央アジアの諸民族と中国との関係を抜きにしては考えられない、という。そして、中国が日本・朝鮮に対して適用した政策も北アジア諸民族との関係の中で生まれたものが多い、とする。また、チベット高原も中国との関係は緊密であり、西北回廊以西の地域も歴史上の西域であって東アジアの歴史的世界に含めて差し支えない、とする。日本の位置附けを重視する西嶋氏の立場からすれば、西域やチベット方面まで東アジア世界に含めて考えるのは、餘りにも東アジア世界の範囲を広く捉え過ぎた印象を受ける。しかし堀氏からすれば、日本を含めた東アジア地域の歴史展開を考える上で、これに関係する地域もすべて東アジア世界に含める必要がある、ということなのであろう。西嶋氏は、氏の東アジア世界に共通する漢字以下の四つの指標を挙げた。しかし、堀氏の東アジア世界では敢えてそのような共通の指標を想定する必要はなく、よって氏の東アジア世界論では西嶋氏の四つの指標について全く言及する所がなかったのであろう。

以上のように、同じ冊封、同じ東アジア世界という言葉を使っていながら、西嶋氏と堀氏とでそれぞれの用語の含意する範囲は大きく相違していた。西嶋氏の場合には、煬帝の高句麗遠征の原因にしても爵制的秩序からの逸脱という側面を重視するのに対し、爵位以外の可汗等の称号授与も冊封の範疇で捉え、東アジア世界の外交の前提として中国と北アジア諸国との関係を重視する堀氏の場合には、国際関係における爵制的秩序の側面は餘り重視されないのである。しかし、西嶋氏が温彦博の言を引用しながら指摘したように、歴史的な玄菟郡や楽浪郡・帯方郡の存在が、高句麗に対する隋唐の封疆意識に投影していたことは否定できないのではなかろうか。唐代までの中国王朝の北アジア・中央アジア諸国に対する意識と東アジア諸国に対する意識との間に、中国王朝が東アジアにおいて玄菟郡・楽浪郡を持ち得たことの影響はなかったのであろうか。中国王朝の北アジア諸国等に対する意識と東アジア諸国に対する意識との間に何らかの相違があったとすれば、日本・朝鮮・中国及びヴェトナムを主要地域とした西嶋氏の東アジア世界の設定には一定の意義があることになろう。中国王朝と東アジア諸国との歴史的関係を踏まえながら、なおかつ中国と北アジア諸国・中央アジア諸国との関係も視野に入れ、あらためて東アジア世界設定の意義について検討していく必要があるのではなかろうか。

四　正史外国伝の中の東夷伝と倭国伝

煬帝の高句麗遠征からさらに東アジア世界論の意義にまで筆が及んだが、最後に唐代までの正史外国伝における倭人伝の特色について瞥見してみたい（後掲第六表「正史外国伝の東夷伝と倭国伝」参照）。前節で述べた西嶋・堀両氏の東アジア世界論のうち、特に堀氏の場合には、中国と東アジア諸国との関係を考える上で必要なその他の地域も、東アジア世界の範囲に組み入れて考察しようとしていた。よって東アジア世界を考える上でも、東夷伝や倭人伝の特色を正史外国伝全体の中で理解しておくことが必要であろう。

『漢書』

中国最初の正史は『史記』であるが、司馬遷在世中の前漢武帝期で筆が止まっているので、ここでは取り上げない。一王朝の断代史の正史は、後漢に作られた『漢書』が最初となる。前漢の国際関係を反映して、匈奴《きょうど》伝・西域伝はそれぞれ二巻に亘って詳細に記述されているが、その他の地域は「西南夷・両粤《りょうえつ》・朝鮮伝」として一巻に纏められ、倭国伝はない。朝鮮についても、武帝の時の朝鮮四郡設置に至る出兵記事が大半を占めている。

『後漢書』

『後漢書』になると東夷列伝、南蛮・西南夷列伝がそれぞれ一巻ずつを占めるようになる。西域伝も独立しているが、北狄《ほくてき》伝に相当するのは南匈奴列伝と烏桓《うがん》・鮮卑《せんぴ》列伝とである。東夷列伝は夫餘《ふよ》・挹婁《ゆうろう》・高句驪（高句麗は後世の略記）・東沃沮《よくそ》・濊《わい》・三韓と倭であり、倭伝が初めて登場する。ただし、『後漢書』は南朝宋の范曄《はんよう》の手になるもので、その成立は西晋の陳寿の『三国志』より遅れる。倭伝についても、多くの部分で『魏志』倭人伝を下敷きにしていることが知られている。[11] もちろん、建武中元二年（五七）の史上最初となる倭（奴国）の中国遣使など、後漢のみの貴重な記録も伝えられている。

『三国志』

中国正史の日本に関する纏まった記事として最古のものであり、かつ内容も極めて豊富なのが、『魏志』倭人伝である。正確には『三国志』魏書東夷《とうい》伝倭人條と表記すべきであるが、正史の『三国志』は元来は『魏書』『蜀書』『呉書』の独立した三書であり、印刷術の普及した北宋時代に印刷出版するに当たり『三国志』と総称するようになった。その『魏書』のことを『魏志』と呼ぶ例は多いので、『魏志倭人伝』ではなく『魏志』倭人伝と表記すれば餘り問題はないかと思う。魏を正統とする『三国志』では外国伝は『魏書』に附されているが、『三国志』外国伝の特色は二つある。一つは烏丸《うがん》（烏桓の別の表記）・鮮卑・東夷伝のみあって、西域伝・南蛮伝に相当する伝のないことである。『三国志』には南朝宋の裴松之《はいしょうし》による厖大な注が残されており、そこには魏の魚豢《ぎょかん》『魏略』の西戎伝が引かれているので、魏の時代に西域と断絶していたわけではない。従って、『三国志』魏書に西域伝のない理由は別に考えなくてはならないが、それは今後の課題としておく。いま一つは倭人伝の字数が多いことで、二千字近くある。当時の中国周辺の民族で最も強力であったのは高句麗・鮮卑であるが、それぞれ一三五〇字・一二三〇字ほどである。外国伝の中で倭国伝の字数が最も多い正史は他にはなく、倭に対する魏の関心がそれだけ高いことを示している。その理由は、倭が海上で呉を扼《やく》する位置にあると魏が把握（誤認）したことによると考えられるが、十年ほどの間に倭国使が四回派遣され、三回は魏都の洛陽まで行っている。この間に魏の使者も二回邪馬臺国に来ている。『魏志』倭人伝は、単に日本に関する纏まった最古の記録というだけでなく、短期間ながら密接な交流のあったことが、その叙述を精細に富むものにしているのである(12)。

『晋書』

魏・蜀・呉の三国を西晋が統一するのも束の間で（西晋の建国は二六五年、その中国統一は二八〇年）、四世紀代には華北に五胡諸国が登場し、晋王朝は長江流域に逃れて東晋として再建される。唐初に作られた『晋書《しんじょ》』には五胡諸国の歴史は「載記」三〇巻として纏められているが、その他の周辺諸民族は「四夷伝」として一巻に纏められているに過ぎない。倭人についても、主に『魏志』倭人伝に拠った僅かな記録しか残されていない。

『宋書』『南斉書』『梁書』

南朝の正史では、『宋書』『南斉書』『梁書』及び宋・南斉・梁・陳の歴史を纏めた『南史』に外国伝がある。梁代にできた『宋書』には北朝の北魏に索虜《さくりょ》伝一巻が当てられているほか、鮮卑伝・吐谷渾《とよくこん》伝に一巻、夷蛮伝に一巻が当てられている。夷蛮伝は南夷・西南夷・東夷及び国内の蛮の列伝で、東夷伝は高句麗国・百済国・倭国から成る。倭国伝は讃・珍・済・興・武のいわゆる倭の五王に関する記述や、見事な漢文の倭王武の上表文があって注目されているが、字数は六百字足らずで餘り多くはない。同じく梁代の『南斉書』は北魏に関する魏虜《ぎりょ》伝が一巻、蛮・東南夷伝が一巻、芮芮虜《ぜいぜいりょ》・河南《かなん》（＝吐谷渾）・氐羌《ていきょう》伝が一巻である。東南夷伝の中に東夷伝として高麗国（高句麗のこと、後半欠文）・百済国（前半欠文）・加羅国・倭国が収載されているが、倭国は僅か六五字である。唐初の『梁書』では諸夷伝一巻があり、海南諸国・東夷・西北諸戎で構成され北狄伝に相当するものはない。東夷伝は高句麗・百済・新羅・倭・文身《ぶんしん》国・大漢《だいかん》国・扶桑《ふそう》国から成る。倭伝は六百字程度で『宋書』倭国伝をやや上回るが、新しい内容はほとんどなく、梁と倭との間には実際の交渉はなかったと考えられている。

『南史』

唐代に入ると、南朝と隋を含む北朝とにそれぞれ『南史』『北史』が作られるが、『南史』は夷貊《いばく》伝上下二巻で、上巻は海南諸国・西南夷、下巻は東夷・西戎・蛮・西域諸国・北狄（蠕蠕《ぜんぜん》）である。東夷は高句麗・百済・新羅・倭・文身国・大漢国・扶桑国で、『魏志』倭人伝以来の諸伝の記事を利用した倭国伝は七百字足らずであるが、東夷伝では高句麗伝に次ぐ長文である。総じて、北朝に北方を抑えられた南朝の場合、他の王朝の正史に比べて東南アジア諸国との交渉に詳しいのが特徴である。ただし、仏教の交流を中心とした記述が主で、政治的交渉の記述は極めて少ない。一方、高句麗・百済・倭国を主とする東夷の記述は、全体の量は少なくても官爵の授与等の政治的交渉が主となっている点で、東南アジア諸国との記述とは大きな相違がある。また、南北両朝の西側の接点となる鄧至《とうし》・宕昌《とうしょう》の西方勢力との交渉の記述が見られるのも、南北朝時代の一つの特色である。

『魏書』『周書』

北朝では、北斉に作られた『魏書』には五胡諸国や南朝の列伝もあるが、その挙例は省略する。周辺諸民族の場合は東夷伝に相当するのが一巻、吐谷渾・高昌等の西方諸勢力や南方の蛮・獠《りょう》が一巻、西域伝が一巻、北狄伝に相当する蠕蠕・高車等が一巻である。東夷伝は高句麗・百済・勿吉《もつ(ぶつ)きつ》・失韋《しつい》・豆莫婁《とうばくろう》・地豆于《ちとうう》・庫莫奚《こばくけい》・契丹《きったん》・烏洛《うらく》侯《こう》の順である。高句麗以下の東アジア・東北アジア諸国と北魏との関係の重要性が窺われるが、交渉のなかった新羅及び倭国の伝はない。唐初成立の『北斉書』には外国伝はなく、やはり唐初の『周書』には異域伝上下がある。上巻では高句麗・百済が東夷伝に相当し、蛮・獠が南方勢力、稽胡《けいこ》・庫莫奚が北狄伝に相当する。宕昌・鄧至・白《はく》蘭《らん》・氐《てい》はいわば中国領域内の西方諸勢力である。下巻では突厥が北狄伝に相当し、吐谷渾・高昌以下波斯《はし》（ペルシャ）

に至る諸国が西域伝に相当しよう。

『北史』

北魏・北斉・北周・隋四朝の歴史を纏めた唐代の『北史』では、五胡諸国や後梁《こうりょう》について記した「僭偽附庸《せんぎふよう》」の後に、東夷伝・南蛮伝・西方勢力に相当するのが各一巻、西域伝一巻、蠕蠕伝等の北狄が一巻、これも北狄伝に相当する突厥・鉄勒伝が一巻ある。東夷伝相当の巻は高麗・百済・新羅・勿吉・奚・契丹・室韋《しつい》（失韋に同じ）・豆莫婁・地豆干（于）・烏洛侯及び流求《りゅうきゅう》・倭である。流求については『隋書』にも伝があり、おおむね臺湾のことと推定されている。倭伝の記事は前半は『魏志』倭人伝、後半は『隋書』倭国伝に拠っており、千三百字以上の記事の長さは『魏志』倭人伝に次いでいる。中国を統一した王朝の正史では北方民族の比重が大きくなるが、北朝の正史では常に東夷伝が初めに置かれており、高句麗・百済及び東北アジア諸勢力と北朝との関係の重要性が反映していると見られる。ただし、倭は隋以前の北朝には文字通り没交渉であった。

『隋書』及び『旧唐書』『新唐書』

唐初に成立した『隋書』の外国伝は、東夷・南蛮・西域・北狄各一巻となっている。東夷は高麗・百済・新羅・靺鞨《まつかつ》・流求国・倭国の順である。南蛮は林邑《りんゆう》・赤土《せきど》・真臘《しんろう》・婆利《ばり》、西域は吐谷渾・党項《とうこう》・高昌三国の記述が比較的長く、以下康国等の二〇国が続き、隋代に入って西域との交渉の発展してきたことが感得される。北狄は突厥・西突厥・鉄勒・奚・契丹（室韋附）の五（六）国であるが、突厥の記述が圧倒的である上に、鉄勒までトルコ系である。つまり、中国を統一した隋朝では突厥等の北方トルコ系民族との関係が増したのであるが、『隋書』外国伝の構成は従来の北朝の形式を踏襲しているのである。

そこで、唐朝の歴史を記した一〇世紀半ばの『旧唐書《くとうじょ》』外国伝と『隋書』外国伝とを比べてみると、『旧唐書』では突厥伝が一巻上下（下巻に西突厥等を含む）、迴紇伝一巻、吐蕃伝一巻上下、南蛮・西南蛮伝一巻、西戎伝一巻、東夷伝一巻、北狄伝一巻となっている。隋唐における国祚の長さの相違も考慮に入れなければならないが、『旧唐書』では唐と拮抗する関係にあった突厥・回紇・吐蕃の比重がやはり大きくなっている。南蛮・西南蛮は林邑以下一五国で、東女《とうじょ》国・南詔《なんしょう》蛮等、中国の領域の諸部族が西南蛮に区分されている。西戎は党項羌《とうこうきょう》・高昌等から大食《たいしょく》までの一四国である。東夷伝は高麗・百済・新羅・倭国・日本で、西嶋氏の言う東アジア世界の諸国であるが、倭国とこれを改称した日本とは別の伝になっている。北狄伝は鉄勒・契丹・奚・室韋・烏羅渾《うらこん》（『北史』の烏洛侯）の従来の国々に加えて、靺鞨・渤海靺鞨・霫《しゅう》が加わっている。このうちの渤海靺鞨は、唐後半には日本と密接な交渉を結ぶことになる。

五代後晋《こうしん》の開運二年（九四五）に成立した『旧唐書』は、ことに後半に史料を並べただけのような編集の不備が目立つ。そこで北宋中期の嘉祐五年（一〇六〇）に再編集されたのが『新唐書』である。原史料が当時尊重された古文体に書き換えられて判りにくくなった部分もあるが、『旧唐書』以後に入手された史料も盛り込まれている。日本については日本伝に統一され、次に触れるような宋代の新情報も収載されている。

前述のように、中国を統一した王朝にあっては長城以北の諸民族との関係が圧倒的に重要となる。『旧唐書』の外国伝にはその点が如実に現れているが、北朝を引き継いだ隋にあっては、外国伝の配列を見る限り高句麗を中心とする東夷との関係が重要であったと言える。そこで、隋代の倭国の位置附けを計るために『隋書』東夷伝の各国の字数を比べると、高麗（高句麗）―一九二三字、百済―九三八字、新羅―四三二字、靺鞨―六四七字、流求国―

一一〇五字、倭国―一二九三字で、倭国伝は東夷伝の末尾にあるが字数では高句麗に次いでいる。因みに、『隋書』高句麗伝の字数も『魏志』倭人伝に六十字及ばず、『魏志』倭人伝が当時としては際立った長さであったことが実感される。『旧唐書』倭国日本伝は七二八字で、入宋僧奝然《ちょうねん》の報告に基づいた歴代天皇の系譜のある『新唐書』日本伝[13]でも八六四字であり、『隋書』倭国伝は唐代までの倭国伝では二番目の長さである。初めの四分の一で『後漢書』倭伝・『魏志』倭人伝の内容が要約され、次に日本側の史料にない開皇二〇年（六〇〇）の最初の遣隋使について伝える。その後に官位や服飾・探湯《くがたち》等の刑罰あるいは風俗に関する記述があり、独自の記事も多い。これらは倭国の遣隋使や、小野妹子と共に倭国に来た裴世清の報告に基づくものであろう。最後に、六〇七年の小野妹子の遣隋使及び裴世清の遣使の記事がある。対馬―壱岐をたどる経路は『魏志』倭人伝の時と変わりないが、その前に阿蘇山の記述がある。そこで、裴世清らは博多湾ではなく有明海に入ったとする見方もある。裴世清の都入りに当たっては、短文ではあるが倭王による二度の歓迎の様子も伝えられており、これらは倭国の賓礼《ひんれい》を伝えた記事として重要視されている。

　このように、三国魏以来三百数十年振りに見られた日中双方の使節の交換にふさわしく、『隋書』倭国伝には倭国使や隋使の報告による具体的な記事が散り嵌められている。唐代にも唐の使者は何回か日本に来たが、『旧唐書』や『新唐書』には唐使の報告に基づくと思われる記事はほとんどない。この点は、唐王朝の関心が北方の突厥や回紇、或いは西方の吐蕃に移ったこととも関係していよう。『隋書』倭国伝の記事は、全中国を統一した王朝の国際関係の重心が東夷から北狄に移る間の貴重な記録として受け取るべきであろう。なお、その中には「新羅・百濟、皆な俀（倭）を以て大國にして珍物《めずらしきもの》多しと爲し、竝びに之れを敬仰し、恒に通使往來す（新羅・百濟皆以俀爲大國多珍物、竝敬仰之、恒通使往來）」という文もある。唐の開元二四年（七三六）に玄宗から聖武天皇に宛てた国書が、日本に対する唐代の国書として唯一伝存している（張九齢『唐丞相曲江張先生文集』巻一二「敕日本国王書」）。中に、「彼（日本）は礼義の国」という一文がある。これを日本人の礼儀正しい態度を中国が認識したように説く向きに対し、堀敏一氏は礼儀の国であることは中華に類するゆえに称賛に値するとされたもので日本だけのことではない、と指摘して日本が中国から特に高く評価されたとする独りよがりの解釈を戒めている(14)。しかし、隋代において新羅や百済が珍物の多い大国として倭を敬仰していたという右の記述は、『隋書』の東夷伝や倭国伝の扱いから見て、少なくとも隋王朝の認識としてはそのまま受け取って良いのではなかろうか。

五　おわりに

本章では遣隋使に直接関連する事柄よりも、遣隋使の特色を理解する上で必要と思われる隋と周辺諸国との関係について述べてきた。隋と高句麗との関係に紙数を費やす結果となったが、北斉・北周を継いで間もない隋にあっては、それだけ高句麗との関係が重要であったのである。繰り返すが、中国を統一した王朝にあっては北方遊牧民との関係が極めて重要となるが、その点で隋はやや特殊であった。倭国の朝廷は、より強力に国家を統治していく必要から遣隋使を派遣したが、その隋は中国を統一した王朝としては東アジア諸国との関係を比較的重視していた。日本に関する比較的長文の記録を残す『隋書』倭国伝と、十数次の遣唐使の派遣にも拘らず記事の簡略な『旧唐書』倭国日本伝との相違には、隋と唐との間で東アジア諸国の比重の変化した事実が反映していた、と考えることができるであろう。

註

（1）西嶋定生「六―八世紀の東アジア」（「東アジア世界と冊封体制―六〜八世紀の東アジア―」と改題し、二〇〇〇年及び二〇〇二年に収録。初出は一九六二年）。

（2）西嶋定生「総説」（「序説―東アジア世界の形成」と改題し、二〇〇〇年に収録、初出は一九七〇年）。

（3）伊藤慎吾「六、七世紀中国王朝の興亡と、北方民族との関係に関する一考察」（山梨大学教育人間科学部二〇〇五年度卒業論文、二〇〇六年）。

（4）『隋書』巻八一・倭国伝に

開皇二十年（六〇〇）、俀（倭）王の姓は阿毎、字は多利思北（比）孤、號は阿輩雞彌、遣使して闕《けつ》（都、長安）に詣《いた》る。上《しょう》（文帝）所司を令《し》て其の風俗を訪わしむ。使者言う、俀王は天を以て兄と爲し、日を以て弟と爲す。天の未だ明けざる時、出でて政を聽き、跏趺《かふ》して坐す。日の出ずれば便ち理務を停め、我が弟に委ねると云う、と。高祖曰く、此れ太《はなは》だ義理無し、と。是《ここ》に於いて訓令して之れを改めしむ。（開皇二十年、俀（倭）王姓阿毎、字多利思北（比）孤、號阿輩雞彌、遣使詣闕。上令所司訪其風俗。使者言、俀王以天爲兄、以日爲弟。天未明時出聽政、跏趺坐、日出便停理務、云委我弟。高祖曰、此太無義理。於是訓令改之）

とある。

（5）池田温「裴世清と高表仁―隋唐と倭の交渉の一面―」（同氏『東アジアの文化交流史』所収、吉川弘文館、二〇〇二年、初出は一九七一年）。

（6）宮崎市定『隋の煬帝』（人物往来社、一九六五年。中央公論社文庫、一九八七年に収録。『宮崎市定全集』第七巻に再録、岩波書店、一九九二年）。

（7）西嶋定生「私の古墳遍歴」（『西嶋定生東アジア史論集』第四巻所収、初出は一九六四年）三七七頁。

（8）西嶋定生「東アジア世界の形成と展開」（一九七三年）六三〜六四頁。

（9）金子修一「東アジア世界論と冊封体制論」（田中良之・川本芳昭編『東アジア古代国家論　プロセス・モデル・アイデンティティ』すいれん舎、二〇〇六年）等参照。

(10) 李成市『東アジア文化圏の形成』(山川出版社世界史リブレット7、二〇〇〇年) 四四頁。
(11) 石原道博編訳『新訂魏志倭人伝・後漢書倭伝・宋書倭国伝・隋書倭国伝』(岩波文庫、一九八五年)「解説」参照。
(12) 第二部附論三「『魏志』倭人伝の字数」及び拙稿「中国史の眼で『魏志』倭人伝を読む」(『法政史学』第五九号、二〇〇三年) 参照。
(13) 石原道博編訳『新訂旧唐書倭国日本伝・宋史日本伝・元史日本伝』(岩波文庫、一九八六年) 参照。
(14) 堀敏一「日本と隋・唐両王朝との間に交わされた国書」(一九七九年)、改訂版 (一九九八年)。本文の指摘は改訂版の二二四～二二五頁。

第六表　正史外国伝の東夷伝と倭国伝

No.	書名	成立	撰者	収載外国伝	倭人伝字数
1	漢書	後漢	班固	匈奴伝、西南夷両粤朝鮮伝、西域伝	なし
2	後漢書	南朝宋	范曄	東夷列伝（夫餘国・挹婁・高句驪・句驪・東沃沮・濊・韓・倭）、南蛮西南夷列伝、西羌伝、西域伝（拘弥国・于寘国・西夜国・子合国・徳若国・條支国・安息国・大秦国・大月氏国・高附国・天竺国・東離国・栗弋国・嚴国・奄蔡国・莎車国・疏勒国・焉耆国・浦類国・移支国・東且弥国・車師）、南匈奴列伝、烏桓・鮮卑列伝	六七三字
3	三国志・魏書	西晋	陳寿	烏丸・鮮卑・東夷伝（夫餘・高句麗・東沃沮・挹婁・濊・韓・倭）	一九八三字
4	晋書	唐	房玄齢等	四夷伝（夫餘国・馬韓・辰韓・肅慎氏・倭人・裨離等十国・吐谷渾・焉耆国・亀茲国・大宛国・康居国・大秦国・林邑国・扶南国・匈奴）	三六八字
5	宋書	梁	沈約	索虜伝、鮮卑吐谷渾伝、夷蛮伝（南夷〔林邑国・扶南国〕、西南夷〔訶羅陁国・呵羅単国・媻皇国・媻達国・闍婆婆達国・師子国・天竺迦毗黎国〕、東夷〔高句驪国・百済国・倭国〕、蛮〔荆雍州蛮・豫州蛮〕）	五六六字
6	南斉書	梁	蕭子顕	魏虜伝、蛮・東南夷伝（東夷〔高麗国・百済国・加羅国・倭国〕、南夷〔林邑国・扶南国・交州〕）、芮芮虜・河南・氐楊氏・宕昌	六五字
7	梁書	唐	姚思廉	諸夷伝（海南諸国〔林邑国・扶南国・盤盤国・丹丹国・干陁利国・狼牙脩国・婆利国・中天竺国・師子国〕、東夷〔高句驪・百済・新羅・倭・文身国・大漢国・扶桑国〕、西北諸戎〔河南王・高昌国・滑国・周古柯国・呵跋檀国・胡蜜丹国・白題国・亀茲・于闐国・渇盤陁国・末国・波斯国、宕昌国・鄧至国・武興国・芮芮国〕）	六二一字
8	南史	唐	李延寿	夷貊伝上巻（海南諸国〔林邑国・扶南国〕、西南夷〔訶羅陁国・呵羅単国・婆皇国・婆達国・闍婆達国・槃槃国・丹丹国・干陁利国・狼牙脩国・婆利国・中天竺国・天竺迦毗黎国・師子国〕、下巻（東夷〔高句麗・百済・新羅・倭国・文身国・大漢国・扶桑国〕、西戎〔河南王・宕昌国・鄧至国・武興国〕、蛮〔荆雍州蛮・豫州蛮〕、西域諸国〔高昌国・滑国・呵跋檀・周古柯・胡密丹等国・白題国・亀茲・于闐・渇盤陁国・末国・波斯国〕、北狄〔蠕蠕〕）	六六〇字

9	10	11	12
魏書	周書	北史	隋書
北斉	唐	唐	唐
魏収	令狐徳棻等	李延寿	魏徴・長孫無忌等
東（高句麗・百済国・勿吉国・失韋国・豆莫婁国・地豆于国・庫莫奚国・契丹国・烏洛侯国）、西・南（氐・吐谷渾・宕昌羌・高昌・鄧至・蛮・獠）、西域（鄯善国・且末国・于闐国・蒲山国・悉居半国・権於摩国・渠莎国・車師国・且弥国・焉耆国・亀茲国・姑黙国・温宿国・尉頭国・烏孫国・疏勒国・悦般国・者至抜国・迷密国・悉萬斤国・忸密国・洛那国・粟特国・波斯国・伏盧尼国・色知顕国・伽色尼国・薄知国・牟知国・阿弗太汗国・呼似密国・諾色波羅国・早伽至国・伽不単国・者舌国・伽倍国・折薛莫孫国・鉗敦国・弗敵沙国・閻浮謁国・大月氏国・安息国・大秦国・阿鈎羌国・波路国・小月氏国・罽賓国・吐呼羅国・副貨国・南天竺国・畳伏羅国・抜豆国・嚈噠国・朱居国・渇槃陁国・鉢和国・波知国・賒弥国・烏萇国・乾陀国・康国）、北（蠕蠕・匈奴宇文莫槐・徒何段就六眷・高車・吐突隣部〔下略〕）	異域伝上巻（東〔高麗・百済〕、南〔蛮・獠〕、西〔宕昌羌・鄧至羌・白蘭・氐〕、北〔稽胡・庫莫奚〕）、下巻（北〔突厥〕、西〔吐谷渾・高昌・鄯善・焉耆国・亀茲国・于闐国・嚈噠国・粟特国・安息国・波斯国〕）	僭偽附庸（夏・燕・後秦・北燕・西秦・北涼・後梁）、東（高句麗・百済・新羅・勿吉国・奚・契丹国・室韋国・豆莫婁国・地豆干国・烏洛侯国・流求国・倭国）、南（蛮・獠・林邑・赤土国・真臘国・婆利国）、西（氐・吐谷渾・〔一部略〕宕昌羌・鄧至・白蘭・党項羌・附国・稽胡）、西域（鄯善国・且末国・于闐国・蒲山国・悉居半国・権於摩国・渠莎国・車師国・高昌・且弥国・焉耆国・亀茲国・姑黙国・温宿国・尉頭国・烏孫国・疏勒国・悦般国・者至抜国・迷密国・悉萬斤国・忸密国・破洛那国・粟特国・波斯国・伏盧尼国・色知顕国・伽色尼国・薄知国・牟知国・阿弗太汗国・呼似密国・諾色波羅国・早伽至国・伽不単国・者舌国・伽倍国・折薛莫孫国・鉗敦国・弗敵沙国・閻浮謁国・大月氏国・安息国・條支国・大秦国・阿鈎羌国・波路国・小月氏国・罽賓国・吐呼羅国・副貨国・南天竺国・畳伏羅国・抜豆国・嚈噠国・朱居国・渇槃陁国・鉢和国・波知国・賒弥国・烏萇国・乾陁国・康国・安国・石国・女国・鏺汗国・吐火羅国・米国・史国・曹国・何国・烏那遏国・穆国・漕国）、北（蠕蠕・匈奴宇文莫槐・徒何段就六眷・高車・吐突隣部〔下略〕）、突厥・西突厥、鉄勒	東夷（高麗・百済・新羅・靺鞨・流求国・倭国）、南蛮（林邑・赤土国・真臘国・婆利国）、西域（吐谷渾・党項羌・高昌国・康国・安国・石国・女国・焉耆国・亀茲国・疏勒国・于闐国・鏺汗国・吐火羅国・挹怛国・米国・史国・曹国・何国・烏那曷国・穆国・波斯国・漕国・附国）、北狄（突厥・西突厥・鉄勒・奚・契丹・室韋）
なし	なし	一三三四字	一三九三字

13	旧唐書	後晉	劉昫等	突厥、西突厥、迴紇、吐蕃、南蛮西南蛮（林邑国・婆利国・盤盤国・真臘国・陀洹国・訶陵国・墮和羅国・墮婆登国・東謝蛮・西趙蛮・牂牁蛮・南平獠・東女国・南詔蛮・驃国）、西戎（泥婆羅国・党項羌・高昌・吐谷渾・焉耆国・亀茲国・疏勒国・于闐国・天竺国・罽賓国・康国・波斯国・拂菻国・大食国）、東夷（高麗・百済国・新羅国・倭国・日本国）、北狄（鉄勒・契丹・奚国・室韋・靺鞨・渤海靺鞨・霫・烏羅渾国）	七二八字
14	新唐書	北宋	欧陽脩等	突厥、西突厥、吐蕃、回鶻、薛延陀・抜野古・僕骨・同羅・渾・契苾・多覧葛・阿跌・葛邏禄・抜悉密・都播・骨利幹・白霫・斛薛・黠戛斯、沙陀、北狄（契丹・奚・室韋・黒水靺鞨・渤海）、東夷（高麗・百済・新羅・日本・流鬼）、西域（泥婆羅・党項・東女・高昌・吐谷渾・焉耆国・亀茲・跋禄迦・疏勒・于闐・天竺国・摩揭它・罽賓・康・寧遠・大勃律・小勃律・吐火羅・謝䫻・識匿・箇失密・骨咄・蘇毗・師子・波斯・拂菻・大食）、南蛮（南詔・蒙巂詔・越析詔・浪穹詔・邆賧詔・施浪詔・環王・婆利・盤盤・扶南・真臘・訶陵・投和・瞻博・室利佛逝・名蔑・単単・驃・両爨蛮・南平獠・西原蛮）〔一部省略〕	八六四字

第二章　隋唐交代と東アジア

一　隋王朝と東アジア

隋帝国の出現

五八一年に成立した隋王朝が、五八九年に南朝の陳を滅ぼして中国を統一したことは、倭国（日本）を含めた東アジア諸国にも大きな影響を及ぼさずにはおかない出来事であった。

倭国は、五世紀には南朝の宋に遣使したが北朝には遣使せず、六世紀に入ると南北朝いずれとも交渉を持たないまま六〇〇年の第一回遣隋使に至る。百済は、五～六世紀にはほぼ南朝への遣使に終始した。高句麗は、北魏以来一貫して北朝に遣使して冊封を受ける一方、宋から陳までの南朝に朝貢しその冊封も受けた。新羅は、六世紀に入って南朝の梁・陳、北朝の北魏・北斉に朝貢していたが、東アジアの国際社会の中では比較的孤立していた。このように、中国が南北朝に二分されていた五～六世紀には、北魏と高句麗との関係が極めて密接な一方、その高句麗も排除しない形で南朝と百済・倭との関係が存在していた（武田幸男「序説　五～六世紀東アジア史の一視点」『東アジア世界における日本古代史講座四　朝鮮三国と倭国』学生社、一九八〇年。三﨑良章「北魏の対外政策と高句麗」『朝鮮学報』一〇二、一九八二年)。隋の中国統一は、以上の南北朝の併存を前提としていた東アジア諸国の外交に、大きな方針転換を迫るものとなった。その結果生じた国際情勢の緊張は隋・唐と高句麗との対立を生み、七世紀後半の高句麗・百済の滅亡と新羅の朝鮮半島統一に至る。こうしていわゆる統一新羅が出現し、また七〇〇年頃に渤海が成立してからは、東アジアの情勢は安定し、日本の遣唐使派遣もそれ以前の不定期のものから定期的なものへと変化するのである。

本章の扱う隋唐交代期は、このように東アジアがまさしく激動した時代であった。その激動の原因は、隋と隋に近接する高句麗との間に対立が生じたことにあった。その対立は、煬帝の三次にわたる高句麗遠征とその結果としての隋の滅亡を引き起こし、唐朝成立の後も持続して遂に高句麗の滅亡に及ぶのである。隋唐交代期の東アジアの動きは、高句麗抜きに語ることはできない。そこで本章では、叙述の焦点を高句麗と隋・唐との対立に絞り、特に隋代に重点を置くこととした。隋代を中心としたのは次章以下との重複を避けるためでもあるが、なによりも、唐と高句麗との対立は隋と高句麗との対立を持ち越す形で存在した、と考えるからである。なお、隋代の東アジア世界については堀敏一氏に優れた考察があり(「隋代東アジアの国際関係」一九七九年)、本章も氏の高論に多くを負っている。

第七表　朝鮮三国の隋への遣使年表

年代		高句麗	百済	新羅	主な出典
西暦	隋				
五八一	開皇1	十二月壬寅、高句麗王高湯遣使朝貢、湯に大将軍・遼東郡公を授け、高麗王に封ず。以後歳ごとに朝貢す	十月乙酉、百済王扶餘昌遣使来賀、昌に上開府儀同三司・帯方郡公・百済王を授く		『隋書』高祖紀上および百済伝『三国史記』百済本紀『北史』隋紀上 『隋書』高祖紀上および高句麗伝『三国史記』高句麗本紀『北史』隋紀上
五八二	開皇2	正月辛未、遣使して入隋し、朝貢す 十一月丙午、遣使して方物を献ず	正月辛未、遣使して入隋し、朝貢す		『三国史記』高句麗・百済本紀『隋書』高祖紀上『冊府元亀』九七〇 『隋書』高祖紀上『冊府元亀』九七〇『三国史記』高句麗本紀
五八三	開皇3	正月癸亥、遣使して朝貢す 四月辛未、遣使して朝貢す 五月甲辰、遣使して来朝す 冬、遣使して入隋し、朝貢す			『隋書』高祖紀上『三国史記』高句麗本紀『冊府元亀』九七〇 『三国史記』高句麗本紀
五八四	開皇4	春、遣使して入隋し、朝貢す 四月丁未、文帝、突厥・高句麗・吐谷渾の使者を大興殿に宴す	◦十一月戊寅、遣使して入陳し朝貢す		『三国史記』高句麗本紀 『隋書』高祖紀上『三国史記』高句麗本紀 『陳書』後主紀『三国史記』百済本紀

五八五	開皇5	。十二月癸卯、遣使して入陳し、朝貢す			『陳書』後主紀『三国史記』高句麗本紀
五八六	開皇6		。九月丁未、遣使して入陳し、朝貢す		『陳書』後主紀『三国史記』百済本紀
五八九	開皇9		漂流した隋船を返し、遣使して平陳を賀（いわ）う		『隋書』百済伝『北史』百済伝『三国史記』百済本紀
五九一	開皇11	正月辛丑、遣使して入隋、遼東郡公などの賜与を謝し、王に封ぜられんことを請う 三月に文帝が高句麗王に封ずると、五月に遣使して謝恩す			『三国史記』高句麗本紀『冊府元亀』九七〇『隋書』高祖紀下・高句麗伝
五九二	開皇12	正月、遣使して方物を献ず			『冊府元亀』九七〇『三国史記』高句麗本紀
五九四	開皇14			遣使して方物を献じ、文帝、新羅王金真平を上開府・楽浪郡公・新羅王となす	『隋書』新羅伝『北史』新羅伝『三国史記』新羅伝
五九七	開皇17	五月己巳、遣使して方物を献ず			『隋書』高祖紀下『三国史記』高句麗本紀『北史』隋紀上『冊府元亀』九七〇
五九八	開皇18		扶餘昌、長史王弁那をして方物を献ぜしむ。また、遣使し軍導をなさんと請う		『隋書』百済伝『三国史記』百済本紀『通鑑』一七八『北史』百済伝
六〇〇	開皇20	正月辛酉朔、突厥・高麗・契丹、ならびに遣使して方物を献ず			『隋書』高祖紀下『北史』隋紀上『三国史記』高句麗本紀

六〇四（七月、文帝没）	仁寿4			七月、大奈麻萬世・恵文らを遣して隋に朝す	『三国史記』新羅本紀
六〇七	大業3		扶餘昌、使者燕文進を遣して朝貢せしむ。その年、また使者王孝鄰を入献せしめ、高句麗を討たんことを請う		『隋書』百済伝『北史』百済伝『三国史記』百済本紀
六〇八	大業4		三月、遣使して方物を献ず	（真平王、隋兵を請うてもって高句麗を征せんと欲す（『三国史記』新羅本紀）使者の派遣は六一一年か？）	『隋書』煬帝紀上『北史』隋紀下『冊府元亀』九七〇
六〇九	大業5	四月壬寅、高句麗・吐谷渾・伊吾、ならびに遣使して来朝す			『北史』隋紀下『冊府元亀』九七〇
六一一	大業7		二月庚申、遣使して軍期を請う	新羅王、遣使して師を請う＊	『隋書』百済伝『三国史記』百済本紀＊『三国史記』新羅本紀
六一四	大業10	七月甲子、遣使して降らんことを請い、斛斯政を囚送す	七月、遣使して方物を貢す		『冊府元亀』九七〇『隋書』百済伝『北史』百済伝『隋書』煬帝紀下・高句麗伝『北史』高句麗伝
六一五	大業11			正月、遣使朝貢す	『冊府元亀』九七〇『隋書』煬帝紀下

註　。印は、陳への遣使をさす。＊印は、出典の＊を根拠とする。

隋の平陳と高句麗・百済

隋朝成立の五八一年（開皇元）一〇月には百済、一二月には高句麗が隋に遣使朝貢した。隋の文帝（在位五八一～六〇四）は、百済の威徳王《いとくおう》を上開府儀同三司《じょうかいふぎどうさんし》・帯方郡公・百済王に、高句麗の平原王を大将軍・遼東郡公・高麗王に任じた。上開府儀同三司の官品は従三品、大将軍は正三品であり、この段階では高句麗は百済より高く位置づけられていた。しかし、高句麗は五八四年まで隋に遣使していたが、翌年には一転して陳に使節を送り、以後は隋との交渉を行わなくなる。百済は、隋へ五八一年・五八二年の遣使を行ったのみで、以後は陳に五八四年・五八六年と使節を送っている（第七表「朝鮮三国の隋への遣使年表」参照）。つまり、隋の建国以後数年ならずして、高句麗・百済とも陳を重視する方針に転換したのである（堀敏一、前掲「隋代東アジアの国際関係」）。当時の陳に対する隋の優位は動かし難い。それにも拘らず高句麗・百済が陳支持の動きに出たのは、華北にあって朝鮮半島にも近く国力も充実している隋の動きに、両国が警戒心を懐いたからであろう。特に隋に隣接する高句麗にとって、隋の脅威は大なるものであったと思われる。朝鮮半島へは遼西からの陸路のみならず、山東半島から遼東半島へ渤海湾を渡っても行けるのである。なお、新羅の隋への朝貢は遅く、平陳後の五九四年が最初であった。

隋が陳を平定した五八九年、たまたま隋の戦船が耽牟羅国《たんむら》（耽羅すなわち済州島）に漂着した。百済の威徳王はこの機に船を丁重に隋に送り返すとともに、遣使して隋の平陳を賀《いわ》う上表文をたてまつった。すると隋の文帝は詔を下し、百済は敢えて毎年入貢するには及ばず、隋もまた特に使者を送ることはない、という意味のことを述べた（『隋書』巻八一・百済伝）。文帝は比較的平静に百済に接する意思を示したのであり、百済は隋との関係の悪化を回避することができた。これに対し、高句麗と隋との関係は全く相違する形で推移した。高句麗の平原王は隋の平陳に脅威を感じ、兵（武器）を治め穀物を備蓄して防禦策を講じた。一方、文帝は五九〇年に平原王に璽書を下し、隋から見た高句麗の不善を列挙して非難した。その中には、既に隋の藩臣となっている靺鞨《まっかつ》・契丹《きったん》を圧迫していることや、陳の平定を平原王のみが悲傷歎恨したことが挙げられていた。そして王に藩臣として誠節を尽くすことを命じ、将兵を送ることも辞さないと述べてその改心を迫ったのである。これを見た平原王は恐れて陳謝しようとしたが、同年のうちに病を得て卒《しゅっ》し、子の嬰陽王《えいようおう》が立った。すると文帝は、使者を送って嬰陽王を上開府儀同三司・遼東郡公に任じ、開皇元年の百済並みの地位に引き下げた。これに対して嬰陽王が謝恩すると共に瑞祥出現を賀《いわ》い、王に封《ほう》ぜられることを願うと、文帝は優冊《ゆうさく》して高句麗王とした。

つまり、文帝は嬰陽王の態度が明確になる以前は高句麗王への冊封を控えており、隋における高句麗の名分的地位は一時的には百済より不安定なものになっていたのである。隋と高句麗との武力衝突の危機は一先ず去ったが、百済と高句麗に対する隋の態度の相違は明白であり、平陳後の隋と高句麗との関係は緊張の度を深めていった。

隋王朝と周辺諸国

前述の平原王に対する文帝の璽書には、陳への言及と共に靺鞨・契丹に対する高句麗の態度への非難が見られたが、高句麗は東アジア諸国の中でも最も北と西とに寄っており、その西側、即ち中国から見て北方の諸民族との交渉も比較的活発であった。その上に、隋代には周辺諸国の中でもその勢力は強大であり、隋としても高句麗の動向には深く注意を払わざるを得なかったものと思われる（第三部第一章第一図「隋および唐初の周辺諸国」参照）。

隋成立当初の周辺諸国のうちで強勢を誇っていたのは、突厥・吐谷渾《とよくこん》と高句麗との三国であった。六世紀に建国した新興トルコ系民族の突厥は、北魏末の混乱期にモンゴル高原から中央アジアに跨る一大遊牧帝国を作り上げた。隋は建国当初から突厥対策に腐心したが、五八三年には突厥の内紛に乗じてこれを東西に分裂させることに成功し、その結果、東突厥は隋末まで隋に臣属した。五胡十六国時代に青海省に拠った吐谷渾は、しばしば河西回廊《かせいかいろう》に侵入し隋と西域との交渉を妨害した。そこで文帝に代わった煬帝（在位六〇四～六一八）は、六〇九年（大業五）に吐谷渾に親征してこれを大敗させ、その故地に西海・河源・鄯善《ぜんぜん》・且末《しょまつ》の四郡を置いた。隋末の混乱期には吐谷渾は勢力を取り戻して故地を回復し、これら四郡は消滅するが、一時的には隋は吐谷渾の平定に成功したのである（佐藤長『チベット歴史地理研究』岩波書店、一九七八年）。こうしてみると、周辺諸国の中で隋代全期にわたって主要な敵対勢力であり続けたのは高句麗のみであった。五九八年（開皇一八）には、高句麗が靺鞨衆万餘騎を率いて遼西に寇し、怒った文帝が遼水まで軍を繰り出す事件が起こった。この時は、遣使して「遼東糞土の臣」と称して謝罪した嬰陽王に対し、文帝は一旦格下げした爵位を元に戻し、嬰陽王もその後毎年朝貢した（『隋書』巻八一・高句麗伝）。文帝の時の隋と高句麗との衝突はこうして終熄したが、次の煬帝の時に両者は全面衝突するに至るのである。

煬帝は周辺諸国との交渉を盛んに行い、六〇七年（大業三）には北方の異民族を威圧せんとして北辺巡幸を行った。この時、楡林の煬帝の行宮《あんぐう》に来朝した突厥の啓民可汗《けいみんかがん》は上表して臣と称し、煬帝は啓民に「（皇帝に）臣称するに名いわず、位は諸侯の上に在り」という待遇を与えた。ついで煬帝は啓民の牙帳（テント）に赴いたが、事前に帝意の伝達に派遣された武衛将軍長孫晟《ちょうそんせい》は、牙帳の内に野草が繁茂しているのを見咎《みとが》め、巧みに啓民に勧めて牙中の草を刈り取らせた。こうして長孫晟は、居合わせた北方諸部族の酋長達に、突厥に対する隋の優位を誇示したのである。その二年後には高昌国王麴伯雅《きくはくが》が来朝し、また前述の煬帝の吐谷渾遠征も成功裡に終了して、隋との関係では周辺諸国の中で高句麗がひとり孤立する形勢となった。

煬帝の高句麗遠征

高句麗と隋との対決は、右の煬帝の北辺巡幸を直接の契機としていた。六〇七年八月に煬帝が啓民可汗の牙帳に行くと、高句麗の派遣した使者が先に来ており、啓民は隠さずその使者を煬帝に引き合わせたのである。既に文帝の時にも、高句麗が西方の契丹や靺鞨を圧迫したり、靺鞨を従えて入寇したりしたことが問題となっていた。それがここでは、隋代の主要な異民族の一つであり、長孫晟の働きなどで臣服させた突厥にまで高句麗の関心が及んでいることが明らかになったのである。高句麗に対する警戒心を強めたであろう煬帝は、かの使者に対し高句麗王に早く来朝すべきことを伝えるように言い、もし来朝しない場合には必ず啓民を将《ひき》いて高句麗に巡幸する、と威嚇した（『隋書』巻八四・突厥伝）。嬰陽王は恐れて入朝しなかったが、かえってそれは藩礼を欠くものと隋に見なされてしまった（同書巻八一・高句麗伝）。

翌六〇八年、煬帝は永済渠《えいさいきょ》を開いて黄河から涿《たく》郡（現在の北京市）まで大運河を通した。明らかに対高句麗戦の準備として行った開鑿《かいさく》であった。吐谷渾親征二年後の六一一年になると、百済は使者を遣わして高句麗出兵の期日を問い合わせ、新羅も遣使して出兵を請うた。この頃には、翌年の高句麗遠征は既定の事実となっていたのである。二月には、藩礼を欠いた高句麗の罪を問うという主旨の詔が発せられ、煬帝は江都から通済渠・永済渠を経て四月には涿郡に入った。そして翌六一二年（大業八）正月、一一三万三八〇〇の大軍を二〇〇万と号して高句麗領内へ進撃した。しかし、煬帝の率いた主力は三月に遼河を渡って遼東城を囲んだが城を陥すには至らず、別働隊や水軍も大敗を喫した。七月には煬帝は全軍を引き揚げ、第一次高句麗遠征は完全な失敗に終わった。煬帝は翌年に再度高句麗遠征を行い、四月には自ら遼河を渡った。だが、六月に入ると礼部尚書楊玄感《ようげんかん》が黎陽《れいよう》（河南省浚《しゅん》県）で反乱を起こし、やむなく煬帝は軍を返した。楊玄感の乱は年内に鎮圧されたが、これを契機に全国で次々に反乱が起こった。それにも拘らず、煬帝は翌六一四年にも三たび高句麗遠征を企て、七月には懐遠鎮《かいえんちん》（遼寧省北鎮県附近）に至った。今度は高句麗も音を上げ、前年に高句麗に逃亡していた兵部侍郎斛斯政《ごくしせい》を送還して和睦し、煬帝も軍を返した。しかし、その間にも反乱の輪は広がり、煬帝は六一八年にあえなく江都で殺され、長安に唐が建国して隋は滅亡するに至った。

高句麗遠征の性格

以上の煬帝の高句麗遠征について、当時の国際関係との関連で、積極的な意義づけを最初に行ったのは西嶋定生氏であった。氏は、前近代とくに唐代までの東アジア世界において、国際関係を規律する秩序として冊封体制が機能していたことを指摘した。冊封とは、字義通りには冊書という文書を用いて中国の皇帝が臣下を封建することであり、それが中国王朝と外国との間にまで拡大されたのが冊封関係である。例えば、高句麗王が隋帝から遼東郡王や高句麗王を授与されたのは冊封であり、それによって隋と高句麗との間には君臣関係が結ばれたことになるのである。冊封関係を結んだ国に対して中国は臣下としての職約を求めることがあり、そこから周辺諸民族の国際的な活動に一定の枠なり形式なりが生ずる。このようにして、非冊封国も含めて前近代アジアに独特の国際関係が生ずるのであり、それを冊封体制と称する。この冊封体制を念頭に置くと、隋の高句麗遠征に際して、高句麗の地は周・漢以来中国の領域であった、という議論の存すること（『隋書』巻六七・裴矩伝）が注目される。つまり、伝統的な領域が中国王朝の秩序から脱落するのを防止し、当時の国際関係の拠って立つ秩序を正す、ということが高句麗遠征の最大の理由となり得るのである。このように考えれば、高句麗遠征は一人の専制君主の征服慾に基づくものではなく、当時の中国の国家体制が必然的に突入せざるを得なかった自己運動と理解される。西嶋氏はこのように述べて、当時の冊封体制に政治的規範としての特質を認めたのである（「六―八世紀の東アジア」一九六二年）。

これに対して鬼頭清明氏は、古代東アジア世界の国際関係の特質を中国王朝と周辺諸民族との君臣関係に求める冊封体制論は、周辺諸民族の主体的役割を過小評価することになる、と批判する。そして隋の平陳の前には、陳を中心に吐谷渾・高句麗・突厥を含む「封鎖連環」の同盟が存在したか、同盟が存在したに等しい共通の政治的利害関係が客観的に存在していた、と推測する。そして隋の高句麗遠征については、再び高句麗と突厥との間に連盟が形成されること危惧されたのである、と論じた（『日本古代国家の形成と東アジア』校倉書房、一九七六年）。中国でも、隋から唐にかけて、中原の中国王朝に対して北方諸民族の間に東西相呼応する強大な連繋が形成されており、煬帝の吐谷渾遠征は高句麗決戦における後顧の憂を除こうとしたものであり、高句麗遠征は北方における強大な弧形包囲網を打破せんとするものであった、という見解が提示されている（金宝祥・李清凌・侯丕勛・劉進宝『隋史新探』蘭州大学出版社、一九八九年）。ただし、高句麗と突厥、突厥と吐谷渾との間にそれぞれ交流があったことは明らかであるが、高句麗と吐谷渾との直接的交渉を示す史料はない。高句麗遠征の理由を国際関係に求める以上のような見解に対し、宮崎市定氏は、隋朝官僚の主流は武川鎮《ぶせんちん》（内蒙古自治区武川県附近）出身の軍閥であり、平陳以後出陣の機会の減った彼等が功賞の継続を望んで起こした戦争が高句麗遠征であった、とする（『隋の煬帝』中公文庫、一九八七年、初出は一九六五年。『大唐帝国―中国の中世―』同上、一九八八年、初出は一九六八年）。堀敏一氏はこれらの諸説を検討し、隋代の高句麗と吐谷渾、突厥と吐谷渾との間には同盟関係は存在せず、煬帝の朝廷で冊封体制の論理が機能していたことと、政権を独占した少数近臣の情報操作による煬帝の状勢判断の誤りとが、高句麗遠征の致命的失敗につながった、という（前掲「隋代東アジアの国際関係」）。

以上の各説から窺われるように、隋の高句麗遠征が単に二国間の対立のみに基づくものではなかったこと、ましてや独裁君主のイメージの強い煬帝の領土慾のために行われたものでなかったことは確かである。煬帝の高句麗遠征は、当時の東アジア世界や冊封体制の本質理解に関わる重要な論点を含む問題なのである。遺憾ながら本章にはこの問題を解決する用意はないが、従来の多くの説では高句麗の外交政策を高句麗の立場に即して体系的に把握しようとする努力が欠けていたことは、指摘しておかなければならない。高句麗は藩臣の礼からの逸脱をしばしば隋から譴《とが》められたが、それが単に隋と高句麗二国間の君臣の礼の範囲に留まるものなのか、それとも高句麗の構築した周辺諸国間との国際関係の構造に及ぶものなのか、という点は充分に吟味されなければならないであろう。そしてそのことを考える場合には、隋代の国際社会全体の中での高句麗の位置が考慮されなければならないのである。

二　隋王朝と倭国

遣隋使と国書

突厥啓民可汗の牙帳で煬帝が高句麗の使者に出会った六〇七年、百済と倭国が久しぶりに隋に遣使した。そこで隋と倭との交渉に眼を移すと、遣隋使のことが問題となる。実は遣隋使派遣の年次については、『日本書紀』と『隋書』倭国伝及び本紀との間に食い違いがあり、それらの整理解釈の如何によって遣隋使の回数には三回から六回までの異説が生じている（坂元義種「遣隋使の基礎的考察―とくに遣使回数について―」、井上薫教授退官記念会編『日本古代の国家と宗教』下巻所収、吉川弘文館、一九八〇年。その後の研究に篠川賢「遣隋使の派遣回数とその年代」、同氏『日本古代の王権と王統』所収、吉川弘文館、二〇〇一年、初出は一九八六年、がある）（第八表「『日本書紀』『隋書』対照の遣隋使関係年表」）。本章ではその全てについて論ずることはできないので、有名な国書問題に関係する六〇七年（大業

第八表　『日本書紀』『隋書』対照の遣隋使関係年表（坂元義種「遣隋使の基礎的考察」より）

遣使回数	年代			『日本書紀』	『隋書』	
	西暦	日本	隋	推古紀	帝紀	倭国伝
一	六〇〇	推古8	開皇20			倭王阿毎多利思比孤の使者、闕にいたる
二	六〇七	推古15	大業3	七月庚戌（三日）小野妹子を隋に派遣		倭王の使者、「日出処」国書を提出す
三	六〇八	推古16	大業4	〔四月、妹子・裴世清、筑紫にいたる〕	三月壬戌（一九日）倭国、遣使して方物を貢す	〔煬帝、裴世清を倭国に派遣〕
四	六〇八 ? 六〇九	推古16 ? 推古17	大業4 ? 大業5	九月辛巳（一一日）〔裴世清帰国す〕妹子を再度派遣し、「東天王」国書を托す 〔九月、妹子帰国す〕		倭国使、裴世清にしたがって来朝す
五	六一〇	推古18	大業6		正月己丑（二七日）倭国、遣使して方物を貢ず	
六	六一四 六一五	推古22 推古23	大業10 大業11	六月己卯（一三日）犬上御田鍬を隋に派遣 〔九月、御田鍬帰国す〕		

三）の遣隋使についてのみ触れておきたい。

『隋書』巻八一・東夷伝・倭国條には、よく知られた次の記事がある。

大業三年、其の王多利思比孤《たりしひこ》、使を遣して朝貢す。使者曰く、「聞くならく、海西の菩薩天子重ねて佛法を興す、と。故に遣して朝拜せしめ、兼ねて沙門數十人來たりて佛法を學ぶ」と。其の國書に曰く、「日出《いず》る處の天子、書を日沒する處の天子に致す。恙《つつが》無きや、云云」。帝之れを覽て悅ばず、鴻臚卿《こうろけい》（外国使節を管理する鴻臚寺という役所の長官）に謂いて曰く、「蠻夷の書に禮を無《な》みする者有らば、復た以て聞《ぶん》する（皇帝に報告する）こと勿れ」と。（大業三年、其王多利思比孤、遣使朝貢。使者曰、聞海西菩薩天子重興佛法、故遣朝拜、兼沙門數十人來學佛法。其國書曰、日出處天子、致書日沒處天子。無恙、云云。帝覽之不悅、謂鴻臚卿曰、蠻夷書有無禮者、勿復以聞）

これによれば、倭国の遣使の目的は、仏教を手厚く保護している煬帝に使者を派遣し、学僧を送って仏教を学ばせることにあった。問題はその後にある「日出處天子致書日沒處天子、無恙、云云」の国書である。「云云」は以下にあった本文を省略したことを示し、その上の「無恙」までが書き出しの部分となる。従ってこの国書では、本文ではなく書き出しの部分が煬帝の気に入らなかったことになる。「無恙」は漢代の文書に見られ、以後はあまり見られなくなるやや古い表現であるが、それ自体問題になるような意味の言葉ではない。結局、「日出……天子」の十二字に問題が含まれていることになる。

隋唐時代においては、中国から異民族に出す国書の書き出しに一定の形式が存在した。今に残る隋代の国書は僅少であるが、唐代の国書冒頭の形式には「皇帝敬問某（某は相手国の君主等の名）」「皇帝問某」「勅某」の三種類があった。このうち、「皇帝（敬）問某」は慰労制書という書式であり、「勅某」は論事勅書という書式である（中村裕一『唐代制勅研究』汲古書院、一九九一年）。慰労制書と論事敕書とは共に皇帝が臣僚に下す制敕に含まれ、従って君臣関係で用いられる文書である。ただし実例では、敕—皇帝問—皇帝敬問の順に相手を尊重するものとなっている（第三部第三章「唐代の国際文書形式」参照）。一方、「致書」は対等な者同士の間で用いられる文言であり、制敕には含まれない（中村裕一前掲書）。「致書」は唐代の君主間では用いられなかったが、宋と遼・金との皇帝間では盛んに用いられた。よって六〇七年の遣隋使は、煬帝に対して対等の書式の文書を差出したのである。倭国が敢えてこのような文書を用いたのは、朝鮮三国を藩国視していた倭国にとって、同じ三国を冊封して藩国としていた隋に臣礼を用い、三国と国際的身分を同じくすることは不可能だからであった、という見解がある（西嶋定生「遣隋使と国書」一九八七年）。本節ではそうした倭国の国内事情には立ち入らないが、さきの煬帝の高句麗遠征の問題と関連して、高句麗にも倭国のように周辺諸国を藩国視する外交姿勢があったか否か、検証する必要があることを再説しておきたい。

隋王朝と国書

「致書」という文言は隋代から宋代まで存在しており、決して非常識な文言ではない。また、日本を日出処に当て、隋を日没処に当てたことが煬帝の不興を買った、と言われることがある。一理あるが、当時の中国における皇帝・天子という言葉の重みを考慮すれば、「天子……天子」以上に「日出處」「日沒處」が問題になるとは考え難い。遣隋使の国書問題で中心となるのは、やはり天子—天子という対等の文言であろう。

隋代における「致書」文言の国書には、他に次の例がある（『隋書』巻八四・突厥伝）。

辰の年九月十日、天従り生まれし大突厥天下賢聖天子・伊利倶盧設莫何始波羅可汗《イリキュルシャドバガイシュバラカガン》、書を大隋皇帝に致す。（辰

年九月十日、従天生大突厥天下賢聖天子・伊利倶盧設莫何始波羅可汗、致書大隋皇帝）

右の突厥可汗とは沙鉢略《さはつりやく》可汗で、彼の妻は北周の趙王招（宇文招）の娘千金公主である。沙鉢略は当初は隋と対立していた。しかし、隋の離間策によって五八三年に突厥が東西に分裂すると、翌年に千金公主が隋の文帝の娘となることを願い出て、文帝は彼女に隋朝の楊姓を賜わって大義公主に改封した（護雅夫「突厥と隋・唐両王朝」『古代トルコ民族史研究Ⅰ』山川出版社、一九六七年）。ここに形式上、文帝と沙鉢略との間に義理の父子関係が生じたが、さきの国書は沙鉢略が答礼として五八四年に出したものであった。そしてこれに対する文帝の報書には

大隋天子、書を大突厥の伊利倶盧設莫何沙鉢略可汗に貽《おく》る。（大隋天子、貽書大突厥伊利倶盧設莫何沙鉢略可汗）

とあった。「貽書」という文言を用いた国書の例は他にはないが、「貽書」の字義は「致書」と大差なく、同等の性格のものと理解して良いであろう。すると、上記二書の冒頭の骨格は「天子……可汗致書大隋皇帝」と「大隋天子貽書……可汗」とであり、これらは形式上まず対等と言い得る。文帝は東突厥の沙鉢略可汗と結んで突厥の分裂を固定する狙いで、この優遇を認めたのであろう。

以上で、隋代に「天子致書」という文言の存在することが確認された。倭国の国書も当時の文書形式の上では、それほど不自然な書式ではなかったのである。ただ、突厥の国書が倭国の国書と相違する点は、「天子致書皇帝」とあって「天子致書天子」ではないことである。実は、唐から宋までの国書を見渡すと、「皇帝致書」「皇帝（敬）問」などの文言は多いが、「天子致書」「天子（敬）問」という文言は全く存在しないのである。中国では皇帝と天子との区別は当初から厳格で、玉璽《ぎょくじ》の制度では皇帝と天子とは漢代以来明確に使い分けられていた（西嶋定生「皇帝支配の成立」一九七〇年）。そこで、沙鉢略可汗が「天子致書皇帝」という文言を用いたのは、天子と皇帝との区別を

承知の上で、表現上完全に対等となる「皇帝致書皇帝」という言い方を避けたためかも知れない。また、本来国書の書式を熟知しているはずの中国側の返書が「天子貽書」となっていて、「皇帝致書」の文言でないのも奇異である。これも、対等な書式となる「皇帝致書」の使用を避けて、ほぼ同様の「天子貽書」という文言を隋が創出した結果ではないだろうか。

このように考えると、東突厥の沙鉢略可汗が名目上文帝の娘婿となった時点の文書として、「天子致書皇帝」「天子貽書可汗」は対等な書式を基本としながら、そこにずれを持たせた点に意味があったのである。これに対し、倭国の国書の「天子致書天子」という文言は形式上全く対等であり、「日出處」「日沒處」に価値の相違を認めるとすれば、倭国が隋の上に出てしまう。それゆえ、隋朝に無礼と受け取られたのもやむを得なかったであろう。なお、類例のない「天子致書」という突厥の用いた書式を倭国がどこから学んだか、高句麗と西方諸国との関連を考えるとはなはだ興味深い。

隋と倭国と高句麗

煬帝は倭国の国書には不満であったが、翌六〇八年（大業四）文林郎裴世清《はいせいせい》を倭国に派遣した。その理由は『隋書』には示されていないが、倭国が小野妹子を派遣した六〇七年は煬帝が啓民可汗の牙帳で高句麗使に出会ったその年である。前述のように、その翌年には煬帝は永済渠の開鑿に着手し、対高句麗戦の準備を進めた。このような情況から、諸説が述べるように六〇八年の裴世清の派遣は、対高句麗戦を意識したものと考えるべきであろう。最近では、六世紀には新羅が一貫して高句麗領域を侵しつつあり、これに対抗する形で高句麗の展開した対倭外交が国書問題にも反映している、という見解も出されている。即ち、倭国を日出処、隋を日没処と見る地理観は高句麗のものであり、おそらく、五九五年（推古三）に来日した高句麗僧慧慈《えじ》によって問題の国書は書かれた。このように、高句麗が倭との連繫を深めつつある中で当時の日隋外交が展開した、というのである（李成市「高句麗と日隋外交—いわゆる国書問題に関する一試論—」、同氏『古代東アジアの民族と国家』所収、岩波書店、一九九八年、初出は一九九〇年）。「日出處……」の国書を高句麗人が起草したか否かはともかくとして、倭国に対する隋の対応即ち裴世清の派遣などが、隋の対高句麗戦略と関係していたことは誤りないであろう。意外に丁重な隋の倭国への対応の背景には、厳しい情況にある隋—高句麗関係があったのである。

なお、『隋書』倭国伝の六〇七年の遣隋使の記事の直前には

新羅・百濟、皆な俀（倭）を以て大國にして珍物《めずらしきもの》多しと爲し、竝びに之れを敬仰し、恆に通使往來す。（新羅・百濟皆以俀爲大國多珍物、竝敬仰之、恆通使往來）

という文がある。これは倭国に対する隋の評価を示したものではないが、新羅・百済の倭国観を受け入れる形で、間接的に隋の倭国に対する評価を示したものと言って良いであろう。隋が倭国の国書を認めなかったとしても、隋と高句麗との関係や百済・新羅の評価から倭国を比較的丁重に扱ったことは、事実とすべきであろう。

三　唐の登場と東アジア

唐帝国と周辺諸民族

六一八年三月、江都（江蘇省揚州市）にいた煬帝が側近に殺されると、前年に煬帝の孫の代王侑《ゆう》に長安で皇帝を名乗らせていた李淵《りえん》は、五月に侑（恭帝）から禅譲《ぜんじょう》を受ける形で帝位に即《つ》き、唐王朝を開いた。当時なお有力な群

雄が各地に割拠していたが、高祖李淵とその子李世民らの活躍で、六二四年（武徳七）東北に拠る高開道を滅ぼすと天下の統一がほぼ完成した。翌々年に即位した太宗李世民は、在位中の年号から貞観の治と呼ばれる善政を敷いた（在位六二六～六四九）。太宗を継いだ高宗（在位六四九～六八三）は、後に周囲の反対を押し切って則天武后を皇后に立てた。武后は高宗在位中から朝廷を牛耳り、やがて中国史上唯一の女帝として周朝を開いた（六九〇～七〇四）。武后登場の頃から朝廷では政争が相継ぎ、周辺ではそれまで唐朝に従属していた諸民族の動きが活発となった。しかしながら、大局的に見れば高宗朝までの国際政局は唐朝に有利に推移した。百済（六六〇年及び六六三年）・高句麗（六六八年）の滅亡から六七六年（高宗・儀鳳元）の新羅の朝鮮半島統一に至る東アジア世界の再編は、その中で進行したのである。

唐朝は前半期の版図《はんと》が広く、また王朝存続の期間も長いため（六一八～九〇七）、多くの国々と平和的、軍事的に交渉を重ねた。唐朝の主要な相手国には消長、交代があり、北アジアでは八世紀半ばまでは突厥、その後約百年間は回鶻《ウイグル》（回紇）が主な対抗勢力であった。また、チベットの吐蕃《とばん》は八世紀に入って強盛に向かい、九世紀半ばまで唐朝を悩ませた。九世紀半ば以降、回鶻・吐蕃共に内紛によって弱体化するが、唐朝の勢力も同時に弱まり、以後唐朝と異民族との間に激しい抗争は見られなくなる。唐朝全体について言えば、唐が主要な敵対勢力と意識していたのは、北アジアの突厥・回鶻とチベットの吐蕃とであった。終始高句麗が有力であった隋代とは違い、八世紀以降の東アジアでは、統一新羅（朝鮮半島統一後の新羅）・日本及び八～九世紀の交に高句麗の故地に成立した渤海との間で、唐末まで比較的安定した関係が保たれた。

唐の成立と朝鮮三国

唐朝成立翌年の六一九年（武徳二）には、高句麗が早くも遣使朝貢した。六二一年には高句麗・百済・新羅がそれぞれ入朝、新羅はこれより朝貢が絶えず、また百済は六二四年以後年ごとに遣使朝貢した、という（『旧唐書』巻一九九上・東夷伝）。その六二四年正月には、高祖は三国に使者を派して新羅の真平王を楽浪郡王・新羅王に、高句麗の栄留王を遼東郡王・高麗王（高麗は高句麗の略称）に、百済の武王を帯方郡王・百済王に冊封した。このように、唐代では建国の数年後には三国の朝貢も始まり、隋代に比べると東アジアの外交交渉は当初からスムースであった。南北朝の解消に至る隋の建国時と違って、唐の建国に三国は機敏に反応したのである。因みに唐代では、冊封国に対して本国王（新羅王・百済王のように国名に王号を附けたもの）と郡王号とを同時に賜与した例は、朝鮮三国以外には存在しない。これは、隋代における三国の郡公が唐になって郡王に進爵されたことによって生じた現象ではあるが、唐代の周辺諸国における王号と郡王号とには本質的に相異なる性格があった。即ち、本国王が異民族の外臣に与えられたのに対し、郡王号は異民族が来降したり、羈縻《きび》支配（異民族の領域に形式的に州県などを置き、異民族の首長を州刺史《しし》などの長官に任命して、首長のコントロールを通して異民族を支配する間接的な統治方式）に服したりして、唐に内属した場合に授与された（第三部第五章「唐代の異民族における郡王号」参照）。他の周辺諸国に見られない郡王号と王号との併授が百済・高句麗の滅亡まで続けられた所に、中国と朝鮮三国との冊封関係の歴史の長さが認められる。北アジア・中央アジアの諸国が目まぐるしく興亡したのに比べ、三国と中国との交渉が長期に亘って継続していたことに注意すべきであろう。

六二二年（武徳五）、高祖は隋末以来高句麗領に残った中国人の返還を要求し、高句麗は彼等を捜索して唐に返した。また六三一年（貞観五）に、太宗は遣使して高句麗の立てた京観《けいかん》（武功を示すために、敵軍の屍を積んだ上に高く盛り土をした塚）を毀《こぼ》ち、収集した隋軍の遺骨を改葬した。このように、隋の高句麗遠征の処理は唐代にも続いており、高句麗問題は隋の滅亡によって自然消滅したわけではなかった。この間の六二六年にも、高句麗が道路を閉《ふさ》いで新羅・百済の入朝を妨げていることを両国が訴えると、唐は高句麗に使者を送って和解を勧めた。当時新羅と百済との関係も悪化していたが、翌年には太宗は百済に璽書を賜わり、新羅への侵略を止めるように説いた。このように唐は新羅寄りに立って、高句麗・百済に対して厳しく接したのである（西嶋定生前掲「六―八世紀の東アジア」）。だが六四二年、高句麗の莫離支《まくりき》（大臣）泉蓋蘇文《せんがいそぶん》は武王を弑《しい》して、武王の弟の子宝蔵王を立てた。太宗は翌年宝蔵王を遼東郡王・高麗王に封じたが、新羅の訴えを納れ、高句麗に璽書を降して新羅への攻勢を解くように説き、百済にも同様に告諭した。しかるに泉蓋蘇文は拒否の姿勢を示し、太宗は彼の武王弑逆《しいぎゃく》の非を正すという名目で、六四五年（貞観一九）高句麗親征を行った。この遠征はさしたる成果を挙げなかったが、高句麗も翌年には謝罪し、太宗在位中には両国の関係は破局には至らなかった。

唐の高句麗遠征と周辺諸国

この間の倭国は、六三〇年（貞観四、舒明天皇二）に最初の遣唐使を送ったまま遣唐使の派遣を中断していた。しかしながら、倭国の首脳部が東アジアの緊迫した情勢を把握していたことは、大化改新のクーデタ（乙巳《いっし》の変）が同じ年に起きた太宗の高句麗遠征を一契機としていたことに明らかである（井上光貞「大化改新と東アジア」『井上光貞著作集五　古代の日本と東アジア』岩波書店、一九八六年、初出は一九七五年）。一方、太宗は高句麗親征に際して新羅・百済に出兵を要求したが（『文館詞林』巻六六四・撫辺）、前年の七月には営州都督張倹に命じて、幽州（北京市）の兵及び契丹・奚を率いて高句麗戦に参加させることにした（『新唐書』巻二・太宗紀）。また太宗は、薛延陀《せつえんだ》の夷男可汗《いだんかがん》に対して高句麗遠征の意思を示すと共に、そのあいだに唐の辺境に来寇するつもりであれば来てもよい、と述べて薛延陀の動きを牽制し、夷男が恐れ入って援軍の派遣を申し入れると婉曲にこれを断った（『旧唐書』巻一九九下・北狄伝鉄勒條。諸本貞観一七年に作るが、貞観一九年とする中華書局標点本の校勘に従う）。さらに太宗が遠征から戻ると、勃興期にあった吐蕃は遣使して「聖天子四方を平定し、日月の照らす所之國、竝びに臣妾と爲る。而《しか》るに高麗遠きを恃《たの》みて臣禮を闕《か》く（聖天子平定四方、日月所照之國、竝爲臣妾。而高麗恃遠、闕於臣禮）」云々、という賀表を伝えた（『旧唐書』巻一九六上・吐蕃伝上）。太宗の高句麗遠征には、唐を挟んで高句麗と対角線の方角にある吐蕃まで関心を抱いていたのである。

以上のように、唐の高句麗遠征は新羅・百済・倭国のみならず、契丹・奚・薛延陀からさらに吐蕃まで影響を及ぼしていたのである。ところで、一九六五年に旧ソビエト連邦ウズベク共和国サマルカンド市郊外のアフラシャブ都城址のソグド時代の宮殿址から七世紀末ないし八世紀初頭のものと推定される極彩色の壁画が発見された。絵の主題は、七世紀後半のサマルカンド王ワルフマンの宮廷に唐の使節団などが入朝するところであるが、画面の一隅に鳥羽冠をかぶり、黄色の上衣と袴とを身にまとい、腰帯に環頭大刀を佩いて拱手《きょうしゅ》している二名の人物が描かれていた。穴沢咊光《わこう》・馬目《まのめ》順一両氏はこの二名を高句麗の使節に比定し、高句麗使節が中国を経由しない北方ルートを通ってサマルカンドに至った事実を想定した（「アフラシャブ都城址出土の壁画にみられる朝鮮人使節について」『朝鮮学報』八〇、一九七六年）。これを受けて、高句麗は隋唐との厳しい対立抗争の中で戦略上の要請から一貫して西方諸国との外交を追求した、という見方もある（李成市前掲「高句麗と日隋外交」）。このように唐―高句麗関係については、東アジア諸国のみならず、高句麗から見て西方の国々の動向にも注意を払う必要があるのである。

高句麗の最期

隋の主要な相手国は高句麗・突厥・吐谷渾であったが、建国当初の唐がこのうちで最も注意を払ったのは、隋末に自立して以来華北の群雄と結んで活発に行動していた突厥であった。唐は統一を完了すると突厥の弱体化に策を回らし、その結果六三〇年には突厥の主力が唐に内属、華北の辺境地帯に移されて唐の羈縻支配に服した。その状態は約三十年間続き、この間突厥の故地には、突厥の勢力下にあった鉄勒諸族の一つである薛延陀が替わって勢力を張った。一方、吐谷渾は隋代までの勢いはなく、六七〇年（高宗・咸亨《かんこう》元）には吐蕃にその全土を占領された。部族の大半は東や南に逃れて唐に内属し、唐一代の間は目立った活動をせずに終わった。こうしてみると、太宗が高句麗遠征を行った頃の唐の主要な敵対勢力は当の高句麗だったのである。

大宗は、六四九年（貞観二三）に没するまで高句麗征討に執念を燃やしたが、遂に高句麗を屈服させることはできなかった。その宿願は子の高宗の時に百済討滅と共に果たされたが、ここでは六六八年（総章元）九月に高句麗を滅ぼした遼東道行軍総管李勣が、高句麗の宝蔵王を従えて年末に長安に凱旋してきた時の情況のみを最後に記しておく。この時高宗は、入城の前に太宗陵の昭陵に宝蔵王らを献ずるように李勣に命じ、凱旋軍が長安城に入ると太廟（帝室の主要な祖先を一堂に祭った廟《おたまや》）に彼等を再び献じた。一二月一七日には高宗自ら南郊に天の祀りを行い、李勣を亜献（皇帝祭祀の核心に初献・亜献・終献の順に三度酒を献げる三献の儀式があり、皇帝親祭の時には皇帝が初献を務める）として高句麗平定を告げ、一九日には高宗は太廟に謁した。こうした一連の祭祀は、高宗にとって高句麗平定が太宗以来の国家的課題となっていたことを物語るものである。

東アジア諸国をめぐる問題と視点

陳寅恪氏は、古典的名著『唐代政治史述論稿』（上海古籍出版社、一九八二年ほか、初出は一九四四年）の下篇「外族盛衰之連環性及外患與内政之関係（外族盛衰の連環性及び外患と内政との関係）」において、太宗・高宗朝の唐の最盛期に高句麗と吐蕃とが国外の強国として併存しており、そのことが唐の外交に制限を与えていたと指摘し、吐蕃と高句麗とは隣国ではなかったが両者の動きには連環性があった、と述べた。唐代政治史に与えた同書の影響は極めて大きかったが、以上の指摘は一部の例外を除いて、その後の研究にあまり生かされなかったようである。日本では一九七〇年代以降東アジア世界の観点が提唱され、日本・朝鮮・中国の歴史の再検討に大きな成果を挙げたが、一方で東アジア諸国とくに高句麗と北アジア・中央アジア諸国との関係にはあまり積極的な関心が払われなかった。本章が、六世紀後半から七世紀半ばまでの東アジアの動きを高句麗と隋唐及び東北アジア以西の諸国との関係を中心に叙述したのは、東アジア世界の問題を東アジア諸国の動向のみに局限しないように努めたかったからであった。そのために、日本や新羅・百済と隋唐との関係についての叙述は無に等しいものとなったが、本書の他章から補って頂ければ幸いである。

第三章　唐代の国際文書形式

一　序

古代東アジアの国際社会は、中国の側からすれば中華と蛮夷とから成る世界であり、中国側は印章や官爵号の授与によって、極めて整然とした秩序を保とうと常に努めていた。従って、古代東アジアでは印章や官爵の形式が重要な意味を持っており、古代中国の国家構造をそこに反映させていたのである(1)。同様のことは国際文書についても言えるのであるが、それは、かの『隋書』巻八一・東夷伝・倭国條の「日出處天子致書日沒處天子」の文言を想起しても明らかであろう。そして、この『隋書』でも冒頭だけが引かれているように、国際文書でも多くは冒頭の形式が重要視されていた(2)。そこで本章では、世界帝国と言われ、かつ国際文書の史料も比較的多く残されている唐代を取り上げ、国際文書の冒頭の形式とそれが出された時の情況とを併せて検討し、それらの形式がいかなる国際秩序を想定した上で作られていたのかを明らかにしてみたい。

唐代の国際文書の冒頭には「皇帝敬問」「皇帝問」「勅」の三種類があったが、ここでは特に「皇帝敬問」と「皇帝問」とを中心に考えてみたい。「勅」で始まる国際文書は数多いが、例えば「勅罽賓国王」書・「勅渤（勃）律国王」書に見られるように、唐代を通じて一度しか唐朝の文書が下されなかったと思われる国々もある。(3) これらの国々についても一々例を挙げるのは煩に耐えず、また史料的制約から本章の取ろうとする前述のような方法では検討し得ない場合も多い。従って、以下「勅」で始まる国際文書については、「皇帝敬問」「皇帝問」と関連して用いられた場合のみを検討の対象とする。このように問題を絞ると、唐から「皇帝敬問」「皇帝問」で始まる文書が下された対象は、現存史料に拠る限り突厥・回鶻・黠戛斯《キルギス》・吐蕃・新羅・百済のみである。このうち突厥に対しては、唐から「皇帝敬問」「皇帝問」「勅」の三種類の文書が下されており、これらの文言の形式と唐の相手国との関係との対応の仕方を考察する上で甚だ都合が良い。そこで、ここでは初めに突厥と唐との間の国際文書を検討し、その結果を参考にしながら他の国々と唐との国際文書の形式を検討整理していこうと思う。

なお、日本については『善隣国宝記』巻上・鳥羽院元永元年（一一一八）條所引菅原在良勘文に

天智天皇十年（六七一）、唐客郭務悰等來聘し、書に曰く、大唐帝敬問日本國天皇、云云。天武天皇元年（六七二）、郭務悰等來り、大津の舘に安置す。客は書を上《たてまつ》り、函の題に曰く、大唐皇帝敬問倭王書。又大唐皇帝は日本國使・衞尉寺少卿大分等に書を勅して曰く、皇帝敬《つつし》んで書を日本國王に到(致)す。（天智天皇十年、唐客郭務悰等來聘、書曰、大唐帝敬問日本國天皇、云云。天武天皇元年、郭務悰等來、安置大津舘。客上書函題曰、大唐皇帝敬問倭王書。又大唐皇帝勅日本國使衞尉寺少卿大分等書曰、皇帝敬到(致)書於日本國王）

とある。ここに見られる例はすべて冒頭だけか或いは上書きであって、本文を欠いている。本章は、国際文書の内容に即して国際関係を考え、その結果と冒頭の諸形式との対応を検討しようとするものであり、その点で日本の問題には立ち入らない。むしろ本章における検討の結果こそ、冒頭のみ残されている国書の背景をなす国際関係を考える上で参考となり得るであろう（第三部第七章「唐代国際関係における日本の位置」参照）。

二　唐—突厥

唐と突厥との国際関係については既に護雅夫氏に極めて綿密な研究があるので[4]それに譲り、ここでは唐—突厥関係と国際文書冒頭との対応を第九表に示し、補足すべき部分についてのみ記すこととする。

第九表　唐—突厥の文書

通し番号	冒頭	年次	唐突厥関係	引用文献
①	皇帝敬問突厥可汗	(開元五年〈七一七〉七月)[5]	(敵国)	『冊府元亀』巻九七四・外臣部褒異一
②	皇帝問突厥苾伽可汗	開元一九年(七三一)	父子	同右巻九七五・外臣部褒異二
③	勅突厥苾伽可汗	開元二二年(七三四)	同右	張九齢『曲江集』巻一一
④	勅児登里突厥可汗	開元[6]二三年(七三五)	同右	同右
⑤	勅突厥登利可汗	同右	同右	同右
⑥	勅児突厥可汗	(開元二四〈七三六〉)[7]	同右	同右。また『文苑英華』巻四六八には「勅突厥可汗書四首」としてこの順に四書を収録
⑦	勅児可汗	同右	同右	
⑧	勅児突厥可汗	同右	同右	
⑨	勅突厥児可汗	同右	同右	

＊括弧を付したものは筆者の判断(註5、6、7参照)、他は護氏前掲書による。

①は黙啜可汗を継いだ毗伽可汗に玄宗から発信されたものである。前代の黙啜可汗は初期には則天武后と抗争しており、敵国関係にあったものと見られるが、景雲二年（七一一）には遣使して和親を乞い、称臣して君臣関係に入った(8)。このように、黙啜可汗は一旦は唐に臣事したのであったが、『唐会要』巻九四・北突厥條に

　開元三年、黙啜は既に和を請いて稱臣するも、是《ここ》に至りて復た北庭を圍む。九月、薛訥を遣して之れを討つ。四年六月、黙啜は抜曳固の爲に斬首來貢せらる。（開元三年、黙啜既請和稱臣、至是復圍北庭。九月、遣薛訥討之。四年六月、黙啜爲抜曳固斬首來貢）

とあるように、開元三年（七一五）以降唐と突厥との間は再び抗争状態に陥り、敵国関係になったものと考えられる。毗伽可汗は開元九年（七二一）に唐に父事したが(9)、それまでは黙啜可汗の後を承けて唐と敵国関係にあったのである。従って、この「皇帝敬問」という文言は敵国関係に際して用いられたものと見ることができるであろう。

②以下は、全て突厥が唐と父子関係にあった時の文言である(10)。注意すべき点は、③〜⑨の七例は全て「敕」で始まっているのに、②のみが「皇帝問」で始まっていることである。この文を載せた『冊府元亀』巻九七五にはその前に「四月辛巳、突厥可汗弟闕特勒《ママ》卒、帝降書弔之」とあり、この文書は特に闕特勤を弔祭するためのものであった。彼は毗伽可汗の弟であり、自らは左賢王として兵馬の権を握り、父骨咄禄を援けて突厥第二帝国の復興に功績を立てたのみならず、毗伽可汗の舅に当たる阿史徳元珍（暾欲谷）を重用して、民心の安定に努めた人物である。思うに、この開元一九年（七三一）にも突厥は一貫して唐と父子関係にあったのであるから、この文書に「皇帝問」とあるのは、突厥で以上のような重要な働きをした闕特勤を特に悼んで唐側が丁重な礼をとったことを示すものではなかろうか。

以上、突厥と唐との間に取り交わされた文書の冒頭の形式を検討したが、相手の立場が対等であるものから弱く

なっていく順に結果を整理すると次のようになる。

（a）敵国関係―「皇帝敬問」、（b）父子関係（特例）―「皇帝問」、（c）父子関係（一般）―「敕」

ところでこの父子関係であるが、唐側では君臣関係と見做していた節がある。毗伽可汗は開元二二年（七三四）に没したが、彼の為に玄宗が三日間輟朝した時の敕書（『冊府元亀』巻九七五・外臣部褒異二）には

情義の在る所、禮固《もと》より之れに隨う、豈に華夷を限らんや、唯だ其の人ある耳《のみ》。突厥毗伽可汗、頃者《このごろ》絶域に處ると雖も、嘗て臣子として事う。朕は其の永逝を聞き、良《まこと》に用《もっ》て悼懷し、務めて宿恩を廣め、以て權禮（權宜の礼）を制せん。宜しく所司をして日を擇びて擧哀せ令《し》めよ。（情義所在、禮固隨之、豈限華夷、唯其人耳。突厥毗伽可汗、頃者雖處絶域、嘗臣子事。朕聞其永逝、良用悼懷、務廣宿恩、以制權禮。宜令所司擇日擧哀）

とある。これに拠ると、少なくとも唐の側は、突厥との父子関係を君臣関係に近いものと捉えていたようである。[11]また、「敕」は「王言之制」の一つであり、[12]内臣の場合には君臣関係で用いられるものである。このことからすれば、基本的には（a）敵国関係―「皇帝敬問」・（b）君臣関係―「敕」及びその特例としての「皇帝問」、という形式が想定されるのである。このことを念頭に置いて、以下さらに他の場合を検討してみよう。

三　唐―回鶻

突厥第二帝国が滅亡した後、代わって朔北で重要な位置についたのは回鶻であった。[13]しかし、唐―回鶻間の文書で冒頭の判るものは餘り多くはない。まず、陸贄の『陸宣公翰苑集』巻一〇「与回紇可汗書」[14]には「皇帝敬問可汗弟」と見える。この文書の内容は、踏本啜・黒達干等が書を携えて来たのに対し、條件附きで公主降嫁を承認した

ものである。この内容に一致する記事としては、『旧唐書』巻一九五・廻紇伝に

貞元三年八月、廻紇可汗は首領黒啜達干・多覧将軍・合闕達干等を遣し、來たりて方物を貢せしめ、且つ和親を請う。（貞元三年八月、廻紇可汗遣首領黒啜達干・多覧将軍・合闕達干等來貢方物、且請和親）

とあるのが当たる。また、『資治通鑑』巻二三三・貞元三年（七八七）九月癸亥條に

回紇の使者合闕将軍を遣わして歸らしめ、許すに咸安公主を可汗に妻《めあわ》すを以てす。（遣回紇使者合闕将軍歸、許以咸安公主妻可汗）

とあり、『資治通鑑考異』巻一九に引かれた鄴侯家伝には

九月、泌（李泌）は回紇與《と》和親せんことを請う。十月、回紇に書を與う。十二月、回紇は聿支達干を遣し上表して謝恩す。皆な宰相の和親を約するが如きを請う。（九月、泌請與回紇和親。十月、與回紇書。十二月、回紇遣聿支達干上表謝恩。皆請如宰相約和親）

とある。従って、この文書が出されたのは貞元三年一〇月であり、時の回鶻可汗は武義成功可汗である。

その冒頭に見られるように、この時唐と回鶻とは兄弟関係にあったが、その開始時期については両唐書回鶻伝には記載がない。『唐大詔令集』巻一二八・命官の「回紇葉護司空封忠義王制」に「以可汗有兄弟之約、與國家興父子之軍」とあるのが両者の兄弟関係の初出である。[15] その末尾の原註には「至徳六年十一月」と記してあるが、この制が実は至徳二年（七五七）のものであることは、『旧唐書』巻一九五・廻紇伝、『資治通鑑』巻二二〇、『冊府元亀』巻九六五・外臣部封冊三によって決定できる。『新唐書』巻二一七上・回鶻伝上には同年のこととして、「帝命廣平王見葉護爲昆弟、葉護大喜」とあるが、このとき同時に可汗と皇帝も兄弟関係を結んだのであろう。以下に引く徳宗の言にも「自至徳以來、與爲兄弟之國」とある。いずれにしろ、兄弟関係で「皇帝敬問」が用いられたこと

はこの文書から明らかである。なお、この直後に回鶻は唐に「児及び臣」を称する。『資治通鑑』巻二三三・貞元三年（七八七）九月條は、回鶻との和親を拒否しようとした徳宗に対する中書侍郎李泌の諫言を詳しく伝えているが、その一部分に

臣（李泌）今請うらくは、書を以て之れ與《と》約せん。臣を稱する、陛下の子と爲る、使の來たる每《ごと》に二百人を過ぎず、印馬は千匹を過ぎず、中國人及び商胡を攜えて塞を出ずるを得る無し。五者皆な能く約の如くんば、則ち主上必ず和親を許さん、と。此くの如くんば、威は北荒に加わり、旁ら吐蕃を讋《おそ》れさせ、以て陛下平昔之心を快《たのし》むに足る。上《しょう》曰く、至徳（七五六～七五八）自り以來、與《とも》に兄弟之國と爲る。今一旦之れを臣とせんと欲すれば、彼安《いずくん》ぞ肯て和せんや。對えて曰く、彼中國與《と》和親せんと思うこと久し。其れ可汗・國相は素より臣の言を信ず。若し其れ未だ諧《かな》わざれば、但だ應《まさ》に再び一書を發すべき耳《のみ》。上は之れに從う。既にして回紇可汗は遣使上表して兒及び臣を稱し、凡《およ》そ泌の與《とも》に約する所の五事、一《いっ》に皆な命《めい》を聽く。（臣〈李泌〉今請以書與之約、稱臣、爲陛下子、每使來不過二百人、印馬不過千匹、無得攜中國人及商胡出塞。五者皆能如約、則主上必許和親。如此、威加北荒、旁讋吐蕃、足以快陛下平昔之心矣。上曰、自至德以來、與爲兄弟之國、今一旦欲臣之、彼安肯和乎。對曰、彼思與中國和親久矣。其可汗・國相素信臣言。若其未諧、但應再發一書耳。上從之。既而回紇可汗遣使上表稱兒及臣、凡泌所與約五事、一皆聽命）

とある。従って、貞元三年（七八七）以降、唐と回鶻とは父子関係及び君臣関係を結んだのである。

下って、『白氏長慶集』巻四〇・翰林制詔四「与回鶻可汗書」には「皇帝敬問回鶻可汗」とある。花房英樹氏の『白氏文集の批判的研究』（中村印刷出版部、一九六〇年）の綜合作品表に拠れば、この書の発信された年次は元和三年（八〇八）である（同書五八九頁）。この年の二月には咸安公主が薨去し、三月には騰里可汗が卒し、五月には

新たに保義可汗が唐から冊立された（『資治通鑑』巻二三七・同年條）。この文書は、文中に「夏熱し、想うに比《このごろ》佳適ならん。可汗は雄武之姿、英果之略を有《たも》ち、諸部の君長を統制し、一方で前修を纂承し、舊好を繼守す（夏熱、想比佳適。可汗有雄武之姿、英果之略、統制諸部君長、一方纂承前修、繼守舊好）」とあるように、新可汗たる保義可汗に与えられたものであろう。貞元三年以後、この元和三年までの唐—回鶻関係の諸書の記述を検討すると、『資治通鑑』巻二三三・貞元六年（七九〇）秋の條に

是より先、回鶻使者の中國に入るや、禮容驕慢にして、刺史は皆な與《とも》に禮を釣《ひと》しくす。（先是、回鶻使者入中國、禮容驕慢、刺史皆與釣禮）

とある。この場合は、回鶻の側で「驕慢」な態度をとってはいるものの、それが直接唐と回鶻との敵国関係を示すものとは言えないであろう。それでは、貞元以来の君臣関係・父子関係が保義可汗に受け継がれていたかといえば、必ずしもそうではないようである。回鶻は貞元五、六年には屢ば吐蕃に敗れ勢力は振わなかったが、貞元七年（七九一）には吐蕃を破り、以後勢力を盛り返した。(16) また、暫く後の史料になるが、『資治通鑑』巻二三九・元和九年（八一四）五月條に

是より先、回鶻屢《しばし》ば昏を請う。朝廷は公主の出降、其の費甚だ廣《おお》きを以て、故に未だ之れを許さず。禮部尚書李絳上言し、以爲《おもえ》らく、回鶻は凶強にして、備え無からざる可からず。淮西は窮蹙たりて、事は經營を要す。今江・淮の大縣、歳ごとに入る所の賦二十萬緡有ら者《ば》、以て主を降す之費を備えるに足る。陛下何ぞ一縣之賦を愛《おし》みて、以て勁虜を羈縻せざらんや。（先是、回鶻屢請昏。朝廷以公主出降、其費甚廣、故未之許。禮部尚書李絳上言、以爲、回鶻凶強、不可無備。淮西窮蹙、事要經營。今江・淮大縣、歳所入賦有二十萬緡者、足以備降主之費。陛下何愛一縣之賦、不以羈縻勁虜）

とある。これからすれば、当時、回鶻は既に唐の脅威となっていたのであった。そして、「先是、回鶻屢請昏」とあるのは、咸安公主が死去した後、保義可汗が請婚に藉口して唐に対して積極策に転じたことを示すのではなかろうか。さらに前述の貞元七年（七九一）の吐蕃戦の指揮をしたのが後の保義可汗その人であった事実[17]を考え合わせると、回鶻は保義可汗が立って以来、その実力の故に唐との間を敵国関係にしたのではなかろうか。そしてこの書中に、

達覽將軍等至る。表を省《み》るに、其の馬數は共に六千五百匹。到る所の印に據るに、馬を納めるは都て二萬匹なり、都て馬価五十萬匹を計る。近歳已來、或いは水旱軍國之用有るに緣り、供するを闕くを免れず。今數內は且《まさ》に萬圓、二十五萬匹分を支《はら》いて達覽將軍に付し、便ち歸國せ令《し》む。……頃者《このごろ》約する所の馬數、蓋し事の久長たる可きを欲す。何者《なんとなれば》、絹を付すること少ければ則ち彼の意は充たず、馬を納めること多ければ則ち此の力は歉《すくな》きを致し、馬數漸く廣《おお》ければ、則ち欠《けん》価漸く多し。斯《ここ》を以て商量するに、宜しく定約有るべく、彼此便と爲すは、理甚だ昭然たり。（達覽將軍等至。省表、其馬數共六千五百匹。據所到印、納馬都二萬匹、都計馬価五十萬匹。緣近歲已來、或有水旱軍國之用、不免闕供。今數內且萬圓、支二十五萬匹分付達覽將軍、便令歸國。……頃者所約馬數、蓋欲事可久長。何者、付絹少則彼意不充、納馬多則此力致歉、馬數漸廣、則欠価漸多。以斯商量、宜有定約、彼此爲便、理甚昭然）

とあるように、この時むしろ唐側が回鶻の納馬の見返りとしての多額の絹の流出に苦しんでいたのである[18]。以上の推測が正しいとすれば、結局貞元中の咸安公主降嫁の際に結ばれた君臣（父子）関係は公主の死去、保義可汗の台頭をきっかけとして絶たれ、唐─回鶻関係は敵国関係となったのである。また、それ以前の兄弟関係にも復帰していなかったことは、文中にそれを示す言葉が少しも見えない所から推測される。

唐から回鶻可汗に与えた書で冒頭が判明するものとしては、最後に、李徳裕の『李文饒文集』巻五に収められた「賜回鶻可汗書」がある。この文はいきなり「敕。我國家統臨萬寓……」で始まっている。『資治通鑑』巻二四六・会昌元年（八四一）一二月條には、

　庚辰、制して右金吾大將軍王會等を遣して回鶻を慰問せしめ、仍《よ》りて米二萬斛を賑《にぎわ》し、又た烏介可汗に敕書を賜う。（庚辰、制遣右金吾大將軍王會等慰問回鶻、仍賑米二萬斛、又賜烏介可汗敕書）

とあり、以下この文書が略引されている。従って、この文書は会昌元年一二月のものである。文中には当時の唐—回鶻関係は明示されていないが、『唐大詔令集』巻一二九・蕃夷賑卹に収められた「遣使賑撫回鶻制」には「回鶻累代姻親、久脩臣禮」とある。この制は、文末に「會昌元年十二月」とあるから、明らかにこの王会等の遣使の際のものである。従って、会昌元年には唐と回鶻とは君臣関係にあったのであって、「敕……」は君臣関係で用いられたわけである[19]。なお、会昌二年（八四二）八月以降唐は回鶻の可汗には書を下さず、宰相か公主に下すことになる。このことも重要な意味を持つと考えられるが、その点は次の唐—黠戞斯関係の所で触れることにする。

以上、唐—回鶻関係における国際文書冒頭の形式を検討し終わったが、それを整理すると第一〇表が得られる。

第一〇表　唐—回鶻間の文書

通し番号	冒頭	年次	唐—回鶻関係
⑩	皇帝敬問可汗弟	貞元三年（七八七）一〇月	兄弟関係
⑪	皇帝敬問回鶻可汗	元和三年（八〇八）	敵国関係
⑫	敕	会昌元年（八四一）一二月	君臣関係

ここでは、皇帝敬問—兄弟関係・敵国関係、敕—君臣関係という対応が確認できたわけである。

四　唐—黠戛斯

唐—黠戛斯間に見られる国際文書は、会昌五年（八四五）五月に可汗を冊立して宗英雄武明誠可汗とした時の冊書を除くと、『文苑英華』巻四七〇・翰林制詔五一に収められている四通の「与書」がすべてであり、年代も回鶻の烏介可汗が黒車子に投じた会昌三年（八四三）以降に集中している。このことから既に、唐が回鶻の餘勢に徹底した打撃を与えようと腐心していた様子が窺われよう。(20) 従って、唐と黠戛斯との遣り取りは、回鶻との関連を考え合わせながら検討する必要がある。

まず、「与黠戛《ママ》王書」として、「皇帝敬問黠戛王」とある文書が見える。これは文中に「注吾合素等至、省表幷進馬……」とあり、『資治通鑑』巻二四七・会昌三年（八四三）二月條に「辛未、黠戛斯遣使者注吾合索《ママ》、獻名馬二、詔太僕卿趙蕃飲勞之」とある。従って、この書が発信されたのは会昌三年二月以降のこととなるが、順序として、次に見える「与紇扢斯可汗書」が三月中のものであるから、二月中に出されたのであろう。

次の「与紇扢斯可汗書」には、初めに「皇帝敬問紇扢斯可汗」とあり、さらに

……聞くならく、可汗の氏を受ける之《の》源は、我與《と》同族なり。北平太守（＝李廣）は材氣は天下無雙、結髮して邊に事《つか》え、控弦して石を貫く。自後子孫多く武畧を習い、代々《よよ》將門と爲る。嫡孫都尉（＝李陵）は精卒五千を提《つかさど》り、深く大漠に入る。單于は國を擧げて來敵し、威に抗する能うる莫く、身は陷敗すると雖も、名は蠻貊に震う。我が國家（唐室のこと）は北平太守之後を承け、可汗は又た是れ都尉の苗裔、此れを以て族を合《なら》べる

に、尊卑は知る可し。（聞可汗受氏之源、與我同族。北平太守材氣天下無雙、結髪事邊、控弦貫石。自後子孫多習武畧、代爲將門。嫡孫都尉提精卒五千、深入大漠。單于擧國來敵、莫能抗威、身雖陷敗、名震蠻貊。我國家承北平太守之後、可汗又是都尉苗裔、以此合族、尊卑可知）

とある。『資治通鑑』会昌三年の條には

三月、太僕卿趙蕃を以て安撫黠戛斯使と爲す。上《しょう》（武宗）は李徳裕に命じて黠戛斯可汗に賜わる書を草せしむ。（三月、以太僕卿趙蕃爲安撫黠戛斯使。上命李徳裕草賜黠戛斯可汗書）

とあり、以下この文書の内容を略述している。従って、これは会昌三年三月のものである。この時点における唐―黠戛斯関係を考えてみると、『資治通鑑』会昌三年二月の「遣使者注吾合索」の記事の暫く後に

黠戛斯は冊命を求む。……上は可汗之名を加えれば、即ち臣禮を脩めざるを恐る……。徳裕奏すらく、黠戛斯已に自ら可汗を稱す。今は其の力を藉《か》りんと欲す、恐らくは此の名を吝しむ可からず。回鶻は安史を平らげる之功有り、故に歳ごとに絹二萬匹を賜い、且つ之れ與《と》和市す。黠戛斯は未だ嘗て功を中國に有らず、豈に敢えて遽かに賂遺を求めんや。若し其の不臣を慮らば、當に之れ與《と》約し、必ず回鶻の如く稱臣し、乃《よ》りて冊命を行うべし。又た當に同姓を叙べて以て之れに親しみ、子孫之禮を執ら使《し》むべし、と。上之れに從う。（黠戛斯求冊命。……上恐加可汗之名、即不脩臣禮……。徳裕奏、黠戛斯已自稱可汗、今欲藉其力、恐不可吝此名。回鶻有平安史之功、故歳賜絹二萬匹、且與之和市。黠戛斯未嘗有功於中國、豈敢遽求賂遺乎。若慮其不臣、當與之約、必如回鶻稱臣、乃行冊命。又當叙同姓以親之、使執子孫之禮。上從之）

とある。即ち、徳宗が黠戛斯に可汗の名号を加えると臣礼を修めなくなることを恐れたのに対し、門下侍郎同平章事兼左僕射李徳裕は子孫の礼を執らせることを勧めたのであった。それがこの文書で唐を李広の子孫に擬え、黠戛

斯を李陵の後として、「以此合族、尊卑可知」と記したことの真意であった。従って、ここでの唐と黠戛斯との間はいわば同族関係になったものと言うことができよう。「子孫之礼」については「尊卑可知」と婉曲に示したが、以下の文でも「既展同姓之親」「可汗宗盟之國」「宗盟義重」と述べるだけで、子孫ということは一言も述べていない。即ち、同族ということは「子孫之礼」を執らせる布石ではあっても、それで直ちに黠戛斯を唐の子孫と認めたものではない。従って、ここでの唐―黠戛斯間の同族関係は、実質的には「臣礼を修めざる」「不臣」の関係であって、敵国関係に内容を等しくするものであったと考えられるであろう。以下の二書にも「故に顯かに冊命を加え、萬方に昭示せんと欲す（故欲顯加冊命、昭示萬方）」「諦徳伊斯難珠は、朕已に三殿に於いて面對し、兼ねて宴樂を賜う。竝びに來表に依り、更に滞留せしめず、續けて重臣を遣し、便ち冊命を申《の》べしむ。故に先に此の旨を達す（諦徳伊斯難珠、朕已於三殿面對、兼賜宴樂。竝依來表、不更滞留、續遣重臣、便申冊命。故先達此旨）」と見えるように、これら一連の文書は冊命を行う前段階のものであり、また後述するように、唐は結局黠戛斯可汗に対して生前には冊命を行わなかったのである。

次いで、「与黠戛斯可汗書」には「皇帝敬問黠戛《ママ》可汗」とある。これには「温仵《おんご》合《ごう》将軍至り、書を覧る、及び獻ずる所の馬百匹・鶻十聯のこと具悉《ぐしつ》す（つぶさに知る）（温仵合将軍至、覽書及所獻馬百匹・鶻十聯具悉）」とある。文中の温仵合将軍については、『資治通鑑』会昌三年六月條に「黠戛斯可汗は将軍温仵合を遣して入貢せしむ。上《しょう》は之れに書を賜い、諭すに速かに回鶻・黒車子を平げるを以てし、乃《よ》りて遣使して冊命を行わしむ（黠戛斯可汗遣将軍温仵合入貢。上賜之書、諭以速平回鶻・黒車子、乃遣使行冊命）」とある。また、文中に「夏熱」とあるのも六月に合致する。従ってこの文書は会昌三年六月のものである。[21] 文中には「既展同姓之親」「可汗宗盟之國」とあって、さきの同族関係が継続していることを示している。

最後に「與黠戛斯書」があり、冒頭には「皇帝敬問黠戛斯可汗」と見える。これには「將軍諦徳伊斯難珠至、覧書幷白馬二匹具悉」とあるが、『資治通鑑』巻二四七・会昌四年（八四四）二月條に、「黠戛斯遣將軍諦徳伊斯難珠等入貢、……上賜詔……」とあるのに一致する。従って、この文書は会昌四年二月に出されたものであろう[22]。この文書にも「宗盟義重」とあって、同族関係が見出されるのである。

以上通覧してきた所に拠れば、唐と黠戛斯とは会昌三年三月以来同族関係にあった。それは唐朝の側からすれば「尊卑知る可き」もので子孫の礼に移行し得るものではあったが、これらの文書ではその点ははっきり記されていなかった。また、李徳裕の上言に依れば冊命の時に称臣させる考えであったが、この間唐は冊命は行わなかった。従って、この同族関係はまだ「不臣」の状態にあったのであり、同族関係を唐が表明する以前の会昌三年二月にはこの両国は敵国関係にあったものと言えよう。このように考えて、唐―黠戛斯間の文書を整理すると第一一表のようになる。

この表で注目されるのは、⑭以下では唐は相手を「可汗」と称しているのに、⑬では「王」と記して「可汗」と

第一一表　唐―黠戛斯間の文書

通し番号	冒頭	年次	唐―黠戛斯関係
⑬	皇帝敬問黠戛王	会昌三年（八四三）二月	敵国関係
⑭	皇帝敬問紇扢斯可汗	会昌三年（八四三）三月	同族関係
⑮	皇帝敬問黠戛可汗	会昌三年（八四三）六月	同右
⑯	皇帝敬問黠戛斯可汗	会昌四年（八四四）二月	同右

呼んでいない点であろう。この問題を考えるには、唐―回鶻間の文書形式の変化を再び検討しなければならない。

李徳裕の『李文饒文集』巻五・巻八に見える烏介可汗を中心とする回鶻の一族に出された文書の標題を、『資治通鑑』の記事を参考にして年代順に並べると次のようになる。[23]

会昌元年一二月　賜回鶻可汗書（第一〇表⑫）
〃　二年二月　賜回鶻書意
〃　五月　賜回鶻可汗書意
〃　八月以前　賜回鶻可汗書幷公主及九姓宰相詔書
〃　八月　代劉沔与回鶻宰相頡于伽思書（巻八）
〃　一〇月　代劉沔与回鶻宰相書白（巻八）
〃　一二月以前　代忠順（李忠順）報回鶻宰相書意（巻八）
〃　一一月　賜太和公主敕書

これらを見て気附かれるのは、会昌二年八月以降回鶻の可汗には書が下されていないことである。さらに検討すると、八月の「代劉沔与回鶻宰相頡于伽思書」から文中に黠戛斯のことが出てくるのである。その文には

皇帝自ら聞く、回鶻は乖亂し、繼ぐに災荒を以てし、紇扢斯の攻める所と爲り、國は已に殘滅、可汗は傷痍之衆を率い、席卷して來たる。朝廷は告諭之使を遣し、外に轂撃す、誠に宜しく恭んで詔命を聽き、漸く漠南に歸るべし。（皇帝自聞、回鶻乖亂、繼以災荒、爲紇扢斯所攻、國已殘滅、可汗率傷痍之衆、席卷而來。朝廷遣告諭之使、轂撃於外、誠宜恭聽詔命、漸歸漠南）

とあり、一〇月のものには

紇扢斯の專使の將軍踏布合祖・達干邁悉禾亥義・判官元因婆拽汗阿已時等七人は天德に至る。（紇扢斯專使將軍踏布合祖・達干邁悉禾亥義・判官元因婆拽汗阿已時等七人至天德）

とある。また、『資治通鑑』巻二四六・会昌二年八月條には

上又命李德裕代劉沔答回鶻相頡干《ママ》迦斯書。

とあり、形の上では河東節度使検校右僕射劉沔が出したことになっている書も、武宗の意に依っていたことは明らかである。よって、会昌二年八月以降、背後から回鶻を攻撃していた黠戛斯を念頭に置いて、唐が回鶻に対処していたことが考えられるのである。

翻って、会昌三年三月、初めて黠戛斯の王を可汗と呼んだ書（第一一表⑭）には

又古《いにしえ》自り外藩は皆な中國の冊命を須《ま》つ、然るに一方を彈壓す可し。今可汗を冊命《さくめい》し、特に美號を加えんと欲するも、未だ可汗之意を知らざるに緣り、且《しばら》く遣して諭懷せしむ。（又自古外藩皆須中國冊命、然可彈壓一方。今欲冊命可汗、特加美號、緣未知可汗之意、且遣諭懷）

とあったのである。即ち、外藩は冊命すべきものであるが、一方は弾圧されるべきである、と述べているのである。ここでの「弾圧」はそれぞれの字義通りに「ただしおさえる」という意味に取って良いであろうが、その弾圧されるべき一方が回鶻に当たることは、この文中に

回鶻は中國の伐叛之時に當たり、嘗て動力を展べる。……今國を失いて逃亡す。……小蕃を誘惑し、我が無虞に乘じ、即ち來たりて侵掠し、恣《ほしいま》まに邊患を爲すこと、今已に四年なり、朕大いに甲兵を徵し、盡く除剪せんと欲す。（回鶻當中國伐叛之時、嘗展動力。……今失國逃亡。……誘惑小蕃、乘我無虞、即來侵掠、恣爲邊患、今已四年、朕大徵甲兵、欲盡除剪）

とあることや、これ以後黠戛斯に与えた書でも、黒車子に投じた回鶻を伐つように再三勧めていることからも明らかである。これらの点から、会昌二年から四年に至る、唐から回鶻及び黠戛斯に与えた文書の形式の変化は次のように解釈されよう。即ち、唐は既に会昌二年には黠戛斯が回鶻を背後から苦しめているのを知っており、回鶻を平定するために黠戛斯に可汗への冊立を約し、文中では可汗と称することにしたのである。そこで黠戛斯と接触の生じた八月以降、皇帝自身が回鶻可汗に書を賜うというそれまでの形式を止めて、[24] 劉沔・李忠順といった武将から回鶻の宰相に書を与えるという形式を取るか、または太和公主に敕書を賜わったのである。そして、初めに王と呼んでいた黠戛斯に対しては、二度目の文書から可汗の称号を認める待遇を与え、その代わりに回鶻を伐つことを要求したのである。

以上の解釈が成立するとすれば、冊立が唐と異民族との具体的な交渉の中で、現実に大きな規制力を発揮していたことが判る。ここでは、会昌三年二月の李徳裕の上奏にも述べられているように、あくまでも回鶻対策の一環として黠戛斯の冊立が図られたのであった。従って、烏介可汗らが平定された後には、黠戛斯の冊立は認められなくなるのである。以後のことを伝えて、『新唐書』巻二一七下・黠戛斯伝には

　宣宗は位を嗣ぎ、先帝の意の如くせんと欲す。或るひと謂く、黠戛斯は小種にして、唐與《と》抗するに足らず、と。宰相與《と》臺省四品以上の官に詔して議せしむ。皆な曰く、回鶻は盛時に冊號有り、今は幸いに衰亡す、又た黠戛斯に加えれば、後に且《まさ》に患を生ずべし、と。乃《すなわ》ち止む。（宣宗嗣位、欲如先帝意。或謂黠戛斯小種、不足與唐抗。詔宰相與臺省四品以上官議。皆曰、回鶻盛時有冊號、今幸衰亡、又加黠戛斯、後且生患。乃止）

とある。回鶻が衰亡すれば黠戛斯の冊立はもはや問題とされず、却って冊立することによって回鶻に代わって唐の患いとなることが懸念されたのであった。[25]

五　唐―百済・新羅

影弘仁本『文館詞林』巻六六四・詔三四・撫辺には、百済と新羅とに対する詔書が一首ずつ収められている。前者の冒頭には「皇帝問柱國帶方郡王百濟王扶餘義慈」とあり、後者には「皇帝問柱國樂浪郡王新羅王金善德」とある。これらは共に、高句麗の莫離支泉蓋蘇文がその主君（栄留王）を殺害したこと、その懲罰のために高句麗征討の兵を興すこと、その際には両王が共に援軍を差し向けるべきこと、を記したものである。この点に関しては、『旧唐書』太宗紀下に「（貞觀）十九年春二月庚戌（一二日）、上親統六軍發洛陽」とあり、またこの金善徳に与えた詔書には「朕卽以今月十二日發洛陽至幽州」とある。従って、これらの文書は共に貞観一九年（六四五）二月に下されたものである[26]。既に冒頭からも明らかなように、このとき両国は共に唐の冊封を受けており、唐の国内における君臣関係とほぼ同様の規制を受けていた[27]。従って、このとき百済・新羅は共に唐とは君臣関係にあったのであるが、これを史料に徴するならば、『新唐書』巻二二〇・百済伝に

（貞観）十五年（六四一）、璋（扶餘璋）死す。使者素服して表を奉りて曰く、君の外臣百濟王扶餘璋卒《しゅつ》す。帝爲めに玄武門に擧哀し、光祿大夫を贈り、賻賜甚だ厚し。（十五年、璋死。使者素服奉表曰、君外臣百濟王扶餘璋卒。帝爲擧哀玄武門、贈光祿大夫、賻賜甚厚）

とある。扶餘義慈は璋の嫡子であり、父の柱国帯方郡王をそのまま受け継いだのであるから[28]、当然唐に対して「外臣」であった筈である。同様のことは同じ高さの勲爵を受けている新羅王にも言えるであろう。従って、ここでは両国の王はそれぞれ唐の「外臣」だったのである。

これ以後、百済については見るべき文書はない。新羅については、『文苑英華』巻四七一・翰林制詔五二・蕃書四・新羅書に張九齢の「勅新羅王金興光三首」がある。[29] それらの冒頭を収録順に記すと次のようになる。

⑲勅新羅王開府議（儀）同三司・使持節・大都督雞林州諸軍事・上柱國金興光
⑳勅雞林州大都督新羅王金興光
㉑勅雞林州大都督新羅王金興光

これら三首はすべて新羅使（⑲では金志廉、⑳では金義質及祖栄〈金祖栄〉、㉑には人名は記されていない）が唐にあって病死したことを伝えており、内容的に共通している。また、⑲⑳には別に遣中使として金思蘭の名が見えるが、彼については『旧唐書』巻一九九上・東夷伝新羅條に

（開元）二十一年（七三四）、渤海・靺鞨は海を越えて登州に入寇す。時に興光（金興光）の族人金思蘭先に入朝せるに因りて、京師に留まり、拝して太僕員外卿と爲る。是《ここ》に至りて遣して歸國せしめ、兵を發して以て靺鞨を討たしむ。（二十一年、渤海・靺鞨越海入寇登州。時興光族人金思蘭先因入朝、留京師、拜爲太僕員外卿。至是遣歸國、發兵以討靺鞨）

とある。従って、これら三首は開元二一年前後のものであろう。新羅は百済・高句麗滅亡後も朝鮮半島を代表して唐の冊封体制に参加するという形をとり、新王が立つごとにあらためて唐から冊封を受けていたのである。[30] 従って、既に三首の冒頭からも明らかであるが、新羅はこの時も唐の外臣であった。

次いで、『白氏長慶集』（四部叢刊本）巻三九・翰林制詔三には「与新羅王金重熙等書」として「勅新羅王金重熙」とある。この文書は元和五年（八一〇）一〇月のものであると考えられる。[31] 唐と新羅との冊封関係は唐末まで続く[32]のであるから、この時も新羅は唐の外臣であったのである。外臣については、同じく『白氏長慶集』巻三六・中書

制誥六「新羅賀正使金良忠授官帰国制」[33]にも

　新羅使倉部郎中金良忠等に勅す。……爾《なんじ》は我が化を慕い、我は爾の勞を圖る、其の等倫に隨い、命ずるに寵秩を以てす、前效を替《す》てる無く、永く外臣爲ること、前件を以てす可し。（勅新羅使倉部郎中金良忠等。……爾慕我化、我圖爾勞、隨其等倫、命以寵秩、無替前效、永爲外臣、可以前件）

と見える。

　以上を纏めると、百済・新羅に唐から下された国際文書は第一二表の通りである。第一二表で明らかになったことは、君臣関係では「皇帝問」と「勅」とが用いられた点である。そして第九表〜第一二表を通しては、「皇帝敬問」が敵国関係・兄弟関係・同族関係に用いられ、「皇帝問」「勅」が父子関係・君臣関係に用いられることが確認できた。この点は、次に吐蕃との国際文書を考える上で重要な問題点となってくるので、一先ず確認しておく次第である。

第一二表　唐―百済・新羅間の文書

通し番号	冒頭	年次	唐―百済・新羅関係	国名
⑰	皇帝問（下略、以下同じ）	貞観一九年（六四五）二月	冊封・君臣	百済
⑱	皇帝問	貞観一九年（六四五）二月	冊封・君臣	新羅
⑲	勅	開元二一年（七三三）前後	同右	
⑳	勅	同右	同右	
㉑	勅	同右	同右	
㉒	勅	元和五年（八一〇）一〇月	同右	

六　唐―吐蕃

唐と吐蕃との関係(34)は、貞観八年（六三四）の棄宗弄讃の遣使朝貢によって開始された。唐は貞観一五年（六四一）には文成公主を降嫁させたが、『旧唐書』巻一九六上・吐蕃伝上にはその時のことを伝えて

貞観十五年、太宗は文成公主を以て之れに妻《めあわ》す。禮部尚書・江夏郡王道宗を令《し》て婚を主《つかさど》り、節を持《じ》して公主を吐蕃に送らしむ。弄讃は其の部兵を率いて栢梅に次《やど》り、親しく河源に迎え、道宗に見《まみ》えて子壻之禮を執ること甚だ恭し。（貞観十五年、太宗以文成公主妻之。令禮部尚書・江夏郡王道宗主婚、持節送公主于吐蕃。弄讃率其部兵次栢梅、親迎于河源、見道宗執子壻之禮甚恭）

とある。この場合、棄宗弄讃は持節使としての李道宗に「子壻之礼」を取ったのであるが、それは両者の個人的な礼に止まるものではない。この時の「子壻之礼」は、唐―吐蕃間のものと考えるべきである。

以後吐蕃は唐に臣事したらしい。というのは、貞観二〇年（六四六）に棄宗弄讃は前年の太宗の高句麗親征を賀した表を奉ったが、その文中には

聖天子は四方を平定し、日月の照らす所之國、竝びに臣妾と爲る。而るに高麗は遠きを恃み、臣禮を闕く。（聖天子平定四方、日月所照之國、竝爲臣妾、而高麗恃遠、闕於臣禮）

とあり（『旧唐書』同伝上）、ここで自らを臣妾に含めていることは明らかだからである。次いで『旧唐書』同伝上には

高宗は位を嗣ぎ、弄讃に授けて駙馬都尉と爲し、西海郡王に封じ、物二千段を賜う。弄讃因りて書を司徒長孫

無忌等に致して云く、天子初めて即位す、臣下に不忠之心有る者の若《ごと》きは、當《まさ》に兵を勒《おさ》めて以て國に赴きて除討すべし、と。（高宗嗣位、授弄讃爲駙馬都尉、封西海郡王、賜物二千段。弄讃因致書于司徒長孫無忌等云、天子初卽位、若臣下有不忠之心者、當勒兵以赴國除討）

とある。文中の「臣下」は直接自分を指したものではなく一般的な表現ではあるが、吐蕃自身を臣下の立場に置かなければこのような表現は用いなかったであろう。即ち、唐―吐蕃は初期には君臣関係にあったのである。

ところが、棄宗弄讃一代の間に吐蕃は強国となり、咸亨《かんこう》三年（六七二）には吐谷渾の故地を併せ、唐と直接対峙するようになった。『旧唐書』同伝上に開元二年（七一四）の記事に続けて

吐蕃既に自ら兵の強きを恃み、表疏を通ずる毎に、敵國之禮を求め、言詞悖慢たり、上《しょう》（玄宗）甚だ之れに怒る。（吐蕃既自恃兵強、毎通表疏、求敵國之禮、言詞悖慢、上甚怒之）

とあるように、開元中には唐に敵国の礼を求めるまでになったのである。[35]『文苑英華』巻四六九・翰林制詔五〇・蕃書二・吐蕃書に収められた張九齢の「敕吐蕃賛普書七首」はこれ以後のものである。この七首の冒頭は「皇帝問賛普」が四首と「皇帝問吐蕃賛普」が三首とである。[36]これらの七首は開元二二年から二四年のものと見られる。[37]吐蕃は開元二一年（七三三）に赤嶺に建碑して一旦は唐と和親を約したのであるが、実際には突騎施と結んで小勃律を攻撃していた。[38]従って、この頃の唐と吐蕃とは抗争状態にあり、両者の間は事実上敵国関係であったと言えよう。赤嶺の建碑も両者の力関係の伯仲を示すものであろう。だとすれば、これらの「皇帝問」は敵国関係で用いられたのであろうか。ところがこのように考えると、先の突厥・新羅・百済における結論とは矛盾してくるのである。このような矛盾は次の永泰二年（七六六）の場合についても言えるのである。

独孤及の『毘陵集』巻一八には「敕与吐蕃賛普書」と題する一文があり、標題の下に永泰二年と記してある。こ

の書の冒頭には「勅吐蕃贊普外甥」とある。文末には「冬寒」とあり、この年は一一月に大暦と改元しているから、この書の起草されたのは一〇月と考えられるであろう。この前後の唐—吐蕃間の事情を検討してみると、『旧唐書』代宗紀・永泰元年三月條に

　庚戌、吐蕃は和を請う。宰臣元載・杜鴻漸に詔して吐蕃使與《と》興唐寺に同盟せしむ。（庚戌、吐蕃請和。詔宰臣元載・杜鴻漸與吐蕃使同盟于興唐寺）

とあるが、佐藤長氏はこの時は「盟を取りやめた」とするのが当然、と言われる(39)。次いで『旧唐書』吐蕃伝下には

　永泰二年二月、大理少卿兼御史中丞楊濟に命じて好《よし》みを吐蕃に修めしむ。四月、吐蕃は首領論泣藏等百餘人を遣して濟に隨いて來朝せしめ、且つ好みを申《の》べるを謝す。（永泰二年二月、命大理少卿兼御史中丞楊濟、修好于吐蕃。四月、吐蕃遣首領論泣藏等百餘人、隨濟來朝、且謝申好）

とある。前半の永泰二年二月に楊済を遣わした記事については諸書一致するのであるが、論泣蔵の入朝については、『旧唐書』代宗紀では冬十月のこととし、また『冊府元亀』巻九八〇・外臣部通好篇では九月に繫ける。この点をこの「勅与吐蕃贊普書」について見ると

　適會《たまたま》彼の國（吐蕃）の使來たりて云わく、願くは前好を修めること、復た舊日の如し、と。書を覽《み》て意を見、良《まこと》に用《もっ》て撫然たり。許さざらんと欲すれば則ち人は來たり歸り、我許さんと欲すれば則ち恃む可からず。是《ここ》を以て御史中丞楊濟を遣し、往きて朕の意を諭し、且つ誠款を探らしむ、と。九月、濟は彼の國の宰相某乙等與《と》同《とも》に到り、寄せる所の書を得る。（適會彼國使來云、願修前好、復如舊日、覽書見意、良用撫然。欲不許則人來歸、我欲許則不可恃。是以遣御史中丞楊濟、往諭朕意、且探誠款。九月濟與彼國宰相某乙等同到、得所寄書）

とあり、楊済と吐蕃使論泣蔵とは九月に入朝したものとすべきである。ここで「彼國使來云、願修前好」とあるの

は、永泰元年三月の「吐蕃請和」を指すのであろう。

この勅書と前後する唐―吐蕃の交渉は以上の通りであるが、結局永泰元年に吐蕃が入唐して和を請うた理由は不明である。当時吐蕃は回鶻と共に、反乱を起こした僕固懐恩とも結んでおり[40]、永泰元年にも遣使する一方で入寇し、唐朝はかなりの苦戦を強いられていたのであった[41]。或いは吐蕃は和戦両用の二面作戦を展開したのかも知れず、その原因としては回鶻との対立が永泰元年から深まっていたことがあったのかも知れない[42]。ともあれ状況から見て、この時吐蕃が唐に臣事したとは考え難い。むしろ、この書が「勅吐蕃賛普」云々で始まっているのは、唐の方が吐蕃の強さに対抗するために、勅書という相手を低く見た文書で臨んだものと考えるべきではなかろうか。事実、この文書の初めは吐蕃が僕固懐恩に附いたことを厳しい調子で責めているが、末尾近くの字句はむしろ敵国関係にこそ相応しい。例えば、「兩主遂爲仇讎、貳過遷怒、朕所不取」「凡我二國、洗瑕遷善」とある。

以上のように、開元中の「皇帝問」、永泰二年の「勅」は各々それ以前の数年間を検討しても、これまでの結果と整合的に理解することはできなかった。しかしさらにその前後を検討すると、唐は一貫して吐蕃を臣下として見做そうと努めていたように見受けられるのである。さきにも引いたが、『旧唐書』吐蕃伝上には、開元二年（七一四）の記事の後に

吐蕃既自恃兵強、毎通表疏、求敵國之禮、言詞悖慢、上甚怒之。

とある。この場合、「言詞悖慢」に対して玄宗が怒ったとも取れるが、その言詞というのは敵国の礼に基づくものであったのであろう。即ち、玄宗は吐蕃が「敵国之礼」を求めたことに怒ったのであって、吐蕃を臣下と見做していた、と言えるのではなかろうか。太宗・高宗の時に吐蕃が唐に臣事していたことを想起すべきである。既に註(2)に引いたが、建中二年（七八一）に常魯と崔漢衡とが入蕃した時に、吐蕃が「我は大蕃、唐與《と》舅甥の國なるのみ、

何ぞ臣禮を以て處せ見《ら》るるを得んや（我大蕃、與唐舅甥國耳、何得以臣禮見處）」と言ったという事件も、唐の側で吐蕃を臣下と見做そうとしていたからこそ起きたのではなかろうか。後述のように、この事件のあと唐は吐蕃との敵国関係を認めるのであるが、少なくともそれ以前の唐側の文書形式がそれを否定する方向にあったことは動かせないのである。以上のように考えると、吐蕃賛普に対して開元中と永泰二年とに下された文書は、唐の側で吐蕃に対して両者が君臣関係にあることを示そうとしたもの、と言うことができるであろう。従って、その冒頭の形式はこれまでの考察の結果と矛盾するものではない。

なお、以上の解釈が成立するならば、却ってこの点に唐代の国際関係における吐蕃の在り方の特殊性が認められるのではなかろうか。ここでは、現実の両者の動きは敵国に等しいにも拘らず、唐の側では常に吐蕃を「外臣」と見做そうと努めていたのである(43)。即ち、現実の動きと唐の認識とは大きく乖離していたのである。このような吐蕃に対する唐の反応が何に由来するのかは今後の検討に俟たねばならないが。突厥・回鶻の可汗の場合と違って、吐蕃の賛普を唐が一度も冊立していない事実を考え合わせるべきであろう(44)。

『新唐書』吐蕃伝下には、建中二年の事件のことを伝えて

　賛普曰く、其の禮は本より均し、と。帝は之れを許し、獻を以て進と爲し、賜を寄と爲し、領取を之れを領せよと爲す。（賛普曰、其禮本均。帝許之、以獻爲進、賜爲寄、領取爲領之）

と記しており、この年以後唐と吐蕃とは正式に敵国関係になるのである。建中四年（七八三）正月に行われた会盟の碑文には、「甥舅之國、將二百年」「今二國將相、受辭而會」「二國之成、其永保之」とあって（『唐大詔令集』巻一二九「与吐蕃会清水盟文」）、両者が対等な立場にあったことを示している(45)。

その後、長慶二年（八二二）五月には再び会盟が行われた。この長慶の碑の文中には(46)

大唐文武孝徳皇帝□□□□大蕃聖神賛普、舅甥二主は商議し、社稷は一の如く、結びて大和の盟約を立つ。……蕃は蕃國に於いて安きを受け、漢は亦た漢國にて樂を受け、茲に乃ち合せて大業を具えるのみ。（大唐文武孝徳皇帝□□□□大蕃聖神賛普、舅甥二主商議、社稷如一、結立大和盟約。……蕃於蕃國受安、漢亦漢國受樂、茲乃合具大業耳）

とある。唐帝と賛普との関係を示す部分の文言が不明なのは遺憾であるが、この文の前半全体として両者が対等であることを示しているのは明白であろう。後半については、「蕃」は「藩」に通じて用いることがあり、その時には「蕃国」は冊封関係を示す「藩国」と同義になる。しかし、ここでの「蕃国」は前半の「大蕃」であり、その「大蕃」とは即ち「吐蕃」の「蕃」を示すものであろう。従って、以上引用した文言はいずれも両者が対等であることを示しているのであり、この時点でも唐と吐蕃との敵国関係の続いていたことが確認できる。佐藤氏に拠れば、この時には李泌以来の唐の積極的包囲政策が成功しつつあったのであって、そのような唐側の工作の成功がこの会盟を成立させ、さらに以後唐―吐蕃の和親関係を吐蕃王朝の崩壊まで持続させるのである。[47]『文苑英華』巻四七〇・翰林制詔五一・吐蕃書下に見られる封敖の「与吐蕃賛普書」はこれ以後のものであり、その冒頭には「皇帝舅敬問賛普外甥」とある。封敖は会昌の初めに員外郎知制誥を以って翰林に入り、学士となり中書舎人を拝した。そして宣宗即位後に礼部侍郎となり、大中二年（八四八）には吏部侍郎・渤海男に転じている（『旧唐書』巻一六八・封敖伝）。従って、この書の起草された期間は会昌から大中二年までの間である。吐蕃は会昌二年に論賛《（普）》熱を遣わして可黎可足の死を告げたが、[48]この書にはそれに関したことはない。達磨王は会昌元年に立ち六年に没し、[49]その後の吐蕃では論恐熱と尚婢婢との対立が激しくなるから、この書の発信されたのは会昌中、それも会昌二年以後と見て良いであろう。『資治通鑑』は会昌中から吐蕃の内訌の激しくなったことを記しているが、佐藤氏に拠ればこれらは全て大中年間に繋けるべきことであるから、[50]会昌中に遣使があったとしても不思議ではない。この「与吐蕃賛普書」に「今縁兩國和好、不同元和已前」とあるのは、長慶以後唐と吐蕃との関係が安定したことを示している。それでこそ、この書には「皇帝舅敬問」と記されたのである。そして長慶の会盟は前述のように敵国関係にあることを認めたのであるから、この書も「敵国関係」と「皇帝敬問」との対応を示す一例を増したものと言えよう。この場合、両者の関係が安定したために敵国関係が文書の上でも認められたのであって、ここにも唐―吐蕃関係の特殊性が窺われよう。

他に比べて些か手間取ったが、唐―吐蕃間の文書の検討は以上に尽きる。その結果を整理すると第一三表のようになる。第一三表から明らかなように、敵国関係で「皇帝敬問」が用いられ、君臣関係で「敕」「皇帝問」の用いられることがここでも確認されたのである。そしてこの場合に、唐側は僕固懐恩の乱後の最も窮地に陥った時期に却って最も相手を低く扱った「敕」を下し、長慶以後に両者の関係が安定してから敵国関係の書式を用いたのであ

第一三表　唐―吐蕃間の文書

通し番号	冒頭	年次	唐―吐蕃関係
㉙～㉓	皇帝問賛普 皇帝問吐蕃賛普	開元二二～二四年 （七三四～六）	君臣関係
㉚	敕吐蕃賛普外甥	永泰二年（七六六）	同右
㉛	皇帝舅敬問賛普外甥	会昌中 （八四一～八四六）？	敵国関係

り、その点から唐と吐蕃との関係は唐代国際関係の中で特殊な性格を持っていた、と言い得るのである。

七　結語

これまでに得られた諸結果を、今度は逆に相手が対等な場合から弱くなる順に冒頭を並べ、それにその時々の唐と諸蕃との関係を対応させると第一四表が得られる。既に論述してきたが、これをさらに整理すると黠戛斯の同族関係は実質的には敵国関係に当たり、突厥の父子関係は唐から君臣関係とも見做されていたことが窺われる。また、兄弟関係については、時代は溯るが『史記会注考証』巻一一〇・匈奴列伝に

第一四表　唐の国書書頭と相手国との関係

冒頭	関係	相手国
皇帝敬問	敵国関係	突厥・回鶻・吐蕃
	兄弟関係	回鶻
	同族関係	黠戛斯
皇帝問	父子（君臣）関係	突厥
	君臣関係	百済・新羅・吐蕃
敕	父子（君臣）関係	突厥
	君臣関係	新羅・回鶻・吐蕃

孝文帝後二年（前一六二）、使を使して匈奴に書を遺《や》りて曰く、皇帝敬《つつし》みて匈奴大單于に問う、恙《つつが》無きや。……漢與《と》匈奴とは、鄰敵之國なり。匈奴は北地の寒きに處り、殺氣早く降る。故に吏に詔して單于に秫蘗金帛絲絮佗物を遺すこと、歳ごとに數有り。今天下大安にして、萬民熙熙たり。朕與《と》單于とは之れが父母と爲る。朕は前事を追念し、薄物の細故、謀臣の計失は、皆な以て兄弟之驩を離すに足らず。（孝文帝後二年、使使遺匈奴書曰、皇帝敬問匈奴大單于、無恙。……漢與匈奴、鄰敵之國。匈奴處北地寒、殺氣早降。故詔吏遺單于秫蘗金帛絲絮佗物、歳有數。今天下大安、萬民熙熙。朕與單于爲之父母。朕追念前事、

薄物細故、謀臣計失、皆不足以離兄弟之驩）

とある。文中の「漢與匈奴、鄰敵之國」を敵国関係の表現と理解するならば、「皆不足以離兄弟之驩」とある漢と匈奴との兄弟関係は即ち敵国関係であった。この点は唐代でも同様であったと考えられよう[51]。

唐代に関しては、末期のことになるが『新唐書』巻二二二中・南蛮伝中・南詔伝下・咸通七年（八六六）條に

初め酋龍は清平官董成等十九人を遣し、成都に詣《いた》らしむ。節度使李福は將に之れを廷見せんとす。辭を成して曰く、皇帝は天命を奉じ、正朔を改む、請うらくは敵國の禮を以て見《まみ》えん、と。（初酋龍遣清平官董成等十九人、詣成都。節度使李福將廷見之。成辭曰、皇帝奉天命、改正朔、請以敵國禮見）

とあり、さらに同伝の乾符《けんぷ》元年（八七四）の後に

南詔叛して自り、天子數ば遣使して其の境に至らしむ。酋龍拜するを肯ぜず、使者遂に絕つ。駢（西川節度使高駢）は其の俗の浮屠の法を尙ぶを以て、故に浮屠景仙を遣して使を攝して往かしむ。酋龍は其の下與《と》迎謁し且つ拜し、乃《よ》りて盟を定めて還る。清平官酋望・趙宗政・質子《ちし》三十を遣して入朝せしめ、盟を乞いて兄弟若しくは舅甥と爲らんことを請う。……酋龍恚《いか》りて疽を發して死す、僞諡は景莊皇帝たり。（自南詔叛、天子數遣使至其境。酋龍不肯拜、使者遂絕。駢以其俗尙浮屠法、故遣浮屠景仙攝使往。酋龍與其下迎謁且拜、乃定盟而還。遣清平官酋望・趙宗政・質子三十入朝、乞盟請爲兄弟若舅甥。……酋龍恚發疽死、僞諡景莊皇帝）

とある。即ち、南詔は咸通七年に唐に「敵国礼」を求めており、酋龍が死去した時には「景莊皇帝」と諡したのであるから、少なくとも酋龍一代の間は唐に敵国たらんとしていたのであり、同年の董成の言の「皇帝奉天命」の皇帝は酋龍のことである。そして、乾符元年の盟約で唐と兄弟か又は舅甥の関係を結ぶことを要求したのであるから、ここで兄弟関係・舅甥関係が敵国関係の範疇で捉えられていたことは明白である。当然一般的な兄弟関係などでは

なく、具体的な唐と回鶻との兄弟関係、唐と吐蕃との（実際には建中・長慶以後の）舅甥関係が、南詔の要求の前提となっていたのであろう。然しそのことは逆に、唐末ではそれ以前の唐―回鶻間の兄弟関係、唐―吐蕃間の舅甥関係が敵国関係と同等のものと考えられていたことの一証左となるのである。従って、兄弟関係は敵国関係に含まれるものであったと言い得る。

以上によって、第一四表からさらに、（1）敵国関係―皇帝敬問、（2）君臣関係―皇帝問及び敕、という二つの基本的な書式の使用法が帰納されるのである。この点で、『聖徳太子伝暦』巻下・推古天皇一六年（六〇八）八月條に（『続群書類従』第八輯上）

隋帝書して曰く、皇帝は倭皇に問う、使人の長吏・大禮蘇因高等至り、具さに懐う、云々。天皇は太子に問いて曰く、此書如何、と。太子奏して曰く、天子の諸侯王に賜う書式也。然るに皇帝之字、天下に一なる耳《のみ》。而して倭皇字を用いるは、彼に其の禮有り、應《まさ》に恭《つつし》んで修むべし、と。……（九月）天皇は太子已下を召して答書之辭を議す。太子筆を握りて之れを書して曰く、東天皇敬問西皇帝云々、謹白不具。（隋帝書曰、皇帝問倭皇、使人長吏・大禮蘇因高等至具懐、云々。天皇問太子曰、此書如何。太子奏曰、天子賜諸侯王書式也。然皇帝之字、天下一耳。而用倭皇字、彼有其禮、應恭而修。……（九月）天皇召太子已下而議答書之辭。太子握筆書之曰、東天皇敬問西皇帝云々、謹白不具）

とあるのは、話全体としての信憑性には問題があろうが、「皇帝問」を「諸侯王に賜う書式」であると述べた部分は、それが臣下に対する文書形式であることを明示した点では正鵠を射たものと言えよう。もっとも、「皇帝問」が君臣関係でどのような場合に用いられたかはさらに検討を要する。また、日本の『延喜式』巻一二・中務省の慰労詔書式に「天皇敬問云云」とあり、その原註に「大蕃國云天皇敬問、小蕃國云天皇問」とあるが、この場合の「大蕃国」「小蕃國」と「天皇敬問」「天皇問」との対応関係も以上の中国の用例から類推されるべきであろう。[52] なお、『晉書』巻六五・王導伝には

初め帝（成帝）幼沖にして、導を見て毎《つね》に拜す。又た嘗て導に書を與え、手詔には則ち惶恐して言うと云い、中書が詔を作れば則ち敬問と曰う。是《ここ》に於いて以て定制と爲す。（初帝幼沖、見導毎拜。又嘗與導書、手詔則云惶恐言、中書作詔則曰敬問。於是以爲定制）

とあり、ここから「敬問」が相手を極めて尊重して、事実上対等と見ていた場合に公式的に用いられたことが明らかとなる。[53] 従って、「皇帝敬問」と「皇帝問」とは一見すると相似た公文書の形式ではあるが、実は敵国関係と君臣関係という、用いられる場を大いに異にしていた書式であった。また、唐と諸蕃との関係は、敵国・兄弟・舅甥・同族（同姓）・父子・君臣・冊封など様々であったが、実際には敵国関係と君臣関係とが、その他の様々な関係に内包されている二つの基本的な関係なのであった。

唐代の国際文書形式の検討から導き出された本章の結論は以上の二つである。さらに、唐―回鶻―黠戛斯三者間における冊立の実際的な機能について、また唐代の国際関係における吐蕃のあり方の特殊性についても指摘しておいたつもりである。しかし、そのほかにも問題とさるべきことは多い。唐代には見られなかったが、国際文書に「致書」という用法がある。[54] これを以上の結論の中にどう位置づけるか、ということも問題である。また、本章では国際文書の書式のみを検討したが、内臣の場合はどうであるのか、という点。また、皇帝は「皇帝」としての機能と「天子」としての機能とを別にしており、「皇帝」は国内政治における君主としての地位と権威とを示すものであり、「天子」は蛮夷に対する中国の君主の権威を示すと共に、君主として天地鬼神を祭祀する場合の地位を示す称号であったが、[55] その事実と国際文書における「皇帝敬問」「皇帝問」とをどう関連づけて理解するかという点、等

である。さらに、突厥・回鶻においては父子関係を結ぶことと称臣することとがほぼ同時に現れていることも問題となろう。同様のことは、黠戛斯の「子孫之礼」についても言える。また、「子壻」については、『新唐書』巻二一七上・回鶻伝上に

　是の時（貞元四年、七八八）、可汗上書して恭《うやうやし》きこと甚しく、言えり、昔は兄弟と為る、今は壻、半子也。陛下若し西戎を患《うれ》えば、子請うらくは兵を以て除かん、と。（是時可汗上書恭甚、言、昔為兄弟、今壻、半子也。陛下若患西戎、子請以兵除）

とある（『旧唐書』廻紇伝上には、……昔為兄弟、今為子壻、半子也、とある）。これに拠れば、子壻は子に近いものであり、吐蕃の場合でもそれによって貞観年間の君臣関係が成立したのではなかろうか。このように、中国と蕃夷（外臣）との間における父子関係と君臣関係との絡み合いも、古代東アジアにおける国際社会のあり方を検討する上では、一考に値する問題であると言えよう。なお、宋代に移ると中国を中心とした国際文書形式に多少の変化が起こることに注意せねばならない。『宋大詔令集』巻二二八以下に収録されている国際文書について見ると、宋は契丹に対して兄を称した時に「兄大宋皇帝致書于弟大契丹……皇帝闕下」と記し、同時に契丹の皇太后にも書を与え、それには「姪大宋皇帝謹致書于嬸大契丹……皇太后闕下」と記すのである。唐代では、皇帝と蕃夷の首長とで結ばれた関係が文書形式の上でその一族にまで拡大されたことはなく、また中国が自ら相手を「皇帝」と呼んだ例もなかった。その点で、宋代になると唐代までの国際文書形式が大きく変化したことが認められるのであるが、そのことはそれまでの中国を中心とした東アジアの国際秩序が大きく変貌していったことを示すものであろう。

　以上、本章を作成する過程で気の附いた問題だけでも数多い。これらについては機会を得て補正したいと思う。筆者は浅学であって、読み得た史料たるや寥々たるものである。果たして本章で述べたことが大過なかったかどう

か、大方の御叱正を期待したい。

註

（1）この点について、印章の形式を検討することから出発して、漢代における「内臣」と「外臣」との区別の存在を指摘した、栗原朋信「文献にあらわれたる秦漢璽印の研究」（同氏『秦漢史の研究』所収、吉川弘文館、一九六〇年）は必読の文献である。また、同氏「漢帝国と印章―「漢委奴国王」印に関する私印説への反省―」（学生社『古代史講座第四巻　古代国家の構造（上）』所収、一九六二年、前掲書増補版に収録、一九六五年）参照。

（2）文中の用語については、『旧唐書』巻一九六下・吐蕃伝下、徳宗の建中二年（七八一）条に

二年十二月、入蕃使判官常魯與吐蕃使論悉諾羅等至自蕃中。初、魯與其使崔漢衡至列館、贊普令止之、先命取國信敕。旣而使謂漢衡曰、來敕云、所貢獻物竝領訖、今賜外甥少信物、至領取。我大蕃、與唐舅甥國耳、何得以臣禮見處。……乃邀漢衡、遣使奏定。魯使還奏焉、爲改敕書、以貢獻爲進、以賜爲寄、以領取爲領之。

とある。これに拠れば、唐代の国際文書では臣に相当するものに対しては「貢献」「賜」「領取」を用い、敵国に相当するもの（ここでは舅甥関係であるが）には「進」「寄」「領之」を用いたことになるが、『文苑英華』蕃書や『全唐文』の該当する諸文を見ても、この吐蕃伝の記す区別に従っている例は殆どない。従って、文中の用語についてはさらに検討を要する。なお、『新唐書』巻二一六下・吐蕃伝下では「貢献」を「献」としている。

（3）共に『文苑英華』巻四七一・翰林制詔五二及び張九齢『曲江集』巻一二所収。

（4）護雅夫「突厥と隋・唐両王朝」、同氏『古代トルコ民族史研究Ⅰ』所収、山川出版社、一九六七年。これは、石母田正ほか編『古代史講座第一〇巻　世界帝国の諸問題』学生社、一九六四年、に収められた「隋・唐とチュルク国家―隋・唐『世界帝国』の性格究明によせて―」を増補したもの。

（5）この「五年」というのは『冊府元亀』巻九七四では景龍から続いており、一見すると景龍年間のようである。『全唐文』もこの文書を巻一七・中宗の所に収めている。しかし、景龍は七〇七～七一〇の四年間しかなく、これは開元五年とすべきである。『冊府元亀』同巻同年の記事に「十月丁卯、日本國遣使朝貢」とあるが、日本の遣唐使の

派遣はこの前後では長安二年（七〇二）・開元五年（七一七）・開元二一年（七三三）だけであり、その点からもこの五年は開元に懸けるべきである。

(6) ④⑤の二首の文書の年代決定については、岑仲勉『突厥集史』上冊、中華書局・一九五八年、四四〇～四四一頁に拠る。

(7) ⑥が開元二四年一月（春初）のものであることは、註（6）所掲岑氏『突厥集史』四四八～四四九頁に拠る。⑦～⑨についてここで紹介する紙幅はないが、それぞれ内容的に関連している。また、⑦には「去歳以兒初立」とあり、これは開元二三年の登利可汗の即位を指している。以上の点と、⑥⑦⑧⑨の末尾にそれぞれ「春初」「夏末」「秋氣」「冬中」とあることから、⑥～⑨の配列及び年次が決定される。

(8) 註（4）所掲護氏「突厥と隋・唐両王朝」一八八～一九二頁。

(9) 註（4）所掲護氏「突厥と隋・唐両王朝」二〇〇～二〇二頁。

(10) 註（4）所掲護氏「突厥と隋・唐両王朝」二〇〇～二一〇頁。

(11) この場合、皇帝と血縁的に父子関係にある皇太子が皇帝に対して称臣する事実が想起されよう（尾形勇『中国古代の「家」と国家―皇帝支配下の秩序構造―』岩波書店、一九七九年、第二章「自称形式より見たる君臣関係」一二〇～一二一頁参照）。そのことから類推すれば、唐と父子関係を結んだ突厥は皇帝に対して「君臣之礼」を執ることになった、と理解することも可能である。然し、皇太子については、東晋孝武帝の時に「皇太子称臣」の是非が議論された場合に示されるように、「臣」と「子」が相矛盾する概念と考えられていた点に注意すべきである（尾形氏前掲書第三章「「臣某」の意義と君臣関係」一六三～一六五頁）。ところが、以下に見られる如く、回鶻・黠戛斯の場合でも、唐に臣事する過程において、「陛下の子と為」ったり、「子孫之礼」を執る事実が現れてくるのである。従って、唐と蕃夷との父子関係を皇太子と同様に考えるべきかどうか、さらに検討の必要があろう。その点で筆者はここに見られるような「臣子」という言葉の具体的な内容が問題となると思う。「臣子」は一般には「君父」または「君親」に対応する言葉であり、さきの皇太子の例からすれば、それは君―臣、父―子という対応を示すものであっても、臣と子とは関連を持たないものと見られるが、この突厥の「臣子」は明らかに父子関係との関連で述べられているからである。なお、「君臣之礼」に対する「家人之礼」が君臣関係とどのように関連して用いられたかについては、尾形氏前掲書第四章「「家」と君臣関係」第二節「君臣の礼」と「家人之礼」」参照。

(12)『大唐六典』巻九・中書省條に

凡王言之制有七、一曰冊書、二曰制書、三曰慰勞制書、四曰發日敕、五曰敕旨、六曰論事敕書、七曰敕牒。

とある。ただし、蕃夷に下された「敕」で始まる文書が、それぞれこのうちのどれに当たるかについては検討を要する（追記参照）。なお、『新唐書』巻二一五上・突厥伝上には

（武徳八年、六二五）初帝待突厥用敵國禮。及是怒曰、往吾以天下未定、厚於虜以紓吾邊。今卒敗約、朕將擊滅之、毋須姑息。命有司、更所與書爲詔若敕。

とあり、蕃夷に対して敵国関係の時には詔・敕を用いなかったと見られる。尤も、『冊府元亀』の外臣部や新旧唐書の外国伝が必ずしもこの区別に従って表記しているわけではない。書と詔・敕との使い分けについても、さらに検討を必要としよう。

（追記）その後、中村裕一氏によって「皇帝敬問」「皇帝問」は右の慰労制書、「敕」は論事敕書に相当することが明らかにされた。同氏『唐代制勅研究』汲古書院、一九九一年、等参照。

(13) 唐と回鶻との関係について研究したものには、羽田亨「唐代回鶻史の研究」（『羽田博士史学論文集』上巻所収、東洋史研究会、一九五七年）がある。この論文は現在でも重要なものであるが、唐と回鶻との間の名分的な関係（兄弟関係・君臣関係など）の成立については触れていない。なお、会昌年間の回鶻の滅亡の事情を取り上げたものには、山田信夫「遊牧ウイグル国の滅亡」（同氏『北アジア遊牧民族史研究』東京大学出版会、一九八九年、初出は一九六五年、参照）。

(14)『旧唐書』廻紇伝に「元和四年、藹徳曷里祿没弭施合密毗迦可汗遣使、改爲回鶻、義取廻旋輕捷如鶻也」とあり、『冊府元亀』巻九六七・継襲二には「眞元（元和）四年冊爲天親可汗、五年改紇爲鶻、從其請也」とあって、元和五年（八一〇）に回紇は回鶻と改称した。実際、貞元年間に至る冊文や書には全て「回紇」と記され、以下に見る元和一二年（八一七）以後のものには全て「回鶻」と記されている。「回紇」から「回鶻」への書き換えは厳密に

守られたのである。

(15) この場合、「国家と父子の軍を興した」のは可汗ではなく葉護である。これはおそらく、国家が可汗と兄弟の関係を結んだために、排行の関係で、可汗の長子である葉護と国家（粛宗）とは父子の関係となったものであろう。似たような例は宋代に見られる（後述）。なお、この文とほぼ同じものが『旧唐書』回鶻伝上にあり、『全唐文』巻四二・粛宗所収の文は『旧唐書』に拠ったもののようである。

（追記）以上の解釈について、石井正敏氏は「日本・渤海間の名分関係―舅甥問題を中心に―」（『石井正敏著作集第一巻　古代の日本列島と東アジア』所収、勉誠出版、二〇一七年、初出は二〇〇三年）において、以下のように述べている。この「父子」とは回紇と葉護との父子を指していると見るべきであろう。確かに長安・洛陽の（安禄山軍からの）奪回に功績のあったのは葉護であるが、葉護を派遣したのは可汗である。この記事を（唐と関係した異民族内における）親族関係の継承と示す例とすることはできないと思う、と（同書二一六～二一七頁、註〈14〉）。石井氏の論述は、日本と渤海との舅甥関係を論ずるに際し、唐と異民族との間に結ばれた関係が次の世代にはどう継承されたか、という問題点から発せられたものである。ここではその点については関説しないが、原文を「国家と父子の軍を興した」と読むと、国家＝粛宗を父、可汗を子と解釈することもできる。しかし、「与国家」を「国家に与《くみ》して（国家の与《ため》に）」と解釈すれば、父子の軍を興したのは可汗と葉護ということになる。今の私には、それが一番自然な読み方のように感ぜられる。

(16) 註(13)所掲羽田氏「唐代回鶻史の研究」二一七～二二一頁。

(17) 註(13)所掲羽田氏「唐代回鶻史の研究」二二五～二二九頁。

(18) この点に関しては、根本誠「新楽府にみる唐廻鶻関係」（内陸アジア史学会編『内陸アジア史論集』所収、大安、一九六四年、初出は一九六〇年）参照。なお、本文の「与回鶻可汗書」では「繼守舊好」に続いて、「故得邑落蕃盛、士馬精強、連挫西戎、永藩中夏」とあり、恰もこの時回鶻が唐の藩国であったかの如く記されている。しかし、それは「連挫西戎」と対句をなす文言であって、貞元三年以後の事実には合致するとしても、必ずしも保義可汗になってからの事実と考える必要はないであろう。その点は、この文中に君臣関係、父子関係を明示する言葉がないことからも考えられよう。

(19) この点は当時の回鶻の窮状を考えれば当然である。註（13）所掲羽田氏「唐代回鶻史の研究」及び山田氏「遊牧ウイグル国の滅亡」参照。なお、「久脩臣禮」とあるのは、「累代」と対応させた文飾であろう。さきの二書では君臣関係に直接触れる記述は見られなかったのである。

(20) 註（13）所掲羽田氏「唐代回鶻史の研究」二五九〜二六四頁。

(21) 『李文饒文集』巻六に「与黠戛斯可汗書」として次のように始まる文書が収録されている。

皇帝敬問黠戛斯可汗。將軍諦德伊斯難殊至、覽書及領所獻馬百匹・鶻十■（聯）具悉。皇帝《（可汗）》聰明天稟、英姿生質。

そして、以下は『文苑英華』の「与黠戛斯可汗書」の「恐德未徧覆」以下と同文である。よって、どちらの文書を採るべきかという問題が生ずる。

そこで、諦徳伊斯難珠については、本文に引いた『資治通鑑』のほか、『冊府元亀』巻九七二・外臣部朝貢五に、「（会昌）三年八月、黠戛斯遣使諦徳伊斯難珠來朝」とあり、同書巻九八〇・外臣部通好篇にも「三年八月、黠戛斯遣使諦徳伊斯難珠來朝」とあって、少なくとも彼が会昌三年六月に入朝していなかったことは確実である。一方、次に見る会昌四年二月の「与黠戛斯書」には「温仵合將軍歸國後、漢使不來。温仵合去日、朕書具云、速遣報章、此當遣重臣冊命」と、「与黠戛斯可汗書」の末尾の一部（傍点）が温仵合将軍と繋げて引用されており、諦徳伊斯難珠については、初めにその来著を告げるに過ぎない。従って、この文書は会昌三年六月に出されたと見るのが妥当であり、且つ、その時に来朝した将軍は諦徳伊斯難珠ではなく、温仵合とすべきである。即ち、内容的には『文苑英華』所収のものに拠るべきである。『李文饒文集』所収のものは、文集に収録する段階で混乱を生じたものであろう。因みに、『全唐文』巻七〇〇・李徳裕五の文は『文苑英華』に拠っている。

(22) 前註所引の『冊府元亀』巻九八〇・外臣部通好篇の次の部分には「九月與黠戛斯敕書曰」とあり、以下本文の「与黠戛斯書」と殆ど同じ文を収録している。また、巻九九四・外臣部備禦七にも「九月丁亥、賜黠戛斯……」以下、通好篇と同一の記事が収録されている。しかし、その内容は会昌三年ではなく四年に繋げるべきであり、『資治通鑑』巻二四七の四年二月という記事が最も妥当である。羽田氏前掲「唐代回鶻史の研究」二九六頁註二四二参照。

(23)　これらの文書の標題がどのようにしてつけられたかは問題になるであろうが、内容を検討すると、可汗に賜わった書には「朕」とあって、皇帝自身の書と知られる。会昌二年（八四二）八月の「代劉沔……」には、初めに「會昌三《（二）》年八月二十日、大唐河東節度使・檢校右僕射劉沔致書于九姓回鶻頡于相公閣下」とある。次の一〇月のものには「皇帝自覽表章、……皇帝寵待存恤、必更加恩、輒獻良箴、幸垂採納」とあり、明らかに皇帝自身の出した文書ではなく、劉沔が出したものとして差し支えない。また、「代忠順（李忠順）報回鶻宰相書意」の末尾には「忠順邊將巖才、性本愚直、輒此忠告、幸垂三思」とある。「賜太和公主敕書」には「敕姑」とある。従ってこれらの標題は、出した主体とその相手とをよく示したものと言える。

(24)　或いは、回鶻の烏介可汗に賜わった最後の書に「幷公主及九姓宰相詔書」と記してあるのは、以後宰相と公主とに書を与える意思を示したものであったのかも知れない。

(25)　もっとも、これは会昌六年（八四六）のことであった（『資治通鑑』巻二四八）。翌年の大中元年六月には黠戛斯を冊立して英武誠明可汗とした（『資治通鑑』及び『新唐書』黠戛斯伝）。なお、最初に黠戛斯可汗を冊立したのは会昌五年五月であるが（『唐大詔令集』巻一二八「黠戛斯為可汗制」。この冊書では「宗英雄武明誠可汗」となっている）、『資治通鑑』に拠れば、冊黠戛斯可汗使は立てたものの、武宗が崩御したことと（会昌六年三月）黠戛斯が僻遠小国であることとで、出発が見合されていたものであった。『新唐書』回鶻伝にはさらに以後のことを

逮咸通間三來朝、然卒不能取回鶻。後之朝聘冊命、史臣失傳。

と伝えている。

（追記）回鶻滅亡期の回鶻—黠戛斯—唐三者の関係について触れた史料は多いが、相互に出入りがあり整理は難しい。中島琢美氏の「南走派ウイグルについて」金沢大学文学部東洋史研究室『史游』第二号、一九八〇年、「『会昌一品集』内ウイグル関係史料抜」同誌第六号、一九八一年、「会昌年間に於けるキルギス使節団の到来について（一）」同誌第一〇号、一九八三年、「南走派ウィグル史の研究」同誌第一一号、同年、「『会昌一品集』引用文一覧表」同誌第一三号、一九八四年、「南走派ウィグル史の研究—唐朝の対ウィグル政策について—」同誌第一四号、同年、「南走派ウィグル期におけるキルギスの動向について」同誌第一五号、同年、「南走派ウィグル史に於ける

キルギス―特にその冊立について―」同誌第一六号、一九八五年、は李徳裕『会昌一品集』中の関係史料を編年した上で当時の三者の動きを詳述した労作である。なお、唐からキルギス（黠戛斯）に発信した国書の編年について中島氏は筆者の考証を批判しているが、拙論の結論を改める必要はないと愚考する。ただし、⑯の発信年月を会昌四年三月としたのは『資治通鑑』の記事の見誤りで会昌四年二月が正しく、この点は本書では訂正してある。

(26) 西嶋定生「東アジア世界と冊封体制―六―八世紀の東アジア―」参照（二〇〇〇年、六八～七四頁）。初出は一九六二年で、その時の題名は「六―八世紀の東アジア」である。

(27) 註（26）に同じ。

(28) 『全唐文』巻六・太宗「贈百濟王扶餘璋光祿大夫、仍令嫡子義慈襲封詔」（『冊府元亀』巻九六四・外臣部封冊二、貞観一五年五月詔）参照。

(29) なお、『文苑英華』には続いて「与新羅王金重熙書」があり、『全唐文』巻二八四に拠れば張九齢の筆に成るが如きである。しかし、これは後述する白居易の「与新羅王金重熙等書」と全く同文である。恐らく、『文苑英華』で張九齢の三首の後に配列したので、『全唐文』がそれに従って張九齢の名を附したのであろう。

(30) 註（26）所掲西嶋氏「東アジア世界と冊封体制」八三～八八頁。

（追記）以上の「敕新羅王金興光三首」についてはその後末松保和氏の論考が発表され、⑲を開元二二年七・八月頃、⑳を開元二三年三月頃、㉑を開元二四年四月頃のものとする。同氏「郡県制完成期の問題点」、『末松保和朝鮮史著作集2　新羅の政治と社会下』所収、吉川弘文館、一九九五年、初出は一九七五年。

(31) 末松保和「新羅下古諸王薨年存疑」〈註〈30〉所掲『新羅の政治と社会下』所収、初出は一九三三年、八八～九〇頁〉。この論文については武田幸男氏の御教示による。

(32) 註（26）所掲西嶋氏「東アジア世界と冊封体制」九〇～九二頁。

(33) 前掲花房氏『白氏文集の批判的研究』綜合作品表に拠ると、この制書は長慶元年（八二一）か二年に書かれたものである（五八〇頁）。

(34) 唐代全体を通しての唐―吐蕃関係についての論考は、佐藤長氏『古代チベット史研究』（上一九五八年九月、下一九五九年一〇月、東洋史研究会）が網羅的かつ綿密なものとして第一に挙げられる。他に王忠氏『新唐書吐蕃伝箋証』（科学出版社、一九五八年）があるが、前者に比べて内容的には乏しい。また、山口瑞鳳氏の「古代チベット史考異―吐蕃王朝と唐朝との姻戚関係（上）―」（『東洋学報』第四九巻第三号、一九六六年）、「同（下）」（『同』第四九巻第四号、一九六七年）はチベットの王統における文成公主の血縁関係を探り、それによって唐―吐蕃間の舅甥関係のチベット側の呼称を理解しようとしたものである。私はチベット語は全くできないので、この論文の内容を云々する資格は無い。ただ中国史の側から言えば、例えば回鶻の場合、英武威遠可汗・英義建功可汗は唐と兄弟関係にあって公主降嫁を受け、武義成功可汗は称臣を條件として咸安公主の降嫁を許されており、公主降嫁は唐と四夷との名分的関係を決定づけるものではない。むしろ、唐代には多くの和蕃公主の例がありながら、吐蕃のみが唐から舅甥を以て呼ばれていた事実の方が重要であろう。なお、唐代の公主降嫁の事例については、鄺平樟「唐代公主和親考」（『史学年報』第二巻第二期、一九三五年）参照。

（追記）山口瑞鳳『吐蕃王国成立史研究』（岩波書店、一九八三年）第三篇第二章「唐・吐蕃の『舅甥』関係」は結論は同じであるが、文章は「古代チベット史考異」とは全く別である。

(35)　この間、中宗景龍四年（七一〇）に金城公主が降嫁して入蕃しているが、その時の唐―吐蕃の正式な関係が何であったかを示す史料はない。後に見る唐から吐蕃に出された文書では、多くの場合唐―吐蕃関係が舅甥関係にあることが明示されているが、この舅甥関係が文成公主の時からのものか、金城公主以後のものかは検討を要する。前註で触れたように、公主降嫁それ自体は唐と四夷との関係を決定づけるものではなく、唐と吐蕃とが舅と外甥とを名乗り、それが両国の中でいかなる規制力を発揮したかは、公主降嫁の有無とは別に考えなければならないからである。

(36)　『全唐文』巻二八六・二八七、張九齢四・五及び張九齢の『曲江集』巻一一・一二所収のものは、うち一首を「皇帝問贊普」に作る。

(37)　これらの七首は他の史料とうまく合致する点に乏しいので、年次の決定は困難である。吐蕃は開元二三年（七三五）に使者悉諾勃蔵を入朝させ、三月には内侍の竇元礼が使者となって彼と共に吐蕃に入った〈註〈34〉所掲佐藤氏『古代チベット史研究』上、四六七頁）。そこで、七首のうちから両者に言及しているものを挙げると第一首・第二首・第三首・第五首・第六首であるが、それらの末尾に記されている季節をこの順に挙げると晩春、夏中、春首、春晩、秋晩となり、竇元礼の入蕃を告げる文書が一年間に跨ってしまうのである。おそらくこれは、『曲江集』巻一二「敕金城公主書」に

宗（竇）元禮哀疾、近不能起、賈混之緣此未得獨行、待其稍瘳、亦即遣去。

とあるように（賈混之は副使であろう）、竇元礼が病気になって出発の延期されたのが原因であろう。従って、竇元礼の入蕃を『冊府元亀』巻九八〇・外臣部通好篇の記すとおりに開元二三年三月とすべきか問題となるが、他に関連史料がないので断定することはできない。張九齢は開元二四年（七三六）一一月に李林甫の讒言によって中書令を退き、二五年四月に荊州大都督府長史になっているから（『資治通鑑』巻二一四）、これら一連の文書は全体として開元二三～二四年のものと認むべきであろう。第四首・第七首については他書との関連は見出せないが、これまでの『文苑英華』に「何首」と纏められた蕃書の例から見て、七首は比較的短い期間に連続して発信されたものと考えられよう。従って、七首全体で開元二二年から二四年に繋るものとするのが最も無難であろう。

(38) 註（34）所掲佐藤氏『古代チベット史研究』上、四六三～四七二頁。
(39) 註（34）所掲佐藤氏『古代チベット史研究』下、五五九～五六一頁。
(40) 僕固懐恩の乱については、註（34）所掲佐藤氏『古代チベット史研究』下、五四一～五六四頁、参照。
(41) 註（34）所掲佐藤氏『古代チベット史研究』下、五五〇～五五九頁。
(42) 註（34）所掲佐藤氏『古代チベット史研究』下、五五九～五六一頁、参照。
(43) 『全唐文』巻二六・玄宗「叙録薛訥等征吐蕃功詔」（『冊府元亀』巻一三五・帝王部愍征役・開元二年〈七一四〉六月詔）には、

吐蕃小寇、僻處大荒。先朝外撫、許其內屬、結以和戎之好、優以外臣之禮。野心易動、朝獎遄忘、不度德以量力、敢窺邊而犯塞。

とある。

(44)『新唐書』巻二一六下・吐蕃伝下には、大中三年（八四九）のこととして

恐熱（論恐熱）大略鄯・廓・瓜・粛・伊・西等州、所過捕戮、積尸狼藉、麾下内怨、皆欲圖之。乃揚聲將請唐兵五十萬、共定其亂保渭州、求冊爲贊普、奉表歸唐。

とある。唐に冊立を求めたのは、尚婢婢と論恐熱との対立が激しくなってからのことである。また、『資治通鑑』巻二四六・武宗会昌二年（八四二）一二月條には乞離胡が贊普となったことを記した後、「又不遣使詣歸唐求冊立」とあり、続けて

洛門川討撃使論恐熱、性悍忍、多詐謀。乃屬《あつめる》其徒告之曰、賊捨國族立綝氏、專害忠良、以脅衆臣。且無大唐冊命、何名贊普。吾當與汝屬擧義兵、入誅綝妃及用事者、以正國家。天道助順、功無不成。遂說三部落、得萬騎。

とある。このように、内部分裂の状態に至って初めて唐の冊命が云々されるようになったことに注意すべきである。なお、会昌から大中にかけての吐蕃に関する中国側の記録には混乱がある。その訂正については、佐藤長氏「ダルマ王の在位年次について」（同氏『中世チベット史研究』所収、同朋舎出版、一九八六年、初出は一九六三年）参照。

(45) 建中の会盟には、吐蕃内部にもそれを必要とするような内紛があった。また、回鶻の台頭も吐蕃にとって無視できないものであった。註（34）所掲佐藤氏『古代チベット史研究』下、六二一～六三二頁、参照。

(46) 長慶の会盟碑はチベットのラサに現存しており、その著録も何度か行われている。註（34）所掲佐藤氏『古代チベット史研究』下巻付録の「唐蕃会盟碑の研究」、参照。本文の引用はこの佐藤論文の著録に拠った。

(47) 註（34）所掲佐藤氏『古代チベット史研究』下、六八六～六九九頁。

(48) 註（44）所掲佐藤氏「ダルマ王の在位年次について」参照。

(49) 註（48）に同じ。

(50) 註（48）に同じ。

(51) 漢代と唐代との国際文書では、少なくとも兄弟関係で「皇帝敬問」の用いられた点が共通している。しかし後述

するように、宋代では兄弟関係における文書形式は変化する。なお、本文でわざわざ『史記会注考証』を引いたのは、引用文中の「鄰敵之國」が、中華書局標点本などの『史記』では「鄰國之敵」となっているからである。『漢書』匈奴伝上でも該当箇所は「鄰敵之國」となっており、意味から言ってもこの方が妥当である。因みに、漢代の中国と蕃夷との関係を総合的に論じたものに、栗原朋信「漢帝国と周辺諸民族」（同氏『上代日本対外関係の研究』所収、吉川弘文館、一九七八年）がある。

（追記）二〇一四年に出版された点校本二十四史修訂本『史記』では、『史記会注考証』等に従って該当部分を「鄰敵之國」に改めている。同書第九冊・巻一一〇・匈奴列伝校勘記〔五三〕参照。

(52) 日本の国際文書の書式の例については石母田正「天皇と諸蕃」（『石母田正著作集』第四巻、岩波書店、一九八九年所収、初出は一九六三年）参照。

(53) この文は、夙に浜口重国氏が、魏晉ことに東晉の士族が天子に対してしばしば君臣の礼を欠いた典型として挙げている。同氏「魏晉南北朝隋唐史概説」（『秦漢隋唐史の研究』下、東京大学出版会、一九六六年、第三部第七、初出は一九四二年）参照。因みに「惶恐」については、偶目したところでは『資治通鑑』巻一九七・太宗貞観一七年（六四三）四月條に

庚子、定太子見三師儀。迎於殿門外、先拜、三師答拜、毎門讓於三師。三師坐、太子乃坐。其與三師書、前後稱名惶恐。

とあるのが興味深い。

(54) 最もよく知られているものは、『隋書』巻八一・東夷伝倭国條の「日出處天子致書日沒處天子」であろう。その他、『宋大詔令集』巻二二八以下の四裔の項に多く見られる。なお、『隋書』倭国伝の国書についての研究は、最近のものとしては以下を参照のこと。

栗原朋信「日本から隋へ贈った国書―とくに「日出処天子致書日没処天子」の句について―」（同氏『上代日本対外関係の研究』所収、吉川弘文館、一九七八年、初出は一九六五年）。「日・隋交渉の一側面―いわゆる国書問題の再考察―」（同書所収、初出は一九六九年）。

徐先堯「隋倭国交の対等性について」（『文化』第二九巻第二号、一九六五年）。増村宏「日出処天子と日没処天子—倭國王の國書について—」（同氏『遣唐使の研究』所収、同朋舎出版、一九八八年所収、初出は一九六八年）。「徐先堯教授の「隋倭邦交新考—倭使朝隋、並非所謂對等外交—」及び「隋倭国交の対等性について」を読む」（『鹿大史学』第一六号、一九六八年）。「隋書と書紀推古紀—遣隋使をめぐって—」（同書所収、初出は一九六八・一九六九年）。「日出ずる処と日没する処について—栗原氏の批判に答える—」（同書所収、初出は一九七〇年）。

(55)　西嶋定生「皇帝支配の成立」（二〇〇二年、三三～三五頁、初出は一九七〇年）。

（追記）本稿脱稿後、山田英雄「日・唐・羅・渤間の国書について」（同氏『日本古代史攷』所収、岩波書店、一九八七年、初出は一九七四年）が発表された。本論文は題名の通り主に日唐・日羅・日渤間の国書について述べられたもので、唐を中心とした拙稿とは直接重なり合う部分はない。ただし、山田氏が初めに唐から各国に下した国書を分類して、相手の諱を記したもの、相手の地位を示す称号のみを記し諱は記さないもの、唐の冊した称号と共に諱を記したもの、の三種に分けたのは私の思い至らない所であった。参照をお願いしたい。

第四章　唐代冊封制一斑 ―周辺諸民族における「王」号と「国王」号―

一　まえがき

中国の存在が、日本を始めとする東アジア諸国の歴史発展に多大の影響を与えてきたことは、広く認められている。特に、西嶋定生氏が「六―八世紀の東アジア」(一九六二年)において、唐代までの東アジアの国際関係を規律した秩序として冊封体制の存在を指摘し、その後この冊封体制を軸として、歴史的世界としての東アジアの存在を提唱したことは、日本の歴史の展開における国際的契機の重要性をあらためて認識させるものとなった(1)。

こうして現在では、日本の歴史発展を東アジア諸国の動向と関連させて把握するのが一般的であるが、その際、遣唐使の時代の日本が新羅、百済等と同様に唐の冊封体制に組込まれていたかどうかという点が、しばしば問題となっている。その場合、当時の新羅・百済・高句麗の王が「新羅王」「百済王」「高句麗王」と呼ばれていたのに対し、日本が唐から「倭国」ないし「日本国」と呼ばれ、日本の王(天皇)が「日本国王」と呼ばれていたことに注意する必要があろう。というのは、この「国」字の有無が、周辺諸国に対する唐の態度の相違の一面を示している、と思われるからである。また、唐代周辺諸民族における「王」号と「国王」号とをめぐる問題は、単に日本に関わるのみならず、錯綜した唐代の国際関係を整理する上でも一定の意義をもってくるのである。

栗原朋信氏に拠れば、漢代では匈奴の単于《ぜんう》や烏孫の昆莫《こんび》の如く、周辺民族の首長号をそのまま漢が用いることは、その民族に一般外臣（その首長は「王」である）より高い待遇を与えることを意味していた(2)。唐代では、突厥・回紇等の北アジア・西アジア方面の遊牧民族には、唐から首長号として可汗号を授与されたものが多く、吐蕃の首長は原語を音訳して賛普と呼ばれていた。東突厥・回紇・吐蕃は当時の強国であり、唐はいずれに対しても一時的には敵国関係を認めざるを得なかった(3)。従って唐代でも、異民族の首長号をそのまま唐が用いる場合は、その国がそれだけ高い処遇を受けていたことを示すと考えられる。逆に、契丹・奚等は、唐の羈縻州に編入された時には「郡王」号を受けていた。その他の多数の国々では、その首長は唐から「王」ないし「国王」と呼ばれる場合が多かったのである。

唐代に関する諸文献における「王」「国王」の表記は必ずしも一致していないが(4)、冊立の場合には諸史料を勘案すれば正式な称号はほぼ確定できる。唐代の周辺諸民族の王爵には、本国の名称に直接「王」または「国王」号が附される「本国王(5)」と、地名以外の名号に王号が附されるものとがあった。後述の如く、後者はすべて唐王朝の徳化に浴したことを形容する王号であるので、本章ではこれを「徳化王」と称する。徳化王は回紇・契丹等にも見られ、石国の例のように王子が受爵する場合もあったが(6)、本国王に冊立された諸国は比較的限定される。そこで、本国王について「王」及び「国王」に冊立された諸例を検討し、その相違を明らかにすれば、唐代の国際秩序構造の一端に触れることができる。このような観点から、唐代における「王」号と「国王」号との相違について検討してみたい。

なお、本章では本国王については網羅的に取上げたが、徳化王については本国王がその後に冊立された場合と、それに附随して徳化王に冊立された国々の場合とに限った。これは、唐代でもただ一回限り徳化王に冊立された諸国があり、それらの国々の存在が唐代の国際秩序の理解に関わり、それらの例を通して本国王の意義がかえって明確に把握されるからである。本章は、唐代の周辺諸民族における王号の機能を全面的に考察したものではないが、唐代の国際秩序の重層性は示し得るであろう。本書で言及する王号については第一部第三章の第二表〜第四表、郡王号については第三部第五章の第一五表を参照されたい。

二　高祖〜睿宗期

高祖期から睿宗期にかけて、唐王朝から王爵を授与された国々とその年次とは、第一部第三章の第二表（九一頁）に示した通りである。高祖〜太宗期には朝鮮三国の王が本国王に冊立されたのみである。高宗〜則天武后期には三国の他に亀茲《きゅうじ》・于闐《うてん》が「王」に冊立されるが、これは太宗の頃から唐の西域経略が次第に進展してきたことの反映であろう。龍朔二年（六六二）と調露元年（六七九）とには波斯《はし（ペルシャ）》王が冊立されているが、当時ササン朝ペルシャは既にウマイヤ朝によって滅亡寸前に追込まれていた。卑路斯は吐火羅にあって冊立され、その子泥涅師師は長安にあって、唐の西突厥征討を蔭蔽するために冊立されたのである。[7] その後ササン朝は滅び去り、二人の波斯王冊立は実の伴わない全く名目的なものであった。

「国王」に冊立された国には、則天武后〜中宗期の康国がある。[8] そこで、「国」字の有無に差異があるか否かを考えねばならないが、この点に関しては『資治通鑑』巻一九三・貞観五年（六三一）一一月條に

倭國遣使して入貢す。上《しょう》（太宗）は新州刺史高表仁を遣して節を持して往きて之れを撫せしむ。表仁は其の

王與《と》禮を争い、命を宣べずして還る。（倭國遣使入貢、上遣新州刺史高表仁持節往撫之。表仁與其王爭禮、不宣命而還）

とあり、同じく一二月條に

康國は内附を求む。上曰く、前代の帝王、好んで絶域を招來し、以て遠きを服する之《の》名を求む。用いるに益無くして百姓《ひゃくせい》（人民）を糜弊す。今康國内附するに、儻《も》し急難有らば、義に於いて救わざるを得ず。師の行くこと萬里、豈に疲勞せざらんや。百姓を勞して以て虚名を取るは、朕爲さざる也、と。遂に受けず。（康國求内附。上曰、前代帝王、好招來絶域、以求服遠之名、無益於用而糜弊百姓。今康國内附、儻有急難、於義不得不救。師行萬里、豈不疲勞。勞百姓以取虚名、朕不爲也。遂不受）

とあるのが参考になる。これらは「某国」の入貢を伝えた最初の記事である。前者は言うまでもなく日本の最初の遣唐使に関する記事であるが、後者で、絶域の国が内附した場合、急難の際には救援せざるを得ないが、遠く軍隊を派遣するのは徒らに人民の負担を増すものである、として康国の内附が拒絶されているのは示唆的である。ここでは康国は、絶域にあって内附を受けざる国として評価されているのである。一方の倭国も、高表仁が王命を宣べずに引き返した国であった。ここから、絶域にある国について「某国」という表記のなされることが推測されよう。『白氏六帖事類集』巻一六・和戎に、「東至高麗、南至眞獵(臘)、西至波斯・吐蕃及堅昆都督、北至突厥・契丹・靺鞨、竝爲入蕃、餘爲絶域」とあり（『唐会要』巻一〇〇・雑録、聖暦三年三月六日敕文もほぼ同文）、「絶域」は漠然とした名称ではなく、入蕃の「蕃域」と区別され、その外側に存在する地域の呼称であった[9]。そこで、『旧唐書』高祖紀〜睿宗紀と『資治通鑑』の同じ部分とから、某「国」と記された国を列挙すると左の通りである[10]（某〈国〉と記したのは『資治通鑑』に〈国〉字のないもの）。

倭国・日本国・流鬼国・新羅国・骨利幹〈国〉・駮馬国・弓月〈国〉・疎勒〈国〉・康国・安国・米国・中天竺〈国〉・烏茶国・于闐国・東女国・女国・林邑〈国〉

これらは概ね唐に境を接する大国ではなく、唐から離れた地域にある小国であり、新羅の場合は両書ともに、白村江の戦いのあった龍朔三年（六六三）條には「新羅王」と記している。(11) 弓月・疎勒は天山南北路西側の両端に位置するが、『資治通鑑』巻二〇二・唐紀一八・咸亨《かんこう》四年（六七三）一二月丙午條に

弓月は南は吐蕃と結び、北は咽麪《いんべん》（エフタル）を招き、共に疏勒を攻めて之れを降す。上《しょう》は鴻臚卿蕭嗣業《しょうしぎょう》を遣し、兵を發して之れを討たしむ。嗣業の兵未だ至らざるに、弓月は懼れ、疏勒與《と》皆《とも》に入朝す。上は其の罪を赦《ゆる》し、遣して歸國せしむ。（弓月南結吐蕃、北招咽麪、共攻疏勒降之。上遣鴻臚卿蕭嗣業、發兵討之。嗣業兵未至、弓月懼、與疏勒皆入朝、上赦其罪遣歸國）

とあるように、唐から離反していたのが帰服してきたものであった。『旧唐書』巻五・高宗紀下・同日條がこれを「弓月・疏勒二國王入朝請降」と記したのは、以上のような事情をふまえてのことであろう。概括的に見て、唐初では唐と常時接触していない「絶域」にある国々が某「国」と呼ばれていた、と言えるのではなかろうか（于闐については註〈25〉参照）。

則天武后の万歳通天元年（六九六）に康国王が冊立された明確な理由は不明である。おそらく武后がこの年の臘月（当時歳首であった）に、当時神獄と言われていた嵩山（崇山）で封禅を行ったことと関係があるのではなかろうか。古来封禅の儀式には遠く四夷も天子の徳を慕って集まってくる、とされている。同年の康国の入朝を伝えた史料はないが、やはり入朝の事実があって冊立に及んだのであろう。こうして一旦本国王として冊立される先例が開かれると、それが継承されて以後の諸国王の冊立へと繋がるのではなかろうか。次に見るように、玄宗朝には特に

西トルキスタン地方の諸国を本国王に冊立する例が目立ってくるのである。なお、西トルキスタン地方の国々は、顕慶三年（六五八）以降安西都護府治下の一六都督府に編入されたことがある。[12] 従って玄宗朝以前に、絶域の国々と唐とがある程度密接な関係を結ばなかったわけではないが、それらの国々が順次冊立されるに至るには、次に述べるような情勢の展開が必要であった。

三　玄宗期

『資治通鑑』巻二一六・天宝六載（七四七）條には「及開元中、天子有呑四夷之志」とあるが、玄宗が在位中に周辺諸国に与えた王号、国王号もまことに多彩であり、さすがに唐代でも空前絶後のことであった（第一部第三章第三表〈九二〜九三頁〉参照）。しかしながら、これらの冊立は、単に周辺諸国との交通が盛んであったことを示すだけのことではない。既に触れた如く、王号や国王号を授与された国々が、一部を除いて西域に集中していることが目をひくが、これは当時の西域の動向と密接に関係しているのである。当時唐の勢力はパミール高原を越えて西トルキスタン地方にまで及ぶ程であったが、一方ではほぼ時を同じくして南方の吐蕃、西方の大食（イスラム勢力）、北西の突騎施が台頭し、西域ではこれらの国々による激しい勢力争いが展開された。開元・天宝年間の西域諸国の冊立の大部分は、唐が吐蕃、大食等の侵攻に対抗するために行ったものであった。この点に注意しながら、玄宗期の王号・国王号の性格について検討を加えていこう。

伊瀬仙太郎氏の『西域経営史の研究』第六章第四節「唐と吐蕃・大食との交渉」には以上のような唐の西域諸国冊立の理由が的確に示されている。初めに氏の所論に拠りながら、諸国の冊立の状況について述べていこう。開元五年（七一七）には勃律国王が冊立されたが、当時吐蕃は西域方面に進出し、唐の西域経営に多大の障害を与えていた。勃律国は唐にとって対吐蕃戦の重要な戦略地点であり、このことが同年の冊立となって現れたのである[13]。なお、勃律国はそれまで吐蕃に役属しており、万歳通天（六九六）年間から同年までの約二〇年間に、唐には僅か三回遣使しただけであった（『新唐書』巻二二一下・西域伝下）。

開元八年（七二〇）には、西域各地に点在する多くの国々に国王号が一斉に授与された。伊瀬氏によれば、開元の初めから吐蕃の北進政策と大食の西トルキスタン進攻とが、時には相提携しつつ行われていた。これに対抗するために唐の採った政策の一つが、おそらく開元の初めに行われた葱嶺守捉の設置であり、いま一つがこの年の西域諸国王の冊立であった[14]。これより先、吐蕃は護密国を支配して吐火羅道を制圧しており、開元三年（七一五）には大食と共に抜汗那《フェルガーナ》に進出し、開元五年（七一七）には突騎施と共謀して安西四鎮を攻撃する等の動きを見せていた。従って開元八年三月の護密国王の冊立[15]は、吐蕃が抜汗那—護密の線から後退していたことを示すものであると共に、唐の西域戦略にとって重要な意味をもつものであった。四月の烏長国以下三国の冊立については、『冊府元亀』巻九六四・外臣部封冊二に

> 四月、遣使して烏長國王・骨咄國王・倶立（位）國王を冊立す。竝びに冊文を降し、皆な綵《あやぎぬ》二百段を賜う。三國は安西之西に在り、大食與《と》境を隣す。大食は虐を爲さんことを煽誘するも、倶《とも》に節を守りて従わず、潛かに款誠を朝廷に布《の》べ、帝深く之れを嘉《よみ》す。（四月、遣使冊立烏長國王・骨咄國王・倶立（位）國王、竝降冊文、皆賜綵二百段。三國在安西之西、與大食隣境。大食煽誘爲虐、倶守節不從、潛布款誠于朝廷、帝深嘉之）

とあり、大食への対抗策として行われたことが示されている。八月の箇失密国王冊立も、同国が唐と提携して吐蕃の北進を牽制する位置にあったからだと思われる[16]。九月の謝颶《しゃいつ》国・罽賓国の冊立については、『新唐書』巻二二一

下・西域伝・謝颶條に

國中に突厥・罽賓・吐火羅の種人雜居する有り、罽賓は其の子弟を取りて兵《ぶき》を持ち、以て大食を禦がしむ。景雲（七一〇～七一一）の初め遣使朝貢するも、後遂に罽賓に臣たり。開元八年（七二〇）、天子は葛達羅支頡利發誓屈爾を冊して王と爲す。（國中有突厥・罽賓・吐火羅種人雜居、罽賓取其子弟持兵、以禦大食。景雲初遣使朝貢、後遂臣罽賓。開元八年、天子冊葛達羅支頡利發誓屈爾爲王）

とあり、また『冊府元亀』巻九六四・外臣部封冊二・開元八年條には「九月、遣使冊葛達羅支頡利發誓屈爾爲謝颶國王、葛達羅支特勒爲罽賓國王」とある。このように、吐蕃に対抗していた二国王が同時に冊立されたことは、明らかに大食の侵攻に対する唐の戦略であったであろう。最後に、一一月の南天竺国王の冊立については、『旧唐書』巻一九八・西戎伝・天竺国條に

其の年（開元八年）、南天竺國王尸利那羅僧伽は戰象及び兵馬を以て、大食及び吐蕃等を討たんことを請い、仍《よ》りて求めて其の軍に名づけるに及ぶ有り。玄宗甚だ之れを嘉し、軍を名づけて懷德軍と爲す。（其年、南天竺國王尸利那羅僧伽請以戰象及兵馬、討大食及吐蕃等、仍求有及名其軍。玄宗甚嘉之、名軍爲懷德軍）

とあり、インダス河下流域の同国においても、吐蕃や大食の討伐が問題とされていたのであった。このように、開元八年の西域諸国の冊立は、吐蕃・大食に対抗するために行われた唐の戦略であった(17)。

大食は開元一二年（七二四）に西突厥の突騎施に打破されてアム河以北から後退し、かわって突騎施が西トルキスタン地方に威を振るった。その突騎施もおそらく開元二五年（七三七）の冬に大食軍とハリースターンに戦って敗績し、翌年には蘇禄可汗が殺され、黄姓部落と黒姓部落とに分裂した。翌々開元二七年（七三九）には黒姓側が、この機に乗じた唐や抜汗那・石国《シャーシュ》の軍隊に打破され、突騎施も開元二六年以降その勢力を失うに至る。『冊府元亀』

巻九六四・外臣部封冊二・同年條に

十月詔すらく、康國王烏勒卒《しゅつ》す、其の子咄喝を封《ほう》じて嗣と爲す。謝颶國王誓颶卒す、其の子如沒拂達を封じて嗣と爲す。曹國王沒羨卒す、其の弟蘇都僕羅を封じて嗣と爲す。史國王延屯死し、其の子忽鉢を封じて嗣と爲す。皆な死は他年に在り、今從いて赴く也。（十月詔、康國王烏勒卒、封其子咄喝爲嗣。謝颶國王誓颶卒、封其子如沒拂達爲嗣。曹國王沒羨卒、封其弟蘇都僕羅爲嗣。史國王延屯死、封其子忽鉢爲嗣。皆死在他年、今從赴也）

とあり、続いて

是の月罽賓國王烏散勒灑、年老を以て上來し、其の嫡子佛林《(ママ)》罽婆を立てて位を嗣がさんことを請う。之れに從い、乃《よ》りて拂林罽婆を封じて罽賓國王と爲す。康國自り已下皆な書を降し、冊士を宣慰す。（是月罽賓國王烏散勒灑以年老上來、請立其嫡子佛林《(ママ)》罽婆嗣位。從之、乃封拂林罽婆爲罽賓國王。自康國已下皆降書、宣慰冊士）

とあるのは、同年一〇月に罽賓国王を冊立したのを機会に、康国以下の王位継承に対し、あらためて冊立を行ったものである。これはまさしく、突騎施蘇禄の死と共に、唐の威令がソグディアナ地方やアフガニスタン方面にまで及ぶようになったことを物語っている(18)。

一方吐蕃は開元末か天宝初めの頃、ギルギット地方の小勃律国を服属させ、その西北の二十餘国も支配下に置いたが、天宝六載（七四七）唐は安西副都護高仙芝を派遣して小勃律を唐に帰属させた。当時イスラム勢力はウマイヤ朝からアッバース朝に交代する過渡期にあり、それを見た西域諸国は再び唐に帰附したが、その中で竭帥《けっすい》《チトラル》国は吐蕃に通じ、吐蕃の吐火羅方面への進出に便宜を与えていた。唐は再び高仙芝を派遣し、竭帥を破ってその王勃特没を捕え、兄の素迦を即位させた。『冊府元亀』巻九六五・外臣部封冊三・天宝九載（七五〇）三月條には

咨爾《ああなんじ》　揭帥國王勃特沒の兄素迦、代々《よよ》忠誠を竭くし、遐裔に僻居するも、夙《つと》に智識を懷き、早《つと》に勇義を聞く。頃《このごろ》　勃特沒の卿に於いて不孝、國に於いて不忠なるを以て、而して卿は抱屈すること既に深く、久しく淪棄を被る。今悪党已に殄《つ》き、兇結擒に就く。卿遂に能く忠赤を朝廷に輸《いた》し、仁恵を蕃部に表し、永く言《ここ》に節を效《いた》し、宜しく旌賞を膺《う》けるべし。是《ここ》を用《もっ》て爾を冊《さく》して揭帥國王と爲す。（咨爾揭帥國王勃特沒兄素迦、代竭忠誠、僻居遐裔、夙懷智識、早聞勇義。頃以勃特沒於卿不孝、於國不忠、而卿抱屈既深、久被淪棄。今悪党已殄、兇結就擒、卿遂能輸忠赤於朝廷、表仁惠於蕃部、永言效節、宜膺旌賞。是用冊爾爲揭帥國王）

とある。悪党（吐蕃）と結んだ兇結（勃特沒）を擒え、唐に忠実な素迦を冊立するというのは、唐の目的とする所を明白に示していよう。(19) 以上のように、開元天宝年間の西域諸国の本国王冊立は、唐の対西域戦略として、この地方における吐蕃・大食・突騎施の動向と密接に関連して行われていたのである。

他方、前述の突騎施征伐の戦功に対し、開元二七年（七三九）には拔汗那王が奉化王に冊立され、翌年三月には石国王が本国王に冊立されたその翌日に順義王に冊立された。(20) この月には、一旦捕虜となった突騎施吐火仙可汗も許されて循義王に封ぜられている。奉化王・順義王・循義王は冊封されるべき地名を持たない徳化王であり、特に石国王の事例は、本国王と徳化王とで性格が相違することを物語っていよう。続く天宝年間には徳化王の賜爵が目立ってくるが、天宝六載（七四七）二月にカスピ海南岸の陁抜斯《タバリスタン》単国以下の八箇国の王が帰信王等の徳化王を受けた時の状況は、前嶋信次氏によれば次のようなものであった。此等の国々はイスラム教に帰服せずにペルシャ教を守っていたが、この地方に対するイスラム側の攻撃は開元四、五年以来中止していた。また、天宝五、六載はウマイヤ朝とアッバース朝が交替する少し前に当り、イスラム勢力と此等の国々との間には格別の軋轢もなかった。或いは、此等の国々が唐に遣使した動機の一部には、西域で唐がイスラム勢力と対立していたことがあったのかも知れない。しかし、特に明確な政治的目的をもった遣使ではなく、天宝三載（七四四）に陁抜斯単国（＝陁抜薩憚国）が唐に遣使して利益の多い交際を開いたことに諸主も倣った、単なる修好的、商業的交渉であったと考えられるのである。[21]このような石国や陁抜斯単国等の例からすれば、徳化王は修好的、名目的な名誉称号であった。その王号が唐の徳に浴したことを示す称号であるのも頷かれるであろう。

そこでその他の徳化王授与の状況を見てみると、天宝元年（七四二）正月の女国以下の冊立については、『旧唐書』巻一九七・南蛮西南蛮伝・東女国條に

開元二十九年（七四一）十二月、其の王趙曳夫は子を遣して方物を献ず。天寶元年、有司に命じて曲江に宴せしめ、宰臣已下をして宴を同《とも》にせ令《し》む。又た曳夫を封《ほう》じて歸昌王と爲し、左金吾衞大將軍を授け、其の子に帛八十匹を賜いて放還す。（開元二十九年十二月、其王趙曳夫遣子獻方物。天寶元年、命有司宴於曲江、令宰臣已下同宴。又封曳夫爲歸昌王、授左金吾衞大將軍、賜其子帛八十匹放還）

とあり、『新唐書』巻二二二下・南蛮伝下・室利仏逝條には、「後遣子して入献せしむ。詔して曲江に宴す。宰相會し、冊して賓義王に封じ、右金吾衛大將軍を授けて之れを還す（後遣子入獻。詔宴于曲江、宰相會、冊封賓義王、授右金吾衛大將軍還之）」とある。両国使と共に日南国使も曲江での宴会に招かれたであろうが（第一部第三章第三表九三頁参照）、おそらく開元から天宝に改元したその時（正月朔日に改元）に、三国の使が来朝していた所からこのような歓迎を受け、また帰昌王以下の王爵を授与されたのであろう。また、天宝三載（七四四）七月には康国とその与国の米国・曹国の三国王が欽化王等の王号を受けているが、この年の五月には唐は黄姓突騎施を討ち、六月には黒姓突騎施の骨咄禄毗伽を十姓可汗に冊立している。[22]その一箇月後に三国王が揃って徳化王を授与されたことと、翌天宝四載（七四五）に安国王屈底波が帰義王の称号を受けたこととは、唐の西域経営がそれだけ順調であっ

たことの反映ではないだろうか。

一方、開元末以降徳化王の称号が盛んに西域諸国に授与されるようになっても、王位継承の際には一貫して本国王が授与されていた。開元八年・一九年・二九年の（小）勃律国王、二〇年の護密国王、天宝四載の罽賓国王、いずれもその例である。開元一九年四月の曹国王・米国王の冊立は、『冊府元亀』巻九六四に「是の月、康國王烏勒遣使上表し、其の子咄褐を封じて曹國王と爲し、默を米王と爲さんことを請う[23]。竝びに之を許す（是月、康國王烏勒遣使上表、請封其子咄褐爲曹國王、默爲米王。竝許之）」とあるように、康国王の奏請によるものであった。前述の開元二六年の康国・謝颶国・曹国・史国及び罽賓国の場合も、時期の遅れこそあれ継襲による冊立であった。また、天宝九載の朅師国王素迦の冊立も、唐が捕虜とした前王に替えて冊立した場合とはいえ、継襲の変則的な一例と見做すことができよう。これらの例から、「本国王」が国王の継襲や交代の際に用いられるのに対し、徳化王は、しばしば同時に多数の国々に授与されることに示されるように、儀礼的、一時的な名誉称号であったと考えられるであろう[24]。なお、天宝中に史国は来威国、抜汗那は寧遠国、小勃律国は帰仁国と国号を改められている（『新唐書』巻二二一下）。いずれも徳化に関係する国号であるが、遠方を懐《なつ》けるという抜汗那の「寧遠」は、唐に帰服する意味の「帰仁」「来威」より積極的な意味を持つ。突騎施討伐の功績を賞する意味が籠められているのであろう。

以上のように玄宗期の周辺諸国の王号を検討してくると、次のように言えるであろう。当時は唐の勢力が西アジア方面にもっとも深く浸透した時期であった。パミール高原以西の小国家群の王を開元八年に一斉に本国王に冊立したのを始め、唐は大食や吐蕃に対する外交政策としてしばしば本国王冊立を行った。一方、開元二六、七年に突騎施が平定され、以後西トルキスタン地方の情勢が安定してからは、石国王が順義王に冊立されたのを始めとして、この地域の諸国王や王子はしばしば徳化王を授与された。しかし、王の継襲や交替の際には依然として本国王に封ぜられた。従って、同じ王号でも徳化王の場合はより名目的な称号であり、本国王の場合は唐王朝がその国の王権を承認したことを示す、より現実的で政治的な称号であった、と考えられるのである。滅亡後の高句麗の「忠誠国王」を除いて、徳化王には「国王」号が見られないこともこのことと関係しているのであろう。また、これら諸王が本国王に冊立される際に一律に「国王」に封ぜられているのは、パミール高原以東に在って早くから唐と通交している疎勒・于闐の王が、疎勒「王」・于闐「王」に封ぜられていること[25]と対照的である。同様に早くから唐と密接な関係にあり、距離的にも近い新羅が「王」に冊立されていることを考えあわせると、パミール高原以西の諸国は絶域にある国として、蕃域にある国とは一段区別された扱いを受けていた、と言わねばならないであろう。[26]

しかし、西域における唐の優勢は長くは続かなかった。天宝一〇載（七五一）の名高いタラスの戦いに敗れて唐は西域から一歩後退し、続く安史の乱によってさらに大きく後退することになるのである。

四　粛宗期以後

粛宗以後になると、南詔王が三度冊立された[27]以外には、本国王に冊立されるのは新羅と渤海とにほぼ限られてくる。新羅は継襲の際にほぼ一貫して新羅王に冊立されたが、渤海では郡王から国王への進爵が見られた。渤海の初代大祚栄は聖暦元年（六九八）ごろに自立して振国王と称したが、次第に勢力を拡張して、先天二年（七一三）には唐から渤海郡王に封ぜられ、これが国名の由来となった。第三代文王大欽茂は、宝応元年（七六二）に渤海郡王から渤海国王に進爵された。『新唐書』巻二一九・北狄伝・渤海條には「寶應元年、詔以渤海爲國、欽茂王之」とあるが、上述の考察に従えば、「国と為す」ということは勿論今日のような独立国として承認されたことではなく、

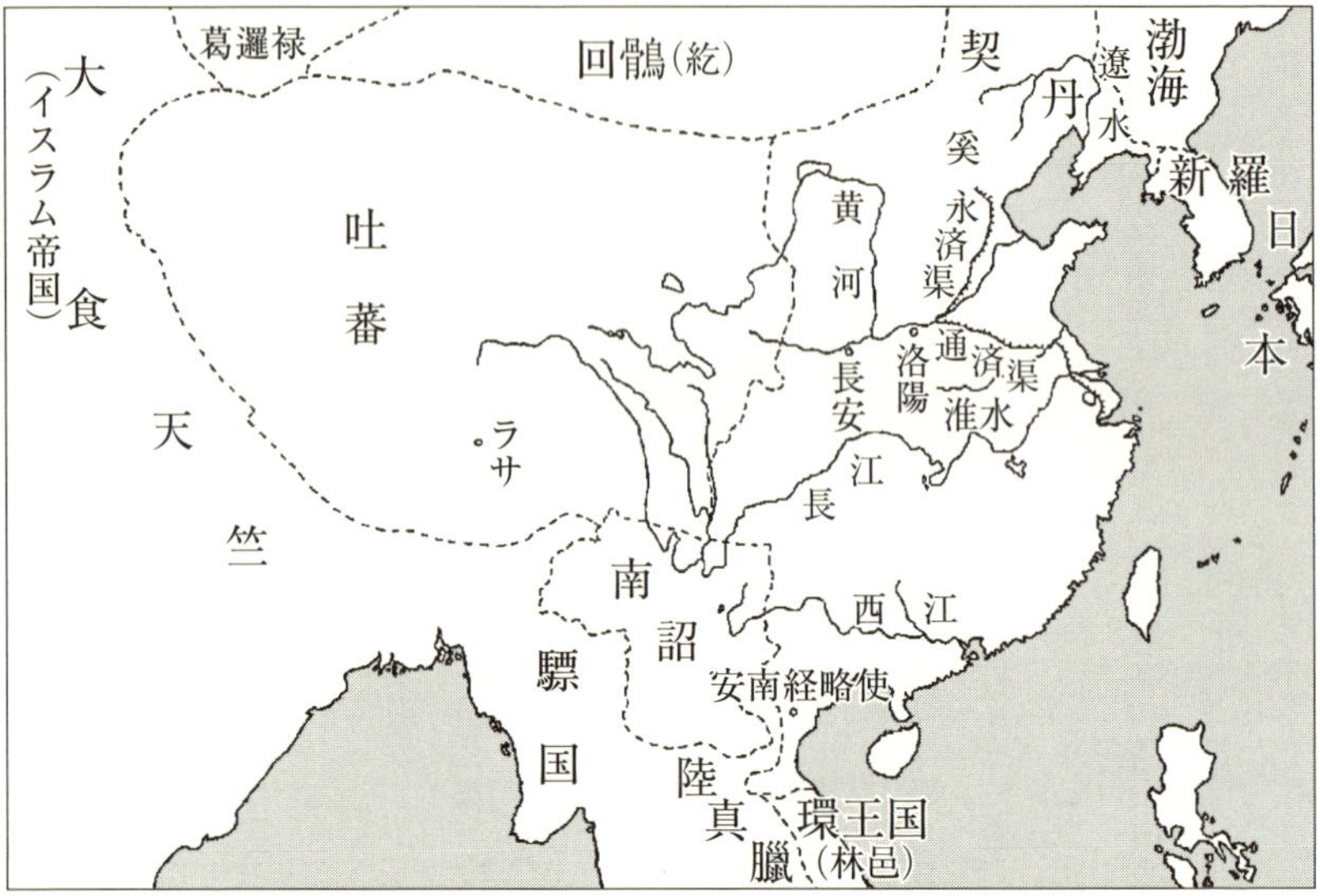

第２図　唐後半期（９世紀初頭）の周辺諸国

また新羅と同等の待遇を受けたことでもない。従来から新羅が唐と密接な関係にあり、渤海が建国以来日が浅いことを考えれば、前者が唐王朝から「王」に冊立され、後者が「国王」に冊立されたのも当然であったであろう。大欽茂は貞元一〇年（七九四）に死去したが、この年には欽茂—元義—華璵—嵩璘と、都合三度の国王の交代があった。大嵩璘は即位後渤海郡王に冊立されたことに対して、父と同じ渤海国王への進爵を願い出て許されているが（『旧唐書』第一九九下・渤海靺鞨伝）、そこには自らの王権を安定させる意図があったと思われる[28]。彼が国王に冊立されてからは、王位継承の度に渤海国王に冊立されているのである[29]。

新羅では憲徳王金彦章が元和七年（八一二）に新羅国王に冊立されたとあり、昭聖王金俊邕が新羅国王に冊立されたとする史料も存する。また、永貞元年（八〇五）に弥臣国王が冊立された事実もある[30]。これらのことから見ると、大嵩璘が渤海国王となって以来、周辺諸民族が「国王」に冊立されることが一般化したかのように見える。しかし、新羅でも興徳王金景徽が新羅王に冊立されたことは諸書一致しているし、昭聖王が新羅「王」であったことを伝える史料もある（『旧唐書』巻一九九上）。また、『白氏長慶集』（四部叢刊本）巻三九・翰林制詔三「与新羅王金重熙等書」[31]には「敕新羅王金重熙……等」とあり、哀荘王が新羅「王」であったことは明らかである。また、「新羅国王」と記されることの多い憲徳王についても、『唐会要』第九五は「新羅王」と記している。結局、新羅の君主が「国王」と称されたことは、あったとしても例外なのであって、渤海の諸例と新羅の一例とをもって、唐末には周辺諸民族が「国王」に冊立されることが一般化した、と言い切ることはできない。

しかしながら、五代に入ると「国王」に冊立される例が一段と増してくる事実は見逃せない。後唐明宗の長興三年（九三二）五月には王建が、晋少帝開運二年（九四五）一二月には王武が、それぞれ高麗国王に封ぜられ、後晋高祖天福三年（九三八）一〇月には李聖天が大宝于闐国王に封ぜられている（以上『冊府元亀』巻九六五）。また、同光三年（九二五）には銭鏐《せんりゅう》が後唐《こうとう》明宗から呉越国王に封ぜられ（『全唐文』巻一〇五）、天福三年には銭元瓘が後晋《こうしん》高祖から、天福八年（九四三）には銭弘佐が後晋少帝から、同じく呉越国王に封ぜられている（同書巻一一七・巻一一九）。このように、五代には国王に封ぜられる例が増加し、しかも華夷の別なく用いられてきているのである。すなわち、国王号が王号より一段低く用いられていた状況が変化し、以前より上昇した位置で用いられるようになったことは確かで、唐末五代の変動は冊立のように形式を重視する儀礼にも及んできているのである。今後このような形式面の変化から、唐末五代の東アジア世界の変動の様相を読みとることも、必要となってくるであろう。

五　日本の場合について

最後に、以上の考察を踏まえて、唐代の日本の位置について一瞥しておきたい。日本が唐から冊立された事実はないが、張九齢の『曲江集』巻一二に「敕日本国王王（主）明楽美御徳」で始まる敕書があることはよく知られている。[32]『曲江集』には周辺諸国に対する敕書が多数収録されているが、その中から「敕某国王」と記されている日本以外の敕書を挙げると

敕護密国王真檀（二首）・敕識匿国王烏訥没莫賀咄・敕勃律国王蘇没謹忙・敕罽賓国王

の五首が得られる。このうち、護密国・勃律国・罽賓国の三国は、既に述べたパミール高原以西の国々であり、識匿《シグナン》国も同じくパミール高原の西方、護密国の北方に位置する国である。日本はこれらの国々と同等に扱われていたのであり、まさしく「絶域」にある国と見做されていたことになる。[33]従って、東アジア諸国の中でも新羅等から一段区別された位置にあったことになるが、次段の挿話はこのことを別の面からも示すものであろう。なお、以上の西域諸国に対する文書の内容には、前述の突騎施や吐蕃に対する唐の戦略が反映しているが、ここでは触れない。また、日本及び識匿国の例から、「国王」号が冊立の有無に関係なく用いられていたことが判る。

『旧唐書』順宗紀・貞元二一年（八〇五）二月甲寅條のあとに、「日本國王幷妻還蕃、賜物遣之」とあり、同じく戊辰條に「以開府儀同三司・檢校太尉・使持節・大都督・雞林州諸軍事・雞林州刺史・上柱國・新羅王金重熙兼寧海軍使、以重熙母和氏爲太妃、妻朴氏爲妃」とある。前者は日本の第一八次遣唐使に関する記事ではあるが、もとより信憑性に欠ける所がある。しかし事の真偽はさておき、ここでは「日本国王幷妻」とあるのに対し、次の新羅

の場合には唐王朝から王母和氏が太妃に、妻朴氏が妃に冊立されていることに注目したい。『通典』巻三四・職官一六・内官條に「開元八年五月敕すらく、令に準じて王の妻を妃と爲し、文武官及び國公の妻を夫人と爲し、母は太字を加う（開元八年五月敕、準令王妻爲妃、文武官及國公妻爲夫人、母加太字）」とあるように、太妃・妃はともに王爵に対応した女性の称号である。このように、新羅王に冊立されている哀荘王金重熙の母や妻が、それに相応して太妃や妃に立てられたのに対し、日本の場合が「国王」「妻」とのみ記されているのは偶然ではない。唐の蕃域にあって冊封関係にある新羅と、その埒外にあって冊封関係にない日本との差がそこに現れているのであり、日本「国王」という呼称とあわせて、唐の新羅に対する態度と、日本に対する態度との差異を認めるべきであろう。

もとより、唐と日本との関係は、以上二点の史料によって説明し尽し得るものではない。しかし、白村江の敗戦後内政の充実に専念した日本が、三十餘年ぶりに大宝律令を携えて派遣したといわれる、第八次遣唐使（七〇二年発遣）以降の日本と唐との関係は、唐にとっては一貫して以上のようなものであった、と考えられるのである(34)。

六　おわりに

前節まで専ら諸先学の業績に拠りながら、唐代の「国王」号と「王」号との相違について考察してきた。そこで明らかになったことのうち、重要なのは次の三点である。

一、唐から離れた所にある遠夷は「某国」と「国」字を附して呼ばれ、唐に接近した地域にある国々は「国」字を附さずに呼ばれていた。多少の出入はあるが、これは「絶域」「蕃域」の地域区分にほぼ対応している。

二、「国王」に冊立される事例は則天武后期より見出され、玄宗期に最も著しかった。玄宗期に「国王」に冊立された事例は、パミール高原から西トルキスタン地方に集中しているが、これは、当時西域で盛んに活動していた大食や吐蕃・突騎施の動きに対応したものである。なお、天山南北路沿いの諸国家では「王」の冊立がみられ、この頃にはパミール高原以西が絶域と意識されていたらしい。

三、唐から周辺諸国に授与される王爵には本国王と徳化王とがあった。後者が儀礼的、一時的な性格を持つのに対し、前者は基本的には王の交代に際して授与されるもので、実際的、政治的な性格をより強く持っていた。

以上のほかに、粛宗期以後は渤海に対して国王号が授与されるが、五代に入ると国王号の授与が華夷の別なく行われるようになることと、日本が絶域の国であったことが日本「国王」という呼称から推測されることも併せて述べておいた。

このように見てくると、国王・王といった類型的な呼称にも、唐代の国際関係の特質と推移とが反映していることが窺われよう。本章の範囲で徳化王が授与されるのが殆ど西域諸国に限られ、またこの国々への本国王授与が政治的性格を強く帯びていたことは、大食・吐蕃といった大国を背後に控えたこの地方の流動的な状態を反映するものであろう。このことは、東アジア世界の特質を理解する上で無視し得ない事実であると思われる。また、五代に国王号が目立ってくることは、いわゆる動乱の一〇世紀に関連して注目すべき事実であろう。

初めに断ったように、本章で扱った問題は極めて限定された事柄でしかない。契丹・奚等の王号については考慮の外に置いたし、また唐から周辺諸国の首長に下された官爵は王・国王のみに止まるものではない(35)。今後残されたこれらの問題を追究し、唐代における国際関係の特質を考究する一助としていきたい。

註

（1）西嶋氏は「東アジア世界の形成Ⅰ総説」（一九七〇年）において、歴史的世界としての東アジア世界の存在を提唱した。以後、東アジア世界の存在やその歴史的性格に言及した氏の論考は数多いが、最新のものとして「東アジア世界と日本史」（一九七五年～一九七六年）「一―三世紀の東アジアと倭国」（一九七九年）「四―六世紀の東アジアと倭国」（一九八〇年）「七―八世紀の東アジアと日本」（一九八一年）等がある。

（2）「漢帝国と周辺諸民族」（同氏『上代日本対外関係の研究』吉川弘文館、一九七八年、所収、初出一九七〇年）参照。

（3）第三部第三章「唐代の国際文書形式」参照。

（4）唐代の国際関係を考える場合に、両唐書の外国伝及び『冊府元亀』外臣部等が参照されるべきことは言うまでもないが、特に小国との関係を見る場合には、両唐書の本紀や『資治通鑑』のような編年体の史料も見逃すわけにはいかない。しかし、『資治通鑑』における外国王の表記に関して、他の史料に「某国王」と記されている場合でも、「国」字を省略して、「某王」と記す場合が多いことに注意すべきである。例えば、『冊府元亀』巻九六四・外臣部封冊二・開元八年（七二〇）條には「四月遣使冊立烏長國王・骨咄國王・倶立《(位)》國王」とあるのに対し、『資治通鑑』巻二一二・同年条には「夏四月丙午、遣使賜烏長王・骨咄王・倶位王冊命」とある。国王号以外の例では、『旧唐書』高宗紀下・儀鳳二年（六七七）條には、「二月丁巳、工部尙書高藏授遼東都督、封朝鮮郡王、遣歸安東府、安輯高麗餘衆。司農卿扶餘隆熊津州都督、封帶方郡王、令往安輯百濟餘衆」とあるのが、『資治通鑑』巻二〇二・同年條では、「二月丁巳、以工部尙書高藏爲遼東州都督、封朝鮮王、遣歸遼東、安輯高麗餘衆。……又以司農卿扶餘隆爲熊津都督、封帶方王、亦遣歸安輯百濟餘衆」となっている。両唐書の新羅伝、百済伝等を参照すれば、高藏は朝鮮郡王、扶餘隆は帯方郡王に封ぜられたとするのが正しい。また、『冊府元亀』巻九六四・開元一四年（七二六）條では、「改封契丹松漠郡王李邵固爲廣化王、奚饒樂郡王李魯蘇爲奉誠王」とあるのが、『資治通鑑』巻二一三・同年條では、「春正月癸未、更立契丹松漠王李邵固爲廣化王、奚饒樂王李魯蘇爲奉誠王」となっている。これも、『旧唐書』契丹伝・奚伝等に拠って「松漠郡王」「饒楽郡王」とすべきである。

以上のように、『冊府元亀』外臣部封冊や『旧唐書』本紀、外国伝等に「某国王」「某郡王」とある所を、『資治通鑑』では「国」字、「郡」字を省略して単に「某王」と記している場合が多い。これは、『資治通鑑』編集者の一つの姿勢を示すものとして興味深い事実である。ただし、すべての場合にわたって同書がそのような態度をとっているわけではなく、日本の場合には一貫して「倭国」ないし「日本国」と表現されていることは注意されてよい。また、『新唐書』の外国伝でも、「某国（王）」の「国」字を省略していることが多く、東夷伝日本條でも総て「倭」ないし「日本」と記している。この点は『資治通鑑』以上に簡略な場合もあり、同書外国伝を利用する上で注意すべき所である。従って本章では、主に『旧唐書』本紀と外国伝及び『冊府元亀』外臣部（特に封冊）とに拠り、『新唐書』『資治通鑑』を適宜参照することとした。

（5）「本国王」については、例えば『冊府元亀』巻九六四・外臣部封冊二・開元一九年（七三一）四月條の小勃律国王難泥に対する冊書に、「今冊爾爲本國王」とある。ただし、「本国王」という表現は、「国王」のみならず「王」に冊立した場合にも用いられている。

因みに、高句麗滅亡後、故王高蔵の孫高宝元は垂拱二年（六八六）に朝鮮郡王に封ぜられ、聖暦元年（六九八）には忠誠国王に封ぜられている（『旧唐書』巻一九九上・高句麗伝）。これは郡王から国王への進爵ではあるが、その実は封建の実態を伴わない徳化王への進爵に過ぎない。また、『新唐書』巻二二一上・西域伝上に拠れば、乾封《けんぽう》初（元年、六六六）に河源郡王吐谷渾諾曷鉢は青海国王（『冊府元亀』巻六四では青海王）に封ぜられている。これも郡王から国王への進爵であるが、高宝元の場合とは違って地名を有している。しかし、乾封元年には既に吐谷渾の故地は吐蕃に奪取されており、ここでの「青海国王」は実質を伴わない全くの虚封に過ぎない。その点では高句麗の忠誠国王の場合と同じであり、これらの例については本国王に封ぜられた場合と同等に考えることはできない。

（6）『新唐書』巻二二一下・西域伝下・石国條に「天寶初、封王子那俱車鼻施爲懷化王、賜鐵券」とある。また、至徳二載（七五七）一一月、粛宗は安史の乱平定に功績のあった廻紇太子葉護に対し、忠義王を授与している（『旧唐書』巻一九五・廻紇伝）。

(7) 前嶋信次「タラス戦考」（原載『史学』第三一巻第一―第四号、第三二巻第一号、一九五八年、一九五九年。同氏『東西文化交流の諸相―民族・戦争―』誠文堂新光社、一九八二年、所収）五〇～五八頁参照。

(8) 『唐会要』巻九九・康国條に「神龍中泥涅師師卒、又冊立其子突昏」とあるので、突昏も神龍中（七〇五～七〇七）に康国王に冊立されたであろう。

(9) 仁井田陞『中国法制史研究四　法と慣習・法と道徳』（東京大学出版会、一九六四年、補訂版一九八〇年）第一部第一章「東アジア諸国の固有法と継受法」一五～一七頁参照。ただし、高句麗は聖暦三年（七〇〇）には既に滅亡しており、また貞観年間には高昌が「天界絶域」とされたこともあった（『新唐書』巻二二一上・高昌伝）。従って絶域を固定的に捉えることはできないが、諸外国に対する一定の地域的区分の観念が唐にあったことは確かである。なお、本文に引いた『白氏六帖事類集』の文から、仁井田氏は唐雑令第一四條（開元二五年令）を復原している（『唐令拾遺』八五二頁）。

(10) この二書に限ったのは紙数の制約にもよるが、周辺諸国の入朝記事は本紀等の編年記事にかえって頻出するからでもある。

(11) 流鬼国を白鳥庫吉氏は樺太嶋に比定し（「唐時代の樺太嶋に就いて」、原載『歴史地理』第九巻第五・六号、第一〇巻第二・四・六号、一九〇七年。『白鳥庫吉全集』第五巻所収、岩波書店、一九七〇年）、和田清氏はカムチャッカ半島に比定する（「唐代の東北アジア諸国」、原載『東方学』第八輯、一九五四年。『東亜史研究（満州篇）』所収、東洋文庫、一九五五年）。骨利幹国については、『通典』巻二〇〇・辺防一六・北狄七に「骨利幹居廻紇北方、瀚海之北」とあり、駮馬国についても同書同巻に「駮馬其地近北海、去京萬四千里、經突厥大部落五所乃至焉」とある。康国以下については後述する。また、龍朔三年の新羅の呼称については、『冊府元亀』巻九六四には「（龍朔）三年四月、詔以新羅國爲雞林大都督府、以新羅王今《（金）》法敏爲雞林州大都督」とある。これに拠れば文武王金法敏は「新羅王」であって、「新羅国王」ではなかった。

(12) 伊瀬仙太郎『西域経営史の研究』（日本学術振興会、一九五五年。『中国西域経営史研究』と改題して再刊、巌南堂書店、一九六八年）第五章「高宗・中宗時代の西域経営」二一二～二一六頁参照。

(13) 勃律国は次の小勃律に対して大勃律とも言い、パミール高原南部のバルチスタンにあったが、吐蕃の圧迫を受けて開元八年（七二〇）から一〇年（七二二）の間にギルギットに移って小勃律国となった。註（12）所掲伊瀬『西域経営史の研究』三二六〜三二八頁、佐藤長『古代チベット史研究』上巻（東洋史研究会、一九五八年）、四四二〜四四七頁参照。また、唐—吐蕃抗争と小勃律国との関係については、このほかに秋本太二「高仙芝の西征—特に其の小勃律征討について—」（『京城帝国大学史学会誌』第一五号、一九三九年）、関根秋雄「カシュミールと唐・吐蕃抗争—とくに小勃律国をめぐって—」（『中央大学文学部紀要』第八八号史学科第二三号、一九七八年）参照。

(14) 註（12）所掲伊瀬『西域経営史の研究』三三七〜三四一頁。また、曾問吾『中国経営西域史』（商務印書館、一九三六年。野見山温訳補『支那西域経綸史』上、東光書林、一九四五年）には、「唐代葱嶺以西の諸国及び封冊を受けたる国王表」と「葱嶺以西諸国の貢献表」とがあり（訳書三二九〜三三三頁）、パミール高原以西の国々の地名の比定と、その朝貢、冊立の記録とを表示している。西域諸国の位置については、これらの著書及び馮承鈞編『西域地名』（陸峻嶺増訂、中華書局、一九八〇年、初版は一九三〇年）参照。

(15) 『冊府元亀』巻九六四・外臣部封冊二では、その王羅施伊具骨咄禄多比勒莫賀咄達靡薩爾は「護密王」に冊立されているが、同書同巻でも開元二〇年（七三二）九月に王弟護真檀は護密国王に冊立されており、こちらに従うべきものと思われる。

(16) 註（12）所掲伊瀬『西域経営史の研究』三四〇頁。

(17) 『新唐書』巻二二一下・小勃律伝には、

　沒謹忙因出兵、大破吐蕃、殺其衆數萬、復九城。詔冊爲小勃律王、遣大首領察卓那斯摩沒勝入謝。沒謹忙死、子難泥立。死、兄麻來兮立。

とあり、小勃律国王没謹忙も吐蕃征討の功により冊立されたのであるが、その年代は記されていない。『冊府元亀』巻九七一・外臣部朝貢四は、察卓那斯磨《ママ》没勝の入朝を開元二一年（七三三）閏三月に繫ける。しかし、『新唐書』巻二一六上・吐蕃伝上によれば、没謹忙の吐蕃討伐は開元一〇年（七二二）のことであり、また彼の子の難泥の冊立は開元一九年のことである。おそらく、『冊府元亀』巻九七一の開元二一年は開元一一年の誤りで、彼の冊立はその年の初めか前年の末にあったのであろう。また、『新唐書』は彼が小勃律「王」に冊立されたとするが、難泥・麻来兮の例から推して、小勃律「国王」に冊立されたとすべきであろう。なお、秋本太二氏は註（12）所掲「高仙芝の西征」において、没謹忙と難泥とを同一人物と考え、大勃律王蘇麟陀逸之が逃亡して小勃律国にいたため、没謹忙＝難泥は開元一九年まで冊立されなかった、と推測している。

（18）　以上の唐と突騎施との関係は、註（7）所掲前嶋「タラス戦考」七九〜八八頁参照。

（19）　以上、註（12）所掲伊瀬『西域経済史の研究』三四七〜三五〇頁。

（20）　『冊府元亀』巻九六六・外臣部継襲一・石国條には、「開元初、封其王莫咄吐屯爲石國王。九年、其王曰伊吐爲順義王。二十九年、其王伊吐屯屈勒遣使……」とあり、『新唐書』巻二二一下には「開元初、封其君莫賀咄吐屯有功爲石國王。二十八年又冊順義王。明年、王伊捺吐屯屈勒上言……」とあって、都合三種類の史料が開元初年の石国王の冊立を伝えている。『冊府元亀』巻九六六のように開元九年に王が交代していれば、開元初年の冊立を認めなければならない。しかし、後二者では伊（捺）吐屯屈勒が王として登場するのは開元二九年のことである。また、莫賀咄吐屯は功を以て冊立されたというが、本文で述べた如く、開元初年の西域に、石国が唐の為に特に功績を挙げ得るような状況があったとは考え難い。『唐会要』では石国王への封冊と順義王の冊立とが連記されているが、『冊府元亀』巻九六四・外臣部封冊二には「（開元）二十八年三月、以石國蕃王莫賀咄吐屯有功、封爲石國王、加特進、仍賜旌節。翌日又冊爲順義王。冊曰、維開元二十八年歳次庚辰、三月丁亥朔、二十二日戊申、皇帝若曰……」と、この間の事情を順義王の冊文も挙げて詳述しており、こちらの方が信憑性が高い。また、同じ三月には史国王や東突厥可汗も、突騎施蘇禄討伐の功賞として唐の賜爵、冊立を受けている（第三部附論五「突厥の冊立をめぐる諸問題」参照）。そうした事情を勘案すると、『冊府元亀』巻九六四に従って、莫賀咄吐屯の冊立は開元二八年にあったと見るべきであり、同書巻九六六の「九年」は「二十九年」の誤脱とすべきであろう。

（21）　前嶋「カスピ海南岸の諸国と唐との通交」（同氏『東西文化交流の諸相―文化の東西交流―』所収、誠文堂新光社、一九八二年、初出は一九二八年）。八国の地名の比定についても本論文参照。なお附記の③参照。

（22）　註（7）所掲前嶋「タラス戦考」九〇〜九二頁参照。

（23）米王とあるのは、『冊府元亀』巻九六五・天宝三載（七四四）七月條に「是月賜曹國王號爲懷德王、米國王爲恭順王、康國王爲欽化王」とあるのに従い、「米国王」とすべきであろう。
（24）『新唐書』巻二二一下・西域伝下・康国條には「烏勒伽死、遣使立咄曷、封欽化王、以其母可敦爲都夫人」とあり、欽化王が康国王の継襲の際の王号であったように受取れる。しかし、本文で既に述べたように、烏勒の死と咄曷（喝）の継襲とは欽化王冊立以前にあった。
（25）『旧唐書』巻一九八・西戎伝によれば、于闐は貞観六年（六三二）、疎勒は貞観九年（六三五）より朝貢している。なお、于闐については同書同巻に

天授三年伏闍雄卒、則天封其子璥爲于闐國王。開元十六年、復冊立尉遲伏師爲于闐王、數遣使朝貢。

とあり、天授三年（六九二）に初めて冊封されたときには「于闐国王」であったのが、開元一六年（七二八）には「于闐王」となっている。後者が「国王」の誤脱でないとすれば、同じ国の王が「国王」から「王」へ移ることもあり、「某国」であるか否かは単なる距離の相違ではないことになる。「絶域」の呼称も状況に応じて流動的に用いられていたことを勘案すれば、そう考えて大過ないであろう。
（26）吐火羅の骨咄禄頡達度が、開元一七年（七二九）に吐火羅葉護悒怛王に冊立されているのはその例外となる。『新唐書』巻二二一下・西域伝下・吐火羅伝に「其王號葉護」とあり、吐火羅の「葉護」は突厥の「可汗」等と並ぶ固有の君主号である。同書同伝によれば、開元天宝年間にしばしば方物を献じて上記の冊立を受けたのであり、則天武后期を除いて唐初から数年置きに入朝していたことは、後掲内田論文にも示されている。また同伝に

其後鄰胡羯師謀引吐蕃攻吐火羅。於是葉護失里忙伽羅丐安西兵助討、帝爲出師破之。乾元初、與西域九國發兵、爲天子討賊、肅宗詔隷朔方行營。

とあるように、唐の朅師国討伐前後を含めて一貫して唐に協力的であった。「葉護」という遊牧民族固有の称号を冠されていたのは、吐火羅の地位や役割が唐からそれだけ評価されていたからであろう。「悒怛王」はそれに見合う王号であったのではなかろうか。

また、内田吟風氏の「吐火羅（Tukhāra）国史考」（『東方学会創立二十五周年記念東方学論集』東方学会、一

九七二年）に依れば、唐初に西突厥阿史那氏王朝の吐火羅王国が成立した、という。内田氏は明言していないが、吐火羅葉護・悒恒王という二重の名称は、唐代の吐火羅が突厥系王国であり、住人には吐火羅人が多かった、という現実を反映するもの、と考えているようである。

なお、『冊府元亀』巻九九九・外臣部請求・開元六年（七一八）一一月丁未の吐火羅の阿史特勒僕羅の上書に「僕羅兄般都泥利承嫡繼襲、先蒙恩節、就本國冊立爲王」とあり、『新唐書』吐火羅伝には「神龍元年、王那都泥利遣弟僕羅入朝、留宿衛」とある。以上から、神龍元年（七〇五）以前に吐火羅の王の冊立があったことは確かであるが、その正式な王号は不明である。

(27)　南詔は開元に強盛になって他の五詔を併呑し、開元二六年（七三八）九月には、吐蕃の雲南方面への進出を牽制するために、唐から雲南王に冊立された。その後吐蕃に帰属していたが、貞元年間（七八五〜八〇五年）に吐蕃が撃破されると、唐に入朝して冊立された。藤澤義美『西南中国民族史の研究—南詔国の史的研究—』（大安、一九六九年）前編「南詔国成立史の研究」参照。因みに、南詔は天宝一一載（七五二）に吐蕃から賛普鐘南国大詔に冊立されている。また、大中一三年（八五九）に即位した第一一代王の世龍（酋龍）は、本名が玄宗の廟諱にふれることを理由に唐王朝から冊立を拒否された（同書一六七頁）。このように、唐代の冊封制の意義を考える上で、南詔は種々の興味深い事例を提供している。

(28)　酒寄雅志「渤海国家の史的展開と国際関係」（同氏『渤海と古代の日本』所収、校倉書房、二〇〇一年、初出は一九七九年）によれば、国人層（支配者層）によって大元義が殺されて大華璵が擁立されたことに示されるように、八世紀末には国人層が王権自体を左右し得る勢力に成長し、逆に渤海王権自体は国人層の関与なくしては成立し得なくなってきている、という。なお、渤海の国号の変遷については、同氏の「渤海の国号に関する一考察」（『朝鮮史研究会会報』四四、一九七六年）がある。

(29)　因みに、『旧唐書』憲宗紀上・元和元年（八〇六）九月丙寅條には封渤海郡王高崇文の名が見え、同書宣宗紀・大中一〇年（八五六）四月癸丑條には給事中・渤海郡開国公高少逸の名が見える。このように、大嵩璘が渤海国王に進爵されて以後は、渤海郡王以下の爵位は唐在住の人（いずれも高氏）に賜爵されている。第三部第八章参照。

(30)　弥臣国は『唐会要』巻一〇〇・驃国條に見える。ここで粛宗以後の小国の冊立にふれておくと、貞元四年（七八八）四月に東蛮鬼主驃傍・苴夢衝・苴那時が入朝し、それぞれ和義郡王・懐化郡王・順政郡王に冊立されている（『新唐書』巻二二二下・『冊府元亀』巻九六五）。これは、南詔が吐蕃を恐れて自ら入朝するかわりに遣使させたもので、東蛮の入朝は二〇年ぶりであった（註〈27〉所掲藤澤「南詔国成立史の研究」三一二頁）。また、貞元九年（七九三）七月には東女国王湯立悉が内附して帰化州刺史に任ぜられ、哥鄰国王子利羅が、入朝途次に没した父董臥庭に代って哥鄰国王を継襲するなど、九国王（王弟・王姪）が一斉に入朝して官職を受けている（『唐会要』巻九九）。哥鄰国王以下の表記は、『旧唐書』巻一九七・南蛮西南蛮伝には哥鄰国王・白狗国王・逋租国王弟・南水国王姪・弱水国王・悉董国王・清遠国王・咄露国王とあり、『新唐書』巻二二一上・西域伝には白狗君・哥隣君などとあり、『旧唐書』徳宗紀下には哥鄰王・白狗王などとあって、一定していない。これ以前にこれらの諸国も吐蕃に役属していたことは、『唐会要』巻九九・東女国條に詳しく、その所在地については、李紹明「唐代西山諸羌考略」（『四川大学学報』一九八〇年第一期）が考証している。また東女国については、松田壽男「女国に就いての考」（『松田壽男著作集4　東西文化の交流Ⅱ』所収、六興出版、一九八七年、初出は一九四〇年）に詳しい。

(31)　この敕書は、元和五年（八一〇）一〇月に出された。末松保和「新羅下古諸王薨年存疑」（『新羅史の諸問題』東洋文庫、一九五四年に収録。末松保和朝鮮史著作集2『新羅の政治と社会下』吉川弘文館、一九九五年に再録。初出は一九三三年）参照。また、『三国史記』における哀荘王・昭聖王・憲徳王の薨年と、中国史料における嗣王の冊立の年次とが喰違っていることに関しても本論文参照。

(32)　第一〇次遣唐使副使中臣中代が、開元二二年（七三四）帰国しようとして遭難、南海に漂着し、再び帰国することになった際、与えられた敕書である。河内春人「11　唐→日本　論事勅書　『唐丞相曲江張先生文集』巻十二・「敕日本国王書」・開元二十三年（七三五）」（鈴木靖民・金子修一・石見清裕・浜田久美子編『訳註日本古代の外交文書』所収、八木書店、二〇一四年）参照。

(33)　仁井田氏は註（9）所掲「東アジア諸国の固有法と継受法」において、規定の上では日本は東ローマと共に絶域に入っていた、と判断している。

（34）『善隣国宝記』巻上・鳥羽院元永元年（一一一八）條所引の行式部大輔菅原在良の勘文には、天智天皇一〇年（咸亨二年、六七一）の「大唐帝敬問日本國天皇」、翌年の「大唐皇帝敬問倭王書」、第八次遣唐副使坂合部大分等に対する敕書中の「皇帝敬到（致）書於日本國王」という、三例の国書が引かれている。これらの書式は対等な敵国に対するものであり、張九齢の国書が臣下に対する敕書の形式であることと対照的である。これらの文書に関する検討は第三部第七章に譲るが、統一新羅の成立（総章二年、六六九）前後の東アジアの情勢が緊迫していた時期と、その後の東アジアの情勢が比較的安定していた時期とでは、日本に対する唐の態度が相違していたことを示す、と筆者は考えている。

（35）例えば、酒寄氏は註（28）所掲「渤海国家の史的展開と国際関係」において、大欽茂が渤海国王に進爵されると同時に、新羅と同等の「検校太尉」を受けたことが、新羅に対する脅威を捨て渤海が唐への接近を強める契機となった、と指摘される。また、その後渤海は新羅より上位の「司空太尉」を授かり、対唐接近の度を一層強めることになった、とされる。

〈附記〉本稿脱稿後に発表された論考で内容的に関連するものと、紙数の関係で述べきれなかったことを、余白を借りて簡単に列記しておく。①行文中や表で触れなかった唐代の異民族の王号には、奚・契丹関係を除くと、㈠天宝一四載（七五五）、投降蘇毗王子―懐義王（『冊府元亀』巻九六五）、㈡広徳元年（七六三）、回紇左殺―雄朔王・右殺―寧朔王・胡禄都督―金河王・抜覧将軍―静漠王（『旧唐書』巻一九五・廻紇伝）がある。ただしこれらは首長自身に授与された王号ではない。②宝応元年（七六二）の渤海大欽茂の郡王から国王への進爵について、栗原益男氏は、当時は安史の乱の最中であり、渤海が反乱勢力の背後に位置していたことも考慮されたのかも知れない、と推測している（「唐の衰亡」、同氏『唐宋変革期の国家と社会』所収、汲古書院、二〇一四年、初出は一九八二年、五二二頁注九）。③ Maejima Shinji : "The Zoroastrian Kingdoms Māzandarān and the T'ang Empire", *Acta Asiatica* 41, 1981.は「カスピ海南岸の諸国と唐との通交」の続編である。岑仲勉「唐代大食七属国考証」（同氏『中外史地考証』上冊所収、香港・太平書局、一九六六年、初出は一九三二年）における地名比定の異説に対する批判を中心とするが、陁抜斯単等八国が唐に遣使した理由については、これら諸国がササン朝ペルシャと関係が深く、イスラム勢力と対立していたことに加えて、滅亡したササン朝ペルシャからの逃亡貴族がその当時多数唐に在住していたこと、を挙げている。

第五章　唐代の異民族における郡王号　―契丹・奚を中心にして―

一　導言

さきに私は「唐代冊封制一斑―周辺諸民族における「王」号と「国王」号―」（第三部第四章、以下前章と称する）において、唐が周辺諸国に授与した王号・国王号の意義の相違を検討した。その結果、唐はより遠方にある「絶域」の国々には「国王」号を与え、「蕃域」[1]にある隣境の諸国には「王」号を与える事例が多く、このことが唐王朝の把握する国際秩序に関係し、その重層性を反映するものと理解した。しかるに、唐が周辺諸国に与えた類似の称号には他に「郡王」号があり、これも同様に唐の国際秩序意識に則って用いられたと思われる。前章では唐が周辺諸国に授与した「王」号・「国王」号については、本章で述べる契丹・奚の事例を除いて略ぼ網羅的に述べておいたが、「郡王」号に言及する余裕はなかった。この「郡王」号を検討する場合、一つの指標を提供するのが契丹及び奚の事例なのである。

唐王朝と周辺諸民族との関係については幾多の研究が存するが、唐と契丹との関係についても田村実造氏[2]と愛宕松男氏[3]の研究がある。いずれも遼帝国形成以前の契丹族の部族構成やその内容的成長、発展過程の追究を主眼としたものであるが、唐―契丹関係についても資する所多大である。一方、契丹に隣接する奚は、一〇世紀に契丹が遼を建てるとこれに吸収されたが、唐代の史料には契丹と連称される形で頻出し、併せて両蕃と呼ばれることも多かった。唐は契丹の場合と歩調をあわせてこの国とも関係を結んだ。さきの両氏の成果は特に唐―契丹関係に関わるものなので、本章では重複するきらいはあるが、契丹・奚二国と唐との関係の推移をたどり、唐から両国に賜与された称号の性格についてまず検討する。その結果に照して唐代の周辺諸国における「郡王」号の意義を把握し、その上で前章の結論と併せて、唐王朝の国際秩序意識を再構成しようと思う。

二　唐初の契丹・奚

隋末に中国の力が衰えると、勢力を回復した突厥が契丹・奚・靺鞨などの東方諸民族を統制した（『旧唐書』突厥伝）。契丹本部が突厥への従属を断って唐に来降したのは、君長摩会が部族を挙げて来降した貞観二年（六二八）以後のことである[4]（『旧唐書』契丹伝、『冊府元亀』巻九七七・外臣部降附）。彼は翌年にも入朝し、以後常貢した。また同じ貞観三年には奚も初めて唐に来朝し、以後一七年間に四度朝貢したという（『新唐書』契丹伝及び奚伝）。両蕃のこのような動きは、貞観三年一二月から翌年にかけて起こった所謂突厥第一帝国の瓦解と関係している[5]。因みに、貞観二年四月に契丹が内属した時、突厥の頡利可汗は梁師都と契丹との交換を唐に申し出ている。これは、契丹の離反によって、突厥の弱体化が助長されることを彼が恐れたからである（両唐書契丹伝及び『資治通鑑』巻一九二）。そして、『資治通鑑』巻一九三・貞観四年（六三〇）八月甲寅條の後に

突厥既亡、營州都督薛萬淑遣契丹酋長貪沒折說諭東北諸夷、奚・霫・室韋等十餘部皆內附。

とあるように、突厥の滅亡を好機として、唐は東北方面における勢力拡大を計ったのである。

貞観一九年（六四五）以降の高句麗遠征において、太宗は奚・契丹の諸部長（酋長・首領）を従軍させ、契丹君長の窟哥には左武衛将軍を授けている（年次不明）。貞観二二年（六四八）四月には契丹の辱紇主（首領の意）曲拠が内附し、唐は彼を刺史としその地を玄州として営州都督府に統属させた。これは羈縻州の設置であるが、続いて一一月庚子には契丹君長の窟哥と奚君長の可度者とが揃って部衆を率いて内属してきた。唐は契丹部を松漠都督府とし、窟哥を使持節十州諸軍事・左領軍（左領軍衛）将軍兼松漠都督に任じて無極県男を授け、李氏を賜わった。また、達稽部以下の八部族を峭落《しょうらく》州以下の九州とし、それぞれ辱紇主を刺史として松漠都督府に統属させた。奚部には饒楽都督府を置き、可度者を使持節六州諸軍事・右領軍（右領軍衛）将軍兼饒楽都督に任じ、楼煩県公に封《ほう》じて同じく李氏を賜わった。阿会部以下の五部は弱水州の五州とし、それぞれ辱紇主を刺史として饒楽府に統属させた。また東夷都護府を営州に置いて東夷校尉を置き、松漠・饒楽両都督府を兼統させた（『新唐書』契丹伝・奚伝に詳しい）。なお、両都督府は営州から程遠からぬ所に置かれたと思われるが、その正確な所在地は不明である。

松漠・饒楽両都督府とその隷下の一四州とは典型的な羈縻府州である。貞観二年頃の契丹の内附とは突厥から離反して唐に款を通じたことを言い、文字通りの内属は貞観二二年に始まると見るべきであろう。また、太宗の高句麗遠征の成功と東北部族懐柔策とによって、契丹・奚の羈縻府州化が実現したと見られているが[6]、その西方にあって唐と共に突厥第一帝国を瓦解させた薛延陀も貞観二〇年（六四六）に唐に滅ぼされており、このことも両蕃内属の誘因の一つになったのではなかろうか。なお、李窟哥は顕慶（六五六〜六六一）初めに左監門（左監門衛）大将軍に昇叙された（『旧唐書』契丹伝）。これは永徽五年（六五四）一〇月に高句麗・靺鞨の連合軍を破った（『新唐書』高句麗伝・『冊府元亀』巻九九五・『資治通鑑』巻一九九）ことに対する恩賞である、と指摘されている[7]。ただし、可度者も顕慶初に右監門（右監門衛）大将軍に昇叙されており、さきの左右領軍将軍同様、契丹と奚との間の均衡が計られていることに注意すべきである。

三　高宗朝・武周朝の契丹・奚

窟哥と可度者とは顕慶中に没し、松漠都督を継いだ契丹の阿卜固は顕慶五年（六六〇）に奚と共に反したが、唐軍に捕えられて洛陽に送られた（『新唐書』高宗紀及び契丹伝、『旧唐書』巻八三・薛仁貴伝）。また奚王匹帝も翌龍朔元年（六六一）唐に降伏して斬られた（『新唐書』奚伝）。その後、唐は百済・高句麗を滅ぼして総章元年（六六八）には安東都護府を創設し、遼東半島・朝鮮半島一帯に勢力を伸ばした。この間、契丹・奚も唐朝に恭順の態度を示したであろう。しかし、高宗の末年から朝廷で政治不安が続くと、唐朝の外夷に対する規制力も緩み始め、朔北では突厥が再興して第二帝国を建てた（垂拱二～三、六八六～六八七）。これによって契丹・奚等の東北諸部族は唐から離れ、突厥に帰服したらしい。『旧唐書』巻九三・唐休璟伝には

調露中（六七九～六八〇）、單于突厥背叛し、奚・契丹を誘扇し、州縣を侵掠す。其の後奚・羯胡又た桑乾《そうけん》《そうかん》の突厥與《と》同《とも》に反す。都督周道務は休璟を遣し、兵を将いて之れを獨護山に撃破す。斬獲甚だ衆《おお》く、豐州司馬を超拝す。（調露中、單于突厥背叛、誘扇奚・契丹、侵掠州縣。其後奚・羯胡又與桑乾突厥同反。都督周道務遣休璟、將兵擊破之於獨護山、斬獲甚衆、超拜豐州司馬）

とあり、調露元年（六七九）以後契丹・奚が突厥の使嗾で唐の州県を侵掠したのも、そのような形勢を示すものであろう。

契丹の李尽忠は阿卜固の後を承けて松漠都督に任ぜられたらしい（武衛大将軍）。万歳通天元年（六九六）、彼は妻の兄の右《う》玉鈐衛《ぎょくけんえい》将軍・帰誠州刺史・永楽県公孫万栄と共に、営州都督趙翽《ちょうかい》に侵侮されたことを憤って兵を挙げ、趙翽を殺して営州城に乱を起した。彼は七月には無上可汗と号し、東北諸州県を手中に収めて一時優勢を誇った。しかし、九月（『旧唐書』武后紀。『資治通鑑』巻二〇五では一〇月）に彼が没すると孫万栄が代って衆を率いたが、突厥の黙啜可汗に急襲されて妻子を奪われ、翌年六月にはさらに本拠の新城を奪われ、奚には反かれて唐に内応された。彼が配下に殺されると反乱は終りを告げ、以後契丹族は突厥黙啜可汗に隷附した(8)。

李尽忠・孫万栄の乱は東北方面における諸民族の勢力分布に大きな影響を及ぼした。唐の勢力は長城以南まで後退し、東北計略の根拠地であった営州都督府も聖暦二年（六九九）に漁陽に移された（『新唐書』巻三九・地理志三・河北道條）。当時新城にあった安東都護府も万歳通天元年に契丹の攻撃を受け、聖暦元年には一時撤廃された。七世紀末の渤海の興起も安東都護府撤廃の結果と考えられており、契丹族の反乱はここにも影響を及ぼしたのである(9)。開元五年（七一七）に至り、営州都督府は再び柳城（朝陽）に還治するが、その間の二十年間は、営州奪回を策す唐軍と、突厥の後援のもとに南侵を企てる契丹との間に闘争が繰返された。因みに、『資治通鑑』巻二〇六・聖暦元年（六九八）二月條には、「孫萬榮の幽州を圍むや、檄《げき》を朝廷に移して曰く、何ぞ我が盧《ろ》陵王《りょうおう》を歸さざらん、と（孫萬榮之圍幽州也、移檄朝廷曰、何不歸我廬陵王）」とあり、この契丹の檄に動揺した張易之・張昌宗兄弟は、則天武后に当時廬陵王であった中宗の復位を勧めたという(10)。唐の内政への異民族の関心を示す興味深い事例である。

李窟哥の孫の枯（祜—旧伝）莫離が帰順郡王に封《ほう》ぜられたのは、この直後のことと思われる。『新唐書』巻二一九・北狄伝・契丹條には

窟哥に二孫有り、曰く枯莫離、左衛將軍・彈汗州刺史と爲り、歸順郡王に封ぜらる。曰く盡忠、武衛大將軍・

松漠都督と爲る。而して敖曹（孫敖曹）に孫有り、曰く萬榮、歸誠州刺史と爲る。（窟哥有二孫、曰枯莫離、爲左衛將軍・彈汗州刺史、封歸順郡王。曰盡忠、爲武衛大將軍・松漠都督。而敖曹有孫、曰萬榮、爲歸誠州刺史）

とあり、その後に李尽忠・孫万栄の乱の記述が続くので、李枯莫離の冊立は万歳通天元年以前にあったように受取れる。しかし、『冊府元亀』巻九六四・外臣部封冊二には

（万歳通天）二年十月、左玉鈐衛員外將軍兼簡較汴州刺史李括《ママ》莫離爲歸順王。

とある。この月は孫万栄等の乱平定の翌月に当たり、枯莫離は彼等に背いて唐に帰服しているので、反乱平定を機としてこの冊封を受けたと推測される。(11) また、今引いた『冊府元亀』には「帰順王」とあるが、「国王」「郡王」を単に「王」と略記することの多い『新唐書』が「郡王」と記していることと、以後の契丹の爵号とを勘案すれば、この時枯莫離が受けた爵号は帰順郡王であったと考えられる。即ち、契丹は李尽忠・孫万栄の乱の直後に「郡王」号を得たのである。

『旧唐書』巻一九九下・北狄伝・奚伝に「萬歳通天年、契丹叛して後、奚衆は突厥に管屬す。兩國は常に遞《たが》いに表裏を爲し、號して兩蕃と曰う（萬歳通天年、契丹叛後、奚衆管屬突厥、兩國常遞爲表裏、號曰兩蕃）」とあり、『新唐書』巻二一九・北狄伝・奚伝に「萬歳通天中、契丹反、奚亦叛、與突厥相表裏、號兩蕃」とあるように、李尽忠等の乱の時には奚も反乱を起した。乱の平定後は奚・契丹共に突厥に投じ、相表裏して行動したので両蕃と呼ばれるようになった。その後しばしば唐軍と鋒を交えたが、開元初頭には共に唐に帰服するに至った。その年次は諸書により多少の出入はあるが、本格的な来降は開元四年（七一六）八月（『新唐書』玄宗紀・『資治通鑑』巻二一一・『冊府元亀』巻九六四等）と見て良いであろう。当時突厥は黙啜晩年の失政によって衰え、黙啜自身同年六月には鉄勒

九姓の抜野古部に殺された。一方で玄宗の東北方面経略の強化もあり[12]、李尽忠の従父弟李失活と奚首領李大酺とは揃って唐に帰服したのである。その結果、松漠・饒楽両都督府は復置され、失活は左金吾衛大将軍兼松漠《ママ》都督・松漠郡王の称号を受け、大酺は左（右）金吾（衛）員外大将軍・饒楽州都督・饒楽郡王の称号を受けた[13]（『旧唐書』北狄伝による。ただし同伝はこれを開元三年に繫ける）。同年には松漠都督府の本部に当たる弾汗州部落が帰順州と改名され（両唐書地理志・河北道條）、翌開元五年（『旧唐書』地理志では四年）営州都督府も漁陽から柳城に還り、奚・契丹を統括することとなった。かくして両蕃の君長が揃って郡王爵を受けることになったのである[14]。

四　玄宗朝前半期の契丹・奚

開元五年（七一七）には契丹・奚に対する初めての公主降嫁があり、奚李大酺は固安公主の、契丹李失活は永楽公主の降嫁を受けた。固安公主は二月に固安県主として降嫁、四月に公主に進封したもので（『冊府元亀』巻九七九・外臣部和親二、同書巻九七四・外臣部褒異一参照）、永楽公主は一一月に入朝した李失活に一二月に降嫁したものである（『資治通鑑』巻二一一）。また同安公主は玄宗の従外甥辛景初の女であり、永楽公主は太宗の孫である東平王続の外孫楊元嗣の第七女である。玄宗の疎族である点では二人は略ぼ同等の資格をもつ。これは契丹・奚の帰附に伴う降嫁であり、唐が両蕃を同等に扱うことを表明するものであった[15]。

契丹の李失活は翌年五月に没し、弟（旧伝に拠る。『唐会要』巻九六では従父弟）の娑固が継いで、松漠都督・左金吾衛大将軍員外置同正員・静析軍経略大使・松漠郡王の官爵を受けた（『冊府元亀』巻九六四では六月）。彼は衆望のある大臣静析軍副使可突于を除こうとして失敗し、営州刺史許欽澹と李大酺との援助を得て再興を策したが、大酺と共に敗死した（『資治通鑑』巻二一二では開元八年）。可突于は娑固の従父弟鬱于を君長に立て、唐朝に謝罪した。一方、奚では大酺の跡を弟の魯蘇が継ぎ、開元一〇年（七二二）四月（『旧唐書』玄宗紀及び『冊府元亀』巻九六四）に鬱于と共に入朝した。鬱于は左金吾衛員外大将軍兼静析軍経略大使を授けられて松漠郡王に封ぜられ、魯蘇は右金吾（衛）員外大将軍兼保塞郡経略大使に任ぜられ、饒楽郡王を襲爵した。また、鬱于には玄宗の従妹の夫慕容嘉賓の女が燕郡公主として降嫁した（『資治通鑑』巻二一二・『通典』巻二〇〇契丹條では一〇年閏五月。『旧唐書』玄宗紀は一〇年六月とし、李魯蘇に誤る）。李魯蘇は固安公主を妻としたが、公主は嫡母と不和となり、公主の庶女であることを嫡母が玄宗に告げたため、玄宗は彼女を離婚させ、韋后の従子韋捷（中宗の女成安公主に尚す）の女を東光公主として魯蘇に降嫁させた[16]。以上の経過でも官爵から和蕃公主まで、奚・契丹が唐から受けた待遇は略ぼ同等である。

開元一二年（七二四）に契丹の李鬱于は病死し[17]、弟の吐于が兄の官爵を襲い、また燕郡公主を妻とした。しかし彼は可突于と衝突し、開元一三年（七二五）には公主と共に来奔して遼陽郡公に改封され、可突于は李尽忠の弟邵固を立てた。同年一一月に泰山で封禅が行われると、李邵固は入朝して玄宗に従って泰山に至った。翌開元一四年正月、李邵固は松漠郡王から広化王に改封され、李魯蘇は饒楽郡王から奉誠王に改封された。これは明らかに泰山封禅に関連した褒封であるが、奚の李魯蘇の入朝を伝える記事はない。彼の入朝が無かったとすると、以上の改封は契丹・奚両蕃の均衡を計ろうとする唐の態度を示すものとなろう[18]。また三月には玄宗は従外甥女陳氏を東華公主として李邵固に娶せた。しかし開元一八年（七三〇）五月、可突于は李邵固を殺して部落を率いて突厥に降り、奚部落も脅かされてこれに同調した。李魯蘇は唐に来奔し、東華公主と東光公主とは平盧軍に身を投じ、一方可突于は李屈烈を立てて契丹を統御させた。かくして突厥の庇護を受けた奚と契丹とは唐の辺境に侵攻し、以後唐軍と鋒を交えることとなった。

開元二〇年（七三二）に奚は唐軍に打破られ、酋長李詩等は部落五千帳を率いて来降した。李詩は帰義王兼特進・左羽林軍大将軍同正を授けられて帰義州都督に充てられ、その部落は幽州界に安置せられた（『旧唐書』奚伝）。一方、開元二二年（七三四）六月に唐軍と闘って大敗した可突于は、陽に降を請い陰に突厥に依存して再挙を計った。この時李屈烈・可突于の遣した使者に対して玄宗の降した敕書が、「敕契丹王據埒（＝屈烈）・可突于等書」と題して、張九齢『曲江集』巻八（また『全唐文』巻二八五）に収められている。[19]内容は彼等の背叛を責め、使者の来降を歓迎したものである。その冒頭に「敕契丹王據埒及衙官可突于・蜀活刺史鬱捷等」とあるのは、「契丹王」という王号の初出であるが、唐―契丹間が敵対関係にあり、冊立の事実のない時の呼称である点に注意すべきである。

一方、唐の幽州長史張守珪は、可突于と兵馬の権を分掌し、しかも彼と不和であった契丹衙官李過折を誘い、可突于と屈烈とを殺害させた（両唐書本紀によれば同年一二月）。翌開元二三年（七三五）正月、李過折は功によって北平郡王に封ぜられ、特進・検校松漠都督を授与された[20]（両唐書契丹伝）。

五　玄宗朝後半期の契丹・奚

李過折は開元二三年（七三五）のうちに可突于の余党泥礼に殺される。同年夏のものと思われる張九齢「敕契丹都督涅禮書」（『曲江集』巻九）に拠れば、涅礼（泥礼）が過折を殺したのは、彼が刑を用うること残虐であり衆情安らかざるものがあった為であった。『資治通鑑』巻二一四はこの文に拠って、涅礼の罪を赦して松漠都督とした後、突厥の契丹・奚両国への進入があり、涅礼と奚王李帰国とがこれを撃破した、と記している。しかし、同年中に書かれたと思われる張九齢の他の文書を仔細に検討すると、これは順序が逆のようにも思われる。この間の事情を検討することは、唐の異民族対策の一面を理解することにもなるので、多少微細に亘るが以下にその点を論じてみたい。

『曲江集』巻一四「賀破突厥状」には

右張守珪の表に奏すらく、突厥四萬騎、前月二十五日に能訖離山に至る。契丹涅禮等、前後斬獲俘馘すること數十萬なり。突厥可汗は甲《よろい》を棄てて逃亡するも、奚主李歸國及び平盧軍將等追犇して北《にげ》るを逐い、日を計りて殲滅せん。（右張守珪表奏、突厥四萬騎、前月二十五日至能訖離山。契丹涅禮等、前後斬獲俘馘數十萬。突厥可汗棄甲逃亡、奚主李歸國及平盧軍將等追犇逐北、計日殲滅）

とある。この「前月」が何月を指すのかは不明だが、同書巻九「敕松漠都督涅禮書」に

松漠都督右（左）金吾衛大將軍涅禮に敕す。……且つ突厥の此の來たる也、其の心は毒害にして、又た甚しく敵を輕んず。人事之與《と》神道と、傷殘有らざるを得る可し。卿之忠誠は、加うるに義勇を以てし、順を以て逆を討たば、自然に必勝せん。朕の懸ける所の爵秩は、惟だ功有るを賞するのみ。況んや卿の赤心、復た戍（戎）捷を加えん。（敕松漠都督右（左）金吾衛大將軍涅禮。……且突厥此來也、其心毒害、又甚輕敵、人事之與神道、可得不有傷殘。卿之忠誠、加以義勇、以順討逆、自然必勝。朕所懸爵秩、惟賞有功、況卿赤心、復加戍（戎）捷）

とあり、またこの文の末尾に「秋気漸冷」とあるのは、彼の松漠都督任命が秋口よりそれ程溯らないことを示していよう。本節の初めに触れた「敕契丹都督涅禮書」には「夏中甚熱」とあった。また、「敕幽州節度張守珪書」（同書巻八、同巻中最後の書）に、「然るに虜騎は馳突にして、與《とも》に鋒を爭い難し。會《たまた》ま是れ其の氣の衰えるに乘じ、然る後に邀撃すれば、一戰にして滅ぼすを取るは、或いは此の擧に在らん（然虜騎馳突、難與爭鋒、會是乘其氣衰、然後邀撃、一戰取滅、或在此擧）」とあるのは、前述の突厥討伐をさしているのであろうが、続いて「頃者《このごろ》涅禮は

自ら擅《ほしいま》まにし、義を以て責めると雖も、而るに未だ名位有らざれば、其の安からざるを恐る（頃者涅禮自擅、雖以義責、而未有名位、恐其不安）」とあるのは、涅礼に未だ然るべき功績（名位・爵秩）が与えられていないことを示している。この文書には「比秋熱」とあり、さきの「敕松漠都督涅禮書」の内容を考えあわせると、突厥討伐に対する功賞として七～八月に涅礼の松漠都督任命があり、従って突厥討伐もその頃行われたのであろう。涅礼の松漠都督任命は夏以前に起った彼による過折殺害とは直接関係がなく、七～八月にあった突厥討伐と関係していたのではなかろうか。両唐書奚伝にはこの頃の記載を欠くが、「敕奚都督李歸國書」（『曲江集』巻九）には

奚都督右金吾衛大將軍歸誠王李歸國に敕す。朕比《このごろ》聞くに、突厥は卿の兩蕃（契丹・奚）を滅ぼさんと欲す、と。先に守珪（張守珪）に敕し、嚴しく防護を爲さしむ。今聞くに、涅禮の凶徒を破るを以て、仍《よ》りて其の（突厥の）餘燼を收合し、復た來たりて掩襲せんことを慮る、と。卿は涅禮與《と》相《とも》に腹背を爲す可《べ》し。但だ突厥は盡きず、後患は終《つい》に深し。卿は其の（突厥の）師（軍隊）を歸すを伺い、其の氣を喪うに乘じ、諸將與《と》計會し、遂に追襲せんことを要《もと》む。時は失う可からず、宜く自ら之れを思うべし。（敕奚都督右金吾衛大將軍歸誠王李歸國。朕比聞、突厥欲滅卿兩蕃、先敕守珪、嚴爲防護。今聞涅禮以破凶徒、仍慮其收合餘燼、復來掩襲、卿可與涅禮相爲腹背。但突厥不盡、後患終深、卿可伺其歸師、乘其喪氣、與諸將計會、遂要追襲。時不可失、宜自思之）

とあるのは、この間の事情をよく示している。続けて「秋深極冷」とあることとあわせて、この文書は九月に出されたものと思われ、前述の契丹の事情を考慮すれば、奚酋李帰国の授爵も涅礼と同時期、同年七～八月にあったと考えることが出来るであろう。

以上から、契丹李涅礼及び奚李帰国の懐柔策は、唐の突厥対策の一環であったことが明瞭となる。この狙いは、

前出の「賀破突厥状」に

蕃騎をして先鋒し、漢軍をして堅壁せしむれば、坐《いながら》にして成敗を観《み》、自《おのずか》ら蠻夷を戰わす。今、契丹纔《わず》かに交わるや、突厥已《すで》に破れ、其の奔北を計るに、必ず喪亡に至らん。身を脱して全《まった》きを獲《う》るも、亦た衆を擧げて皆な棄つ。北虜は震慴し、此《ここよ》從り氣衰え、東胡は邊を保ち、永《とこし》えに攜貳《けいじ》せず、徭を寛《ゆる》め析《たく》（ひょうしぎ）を罷めること、此より期す可し。（使蕃騎先鋒、漢軍堅壁、坐觀成敗、自戰蠻夷。今契丹纔交、突厥已破、計其奔北、必至喪亡、脱身獲全、亦擧衆皆棄。北虜震慴、從此氣衰、東胡保邊、永不攜貳、寛徭罷析、自此可期）

とあることによく現わされている。また、翌開元二四年（七三六）春初の張九齢「敕突厥可汗書」(21)（『曲江集』巻一一）に

兒（登利可汗）去年冬討（東討）するに、先言有ると雖も、然るに兩蕃は既に國家（唐朝）に歸し、亦た既ち合《まさ》に侵伐すべからず。……契丹及び奚は諸蕃の窮者にして、土地は以て放牧するに足らず、羊馬は以て貪り求めるに足らず。遠く師徒を勞し、兼ねて鋒鏑を冒し、勝つも武を爲さず、勝たざれば亦た危し、此《ここ》を以て之れを言わば、當《まさ》に其の大なる者に務むべし。突騎施は本は貴種に非ず、異姓自り出自し、惟だ姦數に任せ、羣胡を誑誘す。（兒去年冬討（東）、雖有先言、然兩蕃既歸國家、亦卽不合侵伐。……契丹及奚諸蕃窮者、土地不足以放牧、羊馬不足以貪求、遠勞師徒、兼冒鋒鏑、勝不爲武、不勝亦危、以此言之、當務其大者。突騎施本非貴種、出自異姓、惟任姦數、誑誘羣胡）

とあるのは、東突厥に對して東方の契丹・奚への侵攻を止めさせ、唐と西域との交通を妨害していた西突厥の突騎施へ鋒先を転ずるように使嗾したものであり、夷を以て夷を制する唐の戦略が、当時どのような大きさのスケールで行われていたかをよく示している。

このような玄宗の懐柔策にも拘らず、契丹・奚と唐との衝突は続いたが、李涅礼に代った李懐節は天宝四載（七四五）唐に降り、松漠都督を拝して崇順王に封ぜられ、三月には玄宗の外孫女独孤氏が静楽公主として彼に降嫁した（『冊府元亀』巻九七九）。奚酋李帰国のその後については所伝がない。『新唐書』奚伝に拠れば、饒楽都督懐信王を拝した後その子延寵が嗣いで契丹と共に叛したが、張守珪の追求にあって再び唐に帰服し、饒楽都督・帰義王李詩の死（年次不明）。また、契丹と同じ天宝四載三月に玄宗の外孫楊氏の女《むすめ》宜芳公主の降嫁を受けた。しかし、当時営州都督・范陽節度河北採訪平盧軍使の官にあった安禄山が、辺境に功を挙げて玄宗の寵を得ようと、屢ば奚・契丹に侵攻したため、同年九月両蕃は二人の公主を殺して唐に叛旗を翻えした。安禄山は彼等を破り、翌天宝五載四月には契丹の別酋李楷固が松漠都督恭仁王に、奚酋李婆（娑）固が饒楽郡督昭信王に封ぜられた。しかし、例えば『資治通鑑』巻二一六・天宝九載（七五〇）一〇月條に

安祿山は屢《しばし》ば奚・契丹を誘い、設會を爲し、飲ませるに莨菪酒《ろうとう》（毒草の酒）を以てし、酔いて之れを阬《あな》にし、動《やや》もすれば數千人、其の酋長之首を凾《い》れて以て獻ずること、前後數《さくし》四なり。（安祿山屢誘奚・契丹、爲設會、飲以莨菪酒、醉而阬之、動數千人、凾其酋長之首以獻、前後數四）

とあるように、依然として安禄山は陰険な手段を以てしても功を得ようとし、契丹・奚との関係はさらに悪化した。天宝一四載（七五五）に彼が反乱を起して唐の東北経略が混乱すると、契丹・奚を始めとする東北諸族は唐を離れ、突厥衰亡後朔北に勢威を誇っていた回紇へと走ったのである。(22)

六　唐後半期の契丹・奚

安史の乱以降の契丹・奚と唐との交渉に関しては、『旧唐書』と『新唐書』の両伝の記載は一致していない。概して両蕃共に朝貢と侵寇とを散発的に繰返していた。その朝貢で注目されるのは、元和元年（八〇六）二月に奚王梅落が入朝し、銀青光禄大夫検校司空饒楽郡王（『旧唐書』憲宗紀、『冊府元亀』巻九六五・外臣部封冊三）ないし饒楽府都督検校司空帰誠郡王（両唐書奚伝。但し饒楽府都督は旧伝のみ、また旧伝は帰誠王とする）を受けたことである。また元和三年（八〇八）には、奚首領索低が右武威衛将軍同正・檀薊両州遊奕兵馬使に任ぜられて李姓を賜わり（『旧唐書』奚伝）、翌年一〇月には投来奚王没辱孤が右領軍衛将軍員外同正・幽州盧龍軍節度平州遊奕兵馬使に任ぜられ、やはり李姓を賜わっている（『冊府元亀』巻九六五）。当時の唐—回鶻関係は概ね円満であり[23]、特に回鶻との関係で奚に対する以上のような授爵が行われたとは思われない。他に拠るべき史料はなく、なぜこの時に奚王梅落が饒楽郡王ないし帰誠郡王を賜爵されたかは不明である。ただし、その後の索低と没辱孤との場合は、単なる朝貢ではなく完全な来降である。そこで、この頃奚内部で勢力争いが生じ、梅落は自己の優位を計って唐に近づき、唐も回鶻に対する己れの立場を有利にする意図で饒楽郡王の爵位を授与した、と考えることはできる。しかし、『新唐書』巻二一九・奚伝には没辱孤の記事に続けて、「然陰結回鶻・室韋、兵犯西城・振武」とあり、そうであったとしても、唐の施策は殆ど効果がなかったことになろう。

回鶻は保義可汗（在位八〇八〜八二一）の頃から北方の黠戛斯、西方の吐蕃等との争いが絶えず、これに内紛が加わって勢力が衰えた。会昌元年（八四一）から三年にかけては黠戛斯と唐とに打破られ、烏介可汗は室韋の一部

なる黒車子に身を投じた[24]。『新唐書』契丹伝に

會昌二年、回鶻破れ、契丹酋屈戍始めて復た內附し、雲麾將軍・守右武衞將軍を拜す。是《ここ》に於いて幽州節度使張仲武は爲に回鶻の與うる所の舊印を易え、唐の新印を賜い、奉國契丹之印と曰う。（會昌二年回鶻破、契丹酋屈戍始復內附、拜雲麾將軍・守右武衞將軍。於是幽州節度使張仲武爲易回鶻所與舊印、賜唐新印、曰奉國契丹之印）

とあるように、契丹酋帥の屈戍はそこで唐に帰服し、唐もこれをある程度手厚く扱ったが、当然そこには回鶻や黠戛斯を意識した北辺対策の意味があったであろう。以後の唐―契丹関係を示す文書に、『文苑英華』巻四七一・翰林制詔五二にある封敖の二首の「與契丹王鶻戍書」がある。封敖は会昌初めに員外郎知制誥を以て翰林に入り、学士となって中書舍人を拝し、宣宗即位後に礼部侍郎となって、大中二年（八四八）に吏部侍郎に転じている（『旧唐書』巻一六八・封敖伝）。これらの文書はこの期間の唐―契丹関係を示すものであるが、ここでは第二首のみを引用する。

契丹王鶻戍に敕す。某至り、進める所の馬事を省《み》、具悉す。卿は才は沙漠に雄にして、氣は燕山に勁く、忠良自《おのずか》ら生知に稟《う》け、毅勇豈《あ》に時習に資せんや。禮は正朔に備わり、誠は表章に懸かり、職貢聿《ここ》に修め、遠く右童之獻を致し、威儀就《すなわ》ち列し、常に左衽之風を嘉す。節は元正に及び、慶は多福を均しくし、永えに令善に遵《したが》い、前勞を替《すて》る無く、相屬するの懷いは、寤興も念と爲せ。今卿に少物を賜う、至らば宜しく之れを領せよ。（敕契丹王鶻戍。某至、省所進馬事、具悉。卿才雄沙漠、気勁燕山、忠良自稟於生知、毅勇豈資於時習。禮備正朔、誠懸表章、職貢聿修、遠致右童之獻、威儀就列、常嘉左衽之風。節及元正、慶均多福、永遵令善、無替前勞、相屬之懷、寤興爲念。今賜卿少物、至宜領之）

右のように、文面それ自体は両国の平穏、良好な通交関係の叙述に終始しており、特にこの時点に関わる特殊な内容を含んではいない。その点は多少長文の第一首でも同様である。注目すべきはむしろその冒頭であり、二首ともに「敕契丹王鶻戍」で始まっている。鶻戍は即ち屈戍であろうが、彼は「契丹王」であり「松漠都督」等ではない。また、「敕某王」という書式は唐の一般外臣に対する書式であり[25]、文中に見える朝賀・卿・妃（以上第一首）、卿・正朔・表章・職貢（第二首）という用語も君臣関係に用いられるものである。特に第二首の用語は朝貢関係・冊封関係に用いられることが多い。おそらく、この時までに松漠都督府は既に廃止されて羈縻州としては存在せず、契丹は唐の羈縻州から脱して外臣となっていたのである。ただし冊書等が見当らない所から、冊封関係にあったわけではないであろう。

なお、封敕には別に会昌二年から六年にかけて書かれたと思われる「与吐蕃賛普書」もある（『文苑英華』巻四七〇・翰林制詔五一）。この文書の冒頭には「皇帝舅敬問賛普外甥」とあって、吐蕃を敵国として扱っている。この文書形式は建中三年（七八二）や長慶二年（八二二）以来の対等な唐―吐蕃関係に対応しているが、当時唐が盛んに黠戛斯に敵国待遇の文書を与えて懐柔し、回鶻を討伐させようと努めていたことを想起すれば（第三部第三章参照）、契丹に対する右の文書と吐蕃に対するこの文書とが、共に対回鶻政策の一環として出されたものであったと考えることができる。それ以前に吐蕃・黠戛斯との抗争で回鶻の勢力が弱まっていたことと、契丹・吐蕃・黠戛斯に対する一連の唐の文書が、唐―回鶻関係の最終局面、しかも契丹王屈戍が唐に帰服した会昌二年以後に書かれていることとは、偶然の一致とは思われない。屈戍に対する「契丹王」という呼称も、そうした狙いを背後に秘めた呼称であったであろう。

室韋に身を寄せた回鶻の烏介可汗が殺されると、弟の遏捻《あつねん》が可汗となり奚に走った。しかし、大中元年（八四七）

春には奚衆ともども唐軍に大敗を喫し（『旧唐書』廻紇伝）、回鶻は朔北の地で再び立ち上ることはできなかった。『新唐書』奚伝に

大中元年、北部諸山奚は悉く叛し、盧龍の張仲武は酋渠を禽《とら》え、帳落二十萬を焼き、其の刺史以下の面耳三百・羊牛七萬・輜貯五百乗を取り、京師に獻ず。（大中元年、北部諸山奚悉叛、盧龍張仲武禽酋渠、燒帳落二十萬、取其刺史以下面耳三百・羊牛七萬・輜貯五百乘、獻京師）

とあるのも、この時のことを伝えたものであろう。その後の奚については同伝に続けて

咸通九年（八六八）、其の王突董蘇は大都督薩葛をして入朝せしむ。是の後契丹方に彊《まさ》く、奚は敢えて亢せずして部を擧げて役屬す。虜（契丹）政苛《むご》く、奚は之を怨み、其の酋の去諸は別部を引《ひきい》て（唐に）内附し、媯州《ぎしゅう》の北山を保ち、遂に東西奚と爲る。（咸通九年、其王突董蘇使大都督薩葛入朝。是後契丹方彊、奚不敢亢而擧部役屬。虜政苛、奚怨之、其酋去諸引別部内附、保媯州北山、遂爲東西奚）

と伝えている。一方契丹は、屈戍を継いだ習爾之の時から次第に強大となり、彼の後に族人の欽徳が立つと、唐末の形勢に乗じて奚・室韋などの諸部族を従えて勢力を強めた。しかし晩節は振わず、遂に耶律阿保機にとって代られ、遼朝の建国に至るのである(26)。

七　結　語

以上、周辺諸国との関係にも留意しつつ、専ら中国史料によって唐と契丹・奚との交渉を述べてきたが、その特徴を爵号の授与を中心に整理してみると次のようになる（第一五表）。まず、貞観二二年の羈縻州設置以後は、無

第一五表　唐代契丹・奚の王号・郡王号表

皇帝・年代	契丹	奚	出典及び備考
太宗貞観二二年（648）	一一月、李窟哥―無極県男	十一月、李可度者―楼煩県公	『新唐書』契丹伝・奚伝他。この時松漠都督府・饒楽都督府の両羈縻州設置。
武后垂拱（685～688）初	孫万栄―永楽県公		『旧唐書』契丹伝。万歳通天元年（696）李尽忠・孫万栄の乱勃発、以後事実上羈縻州消滅。
万歳通天二（697）	一〇月、李括（枯）莫離―帰順郡王		『冊府元亀』964・新伝。孫万栄の乱平定の翌月。
玄宗開元四年（716）	李失活―松漠郡王	李大酺―饒楽郡王	旧伝・新伝。同年松漠・饒楽両都督府復置。翌年両者ともに公主降嫁を受く。
六年（718）	六月、李婆（娑）固―松漠郡王		『冊府元亀』964。同年五月李失活死去による継襲。
一〇年（722）	四月、李鬱于―松漠郡王	四月、李魯蘇―饒楽郡王	旧伝、『冊府元亀』964。ともに継襲。五月乃至六月にともに公主降嫁を受く。
一二年（724）	李吐于―松漠郡王		推定。旧伝に鬱于病死、弟吐于が官職を襲う、とあるのによる。
一三年（725）	李吐于―遼陽郡王 李邵固―松漠郡王		両伝及び冊府979。李吐于は唐に来奔、唐国内での授爵、李邵固が継襲。
一四年（726）	正月、李邵固―広化王 （三月に公主降嫁）	正月、李魯蘇―奉誠王 （入朝記事なし）	旧紀・冊府964等。新伝は郡王。李邵固の入朝、泰山封禅扈従による進爵。
二〇年（732）		来降奚酋李詩―帰義王	旧伝。

二二年（734）	李屈烈―契丹王		『曲江集』8・『全唐文』285。唐と対立、冊封・羈縻関係無。
二三年（735）	正月、李過折―北平郡王		旧伝・『冊府元亀』964。李屈烈・可突于討伐の功による。
同右		七月乃至八月、李帰国―帰誠王	『曲江集』9「敕奚都督李帰国書」。突厥対策としての授爵。
天宝四載（745）	李懐節―崇順王	（これ以前か）李延寵―懐信王	新伝・『冊府元亀』979。同年三月ともに公主降嫁を受く。
五載（746）	四月、李楷固―恭仁王	四月、李婆固―昭信王	新伝・『冊府元亀』965。懐節・延寵の乱により別酋を封じたもの。
憲宗元和元年（806）		二月、梅落―饒楽郡王または帰誠郡王	『冊府元亀』965・旧紀、または新伝。旧伝では帰誠王。
武宗会昌中―宣宗大中二（841～848）	李鶻戍（屈戍）―契丹王		『文苑英華』471封敕「与契丹王鶻戍書」二首。安史の乱以後の唐―契丹の名分的関係は不明。

極県男・永楽県公（契丹）、楼煩県公（奚）という県男爵・県公爵を受けている。孫万栄等の反乱が平定された翌月、契丹の李括莫離が帰順郡王に封ぜられたのが郡王爵授与の最初である。これは反乱平定に伴った措置であり、帰順郡王という爵号自体は地名との関連をもたない、いわば〝徳化郡王〟爵である。(27) 開元四年に松漠都督府・饒楽都督府を中心とする羈縻府州が復置されてからは、契丹には松漠郡王、奚には饒楽郡王という羈縻府州名を冠した爵号が授与され、これが襲爵された。開元一四年の李邵固の広化王、李魯蘇の奉誠王は共に泰山封禅に伴う進爵である。以後、唐と両蕃との対立が険しくなると松漠・饒楽両郡王は授与されなくなる。逆に唐が何らかの理由で厚遇を示す必要が出来た場合には崇順王・帰誠王等の徳化王が授与されるが、(28) その場合同一の徳化王号が継襲されることはない。また、唐と契丹とが羈縻関係のみならず冊封関係にもなかった時には、「契丹王」という王号が用いられ、これは開元中でも唐末でも同様であった。

　このように、契丹・奚に対して唐の与えた称号を検討すると、基本的には、唐に内属している時に郡王以下の称号が与えられ、内属的な関係から脱して独立的な状態にある時に「王」という称号が用いられ、徳化王は特に褒封を必要とする場合にその都度与えられていたことが明らかとなる。第三部第八章に、唐代の異民族に授与された郡王号と、それらが与えられた時の状況とを対照して示した第一九表「唐代の異民族に対する郡王号一覧」を掲げておいたが（四六四～四六九頁）、郡王以下の称号が概ね内属した場合に与えられていることが、同表からも判るであろう。この点をよく示すのが、『冊府元亀』巻九六五・外臣部封冊三の次の史料である。

（貞元）四年（七八八）四月、東蠻鬼主驃旁・苴夢衝・苴烏星等を和義・順政等の郡王に封ず。驃旁等自ら傚州を陥れ、吐蕃に臣《しん》し、朝貢を絶つ者《こと》二十餘年たり。是《ここ》に及びて剣南節度韋皐《いこう》招きて之れを誘い、始めて吐蕃を棄て、内附來朝す。特に封じて郡王と爲し、且つ衣《き》せるに冠帯を以てし、仍《よ》りて兩林・勿鄧等の部落印を給し

て之れを遣《や》る。（四年四月、封東蠻鬼主驃旁・苴夢衝・苴烏星等爲和義・順政等郡王。驃旁等自陥俶州、臣於吐蕃、絶朝貢者二十餘年。及是劍南節度韋皐招誘之、始棄吐蕃、内附來朝。特封爲郡王、且衣以冠帶、仍給兩林・勿鄧等部落印而遣之）

すなわち、吐蕃の支配から離脱して唐に内附したのが郡王号授与の理由である。(29)「特封」とあるのは、上述の奚・契丹の場合や第一九表の他の例から見て、内附した場合の最高の爵位である郡王が特に与えられた、という意味に解釈してよいであろう。従って、唐王朝は概して内属した異民族に対する最高の爵位として郡王号を用いていた、と言い得るのである。(30)

以上と第三部第四章の検討結果とから、唐王朝が異民族に授与した王・国王・郡王の各々の性格については次のように帰納し得る。すなわち、王・国王号には、上に国名を冠した本国王と、中国の徳化に浴したことを示す形容句に王号を附した、私の言う徳化王とがある。本国王は王の交代の時などに用いられ、それだけ政治的な性格も強いのに対し、徳化王は美称として広く用いられ、また継承されることはない。本国王の「王」号は中国に近接する蕃域の諸国に用いられ、「国王」号は略ぼ絶域の諸国に用いられる。また本国王（王・国王）が外臣層の異民族に用いられるのに対し、郡王は内属して唐の版図に編入された諸族に対して用いられる。一方、徳化王は蕃域・絶域を問わず用いられ、内属した異民族に対しても、特にこれを称揚する場合に用いられることがあった。以上から王号から郡王号に至る各称号の序列を定めるならば、王（本国王）—国王—徳化王—郡王という順序になるであろう。このような序列を基底にもった称号をさまざまに用いて、唐は周辺諸民族との関係を調節していたのである。

こうして見ると、唐代では外臣に対する王と内臣に対する郡王とは本来機能を異にする称号だったのであり、新羅・高句麗・百済の朝鮮三国だけがこれらを重ねて授与された。この現象は百済が滅亡し、新羅が雞林州都督の称号を得た後は見られなくなるが、朝鮮三国と中国王朝との歴史的関係の特殊性を反映するものとして注目される[31]。また、内属した異民族に対して郡王爵が授与されたことは、唐代封爵制において王・郡王は宗室に授与され、郡王以下は庶姓にも授与された事実[32]との対応で充分説明がつくのであるが、一般外臣に対する王・国王号はそれだけでは説明のつかない複雑な要素をもつ。従って、これらの称号の性格を闡明することは、東アジア世界や冊封体制を論ずる上で必要な作業であると同時に、逆に唐国内の封爵制にも関わる問題を含んでいるといえよう。本章と前章とはその初探であった。御批判、御叱正が得られれば幸いである。

註

（1）蕃域・絶域の区分については、仁井田陞「東アジア諸国の固有法と継受法」（同氏『中国法制史研究四　法と慣習・法と道徳』所収、東京大学出版会、補訂版一九八〇年）参照。
（2）田村実造「唐代に於ける契丹族の研究―特に開國傳説の成立と八部組織に就いて―」（『満蒙史論叢』第一所収、日満文化協会、一九三八年）及び「遼朝建国前のキタイ族―その住地と八部について―」（同氏『中国征服王朝の研究』上所収、東洋史研究会、一九六四年）。後者は前者の改稿であるが、前者に於ける論証を省略した部分もあり、前者も併せて参照する必要がある。
（3）愛宕松男『契丹古代史の研究』（東洋史研究会、一九五九年）。
（4）註（2）所掲田村『中国征服王朝の研究』上、七〇～七一頁。
（5）唐―東突厥関係については、護雅夫「突厥と隋・唐両王朝」（同氏『古代トルコ民族史研究』Ⅰ所収、山川出版社、一九六七年）参照。
（6）註（2）所掲田村『中国征服王朝の研究』上、七一～七二頁。
（7）註（2）所掲田村『中国征服王朝の研究』上、八一頁。

（8）『冊府元亀』巻九六四・外臣部封冊二は、黙啜は契丹の反乱に同調しなかったことによって万歳通天元年（六九六）九月に遣善可汗（『新唐書』巻二一五上・突厥伝では遷善可汗）に冊立され、翌年に立功報国可汗に冊立された、とする。『資治通鑑』巻二〇五は、黙啜が契丹を奇襲したことによって同年一〇月に立功封国可汗に冊立された、とする。『旧唐書』巻一九四上・突厥伝上は、立功封国可汗冊立を万歳通天元年に繋け、『新唐書』突厥伝は、黙啜が李尽忠等の反乱の討伐を申し出たことによって遷善可汗に冊立され、孫万栄の妻子を捕えた功によって立功封国可汗に冊立された、とする。このように、突厥黙啜の遷善可汗及び立功封国可汗冊立の年次については各史料の所伝が一致しないが、護雅夫氏は、万歳通天元年九月に遷善可汗に冊立され翌年に立功封国可汗に冊立された、と整理した（註〈5〉所掲「突厥と隋・唐両王朝」一八八頁）。ここでは、黙啜の矢継早の冊立が、契丹の反乱への対抗策として唐朝の立場から行われたことに注意したい。第三部附論五「突厥の冊立をめぐる諸問題」参照。

（9）津田左右吉「安東都護府考」（原載『満鮮歴史地理研究報告』一、一九一五年。全集第一二巻『満鮮歴史地理研究二』所収、岩波書店、一九六四年）参照。

（10）同じ聖暦元年八月には、武后がかねてからの突厥黙啜可汗の要請に応じ、一族の武延秀を遣して黙啜の娘を娶らせようとしたのに対し、黙啜が李氏一族との婚姻を要求して武延秀らを拘禁し、大挙侵寇した事件が起っている（『資治通鑑』巻二〇六、『通典』巻一九八・突厥中）。契丹の場合を想起すれば、突厥が李氏を唐朝の正当な継承者として武氏との婚姻を拒絶したことも、単なる侵寇の口実とのみ受取ることは出来ないかも知れない。同年九月には中宗の立太子が実現しており、その年に契丹・突厥といった異民族にこれに関連する要求が出されていることは、唐代の内政と国際関係との連繋を考える上で、見逃すことの出来ない事実であろう。

（11）註（3）所掲愛宕『契丹古代史の研究』二五四頁参照。

（12）註（2）所掲田村『中国征服王朝の研究』上、八三～八四頁。

（13）『冊府元亀』巻九六四・外臣部封冊二にある両者の封冊文（二通）に、「列爵所以範圍中外」とあるのは、外藩に対する爵位の意義を述べた一文として注目されよう。

（14）契丹李枯莫離の帰順郡王は、この頃までに取消されていたのではなかろうか。

（15）鄺平樟「唐代公主和親考」（『史学年報』第二巻第二期、一九三五年）四三頁参照。この他に唐代の和蕃公主の性格を全般的に考察し、契丹・奚にも触れた論考に、日野開三郎「唐代の和蕃公主」（『日野開三郎東洋史学論集』第九巻『北東アジア国際交流史の研究（上）』所収、三一書房、一九八四年、初出は一九七八年）、及び長澤恵「中国古代の和蕃公主について」（『海南史学』第二一号、一九八三年）がある。

（16）その間の事情は『唐会要』巻六・和蕃公主條、『通典』巻二〇〇・辺防一六・北狄七・庫莫奚條に詳しい。

（17）註（2）所掲田村『中国征服王朝の研究』上、一〇七頁註二五。

（18）『冊府元亀』巻九七九・外臣部和親二に「是年（開元一三年）契丹立李盡忠弟邵固爲王。其冬車駕東巡、邵固詣行在所」とある。このような記述から見ると、李魯蘇の入朝はなかった公算が強いのではないか。

（19）註（2）所掲田村『中国征服王朝の研究』上、一〇八頁註三〇。

（20）『文苑英華』巻四七一・翰林制詔五二・蕃書四・張九齢「敕契丹知兵馬中郎李過折書」（『曲江集』巻一一「敕契丹知兵馬李過折書」）に、可突于討伐のことを述べた後「今將疇其井賦、異姓封王、以旌厥庸、且有後命。……今既一家、愛同赤子、惟其所欲、隨事撫存」とあるのは、北平郡王冊立を指すものであろう。この文に続いて「春初尚寒」とあるのも、開元二三年正月という時点によく対応する。

（21）第三部第三章及び附論五参照。なお、『曲江集』巻一一には「敕突厥可汗書」は四首収録されているが、これはその最初のものである。

（22）安禄山が同羅・奚・契丹の曳落河八千人を仮子としていたように（『新唐書』巻二二五上・安禄山伝）、彼が東北諸民族から唐に降ってきた者を爪牙としていたことはよく知られている。例えば同書同伝に、彼が暗殺され唐が逆襲に転じた至徳二載（七五七）のことを伝えて「於是廣平王（後の代宗）率師東討、……回紇葉護以兵從。通儒（張通儒）等裒兵十萬、陣長安中、賊皆奚、素畏回紇、既合、驚且囂」とあるのは、反乱軍の構成の特色をよく示していよう。

（23）羽田亨「唐代回鶻史の研究」（『羽田博士史学論文集』上巻歴史篇、東洋史研究会、一九五七年）二一五～二二一頁参照。

(24) 註(23)所掲羽田「唐代回鶻史の研究」二二一～二六四頁。回鶻没落期の唐―回鶻―黠戛斯関係については、第三部第三章をも参照のこと。

(25) 第三部第三章参照。

(26) 契丹の唐への入朝を伝える記事は、『冊府元亀』巻九七二・外臣部朝貢五に「懿宗咸通末、契丹王曰習爾之、累來朝貢方物」とあるのが最後であり、乾符《けんぷ》(八七四～八七九)以後は唐との連絡を断った如くである。しかし同書同巻に「梁太祖開平元年(九〇七)四月、契丹首領袍笏梅老來朝、貢方物」とあり、また『資治通鑑』巻二六六・後梁紀一・同年五月條には、「契丹遣其臣袍笏梅老來通好、帝遣太府少卿高頎報之」とある。梁太祖朱全忠はこの年四月甲子に即位、戊辰に国号を梁と定めている(『資治通鑑』による)。従って、梁の建国直後に遣使した契丹の動きは機敏であり、これを偶然と見ることは出来ない。唐王朝との通交を断った乾符以後も、契丹が一貫して中国の情勢に関心を寄せていたことは誤りないであろう。

(27) 筆者は第三部第四章において、中国王朝が周辺諸国に授与する王号には、中国王朝が諸国の継承を承認する「本国王」と、王位の継承に関係なく授与する儀礼的な王号とがあることを指摘し、中国王朝の徳に浴したことを意味する称号の多い後者を「徳化王」と名付けておいた。

(28) その中で、李過折の北平郡王のみは地名とのつながりもあり、羈縻郡王の性格を持っていたことも考えられる。ただし、唐代には北平州・北平郡はなく、北平県が現在の河北省完県東二十里にあった。また、唐は天宝年間から乾元《けんげん》元年(ないしその前年)まで平州を北平郡と改めたが、それは李過折に対する北平郡王授与以後のことである。

(29) 当時の西南蛮(西南夷)の招誘については、『新唐書』巻一五八・韋皐伝に具体的に記されている。

(30) 趙翼『陔余叢考』巻一七「唐時王爵之濫」には

唐初如李靖・李勣・尉遲敬德・秦叔寶等戰功、皆祇封公。其膺王爵、惟外番君長内附、如突利封北平郡王、思摩封懷化郡王、以及羣雄中有來降者、如高開道封北平郡王、羅藝封燕郡王而已。

とあり、唐初では外番君長が内附した時に王爵が与えられた、と指摘されている。しかし、引用文中の例からも判るように、趙翼が王爵といっているのは正確には郡王爵である。

(31)　唐代の異民族における郡王号を比較した場合、朝鮮三国及び渤海の郡王号はすべて中国国内の旧名に由来し、いわゆる冊封体制の性格を顕著に示している点が特徴である。因みに、窪添慶文「四世紀における東アジアの国際関係―官爵号を中心として―」（同氏『魏晉南北朝官僚制研究』所収、汲古書院、二〇〇三年、初出は一九八二年）は、四～五世紀の高句麗における高句麗王・楽浪公という爵号の並記について、後者が中国王朝内での爵的秩序を示し、他に授与された官号と併せて高句麗内の漢人統治に対応するのに対し、前者は高句麗人の統治に対応する称号である、と指摘している（五二～五三頁）。また、渤海ではその王に渤海郡王が授与されると同時に太子に桂婁郡王が授与されたと見られるが、（第三部第八章参照）、後者の名称は元来高句麗五部のうちの中央部に位置する桂婁に由来する。西嶋定生氏はこの点について、唐が渤海の嫡子を桂婁郡王に封ずることによって、かつて唐が冊封していた高句麗を渤海が継承するものであることを認め、これによってこの国の貴人層である高句麗人を慰撫しようとしたものである、と指摘している（同氏『日本歴史の国際環境』一九八五年、一三六～一三七頁）。以上の高句麗と渤海との爵号の重複の態様は同一ではないが、そこに対中国王朝（或は対漢人）と対国内（対自国人）との二つの機能が見られるということは、東アジア世界の歴史的展開を考える上で興味深い事実であろう。

(32)　仁井田陞「唐代の封爵及び食封制」（仁井田陞著・池田温編集代表『唐令拾遺補　附唐日兩令對照一覽』東京大学出版会、一九九七年。初出は一九三九年）一一二頁。

〔追記〕　本章第五節で引用した「敕幽州節度張守珪書」の解釈については、古畑徹氏の批判がある。同氏「張九齢作『敕渤海王大武藝書』と唐渤紛争の終結―第二・三・四首の作成年時を中心として―」（『東北大学東洋史論集』第三輯、一九八八年）六一頁註（20）。

第六章　禰氏墓誌と唐朝治下の百済人の動向

一　はじめに

本章は二〇一二年二月二五日に明治大学駿河台キャンパスで開かれた「新発見百済人「祢氏《でいし》墓誌」と七世紀東アジアと「日本」国際シンポジウム」（明治大学古代学研究所・東アジア石刻文物研究所主催）で発表した文章を改稿、増補したものである。禰氏（以下、基本的に「禰」字を用いる）一族の墓誌のうち日本では特に禰軍墓誌について、彼の名が『日本書紀』に見られることと、その墓誌に「日本」と見えることとが注目された。しかし、「日本」の語については東野治之氏がこれを最初期の日本の国号の事例と見ることに否定的な見解を示し（「百済人禰軍墓誌の「日本」」「日本国号の研究動向と課題」、共に同氏『史料学探訪』所収、岩波書店、二〇一五年、初出は前者は二〇一二年、後者は二〇一三年）、また古代東アジア史ゼミナール「禰軍墓誌訳注」（『史滴』三四、二〇一二年）は、この時期（六六〇年代後半？）の唐にとって倭は副次的勢力であるので、禰軍墓誌に彼が倭国に行ったことが特筆されるのか疑問を投げかけている。一方、高明士氏は禰軍墓誌の「日本」を最初期の国号として論を進めている（「「日本」国号与「天皇」制的起源—以最近発見的墓誌・木簡為拠—」『台湾師大歴史学報』第四八期、二〇一二年）。また、葛継勇氏は「日本」の表現に関連して、類似する「日東」「日域」等の用法について精査している（「国号「日本」とその周辺―「祢軍墓誌」の「日本」に寄せて㈠―」『国史学』第二〇九号、二〇一三年）。

私は本章を準備している過程で、唐に来降した高句麗人や百済人及びその子孫の軍官の経歴が右から左へと進むことに気が附いた。不注意にして今まで軍官の経歴に関心を持ったことがなかったが、一般的に中国人の研究も含めて、唐の官僚制研究で軍官の経歴が検討されることはほとんどなかったようである。興味深いのは、『日本書紀』天智天皇四年（六六五）九月條の唐の沂州《ぎしゅう》司馬劉徳高等の遣使を伝えた記事の原註に、「右戎衛郎將上柱國禰軍」とあることである。『日本書紀』については夙にその潤色が指摘されているが、禰軍墓誌に「特蒙　恩詔授左戎衛郎將」とあることから、禰軍の右戎衛郎将についてもその信憑性を疑う向きがあるかも知れない。本章で禰軍墓誌に彼が倭国に来たことが記されていると述べたのは、シンポジウムの原稿を準備している過程で、彼が新羅に行った事実を私が不明にして知らなかったからに過ぎない。しかし、唐の軍官の経歴が右から左と進むことを知っていれば、右の二つの史料における彼の官号の相違も、かえって興味深い考察の対象となろう。そこで、本章に先立ってシンポジウムに提出した文章を一部手直しして、同じ題で『日本史研究』第六一五号（二〇一三年）に発表した。本章の内容も概ね同誌に発表した文章に同じであるが、右の問題については末尾に現在の私の見解を詳述しておいた。

なお、シンポジウムの発表の前には矢野建一・赤羽目匡由・江川式部の諸氏から貴重な文献や情報を御提供頂いた。心より御礼申し上げたい。また、拝根興氏の『唐代高麗《ママ》百済移民研究―以西安洛陽出土墓誌為中心―』（中国社会科学出版社、二〇一二年）には、唐の移民となった高句麗人や百済人の墓誌が網羅されている。

二　百済・高句麗滅亡後の王族の墓誌

新発見の百済人「禰氏墓誌」に関連して、唐朝治下の百済人の動向について述べるのが私の課題である。しかし、関連する史料が僅少なことと、比較する上でも唐朝治下の高句麗人について知っておくことは有益であると思うので、高句麗滅亡後に入唐した高句麗人についても一瞥しておきたい。なお、以下に参照する墓誌は周紹良・趙超編『唐代墓誌彙編』上下冊（一九九二年、二〇〇七年第二次印刷、上海古籍出版社）及び続集（二〇〇一年、同出版社）の録文に拠っている。

両唐書ことに『旧唐書』東夷伝には、滅亡後の百済・高句麗についてかなり詳しい後日談が記されている。それらに拠れば、唐は百済を滅ぼした後、一旦長安まで拉致した百済王子の扶餘隆に、熊津都督を授けて本国（百済）に帰還させ、新羅と和親した上で百済の餘衆を招輯させようとした。麟徳二年（六六五）八月に熊津城に至った扶餘隆に、唐は新羅王金法敏（文武王）と白馬を刑して盟いを行わせた。その内容は

故に前百濟太子・司稼正卿扶餘隆を立てて熊津都督と爲し、其の祭祀を守り、其の桑梓（位牌のこと、血統）を保たしむ。新羅に依倚し、長く與國と爲り、各々宿憾を除き、好《よし》みを結んで和親し、恭んで詔命を承け、永く藩服と爲らん。（故立前百濟太子・司稼正卿扶餘隆爲熊津都督、守其祭祀、保其桑梓。依倚新羅、長爲與國、各除宿憾、結好和親、恭承詔命、永爲藩服）

というものである(1)（『旧唐書』巻一九九上・百済伝）。つまりこの時は、唐の方では百済を羈縻州として統治させようとしたと考えられる。しかし、劉仁軌・劉仁願両将軍が唐に引き揚げると、扶餘隆は新羅を懼れて長安に戻ってし

まった。儀鳳二年（六七七）、唐は扶餘隆を光禄大夫・太常員外卿兼熊津都督・帯方郡王とし、本蕃に帰して餘衆を安輯させようとした。しかし、百済の土地は荒廃し、また新羅の占拠する所となって、扶餘隆は敢えて旧国に還らずに卒《しゅっ》した。彼の墓誌は伝存しており、それには六八歳で薨去したこと、及び永淳元年（六八二）に北邙清善里（洛陽）に葬られたことが記されている。その後については、『旧唐書』百済伝には孫の敬が則天朝に帯方郡王を襲封し、衛尉卿を授けられたが、しかしその地は新羅及び渤海靺鞨によって分割され、百済の種は遂に断絶した、と伝える。『新唐書』では、扶餘隆は高麗（高句麗）に寄治して死んだとあるが、高句麗そのものが滅亡しているのであるから、彼は洛陽で亡くなったと考えて良いであろう。

扶餘隆の墓誌では、彼は熊津都督を授けられた時に百済郡公に封ぜられ、熊津道総管兼馬韓道安撫大使となっている。また、新羅と盟約を行った後、「陪覲東岳」（東岳〈泰山〉に陪覲《ばいきん》す）とあり、高宗の泰山封禅に従っている。次いで、太常卿・帯方郡王になった後は「得留宿衛」（宿衛に留《とど》まるを得《う》）とあるので、唐に戻った後は高宗や則天武后に近侍していたことになる。高宗と武后とは永淳元年四月に長安から洛陽に移り、高宗はその後は長安に戻らずに洛陽で崩御している。おそらく、扶餘隆は高宗・武后に従って洛陽に行き、そこで亡くなったのであろう。由って儀鳳二年以降は、彼は長安に在住していたのであろう。薨去の時には、正三品の武散官である輔国大将軍を贈られている。百済の旧地を扶餘隆に統治させようとした唐の目論見は失敗したが、彼が唐朝から受けた待遇はそれほど悪いものではなかった、と言えるであろう。この点は、高句麗の例を見てから再考しなければならない。

総章元年（六六八）に高句麗が滅ぼされた後、宝蔵王（高蔵）は権臣の泉氏一族と長安まで拉致された。『旧唐書』高句麗伝に拠れば、高蔵は「政不由己」（政は己れに由らず）、すなわち政治上の自分の責任を放棄した、という理由で司平太常伯を授けられ、泉男産は先に降服したことで司宰少卿を授けられている。泉男建は黔州《けんしゅう》に配流された。

泉男生は乾封《けんぽう》元年（六六六）に子の泉献誠を長安に派遣した後、自らも脱身して来奔し、特進・遼東大都督兼平壌道安撫大使を授けられ、玄菟《げんと》郡公に封ぜられており、この時には嚮導の功によって右衛大将軍を受け、汴国公《べんこくこう》に封ぜられ、特進はもとのままであった。つまり、高蔵より泉男生の方が優遇されていたのである。高句麗の故地は安東都護府によって統御し、功績のあった酋渠（首領層）を擢《えら》んで都督・刺史・県令とし、華人とともに百姓を参理させようとした。『旧唐書』には「其後頗有逃散」（其の後頗《すこぶ》る逃散有り）とあるが、鉗牟岑《けんぼうしん》の乱の後、高句麗の故地を新羅が領有したのは周知の事実である。

儀鳳中（六七六～六七九）、高宗は高蔵に開府儀同三司・遼東都督を授け、朝鮮王に封じて安東に居らせ、本蕃に鎮して主とした。唐朝は、百済同様に高句麗の羈縻州的な統治を目指したのである。しかし、高蔵は安東に至ると潜かに靺鞨と通じて叛を謀り、発覚して召還され、邛州《きょうしゅう》（四川省）に流された。高句麗の旧民は河南・隴右の諸州に分徙《ぶんし》され、貧弱な者が安東城の近辺に残された。高蔵は永淳の初め（元年であれば六八二）に卒《しゅっ》し、衛尉卿を贈られ、詔して長安に送られて埋葬された。扶餘隆は生前に太常卿を得ていたが、同じ九寺の官でも太常卿は正三品で、衛尉卿その他の従三品より地位が高い。高蔵の朝鮮王は後述する孫の高震の墓誌では朝鮮郡王であり、扶餘隆の帯方郡王とは対等の爵号である。従って、唐に至ってからの扶餘隆と高蔵の待遇は、扶餘隆の方がやや上位であったと言えるであろう。

垂拱二年（六八六）、武后は高蔵の孫の高宝元を朝鮮郡王に封じた。聖暦元年（六九八）には左鷹揚《ようよう》衛大将軍に進授し、封じて忠誠国王とし、安東の旧戸の統摂を委ねようとした。ここから、郡王号より国王号の方が地位の高いこと、及び唐（武周）が依然として高句麗を羈縻州として統治しようとしていたことが判る。しかし、この計画は実行されなかった。聖暦二年には高蔵の息子の高徳武を安東都督として、本蕃を領させた。『新唐書』高句麗伝には「後稍《よう》く自ら國《くに》す（後稍自國）」とあるので、高徳武は安東に移ったのであろうか。しかし『旧唐書』では、ここより高句麗の旧戸で安東にいる者は次第に寡少になって突厥や靺鞨（渤海）に分投し、高氏の君長は遂に途絶えた、と記されている。

つまり、百済にしても高句麗にしても、遺民の動向の記録は則天武后の時代までで消滅するのである。唐は共に旧国王の子孫に郡王や国王の称号を与えて、羈縻州的な統治を試みた。それはどちらも成功しなかったが、百済・高句麗の王族は唐ではそれほど冷遇されていなかった、と見て良いのではなかろうか。

三　高句麗移民の墓誌

『旧唐書』高句麗伝では、その後に泉男生とその子の泉献誠の簡単な伝記が記されている。唐在住の高句麗人の墓誌には、従来から泉男生・泉献誠のほか男生の弟の泉男産の墓誌が知られていたが、そのほか泉献誠の孫の泉毖《せんひ》の墓誌、高蔵の孫の高震その他の朝鮮出身の高氏（高氏には渤海〈中国旧来の地名としての渤海郡〉の高氏もいる）の墓誌もある。そこで些か長くなるが、百済人の墓誌の問題に入る前に、上記の墓誌について簡単に触れておきたい。

『旧唐書』では、泉男生は儀鳳（六七六～六七九）の初めに長安に卒し、幷州大都督を贈られた。泉男生の墓誌はかなり長く、乾封《けんぽう》元年（六六六）に子の献誠を入朝させ、特進・平壌道行軍大総管兼使持節安撫大使を遙拝している。高句麗の滅亡した総章元年（六六八）には使持節・遼東大都督・上柱国・玄菟郡開国公・食邑二千戸、餘官故の如し、となった。唐に降った時に右衛大将軍を授けられ、卞《ママ》国公・食邑三千戸に進封され、特進・勲官（上柱国）は故の如く、撿校右羽林軍を兼ねた。儀鳳二年（六七七）に敕を奉じて遼東を存撫し、州県を改置するなどしたが、儀鳳四年（六七九）に安東府の官舎に薨じた。四六歳であった。死後に使持節・大都督・幷汾箕嵐四州諸軍事・幷州刺史を贈られ、餘官は故の如くであった。ただし、その時の高宗の詔では右衛大将軍は行右衛大将軍であって、本官ではない。

泉献誠は『旧唐書』では右衛大将軍を授かり、羽林衛上下を兼ねしめた、とある。弓の名手であったが、天授年間（六九〇～六九二）に酷吏の来俊臣の賂《まいない》の要求を拒み、謀反を誣告《ぶこく》され縊殺《いさつ》された。則天武后は後にその冤罪を知り、右羽林衛大将軍を贈った。墓誌では、泉男建・泉男産が男生を排斥した時に献誠が唐に派遣され、高句麗が滅ぼされた時に殊礼を以て右武衛将軍を拝し、紫袍金帯を賜わった。後、衛尉正卿に遷った。調露元年（六七九）に定襄軍討叛大使となり、その功により上柱国を授かった。開耀二年（六八二）には父の卞国公・食邑三千戸を襲封した。光宅元年（六八四）に雲麾将軍・守右衛大将軍員外置同正員を制授され、勲封（上柱国）は故の如くであった。さらに右羽林衛上下となった。『旧唐書』を参照すればこれは兼官である。垂拱二年（六八六）には神武軍大総管となった。四年には龍水道大総管となり、豫州の叛反勢力を討伐した。天授元年（六九〇）に左衛大将軍員外置同正員を制授され、餘は故の如くであった。二年に検校天枢子来使に充てられ、玄武北門において押運大儀銅等事を兼ねた。おそらくこれに関連して来俊臣の金品の要求を拒み、非命に倒れたのである。四二歳であった。久視元年（七〇〇）には右羽林衛大将軍を贈られたが、その時の則天武后の制には「故左衛大將軍・右羽林衛上下・上柱國・卞國公」とある。さらに「其男武騎尉・柳城県開國男玄隠可游擊將軍・行左玉鈐衛《ぎょくけんえい》右司階員外置同正員、勲封並如故」とある。

因みに、『資治通鑑』巻二〇五・延載元年（六九四）八月條、同巻・天冊万歳元年（六九五）四月條に拠れば、天枢設立の経緯は次のようになる。延載元年に則天武后の姪《おい》の武三思が四夷酋長を帥《ひき》いて、銅鉄を鋳て功徳を銘記し、唐を黜《しりぞけ》て周を頌える天枢を作り、洛陽皇城の正南門の端門外に立てるように要請した。諸胡から百万億銭（百万銭から千万銭）を徴収して銅鉄を買ったがなお足りず、民間の農器を割り当てて補った、という。そして、翌天冊万歳元年四月に天枢が完成した。高さは一〇五尺、下を鉄山とし上に騰雲承露盤を設けて武三思が文を作り、百官及び四夷酋長の名を刻んだ。『通鑑』の延載元年條にも天冊万歳元年條にも「四夷酋長」とあり、費用を諸胡から徴収したとあるように、この天枢は異民族も武后の徳を讃えていることを強調している点が特徴である。泉献誠は、この時の費用の徴収に託《かこつ》けた来俊臣の賄賂を拒み、謀反を誣告されたのであろう。以下に見るように、高足酉《こうそくゆう》は逆に天枢造営の功績を称えられた。武周朝の対外政策や国際関係を考える上で、天枢の存在にも注意する必要がある。

また、泉献誠の孫の泉毖の墓誌があり、父の泉隠が墓誌を書いている。それに拠れば、泉隠は光禄大夫・衛尉卿・上柱国・卞国公《べんこくこう》である。同じ泉献誠の子の玄隠とは一字違いであるが、散官・職事官とも玄隠が武官、隠が文官であるので二人は別人であろう。泉毖は二歳で淄川《しせん》県開国男を受封し、ついで淄川子・食邑四百戸に進封、驍騎尉を授けられ、蔭によって太廟斎郎に補せられた。開元一一年（七二三）二月に行われた玄宗による汾陰后土の祭祀(2)に参加し、宣徳郎を授けられた。しかし、開元一七年に京兆府興寧里の私邸で亡くなっている。泉男生の子孫はここまで辿ることができるが、泉毖の墓誌には京兆万年の人とあり、すでに唐の人として意識されている。

泉男産が高句麗滅亡時に司宰少卿を授けられたことは、『旧唐書』の通りである。墓誌では、さらに金紫光禄大夫・員外置同正員を加えられている。聖暦二年（六九九）には上護軍を授けられている。万歳天授三年（年号に誤記有り、年次不明）には遼陽郡開国公を授かり、また営繕監大匠員外置同正員に遷っている。遼陽郡公の授与によって高句麗の旧地との関係を強めることを期待されたように記されているが、大足元年（七〇一）に六三歳で薨去し、洛陽県に葬られた。この墓誌の末行に、通直郎・襄城県開国子泉光富が一八歳で、翌年の長安二年（七〇二）に洛陽県界に葬られた、とある。泉光富は男産の長男なのであろうか。泉男産の家系はここまでである。

『唐代墓誌彙編』所収の高句麗出身者の墓誌には他に高慈のものがある。高慈の父の文は高句麗滅亡時に兄弟と共に唐に降り、総章二年（六六九）に明威将軍・行右威衛翊府左郎将を制授された。同年中に雲麾《うんき》将軍・行左威衛翊府中郎将を授けられた。永隆二年（六八一）には左威衛将軍に除せられた。光宅元年（六八四）には柳城県開国子・食邑四百戸に封ぜられた。さらに柳城郡開国公・食邑二千戸を加授された。柳城郡開国公は後に触れる高蔵の爵位の中にも見える。高慈は父の勲により上柱国を廻授され、また右武衛長上を授けられた。尋《つ》いで游撃将軍を授けられたが、右武衛長上はそのままであった。また寧遠将軍を泛加されたが、旧に依って長上であった。また定遠将軍を泛加されたが、旧に依って長上であった。万歳通天元年（六九六）、（父が？）盧河道討撃大使に充てられ、高慈は契丹を破った功に縁り、壮武将軍・行左豹韜衛翊府郎将を授けられた。しかし万歳通天二年、父子共に陣没した。その時の制では、父については故左金吾衛大将軍・幽州都督高性文とある。高慈には左《さ》玉鈐衛《ぎょくけんえい》将軍が贈られた。名を智捷とするのは謚号であろうか。聖暦三年（七〇〇）に洛陽に葬られている。子に崇徳があり、父の左豹韜衛翊府郎将を襲った。

『唐代墓誌彙編続集』からは二名の高句麗出身者の墓誌が得られた。高玄については遼東三韓の人、とある。「公は……彼《か》の遺甿《いぼう》を棄て、男生に□して仰化し、斯《こ》の聖教を慕い、東自《よ》り徙《うつ》りて來王す（公……棄彼遺甿、□男生而仰化、慕斯聖敎、自東徙而來王）」とあるので、泉男生と共に唐に降ったのであろう。平壌を破った時に先鋒となり、功に因って宜城府左果毅都尉を授けられた。高宗の崩御した弘道元年（六八三）には、外官に一階を加えるという遺制を奉じて雲麾将軍を授けられ、本官は故の如くであった。垂拱二年（六八六）には敕によって神武軍統領に差行《さいこう》され、翌年には賊徒（突厥のことか。薊北・燕南とあるので、あるいは契丹等を撃ったのか）を大いに破った功で右玉鈐衛中郎将を授かった。永昌元年（六八九）には、敕を奉じて諸州に差《つかわ》されて高麗の兵士を簡《けみ》したとあるので、高句麗出身の兵士が各州に散在し、その統括に高句麗出身者が充てられたのであろう。その年七月にはまた敕を奉じて洛州の兵士を簡し、新平道左三軍総官征行に充てられた。天授元年（六九〇）には恩制によって左豹韜衛行中郎将に改授されたが、その年に四九歳で洛陽に亡くなり、翌年に北邙原に葬られた。

高足酉については遼東平壌の人、款《よしみ》を効《いた》して住み、遂に洛州永昌県に家した、とある。また、総章元年（六六八）に明威将軍・守右威衛真化府折衝都尉を授けられ、仍《よ》りて長上し、守左威衛・孝義府折衝都尉を授けられ、散官は故の如くであった、というから、高句麗滅亡の時に唐に移ったのであろう。翌年には雲麾将軍・行左武衛翊衛府中郎将を授けられ、儀鳳四年（六七九）には右領軍衛将軍を授けられ、永隆元年（六八〇）の制に准じて勲上柱国を加えられたというが、私は永隆元年の制については詳らかにしない。[3] 永昌元年（六八九）には制して右玉鈐衛大将軍を授けられ、天授元年（六九〇）には鎮軍大将軍・行左豹韜衛大将軍を拝した。墓誌に「證聖元年（六九五）、天樞を造りて成り、悦豫して子來《しらい》し、彫鐫《ちょうせん》乃《すなわ》ち就《な》る（證聖元年、造天樞成、悦豫子來、彫鐫乃就）」とあるので、天枢を造るのに関与した異民族出身者は泉献誠だけではなかった。文中の悦豫は悦び楽しむさま、子来は子供が親の所に集まって来るように、人民が有徳の君主の許に集まって来る、という意味の言葉で、もともと周王の徳を讃えた熟語である。高足酉は天冊万歳元年（六九五）に七〇歳で卒したので、生まれたのは唐では高祖の武徳八年（六二五）、入唐時は四三歳ぐらいであったことになろう。万歳通天二年（六九七）に洛州伊闕県に葬られている。

時代は降るが、『唐代墓誌彙編』には高蔵の孫高震の墓誌もある。初めに「唐開府儀同三司・工部尚書・特進・右金吾衛大将軍・安東都護・郯國公《たんこくこう》・上柱國・高公墓誌銘幷序」とあり、本文では大暦八年（七七三）に右金吾衛大将軍・安東都護の公（高震）が七三歳で洛陽に薨去したことを記す。渤海人とあるが、「祖蔵、開府儀同三司・

工部尙書・朝鮮郡王・柳城郡開國公。禰（亡父のこと）諱《いみな》連、雲麾將軍・右豹韜（衛）大將軍・安東都護」とあるので、高震が高蔵の孫であることは間違いない。「公迺扶餘貴種、……繼代稱王、嗣爲國賓、食邑千室」とある一方、戦功によって子男から公侯に建てられ、游撃から開府に昇った、とある。墓誌銘の題記と高蔵の肩書を見ると、開府儀同三司・安東都護が共通するが、游撃将軍から開府儀同三司まで昇ったのであれば、両者に共通の肩書も、自動的に継承されたわけではないことになろう。ただし、本人および父の連は朝鮮郡王を受けていないので、「継代称王」については文面上の褒辞ということになろう。序の末尾に「嗣子朝請大夫深澤令叔秀」とある「深沢令」は深沢県令の意味であろう。つまり、高震には嗣子の朝請大夫叔秀がいたのであるが、この墓誌からはこれ以上のことは判らない。

唐で活躍した高句麗人として有名なのは高仙芝である。しかし、高仙芝は父の高舎鶏の時には唐に仕えており、ここでは取り上げない。また、両唐書に列伝のある高句麗人には他に王毛仲及び王思礼がいる。王毛仲については、『旧唐書』巻一〇六・王毛仲伝に「王毛仲、本《もと》高麗の人也。父の游撃将軍職事求婁《きゅうろう》、事を犯して官に沒せられ（官奴となる）、毛仲を生む、因りて玄宗に隷す（王毛仲、本高麗人也。父游擊將軍職事求婁、犯事沒官、生毛仲、因隸于玄宗）」とある。高句麗出身者の子孫ではあるが、官奴の子として玄宗に仕えて立身した特殊なケースであるので、ここでは取り上げない。王思礼の場合は、同書巻一一〇・王思礼伝に「王思禮、營州城傍の高麗人也。父の虔威、朔方軍将爲《た》り（王思禮、營州城傍高麗人也。父虔威、爲朔方軍將）」とあり、同様に親の代には唐に仕えており、やはり取り上げない。彼は安史の乱に唐側の武将として活躍し、上元二年（七六一）に薨去している。年齢的には高仙芝より少し若いのであろう(4)。

四　百済移民の墓誌

両唐書に列伝のある唯一の百済出身者は黒歯常之である。(5)高句麗出身者に比べても、唐在住の百済出身者に関する史料は僅少であるが、幸い黒歯常之には墓誌も伝存しており、またその長子の俊の墓誌も伝存している。従って、禰氏一族と比較するには、黒歯常之・黒歯俊父子の経歴を見ておく必要がある。『旧唐書』巻一〇九・黒歯常之伝に拠れば、顕慶五年（六六〇）に百済が一度滅んだ時に彼も唐に降ったが、その後根拠地に戻り、百済復興運動の一翼を担って、三万余人を率いて抵抗した。龍朔三年（六六三）に、高宗が招諭すると其の衆を率いて降ったというから、白村江の戦いの後、唐に再度降ったのである。(6)その後、左領軍員外将軍に累転した。儀鳳中（六七六～六七九）にしばしば吐蕃と戦い、戦功によって左武衛将軍に擢《てき》せられ、検校左羽林軍を兼ねた。河源軍副使から大使となり、嗣聖元年（六八四）には左武衛大将軍に遷り、なお検校左羽林軍であった。垂拱二年（六八六）から三年にかけては突厥と戦い、功を以て燕国公に進封された。しかし、中郎将爨宝璧《さんほうへき》と協同作戦を取った時に、独断専行した宝璧が敗れて全軍を失った。その後、酷吏の周興等に謀反を誣構され、獄に繫がれて自ら縊《くび》れて死んだ。時人は甚だこれを惜しんだという。

黒歯常之の墓誌は大変長いが、主に官歴のみを追うと、顕慶中に主の扶餘隆と倶に入朝し、長安萬年県の人となった。麟徳（六六四～六六六）の初めには人望を以て折衝都尉を授かって熊津城に鎮し、大いに士衆の悦ぶ所となったというから、百済が最終的に滅亡した後、暫くは百済の故地にいたのである。前にも述べたが、唐が百済を暫くは羈縻支配しようとしていたことの一面を示していよう。咸亨《かんこう》三年（六七二）には功を以て忠武将軍・行帯方州長史を加えられ、尋《つ》いで使持節・沙泮州刺史に遷り、上柱国を授けられた。その後、左領軍将軍に転じ、熊津都督府司馬を兼ね、淳陽郡開国公・食邑二千戸を加封された。この時まで黒歯常之は果たして百済の故地にいたのであろうか、それとも途中から熊津都督府司馬などを遙領したのであろうか。

次いで洮河《とうが》道経略副使に充てられたが、これが『旧唐書』黒歯常之伝の言う河源軍副使であろう。その後、左武衛将軍に転じ、河源道経略大使となった。また、左鷹揚大将軍・燕然道副大総管に遷った。垂拱（六八五～六八八）の末、武周建国前の骨卒禄（骨咄禄）や徐敬業の乱の鎮定には功績があり、それによって燕国公・食邑三千戸に封ぜられ、右武威衛大将軍・神武道経略大使となったが、餘は故の如くであった。懐遠軍経略大使に転じたが、「禍流羣悪」にあって下獄し、薬を仰いで六〇歳で亡くなった。長子の俊が冤罪を雪《そそ》ぎ、聖暦元年（六九八）に武后は制して、故左武威衛大将軍・検校左羽林衛・上柱国・燕国公黒歯常之に対して、左玉鈐衛大将軍を贈り、勲封は故の如くであった。翌聖暦二年に洛陽の邙山に奉遷された。

黒歯常之の墓誌では、この時の黒歯俊の肩書は遊撃将軍・行蘭州広武鎮将・上柱国である。また、黒歯俊の墓誌に拠れば、黒歯常之の死後の贈官は左領軍衛大将軍である。黒歯俊自身は軍功を以て游撃将軍を授けられ、右豹韜衛翊府左郎将に任ぜられた後、右金吾衛翊府中郎将・上柱国に遷った。上柱国は、游撃将軍を受けた当初からの勲官であったのであろうか。しかし、神龍二年（七〇六）に二一歳の若さで疾いで亡くなり、北邙山に葬られた。唐に移住した黒歯一族については以上である。

また、別に百済人難元慶の墓誌もある。[7] 題記には「大唐故宣威将軍・左衛汾州清勝府折衝都尉・上柱國難君墓誌銘幷序」とあり、「其先卽黄帝之宗也、扶餘之爾類焉」（祖先は伝説上の黄帝の一族であり、その後は扶餘の部族である）とあって、在唐の百済出身者であることを示している。難元慶の祖父の汗は入唐して熊津州都督府長史となっているから、やはり百済滅亡後に入唐したのであろう。父の武は中大夫・使持節支潯《しじん》州諸軍事・守支潯州刺史から忠武将軍・行右翊衛府中郎将に遷っている。難元慶は游撃将軍・行檀州白檀府右果毅を授けられ、中書省に直《あた》った。俄かに夏州寧朔府左果毅都尉に転じ、中書省内供奉に直った。その後、朔方軍総管を授けられた。次いで宣威将軍を授けられ、汾州清勝府折衝都尉に遷り、勲は各々故の如くであった。開元一一年（七二三）に六一歳で汝州で亡くなった。従って、生まれはちょうど百済の滅亡した龍朔三年（六六三）頃で、出生地も百済であったであろう。[8] 馬馳氏は、難元慶は晩年に開元九年（七二一）の河曲六州胡の乱の平定に参加し、その後汾州（山西省）に遷り、最後に今の河南省魯山県に住んだ、とする。

　馬氏によれば、唐の史料に登場する百済出身者には他に沙吒忠義・扶餘文宣がいる。いずれもその姓から百済出身者と判断したのであろう。沙吒（沙乇）忠義は『資治通鑑』巻二〇五・延載元年（六九四）三月甲申條に将軍、巻二〇六・神功元年（六九七）五月癸卯條に右武威衛将軍、同巻聖暦元年（六九八）八月條に右武衛将軍（右武威衛将軍――『新唐書』突厥伝上）・天兵西道総管と見える。また、『新唐書』突厥伝上ではこの直後に河北道前軍総管にもなっている。そして『資治通鑑』同年九月癸未條にもその名があり、巻二〇八・神龍二年（七〇六）一二月己卯條には霊武軍大総管として見える。景龍元年（七〇七）七月辛丑條では、武三思に追い詰められた皇太子李重俊と同調して反乱を起こし、敗死している。扶餘文宣の名は『新唐書』突厥伝上の、聖暦元年に皇太子となった中宗が行軍大元帥として突厥の黙啜可汗の討伐軍を組織したところに、将軍・子総管として見える。

　また、二〇一二年に刊行された『大唐西市博物館蔵墓誌』にも一名の百済出身者陳法子の墓誌が収載されている。[9] 彼は熊津西部の人で、遠祖は衰漢の末年に鯨津を越えて地を（熊津に）避けたという。後述する禰氏一族と同じく、やはり後漢末に朝鮮半島に移住したという建前である。陳姓が漢人によく見られる姓だからであろうか。顕慶五祀《とし》

（六六〇）の熊津陥落の時に唐に移り、洛陽の人となった。翌顕慶六年に游撃将軍・右驍衛政教府右果毅都尉を制授された。乾封《けんぽう》二年（六六七）に右衛太平府右果毅都尉に除せられ、総章二年（六六九）には寧遠将軍・右衛龍亭府折衝都尉に改授された。翌咸亨《かんこう》元年には定遠将軍を加階された。文明元年（六八四）には明威将軍を加えられたが、職事は旧に依った。つまり右衛龍亭府折衝都尉のままであった。その後、武周の載初元年（六九〇）に洛陽県毓財里《いくざいり》の私第《してい》（私邸）に終わった。七六歳であったというから、生まれは六一五年頃、唐に移住したのは四六歳の時、ということになろう。実職は変わらずに、散官の将軍号のみが上がっているが、これも武官の昇進の一つの在り方なのであろうか。また、彼の墓誌に拠れば、嗣子の龍英は神山府果毅、つまり折衝府である神山府の果毅都尉であった。

以上のように、集め得た史料から見る限り、入唐した百済人・高句麗人は概ね将軍、いわゆる蕃将として唐で活動していたことになる。

五　禰氏一族の墓誌

そこで漸く禰氏一族について検討することになるが、これまでと同様に入唐以後の各自の動向を追ってみよう。

禰軍は顕慶五年（六六〇）の最初の百済滅亡時に帰順し、右武衛滻川《さんせん》府折衝都尉を授けられた。その後、恩詔によって左戎衛郎将を授けられるが、直前の墓誌の文に「仍領大首望數十人、將入朝謁」とあるのは、後述するように咸亨元年（六七〇）に長安に至った河内鯨の第七次遣唐使を指すであろうから、禰軍が左戎衛郎将を授けられたのは同年中か翌年ということになろう。少選《しばらく》して右領軍衛中郎将兼撿挍熊津都督府司馬に遷るが、この時はまだ百済の故地にいたのであろうか。咸亨三年（六七二）に右威衛将軍を詔授されたが、儀鳳三年（六七八）に雍州長安県の第《やしき》に六六歳で薨じている。すると、右威衛将軍を受けた時には長安に移ったのであろうか。

新発見の墓誌からは禰軍の兄弟に禰寔進《でいしょくしん》があり、寔進の子が禰素士、素士の長子が禰仁秀であること等が判る。禰素士の墓誌に拠れば、素士の曽祖真は帯方州刺史、祖父の善は随任萊州刺史であったが、これは百済での官職を中国風に表したものであろう。[10] 禰寔進は入朝して帰徳将軍・東明州刺史・左威衛大将軍となったが、「帰徳」は唐の徳に帰した、という意味であろう。[11] 墓誌に「時稱忠讜（時に忠讜《ちゅうとう》を稱せらる）」とあるのも唐に忠実であったことを伝える。禰素士は一五歳で游撃将軍・長上となり、龍泉府右果毅から龍原府左果毅、臨漳府折衝（都尉）に改まり、三品左豹韜衛左郎将を加えられ、また右鷹揚衛右郎将・左監門中郎を授けられた。長安三年（七〇三）に清夷軍副使に充てられ、功績によって来遠郡公を加えられ、餘は故の如くであった。神龍元年（七〇五）に左武衛将軍を授けられ、景龍二年（七〇八）六月に徐・兗《えん》等卌九州の存撫に奉使したが、同年八月に徐州の官舎に卒し、一一月に雍州に葬られた。

禰素士の長子仁秀の墓誌に拠れば、禰寔進はその王を引《みちび》いて高宗朝に帰義した。つまり、顕慶五年（六六〇）の百済滅亡時に入唐し、それによって左威衛大将軍も拝し、来遠郡開国公を授けられた。父の素士については、来遠郡公の襲封及び左武衛将軍に至ったことが記されている。仁秀自身については、明威将軍・右驍衛郎将を累授されたが秦州三度府果毅に左遷され、汝州・梁川府果毅、虢《かく》州金門府折衝（都尉）を歴し、開元一五年（七二七）に臨《りん》洮《とう》軍の官舎に五三歳で亡くなり、長安県に帰葬されたことが記されている。

六　墓誌から見た百済・高句麗移民の官歴

以上の百済・高句麗の入唐人の官歴を整理する上で、初めに文散官・文職事官を受けた者から見ていこう（本章末尾の「上記の人々の官歴」参照）。

まず、百済の王子であった（一）扶餘隆は、司稼正卿（司農卿）・熊津都督から光禄大夫・太常員外卿兼熊津都督・帯方郡王となっており、武官は薨去時の輔国大将軍のみである。また、孫の扶餘敬も衛尉卿・帯方郡王であり、武官の経歴はない。高句麗王の（二）高蔵は司平太常伯（工部尚書）から開府儀同三司・遼東都督・朝鮮郡王、卒時に衛尉卿である。孫の高震も開府儀同三司・工部尚書であり、その子の高叔秀も朝請大夫（従五品上の文散官）であった。百済・高句麗の王や直系の王族が長安に留め置かれたのは当然といえば当然であるが、初めに見たように、唐の羈縻州政策などに利用するために皇帝の手許に置いておく必要もあったのであろう。また、高蔵のように外地に派遣すると離反する懸念もある。その点で、王族は簡単には武官に任命できない事情もあったであろう。

（三）泉男産は司宰少卿（光禄少卿）・金紫光禄大夫・員外置同正員（金紫光禄大夫・司宰少卿員外置同正員か。散官・職事官とも扶餘隆とほぼ同様だが、やや低い）の後、上護軍（正三品の勲官）を経て遼陽郡開国公・営繕監大匠（将作大匠）員外置同正員となっている。その子の泉光富は通直郎（従六品下の文散官）である。（四）泉男生は文散官の特進を得ており、贈官の幷州刺史も得るが、基本的には武官であろう。泉男生の子の（五）泉献誠も一時的に衛尉正卿を受けるが、基本的には武官である。その子の泉隠は文官の光禄大夫・衛尉卿を受けている。もう一人の子の泉玄隠は武官である。泉隠の子の（六）泉毖は太廟斎郎から宣徳郎（正七品下の文散官）を得ているので、完全に文官である。このように、泉氏一族には文官も武官もいる。

これに対し、百済出身者の（一〇）黒歯常之は忠武将軍・行帯方州長史、使持節沙泮州諸軍事・沙泮州刺史・上柱国、左領軍将軍・兼熊津都督府司馬と、行政官の州長史・州刺史・都督府司馬の肩書も帯びるが、百済の故地で武官的な働きを期待されたものと考えて良いであろう。（一三）禰軍の撿校熊津都督府司馬も、同様の役割を期待された官であろう。禰寔進の祖父禰真の帯方州刺史、（一四）禰寔進の東明州刺史も武官の役割を期待された任官であったのであろう。禰氏一族は基本的には武官であった。入唐した百済人は、扶餘隆とその子孫を除けば基本的に武官であった。その点は、墓誌のない沙吒忠義・扶餘文宣や、高句麗出身者の高仙芝・王思礼も同様である。

次に、武官を受けた者についてみると、（七）高慈の父高文（高性文）は明威将軍・行右威衛翊府左郎将から雲麾将軍・行左威衛翊府中郎将、左威衛将軍と、すべて左右威衛の武官を歴任している。左金吾衛大将軍・幽州都督は、共に死後の贈官であろうか。子の高慈は勲官や武散官は上がっても常に右武衛長上、つまり長安で右武衛の職務に就いており、父と出陣する時に行左豹韜衛（左威衛）翊府郎将となった。その子の高崇徳も左豹韜衛翊府郎将であった。彼等は、三代に亘って威衛中心に出仕していたのである。（八）高玄は宜城府左果毅都尉から神武軍統領、新平道左三軍総官征行と動いている。基本的には外官の武官であろう。（九）高足酉は、初め都にいる長上であり、その後も概ね京官に就いている。守右威衛真化府折衝都尉、守左威衛孝義府折衝都尉は武職事官の官を与えるための職名であったのであろうか。右領軍衛将軍から右領軍衛（右玉鈐衛）大将軍、行左威衛（左豹韜衛）大将軍へと昇っており、基本的には長安の諸衛を歴任している。以上は高句麗出身者である。

前にも触れた、百済出身の（一〇）黒歯常之は外地の武官を歴任している。子の黒歯俊は、本人の墓誌では右豹韜衛（右威衛）翊府左郎将から右金吾衛翊府中郎将と、長安の諸衛、諸衛府の官に就いているが、神龍二年（七〇六）五月に洛陽で亡くなっている。この年正月に中宗は洛陽から長安に帰還している。病気が原因であったかも知れないが、黒歯俊はそれに随行していない。黒歯常之の墓誌には、黒歯俊が行蘭州広武鎮将であったことが見えるが、彼が基本的に都詰めの武官であったのかどうか、見極めるのは難しい。（一一）難元慶の父武のいた支潯州について、馬馳氏は百済の故地と判断している。難元慶自身は最初に中書省に出仕しており、その前に百済の故地から長安に移っていたのであろう。朔方軍総管に遷ってからは、外官を歴任している。（一二）陳法子は游撃将軍・右驍衛政教府右果毅都尉から右衛太平府右果毅都尉、寧遠将軍・右衛龍亭府折衛都尉と移っている。最終的に明威将軍を加えられたが、職事官は右衛龍亭府折衛都尉のままであったので、終始外官であった。

（一三）禰軍は撿校熊津都督府司馬の後、六七二年に右威衛将軍を授かったが、六七八年に雍州長安県で薨じているので、晩年は京官であったのである。（一四）禰寔進については、唐に移ってから左威衛大将軍となった以上のことは判らない。（一五）禰素士は初めに遊撃将軍を受けた時には長上、つまり長安に出仕していたのであるが、その後の龍泉府右果毅、龍原府左果毅、臨漳府折衛都尉、清夷軍副使は実際に現地に派遣されていたのであろう。景龍二年（七〇八）六月から徐・兗等四九州の存撫のために派遣され、最初の徐州で亡くなっている。（一六）禰仁秀は右驍衛郎将となった後、秦州三度府果毅となったのは左遷であったらしい。その後、汝州・梁川府果毅、虢州金門府折衛都尉を務め、亡くなったのも臨洮軍の官舎である。

私の入手した史料は高氏を中心に高句麗出身者の墓誌が多く、百済出身者はほとんどが王族以外の人物である。そのせいか、高句麗出身者では長安中心に活動していた者が多かったように見られるが、百済出身者は外官の武官を歴任している者が多かった。沙吒忠義などもそうである。初任官は禰素士が一五歳で遊撃将軍（従五品の武散官）を受けているが、他にも游撃将軍を最初に受けた者に黒歯俊・難元慶がおり、高慈は勲官の上柱国から游撃将軍を受けている。当時の武官の初任官としては游撃（遊撃）将軍が一般的であったのであろう。[12]その点で、禰素士の遊撃将軍を受けた年齢が一五歳と明記されているのは貴重である。また、官歴の初めに明威将軍（従四品下の武散官）が記されている者に高文（高性文）・高足酉・禰仁秀がおり、それが初任官であるとすれば、禰氏一族は百済・高句麗から唐に降った一族としては他に見劣りしない立場にあったのではなかろうか。

七　禰軍の左戎衛郎将について

以上に紹介した二十数名の人物の官歴を辿っていて気の附いたことがある。それは、彼等の官名が同じランク内で移動する場合には、右から左に移っていることである。例は多くはないが、泉献誠は守右衛大将軍員外置同正員から左衛大将軍員外置同正員に移っている。高文（高性文）は行右威衛翊府左郎将から行左威衛翊府中郎将に移っている。高足酉の守右威衛真化府折衝都尉から守左威衛孝義府折衝都尉というのは、真化府と孝義府とを同等の折衝府と見做せば、右威衛から左威衛への移動である。黒歯常之も、生前の最後の将軍号は右武威衛大将軍であるが、墓誌には故左武威衛大将軍ともあり、右武威衛大将軍からさらに左武威衛大将軍に移ったようである。これは死後の贈官の可能性もあるであろうが、それでも右武威衛大将軍より左武威衛大将軍の方が高い地位にあることには変わりない。難元慶は行檀州白檀府右果毅から夏州寧朔府左果毅都尉に移っているが、右果毅は右果毅都尉の省略であろう。彼の場合は臨時の行右果毅都尉から正式の左果毅都尉に移ったことになる。禰氏一族の禰素士も、龍泉府右果毅（都尉）から龍原府左果毅（都尉）に移っている。このように、同等の官の中では初めに授けられるのは右の官であり、そこから左の官に移るのである。

このように見てくると、禰軍の左戎衛郎将について、大変興味深い事実が浮かび上がる。禰軍墓誌の「仍領大首望數十人、將入朝謁（仍《よ》りて大首望數十人を領し、將《ひき》いて入りて朝謁せしむ）」について、私は河内鯨の第七次遣唐使のことを指すと考えた。初めに述べたように、私がそのように考えたのは、彼が新羅に行った事実を不明にして知らなかったからに過ぎない。しかし、禰軍墓誌では先の引用文の次に「特蒙恩詔、授左戎衛郎将（特に恩詔を蒙《こうむ》り、左戎衛郎将を授けらる）」とあるが、『日本書紀』天智天皇四年（六六五）九月壬辰條の本注に見える禰軍の官名は「右戎衛郎將・上柱國」である。上述のように、唐の武官が右某官から左某官へと昇進していく例から見ると、左戎衛郎将は、第七次遣唐使の入唐への働きかけで禰軍が得た官名にまさに適合するのであり、『日本書紀』と新発見の禰軍墓誌という性格の全く違う史料の官歴が吻合する事実は無視すべきではなかろう。『旧唐書』巻八四・劉仁軌伝に見える白村江の戦いで百済を平定した後の劉仁軌の上表には

> 陛下若《も》し高麗（高句麗のこと）を殄滅せんと欲すれば、百濟の土地を棄つべからず。餘豐は北に在り、餘勇は南に在り、百濟・高麗は舊《も》と相《あい》黨援す。倭人は遠しと雖も、亦た相影響す。（陛下若欲殄滅高麗、不可棄百濟土地。餘豐在北、餘勇在南、百濟・高麗、舊相黨援、倭人雖遠、亦相影響）

とあり、その後の文に「扶餘勇は扶餘隆之弟也。是時走《に》げて倭國に在り、以て扶餘豐之應を爲す、故に仁軌表して之れを言う（扶餘勇者、扶餘隆之弟也、是時走在倭國、以爲扶餘豐之應、故仁軌表言之）」とある。少なくとも、白村江の戦いにおいて唐側の当事者であった劉仁軌には、海上に遠く離れた倭国の存在も無視しえないものであったのである。

「禰軍墓誌訳注」は、禰軍が大首望数十人を連れて入朝、すなわち長安入りしたことについて次のように解釈する。禰軍墓誌ではその前に「僭帝一旦稱臣」という句がある。第一にこの僭帝は倭王の可能性があり、六六五年に

禰軍を含めた唐の使節が帰る際、倭の使節が付き添っていることは、上記「領大首望數十人、將入朝謁」に通じているとも言える。ただし、この時期の唐にとって倭はあくまでも副次的な勢力であり、特筆の対象であるかは疑問が残る。第二に高句麗王の可能性であるが、滅亡寸前のこの時期の高句麗に、「僭帝」と唐に意識させるような力や行為があったかは疑問であり、また禰軍が高句麗と関係するような事実は既存の文献史料には見当たらない。第三に新羅王については、文武王は六七〇年六月に高句麗の残存勢力を金馬堵に迎え、同年七月に安勝を高句麗王に冊封しており（『三国史記』巻六・新羅本紀・文武王一〇年九月條）、唐から「僭帝」と呼ばれ得る敵対的な行動をとっている。この時期は禰軍が新羅に滞在した時期と一致しており、禰軍が大首望数十人を引き連れて朝謁したという記述と符合すると見られる。ただし、僭帝を新羅王と解釈すると、墓誌の記述では禰軍は使者としての功労によって司馬となっているが、『三国史記』では新羅に使者として派遣された時点で司馬であり、年次や因果関係が齟齬する（一七四〜一七五頁）。

以上のように、禰軍が倭に遣わされたことについて墓誌の中では特に触れていない、というこの解釈には疑問を感ずるが、その前提となる史料の読みにも多少の疑問もある。そこで、節を改めてこの点に関する私見を述べてみたいと思う。

八　禰軍に関する史料

前節に関連する史料は以下の如くである。（1）は禰軍墓誌の一部であり、（2）は『三国史記』巻六・新羅本紀、（3）（4）は同書巻七・新羅本紀に見える禰軍関連の史料である。

（1）遂に能《よ》く天威を説暢し、喩えるに禍福を以てし、千秋の僭帝、一旦に稱臣す。仍《よ》りて大首望數十人を領し、將《ひき》いて入りて朝謁せしむ、特に恩詔を蒙り、左戎衛郎將を授けらる。少選《しばらく》して右領軍衛中郎將兼檢校熊津都督府司馬に遷る。（遂能說暢　天威、喩以禍福、千秋僭帝、一旦稱臣。仍領大首望數十人、將入朝謁、特蒙
恩詔、授左戎衛郎將。少選遷右領軍衛中郎將兼檢校熊津都督府司馬）

（2）（文武王一〇年）秋七月、王は百濟の殘衆の反覆するを疑い、大阿飡儒敦を熊津都督府に遣して和を請う。從わず、乃《すなわ》ち司馬禰（禰の異体字）軍を遣して窺覘《きてん》せしむ。王は我（新羅）を謀るを知り、禰軍を止《とど》めて送らず、兵を舉げて百濟を討つ。（秋七月、王疑百濟殘衆反覆、遣大阿飡儒敦於熊津都督府請和。不從、乃遣司馬禰軍窺覘。王知謀我、止禰軍不送、舉兵討百濟）

（3）（文武王一一年七月二六日の大唐惣官薛仁貴の書に対し）大王は書を報じて云う、……咸亨《かんこう》元年六月、高句麗は叛を謀り、漢官を惣殺す。新羅は卽ち發兵せんと欲し、先に熊津に報じて云う、高麗（高句麗のこと）既に叛し、伐たざるべからず。彼れ此れ倶に是れ帝の臣、理須《すべから》く同《とも》に凶賊を討つべし。發兵之事は、須く平章有るべく、官人を遣して此こに來たらしめ、共に相《あい》計會せんと請う。百濟の司馬禰軍此こに來たり、遂に共に平章して云う、發兵已後《いご》、卽ち彼れ此れ相疑うを恐る、宜しく兩處の官人をして、互相《たがい》に質《ち》（人質）を交わさ令《し》めんことを、と。（大王報書云、……咸亨元年六月、高句麗謀叛、惣殺漢官。新羅卽欲發兵、先報熊津云、高麗既叛、不可不伐。彼此倶是帝臣、理須同討凶賊。發兵之事、須有平章、請遣官人來此、共相計會。百濟司馬禰軍來此、遂共平章云、發兵已後、卽恐彼此相疑、宜令兩處官人、互相交質）

（4）（文武王一二年九月）王は向者《さきに》百濟の往きて唐に訴え、兵を請いて我を侵さんとし、事勢急迫せるを以て、申奏するを獲《え》ず、出兵して之れを討つ。是れに由りて罪を大朝（唐）に獲て、遂に級飡原川・奈麻邊山、及び

留《とど》める所の兵船郎將鉗耳大侯・萊州司馬王藝本・烈州長史王益・熊川都督府司馬禰（禰）軍・曾山司馬法聡・軍士一百七十人を遣し、上表して罪を乞いて曰く……。（王以向者百濟往訴於唐、請兵侵我、事勢急迫、不獲申奏、出兵討之。由是獲罪大朝、遂遣級湌原川・奈麻邊山、及所留兵船郎將鉗耳大侯・萊州司馬王藝本・烈州長史王益・熊川都督府司馬禰軍・曾山司馬法聡・軍士一百七十人、上表乞罪曰……）

以上の引用文のうち、（1）については「禰軍墓誌訳注」は「遂能說暢天威、喩以禑福千秋、僭帝一旦稱臣」と断句する。私は音韻に基づいた指摘はできないが、対句表現における語句の対応から見ても、以上の断句は誤りであると指摘し得る。まず、「說」と「喩」とが対応し、「天威」と「禑福」とが対応する。「千秋」と「一旦」とが対応し、「僭帝」と「稱臣」とが対応することは一目瞭然であろう。以上の読みでは最初の「遂能」を除いて、「說暢」以下の一六字を四字ずつ区切ることになるが、このような対句表現は唐代にはよく見られる。よって、「千秋」は「僭帝」を形容することになるが、この点は「僭帝」の解釈にも関係してこよう。また「禰軍墓誌訳注」は、「墓誌の記述では使者としての功労によって司馬になっている」と記すが、「特蒙恩詔」という表現からすれば、禰軍が使者としての功労によって授けられた官は左戎衛郎將であり、右領軍衛中郎將兼検校熊津都督府司馬はその後の任官である。

（2）に拠れば、新羅の文武王はその一〇年（六七〇）に熊津都督府に使者を派遣して和平を申し入れたのであるが、逆に熊津都督府が司馬の禰軍を新羅に派遣してその動静を窺わせたため、文武王は禰軍を拘束して百済に還さなかった。墓誌に拠れば、禰軍は顕慶五年（六六〇）に唐に帰服していたのであるが、その後百済に派遣されていたことになる。墓誌の原文では、「特在簡帝、往尸招慰」がこのことに対応するであろう。因みに、「簡帝」は皇帝によって抜擢されたことを指すが、「帝」字の上に空格を取っておらず、ここでの「帝」は高宗を直接指すわけではない。

文武王一一年（六七一）に入って新羅は旧百済領に侵入し、六月には唐と戦った。そこで、七月二六日に大唐惣官薛仁貴は文武王に書を寄せ、王の背信を責めた。これに対して文武王は弁明の返書を送ったが、（3）はその一部である。咸亨元年（六七〇）に高句麗に謀反の動きがある、ということで文武王が熊津都督府に通報し、新羅も熊津都督府も共に唐の臣下であるので、理として協同して凶賊を討つべきであり、発兵については「平章」しなければならない。官人を派遣して新羅に来させ共に相談しよう、と文武王が提案した。そこで、百済の司馬禰軍が新羅に派遣され、平章したのである。平章とは分かち明らかにすることであるが、ここでは包み隠さず相談する意味であろう。これは（2）に見える禰軍の派遣に相当しよう。

また（4）に拠れば、文武王は百済の遺民や高句麗を征討したことについて、一二年九月になって弁明の使者を唐に派遣したが、その中に禰軍も含まれていたのである。墓誌に拠れば、同年の咸亨三年（六七二）一一月に右威衛将軍を詔授されているが、文武王の謝罪表を渡すために長安に帰還した、というのは「禰軍墓誌訳注」の言う通りであろう。つまり、禰軍はこの時に唐に戻って、再び朝鮮には行かなかったのである。

次に「僭帝」の解釈であるが、確かに（2）（4）の時期に新羅の文武王は唐に敵対する態度を取っている。ただしこれに対して、唐はその最中の上元元年（六七四）一月に、長安にいた文武王の弟の金仁問を新羅王とし、翌年二月に文武王が唐に謝罪すると、再び文武王を新羅王に戻している（『資治通鑑』巻二〇二）。新羅王という王号は唐から見れば爵号であるが、以上の経緯に拠れば、文武王と唐とが対立している間でも新羅王の爵号は取り消されていないのであり、唐がその文武王を「僭帝」と呼ぶのはむしろ不自然ではなかろうか。「禰軍墓誌訳注」も述べているように、「倭は隋・唐代においては朝貢使を送りつつも、冊封を受けていない」（一七四頁）のであるから、

「千秋僣帝」と断句できるとすれば、僣帝の形容は倭王にこそ適合的である。墓誌の「決河眥而天呉静、鑿風隧而雲路通（河眥《かし》を決して天呉静かに、風隧を鑿《うが》ちて雲路通ず）」のうち、前者の河眥は余り見ない用例であるが、決眥《けっし》《けっせい》は矢が獣の眥《まなじり》を裂き破ること、または文字通り眥を決することである。隧は道またはトンネル、或いは通り道、ルート。河はここでは白村江のことと考えることができ、以上の句の前半は白村江の戦いの結果の描写であり、後半は禰軍が倭に派遣されたことを述べていると解釈しても、不自然な点はないであろう。

以上は、唐に移住した高句麗人や百済人が、同一の官職内で移動する時には右から左に移動する（昇進する）ことを見出したことから、『日本書紀』の記述と禰軍墓誌の記述とを重ねることで、倭の第七次遣唐使を入朝させた功労によって、禰軍は高宗の恩詔で左戎衛郎将を授かった、と解釈できることを指摘したものである。「禰軍墓誌訳注」が、「この時期の唐にとって倭はあくまでも副次的な勢力であり、特筆の対象であるかは疑問が残る」（一七四頁）と述べたのは、墓誌に「日本」の表現があることから、これを性急に日本の国号の誕生に結び付けようとする発想に対する、批判的な配慮であったであろう。そのような慎重な態度は評価されるべきであるが、墓誌原文の対句の読み方、使節帯同の功労によって禰軍の詔授された官職が「左戎衛郎将」であったことからすれば、禰軍が倭に派遣された事実が墓誌に記されたと解釈して、何ら不自然な点はないのである。禰軍墓誌にせよ、或いは新紹介の「梁職貢図」関連の史料にせよ、そこから日本に関連することばかり論じようとする態度は、原史料を扱う上では確かに均衡を失している。しかし繰り返すが、史料の少ない古代にあっては、性格の全く違う史料の官歴が吻合する事実は無視すべきではない。敢えて一節を設けて一言述べた次第である。

九　異民族出身者と唐の本貫

以上甚だ雑駁であるが、禰氏の墓誌に関連して、百済・高句麗の入唐者の事績と比較した形で禰氏一族のあり方について考察してみた。筆者にとって日頃不案内の分野であるので、誤解や検討不充分の点は多々あったと思う。今後、関連史料の蒐集に努めなければならないことはいうまでもないが、本章を記す上で気になった別の課題について最後に触れておきたい。

そもそも、入唐した異民族出身者はいつから唐人と同定されるのであろうか。泉献誠の孫の泉毖の墓誌には「諱毖、字孟堅、京兆萬年人也」とあり、禰寔進の子の禰素士の墓誌には「楚国瑯琊人也」とある。禰素士の場合、父の寔進の時に入唐しても、本人は瑯琊を本貫と称しているのである。これとも関わるが、唐在住の百済・高句麗人に関連して以前から気に懸っている史料が一点ある。『大唐六典』巻三・尚書戸部郎中員外郎條に

凡そ嶺南諸州の税米は、上戸は一石《たん》二斗、次戸は八斗、下戸は六斗、夷獠之戸の若《ごと》きは、皆半輸の輕税に従う。諸州の高麗・百濟の應《まさ》に征鎮に差《つかわ》す者は、竝びに課役を免ぜしむ。(凡嶺南諸州税米者、上戸一石二斗、次戸八斗、下戸六斗、若夷獠之戸、皆従半輸輕税。諸州高麗・百濟應差征鎮者、竝令免課役)

とある。この文の前半についてはしばしば議論されているが、後半部分はあまり議論されていないようである。しかし、「諸州高麗・百濟」と、唐国内の諸州に並べてなぜ高句麗・百済の人民が課役免除の対象となるのであろうか。高玄の墓誌には「又た永昌元年（六八九）を以て、敕を奉じて差《つかわ》して諸州をして高麗の兵士を簡《えら》ば令《し》む（又以永昌元年、奉敕差令諸州簡高麗兵士）」という一文があるが、右の『六典』の文に関係するのであろうか。

『旧唐書』高宗紀下・総章二年（六六九）條には

五月庚子、高麗の戸二萬八千二百、車一千八十乘、牛三千三百頭、馬二千九百匹、駝六十頭を移し、將《ひき》いて内地に入れ、萊《らい》・營二州は般次もて發遣し、江淮以南、及び山南・幷・涼以西の諸州の空閑處に量配して安置す。（五月庚子、移高麗戸二萬八千二百、車一千八十乘、牛三千三百頭、馬二千九百匹、駝六十頭、將入内地、萊・營二州般次發遣、量配於江淮以南及山南・幷・涼以西諸州空閑處安置）

とあり、また『資治通鑑』巻二〇一・総章二年四月條には

高麗之民に離叛せる者多し、敕して高麗戸三萬八千二百を江・淮之南、及び山南・京西諸州の空曠之地に徙し、其の貧弱なる者を留《とど》めて、安東を守ら使《し》む。（高麗之民多離叛者、敕徙高麗戸三萬八千二百於江・淮之南、及山南・京西諸州空曠之地、留其貧弱者、使守安東）(13)

とある。高句麗滅亡後に多数の高句麗人が江淮以南及び山南（長安の南）、さらに幷州（山西省）涼州（甘粛省）以西の諸州の空閑処、すなわち過疎地に徙《うつ》された、という。高句麗の遺民はかなり広範囲に強制移住されたのであり、「諸州高麗」の対象についてはこのような高句麗遺民を想定することもできる。一方の百済遺民については、その強制移住を明記した史料を見出していないが、或いは高句麗滅亡後に百済の遺民も大量に唐の内地に強制移住されられたのかも知れない。

以上、禰氏一族の墓誌の出現に関連して、高宗朝までに唐に移住した、或いは移住させられた百済人・高句麗人の情況について述べてきた。その過程で武官の昇進の原則に関わる点や、武周朝の天枢と異民族との関係、或いは『大唐六典』尚書戸部郎中員外郎條における高句麗・百済人民の位置附けの問題等、今後も注視すべきさまざまな論点も見出すこともできた。しかしながら、私は墓誌を利用した研究を日頃から行っているわけではないので、思

わぬ誤りもあるかと思う。読者諸賢の御教示を得られれば幸いである。

上記の人々の官歴

（一）扶餘隆　（『唐代墓誌彙編』永淳〇一四―原本の番号。以下同じ）

司稼正卿・熊津都督（百済滅亡時または六六五年）→光禄大夫・太常員外卿兼熊津都督・帯方郡王（六七七）『旧唐書』

熊津都督・百済郡公・熊津道総管兼馬韓道安撫大使→太常卿・帯方郡王（泰山封禅扈従後）→輔国大将軍（薨去時）墓誌

孫の扶餘敬　衛尉卿・帯方郡王（則天朝）『旧唐書』

（二）高蔵

司平太常伯（六六八）→開府儀同三司・遼東都督・朝鮮王（儀鳳中）→衛尉卿（卒時）『旧唐書』、ただし孫の高震墓誌などから朝鮮王は朝鮮郡王と訂正される。また高震墓誌では開府儀同三司・工部尚書・朝鮮郡王・柳城郡開国公

子の高徳武　安東都督（六九九）『旧唐書』『新唐書』

高蔵の孫高宝元　朝鮮郡王（六八六）→左鷹揚衛大将軍・忠誠国王（六九八）『旧唐書』

高蔵の子の高連（高震の父）　雲麾将軍・右豹韜大将軍・安東都護　高震墓誌（『彙編』大暦〇七五）

高蔵の孫高震　開府儀同三司・工部尚書・特進・右金吾衛大将軍・安東都護・郯国公・上柱国　墓誌題記

高震の嗣子の高叔秀　朝請大夫　高震墓誌

（三）泉男産　（『彙編』長安〇〇八）

司宰少卿（六六八）『旧唐書』

司宰少卿・金紫光禄大夫・員外置同正員（六六八）→上護軍（六九九）→遼陽郡開国公・営繕監大匠員外置同正員

（万歳天授三年？　年号に誤記有り）　墓誌

通直郎・襄城県開国子泉光富（泉男産の長子か）　墓誌

（四）泉男生　（『彙編』調露〇二三）

特進・遼東大都督兼平壌道安撫大使・玄菟郡公（六六六）→特進・右衛大将軍・汴《ママ》国公（六六八）→幷州大都督（薨時）『旧唐書』

特進・平壌道行軍大総管兼使持節安撫大使（遙拝、六六六）→使持節・遼東大都督・上柱国・玄菟郡開国公・食邑二千戸、餘官如故（六六八）→其の年に右衛大将軍・卞国公・食邑三千戸、特進・勲官如故、兼撿校右羽林軍→贈使持節・大都督・幷汾箕嵐四州諸軍事・幷州刺史、餘官如故（薨去時）　墓誌

（五）泉男生の子の泉献誠　（『彙編』大足〇〇一）

右衛大将軍・兼羽林衛上下→右羽林衛大将軍（死後の贈官）『旧唐書』

右武衛将軍（六六八）→衛尉正卿→定襄軍討叛大使、その功により上柱国（六七九）→卞国公・食邑三千戸（六八二）→雲麾将軍・守右衛大将軍員外置同正員、勲封如故、さらに右羽林衛上下（六八四）→神武軍大総管（六八六）→龍水道大総管（六八八）→左衛大将軍員外置同正員、餘如故（六九〇）→検校天枢子来使兼押運大儀銅等事（六九二）→（故左衛大将軍・右羽林衛上下・卞国公泉献誠に対し）右羽林衛大将軍（七〇〇）　墓誌

その子泉玄隠　武騎尉・柳城県開国男→游撃将軍・行左玉鈐衛右司階員外置同正員、勲封並如故　泉献誠墓誌

（六）泉献誠の孫の泉毖　（『彙編』開元三七八）

父の泉隠　光禄大夫・衛尉卿・上柱国・卞国公（泉玄隠とは別人か）　泉毖墓誌

泉毖　淄川県開国男→驍騎尉・淄川子・食邑四百戸、蔭により太廟斎郎→宣徳郎（七二三）　墓誌

（七）高慈　（『彙編』聖暦〇四四）

父の高文（高性文）　明威将軍・行右威衛翊府左郎将（六六九）→雲麾将軍・行左威衛翊府中郎将（同年中）→左威衛将軍（六八一）→柳城県開国子・食邑四百戸（六八四）→柳城郡開国公・食邑二千戸→故左金吾衛大将軍・幽州都督高性文（六九七、陣没時）

高慈　父の勲により上柱国、右武衛長上→游撃将軍・右武衛長上→寧遠将軍・右武衛長上→定遠将軍・右武衛長上→（父が？）瀘河道討撃大使（六九六）、壮武将軍・行左豹韜衛翊府郎将→贈左玉鈐衛将軍（六九七、陣没時）
子の高崇徳　左豹韜衛翊府郎将　以上高慈墓誌
（八）高玄（『唐代墓誌彙編続集』天授〇一五）
宜城府左果毅都尉（六六八）→雲麾将軍、本官如故（六八三）→神武軍統領（六八六）→右玉鈐衛中郎将（六八七）→新平道左三軍総官征行（六八九）→左豹韜衛行中郎将（六九〇）　墓誌
（九）高足酉（『続集』萬歳通天〇〇三）
明威将軍・守右威衛真化府折衝都尉、長上→守左威衛孝義府折衝都尉、散官如故（六六八）→雲麾将軍・行左武衛翊衛府中郎将（六六九）→右領軍衛将軍（六七九）→上柱国（六八〇）→右玉鈐衛大将軍（六八九）→鎮軍大将軍・行左豹韜衛大将軍（六九〇）　墓誌
（一〇）黒歯常之（『彙編』聖暦〇二二）
左領軍員外将軍→左武衛将軍・兼検校左羽林軍（儀鳳中〈六七六〜六七九〉）→河源軍副使から大使→左武衛大将軍・検校左羽林軍（六八四）『旧唐書』
折衝都尉、鎮熊津城（麟徳〈六六四—六六六〉初）→忠武将軍・行帯方州長史（六七二）→使持節（沙泮州諸軍事）・沙泮州刺史・上柱国→左領軍将軍・兼熊津都督府司馬・淳陽郡開国公・食邑二千戸→洮河道経略副使→左武衛将軍・河源道経略大使→左鷹揚大将軍・燕然道副大総管→右武威衛大将軍・神武道経略大使・燕国公・食邑三千戸、餘如故（垂拱〈六八五—六八八〉末）→懐遠軍経略大使→（故左武威衛大将軍・検校左羽林衛・上柱国・燕国公黒歯常之に対して）贈左玉鈐衛大将軍、勲封如故（六九八）　墓誌
贈左領軍衛大将軍　黒歯俊墓誌
子の黒歯俊　游撃将軍・行蘭州広武鎮将・上柱国　黒歯常之墓誌
游撃将軍→右豹韜衛翊府左郎将→右金吾衛翊府中郎将・上柱国　黒歯俊墓誌（『彙編』神龍〇三三）
（一一）難元慶（註〈7〉参照）

祖父の難汗　熊津州都督府長史
父の難武　中大夫・使持節支潯州諸軍事・守支潯州刺史→忠武将軍・行右翊衛府中郎将
難元慶　游撃将軍・行檀州白檀府右果毅、直中書省→夏州寧朔府左果毅都尉、直中書省内供奉→朔方軍総管→宣威将軍・汾州清勝府折衝都尉、勲各如故　以上難元慶墓誌
（一二）陳法子　（『大唐西市博物館蔵墓誌』）
游撃将軍・右驍衛政教府右果毅都尉（六六一）→右衛太平府右果毅都尉（六六七）→寧遠将軍・右衛龍亭府折衝都尉（六六九）→加階定遠将軍（六七〇）→明威将軍、職事依旧（六八四）　墓誌
嗣子の陳龍英　神山府果騎　陳法子墓誌
（一三）禰軍
右武衛滻川府折衝都尉（六六〇）→左戎衛郎将（六七一頃）→右領軍衛中郎将兼撿校熊津都督府司馬→右威衛将軍（六七二）　墓誌
（一四）禰寔進
帰徳将軍・東明州刺史・左威衛大将軍　禰素士墓誌
左威衛大将軍・来遠郡開国公（六六〇）　禰仁秀墓誌
（一五）禰素士
游撃将軍・長上→龍泉府右果毅→龍原府左果毅・臨漳府折衝（都尉）→三品左豹韜衛左郎将→右鷹揚衛右郎将・左監門中郎→清夷軍副使・来遠郡公、餘如故（七〇三）→左武衛将軍（七〇五）→奉使徐・兗等卌九州存撫（七〇八）　墓誌
（一六）禰仁秀
明威将軍・右驍衛郎将→秦州三度府果毅（左遷）→汝州・梁川府果毅、虢州金門府折衝（都尉）

註

（1）この盟文の冒頭には

往者《さきに》百濟の先王、逆順に迷い、鄰好を敦くせず、親姻を睦まず、高麗と結託し、倭國と交通し、共に残暴を爲し、新羅を侵削し、邑を破り城を屠《ほふ》り、略《ほ》ぼ寧歳無し。（往者百濟先王、迷於逆順、不敦鄰好、不睦親姻、結託高麗、交通倭國、共爲殘暴、侵削新羅、破邑屠城、略無寧歳）

とある。劉仁軌の辞であるが（『旧唐書』百済伝）、日本のことを「倭国」と記している。

（2）玄宗による汾陰后土の親祭については、拙著『中国古代皇帝祭祀の研究』（岩波書店、二〇〇六年）第七章「唐代における郊祀・宗廟の運用」三五二頁参照。

（3）東洋文庫・唐代史研究委員会編『唐代詔勅目録』（東洋文庫、一九八一年）を参照すれば、おそらく調露二年（六八〇）八月乙丑に英王哲（中宗）を皇太子とし、永隆元年と改元して天下に大赦したことを指す。ただし、このことは『冊府元亀』巻八〇及び巻八四に言及されているが、大赦文の内容は不明である。

（4）因みに、『旧唐書』巻一二一・李懐光伝には「李懷光、渤海靺鞨《まつかつ》人也。本姓茹《じょ》」とあり、渤海の出身者であることが判る。両唐書の列伝には渤海の高氏がしばしば登場するが、それはいわゆる渤海郡出身の高氏を指すのであろう。渤海国出身者で唐の列伝に名を残しているのは李懐光だけではなかろうか。

（5）百済出身者としての黒歯常之に焦点を当てた研究として、馬馳「黒歯常之事迹考辨」、趙文潤・劉志清主編『武則天与偃師』所収（歴史教学社、一九九七年）がある。

（6）『旧唐書』巻八四・劉仁軌伝に白村江の戦いの後のこととして

是れより先、百濟の首領沙吒相如・黒歯常之、蘇定方軍の迴《かえ》りし後自り、亡散を鳩集し、各々険に據りて以て福信（鬼室福信）に應ず。是《ここ》に至りて其の衆を率いて降る。（先是、百濟首領沙吒相如・黒歯常之自蘇定方軍迴後、鳩集亡散、各據險以應福信。至是率其衆降）

とある。

（7）難元慶の墓誌の釈文は、『新中国出土墓誌・河南壱』下冊、文物出版社、一九九四年、所収の文を補訂した馬馳

「《難元慶墓誌》簡釋」『春史卞麟錫教授停年紀念論叢』所収、韓国釜山市、非売品、二〇〇〇年、に従った。

（8）註（7）所掲馬氏「《難元慶墓誌》簡釋」二六六頁。

（9）胡戟・栄新江主編『大唐西市博物館蔵墓誌』上、一二二「陳法子墓誌」、北京大学出版社、二〇一二年。彼の墓誌については、拝根興「入唐百済移民陳法子墓志渉及地名及関聯問題考釈」『大明宮研究』第八期、二〇一三年、及び同氏『石刻墓志与唐代東亜交流研究』（科学出版社、二〇一五年）上編第四章第二節、が論じている。

（10）「随任莱州刺史」は、禰仁秀の墓誌に「随末有莱州刺史禰善者」とあるので、隋の任命した莱州刺史の意味である。

（11）『唐会要』巻一〇〇・帰降官位に

顯慶三年（六五八）八月十四日、懷德大將軍・正三品、歸化將軍・從三品を置き、以て初投の首領に授け、仍《よ》りて諸衛に隷屬せしめ、員數及び月俸料を置かず。……貞元十一年（七九五）正月十九日、懷化大將軍・正三品、毎月料錢四十五千文、雜料三十五千文、歸德將軍・從三品、料錢四十千文を置く。（顯慶三年八月十四日、置懷德大將軍・正三品、歸化將軍・從三品、以授初投首領、仍隷屬諸衛、不置員數及月俸料。……貞元十一年正月十九日、置懷化大將軍・正三品、毎月料錢四十五千文、雜料三十五千文、歸德將軍・從三品、料錢四十千文）

とある。これに拠れば、帰徳将軍の置かれたのは貞元一一年のこととなるが、禰寔進が次に授かった左威衛大将軍は正三品であるので、当初から帰徳将軍は従三品相当であったと考えて良いであろう。なお、彼の受けた東明州刺史については、『新唐書』巻四三下・地理志七下・羈縻州・河北道「高麗降戸州十九、府九」の原註に

初め、顯慶五年（六六〇）に百濟を平らげ、其の地を以て熊津・馬韓・東明・金連・德安五都督府を置き、幷せて帶方州を置き、麟德（六六四～六六五）の後廢す。（初、顯慶五年平百濟、以其地置熊津・馬韓・東明・金連・德安五都督府、幷置帶方州、麟德後廢）

とある。

（12）『冊府元亀』巻六二一・卿監部二一・監牧・開元二年（七一四）九月條に、

太嘗（常）少卿姜晦《きょうかい》上封すらく、空名の告身を以て、六胡州に於いて市馬し、三十匹の馬を率《おさ》めて一游撃将軍を酬いんことを請う、と。時に厩馬尚お少なく、（玄宗は）深く以て然りと爲す。遂に命じて告身三百道を齎《もたら》し、往きて馬市に市《あきな》わしむ。（太嘗少卿姜晦上封、請以空名告身、於六胡州市馬、率三十匹馬酬一游撃將軍。時厩馬尚少、深以爲然。遂命齎告身三百道、往市馬市）

とある。玄宗が国の馬を充実させるために、馬三〇匹の上納と引き換えに游撃将軍を与えることを条件に、六胡州に馬を求めたというのである。文中の空名告身とは、名を書き入れていない任命書のことである。ここから、游撃将軍が当時の武官の初任官であったこと、及び名前を記入していない告身三百道という数から、初任官としての游撃将軍が多数存在していたことが判明する。また『新唐書』巻五〇・兵志に、同様のことを

萬歳（張萬歳）の失職して自《よ》り、馬政頗《すこぶ》る廢《すた》れ、永隆中（六八〇～六八一）、夏州の牧馬の死失せる者十八萬四千九百九十なり。景雲二年（七一一）、羣牧に詔して歳ごとに高品を出《いだ》さしめ、御史之れを按察す。開元（七一三～七四一）の初め、國馬益々耗《こう》し、太常少卿姜晦乃《すなわ》ち空名の告身を以て馬を六胡州に市《もとめ》んことを請い、三十匹を率めて一游撃将軍を讎《むく》ゆ。（自萬歳失職、馬政頗廢、永隆中、夏州牧馬之死失者十八萬四千九百九十。景雲二年、詔羣牧歳出高品、御史按察之。開元初、國馬益耗、太常少卿姜晦乃請以空名告身市馬於六胡州、率三十匹讎一游撃將軍）

と伝えている。以上の例は、武官の初任官として遊撃将軍が一般的であったことをよく示していよう。游撃将軍は、武散官の将軍号としては最下位の従五品下に位置する。

（13）池内宏「高句麗滅亡後の遺民の叛乱及び唐と新羅との関係」は、『旧唐書』高宗紀の二万八千二百の記事を採るべきである、という（『満鮮史研究上世第二冊』所収、吉川弘文館、一九六〇年、四二一頁註〈1〉）。

第七章　唐代国際関係における日本の位置

一　国書冒頭の書式から見た唐代の日本

私はこれまで、唐代の国際関係から唐朝の意図する国際秩序を推定する方法で、いくつかの論文を発表してきた。最初に国書冒頭の形式を取上げ、書頭・内容ともに具備した史料を集めて分析の対象とした(1)。国書冒頭の部分は君主への呼びかけを通して相手国の扱いを直截に示すため、本文以上に重視されることも多い。唐代の書頭の形式には「皇帝敬問某」「皇帝問某」「敕某」の三種類がある（以下の記述では某は省略する）。第三章の旧稿では、国書本文から発信年次を推定すると共にその時の相手国に対する唐の名目的な扱いを推定して、「皇帝敬問某」は相手を対等とみなす敵国関係に用いられ、「皇帝問」「敕」は相手を臣下として扱う君臣関係で用いられるものとした。言いかえれば、「皇帝敬問」と「皇帝問」とは一見類似しているが、後者は「敕」と共に唐を上位とする君臣関係で用いられ、前者のみが敵国関係で用いられる、とした。

しかし筆者が旧稿を記した時には、いわゆる国書が唐の公文書体系のどこに位置づけられるのか全く不明であった。その後中村裕一氏によって、「皇帝敬問」と「皇帝問」とは慰労制書に該当し、「敕」は論事敕書に該当することが明らかにされた。氏によれば、慰労制書・論事敕書はともに門下省・尚書省を経ずに中書省から直接相手に発信されるもので、国の内外を問わずに出される個人宛の公的な皇帝の親書であった(2)。そうなると、「皇帝敬問」も制書（詔書）という君臣関係における文書の範疇に収まり、敵国関係に用いられたとする筆者の理解には問題が生じる。事実中村氏はそのことを指摘し、隋から五代・宋までの国際関係では「致書」文言が敵国関係の国書形式であったことを主張した(3)。私も現在では、「皇帝敬問」が制書に含まれていたことを認めるに吝かではない。しかし、唐代の国書で「皇帝敬問」が相手を最も優遇する場合に用いられていたことは、旧稿で述べた会昌年間（八四一〜八四六）の回鶻挟襲に際しての唐から黠戛斯《かつかつし》（キルギス）への国書を見ても明らかである(4)。以下の議論とも関係するので、このことはあらためて確認しておきたい。

日本の場合、後述するように冒頭から末尾まで完備する唐の国書は一通のみであり、他には『善隣国宝記』巻上所引の菅原在良勘文に何点かの国書冒頭が伝えられているに過ぎない。そこで旧稿では日本の問題を取上げることはしなかった。その後、堀敏一氏がこの勘文を取上げ、あわせて拙論を一部批判された(5)。実は私も中国留学中に一度この勘文に触れたが、当時内部発行であった雑誌に掲載されたため(6)、日本の研究者にはほとんど知られなかった。そこで本章では、上記菅原在良勘文等に拠りながら、あらためて唐朝による日本の位置附けについて考えてみたい。また、日唐関係が疎遠となる九世紀代の唐代国際秩序に関する史料として、楊鉅『苔蕃書幷使紙及宝函等事例』及び李肇『翰林志』がある。これらは中村氏が慰労制書・論事敕書の様式を考証する際に用いられた以外、国際秩序の史料としては餘り活用されていない。そこで本章では、これらの史料についても言及することとした。

二　七世紀後半の唐から倭国への国書

まず、『善隣国宝記』巻上所引の菅原在良勘文のうち、唐代に関係する部分を引用しよう。これは、元永元年（一一一八）に宋の商客孫俊明・鄭清等が齎した文書について、その書体が旧例に叶っているか否か勘査が必要となり、従四位上・行式部大輔菅原在良が国書などの書頭の形式を隋から宋まで列挙した中に含まれているものである。

天智天皇十年、唐客郭務悰等來聘す。書に曰く、大唐帝敬《つつし》みて日本國天皇に問う、云云。天武天皇元年、郭務悰等來たり、大津舘に安置す。客は書函を上《たてまつ》り、題して大唐皇帝敬問倭王書と曰う。又大唐皇帝の日本國使衞尉寺少卿大分等に敕する書に曰く、皇帝敬みて書を日本國王に到（致）す。[7]（天智天皇十年、唐客郭務悰等來聘、書曰、大唐帝敬問日本國天皇、云云。天武天皇元年、郭務悰等來、安置大津舘。客上書函、題曰大唐皇帝敬問倭王書。又大唐皇帝敕日本國使衞尉寺少卿大分等書曰、皇帝敬到書於日本國王）

中国に伝わる唐朝の日本宛国書は、張九齢『唐丞相曲江張先生文集』巻一二の「敕日本国王書」（開元二四年、七三六）の一点だけであるが、この勘文の存在によって書頭の形式について三点の史料がふえたことになる。ただし最後の「皇帝敬到書」は、引用文の校訂にあるように「皇帝敬致書」となるのが正しい。

以上のうち、天智一〇年（六七一）と天武天皇元年（六七二）との郭務悰に関しては、『日本書紀』天智天皇紀及び天武天皇紀上に関連する記事が存する。周知の記事ではあるが、行論の必要上引用しておく。また、『日本書紀』には多くの註釈書があるので書き下し文は省略する。

a　（天智十年正月）辛亥、百濟鎭將劉仁願遣李守眞等上表。……秋七月丙申朔丙午、唐人李守眞等・百濟使人等、並罷歸。

b　(同年）十一月甲午朔癸卯、對馬國司遣使於筑紫大宰府言、月生二日、沙門道久・筑紫君薩野馬・韓嶋勝娑婆・布師首磐四人、從唐來曰、唐國使人郭務悰等六百人、送使沙宅孫登等一千四百人、總合二千人、乘船卌七隻、倶泊於比知嶋、相謂之曰、今吾輩人船數衆、忽然到彼、恐彼防人、驚駭射戰、乃遣道久等、預稍披陳來朝之意。

c　(同年）十二月、天命開別天皇（＝天智天皇）崩。元年（天武元年）春三月壬辰朔己酉、遣内小七位阿曇連稻敷於筑紫、告天皇喪於郭務悰等。於是郭務悰等咸著喪服、三遍擧哀、向東稽首。壬子、郭務悰等再拜、進書函與信物。

d　夏五月辛卯朔壬寅、以甲冑弓矢、賜郭務悰等。是日、賜郭務悰等物、總合絁一千六百七十三匹・布二千八百五十二端・綿六百六十六斤。……庚申、郭務悰等罷歸。

以上の記事と前掲の国書との関係について山田英雄氏は、天智一〇年の「大唐帝敬問日本国天皇云云」の国書はaの劉仁願・李守真の上表に当たる、とされた(8)。しかし、これが郭務悰の齎した国書であることは明記されており、bの郭務悰派遣記事に該当する国書であることは誤りないであろう(9)。b・cに拠れば、郭務悰は天智一〇年に来日し、天智天皇の死を挟んで翌年まで日本に止まり、天武元年三月壬子に書函と信物（贈物）とを差出している。これが勘文の「大唐皇帝敬問倭王書」と題する書函に該当することも誤りないであろう。そうすると、「大唐帝敬問日本国天皇」という書がbの段階で出され、次の書函がcの段階で出された、つまり郭務悰は二通の国書を所持していたことになるが、それで良いのであろうか。松田好弘氏は、郭務悰は天皇宛の国書を知比島で天武天皇に差出し、天武元年三月の書函を近江朝廷側の王族（大友皇子自身か）に差出した、とする(10)。また直木孝次郎氏は、第一回（b段階）の国書は唐出発に際して用意してきたもの、第二回（c段階）の国書は日本側の回答に対して太宰府で新たに起草されたものであり、そこに「倭王」とあるのは天武元年三月の時点で大海人皇子の正式な即位が行われておらず、天皇（または大王）位が形式上空位だったからである、とした。(11) しかし私は堀敏一氏に従い、(12) 郭務悰の齎した国書は一通のみであったと考えたい。

そもそも、最初の「大唐帝敬問日本国天皇云云」国書については二つの疑点が存する。一つは堀氏も言われるように、「日本国」の国号が用いられていることである。「日本」の国号の成立時期については諸説あるが、『日本書紀』天武天皇三年（六七四）三月丙辰條の対馬での銀産出を伝えた記事に「凡銀有倭國、初出于此時」とある所から、正式に定まるのは天武三年以後とする東野治之氏の説に従いたい。(13) するとここで「日本国」とあるのは不自然なこととなる。いま一つは、唐の皇帝（高宗）の自称が「大唐帝」とあって「皇」一字を脱していることである。国書中における君主号の比重は極めて大きく、唐の皇帝が「皇」字を省略して自称するとはおよそ考え難い。おそらく、菅原在良勘文に示されるまでの伝写の過程で「皇」一字が脱落し、また「倭王」とあったのが「日本国天皇」と改められてしまったのではなかろうか。つまり、この国書冒頭の表記の信頼度は低いと言わざるを得ないのである。

次の天武元年の事例については、勘文に「客上書函、題曰大唐皇帝敬問倭王書」とあって、国書そのものではなく書函の上書《うわが》きであることに注意すべきである。慰労制書は函に納めて発信され、函の封印として皇帝の玉璽が用いられるので璽書とも呼ばれた。(14) 唐代国際関係に頻出する璽書はこれである。このことに関連して、『漢書』匈奴伝下・元寿二年（紀元前一）以降の條（同書西域伝下・車師後城長国伝を参照すると平帝の元始年間）に、漢と匈奴との間を内属したり離反したりして動く西域諸国に対処するため、「中國人の亡げて匈奴に入る者、烏孫《きょし》の亡げて匈奴に降る者、西域諸國の中國印綬を佩びて匈奴に降る者、烏桓の匈奴に降る者は、皆な受けるを得ず（中國人亡入匈奴者、烏孫亡降匈奴者、西域諸國佩中國印綬降匈奴者、烏桓降匈奴者、皆不得受）」の四條を定め、中郎将王駿等が単于と雑《とも》に函封した、という記事がある。この函封について顔師古が、「璽書與《と》同一、函して之れを封ず（與璽書同一、函而封之）」と述べているのは、璽書が函封されたことを示した唐初の発言として貴重であろう。『漢書』註という目の届きにくい史料であるので、ついでながら紹介しておく。

　こうして国書は函封して送られた[15]が、それでは書頭の部分は読み取れない。そこで、文中での相手国主君の処遇が明らかになるように、書頭の部分を転載して上書きとしたのであろう。「大唐皇帝敬問倭王書」であれば、実際の国書冒頭は「大唐皇帝敬問倭王」であったはずである。堀氏は郭務悰の齎した国書は一通であったと推測されたが、私は書頭と書函の上書きとが別々に記録されたと考える。そのうち、書頭の部分は転写の際に「皇」字を落とし、また「倭王」を「日本国天皇」に改めてしまったのである。これに対し、「大唐皇帝敬問倭王」の表記には、六七一～六七二年段階のものと見て不自然な所は何もない。天皇号の成立については諸説あるが、当時既に天皇号が成立していたとしても、皇帝・天子の用字を含む天皇号を唐の方から積極的に用いる理由はない。唐の用いる称号としては「倭王」の方が自然である。推測に頼る部分も多いが、この時に郭務悰の齎した国書は一通であり、それは「大唐皇帝敬問倭王」で始まるものであった、と結論したい。

　つまり六七一年に唐は倭王に対して、「皇帝敬問」を骨格とする国書を発信したのである。周知のごとく、六六八年に滅亡した高句麗で六七〇年に旧将鉗牟岑を首領とする反乱が起きると、新羅はこれを援助すると同時に旧百済領に兵を動かし、六七一年秋までには旧百済領をほとんど占領した。bの記事に同年一一月に二千人が来朝したとあるが、池内宏氏は、郭務悰等六百人は熊津都督府の唐人であり、これに送られてきた沙宅孫登等一千四百人は百済人であって、いずれも避難民であろう、とされる[16]。これに対して直木孝次郎氏は、沙宅孫登配下の一千四百人の大部分は白村江の敗戦による日本軍の捕虜、郭務悰直率の六百人の多くはその監視・護送の人員で、郭の使命は日本人捕虜の返還を交換條件として、唐救援の軍隊派遣を日本の朝廷に要請することであった、とする[17]。私は、d に見える日本側の賜物に絁一六七三匹等の端数が出ているのは、それが日本人捕虜の身代金であったためとする直木氏の説の通りであると思う。要するにこの時の郭務悰等の任務は、新羅の旧百済領域占領によって生じた苦境を打開するための日本人捕虜の返還交渉にあった。堀氏の指摘のように、そのことが白村江での倭の敗戦から十年も経たないうちに、慰労制書でも相手を丁重に扱う「皇帝敬問」の書式を、唐が倭王に用いることに繋がったのである[18]。

三　則天武后と第八次遣唐使

菅原在良勘文の最後は、「皇帝敬到（致）書於日本国王」という国書である。既に鈴木靖民氏によって、これが七〇二年に派遣された第八次遣唐使の大使坂合部大分に托された国書であったことが明らかにされている[19]。ただし、坂合部大分はこの時の遣唐使では帰らず、次の第九次遣唐使と共に養老二年（七一八）に帰朝している（『続日本紀』同年十二月甲戌條）。鈴木氏は上記国書を養老二年以降のものとし、堀氏も最終的にこれに従っているようである[20]。しかしこの国書については、勘文に「又大唐皇帝敕日本国使衛尉寺少卿大分等曰」とあり、「等」字の存在によって坂合部大分個人に渡されたものでないことが判る。この遣唐使の大使は高橋笠間と坂合部大分との二人で、その上に執節使粟田真人がいた。実際には高橋笠間は入唐せず、この遣唐使の代表者は粟田真人と坂合部大分との二名であった。そこで彼等に国書が渡されたと見れば、その発信を敢えて第九次遣唐使の時とする必要はなくなる。堀氏はこの国書が第九次遣唐押使多治比県守に与えられなかったことを疑問とされるが、その前の第八次遣唐使に渡されたと見ればそのことを考慮する必要はなくなる。僅か「等」一字の存在を根拠としたものであるが、この国書は第八次遣唐使に対して発信されたものと考えたい。「日本」の国号が用いられているのは『旧唐書』倭国日本伝に明らかなように、この時から遣唐使が日本の使節を名乗ったからである。

問題は、この国書が唐として最大級に相手を立てた、敵国関係における「致書」表現を用いていることである。後述のように、筆者は日唐関係は基本的には君臣関係に分類されると考える。その唐が一時的にもせよ日本を敵国として遇することがあるか、充分に吟味する必要があろう。そこで『旧唐書』倭国日本伝を見ると、第八次遣唐使に関する次の記事がある。

長安三年、其の大臣朝臣眞人來たりて方物を貢ぐ。……則天は之れを麟徳殿に宴し、司膳卿を授け、放ちて本國に還らしむ。（長安三年、其大臣朝臣眞人來貢方物。……則天宴之於麟徳殿、授司膳卿、放還本國）

すなわち、粟田真人らが長安三年（七〇三）に長安に至り、則天武后がこれを大明宮の麟徳殿に宴した、というのである。『続日本紀』慶雲元年（七〇四）七月甲申朔條の彼の帰朝報告にもあるように、則天武后は当時皇帝であり国号は周であった。しかるに武周の事実上の首都は洛陽であり、粟田真人らを迎えた時に武后が長安にいたことは注意されなければならない。上の国書の問題を解く手懸りは、この一点にあると思う。

則天武后は、高宗晩年の永淳元年（六八二）四月から洛陽に滞在していた。しかし、大足元年（七〇一）一〇月にはほぼ二十年ぶりに長安に戻り、長安と改元した。則天武后は改元を好んでおり、長安という年号はこの長安行の重要性を物語っている。では何が重要であったのかというと、翌長安二年（七〇二）一一月冬至の南郊の親祀であったと思う。唐の皇帝にとって、国都の南郊で天を祀る南郊祀は特別な意義を有していた[21]。しかし皇帝即位後の武后は、洛陽滞在中の証聖元年（六九五）九月に一度南郊を親祀しているが、それは本来明堂という建物で九月に行うべき昊天上帝の祭祀を、明堂が焼失したために南郊で行ったものであった。これに対して、長安二年の親郊は南郊祀定例の祭日である冬至を用いた武后唯一の正式の南郊であり、しかも唐朝歴代の皇帝が用いた長安の南郊壇での祭祀であった。その実施の理由は、聖暦元年（六九八）九月の中宗（当時廬陵王）の立太子に求められよう。唐室ゆかりの南郊で親郊を行い、皇太子となった中宗の地位の安定を計るのが長安元年の長安行の目的であったであろう[22]。

武后が洛陽に戻るのは長安三年（七〇三）一〇月であるが、その前にいつ粟田真人らを麟徳殿に宴したかは明らかではない。唐朝では諸州の朝集使や外国の使節が一堂に会する場として、正月元日の朝賀の儀礼が重要な意味を持っていた[23]。もし粟田真人らが正月に長安にいたのであれば、武后親郊の日時とは極めて接近していたことになる。そうでなくとも、皇太子となった中宗の地位安定に腐心していた武后にとって、東海の倭国（日本）がほぼ三十年振りに来朝したことは、立太子に関して自分の採った方針の正しさを証明する良き宣伝材料となったであろう。また武后の統治下では、六八六～六八七年に突厥第二帝国が復活したあと、六九六年には唐の羈縻州であった契丹・奚が離反し、翌年に共に突厥に服属した。唐の勢力は長城以南に後退、その圧力の弱まった東北地方では六九八年頃に渤海が建国した。このように、武周政権の国際的勢位は特に北アジア・東北アジアで低下する一方であった。第八次遣唐使の来朝は、その点でも武后にとって好ましい印象を与えたはずである。総じて、中宗の立太子に対する天の支持を宣伝する上で、粟田真人らの来朝は良い宣伝材料となったのである。それゆえ、「皇帝敬致書」という最大級の丁重な表現の返書が、この時の日本に発信されたのではなかろうか。七〇二～七〇三年の時点で把えてみると、この国書について以上のような発信の理由を想定することができる。これに対し、七一八年に上記国書が発信されたと見た場合、筆者にはその理由を求めることは不可能である。

四　八世紀以降の日本と唐

遣唐使は、八世紀以降にはほぼ二十年に一度のペースで派遣された。これについて東野治之氏は、第八次遣唐使以後、日唐間で二十年に一度の朝貢の年期が定められていた、と指摘した[24]。また青木和夫氏は、八世紀の遣唐使は天皇一代ごとに一度、つまり天皇の代替りごとに派遣される、という要素の入っていたことを指摘した[25]。そこで、天皇の在位と中期以降の遣唐使の任命・発遣の年次とを対照させると次頁の第一六表のようになる。遣唐使の中期・後期の区分は森克己『遣唐使』（至文堂、一九五五年）、二九〜三〇頁に拠ったが、遣唐使の次数は新説を取入れた石井正敏「外交関係」（池田温編『唐と日本』所収、吉川弘文館、一九九二年）、七四〜七六頁、第六表に従った。青木氏に依れば、元明天皇・元正天皇の時には遣唐使は併せて一回、淳仁天皇の時には計画のみ、重祚した孝謙・称徳は孝謙天皇の時のみの一回だけであった。第一六表に依れば、中期で最初の文武天皇を除いて淳仁天皇の第一三次遣唐使を含めると、聖武天皇を除く他の天皇は即位の翌年に遣唐使を任命している。これに対し、後期では仁明天皇の場合を除いて天皇の即位年次と遣唐使との関係は全くない。天皇の代替りという要素によっても、遣唐使を中期と後期とに分けることは有意義であろう。

八世紀以降の遣唐使の性格に関する主な見解は以上の二点であろう。いずれに依るにしても、遣唐使は朝貢国からの使節という位置附けになろう。東野氏はそのことを明言しておられるが、青木説については統一新羅や渤海に

第一六表　天皇の在位と遣唐使との関係表

	天皇	在位年次	遣唐使任命・発遣年次	備考
中期遣唐使	文武	六九八～七〇七	第八次　七〇一任命・七〇二発遣	
	元明	七〇七～七一五		
	元正	七一五～七二四	第九次　七一六任・七一七発	
	聖武	七二四～七四九	第一〇次　七三二任・七三三発	第一一次　七四六任命のみにて中止。
	孝謙	七四九～七五八	第一二次　七五〇任・七五二発	
	淳仁	七五八～七六四	第一三次　七五九任・発	藤原清河を迎える特使。第一四次七六一任、第一五次七六二任、ともに中止。
	称徳	七六四～七七〇		
後期遣唐使	光仁	七七〇～七八一	第一六次　七七五任・七七七発 第一七次　七七八任・七七九発	第一七次は唐使孫興進らを送る特使。
	桓武	七八一～八〇六	第一八次　八〇一任・八〇四発	
	平城	八〇六～八〇九		
	嵯峨	八〇九～八二三		
	淳和	八二三～八三三		
	仁明	八三三～八五〇	第一九次　八三四任・八三八発	
	文徳	八五〇～八五八		
	清和	八五八～八七六		
	陽成	八七六～八八四		
	光孝	八八四～八八七		
	宇多	八八七～八九七		第二〇次　八九四任、発遣されず。

対する弔祭冊立使の存在が参考になる(26)。つまり、新羅や渤海では先王の死去に伴う王の交代ごとに使者を派遣し、それに対して唐から先王の弔祭と新王の冊立とを兼ねた使者が派遣された。唐の冊封を受けていなかった日本に対して唐の弔祭冊立使が派遣される謂れはないが、天皇の代替りごとに遣唐使を派遣していたのであれば、日本は被冊封国に類する使者派遣の形態をとっていたことになろう。ただ、いずれの説に立っても後期遣唐使は朝貢国の位置からも離脱した恰好になるが、それは結果であって、巨視的に見れば第八次を除いた中期以降の遣唐使は朝貢国の立場にあった、と言えるであろう。

この時期の唐から日本に宛てた国書が、張九齢の『唐丞相曲江張先生文集』巻一二所収の「敕日本国王書」である(27)。これは全文の伝わる日本に対する唯一の唐の国書で、「敕日本国王主明楽美御徳《スメラミコト》」で始まる論事敕書である。二種の慰労制書がある程度相手を優遇した場合に用いられるのに対し、論事敕書は唐代の国書では最も一般的で、冊封国か否かを問わず唐が臣下と見做した国々に対して広く用いられた。従って、朝貢国と考えられる当時の日本に適合した書式であった。ただ、天皇の和訓である「スメラミコト」にすべて好字が用いられていることは注目される。西嶋定生氏はそれが日本側の国書の表記に基くものとするが(28)、そうであったとしても唐は好字の使用を容認しているのであり、一般の朝貢国の中で日本はある程度優遇されていたと見てよいであろう。なお、かつては日本の遣唐使は国書を持参しなかったとする国書不持参説が通説であったが、現在では上述のような国書持参説が有力となっている(29)。

次に「日本国王」の称号について触れたい。私は第三部第四章で、唐から離れた絶域の国々の君主は「国王」と「国」字を附して呼ばれ、唐に接近した蕃域(30)の国々の君主は単に「王」と呼ばれることが多いことを指摘した。ただ、中国史料に見える「王」「国王」の区別は必ずしも厳密ではなく、第四章では史料の取捨選択に不安を残した部分もあった。幸い、張九齢の『曲江集』巻八～一二には多くの国書が収録されており、中期遣唐使と同時期の諸外国の扱いを原典に則して比較することが可能である。そこで、『曲江集』から国書冒頭の諸外国の王・国王の表記を列挙すると次のようになる（王・国王以外の大都督・大将軍等の表記は省略）。

勅新羅王（三首）・勅契丹王・勅渤海郡王（四首）・勅護密国王（二首）・勅識匿国王・勅勃律国王・勅罽賓国王・勅日本国王

以上の国書の発信年次は明記されていないが、張九齢が詔勅の起草を担当する中書舎人になったのが開元一一年（七二三）、長官の中書令になったのが開元二一年（七三三）、李林甫に疎まれて尚書右丞相に遷されたのが開元二四年（七三六）である。従って、これら国書の発信年次は七二三年から七三六年の間に限定できる。(31)

以上のうち、当時唐の冊封を受けていたのは新羅・渤海（郡王）・護密・勃律（小勃律）・罽賓の国々である。(32)従って、王・国王の表記の別を見る上で冊封の有無を顧慮する必要はない。日本以外でその君主が国王と表記されている国々は、護密（Wakhan）・識匿（Shighnan）・小勃律（Gilgit）・罽賓（Kapisa）で、少くとも玄宗の開元年間に絶域の遠夷が国王で呼ばれていたことは確言し得ると思う。仁井田陞氏は、日本も東ローマと共に絶域に入っていたと述べたが、(33)正鵠を得た判断であったと言えるであろう。ただし、渤海の大欽茂は代宗宝応元年（七六二）に渤海郡王から渤海国王に進爵した。また、大嵩璘も徳宗貞元一四年（七九八）に同様に郡王から国王に進爵し、以後の渤海の君主は渤海国王に封ぜられるようになった。従って、国王は常に絶域の君主に授与される称号であったわけではない。唐は渤海について国王号を授与し、新羅の王号に対して若干の差等をつけたものと思われる。王・国王の相違は唐朝からの遠近関係ばかりでなく、異民族に対する唐朝の処遇の上下関係を示す場合もあった、と考えるべきであろう（第三部第八章参照）。

五　九世紀唐朝の国際秩序

九世紀東アジアにおける日本の国際的地位を直接示す史料はない。しかし、宋・洪遵編『翰苑群書』（知不足斎叢書第一三集）上所収の楊鉅《ようきょ》『翰林学士院旧規』（以下『旧規』と略記）全一巻中の『荅蕃書幷使紙及宝函等事例』（以下『荅蕃書』と略記）は、唐末の国際秩序に関する貴重な史料である。新羅・渤海は含まれており、それらと比較することで日本の地位を間接的に知ることができる。幸い、『旧規』の成立年代については土肥義和氏に詳しい考証がある(34)。それに拠れば、『旧規』は八八三年頃から九〇三年までの制敕などを編纂したもので、編纂年次は九〇四年かそれ以後の同年に極めて近い時期である。そのうち『荅蕃書』の内容は以下の如くである（括弧内は細字双行の原註を示す）。

新羅・渤海の書頭に云う、某國に敕す、王と云い、姓名を著す。尾に云う、卿は比《このご》ろ平安にして好《よろ》しかれ、書を遣《おく》りて指すに多くは及ばず。五色金花白背紙を使い、次寶もて函封し、印を使う。黠戛斯書、使紙幷びに寶函は、新羅與《と》一般なり（同様である）。書頭に云う、黠戛斯に敕す、姓名を著す。尾に云う、卿は比ろ平安にして好しかれ、書を遣りて指すに多くは及ばず。印を使う。回鶻天睦可汗の書頭に云う、皇帝舅敬《つつし》みて回鶻天睦可汗外甥に問う。尾に云う、想うに宜しく時候を知悉すべし、卿は比ろ平安にして好しかれ、将相及び部族男女は兼ねて之れを存問す。（下は前に同じ、印を使う。如《も》し可汗に冊《さく》せば、即ち首に云う、某王子外甥に敕す、尾に云う、部族男女等に問う）契丹の書頭に云う、契丹王阿保機に敕す。尾に云う、想うに宜しく時候を知悉すべし、卿は比ろ平安にして好しかれ。（下は黠戛斯に同じ也）舊《もと》は黄麻紙を使い、平（不）使印。

朝宣令使と爲りて自り、五色牋紙もてし、幷せて印を使い、及び次寶鈿もて函封す。（神號を僭稱して自り、奏事は多く軍幾《(機?)》に繫る、中書內に賜わる所は、例を改めて權《かり》に從い、院中に樣無し）牂牁《そうか》の書頭に云う、牂牁に敕す、姓名を著す。尾に云う、想うに宜しく時候を知悉すべし、卿は比ろ好《よろし》きや否や、遺書《ママ》不多及。五色牋紙もてし、印を使わず。退渾・党項・吐蕃使首領の書頭に云う、敕す、牂牁與《と》一般なり。黃麻紙を使い、印を使わず。國舅に賜うの詔（姓名を著し、卿と呼ぶ。新例は姓名を著さず）、諸州刺史の書は汝と呼ぶ。南詔驃信の書頭に云う、皇帝舅敬みて驃信外甥に問う、尾は回鶻書與《と》一般なり。「不多及」の後に至り、四相の名銜を具え、敕と書するは一般なり。此の一件は、是れ故《もと》の待詔李郜云えらく、僖宗の西川に在りし日、會《たまた》ま此の書を行い、白紙を使い、亦た印を使う、と。

（新羅・渤海書頭云、敕某國、云王、著姓名。尾云、卿比平安好、遣書指不多及。使五色金花白背紙、次寶函封、使印。黠戛斯書、使紙幷寶函、與新羅一般。書頭云、敕黠戛斯、著姓名。尾云、卿比平安好、遣書指不多及。使印。回鶻天睦可汗書頭云、

皇帝舅敬問回鶻天睦可汗外甥。尾云、想宜知悉時候、卿比平安好、將相及部族男女兼存問之。〈下同前、使印。如冊可汗、即首云、敕某王子外甥、尾云、問部族男女等〉契丹書頭云、敕契丹王阿保機。尾云、想宜知悉時候、卿比平安好。〈下同黠戛斯也〉舊使黃麻紙、平《(不?)》使印。自爲朝宣令使、五色牋紙、幷使印、及次寶鈿函封。〈自僭稱神號、奏事多繫軍幾《(機?)》、所賜中書內、改例從權、院中無樣〉牂牁書頭云、敕牂牁、著姓名。尾云、想宜知悉時候、卿比好否、遺書《ママ》不多及。五色牋紙、不使印。退渾・党項・吐蕃使首領書頭云、敕、與牂牁一般。使黃麻紙、不使印。賜國舅詔、〈著姓名、呼卿。新例不著姓名〉諸州刺史書呼汝。南詔驃信書頭云、

皇帝舅敬問驃信外甥、尾與回鶻書一般。至不多及後、具四相名銜、書敕一般。此一件、是故待詔李郜云、僖宗

在西川日、會行此書、使白紙、亦使印）

これを表示したものが、次頁の第一七表である。ただしこれでは、次宝函の「次」の意味などがよく判らないが、同じく唐の李肇《りちょう》『翰林志』(35)一巻（『翰苑群書』上所収）に以下の文があり、これと比較することによってある程度内容を詰めることができる。なお、以上の文中の「賜國舅詔（著姓名、呼卿。新例不著姓名）」の一文は不完全である。細字双行註の「著姓名、呼卿。新例不著姓名」のうち、前半の「著姓名、呼卿」は元々本文であって、「新例不著姓名」のみ註の文であったのではないか。そうであれば、「國舅に賜うの詔は姓名を著し、卿と呼ぶ（新例は姓名を著さず）」と読むことができる。

凡そ將相の告身は、金花五色綾紙を用い、所司印。凡吐蕃贊普の書及び別錄は、金花五色綾紙を用い、上白檀香木眞珠瑟瑟鈿函、銀鏁。回紇可汗・新羅・渤海王の書及び別錄は、竝びに金花五色綾紙を用い、次白檀香木瑟瑟鈿函、銀鏁。諸蕃軍長・吐蕃宰相・回紇内外宰相・摩尼已下の書及び別錄は、竝びに五色麻紙を用い、紫檀木鈿函、銀鏁、竝びに印を用いず。南詔及び大將軍《ママ》・淸平官の書(36)は、黄麻紙を用い、出して中書に付して奉行せしめ、院に卻送して封函すること、回紇與《と》同じ。凡そ畫《かく》して（關係者が署名して）行わざる者は之れを藏し、函して用いざる者は之れを納む。（凡將相告身、用金花五色綾紙、所司印。凡吐蕃贊普書及別錄、用金花五色綾紙、上白檀香木眞珠瑟瑟鈿函、銀鏁。回紇可汗・新羅・渤海王書及別錄、竝用金花五色綾紙、次白檀香木瑟瑟鈿函、銀鏁。諸蕃軍長・吐蕃宰相・回紇内外宰相・摩尼已下書及別錄、竝用五色麻紙、紫檀木鈿函、銀鏁、竝不用印。南詔及大將軍《ママ》・淸平官書、用黄麻紙、出付中書奉行、卻送院封函、與回紇同。凡畫而不行者藏之、函而不用者納之）

これを表示したものが四五二頁の第一八表である。これと第一七表とを見比べると、第一七表の不使印とは第一

第一七表　楊鉅『荅蕃書并使紙及宝函等事例』による国書の格式表

国名	使紙（用紙）	書頭	末尾	宝函・その他
新羅	五色金花白背紙	勅某国・王・姓名	卿比平安好、遣書指不多及	次宝函・使印（用印）
渤海	同右	同右	同右	同右
黠戛斯	同右	勅黠戛斯・姓名	同右	同右
回鶻（旧回紇）		皇帝舅敬問回鶻天睦可汗外甥	想宜知悉時候、卿比平安好、将相及部族男女兼存問之、遣書指不多及。	使印
冊可汗の場合		勅某王子外甥	問部族男女等。	（無函・使印？）
契丹（旧）	黄麻紙	勅契丹王阿保機	想宜知悉時候、卿比平安好、遣書指不多及。	平使印（不使印）
朝宣令使となってより	五色牋紙	（同右）	（同右）	次宝鈿函・使印
牂牁（牂柯）	五色牋紙	勅牂牁・姓名	想宜知悉時候、卿比好否、遣書不多及。	不使印
退渾使首領	黄麻紙	勅退渾・姓名		不使印
党項使首領	同右	勅党項・姓名		同右
吐蕃使首領	同右	勅吐蕃・姓名		同右
南詔	白紙	皇帝舅敬問驃信外甥	想宜知悉時候、卿比平安好、将相及部族男女兼存問之、遣書指不多及。（次に四相の名銜を記す）	使印

第一八表　李肇『翰林志』による身分と用紙等との関係表

将相告身	金花五色綾紙・所司印
吐蕃賛普書及び別録	金花五色綾紙・不用印・上白檀香木真珠琵琶鈿函・銀鏁
回紇可汗書及び別録	金花五色綾紙・不用印・次白檀香木琵琶鈿函・銀鏁
新羅王書及び別録	同　右
渤海王書及び別録	同　右
諸蕃軍長書及び別録	五色麻紙・不用印・紫檀木鈿函・銀鏁
吐蕃宰相書及び別録	同　右
回紇内外宰相・摩尼以下書及び別録	同　右
南詔及び大将軍、清平官等（南詔王）（大軍将）	黄麻紙

八表の不用印であり、従って使印は用印であることが判る。第一七表契丹の平使印は不使印の誤りであろう。第一七表の次宝函には第一八表の次白檀香木琵琶鈿函が該当し、これと上白檀香木真珠琵琶鈿函とを比較することによって、次宝函とは上宝函に次ぐもの、つまり第二ランクの函であることが判る。第一七表契丹の次宝鈿函と同じものであろう。紙質については筆者は無知であるが、第一八表で金花五色綾紙―五色麻紙―黄麻紙の順は明瞭である。第一七表の南詔の白紙が新羅の五色金花白背紙の略記であれば、第一七表についても五色金花白背紙―五色牋

紙―黄麻紙という、第一八表の紙質の順に対応した順序が想定できる。なお、第一八表の将相告身、第一七表の冊可汗には函の記述がないが、告身には実際に封函を用いなかったのかも知れない。また、使印（用印）の具体的種類については後考に俟ちたい。

以上に拠ってみると、『翰林志』の書かれた九世紀初頭では吐蕃が最も丁重に扱われ、回紇・新羅・渤海がこれに次ぎ、南詔はその下にあったことが判る。しかるに『荅蕃書』の九世紀末では、書頭を加味して考えると、回鶻（甘州回鶻）[37]・南詔―新羅―渤海・黠戛斯―契丹―牂牁―退渾・党項・吐蕃という順番になる。九世紀初頭に比べて吐蕃の凋落が目立ち、代って台頭した南詔の地位が上昇している。黠戛斯の地位は、唐と挟撃して回鶻を四散させた八四〇年代には高かったが、ここではそれ程高くない。しかしこれは第三部第三章の考察と一致する。また牂牁蛮（牂柯蛮）は、武宗会昌年間（八四一～八四六）以降二度以上冊立されたことがあり（『新唐書』巻二二二下・南蛮伝下）、『荅蕃書』にその名が出てくるのもこのことと関係していよう。九世紀末になって契丹の地位が上昇しつつあることも看取される。このように、楊鉅『荅蕃書幷使紙及宝函等事例』は李肇『翰林志』の記述と対応させることによって、『旧唐書』外国伝に史料の乏しくなる九世紀代の国際秩序を知る上で貴重な史料となるのである。日本の地位は、『翰林志』では諸蕃軍長に相当するのであろう。また、第一九次以降五十年以上も遣唐使のなかった九世紀末では、唐の国際秩序を形成する諸蕃の一つに想定されていないのも止むを得ない。日本と新羅・渤海との相違に充分注意すべきである。

六　唐朝における日本の位置

　以上、唐朝が日本に発信した国書冒頭の形式から、各時点における日本に対する唐の処遇について考えてみた。最後に全体を要約すると共に、唐朝の立場からの日本の位置附けについて考察してみたい。

　唐から日本に発信された国書は、張九齢『曲江集』に全文の伝わるものが一通あるほか、我国の『善隣国宝記』に書頭のみ三通伝えられている。後者のうち、「大唐帝敬問日本国天皇」と「大唐皇帝敬問倭王書」については、実際は同一の国書の書頭と上書きとであり、書頭の表現としては「大唐皇帝敬問倭王」となるべきことを論じた。高句麗滅亡後に新羅が旧百済領域を占領する中で、苦境に立った唐が日本人捕虜と交換に資金援助を受ける交渉の際にこの国書が用いられた。そのために「皇帝敬問」という慰労制書の中でも相手を尊重する書式が用いられたのである。残る「皇帝敬致書於日本国王」については、これを手交されたのが坂合部大分一人に限られないことから、粟田真人などの第八次遣唐使に周王朝の皇帝であった則天武后から渡されたと考えた。そうすると、晩年の武后が皇太子となった中宗と長安で行った南郊祀の翌年にこの国書が発信されたことになる。そこから、日本の遣唐使の来朝が中宗立太子の好い宣伝材料となるので[38]、これを歓迎して「致書」という対等国への形式の国書が用いられた、と説明し得るのである。以後の中期の遣唐使はほぼ二十年に一度の遣使を重ねるが、これについてはそれが年期を示すとする見方と、天皇の代替りの挨拶とする見方とがある。いずれにしても日本は朝貢国の立場にあったと理解されるが、『曲江集』巻一二「敕日本国王書」はそうした日本の立場に照応するものであった。また「国王」という表記は、日本を絶域にある国とする当時の唐の扱いを示すものであった。

それでは、唐一代を通しての日本の扱いはどうだったのであろうか。本章で述べなかった初期の遣唐使については、西嶋定生氏の次の見解が参考になる。六三〇年の第一次遣唐使に対し、唐の太宗は「其の道の遠きを矜《あわ》れみ、所司に敕して歳ごとに貢せしむること無からしめた（太宗矜其道遠、敕所司無令歳貢）」（『旧唐書』倭国日本伝）。西嶋氏は、当時の倭国は不臣の遠夷であるが、やがては冊封して唐の徳化を及ぼそうと太宗は考え、そのことを前提にひとまず倭国の歳貢を免除した、というのである[39]。これによれば、唐はその初期から日本を臣属国として扱おうとしていた。日本は唐の冊封は受けなかったが、既に見たように中期以降は朝貢国の立場にあった。朝貢国は臣下の立場にあり、日本に対する唐の扱いは全時期を通じて一貫していたと言える。日本が最も優遇されていた武周でも天皇は「日本国王」と呼ばれ、新羅王とは一線を画されていたことに注意すべきである。唐は基本的には日本を朝貢国として扱いながら、東アジア諸国の動向や朝廷の事情に応じて、時に優遇する態度を見せていたのである。なお、私は第三部第三章では国書冒頭の形式と唐と異民族との名分的関係を結びつけたが、それは国書の用法の基本線を導き出すためであった。その結果を固定的に考える意図のなかったことを、一言お断りしておきたい。

註

（1）拙稿「唐代の国際文書形式について」（『史学雑誌』第八三編第一〇号、一九七四年、「唐代の国際文書形式」と改題して第三部第三章に収録、以下本文では「旧稿」と称する）。これ以外の唐代国際秩序に関する拙稿には次のようなものがある。「唐代冊封制一斑―周辺諸民族における「王」号と「国王」号―」（第三部第四章に収録、初出は一九八六年）、「唐代の異民族における郡王号―契丹・奚を中心にして―」（第三部第五章に収録、初出は一九九八年）、「中国皇帝と周辺諸国の秩序」（第一部第三章に収録、初出は一九九二年）、「唐朝より見た渤海の名分的位置」（第三部第八章に収録、初出は一九九八年）。

（2）論事敕書については、中村裕一『唐代制勅研究』（汲古書院、一九九一年）第三章第五節「論事勅書」（初出は一九八〇年）、慰労制書については同書第二章第一節「慰労制書式」（初出は一九八六年）、また同書第四章第三節「璽書」（初出は一九八〇年）も参照。

（3）註（2）所掲中村『唐代制勅研究』第二章第三節「慰労制書と「致書」文書」（初出は一九八六年）参照。なお、唐代の国書には「致書」文言は存在しないが、唐代国際関係における致書文言の好例として、「會昌三年八月二十日、大唐河東節度使検校右僕射劉沔致書于九姓回鶻頡于相公閣下」で始まる李徳裕『李文饒文集（会昌一品集）』巻八「代劉沔與回鶻宰相頡于伽思書」を挙げることができる。

（4）第三部第三章で唐から黠戛斯への国書を史料として用いた時には、それぞれの発行年次や発信順序について追究しきれなかった。この点については中島琢美氏の厳しい批判があるが、氏の論文は同人誌的な雑誌に掲載されたため餘り知られていない。それらについては第三部第三章註（25）の追記に掲げておいたが、金沢大学文学部持井康孝氏から資料の提供を受けたことを記し、ここに謝意を表する次第である。

（5）Toshikazu Hori, The Exchange of Written Communications between Japan, Sui and Tang Dynasties（*The Memoirs of the Toyo Bunko*, 52, Tokyo, 1994）日本語の原文は、同氏『律令制と東アジア世界―私の中国史学(二)―』（汲古書院、同年）に「日本と隋・唐両王朝との間に交わされた国書」と題して収録されている。本章の論述には後者を参照した。

（6）金子修一（黄正建整理）「関於隋唐時代的中日交流史」（『中国史研究動態』一九八五年第八期、北京）。

（7）『善隣国宝記』の引用は、田中健夫編『善隣国宝記・新訂続善隣国宝記』（集英社、一九九五年）に拠ったが、句読は筆者のものである。

（8）山田英雄「日・唐・羅・渤間の国書について」（同氏『日本古代史攷』所収、岩波書店、一九八七年。初出は一九七四年）、一五〇～一五一頁。

（9）註（5）所掲堀「日本と隋・唐両王朝との間に交わされた国書」一九二頁。

（10）松田好弘「天智朝の外交について―壬申の乱との関連をめぐって―」（『立命館文学』第四一五・四一六・四一七号、

一九八〇年)、一二四〜一二五頁。

(11) 直木孝次郎「近江朝末年における日唐関係—唐使・郭務悰の渡来を中心に—」(同氏『古代日本と朝鮮・中国』所収、講談社学術文庫、一九八八年。初出は一九八五年)、一七八〜一八〇頁。

(12) 註(5)所掲堀「日本と隋・唐両王朝との間に交わされた国書」、一九三頁。

(13) 東野治之「日出処・日本・ワークワーク」(同氏『遣唐使と正倉院』所収、岩波書店、一九九二年。初出は一九九一年)。

(14) 註(2)所掲中村『唐代制勅研究』所収「慰労制書式」及び「璽書」参照。中村氏は国内の官人に対しては「皇帝之璽」または「皇帝行璽」が用いられ、外国王に対しては「天子之璽」が用いられたと推測される(前掲書八三〇〜八三一頁)。しかし「致書」文書も含めて国書冒頭には「皇帝」称が用いられており、書函のみに「天子之璽」が押されたか疑問である。また「皇帝行璽」は元来冊命(冊封)に用いる璽であり、璽書に用いるのは「皇帝之璽」の方がふさわしい。現実には内外を問わず璽書には「皇帝之璽」を押したかとも思うが、しばらく存疑としておく。

　なお、清の汪楫『冊封疏鈔』所収、康熙二一年(一六八二)六月の琉球の尚貞を琉球国中山王とする冊封の詔では、「二十一年」の所に「皇帝之寶」が押されている(原田禹雄訳注『汪楫冊封琉球使録三篇』榕樹書林、一九九七年、四〇七頁)。また、明の万暦三一年(一六〇三)に中山王尚寧を冊封するために派遣された正使夏子陽・副使王士禎による『使琉球録』には、尚寧を冊封する万暦帝の書が載せられているが(国立中央図書館蔵本影印本、台湾学生書局、一九六九年、五〜六頁)、末尾の日附「萬歴《ママ》三十一年三月初三日」の「三十一年三」の所に「皇帝之寶」の文字が著録されている。拙稿「皇帝支配と東アジア世界」(辰巳正明編『古代文学と隣接諸学9『万葉集』と東アジア』所収、竹林舎、二〇一七年)参照。

(15) 大庭脩氏によれば、万暦二三年(一五九五)の豊臣秀吉の誥命は、袋に入れて明の冊封使が首にかけて運んできた(「豊臣秀吉を日本国王に封ずる誥命」(同『古代中世における日中関係史の研究』所収、同朋舎出版、一九九六年。初出は一九七一年)、二三四頁。ジョージ・マカートニー著・坂野正高訳注『中国訪問使節日記』(平凡社東洋文庫、一九七五年)一三九頁には、首にかけた皇帝の上諭を背中回しに負って騎行する官人の挿図がある。唐代の璽書も首にかけて運ばれたのであろう。また書函については本章第五節も参照。

（16）池内宏「百済滅亡後の動乱及び唐・羅・日三国の関係」（同『満鮮史研究』上世第二冊所収、吉川弘文館、一九六〇年。初出は一九三四年）、二一二頁。ただし「送使沙宅孫登」とあるのは、郭務悰に送られてきたというのではなく、逆に郭務悰を送ってきたと解釈すべきではなかろうか。

（17）註（11）所掲直木「近江朝末年における日唐関係」二〇〇頁。なお池内氏は、aの李守真来朝の目的は我国への乞師《きつし》の依頼であった、とする。註（16）所掲「百済滅亡後の動乱及び唐・羅・日三国の関係」、二一〇〜二一一頁。

（18）註（5）所掲堀「日本と隋・唐両王朝との間に交わされた国書」、一九三頁。

（19）鈴木靖民「百済救援の役後の日唐交渉—天智紀唐関係記事の検討—」（同氏『日本の古代国家形成と東アジア』所収、吉川弘文館、二〇一一年、初出は一九七二年）、二一四〜二一五頁。

（20）註（5）所掲堀「日本と隋・唐両王朝との間に交わされた国書」、一九四頁及び二〇一頁註（39）。

（21）拙著『中国古代皇帝祭祀の研究』（岩波書店、二〇〇六年）第二部第七章「唐代における郊祀・宗廟の運用」参照。

（22）註（21）所掲拙著第二部第七章三三一頁、及び拙稿「則天武后と杜嗣先墓誌—粟田真人の遣唐使と関連して—」（『国史学』一九七号、二〇〇九年）参照。

（23）渡辺信一郎『天空の玉座—中国古代帝国の朝政と儀礼—』（柏書房、一九九六年）第Ⅱ章「元会の構造—中国古代国家の儀礼的秩序—」参照。なお、則天武后は正式に皇帝となって国号を周とした六九〇年から一一月を歳首（正月）とする周正を用いていたが、長安行の前年の久視元年（七〇〇）から一月を正月とする通常の夏正に戻していた。

（24）東野治之「遣唐使の朝貢年期」（註〈13〉所掲『遣唐使と正倉院』所収、初出は一九九〇年）。

（25）井上光貞・青木和夫・門脇禎二・武田幸男・西嶋定生・横山浩一『大化改新と東アジア』（山川出版社、一九八一年）、一八三〜一八四頁。

（26）古畑徹「渤海使の文化使節的側面の再検討—渤海後期の中華意識・対日意識と関連させて—」（『東北大学東洋史論集』第六輯、一九九五年）、二二三〜二二五頁。

(27)西嶋定生「遣唐使と国書」(論集三、初出は一九八六年)、九三〜九四頁註(27)に、この国書全文とその読下し文とが掲載されている。また、鈴木靖民・金子修一・石見清裕・浜田久美子編『訳註日本古代の外交文書』(八木書店、二〇一四年)「11　唐→日本　論事勅書」(執筆は河内春人)参照。

(28)註(27)所掲西嶋「遣唐使と国書」、七六〜八五頁。西嶋氏は、日本は唐を隣国、新羅や渤海を蕃国とする立場から「明神御宇日本主明楽美御徳敬白大唐帝国。云云。謹白不具」という国書を提供した、とする。これに対して奥田尚氏は、日本は唐の絶対的優位性を認める立場から唐に対する国書を記した、と批判した(同「八世紀の日本から唐への国書」追手門学院大学『東洋文化学科年報』六、一九九一年)。しかしまた保科富士男氏は、日本天皇の唐皇帝に対する国書の書式として「甲敬白乙」型を推定することは充分可能である、とする(同「東天皇」国書考─『日本書紀』の対唐観にも関連して─」『白山史学』第三三号、一九九七年)。

(29)遣唐使の国書持参説・不持参説については、註(28)所掲の諸論文及び石見清裕『唐の北方問題と国際秩序』汲古書院、一九九八年)、三〇六〜三〇七頁参照。東野治之氏も註(24)所掲論文で、遣唐使は朝貢国の立場で国書を持参したとする。私はこの考えに賛成である。

(30)絶域と蕃域との区別については、仁井田陞「東アジア諸国の固有法と継受法」第二節「「蕃域」と「絶域」」(同氏『中国法制史研究四　法と慣習・法と道徳』所収、東京大学出版会、一九六四年、補訂版一九八〇年、一五〜一七頁)参照。

(31)『曲江集』敕書を読む会によって、国書を含む張九齢『曲江集』の全ての敕書の内容に関する検討が進行中であり(「史料紹介　唐　張九齢『曲江集』敕書内容総覧─巻八─」『史学研究集録』第四〇号、二〇一五年、及び「唐張九齢『曲江集』敕書内容総覧─巻九─」、同誌第四一号、二〇一七年)、『曲江集』の多くの敕書が開元二一年〜二四年の間に起草されたことが明らかになりつつある。しかし、本章で触れた西域の護密国王・識匿国王・勃律国王・罽賓国王への国書に関する検討内容は、まだ公表されていない。

(32)本文の契丹に対する国書は開元二二年(七三四)に李屈烈(據埒)に対して発信されたもので、当時の契丹は唐と冊封や羈縻の関係にはなかった。第三部第五章参照。また、渤海郡王の称号の持つ意味については第三部第八章参照。護密・小勃律・罽賓の冊立については第一部第三章の第三表「玄宗朝の諸外国の王号表」参照。
(33) 註(30)所掲仁井田「東アジア諸国の固有法と継受法」、一六頁。
(34) 土肥義和「敦煌発見唐・回鶻間交易関係漢文文書断簡考」(栗原益男先生古稀記念論集『中国古代の法と社会』所収、汲古書院、一九八八年)、四〇七〜四一一頁。
(35) 『四庫全書総目提要』巻七九・史部三五・職官類では元和一四年(八一九)の撰述とするが、中村裕一氏は幅を持たせて元和年間(八〇六〜八二〇)の成立とする(註〈2〉所掲『唐代制勅研究』六〇六頁)。
(36) 南詔の清平官は宰相クラスの文官。大将軍は大軍将が正しく、軍制上の最高官であるが文官的性格も多分に持っている。藤澤義美『西南中国民族史の研究―南詔国の史的研究―』(大安、一九六九年)、三八九〜四三五頁参照。また驃信は、南詔第七代尋閣勧より自称したと伝えられる王の意味の語である。同書二五頁。
(37) 八四〇年代に黠戛斯に追われて回鶻は四散した。『荅蕃書』の回鶻がそのうちの甘州回鶻であることは、註(34)所掲土肥「敦煌発見唐・回鶻間交易関係漢文文書断簡考」、四一五〜四一六頁参照。
(38) 註(22)所掲拙稿「則天武后と杜嗣先墓誌」参照。
(39) 西嶋定生「七―八世紀の東アジアと日本」(初出は一九八一年)一〇一〜一〇五頁。

第八章　唐朝より見た渤海の名分的位置

一　はじめに

日本を含めた東アジア諸国と中国との関係について、中国史の立場からの発言は最近やや少ない。東アジア世界・冊封体制を論ずる場合に、中国以外の国々の立場からの発言は当然あるべきであり、またそうした研究は著実に蓄積されつつある。しかし、中国が国際秩序をどう構築しようとしていたかを見極め、その上で当該国と中国、またそれ以外の国々との関係を考察していくことも重要である(1)。そのような立場から国際秩序を分析していく上で、名分的な関係と実態との差異はつねに注意されなければならない。しかし、実態は一定の名分的な関係の上に展開されるのであり、名分的関係を無視して国際関係の実態を解明することは不可能であろう。本章は中国の渤海史研究が渤海の立場中心であることに鑑み、唐代の国際関係全体の中での「渤海郡王」「渤海国王」の持つ意味について主に考察した試論である。私の研究態勢は近年の渤海研究を十分にフォローし得るものではないので、忌憚のない御批判を賜われば幸いである。

二　渤海の国号について

渤海を唐の国際秩序に位置づけるに当たって、まず問題となるのは「渤海」という国号である。渤海の当初の国号は振国または震国であり、「渤海」はその後に唐から得た爵号に由来する名称である。(2)玄宗の先天二年（七一三）二月に大祚栄が渤海郡王に冊封されたのが最初で、その後大武藝（七一九年）—大欽茂（七三七年）と承け継がれ、大欽茂は代宗の宝応元年（七六二）に渤海国王の称号を受けた。この「国王」号の性格は後述の如く必ずしも明確ではないが、続く大嵩璘が一旦渤海郡王を受爵した（七九五年）あと、自ら願い出て渤海国王を受けている（七九八年）ことから、「郡王」より一段高い格附けであったことは間違いない。すると、大欽茂がいかなる理由で郡王から国王へ進号したのかが、まず問題となろう。この点について『旧唐書』渤海伝は事実を記すに止まるが、七六二年という年次から考えられるのは、安史の乱との関連である。栗原益男氏は、渤海が反乱勢力の背後にあったことが考慮されたのかも知れない、と指摘する。(3)炯眼であるが、反乱勢力の背後にあった異民族は渤海だけではないので、渤海進号の理由をもう少し具体的に求められないであろうか。求め得るとすれば、その理由は当時の渤海と日本との関係にあるのではなかろうか。

当時、日本からは天平宝字三年（七五九）に第一三次の遣唐使が派遣された。これは渤海の遣日使の帰還に同道したもので、天平勝宝四年（七五二）に入唐して以来日本に戻らぬ遣唐大使藤原清河を迎えるための遣使であり、渤海経由で入唐したきわめて特異な遣唐使であった。大使の高元度も、その姓名から高句麗・渤海系の渡来人の可能性が高い。一行は清河帰還の目的は果たせず、天平宝字五年（粛宗上元二年、七六一）に南路より帰国したが、

このことについて『続日本紀』同年一〇月辛酉條には

初め高元度唐自り歸るの日、唐帝之れに語りて曰く、祿山の亂離に屬《あた》り、兵器多く亡くなり、今弓を作らんと欲するに、交も牛角を要す。聞道《きくならく》、本國に多く牛角を有す。卿歸國するに、使次を求めて相贈るを爲さん。と。（初高元度自唐歸日、唐帝語之曰、屬祿山亂離、兵器多亡、今欲作弓、交要牛角。聞道、本國多有牛角。卿歸國、爲求使次相贈）

とある。ここから増村宏氏は、高元度が唐国多難の折に南路を通って帰国できたのに、帰国を熱望していたと思われる藤原清河が戻れなかったのは、武器・武具の補充を実現させるための唐側による抑留であった、とした(4)。高元度らの入唐は渤海が按配しているので(5)、増村説を参照すると、日本への唐の武器要請の仲立ちをすることになった大欽茂を特に進爵させた、というのは考えられないことではない。もっとも、『旧唐書』渤海伝のこの進爵の記事は簡単で何月かの表示が無く、その時期によっては代宗即位後の大盤振舞の進爵ということも考え得る。しかし安史の乱の最中の異民族に対する授爵は、これ以前には粛宗至徳二載（七五七）一一月の回紇太子葉護に対する「忠義王」の賜与があるだけである。そしてこれは、同年九月に長安、一〇月に洛陽を反乱軍から奪回した際の、回紇の援軍に対する謝意の賜爵である。このような例を勘案すると、大欽茂の進爵も日本の物的援助の橋渡しをしたことに対する唐朝の謝意の表明、と考えることができるのではなかろうか。

以上、大欽茂の渤海郡王から国王への進爵の理由について考察したが、「渤海」「郡王」「国王」の各称号についても、それぞれの性格・機能といった面について吟味すべき点が存する。初めに確認しておきたいのは、唐代では「郡王」は異民族が内属してきた時に賜与される爵号であり（第一九表参照）、一般的に外臣には「王」または「国王」が賜与されることである(6)。つまり、渤海の「郡王」号は一般的な外臣というよりは中国国内の臣下、すなわち

第一九表　唐代の異民族に対する郡王号一覧表

年月	西暦	国名・人名	郡王号	出典及び備考
高祖武徳 一・一二	618	西突厥處羅（曷薩那）可汗	帰義郡王	旧伝・冊府964。（大業中入朝）遇江都之亂、從宇文化及至河北、化及敗歸長安。高祖爲之降榻、引與同坐、封歸義郡王（旧伝）
七・一	624	高句麗王高建武	遼東郡王高麗王	旧伝・新伝・冊府964
		百済王扶餘章	帯方郡王百済王	同右
		新羅王金真平	楽浪郡王新羅王	同右
七・八	624	突厥阿史那思摩	和順郡王	新伝。旧伝には王とも郡王ともあるが、後に懐化郡王に従るので、郡王が正しい。武徳初數以使者來、高祖嘉其誠、封和順郡王。（新伝）
大宗貞観 四・三	630	突厥突利可汗阿史那什鉢苾	北平郡王	冊府964。是月詔、突利可汗阿史那什鉢苾……及漠北降災、龍荒兆亂、潛圖決策、棄難歸朝。……封北平郡王、食邑千戸。
四・五		〃阿史那蘇尼失	懐徳郡王	
四・五		〃阿史那思摩	懐化郡王	
九年	635	新羅王金善徳	楽浪郡王新羅王	旧伝・冊府964
九・閏四		吐谷渾大寧王慕容順	西平郡王趉胡呂烏甘豆可汗	旧伝・新伝・冊府964。國人乃立順爲可汗、稱臣內附。……乃詔曰、……即從廢絶、情所未忍、繼其宗祀、允歸令胤、可封順爲西平郡王、仍授……可汗。（旧伝）
一〇・三	636	吐谷渾慕容諾曷鉢	河源郡王烏地也拔勒豆可汗	旧伝・新伝・冊府964。詔曰、……屈膝頻顙、尊奉朝化、請頒正朔、願入提封。……可封河源郡王、食邑四千戸、仍授……可汗。（冊府）
一三・七	639	突厥懐化郡王李（阿史那）思摩	乙弥泥熟俟（俟）利苾可汗	旧伝・冊府964。又上書者多云、處突厥於中國、殊謂非便。仍徙於河北、立……懐化郡王思摩爲……可汗、賜姓李氏、率所部建牙於河北。（旧伝）

一五・五	641	百済王扶餘義慈	帯方郡王百済王	旧伝・冊府964
一七・閏六	643	高句麗王高蔵	遼東郡王高麗王	旧伝・冊府964
二二・一	648	新羅王金真徳	楽浪郡王新羅王	旧伝・冊府964
○二二・一一	648	契丹李窟哥 奚李可度者	無極県男 楼煩県公	『新唐書』契丹伝・奚伝、年次は通鑑199に拠る。この時松漠都督府・饒落都督府の両羈縻府設置。
高宗永徽一	650	吐蕃賛普弄讃（既に文成公主降嫁）	西海郡王 ↓ 賓王	旧伝・新伝。高宗嗣位、授弄讃爲駙馬都尉、封西海郡王。……弄讃因致書于司徒長孫無忌等云、天子初卽位、若臣下有不忠之心者、當勒兵以赴國除討。……高宗嘉之、進封爲賓王。（旧伝）
五閏五	654	新羅王金春秋	楽浪郡王新羅王	旧伝・冊府964
龍朔一・九	661	新羅王金法敏	楽浪郡王新羅王	旧伝・冊府964
○三・四	663	新羅王金法敏	雞林州大都督（新羅王）	旧伝・冊府964。この年百済滅亡、以後楽浪郡王の爵号授与は殆どなし。
○乾封一・五	666	吐谷渾河源郡王慕容諾曷鉢	青海国王	新伝。冊府964では青海王。吐蕃遂有其地、諸曷鉢請内徙、乾封初更封青海國王。（新伝）青海国王烏地也拔勒豆可汗は貞元一四年まで継襲。
儀鳳二・二	677	高句麗高蔵 百済扶餘隆	朝鮮郡王 帯方郡王	旧伝・新伝。統一新羅成立の翌年に当たり、両国とも既に滅亡。
武后垂拱二	686	高句麗高宝元	朝鮮郡王	旧伝・新伝。
○垂拱初	685—688	契丹孫万栄	永楽県公	『旧唐書』契丹伝。万歳通天元年（696）李尽忠・孫万栄の乱勃発、以後事実上羈縻府は消滅。
万歳通天二・一〇	697	契丹李括（枯）莫離	帰順郡王	冊府964・新伝。孫万栄の乱平定の翌月。

○聖暦一	698	高句麗高宝元	忠誠国王	旧伝・新伝。封爲忠誠國王、委其統攝安東舊戸、事竟不行。（旧伝）安東郡護府撤廃の年に当たる。
	698	吐蕃将軍賛婆	帰徳郡王	旧伝・新伝。賛普器弩悉弄と対立し、唐に来降。
則天朝		百済扶餘敬	帯方郡王	旧伝。敬は夫餘隆の孫。
中宗神龍二・二	706	突騎施烏質勒	懐徳郡王	新伝・冊府964。旧伝では景龍二年、西河郡王。
二・一二	706	突騎施烏質勒長子娑葛	懐徳郡王	新伝・冊府964。旧伝では金河郡王。顕慶二年以来嗢鹿州都督府が置かれ、娑葛は郡王と共に嗢鹿州都督も襲う。（新伝・通鑑208）
玄宗先天二・二	713	靺鞨大祚栄	渤海郡王	旧伝・新伝・冊府964
開元二	714	突厥火抜頡利発	燕北郡王	旧伝。新伝では燕山郡王。黙啜の妹婿、唐軍に破れ来奔。
三・八	715	高句麗莫離支高文簡	遼西郡王	両唐書突厥伝・冊府964。高文簡は突厥黙啜の子壻。黙啜に背き、突厥・吐谷渾の首領多数と来降。彼等も郡公を受く。
四	716	契丹李失活 奚李大酺	松漠郡王 饒楽郡王	旧伝・新伝。同年松漠・饒楽両都督府復置。翌年両者ともに公主降嫁を受く。
六・六	718	契丹李婆（娑）固	松漠郡王	冊府964。同年五月李失活死去による継襲。
七・三	719	靺鞨桂婁郡王大武藝	渤海郡王	旧伝・冊府964。大武藝は大祚栄の嫡子。
八・八	720	靺鞨大武藝嫡男大都利行	桂婁郡王	冊府964。すなわち渤海では嫡子が桂婁郡王。
一〇・四	722	契丹李鬱于 奚李魯蘇	松漠郡王 饒楽郡王	旧伝、冊府964。ともに継襲。五月乃至六月にともに公主降嫁を受く。
一二	724	契丹李吐于	松漠郡王	推定。旧伝に鬱于病死、弟吐于が官爵を襲う、とあるのによる。

一三	728	契丹李吐于 契丹李邵固	遼陽郡王 松漠郡王	両伝及び冊府979。李吐于は唐に来奔、唐国内での授爵、李邵固が継襲。
○一四・一	726	契丹李邵固 奚李魯蘇	広化王（三月に公主降嫁） 奉誠王（入朝記事なし）	旧紀・冊府964等。新伝は郡王。李邵固の入朝、泰山封禅扈従による進爵。
一七年以後		南詔皮羅閣	臺登郡王	新伝。開元一七年の西南蛮討伐に協力して受爵した遥任的なもの。藤澤義美『西南中国民族史の研究』（大安、一九六九年）二一二～四頁。
○二〇	732	来降奚酋李詩	帰義王	旧伝。
○二二	734	契丹李屈烈	契丹王	『曲江集』8・『全唐文』285。唐と対立、冊封・羈縻関係無。
二三・一	735	契丹李過折	北平郡王	旧伝・冊府964。李屈烈・可突于討伐の功による。
○二三・七―八	735	奚李帰国	帰誠王	『曲江集』9・「勅奚都督李帰国書」。突厥対策としての授爵。
二五	737	靺鞨大欽茂	渤海郡王	旧伝。通鑑では翌年八月、冊府964では二十年。桂婁郡王からの改封か。（冊府参照）
○二六・九	738	南詔蒙帰義（＝皮羅閣）	雲南王	旧伝・新伝・冊府964。五詔を併合して強力となる。帰義已幷羣蠻、遂破吐蕃、寖驕大。入朝、天子亦爲加禮、又以破洱蠻功……冊爲雲南王。（新伝）
開元中		沙陀突厥張掖郡公沙陀輔国	永寿郡王	先天初、避吐蕃徙部北廷、率其下入朝。開元二年、復領金滿州都督、……累爵永壽郡王。（新伝）
天宝三・七	744	九姓葉護男賀猟	燕郡王	冊府965。詳細不明。
○四	745	契丹李懐節（新伝は李懐秀） 奚李延寵	崇順王 懐信王	新伝・冊府979。同年三月ともに公主降嫁を受く。

○五・四	746	契丹李楷固 奚李婆固	恭仁王 昭信王	新伝・冊府965。李懐節・李延寵の乱により別酋を封じたもの。
一二・九	753	葛邏禄葉護頓毗伽	金山郡王	突厥叛酋阿布思捕縛の功による。（新伝） 制曰、……封金山王、依舊充葉護、祿俸於北庭給。（冊府965）
○一四・四	755	投降蘇毗王子悉諾邏	懐義王	冊府965・新書吐蕃伝。蘇毗本西羌族、爲吐蕃所幷、……天寶中王沒陵贊欲舉國內附、爲吐蕃所殺、子悉諾率首領奔隴右。（新書西域伝下・蘇毗伝）
天宝末～広徳中		渾汝南郡公釈之	寧朔郡王	渾部には貞観二一年より羈縻州が置かれ（新書地理志七下）、曾祖父阿貪支より皐蘭州刺史を世襲。（新書二一七下）
○代宗宝応一	762	靺鞨大欽茂	渤海国王	旧伝。郡王からの進爵。
徳宗 貞元四・四	788	東蛮鬼主驃旁 〃苴夢衝 〃苴那時（苴烏星）	和義郡王 懐化郡王 順政郡王	冊府965。新書南蛮伝下。新伝では吐蕃討伐の功によるとするが、旧書吐蕃伝下では吐蕃討伐は翌年である。
九	793	南詔清平官尹仇（求）寛	高渓郡王	新伝。吐蕃より離れ、唐に帰服する為の使者。冊府965・旧伝では翌年受爵。
○一〇・六	794	南詔異牟尋	南詔王	新伝。唐に帰服、藤沢著書では十月冊立。
一一・二	795	靺鞨大嵩璘	渤海郡王	旧伝・旧書13。襲爵。
○一四・三	798	靺鞨大嵩璘	渤海国王	旧伝・冊府965。以後国王を襲爵。
貞元中ないしそれ以前		戎州管内大鬼主董嘉慶	帰義郡王	新書二二二下。累世内附、以忠謹稱、封歸義郡王。（新伝）
貞元一九・一	803	黎州廓清道蛮首領劉志寧	恭化郡王	旧書南詔伝。この時点で既に受爵、冊府965では劉志遼。
憲宗元和元・二	806	溪李梅落	饒楽郡王または帰誠郡王	冊府965・旧紀、ないし新伝。旧伝では帰誠王。

武宗会昌二・六	842	投降回鶻首領嗢沒斯	懐化郡王	新伝・冊府965。他の投降首領は郡公を受爵。
○武宗会昌中―宣宗大中二	841―847	契丹李鶻戌（屈戌）	契丹王	『文苑英華』471封敕「與契丹王鶻戌書」二首。安史の乱以後の唐―契丹の名分的関係は不明。

＊新は『新唐書』、旧は『旧唐書』、伝は当該列伝の略。また冊府は『冊府元亀』の略、通鑑は『資治通鑑』の略。○は本表に出てくる異民族の中で、郡王以外の称号を受けた事例。

内臣に適合的な称号なのである。(7) そして、「渤海」の名称は本来の国名(8)ではなく中国由来の地名であるが、さらに注意しなければならないのは、「渤海」の爵号が同時平行的に中国の内臣に与えられている事実である。武徳元年（六一八）の唐の建国時に、高祖の侄《おい》の李奉慈が渤海郡王に封ぜられているの(9)が、唐代における渤海郡王の存在を示す最初の例であるが、もちろんこれは渤海建国以前のことである。渤海建国以後の例としては、『旧唐書』憲宗紀上・元和元年（八〇六）九月丙寅條には渤海郡王高崇文の名が見え、同書宣宗紀・大中一〇年（八五六）四月癸丑條には給事中・渤海郡開国公高少逸の名が見える。高少逸の弟高元裕は大中二年（八四八）に渤海郡公に叙せられていた（同書巻一七一・高元裕伝）。偶目した他の類例に、『全唐文』巻八三三に銭珝「授寧州刺史高爽検校司徒仍封渤海縣男加食邑制」及び「中書侍郎同中書門下平章事陸扆妻渤海郡夫人高氏進封燕國夫人制」があり、著者の銭珝は唐末から五代初の人である。また、封敖も大中二年に渤海男を得ている（『旧唐書』巻一六八・同伝）。

　以上の内臣に対する渤海郡王・渤海郡開国公・渤海県男等の賜与は、李奉慈の一例を除いてすべて九世紀のものであるが、注目さるべきは高崇文の事例である。前述したように、渤海の大嵩璘は徳宗貞元一一年（七九五）に一旦渤海郡王の爵号を受けたが、国王への進爵を願い出て貞元一四年（七九八）に渤海国王に進められた。その結果、以後の渤海の君主はすべて国王号を受けるようになり、郡王の称号は用いられなくなる。高崇文の場合、元和元年（八〇六）中に南平郡王に改封されており（『旧唐書』巻一五一・高崇文伝）、彼が渤海郡王を得ていたのはそれ以前の短い年数であったであろう。それにしても、貞元一四年以後に渤海郡王の爵号が唐の国内で用いられていたことは確かである。そして渤海建国以前の唐国内での渤海郡王の授与も、李奉慈の例で確認済である（註〈9〉参照）。つまり、渤海に対する唐朝の郡王号授与は、国内の臣下に対する場合と同列のものであったのである。唐代の異民族に対する郡王号の授与が、内属した者に限定して用いられていたことは既に述べた。渤海は唐の領域内に降ってきたわけではないが、渤海郡王の爵位が内臣に対するものと同一である点で、内属した異民族と同列に扱われたものと理解し得るのである。充分に調査したわけではないが、異民族に与えた爵号が唐の国内にもそのまま通用した例は、渤海郡王以外には無いと思う(10)。

以上に関連して、渤海が唐より得たその称号を、直ちに他国に対して用いていたことも注意される。『続日本紀』神亀四年（七二七）九月條に

庚寅、渤海郡王使・首領高齊徳等八人、出羽國に來著す。遣使存問し、兼ねて時服を賜う。（庚寅、渤海郡王使・首領高齊徳等八人、來著出羽國。遣使存問、兼賜時服）

とあり、また同年一二月條に

丁亥、……渤海郡王使高齊徳等八人入京す。丙申、遣使して高齊徳等に衣服・冠・履を賜う。渤海郡者《は》舊《も》と高麗國也。……是《ここ》に至りて渤海郡王は寧遠將軍高仁義等廿四人を遣して朝聘せしむ。而るに蝦夷の境に著き、仁義以下十六人竝びに殺害を被る。首領齊徳等八人僅かに死を免れて來たる。（丁亥、……渤海郡王使高齊徳等八人入京。丙申、遣使賜高齊徳等衣服・冠・履。渤海郡者舊高麗國也。……至是渤海郡王遣寧遠將軍高仁義等

廿四人朝聘。而著蝦夷境、仁義以下十六人竝被殺害。首領齊德等八人僅免死而來）

とあるのが、日本における渤海関係記事の初出である。石井正敏氏は、その四年後の「天平三年越前国正税帳」に「送渤海郡使人使等食粁《りょう》伍拾斛」とあるのを挙げ（『大日本古文書』一、四三八頁）、神亀四年の「渤海郡王」の表記は後人の補筆ではないとする。(11) これと関連して、その後一九八八年に奈良県で発見された長屋王邸の木簡群の中に、「渤海使」「交易」等と記されたものが含まれていた。この木簡には年代が記されておらず、同じ場所から発見された別の木簡に天平元年（七二九）のものがあるので、この木簡の「渤海使」表記は、『続日本紀』神亀四年條の「渤海郡王」表記とほぼ同時期のものである、としか言えない。(12) しかしこの発見によって、「渤海」が初来日以来の自称であった、とする石井氏の推定の正しさは証明されたことになろう。そうすると、『続日本紀』神亀四年條に「渤海郡」「渤海郡王」とあるのが渤海側の表現であったことは、疑う餘地が無い。つまり渤海は、内臣的な爵号の「渤海郡王」を、早くから外交上でも首長の称号として積極的に活用していたのである。

三　渤海郡王と桂婁郡王

以上、「渤海郡王」の爵号が内臣向けの爵号と同一のものであることを述べてきた。ところが、一時期であるが、渤海の王子が「桂婁郡王」の爵位を得ていたこともある。次にこの問題を考えてみたい。

『冊府元亀』巻九六四・外臣部封冊二・開元七年（七一九）條には

七年三月、忽汗州都督・渤海郡王大祚榮卒《しゅつ》す。遣使して其の嫡子桂婁郡王大武藝を撫立し、襲いて左驍衛大將軍・渤海郡王・忽汗州都督と爲す。（七年三月、忽汗州都督・渤海郡王大祚榮卒。遣使撫立其嫡子桂婁郡王大

武藝、襲爲左驍衛大將軍・渤海郡王・忽汗州都督）

とあり、また開元八年（七二〇）八月條には

是の月、渤海郡王・左驍衛大將軍大武藝の嫡男大都利行を冊《さく》して桂婁郡王と爲す。（是月、冊渤海郡王・左驍衛大將軍大武藝嫡男大都利行爲桂婁郡王）

とある。これらによれば、大武藝・大都利行はそれぞれ嫡男で桂婁郡王であったのである。また同書同巻・開元二〇年（七三二）條には、

是の年、渤海桂婁郡王大武藝病死し、其の子大欽茂嗣立す。（是年、渤海桂婁郡王大武藝病死、其子大欽茂嗣立）

とある。大都利行は開元一六年（七二八）に唐で卒し（『冊府元亀』巻九七五・外臣部褒異二）、大武藝の後は大欽茂が嗣ぐことになった。そこで上記開元二〇年條の記事が、「是年、渤海郡王大武藝病死、其子桂婁郡王大欽茂嗣立」の誤りであるとすれば、渤海では大武藝―大都利行―大欽茂と、三代続けて世子が桂婁郡王を受けていたことになる。ただし、同書同巻の大欽茂を渤海郡王に封ずるこの時の冊文には、「咨爾故渤海郡王嫡子大欽茂」とのみある。従って、さきの引用文の「渤海桂婁郡王」の桂婁は衍字であって、大欽茂は桂婁郡王ではなかったかも知れない。(13)

そうであるとしても、大武藝・大都利行と、渤海の嫡子が二代続けて唐から桂婁郡王の爵位を得ていたことは間違いない。桂婁とは、『三国志』高句麗伝に見える高句麗五族（五部）のうち、中心となる桂婁部に由来する名称であり、中国由来の渤海よりむしろこちらが渤海の支配領域に適合的な名称であると言える。このことから西嶋定生氏は、唐は渤海王の嫡子を桂婁郡王に封ずることによって、渤海がかつて唐の冊封した藩国である高句麗を継承するものであることを認め、これによって渤海の貴族層を構成していた高句麗人を唐が招撫しようとしたものである、

と理解した⒁。

以上に依れば、唐から渤海に与えられた爵号には、中国国内で通用するものと渤海地域用のものとの二種類があったことになる。このような二重の封爵は、元璽四年（三五五）に高句麗が前燕から楽浪公・高句麗王の称号を受けたのが最初で、高句麗は義熙九年（四一三）にも東晉から楽浪公・高句麗王を受爵した。窪添慶文氏はこうした爵号の並列について、中国国内用の称号でその国の領域内の漢人の統治を認め、本国王でその地域の民族の統治を認めたものである、と指摘した⒂。隋代には、高句麗の王が遼東郡公・高麗王（高句麗王）に封ぜられ、新羅の王が楽浪郡公・新羅王に、百済の王が帯方郡公・百済王に封ぜられた。唐は、高祖武徳七年（六二四）正月に三国に使者を派遣し、それぞれ郡公を郡王に進めて遼東郡王高麗王・楽浪郡王新羅王・帯方郡王百済王の爵号を与えた。これらは唐朝による異民族冊封の最初の事例であるが、郡王号は内属した異民族に与えられるという、前述の唐代一般の用例とは異なるものである。この三国以外に、唐代で郡王と本国王とを重ねて授与された国は無い。三国の爵号の二重性は、右に述べた隋唐以前の爵号の二重性に由来する。民族の興亡の激しい北アジア・中央アジア地方に対して、中国東北から朝鮮半島では三国の鼎立が長く続いていた。三国と中国との交渉が長期間に及び、また比較的安定していたことが、唐代において朝鮮三国のみが郡王号と本国王とを重ねて授与される結果に反映したのであろう。

高句麗王が遼東郡（開国）公・高句麗王の爵号を授与されたのは、北魏太武帝・太延元年（四三五）が最初である⒃（『資治通鑑』巻一二二、『魏書』巻一〇〇・高句麗伝）。新羅王が楽浪郡公・新羅王に封ぜられたのは北斉武成帝・河清四年（五六五）が最初で（『北斉書』巻七・武成帝紀）、百済王が帯方郡公・百済王に封ぜられたのは北斉後主・武平元年（五七〇）が最初である（『北史』巻九四・百済伝）。南朝の高句麗王に対する爵号は梁代に至っても楽浪郡公・高驪（高句驪）王で（『梁書』巻五四・高句驪伝）、百済に対しては百済王のみであり、新羅に対する南朝の爵号授与は無かった。このように、隋代の朝鮮三国の爵号は北朝の爵号を踏襲したものであり、異民族に対する授爵にも北朝と隋との継承関係を認めることができる。

次に、渤海成立時までの朝鮮三国の爵号を検討していこう。龍朔三年（六六三）には百済が滅亡し、総章元年（六六八）には高句麗が滅亡して、両国の王族は唐都長安まで拉致された。儀鳳二年（六七七）には、こうして唐に内属した高句麗王高蔵には朝鮮郡王、百済王扶余隆には帯方郡王が授けられた。この前年には、唐が安東都護府を平壌から遼東に移し、新羅が朝鮮半島の統一を完成していた。従って以上の授爵は、唐が新羅に対抗して彼等に旧地を治めさせようとした措置であるが、どちらも不成功に終わった（『旧唐書』東夷伝）。次いで則天武后が垂拱二年（六八六）に高蔵の孫の高宝元を朝鮮郡王とし、聖暦元年（六九八）には忠誠国王に進めて安東の旧戸を統轄させようとしたが、実現しなかった。後者は渤海建国の時とされる年である。さらに武后は、百済最後の王扶餘隆の孫の敬に帯方郡王を襲《つ》がせたが、百済の地も新羅や渤海の領有する所となった（同書同伝）。以上のうち、百済は帯方郡王の旧爵を継ぎ、高句麗は新たに朝鮮郡王の称号を受けるという相違はあるが、いずれも本国王ではなく内属国に与えられる郡王号を授与されたことが注目される。これらが新羅の朝鮮半島統一や渤海建国とほぼ同時期に出されたことは、国力の伸長する周辺民族に対して内属した異民族を対置させようとした唐の政策を示すものであろう。なお、高句麗の忠誠国王については後述する。

新羅の場合、唐初以来の楽浪郡王・新羅王は代々継承された。しかし、文武王は朝鮮半島の領有を図って唐と対立し、上元元年（六七四）から翌年にかけて唐と戦闘を起こした。唐は上元元年に文武王の官爵を削り、翌年に文武王が遣使謝罪するとその官爵を復した。その結果統一新羅が成立するが、後に聖徳王が開元元年（七一三）に得た爵号が楽浪郡公であるので、この時の文武王の爵号も楽浪郡公であったと考えられる。[17]そして聖徳王以後になると、新羅王が楽浪郡公や楽浪郡王を襲封したことは記録の上からは確認できない。一方で、聖徳王が得た使持節・大都督雞林州諸軍事は以後も継承されるので、楽浪郡公はこちらの称号に取って代わられたのではなかろうか。栗原益男氏は、龍朔三年（六六三）に、文武王に対して楽浪郡王・新羅王に加えて雞林州都督を与えたことが、唐朝による一国一羈縻州方式の創出となる、とした。そしてこれによって、異民族を唐朝統治下に組み込もうとする羈縻州と異民族の国内支配を容認する冊封が統一され、羈縻州が冊封と同じ機能を持つことになった、と述べた。[18]鋭い指摘であるが、上述の如く楽浪郡公は開元年間まで存続しているので、唐朝が一国一羈縻州方式を自覚的に運用しだしたのは、玄宗朝以後のことと言えるのではなかろうか。

それにしても、新羅で一国一羈縻州方式が確立すると、楽浪郡公または楽浪郡王の爵号の継承が停止されたことは言えると思う。しかるに、渤海の大祚栄が渤海郡王と共に忽汗州都督の称号を受けたのは先天二年（七一三）のことであった。栗原益男氏は、この忽汗州都督も一国一羈縻州方式の適用であった、とする。すると、渤海の爵号や都督の称号の授与は、新羅に対する同様の称号の授与に対応していると言える。本節の初めには、『冊府元亀』巻九六四・開元七年條を引いて、大武藝が即位前に桂婁郡王の爵位を得ていたことを指摘しておいた。この授爵がいつ行われたかは史料からは確認できないが、或いは先天二年の大祚栄の渤海郡王受爵と同時であったかも知れない。するると、同じ一国一羈縻州の授与に関連して、新羅の場合は内臣的な楽浪郡王や楽浪郡公の称号が消滅して本国王の新羅王が継承されたのに対し、渤海では本国王的な桂婁郡王の爵号が首長ではなく嫡子に与えられ、しかもその継承は二、三代で終った、と言える。つまり、唐は渤海に対しては本国王的な爵号の授与を極力回避していたのである。ここに、新羅と渤海とに対する唐朝の処遇の差を認めることは可能であろう。唐は、新羅に対しては伝統的な本国王の爵位の継承を認めたが、渤海には継続的な爵位としては唐国内でも通用する渤海郡王を授与したのであった。おそらく唐は、自国と新羅との間に勃興した渤海に対して、新羅に対する牽制を期待して爵号を授与することとしたが、北朝以来の交渉の伝統があり事実上朝鮮半島を統一した新羅を刺戟することは避けて、その首長には内臣としても通用する渤海郡王を授与したのであろう。その点では、渤海郡王の名称の意義は、前述した唐内属後の百済の楽浪郡王や高句麗の朝鮮郡王に期待された役割と同様であった、と言えるのではなかろうか。

四　「王」号と「国王」号とについて

次に、渤海国王の「国王」号について考えてみたい。「王」と「国王」との違いについては、そこに一定の区別があるのか殆んど無意味なのか、判断に苦しむ所である。かつて私は、冊封に伴う唐代の王号・国王号の授与について事例を集めて考察したことがあった。その結果、王号で冊封される事例は唐に近接した国々に多く、遠方の国々には国王号が多く授与されることから、近隣の入蕃の地域の国々には王号が授与され、遠方の絶域の国々には国王号が授与される、と考えた(19)。この結論は成立し得ると今でも考えているが、当時の史料そのものが「王」号と「国王」号との区別に比較的無頓着であることも事実で、例えば同時期の史料に見える「新羅王」と「新羅国王」のいずれを採るべきか、と言った点で論証にやや不安な部分を残していた。そこで、唐でも最も国際交流の盛んな玄宗朝に宰相であり、自ら多くの外国に対する敕書を起草した張九齢の『曲江集』から外国の「王」宛の国書の冒頭を抜き出してみると、「敕新羅王」「敕契丹王」「敕渤海郡王」「敕護密國王」「敕識匿國王」「敕勃律國王」「敕罽賓國王」「敕日本國王」の八国の例が得られる。これらのうち玄宗朝に冊封された国々を挙げると、「王」に冊封されたのは新羅であり、「郡王」は言うまでもなく渤海、「国王」は護密国・勃律国・罽賓国である。[20] 従って、張九齢の国書における「王」「国王」の表記は、当時冊封されていた国名を正確に写していたと言える。以上のうち、「国王」号で呼ばれる日本以外の護密・識匿・勃律・罽賓の各国はすべてパミール高原以西の国々である。[21] 従って、玄宗朝には王と国王との区別は意識的であり、その区別は蕃域と絶域との区別に対応していた、と言い得るであろう。[22]

ところが、そう考えると矛盾する例が出てくる。前述の高句麗高宝元の朝鮮郡王から忠誠国王への進号がそれで、唐に既に内属している旧高句麗の王族が国王号を得ているのである。同様の例は吐谷渾にもあり、『新唐書』巻二二一上・西域伝上・吐谷渾伝には

吐蕃遂に其の地を有し、諾曷鉢は内徒を請う。乾封《けんぽう》初（六六六）、更めて青海國王に封《ほう》ず。（吐蕃遂有其地、諾曷鉢請内徒。乾封初、更封青海國王）

とある。諾曷鉢はもと吐谷渾の王の慕容諾曷鉢、この時既に新興の吐蕃に押され、唐に服属して河源郡王の称号を得ていた。[23] またこの後、唐朝は吐谷渾を故地に置こうとするが失敗、彼等を霊州に移し安楽州を新設して安置した。これらの例から見ると、吐谷渾の慕容諾曷鉢は自らの故地に居た時、高句麗の高宝元は唐に内徒された時と、それぞれ条件は違っているが、ともに唐に内属した後に郡王から国王へと進爵したことは間違いない。また、高宝元が唐への忠誠を期待する忠誠国王という称号を与えられたのは、本来の住地から移されていた点が吐谷渾と相違していたからかも知れない。「国王」号は唐との関係の薄い遠方の国々に用いられることが多いが、両者の例から見れば、唐からの距離の遠近を問わず、郡王から進号する場合に王よりやや低い称号として用いられることもある、と拡大して解釈すべきことになろう。

このように見てくると、「国王」号は新羅王等の「王」号に一歩を譲る称号ということになり、渤海の「郡王」か

ら「国王」への進爵の意味もよく説明し得る。すなわち、本国王に近い桂婁郡王が首長ではなく嫡子に与えられたことと同様に、唐が渤海に対して新羅よりもやや低い待遇を与えるための称号が「渤海国王」であった、と考えることができよう。唐は渤海の建国時より一貫して、爵位については新羅よりやや低めの待遇を与えていたのである。既に述べたように、唐とも長い交渉を持ち朝鮮半島全域を領有するだけの力量を獲得した新羅と、当時建国したばかりの渤海との唐朝における評価の差を考えれば、このことは当然の措置であったと言えるであろう。

五　鷹と鶻との貢進について

これまで、唐が授与した称号の相違から、渤海と新羅とに対する唐朝の扱いの相違について考察してきた。ところが一方で、唐朝が渤海と新羅とを同様に扱っていた場合もあるのである。それは、両国による鷹と鶻《はいたか》との貢進である。

『冊府元亀』外臣部の朝貢篇を見ると、数多くの国々がそれぞれ様々な品物を唐の朝廷に献上している。その中でなぜ鷹と鶻との貢進に注目するかというと、それが中国国内の州からも中央に貢上されているからである。同書巻一六八・帝王部却貢献には

徳宗は大暦十四年五月を以て即位す。閏五月丙子、詔して曰く、天下の州府及び新羅・渤海の歳ごとに鷹鶻を貢ぐ者皆な罷《は》めよ、既に來たる者は所在に之れを放て。（徳宗以大暦十四年五月即位。閏五月丙子、詔曰、天下州府及新羅・渤海歳貢鷹鶻者皆罷、既來者所在放之）

とある。唐の長安では鷹狩が流行し、そのために各地に優れた鷹や鶻が求められ、また献上されていた。(24) 大暦一四

年（七七九）に即位した徳宗は、おそらく綱規粛正の意味をこめて鷹鶻の貢献を止めさせたのである。その対象に、天下の州府すなわち国内の州と並んで、新羅と渤海とが含まれていたことは注目されて然るべきであろう。両国のうち、渤海の鷹の献上については『冊府元亀』巻九七一〜二・朝貢四〜五等から、開元一〇年（七二二）、一七年・二五年・二七年・二九年・天宝八載（七四九）・九載・大暦一二年（七七七）・元和九年（八一四）と、幾つかの例が確認できる。ことに安史の乱以前には、連年とはいかなくとも比較的頻繁に献上が行われていた[25]。新羅の唐への鷹鶻の献上を具体的に記した史料は無いが、『冊府元亀』巻六六九・内臣部譴責には

吐突士昕は、敬宗の時に武自和與《と》倶に中官と爲り、寶暦二年に新羅に入りて鷹鶻を取る。各々杖四十、邑を剗《けず》り、士昕は恭陵に流し、自和は南衙に配す。咸な新羅の問遺を受け、進獻せざるを以ての故也。（吐突士昕、敬宗時與武自和倶爲中官、寶暦二年入新羅取鷹鶻、各杖四十、剗邑、士昕流恭陵、自和配南衙。咸以受新羅問遺、不進獻故也）

とある。すなわち、敬宗の宝暦二年（八二六）に吐突士昕と武自和という二人の宦官が、鷹鶻を取りに新羅まで行ったが、その贈賄を受けて鷹鶻の進献を免除したので処罰された、というのである。ここから、唐の朝廷が新羅にも鷹鶻の献上を要求していたことが確認できる。しかも、使者が贈賄を受けてこれを免除したということは、これ以前に新羅による鷹鶻の献上がたびたびあり、それが新羅に負担となっていたことを示すものであろう。従って、新羅に直接関係する記事は乏しいが、渤海・新羅両国による鷹鶻の献上は、多年継続して行われていたと見て良いであろう。

また、宝暦二年（八二六）に新羅に行った使者が中官即ち宦官であった、という事実も看過し難い。唐朝は新羅と渤海との王の交代に際して、先王に対する弔祭と新王の冊立とを行う弔祭冊立使を派遣していた。渤海への弔祭

冊立使は宦官であるが、新羅へは開元二五年（七三七）以降、儒学・文芸の教養を持つ文人が派遣されていた[26]。しかし上記の事例によれば、新羅に対しても別の機会には宦官が遣されていたのである。従って、弔祭冊立使の場合に新羅が特別扱いされていたのであって、冊封における新羅と渤海との差がその時の使者の差にも現れていた、と言えるであろう。因みに、日本の遣唐留学僧戒融の帰国を確認するために、唐の代宗が渤海経由で新羅まで派遣した敕使に韓朝彩がおり、彼も宦官であった[27]。周知の如く、唐後半に朝廷が地方の藩鎮に派遣した観軍使・宣慰使も宦官である。今後、東アジアにおける宦官の外交官としての役割に注意する必要があろう。

以上のように、新羅と渤海とが一般の州府と並んで鷹や鶻を貢進していたことを、どのように理解すればよいのであろうか。北方の遊牧民族は唐に対して馬などの家畜を朝貢した。しかし実際には、それが絹による対価を伴う交易に等しいものであったことは良く知られている。またこの絹馬交易においては、回鶻の場合など持ち込む馬匹が唐の要求を越えた数となって、唐が絹の支払いに苦しむこともしばしば起きていた。渤海・新羅の場合はそうではない。唐国内の州府は自分達の力で長安まで鷹鶻を献上したであろうが、新羅には唐使が取りに行っていた。しかし、鷹鶻の献上が新羅に負担となっていたことは既に述べた通りである。従って、渤海や新羅の鷹の貢進を北方遊牧民の馬などの朝貢と同断に考えることはできない。鷹鶻の朝貢の場合、渤海のみならず新羅についても唐朝に対する従属的な性格が窺われるのである。ただし渤海が進んで長安まで献上し、それが前記九例の記録として残ったとするならば、それは新羅との関係の悪化から渤海が唐朝との関係の維持に努めたからであろう[28]。

最後に、唐―渤海に関してなお唐末に関する史料が一点存在していることを述べておきたい。濱田耕策氏は李氏朝鮮の成宗九年（一四七八）に盧思慎・徐居正によって編纂された『東文選』巻三三・表箋に収録された、科挙官僚として唐で活躍した崔致遠の「謝不許北国居上表（北国の上に居るを許さざるを謝するの表）」を紹介している[29]。すなわち、唐昭宗の乾寧《けんねい》四年（八九七）に渤海の賀正の王子・大封裔が渤海を新羅の上席に置くように要請したのに対して唐側がこれを拒絶し、崔致遠が新羅王に代わってその措置に対して謝意を表した上表文である。

そのうち、上述した渤海の要求と唐朝の措置に関わる冒頭の部分は以下の如くである。

臣某言えらく、臣は當蕃の宿衛院の狀報を得るに、去る乾寧四年七月の內、渤海賀正王子大封裔の進狀に、渤海の新羅之上に居るを許さんことを請う。伏して敕旨を奉ずるに、國名の先後は、比《この》ろ強弱に因りて稱さず、朝制の等威は、今豈に盛衰を以て改めん、宜しく舊貫に仍《よ》り、此れに准じて宣示すべき者《なり》、と。（臣某言、臣得當蕃宿衛院狀報、去乾寧四年七月內、渤海賀正王子大封裔進狀、請許渤海居新羅之上。伏奉敕旨、國名先後、比不因強弱而稱、朝制等威、今豈以盛衰而改、宜仍舊貫、准此宣示者）

つまり、渤海側が朝賀の席次について渤海を新羅の上に置くように要求したのに対し、唐側は国の席次は現時点での国力の強弱によって決めるものではなく、朝廷での序列は、今は国の盛衰によって改めることなく旧慣に拠るように、と指示したのである。この措置に対する新羅の謝意を表した部分は、新羅と渤海との歴史的関係を新羅の立場から述べた長文で、右の引用文に見られる「旧慣」とは、そのような過去の慣例に基づく蕃望の順序を指すのであろう。しかし、本書第三部第七章で紹介した『翰林志』や『苔蕃書』に見られるように、蕃望[30]の順序も変わりうるのであって、席次の改められなかったことを新羅と渤海との過去の経緯から正当化しようとする、新羅の主張はいささか我田引水である。

ただしここで注目したいのは、この事件が九〇七年の唐朝滅亡の僅か十年前に起こった、という事実である。唐では、僖宗の中和四年（八八四）に黄巣の乱が平定された後も、反乱軍から投降した朱全忠を始めとする各地の軍閥の争いはむしろ激化していた。乾寧《けんねい》三年（八九六）七月には、山南西道節度使で鳳翔（陝西省宝鶏市）を根拠地とする李茂貞（唐の一族ではない）が長安を陥れ、復興しつつあった長安は再び灰燼に帰した。昭宗は長安の東の華州（陝西省華県）節度使韓建の許に逃れたが、乾寧四年八月には韓建の専横に不満を持つ唐室の諸王が多数殺された。その僅か一箇月前に、賀正使である渤海の王子が席次の変更を要求する状を唐の朝廷に進め、昭宗もこれに対して敕旨を発しているのである。大封裔自身が華州の行在《あんざい》を訪れ得たかどうかは明らかではないが、このような時期でも異民族が唐の朝廷と連絡を取り朝廷もそれに対応していた事実は、中国王朝の対外交渉の実態の一面を示していて貴重である。

六　おわりに

以上、渤海に対する唐朝の扱いについて、主に「渤海」「郡王」「国王」という称号及び鷹鶻の朝貢の性格を分析することで考察してきた。そこから指摘できるのは、唐が一貫して渤海を内属国として扱ってきた事実である。称号の面からは、渤海が新羅より一段階低い位置にあったことが確認できた。また、新羅に対する弔祭冊立使と渤海に対する弔祭冊立使との格の差も[31]、同様の例として指摘できる。鷹と鶻との貢進が求められた点では、新羅も唐から内地の府州並みに扱われていたと言える。しかし、関連史料が少ないので終始そうであったとは断言できないが、渤海が使節を派遣して鷹鶻を貢進したのに対し、新羅には唐の宦官が取りに行ったとすれば、やはり一定の差はあったと言い得るであろう。

総じて、渤海は唐から新羅より一段階低く扱われていた。唐とすれば、朝鮮半島を統一した新羅を一定程度尊重して、新興の渤海にも新羅よりやや低い待遇を与えることで、巧みに両国との外交の均衡を図っていたのであろう。

一方で、八世紀の新羅と渤海との関係は良好ではなく、日本と新羅との対立も次第に険しくなって行った。日本と渤海との関係は逆に深まっていったが、その過程で注目されるのは、渤海が「渤海郡王」の称号を当初から使用していたことである。「渤海郡王」の称号が、唐代でも国内で用いられた内臣の爵号であったことを忘れてはならない。渤海は唐より得た内臣向けの爵号を、日本に対する外交に積極的に用いていたのである。堀敏一氏は、六朝時代に中国の官職や爵号が、周辺諸国の国内の称号としても通用していたことを指摘したが[32]、渤海における「渤海郡王」号の使用は、唐代における近似の用例と考えることができるかも知れない。渤海の外交には、唐の内臣の爵号を得てそれを自ら外国との交渉に用いる、という特色があったのである。唐代でそれが渤海のみの特色であったのか、他の国にも同様の例はあるのか、唐代の周辺諸国に対する官爵の賜与について、改めて考察する必要があるであろう。

また、唐朝では懿宗（在位八五九〜八七三）朝になると正月元日の朝賀の礼は実施されなくなったと推測される。昭宗は前述の乾寧四年の場合も含め、しばしば正月元日の朝賀を行っているが、太極殿や大明宮の含元殿が廃棄されたのみならず長安にも安住できなくなった情況で、強大化する藩鎮勢力に対抗して朝廷の官僚の団結を強めるために朝賀の礼を行ったものと考えられる[33]。八八三年頃から九〇三年までの制敕を、九〇四年頃に楊鉅が『翰林学士院旧規』として編纂したこと自体、そうした唐朝側の努力の証であったのかも知れない[34]。

註

（1）中国史の立場から唐代の国際秩序を整理した最近の研究に、石見清裕『唐の北方問題と国際秩序』（汲古書院、一九九八年）がある。また、関尾史郎「『義和政変』前史―高昌国王麴伯雅の改革を中心として―」（『東洋史研究』第五二巻第二号、一九九三年）は、高昌国を隋の冊封国として把握しており、東アジア世界の問題を考える上でも参考になる。

（2）渤海の当初の国号については、酒寄雅志「渤海の国号に関する一考察」（『朝鮮史研究会会報』第四四号、一九七六年）参照。

（3）栗原益男「唐の衰亡」（同氏『唐宋変革期の国家と社会』所収、汲古書院、二〇一四年、初出は一九八二年）四五頁註（9）。ただし栗原氏はこの時の進号を「渤海王」と記し、王と国王とを区別していない。

（4）増村宏「遣唐大使藤原清河の抑留」（同氏『遣唐使の研究』所収、同朋舎出版、一九八八年、初出は一九八〇年）参照。

（5）『続日本紀』天平宝字三年（七五九）一〇月辛亥條に引く渤海中台省牒に

迎藤原河清《ママ》使惣九十九人、大唐祿山先爲逆命、思明後作亂常、内外騷荒、未有平殄。卽欲放還、恐被害殘、又欲勒還、慮違隣意。仍放頭首高元度等十一人、往大唐迎河清、卽差此使、同爲發遣。其判官全成（内藏全成）等竝放歸鄉、亦差此使隨往、通報委曲。

とある（傍点金子）。

（6）第三部第四章「唐代冊封制一斑」及び第五章「唐代の異民族における郡王号」参照。なお、本章第一九表の突騎施烏質勒の受爵について、薛宗正「突騎施汗国的興亡」（『歴史研究』一九八四年第三期）は、烏質勒の冊封と病卒とを共に神龍二年のこととし、旧伝の景龍二年を訛伝とする（九八頁）。

（7）中国における内臣と外臣との区別の存在及びそれぞれの性格については、栗原朋信「文献にあらわれたる秦漢璽印の研究」（同氏『秦漢史の研究』所収、吉川弘文館、一九六〇年）参照。

（8）本来の国号に爵称の「王」を附したものを本国王という。新羅王・百済王・高句麗王などは本国王である。第三部第四章参照。

（9）『旧唐書』高祖紀・武徳元年（六一八）六月庚辰條には、李建成の立太子などと共に「奉慈爲渤海王」と見える。しかし、『唐大詔令集』巻三九・上官儀「冊贈渤海王文」（龍朔〈六六二〉二年五月一三日）には「惟爾故金紫光祿大夫・原州都督・渤海郡王奉慈、……是用贈王爲都督荊硤岳朗四州諸軍事・荊州刺史・右衞大將軍、餘如故」とあり、李奉慈の武徳元年の爵称が渤海郡王であったことは確実である。

（10）「渤海」の爵号が唐の国内でも用いられていたことについては、李殿福・孫玉良『渤海国』（文物出版社、一九八七年）二〇～二二頁にも指摘がある。

（11）石井正敏「第二次渤海遣日本使に関する諸問題」（同氏『日本渤海関係史の研究』所収、吉川弘文館、二〇〇一年、初出は一九七九年）三八七～三八八頁註（49）。

（12）奈良国立文化財研究所編『平城京長屋王邸宅と木簡』（吉川弘文館、一九九一年）の「木簡—釈文と図版—」三〇頁（釈文）及び五四頁（図版）。この木簡の存在については、李成市氏の御教示を得た。李氏は、『東アジアの王権と交易—正倉院の宝物が来たもうひとつの道—』（青木書店、一九九七年）ではこの木簡を神亀四年のものとし、その意義について考察している。

（13）古畑徹「大門芸の亡命年時について—唐渤紛争に至る渤海の情勢—」（『集刊東洋学』第五一号、一九八四年）三三頁註（44）は、大都利行を以て桂婁郡王の冊封は終わったとする。

（14）西嶋定生「六—八世紀の東アジア」（一九六二年）参照。

（15）窪添慶文「四世紀における東アジアの国際関係—官爵号を中心として—」（同氏『魏晉南北朝官僚制研究』所収、汲古書院、二〇〇三年、初出は一九八二年）参照。

（16）ただし、後燕の慕容宝は高句麗の広開土王を「遼東帯方二国王」に封じている（『梁書』巻五四・高句麗伝）。

（17）古畑徹「七世紀末から八世紀初にかけての新羅・唐関係—新羅外交史の一試論—」（『朝鮮学報』一〇七、一九八三年）一二～一三頁。

（18）栗原益男「七、八世紀の東アジア世界」（註〈3〉所掲同氏『唐宋変革期の国家と社会』所収、初出は一九七九年）参照。

（19）第三部第四章参照。また入蕃と絶域とについては、『唐会要』巻一〇〇・雑録に
聖暦三年（七〇〇）三月六日敕、東至高麗國、南至眞臘國、西至波斯・吐蕃及堅昆都督府、北至契丹・突厥・

鞅鞨、竝爲入蕃、以外爲絶域。其使應給料、各依式。

とある（『白氏六帖事類集』巻一六・和戎の原註にもほぼ同文を引く）。ここから仁井田陞氏は、右記引用文の範囲内の国々を含む地域を蕃域と呼び、それ以外の絶域と区別した。同氏『中国法制史研究四　法と慣習・法と道徳』（東京大学出版会、一九六四年、補訂版一九八〇年）所収「東アジア諸国の固有法と継受法」参照。
(20) 第一部第三章の第三表「玄宗朝の諸外国の王号表」参照。
(21) 漢字表記の西域の国々の地名比定については、馮承鈞原編『西域地名』（陸峻嶺増訂、中華書局、一九八〇年）に従った。
(22) 第三部第七章参照。
(23) 本章の第一九表参照。なお、『冊府元亀』第九六四・外臣部封冊二には「乾封元年五月、封河源王慕容諸曷鉢爲青海王」とあるが、河源王・青海王はそれぞれ河源郡王・青海国王の省略と見てよいであろう。
(24) 今村与志雄「唐代の鷹狩について」上下（『人文学報』三六・四二、一九六三〜六四年）参照。
(25) 開元二五年の献上は「鷹鶻」、開元二九年のは「鷹及鶻《はやぶさ》」（『冊府元亀』第九七一）、元和九年のは「鷹鶻」（同書巻九七二）とある。
(26) 古畑徹「渤海使の文化使節的側面の再検討―渤海後期の中華意識・対日意識と関連させて―」（『東北大学東洋史論集』六、一九九五年）参照。また、新羅では唐の弔慰使（弔祭使）が前王を祭ったのは年内であるが、冊封の儀は年の改まるのを待って正月に行われた。池内宏「百済滅亡後の動乱及び唐・羅・日三国の関係」（同氏『満鮮史研究』上世第二冊所収、吉川弘文館、一九六〇年、初出は一九三四年）一三一頁註（1）参照。
(27) 丸山裕美子「唐国勅使韓朝彩についての覚書」（『続日本紀研究』第二九〇号、一九九四年）参照。
(28) 李成市「八世紀新羅・渤海関係の一視角―『新唐書』新羅伝長人記事の再検討―」（同氏『古代東アジアの民族と国家』所収、岩波書店、一九九八年、初出は一九九一年）は、八世紀に新羅と渤海との間が極めて緊張した関係にあったことを明らかにしている。
(29) 濱田耕策「唐朝における渤海と新羅の争長事件」、末松保和博士古稀記念会編『古代東アジア史論集』下巻所収、吉川弘文館、一九七八年。ただし、本文の崔致遠の引用文では濱田氏の句読の一部を改めた。なお、濱田氏には崔致遠に関する編著『古代東アジアの知識人崔致遠の人と作品』（九州大学出版会、二〇一三年）がある。

（30）唐朝における異民族に対する扱いの基準を定めた蕃望については、石見清裕「蕃望について」（同氏『唐の北方問題と国際秩序』第三部第四章、汲古書院、一九九八年）参照。

（31）註（26）所掲古畑「渤海使の文化使節的側面の再検討」二二四～二二五頁。

（32）堀敏一『中国と古代東アジア世界―中華的世界と諸民族―』（一九九三年）第六章・第七章参照。

（33）金子修一・小澤勇司「唐代後半期的朝賀之礼」（『唐史論叢』第一二輯、三秦出版社、二〇一〇年）参照。

（34）楊鉅の『翰林学士院旧規』については、第三部第七章参照。

附論五　突厥の冊立をめぐる諸問題

一　はじめに

かつて西嶋定生氏が、東アジアにおける国際政局を動かす形式として冊封体制の存在を指摘し、さらにその冊封体制を軸として東アジア世界論を展開して以来[1]、古代東アジア世界の国際関係をどう把握するかという問題が広汎に論じられるようになってきている[2]。しかしながら、東アジア諸国と中国との交渉を取り上げるにしても、言うまでもなく中国王朝が関係を結んだ国々は東アジア諸国に限られていたわけではない。近年、冊封体制の存在から国際関係を説明する方法の有効性に対して疑問が出されているが[3]、冊封体制論の有効性を論ずる上でも、中国と周辺諸国とが織り成す国際関係において東アジア諸国がどのような位置附けにあったのか、という点を明らかにする作業が一方で要請されてくるのではなかろうか。こうした作業を行って優れた成果を挙げた例としては、坂元義種氏の『古代東アジアの日本と朝鮮』（吉川弘文館、一九七八年）を挙げることができる。しかし、本書は五世紀の倭の五王の時代を主な検討対象としており、世界帝国とも呼ばれる隋唐時代に関しては、同様の試みは意外に行われてこなかったようである[4]。従って、隋唐時代の国際関係のあり方を東アジア諸国との交渉に限定して論ずるのではなく、広く隋唐帝国と周辺諸国との関係総体の中で論ずる必要があるものと思われる(5)。

ところで、西嶋氏は「六―八世紀の東アジア」において、隋唐時代において突厥・吐蕃・回紇との関係は冊封関係と別の形式のもとに展開され、そこには冊封体制とは別の体制と論理の存在が想定される、と指摘した(6)。その後、その体制と論理とがどのような歴史的性格のものであったかについて、西嶋氏は特に論じていないが、冊封体制論の内容を豊かにしていくためにも、突厥・回紇その他の諸国と中国王朝との関係のあり方を検討していくことが必要となってくるであろう(7)。既に隋唐と突厥との関係については両者の名分的な関係の種々相を明らかにし、それが両者の現実的勢力関係と深く関わっていたことを論じた、護雅夫氏の「突厥と隋・唐両王朝」の貴重な労作がある(8)。そこで、本章では護氏の成果に依拠しながら、隋・唐両王朝と突厥との冊立―被冊立関係の問題を改めて取り上げ、突厥の可汗の冊立がどのような諸條件のもとで行われたかを再検討してみたいと思う。ここで冊立―被冊立関係に著目するのは、それが東アジアにおける冊封関係と類似の関係であり、隋唐時代東アジアの国際関係のあり方を広く周辺諸国との総体関係の中で把握して上でも、有効な指標であると想定されるからである。

二　唐―突厥間の冊立―被冊立関係

唐と突厥（東突厥）との間には父子関係を始めとする種々の名分的な関係が結ばれたが、突厥が唐の冊立を受けたことは以下に述べる如く都合三回あった。開元二八年（七四〇）には、既に唐と父子関係にあった登利可汗が、唐の冊立を受けて苾伽骨咄禄可汗となっている。順序は逆になるが、この登利可汗の冊立に見られる問題点から検討していこう。このことについて護氏は、登利可汗の治世末期に王族間の抗争によって突厥国家の基礎が揺るぎ始めたことが、唐—突厥間が単なる父—子関係から、父—子・冊立—被冊立（＝君—臣）関係へと隷属の度を強めた理由であった、と説明している。(9) この解釈は、突厥内部の事情に関する限り正当であると思われる。しかし、突厥の以後の内紛は激しさを加え、この気運に乗じて反乱を起こしたトルコ系諸部族の中から回紇の骨力裴羅が自立し、天宝三載（七四四）に骨咄禄毗伽闕可汗と称するに及んで、突厥第二帝国は滅亡するに至る。唐が可汗を冊立することに由って突厥内部を安定させ、ひいては北辺を安定させようとしたならば、この冊立は結果として全く無意味であったことになる。それでは、この時の冊立の意味を突厥の内部事情からだけでなく、別の面からより積極的に説明することはできないであろうか。

『冊府元亀』巻九六四・外臣部封冊二・開元二八年三月條及び是年條には次のような記事が見える。

是の月、拓羯王斯謹緹に特進を加え、蘇祿可汗を平らげる之功を賞す。冊して曰く、維れ開元二十八年歳次庚辰三月丁亥朔、二十六日壬子、皇帝若《ここ》に曰く、……咨爾《ああなんじ》突厥苾伽骨咄祿可汗、……先代以來より迄《いた》り、好《よし》みを中國に結び、舊業を纘業して自り、克く前修を繼ぎ、遠く使臣を遣し、闕下に來朝す。義之感ずる所、情實焉れを嘉《よみ》す、褒稱有らざれば、孰《いず》れか忠順を彰さん、是《ここ》に爾を冊《さく》して可汗と爲す。今從弟左金吾衛將軍質（李質）を遣して持節の禮もて冊往せしむ、欽哉《つつしめよや》。……（是月、加拓羯王斯謹緹特進、賞平蘇祿可汗之功。冊曰、維開元二十八年歳次庚辰三月丁亥朔、二十六日壬子、皇帝若曰、……咨爾突厥苾伽骨咄祿可汗、……迄先代以來、結好中國、自纘業舊業、克繼前修、遠遣使臣、來朝闕下。義之所感、情實嘉焉、不有褒稱、孰彰忠順、是冊爾爲可汗。今遣從弟左金吾衛將軍質（李質）持節禮冊往、欽哉……）

是の月、碩西節度使蓋嘉運は吐火仙可汗を俘にして來り獻ず。帝特に之れを捨《ゆる》し、授けるに官爵を以てす。制して曰く、……突騎施吐火仙可汗骨啜・弟葉護頓阿波等、背北（そむく）して邊に乘じ、兵を阻みて衆を恃み、蟻聚して梗《さしさわり》を爲し、或いは疆場《きょうえき》を擾すと雖も、而るに王師の向う所、盡く巣穴を擣《う》つ。其の束身して戮に就くを憫《あわれ》み、命を歸して朝せしめ、宜く宥過之典を加うべく、載《ここ》に覃恩之命を洽《うるお》すべし。……骨啜は左金吾衛員外大將軍たる可く、仍《よ》りて封じて循義王と爲し、頡阿波(10)は右武衛員外大將軍たる可し。（是月、磧西節度使蓋嘉運俘吐火仙可汗來獻。帝特捨之、授以官爵。制曰、……突騎施吐火仙可汗骨啜・弟葉護頓阿波等、背北乘邊、阻兵恃衆、雖蟻聚爲梗、或擾疆埸、而王師所向、盡擣巣穴。憫其束身就戮、歸命而朝、宜加宥過之典、載洽覃恩之命。……骨啜可左金吾衛員外大將軍、仍封爲循義王、頡阿波可右武衛員外大將軍）

是年、右（左？）金吾將軍李質を遣して璽書を齎《もたら》して突厥に入らしめ、登利を冊立《さくりつ》して可汗と爲す。（是年、遣右〈左？〉金吾將軍李質齎璽書入突厥、冊立登利爲可汗）

以上の記事には若干混乱があり、初めに拓羯王斯謹韆（『新唐書』巻二一五下・西突厥伝には史王斯謹提とある）に突騎施蘇禄可汗（実際は蘇禄の子の吐火仙可汗）を平定した功を賞したとありながら、その冊書自体は突厥の登利可汗を冊立した文書となっている。しかし、間に突騎施関係の記事を挟んで、次に李質による登利可汗冊立の記事が続いており、若干の混乱はあるものの、登利可汗の冊立が突騎施の平定と関連したものであったことが、この引用文の文脈から推測されるであろう。

この間の突騎施の情況は『新唐書』巻二一五下・西突厥伝に詳しい。それに拠れば、開元二七年（七三九）に玄宗は磧西節度使蓋嘉運を派遣して、突騎施や抜汗那《フェルガーナ》西方諸国を和撫せんとした。蓋嘉運は突騎施の莫賀達干や石《タシュケント》国王莫賀咄吐屯・史《キシュ》国王斯謹提と共に吐火仙可汗を討ち、これを擒えた。また疎勒鎮守使夫《ふ》蒙霊詧《もうれいさつ》は抜汗那王と怛羅《タラ》斯《ス》城を急襲し、蘇禄部の黒姓可汗爾微等を斬った。これに由って西方諸国はことごとく唐に降り、散亡した数万人は抜汗那王に帰属した。翌開元二八年（七四〇）に唐は莫賀咄を冊して順義王とし、斯謹提を特進に拝してその功に酬い、さらに突騎施の吐火仙可汗については、これを許して左金吾衛大将軍修義王（『冊府元亀』巻九六四では循義王）とし、頓阿波は右武衛員外将軍としたのである（『騎馬民族史』第二巻、平凡社東洋文庫、一九七二年、二九五～二九六頁〈護雅夫訳注〉参照）。さきに引用した『冊府元亀』巻九六四の一連の記事の内容はこの突騎施討伐の事実と符合しており、その際の賞賜としての冊立を伝えたものであることは明瞭であろう。なお、引用は省略したが、石国王莫賀咄吐屯の冊立は、『冊府元亀』同巻では斯謹提の記事の前に記されている。

以上の『新唐書』西突厥伝の記事には、突厥が突騎施攻略に参加したことは伝えられていないが、開元二九年（七四一）三月の登利可汗（苾伽骨咄禄可汗）の賀正表（『冊府元亀』巻九七一・外臣部朝貢四）に

今年新年の献月（正月）、伏して願くは天可汗は壽命延長し、天下は一統せん。背恩の逆賊の有る所、奴身は抜汗那王と共に盡力して敵を支《わか》たん。之れに歸附する有るの如きは、奴卽ち和好す。（今年新年献月、伏願天可汗壽命延長、天下一統。所有背恩逆賊、奴身共拔汗那王盡力支敵。如有歸附之、奴卽和好）

とあるのは、前々年の抜汗那王らの突騎施攻略を踏まえた表現に他ならず、突厥がこのことに何らかの関係を持っていたことを示している。また、唐がこれ以前から突厥に対して突騎施に目を向けさせ、これを征討させようとしていたことは、『全唐文』巻二八六・張九齢「敕突厥可汗書」（開元二四年のもの）(11)に

兒は去年東討するに、先言有ると雖も、然るに兩蕃（契丹・奚）は既に國家（唐）に歸す、亦た合《まさ》に侵伐すべからず。朕既に兒與《と》間無く、終に此れを以て懷と爲さず。契丹及び奚は諸蕃の窮者、土地は以て放牧するに足らず、羊馬は以て貪求するに足らず、遠く師徒を勞し、兼ねて鋒鏑を冒し、勝つも武と爲さず、勝たざれば亦た危し。此れを以て之れを言わば、當に其の大なる者に務むべし。突騎施は本より貴種に非ず、異姓より出自し、惟だ姦數に任せ、羣胡を誑誘す。十數年間、又た國家の庇蔭《ひいん》を承け、其の荒遠に因り、遂に苟存を得。近

日以來、茲の背徳を敢えてし、又た兒の意を知り、亦た之れを破らんと欲す。……兒若し兵を總べて西行すれば、朕即ち師を出《いだ》して相《あい》應ぜん。安西（都護府）・瀚海（都護府）、近く已《すで》に兵を加え、以て之れを滅ぼさんと欲するも、復た何ぞ難からんや。儻《も》し事捷《か》つ之日は、羊馬土地は、總べて以て兒に與え、子女玉帛は、別に優賞有らん。信に是れ長策なり、熟《つらつ》ら之れを思う可し。兒與《と》情親なれば、故に言いて此に及ぶ耳《のみ》。（兒去年東討、雖有先言、然兩蕃既歸國家、亦不合侵伐。朕既與兒無間、終不以此爲懷。契丹及奚諸蕃窮者、土地不足以放牧、羊馬不足以貪求、遠勞師徒、兼冒鋒鏑、勝不爲武、不勝亦危、以此言之、當務其大者。突騎施本非貴種、出自異姓、惟任姦數、誑誘羣胡。十數年間、又承國家庇廕、因其荒遠、遂得苟存。近日以來、敢茲背德、又知兒意、亦欲破之。……兒若總兵西行、朕即出師相應、安西・瀚海、近已加兵、欲以滅之、復何難也。儻事捷之日、羊馬土地、總以與兒、子女玉帛、別有優賞。信是長策、可熟思之、與兒情親、故言及此耳）

とあることから明瞭である。即ちこの敕書は、突厥に対して唐の藩国となっている契丹・奚を討つことを止め、それに代えて西方の突騎施を攻めるように指示しているのである。

このように見てくると、登利可汗の冊立が、同時期に行われた突騎施討伐と関連した措置であったことが明らかとなるであろう。ただし、突厥がこの時に突騎施討伐に直接参加した明証は見出し難く、この冊立が論功行賞として行われたものかどうかは判然としない。突騎施の蘇禄可汗は東突厥の女性を可敦の一人としていたから、或いはこの冊立は、突騎施と姻戚関係にあった東突厥を唐王朝の側に引きつけておく手段であったのかも知れない。いずれにせよ、被冊立国の内部事情の如何に拘らず第三国を討伐する際に被冊立国を唐王朝に引きつけておく手段として、唐王朝の冊立が行われた事実の存することは、注意しておくべきであろう。なお、この時に石国王が順義王、吐火仙可汗が修義王（循義王）という、いずれも地名ではなく、唐王朝に忠順であることを示す王号に冊立されていることも、併せて注意しておくべきであろう（第三部第四章参照）。

次に、則天武后朝における東突厥の黙啜可汗の冊立について考えてみよう。黙啜可汗は延載元年（六九四）に霊州に寇したが、翌天冊万歳元年には遣使して降を請い、則天武后はこれを左衛大将軍帰国公に封じた。翌万歳通天元年（六九六）には一旦入寇するが、後に武后に子となることを請い、併せて自分の女《むすめ》に婚を求め、さらに契丹の唐に対する叛乱には同調しなかった。そこで武后は、その年の九月に黙啜を遷善可汗に冊立した。さらにその翌年の万歳通天二年には、黙啜が契丹を攻略したことを賞して、武后は彼を特進・頡跌利施大単于・立功報国可汗に冊立したが、これは黙啜の侵攻のために実現しなかったらしい(12)。

このように、則天武后の黙啜冊立は両三度に及んでいるが、この間の黙啜の姿勢は一貫して武后に対して挑戦的であり、当時の両者の関係は実質的には敵国に等しいものであった。護氏に依れば、隋唐と突厥との冊立―被冊立関係は、この則天―黙啜の場合を除いて、全てそれぞれの時点における中国王朝と突厥との名分的関係に対応していた（中国王朝が優勢であった）。逆に言えば、この時に限って名分的な関係と現実的な勢力関係とが乖離しているのである(13)。それでは、黙啜の冊立が行われた理由を、先程と同じように、武后―黙啜の両者間以外の所に求めることはできないであろうか。そう考えた場合に注目されるのは、行論中に既にその名の見えた契丹の存在である。

契丹は太宗の貞観二二年（六四八）に唐に内属し、その地は唐の羈縻府州となった。高宗の総章元年（六六八）には、唐は高句麗を滅ぼして安東都護府を創設し、遼東・朝鮮半島一帯に勢力を伸ばしたので、この頃は契丹も唐朝に対して恭順の態度をとっていたものと思われる。しかし、高宗の末年から唐朝の外蕃に対する規制力が緩み始め、東突厥が再興すると、奚・契丹・室韋などの東北諸部族は唐を離れて東突厥に服属するようになった。そして武后の万歳通天元年には、契丹の松漠都督李尽忠は別帥の帰誠州刺史孫万栄と挙兵し、唐の営州都督趙文翽《ちょうぶんかい》を殺して営州を占領するに至るのである。しかし、この動きは突厥の攻勢や孫万栄の敗死によって翌神功元年（六九七）には終わりを告げ、玄宗の開元四～五年（七一六～七一七）には松漠都督府の復活、営州都督府の旧地への帰還が行われる(14)。このように則天武后期は、契丹が唐（武周）王朝に対して最も攻勢に出た時期であったのである。

そこで、この間の事情を『旧唐書』巻一九四上・突厥伝上について見てみると

萬歳通天元年、契丹首領李盡忠・孫萬榮反叛し、營府を攻陷す。默啜は遣使して上言し、河西の降戸を還し、卽ち部落の兵馬を率いて、國家の爲に契丹を討撃せんことを請う。制して之れを許す。默啜遂に契丹を攻討し、部衆は大いに潰え、盡く其の家口を獲て、默啜は此《ここ》自り兵衆漸く盛んなり。則天尋《つ》いで遣使して默啜を冊立して特進・頡跌利施大單于・立功報國可汗と爲す。（萬歳通天元年、契丹首領李盡忠・孫萬榮反叛、攻陷營府。默啜遣使上言、請還河西降戸、卽率部落兵馬、爲國家討擊契丹。制許之。默啜遂攻討契丹、部衆大潰、盡獲其家口、默啜自此兵衆漸盛。則天尋遣使冊立默啜爲特進・頡跌利施大單于・立功報國可汗）

とある。文中の国家とは皇帝または中国王朝のことであり、以上に拠れば万歳通天元年（六九六）の默啜の冊立は契丹討伐の功賞として行われたものであった。さらに、『新唐書』巻二一五上・突厥伝上には

契丹李盡忠等反し、默啜は賊を撃ちて自ら效《いた》さんことを請い、詔して可とせらる。左衞大將軍・歸國公を授け、左豹韜衞將軍閻知微を以て部に卽かしめ、遷善可汗に冊拜す。默啜乃《すなわ》ち兵を引きて契丹を撃つ。會《たまた》ま盡忠死し、松漠部落を襲い、盡《ことごと》く李《ママ》（孫）萬榮の妻子輜重を得、酋長崩潰す。后は其の攻を美とし、復た知微に詔して節を持せしめ、默啜を冊して特進・頡跌利施大單于・立功報國可汗と爲す。（契丹李盡忠等反、默啜請擊賊自效、詔可。授左衞大將軍・歸國公、以左豹韜衞將軍閻知微卽部、冊拜遷善可汗。默啜乃引兵擊契丹、會盡忠死、襲松漠部落、盡得李萬榮妻子輜重、酋長崩潰。后美其攻、復詔知微持節、冊默啜爲特進・頡跌利施大單于・立

功報國可汗）

とあり、黙啜の三度の冊立が全て契丹討伐に関連して行われたものとされている。いずれにしても、黙啜を頡跌利施大単于・立功報国可汗に冊立したことが、契丹討伐の功賞として行われたものであったことは誤りない所である。即ち、この黙啜可汗の冊立は、中国王朝の契丹対策の一環として行われたものであった。

なお、『新唐書』突厥伝上には続けて、「未だ命に及ばずして、俄かに靈・勝二州を攻め、殺略を縦《ほしいまま》にし、屯將の敗る所と爲る（未及命、俄攻靈・勝二州、縦殺略、爲屯將所敗）」とある。この記事は、むしろ則天の側にこそ、この冊立を行わねばならない理由が存していたことを示しているように思われる。それ故に、冊命に及ぶ以前に黙啜が霊・勝二州へ侵攻する、という事態も起こり得たのではなかろうか。

溯って、太宗朝における乙弥泥孰俟利苾可汗の冊立の事情について検討してみたいが、既に護雅夫氏が的確に指摘しているように、彼の冊立については薛延陀の真珠毗伽可汗の冊立と関連させて考察しなければならない。

唐初においては突厥は優勢を誇っており、唐がこれに臣事したことも伝えられている。その後、唐王朝の治世の安定化に伴い、唐は突厥を外臣として扱うようになっていく。一方突厥においては、頡利可汗の治世に入ると小可汗突利との対立が次第に顕著になり、さらに高祖の武徳九年（六二六）から太宗の貞観元年（六二七）には、突厥の支配下にあった薛延陀を始めとする十数部に登る鉄勒諸部が叛乱を起こすに至った。そこで唐は、薛延陀の長男夷男を真珠毗伽可汗に冊立するが、その間の事情については『唐会要』巻九四・北突厥伝・貞観二年（六二八）条に

十一月、突厥の北邊多く叛し、頡利は薛延陀に歸し、共に其の俟斤夷男を推して可汗と爲すも、夷男は敢えて當らず。上《しょう》（太宗）方《まさ》に頡利を圖り、乃《よ》りて遣使して閒道もて夷男を冊して眞珠毘伽可汗と爲す。（十一月、

突厥北邊多叛、頡利歸薛延陀、共推其俟斤夷男爲可汗、夷男不敢當。上方圖頡利、乃遣使間道冊夷男爲眞珠毘伽可汗）

とある。即ち、突厥可汗としての指導力を失いつつあった頡利可汗に一層の打撃を与えるために、唐は薛延陀の夷男を可汗に冊立したのであった。そして、同じく『唐会要』北突厥伝に

三年十一月、頡利は薛延陀之封《ほう》に因り、大いに懼れ、始めて遣使して臣を稱し、公主に尙せられんことを請う。（三年十一月、頡利因薛延陀之封、大懼、始遣使稱臣、請尙公主）

とあるように、貞観三年（六二九）に頡利可汗は真珠毗伽可汗の冊立を知って初めて遣使して臣と称し、併せて公主降嫁を願うに至るのである。これに乗じて唐が征討軍を繰り出したので、同年一二月から翌貞観四年にかけて突利を始めとする突厥の領袖は続々と唐に降り、三月には遂に頡利自身も擒えられた。突厥第一帝国の瓦解であった。

この後、北モンゴリアで勢威を振ったのは他ならぬ薛延陀であったが、今度は逆に唐は突厥を援助することに由ってこれを牽制していくことになる。唐に帰投した突厥諸部は華北の辺境一帯に徙されたが、オルドスに住した諸部を中心に次第に勢力を回復し、貞観一三年（六三九）には突利可汗の弟結社率が叛乱を起こすに至った。唐はこれらを黄河の北に移住させることとし、唐に降ってオルドスの諸部を統べていた突厥の王族の一人、右武候大将軍・化州都督・懐化郡王阿史那思摩に李姓を賜い、これを乙弥泥孰俟利苾可汗に冊立して河北に徙そうとした。ところが薛延陀の夷男はこれを歓迎せず、また阿史那思摩も薛延陀を憚って北遷しようとはしなかった。そこで太宗は薛延陀に璽書を賜わって説諭したが、それには次のように見える（『旧唐書』巻一九四上・突厥伝上）。

頡利を黜《ちゅっ》廢《はい》して自り以後、恆に可汗を更立せんと欲す。是《ここ》を以て降る所の部落等は、竝びに河南に置き、其の放牧に任す。今戸口羊馬、日に向いて滋《い》よ《よい》多し。元より冊立を許し、信を失う可からず、即ち突厥を遣して

渡河せしめ、其の國土を復せんと欲す。我爾《なんじ》延陀を策（冊）するの日月は前に在り、今突厥は理は是れ後に居り、後者は小と爲り、前者は大と爲る。爾は磧北に在り、突厥は磧南に居り、各々土境を守り、部落を鎭撫せよ。若し其の踰越して、故《ことさら》に相《あい》抄掠すれば、我は即ち兵を將いて、各々其の罪を問う。此の約既に定まり、但に爾の身に便有るに非ず、厥《そ》の子孫に貽《のこ》して、長く富貴を守らしむる也。（自黜廢頡利以後、恆欲更立可汗。是以所降部落等、竝置河南、任其放牧。今戸口羊馬、日向滋多。元許冊立、不可失信、即欲遣突厥渡河、復其國土。我策爾延陀日月在前、今突厥理是居後、後者爲小、前者爲大。爾在磧北、突厥居磧南、各守土境、鎭撫部落。若其踰越、故相抄掠、我即將兵、各問其罪。此約既定、非但有便爾身、貽厥子孫、長守富貴也）

ここには、（1）突厥に冊立を許した以上、それを実現させて突厥に信を失うことがないようにしなければならない。（2）先に策（＝冊立）している薛延陀を大とし、後れて冊立する突厥を小とする、（3）薛延陀はゴビ砂漠の北方に位置し、突厥は南方に位置して、互いに境界を守って侵犯しないようにする、（4）境界の侵犯、掠奪という事態が起これば、唐が問罪の兵を出す、ということが示されている。言い換えれば、周辺諸民族を冊立する場合に、それに由ってそれぞれの民族の内部の安定を図ると同時に国際秩序の維持を要求する。それに違反する場合には、唐王朝による征討が国際秩序を維持する行為として正当化される、ということであり、唐代における冊立の機能の一端が見事に文章化されている、と言えるであろう。こうして薛延陀を磧北に、突厥を磧南にそれぞれ冊立することによって、一方が強大化することを唐は未然に防ごうとしたのである。その後、阿史那思摩に率いられて黄河を渡った者は凡そ十万人と称されたが、彼はこれら突厥諸部の掌握に失敗し、突厥諸部は再び唐に降ることとなる。一方、薛延陀の北モンゴリア支配も唐の離間策と征討とによって崩壊し、鉄勒諸部も唐に服属する。その結果、北モンゴリアから華北辺境にかけての鉄勒諸部・突厥諸部には唐の羈縻州が置かれることとなり、唐の薛延陀・

突厥双方を冊立して牽制させる政策は見事に功を奏したのである[15]。

以上、護氏の成果に拠って、貞観年間における突厥と薛延陀それぞれの冊立の事情を述べてきた。両者の冊立が、いずれか一方の強大化を防ぐために唐によって取られた措置であったことは、もはや再説するまでもないであろう。乙弥泥孰俟利苾可汗の冊立もこれまでと同じく、北アジアにおける別の蕃国の動向を睨み合わせた上で行われた措置であった。

このように、唐代における突厥の冊立がいずれも別の外蕃の動向と関連しあったものであったとすれば、冊立―被冊立関係を検討する上で、改めて次の二点が注意されなければならないであろう。第一点は、冊立―被冊立関係の成立の理由を、中国王朝と被冊立国との二国の内部事情にのみ求めることのできない場合のあることであり、第二点は、冊立がむしろ唐王朝の事情から行われる場合のあることである。

三　隋―突厥間の冊立―被冊立関係

さらに溯って、隋―突厥間の冊立―被冊立関係はどうであろうか。唐代と違って、隋代では『隋書』巻八四・突厥伝以外に特に拠るべき史料がなく、第三国との関係といったものは求めにくい事情もある。その為もあるのか、隋代の突厥の冊立に別の国が関わっていた模様はなく、隋の突厥一国に対する施策として理解できるようである。その点では公主降嫁も同様の施策として論ずる必要が出てくるので、その限りにおいて公主降嫁の問題も取り上げることにする。従って以下の叙述は、特に断らない限り『隋書』突厥伝に拠っている。因みに、唐代では突厥に対して公主降嫁が承認されたことは何度かあったが、実現したことはなかった。

隋代の突厥は当初強勢を誇ったが、内部対立や天災地変に加えて隋の離間策を被り、開皇三年（五八三）には東西に分裂する。その後東突厥を率いた沙鉢略可汗は開皇五年（五八五）七月には上表して称臣するが、開皇七年（五八七）のその死に至るまで、隋の冊立を受けることはなかった。沙鉢略は遺言で弟の処羅侯を立てるように指示したが、処羅侯は沙鉢略の子雍虞閭と一旦位を譲り合った。しかし、結局は遺言通りに処羅侯が立って葉護可汗となり、雍虞閭は葉護の地位に就いた。これに対して隋は車騎将軍長孫晟を派遣して、処羅侯を莫何可汗に、雍虞閭を葉護に冊立した。[16]以上が中国王朝が最初に突厥の可汗を冊立した時の事情であるが、この時には特に第三国の存在の影響といったものは見られないようである。護氏は、沙鉢略の死後に後継の可汗について上記のような問題が起こったので、隋が処羅侯と雍虞閭とを共に冊立することによって両者の関係を明確にしたのであろうと指摘し、さらにその際突厥から冊立の要請があったのかも知れない、と推測している。[17]そうであれば、次に記す莫何可汗のその後の動きは注目されよう。

莫何可汗はその後隋から賜わった旗鼓を携えて西征し、対立関係にあった小可汗阿波を討った。これについて『隋書』突厥伝には

　敵人以て隋兵の助くる所を得ると爲し、多く來りて降附し、遂に阿波を生擒す。既にして上書して阿波死生之命を請う。（敵人以爲得隋兵所助、多來降附、遂生擒阿波。既而上書請阿波死生之命）

とあり、莫何可汗はこの時擒にした阿波の処分を隋朝に仰いでいる。『資治通鑑』巻一七六・陳紀一〇では長城公禎明元年（五八七）四月條にこの記事を繫けているが、胡三省はこれに註して、「莫何は敢えて阿波を專殺せずして命を隋に請う、隋之威令の突厥に行わると謂う可し（莫何不敢專殺阿波而請命於隋、隋之威令可謂行於突厥矣）」と述べている。このように、莫何可汗が阿波の処分を保留して隋に裁断を仰いだのは、皇帝の処分権に従う姿勢を

示したものかも知れない。そうであれば、莫何可汗は隋の文帝に対して臣従する姿勢を明確にしたことになる。このことは護氏の指摘する如く、冊立を必要とする情勢がこの時の突厥の側にこそ存していたことを反映するものである。従って、この時点での冊立―被冊立関係は名実相伴うものであった。

処羅侯の死後、突厥では雍虞閭が立って都藍可汗となったが隋朝と対立し、隋は開皇一九年（五九九）に都藍可汗に攻められて入朝した処羅侯の子突利可汗を啓民可汗に冊立した。これは、突厥における都藍可汗の勢力に対抗するために隋の取った措置であるが、注目すべきはこれ以前に都藍可汗に対抗させるために、隋が突利可汗に公主降嫁を許していることである。即ち、『隋書』突厥伝には

（開皇）十七年（五九七）、突利遣使して來たりて女《むすめ》を逆《むか》う。上《しょう》（文帝）は之れを太常に舍《お》き、六禮を教習せしめ、妻《めあわ》すに宗女安義公主を以てす。上は北夷を離間せんと欲し、故に特に其の禮を厚くす。（十七年、突利遣使來逆女。上舍之太常、教習六禮、妻以宗女安義公主。上欲離間北夷、故特厚其禮）

とある。このように、突利への公主降嫁と彼の冊立とは、突厥の内部抗争を激化させるために隋の取った手段なのであった。そして、彼が啓民可汗となった後に安義公主が卒《しゅっ》すると、文帝はさらに宗女を義成公主として啓民可汗に降嫁させているのである。この後、啓民可汗と都藍可汗、さらに都藍の跡を継いだ歩迦可汗との間の対立は深まるが、仁寿三年（六〇三）に啓民可汗は隋の援助もあって突厥部衆を服属させることに成功する（『隋書』突厥伝、同書巻五一・長孫晟伝）。彼は大業四年（六〇八）のその死に至るまで隋朝に臣従して終始恭順の意を示していたが、そのことを端的に伝えるのは、煬帝が大業三年（六〇七）に啓民の牙帳に行幸した時の次の挿話であろう（『隋書』長孫晟伝）。

晟（長孫晟）は牙中の草穢なるを以て、染干（啓民可汗）を令《し》て親しく自ら之れを除かしめ、諸部落に示して、

以て威重を明かにせんと欲す。乃《よ》りて帳前の草を指して曰く、此の根大いに香る、と。染干遽かに之れを嗅いて曰く、殊に香らざる也、と。晟曰く、天子行幸す、所在の諸侯は、躬ら親しく灑掃し、御路を耘除し、以て至敬之心を表わす。今牙中蕪穢なり、是れ香草を留むと謂う耳《のみ》、と。染干乃《すなわ》ち悟りて曰く、奴の罪過なり。奴之骨肉は、皆な天子の賜也。筋力を效《いた》すを得る、豈敢えて辭する有らんや、特に邊人の法を知らざるを以てする耳。將軍の恩澤に頼りて之れを敎導す、將軍之惠は奴之幸也、と。遂に佩びる所の刀を抜き、親しく自ら草を芟《か》る。其の貴人及び諸部、爭いて之れに放效す。[18]（晟以牙中草穢、欲令染干親自除之、示諸部落、以明威重。乃指帳前草曰、此根大香。染干遽嗅之曰、殊不香也。晟曰、天子行幸、所在諸侯、躬親灑掃、耘除御路、以表至敬之心。今牙中蕪穢、謂是留香草耳。染干乃悟曰、奴罪過。奴之骨肉、皆天子賜也。得效筋力、豈敢有辭、特以邊人不知法耳。頼將軍恩澤而敎導之、將軍之惠、奴之幸也。遂拔所佩刀、親自芟草。其貴人及諸部、爭放效之）

この所伝には多少の潤色はあるのかも知れないが、配下の諸種落（奚・霫・室韋等）の前で屈辱的とも言える臣従の姿勢を示したことは、啓民の冊立時における突厥内部での立場の弱さと、隋朝の主導権の強さとを物語るものであろう。なお、このように突厥が奚以下の諸族を従え、彼等の前で隋に対する臣従の姿勢を示したことや、この時たまたま高句麗の使人が突厥の牙帳に来ていて問題となったことは、[19]隋代でも冊立―被冊立関係が他の諸国にも政治的影響を与えることを示している。しかしそのことと、隋と突厥との間に冊立―被冊立関係が結ばれた直接的な原因とは、別に考えるべきであろう。

　このように見てくると、隋代における二度の突厥の冊立は、いずれも突厥の内部事情と密接な関連を有していた。莫何可汗の冊立は突厥の後継者をめぐる問題に隋朝が関与したものであったし、啓民可汗の冊立は、当時優勢であった都藍可汗への対抗策として、公主降嫁の政策と併行して行われたものであった。そして、隋の冊立を受けた後の莫何可汗と啓民可汗とが、いずれも隋に臣従する姿勢を打ち出していたことは既に示した通りである。この点では隋―突厥間の冊立―被冊立関係は、唐代に比べてより十全に君臣関係としての実を備えていた、と言うことができる。これは、突厥の側に冊立を必要とする事情があり、隋がその動きを利用したという点で、双方に冊立―被冊立関係を結ぶ條件が備わっていたからであろう。唐代でも登利可汗は冊立後称臣したし、阿史那思摩の場合は唐に帰投していた時の冊立であった。しかし、黙啜可汗の場合は冊立を無視して唐王朝に侵攻しているし、登利可汗も冊立の翌年（開元二九年、七四一）には殺されていて、この両者の冊立が突厥内部に与えた影響は甚だ稀薄なものであったと言わざるを得ない。これは、唐代における突厥の冊立が、概ね別の蕃国に対処する上で唐朝によって取られた政策であった、ということに起因するものであろう。(20) 従って、同じ冊立―被冊立関係といっても、隋代の突厥の場合と唐代の突厥の場合とを一律に処理することはできないと思われる。

なお、隋と突厥との冊立―被冊立関係が君臣関係としての実態をある程度備えていたことに関連して注目されるのは、大義公主に関する処置である。大義公主は北周の太祖宇文泰の子である趙王招の女《むすめ》で、初め千金公主として突厥の他鉢可汗に嫁した。彼の死後は突厥の俗に従い、その跡を襲った沙鉢略可汗に嫁し、沙鉢略が隋に遣使すると、文帝から隋朝の姓楊氏を賜わり、大義公主に改封された（開皇四年、五八四）。やがて文帝は南朝の陳を滅ぼすと、陳の最後の皇帝となった陳叔宝（後主）の屏風を大義公主に下賜した。彼女はその屏風に陳の滅亡を傷む詩を書きつけて、同じ境遇にある我身の不幸を嘆じたが、そのために文帝に疎んじられるようになった。その上、彼女が突厥の西面可汗と連絡していたことから、変事を画策することを恐れた隋の工作を受け、遂には都藍可汗の手にかかって落命するのである。(21) この間の事情について、『隋書』突厥伝は次のように伝えている。

公主復た西面突厥泥利可汗與《と》連結す。上《しょう》（文帝）は其の變を爲すを恐れ、將に之れを圖らんとす。會《たまた》ま主は從う所の胡與《と》私通し、其の事の發するに因り、詔を下して之れを廢黜せんとす。都藍の從わざるを恐れ、奇章公牛弘を遣して美妓四人を將《ひき》いしめ、以て之れに啗《くらわ》す。時に沙鉢略の子曰く染干、突利可汗と號し、北方に居り、遣使して求婚す。上は裴矩を令《し》て之れに謂いて曰く、當に大義主を殺さば、方《まさ》に婚を許すべし、と。突厥（利）以て然りと爲し、復た之れを譖る。都藍因りて怒りを發し、遂に公主を帳に殺す。（公主復與西面突厥泥利可汗連結。上恐其爲變、將圖之。會主與所從胡私通、因發其事、下詔廢黜之。恐都藍不從、遣奇章公牛弘將美妓四人、以啗之。時沙鉢略子曰染干、號突利可汗、居北方、遣使求婚。上令裴矩謂之曰、當殺大義主者、方許婚。突厥（利）以爲然、復譖之、都藍因發怒、遂殺公主於帳）

以上の内容の再説は省略するが、問題としたいのは、大義公主が從者の胡人と私通していたことに因って廢されたことと、それが文帝の詔によって行われたことである。降嫁したとは言っても公主という身分は中国王朝が認定するのであるから、理窟の上ではそれを中国王朝が取り消すことはできるであろう。しかし、ここでそれが文帝の詔によって断行されたことは、隋の処分権がそれだけ実質を伴っていたことを示していよう。都藍可汗は隋の冊立を受けたことはないが、その後に達頭可汗と対立した時も、文帝の和解策を受けて達頭と共に兵を引いており、隋朝の指示に従っている。また突利可汗との反目が顕在化し、それを隋朝が利用するようになるのはこの後のことである。既述のように、大義公主は隋に滅ぼされた北周皇室の出身であり、それが悲劇を招いたのであるが、そのことと、文帝の詔によって彼女の廃黜が行われたという手続きの問題とは直接は関係あるまい。さきの莫何可汗が阿波の処分を隋に委ねたことを考え合わせると、当時の隋と突厥との君臣関係は、隋王朝が君主権の一斑を行使し得るものであったと思われるのである。この点、律令制下における皇帝の処分権が外藩にも及びうるものかどうか、という問題としても考えておく必要があるのではなかろうか。或いは、沙鉢略可汗や啓民可汗が隋に対して「奴」と称していることも、こうしたことと関係があるのかも知れない。

四　おわりに

以上、専ら護雅夫氏の業績に拠りながら、隋唐と突厥との間における冊立―被冊立関係の内容を再検討してきた。これまで述べてきたことを整理すると、次のような論点が指摘できるであろう。

(1) 唐代における突厥の冊立は、第三国を討伐させるためか、或いは第三国討伐の功績を賞するために行われる場合が多い。

(2) 唐―突厥間の冊立―被冊立関係によって生ずる名分的な君臣関係は、実際には突厥の従属的な姿勢を伴わないことがある。

(3) 従って、唐―突厥間の冊立―被冊立関係の理由を突厥の内部事情のみに求めることの出来ない場合がある。また、第三国の討伐に関連して冊立が行われた場合、それを以て直ちに唐―突厥間の君臣関係の強化、或いは唐の梃子入れの強化と見做すことはできない。

これに対して、

(4) 隋―突厥間では、突厥の冊立は突厥の内部事情と、それを利用しようとする隋の政策によって実現したものであり、従って冊立を受けた突厥の可汗は隋に対する臣従の姿勢を明確にしていた。

(5) 隋―突厥間の冊立―被冊立関係は、唐の場合と比べて君臣関係の実をある程度備えており、隋の規制力がより直接的に及んでいたと考えられる。以上である。

初めに述べたように、東アジア世界論に対する関心は近年極めて高く、またそれに関連して冊封体制に関する検討も種々の角度から行われている。そして、冊封体制論の有効性を問う上でも、東アジア諸国以外の国々と隋唐との諸関係の整理が望まれつつあるように思われる。護雅夫氏の業績に依拠しながら、本章で隋唐と突厥との間の冊立―被冊立関係を再検討したのも、異民族の首長を中国王朝が公認する点では東アジア諸国の冊封と類似する冊立の形式が、どのような條件の下で行われるのかを明らかにしようとしてのことであった。その結果、第三国の存在と関係して冊立が行われた場合、その実効性の如何を判断するのが難しい事例にも逢着したが、今後さらに突厥以外の国々の冊立の事例も検討し、その上で東アジア諸国における冊封の持つ意義について考えてみたいと念じている。国際関係の解釈において、論証を確実なものに近づけていくことは容易ではない。本章にも種々の我田引水的な誤りがあろうかと思う。諸氏の御叱正を期待する次第である。

註

（1）西嶋氏が冊封体制の存在を最初に指摘した論文は「六―八世紀の東アジア」（一九六二年）である。その後、氏は前近代における東アジア世界の存在を指摘し、その存在を的確に把握することが日本人の歴史認識にとっていかに大切であるかを繰り返し説いている。以下の論著を参照のこと。「東アジア世界の形成Ｉ総説」（一九七〇年）、「中国史を学ぶということ―とくに日本史との関連において―」（一九七三年）、「東アジア世界」（同年）、「東アジア世界と日本史」（一九七五～一九七六年）、「一～三世紀の東アジア世界」（一九七九年）、「四～六世紀の東アジアと日本」（一九八〇年）。本章の西嶋定生・堀敏一両氏の論文の書誌データについては序章及びその（附記）を参照されたい。

（2）　例えば歴史学研究会の大会では時に応じて東アジア世界のあり方を検討する発表が十数年来行われており、同じことは朝鮮史研究会の活動についても言えよう。ここでは論文の列挙は省略するが、『歴史学研究』の大会特集号や『朝鮮史研究会論文集』を繙けば、東アジア世界に関する諸論考を容易に見出すことができる。また、唐代史研究会編『隋唐帝国と東アジア世界』（汲古書院、一九七九年）は、東アジア世界のあり方を様々な角度から検討した論考を数多く含む、優れた成果である。

（3）　鬼頭清明『日本古代国家の形成と東アジア』（校倉書房、一九七六年）、同氏「東アジア諸国家の形成と国際的政治世界」（一九七九年度歴史学研究会大会報告『世界史における地域と民衆』所収、同年）

（4）　堀敏一「東アジアの歴史像をどう構成するか―前近代の場合―」（一九六三年）、同「近代以前の東アジア世界」（同年）。しかし、これらは論文の性格もあって具体的な例証には乏しい憾みがある。また、註（2）所掲『隋唐帝国と東アジア世界』所載の栗原益男「七、八世紀の東アジア世界」（同氏『唐宋変革期の国家と社会』所収、汲古書院、二〇一四年）、布目潮渢「隋の大義公主について―隋唐世界帝国の指標としての『和蕃公主』―」（同氏『布目潮渢中国史論集』上巻所収、汲古書院、二〇〇三年）、堀敏一「隋代東アジアの国際関係」（同氏『東アジアのなかの古代日本』所収、一九九八年）等は、東アジア諸国以外にも視野を広げて隋唐時代の国際関係のあり方を検討した論考である。

（5）　本書第三部第三章はそうしたささやかな試みの一つである。

（6）　唐―突厥間には父子関係が、唐―回紇間には兄弟関係が、唐―吐蕃間には舅甥関係がそれぞれ結ばれた。堀敏一氏は註（4）所掲「近代以前の東アジア世界」において、冊封によって異民族の君長に与えられる爵位は元来中国国内の封爵制度の一環をなすものであり、特に重要な君長に与えられる王・郡王の位は唐では宗室一族に与えられるものであって、従って君臣関係である冊封関係の中に父子兄弟等の関係が入ってきても不思議ではない、と論じた（一九九四年版の一四二頁）。すぐれた指摘であるが、堀氏の挙げられた回紇の忠義王の場合、その王号は唐室に忠義であるという形容句から成っていて封建的色彩をもたないのに対し、東アジア諸国の首長は多く地名を伴う王名を受けていたことに注意しておく必要がある。この点に関しては、註（1）所掲西嶋氏「六―八世紀の東アジア」、及び谷川道雄「東アジア世界形成期の史的構造—冊封体制を中心として—」（註〈2〉所掲『隋唐帝国と東アジア世界』所収、『谷川道雄中国史論集』上巻に再録、汲古書院、二〇一七年）参照。

（7）ただし、この点をもって西嶋氏の論理構成上の弱点とするのは、些か問題を矮小化するもののように思われる。というのは、西嶋氏には、日本人としての歴史認識を豊かにしていく上で東アジア世界の存在に注目する必要がある、という視点が一貫して存在するからである。この点については、特に註（1）所掲「中国史を学ぶということ」参照。

（8）護雅夫「突厥と隋・唐両王朝」、同氏『古代トルコ民族史研究Ⅰ』所収、山川出版社、一九六七年。本論文は、石母田正ほか編『古代史講座第一〇巻　世界帝国の諸問題』（学生社、一九六四年）所収の「隋・唐チュルク国家—隋・唐「世界帝国」の性格究明によせて—」を大幅に増補したものである。

（9）註（8）所掲「突厥と隋・唐両王朝」二〇八～二一〇頁。

（10）『冊府元亀』巻九六四に頻阿波、頡阿波として出てくる人物は、『新唐書』西突厥伝では頓阿波となっている。

（11）唐—突厥間の文書の年次決定については、岑仲勉『突厥集史』（北京中華書局、一九五八年）上冊参照。なお、本文に引いた張九齢の文は彼の『唐丞相曲江張先生文集』（『曲江集』）では巻一一に収められており、本来こちらを引用すべきであるが、この文については『全唐文』の方が優れている。岑氏前掲書四四八～四四九頁参照。

（12）註（8）所掲「突厥と隋・唐両王朝」一八八頁。

（13）註（8）所掲「突厥と隋・唐両王朝」一八八～一九二頁。

（14）唐—契丹関係については、田村実造「唐代に於ける契丹族の研究—特に開国伝説の成立と八部組織に就いて—」（『満蒙史論叢』第一、一九三八年）参照。本論文は改訂されて、同氏『中国征服王朝の研究』上（東洋史研究会、一九六四年）第二章に収録されている。また、愛宕松男『契丹古代史の研究』（東洋史研究会、一九五九年）及び本書第三部第五章も参照。なお、契丹の松漠都督府は典型的な羈縻府である。

（15）註（8）所掲「突厥と隋・唐両王朝」一七九～一八六頁。

（16）『隋書』巻五一・長孫晟伝には、

（開皇）七年攝圖（＝沙鉢略）死、遣晟持節拜其弟處羅侯爲莫何可汗、以其子雍閭《ママ》爲葉護可汗。

とある。この所伝と本文に掲げた突厥伝とを突き合わせると、処羅侯は本国で葉護可汗と称し、一方で雍虞閭は隋から同じ葉護可汗という称号を受けたことになる。この点について護氏は、処羅侯の可汗号を隋が別人に与えたとするのは不自然であり、長孫晟伝の葉護可汗の「可汗」は衍字で、本国で処羅侯が葉護可汗に、雍虞閭が葉護になり、隋がこれらをそれぞれ莫何可汗、葉護に冊立したのであろう、とされる。註（8）所掲「突厥と隋・唐両王朝」二一八～二一九頁註一〇参照。

(17) 註（8）所掲「突厥と隋・唐両王朝」一六七頁。

(18) 突厥では中国の「臣」の意味で「奴」の表現が用いられていたことについては、註（8）所掲「突厥と隋・唐両王朝」二一九頁註（15）参照。

(19) 註（4）所掲堀氏「隋代東アジアの国際関係」一三六頁以下参照。

(20) 同様に、別の蕃国を討伐することと引き換えに可汗の冊立を受けた例として、会昌三～四年（八四三～八四四）の黠戛斯の事例を挙げることができる。しかもこの場合に唐は、可汗の称号を討伐の対象となった回鶻から黠戛斯に切り替える、という興味深い動きを示しているのである。第三部第三章参照。

(21) 大義公主の事績については、註（4）所掲布目氏「隋の大義公主について」参照。

附論六　則天武后治政下の国際関係に関する覚書

一　はじめに

唐代には国際関係の発展が目覚ましく、中でも高宗朝にその版図が最大になったことは言うまでもない。盛唐の玄宗朝では、直接支配領域こそ高宗朝に及ばなかったものの、冊封を始めとする異民族との交渉は最高潮に達した(1)。ところで、その間に在位した則天武后は中国史上唯一の女性皇帝であるが、その統治期間の国際関係に目立った動きは見られない。武后が周王朝に君臨したのは六九〇年から七〇四年までであるが、既に高宗朝の六六〇年頃には病弱な高宗に代わって政治の実権を握った。唐の版図が極盛に達したのはその直後の六七〇年頃であるが、その後は内属していた異民族や隣接する諸民族も次第に成長し、唐の版図は縮小に転ずる。即ち、六八六〜六八七年には太宗朝から唐に内属していた突厥が復興し、元来の本拠地である朔北に移動した。六九六年には、東北アジアにあってやはり唐に内属していた契丹・奚の両蕃が叛乱を起こし、敗れると西方の突厥に帰属した。両蕃の叛乱によって朝鮮半島との間が遮断されると、大同江以北の高句麗の故地から沿海州にかけて渤海が建国した。このような東北アジアから北アジアにおける一連の異民族の動きは、唐朝内属下にあって彼等が次第に民族的成長を遂げていたことを示すと共に、武后の政治が内政中心であって、外政にあっては自らの理念に合った国際的秩序を積極的に構築する餘裕のなかったことを示しているように思われる。また、太宗朝・高宗朝に目立った交渉のなかった東南アジア諸国との間でも、武后政権下に大きな変動は見られなかった。

しかしながら、武后が周の皇帝として君臨していた時期には、唐の国際秩序全般に関わる後掲の三点の敕書が残されており、そのうちの一点は令として唐中期以降にも継承された。高宗朝の唐の版図が最大に達した時期は、既に武后が政治の実権を把握していた時期でもあるので、私は最初、以上の敕書の意義について玄宗朝まで一貫して解釈することを試みた(2)。しかし、昨年（二〇〇二年）八月に中国河南省登封市で開かれた国際武則天学術研討会で「武則天的封禅与外交政策」という発表を行った際、高宗が乾封元年（六六六）に泰山で行った封禅には異民族の参加が見られるのに対し、万歳登封元年（六九六）における武后の嵩山封禅の際には異民族の参加が無いことに気が附いた。そこで、その発表では武后の外交政策についても再考しておいたが、本稿は特にこの点を再説したものである。封禅の問題を省略して論点を絞ったので、以下の問題については前記の発表よりやや詳しく述べておいたが、基本的には新しい論点はない。しかし、私の武后治世下の国際関係に関連する発表が二回とも国外で行われたので、ここであらためて論じ直すことにした。

二　則天武后の対外政策原則

上に述べたように、則天武后の治政の時期には周辺諸民族の伸長が見られるのであるが、一方では武后の対外政策の大枠を示す史料も存在する。管見では、以下の三点の敕書がこれに該当する。

（a）證聖元年（六九五）九月五日敕すらく、蕃國使入朝するに、其の糧料は各々分等して第《つい》で給せよ。南天竺・北天竺・波斯・大食等の國使は宜しく六箇月の糧を給すべく、尸利佛誓・眞臘・訶陵等の國使は五箇月の糧を給し、林邑國使は三箇月の糧を給せよ。（『唐会要』巻一〇〇・雑録）（證聖元年九月五日敕、蕃國使入朝、其糧料各分等第給。南天竺・北天竺・波斯・大食等國使宜給六箇月糧、尸利佛誓・眞臘・訶陵等國使給五箇月糧、林邑國使給三箇月糧）

（b）聖暦三年（七〇〇）三月六日敕すらく、東は高麗國に至り、南は眞臘國に至り、西は波斯・吐蕃及堅昆都督府に至り、北は契丹・突厥・靺鞨に至るは、竝びに入蕃と爲し、以外は絶域と爲せ。其の使の應《まさ》に料を給すべきは、各々式に依れ。（同書同巻）（聖暦三年三月六日敕、東至高麗國、南至眞臘國、西至波斯・吐蕃及堅昆都督府、北至契丹・突厥・靺鞨、竝爲入蕃、以外爲絶域。其使應給料、各依式）

（c）其の年（聖暦三年）四月三日敕すらく、應に外國に賜うべき物者《は》、宜しく中書をして具さに賜物の色目を録せ令《し》め、附して敕函内に入れるべし。（同書巻五四・省号上・中書省）（其年四月三日敕、應賜外國物者、宜令中書具錄賜物色目、附入敕函內）

これらはいずれも外国との公的な往来に関する史料であり、内容的に関連している。（a）は中国に入朝した異民族の使者の、おそらくは往復に要する食料の支給に関する規定であり[3]、南天竺・北天竺・波斯・大食と尸利仏誓・真臘・訶陵、そして林邑の三地域によって食料の支給額が区分されている。（b）は、逆に中国の使者が異民族の地域に派遣される場合の旅費支給の規定であるが、「其使應給料、各依式」とあり、詳細は式に委ねられていて不明である。（c）は外国に贈られる賜物に関する指令であるが、その内容と（b）の一箇月後に出されていることから見て、後述する如く（b）と関連した指示であったと理解される。

初めに問題としたいのは、（a）と（b）との国名の相違である。一定の地域に対する使者の食糧支給という点では（a）と（b）とは共通しているが、対象となる地域に相違が見られる。（b）では東は高麗即ち高句麗（以下〈b〉の高麗については、原文として示す以外は高句麗と表現する）、南は真臘、西は堅昆都督府等、また北は突厥・靺鞨等と、東西南北の各方面の国々が挙げられている。これに対して（a）では、中央アジアの波斯（ササン朝）・大食（イスラム帝国）、インドの北天竺・南天竺、東南アジアの尸利仏誓（シュリービジャヤ）・真臘（カンボジャ）・訶陵（ジャワ）、即ち唐から見て主に西方・南方の国々に使者の食料が支給されており、北方・東方の国々は顔を出していない。（a）と（b）とは『唐会要』巻一〇〇に隣り合わせに並んでいる史料であり、当初私はその相違に餘り意味があるとは思っていなかった。しかし、（a）の敕の出た証聖元年には、義浄が二五年間の南海求法の旅を終えて中国に帰還していたのである。このことに想い到ると、（a）と（b）との国名の相違は、俄かに意味のあるものとなってくる。

義浄の伝記である宋・釈賛寧等撰『宋高僧伝』巻一「唐京兆大薦福寺義淨傳」には次のように見える。

天后の證聖元年乙未仲夏を以て、還りて河洛に至る。梵本經律論四百部近く、合わせて五十萬頌、金剛座眞容一鋪、舍利三百粒を得る。天后親しく上東門外に迎え、諸寺の緇伍は幡蓋歌樂を具えて前導す。敕して佛授記寺に於いて安置せしむ。（以天后證聖元年乙未仲夏、還至河洛。得梵本經律論近四百部、合五十萬頌、金剛座眞容一鋪、舍利三百粒。天后親迎于上東門外、諸寺緇伍具幡蓋歌樂前導。敕於佛授記寺安置焉）

即ち、証聖元年（六九五）の仲夏五月には義浄が帰還し、仏教を尊崇する武后は、事実上の首都としていた洛陽城の上東門の外まで彼を出迎えたのであった。（a）の発布されたのはこの四箇月後の九月であるので、そこに義浄の長く滞在していた尸利仏誓や天竺等、南方の仏教国が多く掲げられていたのは偶然とは思われない。また林邑国

については、『冊府元亀』巻九七〇・外臣部朝貢三に

證聖元年春一月、林邑國貢戰象。

四月、林邑國遣使朝貢。

とあり、この年の朝貢としては二例の林邑国の遣使のみが伝えられている。以上のことから、（a）に出てくる国名が仏教国を主とする南方諸国中心となり、北方・東方の国々が顔を出していないのは、当時の外交の実態か又は当時の武后の国際的な関心をある程度反映しているものと考えられよう。

ただし（a）については、これが発布された時点も考慮に入れなければならない。証聖元年は、正月一五日に無遮会の行われた明堂が翌日の薛懐義の放火で焼尽し、その年九月の天地の祭祀が明堂ではなく洛陽の南郊壇で行われた年であった。[4] そして、臘月に嵩山の封禅が行われると万歳登封と改元され、翌年三月には新しい明堂が完成して通天宮と名づけられ、さらに万歳通天と改元される。このように、証聖元年から翌年（万歳登封元年＝万歳通天元年）にかけては、明堂の焼亡と再建、洛陽南郊壇の郊祀と封禅という、皇帝としての則天武后にとって重要な祭祀が次々に行われた年であった。[5] 一般に、中国の皇帝の主宰する重要な祭祀では、異民族の参加は皇帝の徳の高さを示す指標として歓迎される。従って、南郊祀や嵩山での封禅の前に異民族の使節に対する待遇の基準が定められた、ということも想定し得る。しかしこのように想定すると、北方や東方の異民族に対する指示がなければ、かえって不自然であることになろう。（a）で南方・西方の国々だけが言及されているのは、やはり当時の外交の実態や武后の対外関心が反映していたものと理解すべきであろう。

（b）は、前述の如く中国の使者が異民族の地域に派遣される際の旅費支給の規定であり、ここから仁井田陞氏が、唐代における「蕃域」と「絶域」との区別の存在を指摘した史料として知られている。[6] 次の（c）は、（b）の

一箇月後に発布された敕文であり、内容から見て（b）を補充する形で発布されたものと思われる。即ち、（c）では外国に対する賜物は中書省がその目録を整えて敕函に入れるように、と指示されているが、そのような目録は唐代では別録などと称された。そして敕函に入れる敕とは、外国に対する唐の国書を指すであろう。唐の国書には別録が附随しており、白居易（七七二～八四六）の『白氏長慶集』（四部叢刊本）巻三九「與新羅王金重熙等書」に

今金獻章等を遣して歸國せしめ、幷せて多少の信物は、具さに別錄の如し。（今遣金獻章等歸國、幷多少信物、具如別錄）

とあるように、外国に贈る皇帝の信物を別録に記入する、という意味の記述は唐の国書中にしばしば見られる。つまり、（c）は別録を中書省で用意して、国書と共に敕函内に入れるように定めたものである。（b）で外国へ派遣する使者の旅費を規程した上で、その使者の携行する賜物（信物）についてあらためて（c）で指示したのであろう。つまり、（b）と（c）とは内容的に関連する一連の敕書であった。

すると、証聖元年（六九五）の（a）の国々には挙がっていなかった東の高麗（高句麗）、西の吐蕃・堅昆都督府、北の契丹・突厥・靺鞨が、聖暦三年（七〇〇）の（b）に挙がっていることの意味が問題となる。既に滅亡した高句麗の名が出てくるのも奇異であるが、白居易の『白氏六帖事類集』巻一六・和戎の原註には

東は高麗に至り、南は眞臘に至り、西は波斯・吐蕃及び堅昆都督に至り、北は契丹・突厥・靺鞨に至る、竝びに入蕃と爲し、餘は絶域と爲す。（東至高麗、南至眞臘、西至波斯・吐蕃及堅昆都督、北至契丹・突厥・靺鞨、竝爲入蕃、餘爲絶域）

とあり、（b）とほぼ同様の文章が収められている。高句麗の滅亡は六六八年であるが、ササン朝の滅亡はさらに早くて六五一年である。それが八世紀後半から九世紀代の文献である『白氏六帖事類集』にも引かれているのであ

り、波斯・高麗（高句麗）が東西の地域を示す名称として用いられた、と考えることも可能である。実際、後述の如く波斯についてはそのように考えられるが、高句麗については別に考慮すべき問題が存しているようにも思われる。そこで、次に（b）における初出の国々の持つ意味について、あらためて検討してみよう。

三　聖暦三年三月敕における周辺諸国

初めに吐蕃について述べてみたい。吐蕃の（b）への登場は、その東方進出と関係していよう。吐蕃は、太宗朝から高宗朝にかけては自らを唐の臣下の地位に置いていた。しかし、咸亨《かんこう》元年（六七〇）に吐谷渾の全領域を占領するとその勢力は急速に拡大し、青海省・四川省方面に侵入を繰り返すようになった。唐と対決する姿勢が顕著になるのは睿宗朝ごろからであるが、『資治通鑑』や『旧唐書』吐蕃伝には、既に武周期における唐（周）との多くの戦闘が伝えられている。特に、（b）の前年の聖暦二年（六九九）には、それまで三十年間餘り吐蕃の東境を守り、唐の脅威となっていた論賛婆という人物が、成長した賛普の器弩悉弄と対立し、やはり長らく吐蕃の国政を執っていた兄の論欽陵を賛普に殺され、所部千餘人を率いて唐に来降する、という事件が起きている。武后は賛婆を帰徳郡王に封じ、輔国大将軍行右衛大将軍の称号を授けた（『旧唐書』吐蕃伝上）。このような経緯を見ると、武后がこれを機会に吐蕃に対する外交政策を整えようとした可能性は、充分に考えることができるであろう。

次の堅昆都督府については、ほかに触れる機会がないので多少詳しく述べておく。『新唐書』巻二一七下・回鶻伝下には回鶻周辺の国々の伝が附載されているが、その中の黠戛斯《キルギス》伝には

黠戛斯は古の堅昆國也。地は伊吾之西、焉耆の北、白山之旁らに當り、或いは居勿と曰い、結骨と曰う。其の

種は丁零を雜じえ、乃《すなわ》ち匈奴の西鄙也。（黠戛斯、古堅昆國也。地當伊吾之西、焉耆北、白山之旁、或曰居勿、曰結骨。其種雜丁零、乃匈奴西鄙也）

とあり、黠戛斯＝堅昆＝結骨であるという。そして、『冊府元亀』巻九七〇・外臣部朝貢三・貞観二二年（六四八）條に

二十二年正月朔、結骨・吐蕃・吐谷渾・新羅・高麗・吐火羅・康國・于闐・烏長・波斯・石國、並遣使朝貢。

とあり、『旧唐書』太宗紀下・同年二月條には「戊午、結骨部を以て堅昆都督を置く（戊午、以結骨部置堅昆都督）とある。つまり、結骨《キルギス》は貞観二二年に唐に入朝し、二月戊午（七日）にその地に堅昆《キルギス》都督府が置かれたのである。その経緯については、『冊府元亀』巻九九九・外臣部入覲條、『資治通鑑』巻一九八及び『新唐書』黠戛斯伝に具体的に触れられているが、最も詳しい『冊府元亀』の記事を以下に掲げておこう。

（貞観）二十二年二月、結骨部を以て堅昆都督府を置き、燕然都護に隷《したが》わしめ、其の俟利發失鉢屈阿棧を以て左屯衛大將軍、堅昆都督と爲す。初め結骨は未だ嘗て中國に通ぜず、鐵勒等の咸な來りて內附するを聞き、即ち遣使頓顙して臣を稱し、幷せて方物を獻ず。是《ここ》に至りて其の君長遂に自ら入りて朝見す。太宗は天成殿に於いて之れを宴し、群臣に謂いて曰く、往日渭橋に三突厥を斬獲し、自ら功多しと謂《おも》う。今は此の人を席に致し、黜りて更に以て怪と爲さず、日々用いて知らざると謂う可けんや。結骨酣醉し、歡ぶこと甚しく、因りて曰く、臣既に一心に國に歸《き》す、願くは國家の官職を授かり、笏を執りて還らん、と。故に授けるに此の任を以てし、幷せて錦帛を賚《たま》う。（二十二年二月、以結骨部置堅昆都督府、隷燕然都護、以其俟利發失鉢屈阿棧爲左屯衛大將軍、堅昆都督。初結骨未嘗通中國、聞鐵勒等咸來內附、卽遣使頓顙稱臣、幷獻方物。至是其君長遂自入朝見。太宗於天成殿宴之、謂群臣曰、往日渭橋斬獲三突厥、自謂多功。今致此人於席、黜更不以爲怪、可謂日用而不

知邪。結骨酣醉、歡甚、因曰、臣既一心歸國、願授國家官職、執笏而還。故授以此任、幷賚錦帛）

以上の諸史料を総合すれば、キルギスは鉄勒諸部が全て唐に服属したのを知って、貞観二二年正月に唐に入朝し（おそらく元日の朝会に参列したのであろう）、その君長俟利発失鉢屈阿栈は自ら申し出て、左屯衛大将軍・堅昆都督の称号を受けたのである。従って、堅昆都督府も失鉢屈阿栈への都督号授与によって名目的に設置されたもので、実質的な都督府の役割を果たすものではなかったであろう。[7] 管見の限りでは、その後（b）の聖暦年間まで堅昆都督府の動向を示す史料はない。また、『新唐書』黠戛斯伝には

高宗の世、再び來朝す。景龍中（七〇七～七一〇）方物を獻ず。中宗は使者を引き、之れを勞いて曰く、而《なんじ》の國は我與《と》同宗にして、它蕃の比に非ず、と。屬《しょく》するに酒を以てし、使者頓首す。玄宗の世、四たび朝獻す。（高宗世再來朝。景龍中獻方物。中宗引使者、勞之曰、而國與我同宗、非它蕃比。屬以酒、使者頓首。玄宗世、四朝獻）

とあり、貞観二二年以後は武周期まで二回の遣使（一回は上元三年、六七六）があるに過ぎない。[8] よって、（b）における堅昆都督府の存在は、特に則天武后の外交と関わりがあるとは見られない。波斯もササン朝であるとすれば、前述の如くこれも既に滅亡している。そこで、（b）の「西至波斯・吐蕃及堅昆」については、この後に唐との関係が深くなる吐蕃を除いて、波斯と堅昆とには餘り実質的な意味はないことになる。ただ、唐から見て西方をカバーしようとすれば、地域の呼称としては吐蕃だけでは不充分である。『新唐書』黠戛斯伝ではキルギスの活動範囲は「伊吾の西、焉耆の北」であるので、いわゆるシルクロードのステップルートの地域を堅昆都督府で代表させ、パミール高原以西の地域を波斯の語で示し、タクラマカン砂漠以南の地を吐蕃で代表させたものとすれば、（b）に堅昆都督府及び波斯の語があるのもそれほど不審ではないことになろう。

一方、北方の契丹及び突厥については、次のような事実を指摘することができる。即ち、万歳通天元年（六九六）には、契丹の李尽忠と孫万栄とが営州都督趙翽《ちょうかい》の横暴に抗して兵を挙げ、趙翽を殺して東北諸県を手中に収め、李尽忠が同年中に没すると孫万栄が衆を率い、一時は唐（周）に大勝した。しかし、突厥の黙啜可汗に攻撃されるとその勢力は弱まり、孫万栄も部下に殺され、翌神功元年（六九七）には叛乱も終熄して契丹族は突厥に隷附した。このように短期間で終わった李尽忠・孫万栄の乱であるが、武后の政治にとっては次のような大きな影響を残した。即ち、次の年の『資治通鑑』巻二〇六・聖暦元年（六九八）二月條には

孫萬栄の幽州を圍むや、檄を朝廷に移して曰く、何ぞ我が廬陵王を歸さざらん、と。（孫萬榮之圍幽州也、移檄朝廷曰、何不歸我廬陵王）

という文が見られる。これは、晩年の武后の寵愛を独占した張易之・張昌宗兄弟に対し、周囲の人々の不満をかわす手段として、酷吏であった吉頊《きつぎょく》が中宗（廬陵王）の皇太子復位を武后に進言することを勧め、張兄弟もその勧告に従った、という文脈の中で述べられている。同書に拠れば、その後武后は吉頊を召問し、彼の説得によって中宗の皇太子復位を決意した。つまり、武后から唐室李氏への政権返還が決定される時点で、契丹の存在は重要な働きをしたのであった。

突厥についても同様のことが言える。以上の出来事の半年後の聖暦元年八月には、突厥黙啜可汗の婚姻要請に応じた武后が、一族の武延秀を派遣して黙啜の娘との婚姻を結ばせようとした。すると黙啜は

我は女《むすめ》を以て李氏に嫁さんと欲す、安《いずく》んぞ武氏の兒を用《もっ》てせんや。此れ豈に天子之子ならんや。我が突厥は世々李氏の恩を受く、李氏盡く滅び、唯だ兩兒（中宗・睿宗）のみ在ると聞く、我は今兵を將いて輔けて之れを立てん。（我欲以女嫁李氏、安用武氏兒邪。此豈天子之子乎。我突厥世受李氏恩、聞李氏盡滅、唯兩兒在、我今

將兵輔立之）

と言い、武延秀らを拘禁して大挙侵寇した（『資治通鑑』巻二〇六）。契丹の場合と同じく、武后による唐室李氏の排除は異民族によって挙兵の絶好の口実となったのである。[9] これに対し、武后は九月壬申に廬陵王（中宗）を皇太子とし、その翌々日には皇太子を河北道元帥に任じて突厥討伐を命じた。それを聞いて兵募に応じた者は五万人を超えたという（同書同巻）。このように、（b）の発布される二、三年前には、中宗の復位を巡って唐王朝と契丹・突厥との間に駆け引きが行われていたのである。それは中宗の皇太子復位によって終熄したわけではなく、突厥との衝突は（b）の聖暦三年にも続いていたし、これとは別に吐蕃との衝突も依然として続いていた。しかし、こうした交渉の経過が、契丹や突厥の存在を武后に強く印象附けたことは確かであろう。

最後に北の靺鞨であるが、その南に隣接する高句麗と共に（b）で初めて登場してくる。仁井田陞氏は「東アジア諸国の固有法と継受法」（註〈6〉所掲）において、高句麗が聖暦三年には既に滅んでいたことを指摘する一方（同書一七頁）、『唐令拾遺』では前掲『白氏六帖事類集』巻一六の一文から開元二五年令雑令第一四條を復原している。おそらく仁井田氏は、このような規定と現実の国際関係における異民族の勢力地図とは無関係であると考えられたのであろう。そこで私も、滅亡した高句麗が（b）に現れることについては、法令上と現実とのズレとして、その意味を深く考慮せずに打ち過ぎていた。しかし、昨年（二〇〇二年）の「武則天的封禅与外交政策」（『武則天与嵩山』所収、中華書局、二〇〇八年）の報告の準備中に、（b）の靺鞨と高麗とは双方併せて渤海のことを指しているのではないか、と想い到った。渤海は李尽忠・孫万栄の乱を契機に、六九八年ごろ高句麗の故地から靺鞨の領域にかけて成立したが、当初の国号は震国或いは振国であって渤海ではなかった。渤海の国号は、先天二年（七一三）二月に唐から得た渤海郡王の称号を、震国側が自ら国際関係で用いたことによって広まったものである。[10] 従って、渤海を当初からそのように呼ぶことはできないのであり、その領域を従来の異民族の呼称の区分から選ぶとすれば、高句麗（高麗）や靺鞨と呼ぶほかないであろう。要するに（b）に高麗の名称が出てくるのも、法令と現実との乖離を示すものではなく、むしろ八世紀直前の東北アジアの変動と密接に結びついていた、と考えることができるのである。

以上のように見てくると、（b）で新たに加わった地域や国では、武周政権と対立しだした異民族がむしろ多かったと言える。武后としてみれば、中宗を皇太子に復位させたことによって、帝位継承を口実にした異民族の侵入を許す事態は避けられることになる。皇太子となった中宗が直ちに河北道元帥に立てられ、突厥討伐を命じられたことは先に触れた通りである。そうであれば、（b）や（c）は中宗を武后の帝位の後継者とした後、武后の外交交渉を立て直し円滑にするために行われた法の整備であった、と言うことができる。そこに（a）から真臘と波斯とが入れられ、また新たに堅昆都督府が立てられた理由は、単なる地域名称としてしか説明できない。しかし、吐蕃・契丹・靺鞨・及び高麗（高句麗）については、（b）が（a）を前提に新たな情況の展開に対応して加えたことを認めて良いであろう。ただし、九世紀初頭頃の『白氏六帖事類集』の段階になると、（b）のような同時代の国際関係との緊張した関連は失われ、単に周辺諸国家への唐の対応の基本を示す文献として伝えられるようになったのではなかろうか。或いは、九世紀当時における周辺諸国に対する唐の緊張感の欠落が、『白氏六帖事類集』所収の文に（b）が機械的に引用されたことに反映しているのかも知れない。

因みに、『白氏六帖事類集』巻一六・和戎の原註は

雑令、諸《こ》れ官人の使いに縁り、諸色の行人に賜うを請い、訖《おわ》りて行くを停《とど》むるは並びに却徴す。已に發すれば五百里外は半ばを徴し、一千里外は徴するを停む。已に衣裳を造れば、兼ねて納めるを聽《ゆる》す。（雑令、諸官人

緣使、諸色行人請賜、訖停行竝却徵。已發五百里外徵半、一千里外停徵。已造衣裳、聽兼納）

という文で始まるものであり、その次に「東至高麗」以下の文が続く。仁井田陞氏はそこから唐開元二五年令雑令第一四條を復原されたが、(11) そのように考えられたのは、原文が開元二五年以後の『白氏六帖事類集』に載っていたからであろう。そうであれば、開元二五年令は高句麗・ササン朝の滅亡や渤海の建国を承知の上で、この條文を作成したことになる。一方、『大唐六典』巻三・尚書戸部郎中員外郎條には

凡そ嶺南の諸州の税米者《は》、上戸は一石《たん》二斗、次戸は八斗、下戸は六斗。夷獠之戸の若きは、皆な半輸《はんしゅ》に従う。輕税(12)の諸州、高麗・百濟の應《まさ》に差《つかわ》して鎮に征く者は、竝びに課役を免ぜ令《し》む。（凡嶺南諸州税米者、上戸一石二斗、次戸八斗、下戸六斗。若夷獠之戸、皆従半輸。輕税諸州、高麗・百濟應差征鎮者、竝令免課役）

という文があり、仁井田氏はこれに拠って唐賦役令第七條を復原して武徳令及び開元七年令に当てた。『大唐六典』の成立は開元二六年（七三八）であるが、編纂中に発布された開元二五年令は参照していないと考えられるので、仁井田氏は上の文を開元七年令に当てたのであろう。するとここでは既に滅亡した事実に拘わらず、高句麗と百済とが令文に記されていることになる。このように、滅亡した国々が令文中に現れることについて、さきの雑令の場合は地域名称と考えれば餘り問題はないが、賦役令の場合は高句麗と百済とが諸州と併記されていることの説明が必要となろう（追記参照）。

四　おわりに

本稿では、唐と周辺諸国との交渉の枠組みを全体的に定めた（a）～（c）の史料が武周期に集中していること

に著目し、武后の外交方針の特質について検討した。（a）証聖元年九月の赦に見える国々の範囲は、同年四月の義浄の帰国と関係していると理解し得る。しかし、同年に南郊祀や嵩山封禅など、武后にとって重要な祭祀が続いたことを考えると、（a）の範囲が当時の国際関係に対応したものであったとすれば、それは決して活発な外交を示すものとは言えないのである。また、（b）聖暦三年三月の赦と（c）同年四月の赦とは関連しており、武周の使者の派遣先を示した（b）では、対象となる異民族の範囲は（a）に比べて遙かに広がっている。しかし、（b）で新たに加わった国々の多くはむしろ武周と繋争中であったり、武周から離脱して新たに立った国であったりした。このように見てくると、武后が皇帝として天下に君臨した時期の外交は、その前の高宗朝やその後の玄宗朝と比べると、やはり不振であったと言わざるを得ない。しかしながら、武后が契丹・突厥・渤海等の攻勢や自立に対して、（b）（c）によって外交の立て直しを図ったものとすれば、武后の外交政策を一概に消極的の一言で断ずるわけにはいかないであろう。

私は註（2）に掲げた拙稿で、史料（a）（b）（c）の存在が武后の対外関心の高さを示すものと理解し、武后の外交の特質を高宗朝からの連続面で捉える必要を指摘した。しかし、今回あらためて（b）を検討して、高麗（高句麗）や靺鞨が両者で震国（渤海）のことを指していることに想到し、そこから（b）はむしろ武后による外交立て直しの史料と理解することができる、と結論したのであった。前稿とは対照的な結論となったが、武后の外交に関する研究史の乏しさがこのような判断の相違に繋がったことは、弁明しておいても良いであろう。高宗朝の外交と武后の外交との間に連続性があるか否かという問題も含めて、武后の皇后時代・皇帝時代の外交の特質に関する全面的な検討は今後の課題としておきたい。その場合、おそらく最終的には府兵制等の兵制の変化をも視野に入れなければならないであろう。

註

（1）第一部第三章参照。
（2）「中國의 입장에서 본三國統一（中国から見た三国統一）」（『韓国古代史研究』二三、韓国古代史学会、ソウル・書景文化社、二〇〇一年）。
（3）唐朝が異民族使節の往復分の旅費を負担したことについては、石見清裕『唐の北方問題と国際秩序』第Ⅲ部第二章「交雑の禁止─朝貢使節の入京途上規定─」（汲古書院、一九九八年、初出は一九九六年）三四五〜三四七頁参照。
（4）拙著『古代中国と皇帝祭祀』第三部第八章「則天武后の明堂の政治的役割」（汲古書院、二〇〇一年、初出は一九八六年）参照。
（5）則天武后の政治における祭祀の重要性については、註（4）所掲拙稿「則天武后の明堂の政治的役割」、及び拙著『中国古代皇帝祭祀の研究』第七章「唐代における郊祀・宗廟の運用　一唐前期」、岩波書店、二〇〇六年（改稿前の初出は一九九二年）、また以上の二篇の内容を総合して略述した拙稿「略論則天武后在政治上対祭祀礼儀的利用」（趙文潤・李玉明主編『武則天研究論文集』所収、山西古籍出版社、一九九八年）参照。
（6）仁井田陞氏は、唐の意図する国際秩序に関連する史料として（b）に着目し、そこから唐に近接する地域の入蕃の国々を「蕃域」と命名し、唐に隔遠する地域の「絶域」（この用語は史料に頻出する）と区別した。氏に拠れば、規定の上では日本も東ローマと共に絶域に入っていた。同氏『中国法制史研究四　法と慣習・法と道徳』第一章「東アジア諸国の固有法と継受法」第二節「「蕃域」と「絶域」」（東京大学出版会、一九六四年初版、一九八〇年補訂版）参照。なお、『新唐書』巻二二一下・西域伝下の賛には

然中國有報贈・冊弔・程糧・傳驛之費。東至高麗、南至眞臘、西至波斯・吐蕃・堅昆、北至突厥・契丹・靺鞨、謂之八蕃、其外謂之絶域、視地遠近而給費。

とある。この中間の部分は本文に引いた（b）とほぼ同文であるが、諸国を「入蕃」ではなく「八蕃」としている。確かにこれらの国々は八国あり、堀敏一氏は或いは「八蕃」が正しいかもしれない、とする（同氏『中国と古代東アジア世界』一九九三年、二五八頁註二六）。しかし、入蕃や絶域の国々は変動し得るから、たまたまそれが八国

であったので『新唐書』が「八番」と誤った、と見て良いのではなかろうか。

（7）『新唐書』巻四三下・地理志七下・羈縻州関内道には

堅毘（昆）都督府貞観二十三（二）年以沙鉢羅葉護部落置

右隷安北都護府

とあり、またその暫く後にも

堅昆都督府以結骨部置

右隷安北都護府

とある。このうち前者の文は、中華書局標点本の『新唐書』同巻（傍の括弧の「昆」「二」は本文で訂正）の校勘記［1］が岑仲勉『突厥集史』（中華書局、一九五八年）上冊巻六・同年條の考証を引いて指摘しているように、『唐会要』巻七三・安北都護府條の次の文

（貞観）二十二年二月四日、西蕃沙鉢羅葉護率衆帰附。七日、以結骨部置堅昆都督、隷燕然都護府。

を、粗忽に因果関係のある一連の文として整理したことによって生じた誤りである。従って、前者の文は本来削除されるべきものであり、安北都護府隷下の堅昆都督府については、「以結骨部置」という後者の原註の文が残されるべき正しい文となる。

（8）編年史料では、『旧唐書』高宗紀下・上元三年（六七六）二月條に「乙亥、堅昆献名馬」とあり、『冊府元亀』巻九七〇・外臣部朝貢三には「（上元）二年二月、堅昆献名馬」とある。『冊府元亀』にはしばしば繫年の誤りが目立つが、本項は上元二年一二月の亀茲《きゅうじ》の朝貢記事に続いている。従って、ここは『旧唐書』に従い、堅昆の遣使は上元三年二月にあったものとすべきであろう。

（9）本文で述べた契丹と突厥との攻勢に中宗復位の要求がからんでいたことは、第三部第五章三七七頁及び三九五頁註（10）で指摘しておいた。

（10）渤海が日本との最初の交渉において自ら渤海郡王と名乗っていたことについては、第三部第八章参照。なお、先天二年二月の渤海郡王授与の唐側の主体は、玄宗ではなく睿宗であったと考えられる。拙稿「古代中国の王権」、

網野善彦他編『岩波講座天皇と王権を考える一　人類社会の中の天皇と王権』所収（岩波書店、二〇〇二年）一八三～一八四頁参照。

(11)　仁井田陞著・池田温編集代表『唐令拾遺補―附唐日両令対照一覧―』（東京大学出版会、一九九七年）も『唐令拾遺』に従い、雑令第一四條とする。同書一四七六頁。

(12)　『唐令拾遺』は賦役令第七條を「……皆従半輸、諸州高麗百濟……」と、「輕税」を脱して復原している。これに対して『唐令拾遺補』では、李錦繡「唐前期〝軽税〟制度初探」『中国社会経済史研究』一九九三年第一期、に従って軽税を補い、「……皆従半輸、輕税諸州高麗百濟……」と復原する。本文の引用は後者に従った。

〔追記〕

私は長い間、『大唐六典』尚書戸部郎中員外郎條に鎮に派遣される者として、唐国内の諸州と並んで高句麗・百済が併記されていることが不審であった。しかし、六六八年の唐による高句麗の討滅に関連して、『旧唐書』高宗紀下・総章二年（六六九）條に

五月庚子、高麗の戸二萬八千二百・車一千八十乘・牛三千三百頭・馬二千九百匹・駝六十頭を移し、将《ひき》いて内地に入る。萊・營二州は般次もて發遣し、量りて江・淮以南及び山南・幷・涼以西の諸州の空閑處に配して安置す。（五月庚子、移高麗戸二萬八千二百・車一千八十乘・牛三千三百頭・馬二千九百匹・駝六十頭、將入内地、萊・營二州般次發遣、量配於江・淮以南及山南・幷・涼以西諸州空閑處安置）

とあり、『資治通鑑』巻二〇一・同年四月條には

高麗之民の離叛する者多く、敕して高麗の戸三萬八千二百を江・淮之南、及び山南・京西の諸州の空曠之地に徙《うつ》し、其の貧弱なる者を留めて、安東を守ら使《し》む。（高麗之民多離叛者、敕徙高麗戸三萬八千二百於江・淮之南、及山南・京西諸州空曠之地、留其貧弱者、使守安東）

とあり、『旧唐書』では三万弱、『資治通鑑』では四万弱の高句麗の家族を淮水・長江以南、漢水及び長江の中流域、さらに今の山西省から西安・甘粛方面まで広く移住させたことが判る。百済の民の国内移住の記事はないが、第三部第六

章で述べた禰氏一族のように唐に移された百済の一族がいたことは明らかであり、その総数は高句麗とそう極端に違わなかった推定することはできるであろう。そうであれば、それらの戸、特に幷州・涼州の戸が辺境の軍鎮に派遣されることはあり得たであろう。また、高麗・百済の戸が軽税の諸州と並記されているところを見ると、賦役令復原第六條通りであったかどうかは判らないが、彼等は唐に移住させられた時には租税負担を減免されていたのであろう。

第四部　歴史的存在としての東アジア世界

第一章　唐以前の東アジア諸国に授与される称号の特質について

一　はじめに

私の恩師の西嶋定生先生（以下、西嶋氏と称する）は一九六二年に「六―八世紀の東アジア」を発表し、当時の東アジアを規律する秩序として冊封体制が存在する、と指摘した。そして、冊封体制の存在を前提として、主に中国・朝鮮半島・日本から成る地域は、漢代以来歴史的に東アジア世界を形成している、と提唱し、日本の歴史研究者に大きな影響を与えた。しかし、その後北アジア史・中央アジア史の研究が深化するにつれ、中国王朝と遊牧民族との関係が注目されるようになり、最近では東ユーラシア世界という概念も用いられるようになってきている。また、西嶋氏と同じ中国古代史研究者として東アジア世界について積極的に発言した研究者に堀敏一氏がいるが、堀氏の理解する東アジア世界は北アジアと中国との交渉を前提とするもので、古代チベット等も東アジア世界の範囲として捉えている(1)。

このように、東アジア世界といっても、その範囲の理解は研究者によっても相違しているのが現状であるが、西嶋氏の東アジア世界論は爵称としての王号の授与を重視しており、王や公といった爵号の授与を中心に考えられていたのではないかと思う(2)。私は今回の発表に関連して、『後漢書』から『隋書』に至る各正史の本紀に出てくる中国王朝と異民族との交渉の記録を網羅的に調べた（『南史』『北史』は未調査）。そこに見える中国王朝が周辺諸国に与える称号の推移から、称号授与を通して東アジア世界の特色が見出せるかどうか考えてみたい。

二　漢魏の異民族の称号と晉の称号

中国王朝が異民族の君長に称号を授与することは、後漢から盛んに行われるようになる。『後漢書』本紀や李賢注に「歸漢里君」「南單于」「漢歸義國調邑君」「守義王（一四三年の匈奴）」が見られるほか、「漢委奴國王」金印の存在はよく知られている。三国時代には「親魏大月氏王」が『魏書』明帝紀に記されているほか、東夷伝では「親魏倭王」「濊王之印」の二顆の印の存在が伝えられている。また、魏の建国時に匈奴の南単于呼廚泉に魏の璽綬を与えており（同書文帝紀）その印文の基本は「南單于」であったであろう。このように、後漢から三国までの中国王朝が異民族の君長に授与する称号は、匈奴の君主号である単于のほか、「歸漢里君」や「漢歸義……邑君」のような漢に帰属したことを示す行政区の長の称号、そして王号であり、単于号や王号も含めて概括的には地方行政官の称号であった。

これに対して晉に入ると、東晉簡文帝咸安二年（三七二）の百済王餘句（近肖古王）に対する「鎭東將軍・領樂浪太守」や孝武帝太元一一年（三八六）の辰斯王に対する「使持節・都督・鎭東將軍・百濟王」という称号授与が出現する（以上『晉書』本紀）。後者には百済王の継承に伴う王号の授与も含まれているが、使持節・都督・将軍という武官の称号の授与されるようになることが注意される。さらに前者では「領樂浪太守」という、本来中国の領域であった郡の長官の授与も行われている。楽浪郡が帯方郡と共に滅亡したのは三一三年のことであり、百済王の領楽浪太守には実質的な意味はない。しかし、楽浪郡や帯方郡が中国王朝の郡としてはやや特殊な存在であったとしても、異民族の王が同時に中国王朝の地方長官になるという形式は、三国時代までには見られない。このような先例は、五胡の前燕で最初に皇帝を名乗った慕容儁《ぼようしゅん》（景昭帝）が三五五年に高句麗の故国原王に授与した、営州諸軍事・征東大将軍・営州刺史・高句麗王にあった（営州諸軍事は都督営州諸軍事の略称）。

西嶋氏はこれに著目して、中国王朝が異民族の君主を臣下の列に編入する冊封の初例であるとし、そうした君臣関係を媒介として中国の制度・文物が周辺諸国に伝播する、と解釈した。さらに、漢代において内臣・外臣の区別が存在したという栗原朋信氏の研究(3)を援用して、漢から唐までの東アジア世界は冊封体制によって規律されているとして、冊封体制に基づく東アジア世界の存在を提唱し、東アジア世界に共通する指標として漢字・儒教・律令制・中国化した仏教（漢訳仏教）を挙げた（『古代東アジア世界と日本』二〇〇〇年。本書の序章及びその〈附記〉参照）。現在では、西嶋の冊封体制論・東アジア世界論には種々の形で批判も寄せられているが、中国王朝を中心とする国際関係が大きく変転した東晋・五胡時代における異民族の称号に、それまでにない新しい要素が加わってきたことは見逃すことのできない重要な事実である。なお、前燕の慕容儁は東晋の永和五年（三四九）に穆帝から大将軍・幽平二州牧・大単于・燕王を仮されているが、自分が皇帝を名乗った時に高句麗に対して同様の称号授与を行った、と考えることができよう。

降って、東晋安帝の義熙九年（四一三）は高句麗の長寿王（在位四一三〜四九一）が即位した年であるが、長寿王はこの時に使持節・都督営州諸軍事・征東将軍・高句驪王・楽浪公の称号を授けられている（『宋書』高句驪伝）。このうちの営州諸軍事・征東将軍・楽浪公は、前燕から故国原王が受けた称号を引き継いでおり、堀氏は、これらの称号は高句麗の側から東晉に持ち込まれたものであり、征東大将軍の大の無いのは東晉側が削ったものであろう、とする（『中国と古代東アジア世界』一九九三年、一五三～一五四頁）。しかし、宋の建国時には長寿王の将軍号は再び征東大将軍に引き上げられた。このように、建国の際に国内外の諸将軍の位を引き上げることは、続く斉や梁でも行われている。東晉・南朝の国際的な称号授与の新しい傾向として、前の王朝の授与した各種称号が次の王朝に引き継がれることと、そうした称号の継承を周辺諸国の方が要求する場合のあることが注意される。

百済は新羅とはともに四世紀代に国家形成を成し遂げたが、前述のように百済は近肖古王が咸安二年（三七二）に東晉に遣使して鎮東将軍・領楽浪太守を拝し、辰斯王が太元一一年（三八六）に使持節・都督・鎮東将軍・百済王を授けられている。窪添慶文氏は高句麗王と楽浪公という爵号の並列について、営州刺史（及び楽浪公）で高句麗国内に多数存在した漢人の統治を認め、高句麗王で高句麗人の統治を認めたものであり、百済王の得た鎮東将軍・領楽浪太守の官号は、亡失した楽浪郡が回復すればその太守たることを認める、という意味であるが、百済王と楽浪太守という二つの側面は、営州刺史・高句麗王の関係に対応すると理解することができる、と指摘している（「四世紀における東アジアの国際関係―官爵号を中心として―」〈同氏『魏晉南北朝官僚制研究』汲古書院、二〇〇三年、初出は一九八二年〉）。

前燕の慕容廆《ぼようかい》は東晉の元帝から使持節・散騎常侍・幽平二州東夷諸軍事・車騎将軍・平州牧・大単于・遼東郡公を受けたが、窪添氏は、この称号は大単于を除けば晉の地方官の官号そのものであり、平州牧で漢人を統治し大単于で固有の民を統治すると解釈すれば、高句麗王・楽浪公の場合と変わりはない、という意味の指摘をしている。よって、魏晉南北朝には性格の違う二種類の民族を並行して統治する称号は、ある程度普遍的に存在していたと見ることもできよう。しかし後に述べるように、隋代に入ると朝鮮三国にのみ遼東郡公・高麗王、帯方郡公・百済王、楽浪郡公・新羅王という、中国の地方官に由来する郡公号とその国の名称を帯した本国王[4]とが授与されるようになるのである。この点は、東アジア世界の特質を考える上で、注意しなければならない点である。

三　南北朝における異民族の称号

宋以後の南朝では、異民族に授与する称号に将軍号と王号との組み合わせの多いことは晉朝と変わりはないが、宋代本紀の表現を見る限り、使持節・持節や都督某諸軍事に代わって州刺史を授与する例が増えてくる。ただし、宋代の倭の五王のように使持節・都督某諸軍事を要求し、その一部を除正される周知の例もあるので、この点はあらためて精査しなければならない。しかし、南朝最後の王朝の陳になると、文帝の天嘉三年（五六二）に百済王餘明《ママ》（威徳王）を撫東大将軍とし、高句驪王高湯（高陽、平原王）を寧東将軍とした二例以外、将軍号はおろか本国王を授与した例は一切見られない。『陳書』には外国伝が無いので、同書にこれ以上の例を見出すことは困難であろう。五胡十六国時代から東晉にかけて盛んに授与された使持節・持節や都督某諸軍事の称号が、その後は異民族に対して餘り授与されなくなることは、概ね指摘できるのではなかろうか。

北朝の北魏の場合、五世紀前半の五胡勢力に対する王号・将軍号等の授与を除くと、異民族に対する称号の授与は孝明帝正光三年（五二二）の高車国王覆羅伊匐に対する鎮西将軍・西海郡開国公・高車王が最初の例となる。北魏も末期であるが、孝荘帝建義元年（五二八）には高昌王世子の麴光に平西将軍・瓜州刺史・泰臨県（あるいは秦臨県）開国伯・高昌王を授与した例があり、出帝（孝武帝）永熙二年（五三三）には衛将軍・瓜州刺史・泰臨県開国伯・高昌王麴子堅を儀同三司とし、郡王（または郡公）としている。東魏の孝静帝興和三年（五四一）には、阿至羅国主副伏羅起去の子去賓が来降し、高車王に封じられた例があるが、来降が内属を意味するのであれば、これは異民族に対する称号授与といっても特殊な例となる。以上では、使持節・持節や都督某諸軍事の授与の例はない。

北斉では、文宣帝の天保元年（五五〇）に散騎常侍・車騎将軍・領護東夷校尉・遼東郡開国公・高麗王成（陽原王）を使持節・侍中・驃騎大将軍・領護東夷校尉・遼東郡開国公・高麗王としている。ここでは使持節の授与はあるが、都督某諸軍事の授与はない。同時に梁（後梁）の侍中・使持節・仮黄鉞・都督中外諸軍事・大将軍・承制・邵陵王蕭綸を梁王としているので、都督諸軍事の授与が無くなったわけではない。その後、廃帝の乾明《けんめい》元年（五六〇）には高麗王世子の湯（平原王）を使持節・領東夷校尉・遼東郡公・高麗王としている。武成帝の河清三年（五六四）には新羅の遣使朝貢があり、翌年には新羅国王金真興（真興王）を使持節・東夷校尉・楽浪郡公・新羅王としている。後主の武平元年（五七〇）には百済王餘昌（威徳王）を使持節・侍中・驃騎大将軍・帯方郡公・百済王とし、翌年にはさらに使持節・都督・東青州刺史としている。前年に授与した称号の上に都督・東青州刺史を加えたのだろうか。これが北朝で異民族に都督号を加えた唯一の例となる。

北周は武帝の建徳六年（五七七）正月に北斉を滅ぼすが、『周書』武帝紀ではこの年に南朝の陳及び吐谷渾・百済が遣使している。しかし、『三国史記』巻一九・高句麗本紀第七及び『隋書』巻八一・東夷伝高麗條に拠れば、この時に高句麗の平陽王が北周に遣使して、開府儀同三司・大将軍・遼東郡開国公・高句麗王（以上『三国史記』）、または上開府・遼東郡公・遼東王（以上『隋書』）の称号を受けている。

以上、主に正史の本紀に拠って、南北朝各王朝の異民族に対する王号等の授与の例を見てきた。南朝の後半期及び北朝では都督某諸軍事の授与の例がほとんど見られなくなることは確認できた。そして何よりも、王号授与の範囲が高句麗・百済・新羅の朝鮮三国にほぼ限られてくることは、東アジア史研究者にとって充分留意すべきことであろう。

四　隋における異民族の称号

　隋では、建国初年の開皇元年（五八一）に百済と高句麗とが遣使来賀し、百済王扶餘昌（威徳王）に上開府儀同三司・帯方郡公を授与し、高麗王高陽（平原王）に大将軍・遼東郡公を授与したのが、異民族に対する称号授与の最初の例となる。『隋書』高祖紀上では王号の授与は記されていないが、東夷伝百済條・高麗條に拠って、百済王・高麗王の授与されたことも確認できる。その前に、吐谷渾から隋に降った高寧王移茲裒《いじほう》を大将軍に拝し、河南王に封じているが、これは隋に内属した人物の事例である。開皇四年（五八四）には称臣した突厥の沙鉢略可汗に対し、北周から沙鉢略可汗に嫁した千金公主を大義公主に改封し、沙鉢略可汗が隋に派遣した子の窟含真を柱国として安国公に封じているが[5]（『隋書』突厥伝）、これも君主本人に対する事例ではない。開皇一一年（五九一）には突厥の雍虞閭可汗（都藍可汗）がその母弟の褥但特勒（特勤）を遣わして于闐の玉杖を献上し、高祖は褥但を柱国・康国公としたが、これも同様の例である。開皇一四年（五九四）には新羅の真平王が隋の建国後初めて遣使し、高祖はこれを上開府・楽浪郡公・新羅王とした。その後、隋と高句麗との対立が厳しくなり、隋は病死した平原王の子の高元（嬰陽王）を上開府儀同三司・遼東郡公としたが、嬰陽王が表を奉って謝恩すると、優冊して高麗王とした。

　以上が、本紀や外国伝を通して見た、隋が異民族に授与した王号の事例すべてである。ただし、煬帝の大業八年（六一二）には宗女の華容公主が高昌王麴伯雅に降嫁するが、その際の煬帝の詔に「光祿大夫・弁國公・高昌王伯雅」云々とあり（『隋書』西域伝・高昌條）、それ以前に高昌王に対して王号の授与が行われた可能性が考えられるが、基本的に隋では朝鮮三国にのみ王号が授与されていた、と言っていいであろう。

要するに、南北朝末期には異民族に授与される称号が次第に整理され、南朝の陳及び隋を含む北朝では、中国の周囲の異民族の中で王号を授与されたのは、ほぼ高句麗・百済・新羅の朝鮮三国に限られていたのである。しかも、三国の中で南北朝に継続的に遣使していたのは高句麗のみであり、百済は四七〇年代に北魏との交渉を試みて失敗した後、五六七年まで約百年間北朝とは通交していなかった。また、新羅は三国の中では最も遅く中国との交渉に登場し、単独での中国王朝への遣使は、南北朝のいずれに対しても五六〇年代に入って初めて行われた。従って、中国王朝の百済・新羅への郡公・王の授与は伝統的な慣例として持続していたものではない。東アジア世界の存在意義を検討する場合、このような朝鮮三国における称号授与の特質を考慮に入れて然るべきであろう。

五　唐朝が異民族に授与した王号について

唐代に異民族が唐朝から受けた称号については、第一部第三章に基づいて簡単に述べ、その他の称号授与の問題については割愛する。

唐が成立すると、高祖の武徳七年（六二四）に高句麗・百済・新羅が遣使し、それぞれ遼東郡王高麗王、帯方郡王百済王、楽浪郡王新羅王を授与された。唐朝の国際関係も朝鮮三国との間で始まったのである。太宗朝（六二六～六四九）に至っても、唐から王号を授与されたのは朝鮮三国にとどまり、授与された称号にも変わりはなかった。高宗朝（六四九～六八三）になって唐の西方経略が進展するにつれ、賓王（吐蕃）・亀茲《きゅうじ》王・波斯王のように、吐蕃や西域諸国にも王号が授与されるようになる。則天武后（実質的な在位は六八四～七〇四）の周（六九〇～七〇五）

になると、于闐王・康国王がこれに加わるが、一方で東北アジアでは契丹が叛乱を起こし、高宗朝に滅びた高句麗の故地を中心に渤海が建国するなど、唐（周）の外交にとって不利な情勢も出現するようになる。

玄宗朝になると唐と異民族との交渉は回復し、空前の活況を呈するようになる。非常に多くの国々が唐から王号を授与されるようになるが、その王号には二種類の区別が見出せる。高句麗・百済は既に高宗朝に滅びていたが、新羅は変わらず新羅王を授与されており、于闐王・康国王も同様である。王号の上にこれら当該国の国名を冠する本国王は、一代限りで終わる場合もあるが、右の諸例のように継承される場合もある。一方、天宝六載（七四七）に唐に入朝した、カスピ海南岸の陁抜斯丹国以下の八国[6]に授与された帰信王・義寧王・義賓王・奉順王・守義王・順徳王・恭信王・順礼王という王号は、一見して判る通り唐の徳に従うという意味が共通している。私はこのような王号を徳化王と名附けたが、本国王と違って徳化王は継承されないのが特徴である。例えば、開元一四年（七二六）の契丹の李邵固は広化王、奚の李延寵は懐信王を受けており、奚の李魯蘇は奉誠王を受けているが、天宝四載（七四五）の契丹の李懐節（李懐秀）は崇順王、奚の李延寵は懐信王を受けており、李邵固・李魯蘇の王号は継承されていない。玄宗朝では、異民族に授与される王号にもこのような使い分けがなされていたのである。なお、唐代の本国王では、唐朝から遠方にある国々に「国王」号の授与される傾向がある。ただし、以下の渤海の例では郡王から進められて国王になっており、国王には郡王の上級の爵位として用いられる要素もあった。

しかし、安史の乱（七五五〜七六三）以後の唐後半期には唐王朝と異民族との交渉は大幅に縮小する。王号の授与について見ても、唐初からの新羅王以外は、玄宗の先天二年（七一三）に受けた渤海郡王の称号が、代宗の宝応元年（七六二）に大欽茂が渤海国王に進められて以後、歴代の渤海の君主に継承され、その後一旦は渤海郡王を受けた大嵩璘が貞元一四年（七九八）に渤海国王に進められ、以後の君主が渤海国王を継承したのが目立つ程度である。その他には、一時的に林邑王や南詔王が継承された以外、哥鄰国王・弥臣国王・羅殿王の一度きりの授与があるのみである。(7)唐初には朝鮮三国の王号授与が継承されたが、唐後半には同様に東アジアの新羅・渤海の王・国王号が継承されたのである。この点を、北アジア諸国・中央アジア諸国と唐との交渉と、東アジア諸国と唐との交渉の相違の現れ、と解釈することは可能であろう。

なお、渤海郡王は唐初には高祖の侄《おい》の李奉慈に授与されており、大欽茂が渤海国王に進められた後では、唐の国内の高崇文に授与されている例が見出せる。唐代の郡王は本来国内の臣下に授与される爵号であって、李奉慈や高崇文の渤海郡王もその一例である。高句麗の遼東郡王、百済の帯方郡王、新羅の楽浪郡王は、それぞれ隋の郡公を郡王に進めたものであるが、唐の爵制から見れば朝鮮三国は本国王と唐国内の郡王号を同時に受けていた、と見ることもできる。渤海郡王も唐から授与された郡王号を自ら名乗っているのであり、その点でも唐代東アジア諸国の王号には特殊な性格があった、ということができる。

六　おわりに

以上、本章では唐以前の中国周辺の諸国に授与された称号の変遷について一瞥してきた。後漢から曹魏にかけては王号の授与が一般的であったが、南北朝になるとこれに将軍号や使持節、持節、都督某諸軍事という武官系統の称号が重ねられてくる。しかし、南朝最後の陳（五五七〜五八九）や北朝になると、異民族に対する使持節や都督某諸軍事の称号は授与されなくなり、称号の授与される異民族は高句麗・百済・新羅の朝鮮三国に絞られるようになる。その点は唐初でも同様であった。玄宗朝には西域諸国を中心に多くの国々が多彩な王号を授与されるようになったが、安史の乱で唐朝は大きな痛手を受ける。すると、唐後半では、主に新羅と高句麗滅亡後に建国した渤海とに王号や国王号が授与されるようになった。

このように王号の授与に焦点を当てると、中国王朝と東アジア諸国との関係については、その他の地域と中国王朝との関係と区別し得る様相が見出せるのである。初めに述べたように、西嶋定生氏の提唱した東アジア世界論は今日では種々の点で批判されるようになってきている。しかし、広域の地域論の検討にはさまざまな手法があるであろう。後漢から唐代までの異民族が中国王朝から受けた称号を網羅的に取り上げていけば、そこから他の地域と違った東アジア諸国と中国王朝との交渉の特徴を見出すことは可能なのであり、中国を含む東アジア世界に一つの世界としての特色を見出せるか否か、という問題についてはさらに種々の側面から検討する必要があるであろう。

ただ、本章では異民族が中国王朝から受けた称号全体について検討することはできず、可汗号の授与や継承といった、王号以外の称号に関する検討は行えなかった。第三節で南朝の後半期及び北朝では都督某諸軍事の授与の例がほとんど見られなくなることを指摘したが、唐の都督については、例えば玄宗の開元三年（七一五）には契丹の李失活は左金吾衛大将軍・松漠都督を拝して松漠郡王に封ぜられ、また奚の李大輔は左金吾（衛）員外大将軍・饒楽州都督を拝して饒楽郡王に封ぜられた（『旧唐書』巻一九九下・北狄伝）。ここでの契丹の松漠郡王、奚の饒楽郡王は唐に内属した異民族に授与される称号であるが[8]、松漠都督・饒楽都督の名称に由来する。この松漠都督・饒楽都督は唐の羈縻州（厳密には羈縻府）であり、それぞれ『新唐書』巻四三下・地理志七下・羈縻州・奚州條及び契丹州條に確認できる。羈縻という用語自体は、漢代には異民族と何らかの関係を結ぶ時の語として用いられていた。しかし、堀敏一氏は譚其驤氏や章羣氏の研究に依りながら、唐の貞観年間（六二七～六四九）になって異民族の征服が急速に進む中で、一般の州県と区別して羈縻州制度を施行する必要が出てきたのが羈縻州出現の理由である、と

指摘している。(9)

つまり、漢代に用いられた羈縻と唐初に成立した羈縻州とは区別されなければならないのである。また、唐代の都督は都督府の長官であるが、唐の府は上級の州であるので、南北朝の都督某諸軍事の都督と唐の都督も意味内容を異《こと》にする。このように、漢から唐までの国際関係の変遷とその意義を追う時に、類似する用語でもその内実が変化している場合のあることにも注意しなければならない。こうした点も含めて、唐代までの東アジア世界の変遷及びその意義づけについては、今後さらに検討を続けていく必要があろう。

註

（1）第一部序章参照。

（2）第一部第一章及び「歴史からみる東アジアの国際秩序と中国―西嶋定生氏の所論に寄せて―」（『ワセダアジアレビュー』一六、二〇一四年）参照。

（3）栗原朋信「文献にあらわれたる秦漢璽印の研究」（同氏『秦漢史の研究』所収、吉川弘文館、一九六〇年）。

（4）本国王については、『南斉書』巻五八・東南夷伝・東夷加羅国條に

建元元年（四七九）、國王荷知使來獻。詔曰、量廣始登、遠夷洽化。加羅王荷知款關海外、奉贄東遐。可授輔國將軍・本國王。

とある。

（5）『隋書』高祖紀上・開皇五年（五八五）條には

（七月）壬午、突厥沙鉢略上表稱臣。八月景（丙）戌、沙鉢略可汗遣子庫合眞特勒來朝。

という記事がある。本文に述べた記事の一年後のこととなるが、庫合真と窟含真とは字形や字音が類似しており、同じ遣使のことを指していると考えてよいのではなかろうか。

（6）この八国については、前嶋信次「カスピ海南岸の諸国と唐との通交」（同氏『東西文化交流の諸相　文化の東西交流』所収、誠文堂新光社、一九八二年、初出は一九二八年）参照。
（7）ただし羅殿王については、『新唐書』巻二二二下・南蛮伝下・牂柯《そうか》国條に「會昌中（八四一〜八四六）、其の別帥を封じて羅殿王と爲し、世よ襲爵す（會昌中、封其別帥爲羅殿王、世襲爵）」とあるので、羅殿王が継承された可能性はある。
（8）第三部第五章及び第八章参照。
（9）堀敏一「中華世界」（初出は一九九七年）参照。

終章　古代東アジア世界の特質

一　東アジア世界論の意義

以上、本書では旧稿に拠って王号の授与を主な分析対象としながら、漢から唐までの中国王朝を中心とした国際関係について分析してきた。異民族に授与する王号とは中国国内においては爵号であり、渤海の場合について述べたように、王号の授与自体に特に中国の国内と国外とで相違があるわけではない。しかし、漢代では国内の王号は継承者の不在等に因って廃絶される場合を除いて代々継承されるのに対し、唐の王号は三代目から郡王号以下に降っていくように永続的に継承されるものではない。その点で唐代においては、唐初から唐末まで継承された新羅王のような異民族に対する王号と、国内の王号の継承とではやや相違があった。また、漢代における匈奴、唐代における突厥・回紇（回鶻）のように、中国を統一した王朝にあっては北方遊牧民との交渉が大きな意味を持った。しかし、唐代において回紇等でも可汗以外の者が徳化王（金子命名）としての王号を授与されることもあり、西域諸国では本国王が授与されたのみならず、それらの一部は継承されたので、王号の授与を通して中国を中心とした漢—唐間の国際関係の推移を辿ることは、歴史学として充分に意味のある課題であると言える。なお宋代以降になると、王爵の授与については正史の列伝に特記されなくなる一方、王爵そのものは代々の継承が通例となり、「某王」という王爵のみでは誰のことか判りにくくなるので、「王」の上に諡号を挿入して区別する習慣が定着する。諡号を含めた王号が継承されるわけではないので、この点は注意が必要である。

こうした王号の授与を通した東アジアの国際関係の特質を冊封体制と名附け、その冊封体制を基礎に地球上の小世界の一つとして東アジア世界の歴史的存在を主張したのが、本書で度々触れた西嶋定生氏である。一方で、西嶋氏が冊封体制の存在を提唱した頃から同様に東アジア世界について発言し、晩年まで東アジア世界に関する見解を公表し続けた中国史研究者が堀敏一氏であった。西嶋・堀両氏の東アジア世界論は必ずしも共鳴し合うものではなかったが、いずれも中国王朝が授与する王号等の称号を主な分析対象として、中国王朝と周囲の異民族との交渉の歴史的特質を理解しようとするものであった。特に西嶋氏の東アジア世界論では、日本の歴史展開を中国・朝鮮等の東アジア諸国と結びつける理論的枠組みとしての意義が大きかった。しかし、近年の研究の進展に因って、日本の歴史展開あるいは従来の東アジア世界の歴史展開を、東ユーラシアまたは東部ユーラシアというより広い観点から考えるべきであることが主張されるようになり、西嶋氏の東アジア世界論の影響力は、それが提唱された一九七〇年代ほどには注目されなくなったように思われる。その要因の一つは、一九七〇年代には充分な研究のなかった北アジア・中央アジアの遊牧民族の研究が、ここ二、三十年の間に大いに進展していったことが挙げられるであろう。しかし、それでは東アジア世界の存在がより広い東部ユーラシア世界の中に溶解し、理論的な枠組みとしての独自性を保持し得なくなったのかというと、「王号の授与を通した冊封」という西嶋氏の冊封体制論の原点に立ち返った場合、以下に述べるように魏晉南北朝期を中心にその存在を主張することは十分に可能であると思われる。

二　漢から南朝の東アジア世界の推移

次に、本書に収録した拙稿の成果を踏まえて、漢代から唐代までの中国王朝を中心とした国際関係の推移を素描すると以下のようになる。

秦の始皇帝が崩御した時に長男の扶蘇が対匈奴戦線に送られていたように、中国を統一した王朝にとっては北アジアの遊牧民族との関係が最も重要となった。前漢でも、対外関係において匈奴対策が最も重要であったことは周知の通りである。東アジアでは武帝による朝鮮四郡の設置が最も重要な歴史的事件となるが、四郡のうちの真番郡と臨屯郡とは間もなく廃絶し玄菟郡も遼東に西遷するなど、東アジア諸地域との関係は前漢王朝にとっては大きな課題とはならなかった。張騫の鑿空が実現し、度重なる漢との戦闘で匈奴が疲弊するまでは、西域と前漢王朝との接触も活発なものではなかった。前漢後半期に匈奴が東西に分裂し、東匈奴が漢に服属するようになると漢の勢力も西域に及ぶようになるが、周囲の諸国との交渉が活発化するのは後漢に入ってからである。朝鮮半島から中国東北にかけては小国が分立していたが、その中から高句麗が台頭し、倭国も中国の記録に登場するようになる。東匈奴はさらに南北に分裂し、南匈奴の一部は長城を越えて南下して漢の領域に定着するようになる。後漢にあっては一、二世紀の交が外国との交渉が最も盛んな時代であったと言えるが、二世紀も半ばを過ぎると後漢の勢力は西域から後退し、国内でも政治的混乱が深まって三世紀初頭には後漢は滅亡した。

魏・呉・蜀（漢）の三国では魏が優勢であり、遼東の公孫氏と呉とが連携する動きを見せたことから、二三九年に魏は公孫氏を滅ぼした。するとその直後に倭国中の邪馬臺国が魏に遣使したが、これに対する魏の扱いは鄭重であった。おそらく、倭国の位置を呉の東側の海上にあるものと誤認し、呉を牽制する役割を倭国に期待したからであろう。倭国は晉（西晉）建国の翌年の二六六年にも晉に遣使して洛陽に至っており、朝鮮半島経由で東アジアの情勢は把握していたのであろう。倭の五王の最初の王である讃が宋に遣使したのも宋建国翌年の四二一年のことであり、東アジア諸国の動静は中国に遣使していない時期にも倭国に届いていたのであろう。なお、『宋書』倭国伝の「詔して曰く、倭讃、萬里修貢す。遠誠宜しく甄《あらわ》すべく、除授を賜う可し（詔曰、倭讃萬里修貢、遠誠宜甄、可賜除授）」の一文は、倭王讃への王号等の授与を有司に指示した一文であって、倭王讃に授与した詔書の文言ではない。

三　南北朝と隋との国際関係の特色

倭の五王が登場する直前の東晉末期には華北に北魏が建国し、四二〇年の宋の建国と共に南北朝時代が到来する。南北朝時代では、北アジア諸国との交渉は北朝によって独占され、河西回廊から青海省・四川省西北部には吐谷渾《とよくこん》が勢力を張っていたため、南朝が交渉する異民族勢力は東アジア諸国及び東南アジア諸国に局限された。朝鮮半島では四世紀半ばに西南部では百済、東南部では新羅が諸韓国を統合し、高句麗・百済・新羅の三国時代が到来した。三国の中で黄海に面した百済・高句麗は南朝と交渉し、高句麗は北朝とも交渉したが、新羅は加耶地方を併合する六世紀半ばまで南北朝との交渉はほとんど無かった。倭国は宋とは交渉したが北朝との交渉は無く、宋の滅亡後は隋が南朝の陳を滅ぼして南北朝を統一するまで中国王朝との交渉は絶っていた。ただし新紹介の『梁職貢図』の一文からは、倭国が南斉の建国時に遣使した可能性は指摘し得る。

北方を北朝に抑えられていた南朝の諸王朝は、東南アジア諸国と交渉した。『宋書』『梁書』及び『梁職貢図』の一部の題記とから、南朝に対する東南アジア諸国・中央アジア諸国の国書が相当数得られるが、それらは仏教国としての宋や梁を讃仰する文で飾られており、そこには冊封等の政治的交渉に関わる文言はほとんど見られない。そうした国書中の文言は類型的であり、このような国書が各国で作成されたのか、あるいは中国王朝と東南アジア諸国との貿易に携わる特定の都市で作成されたのか、等の問題はなお今後の検討を必要としている。一方、百済や高句麗に対しては、「皇帝問」という書き出しの国書が宋から発信されている。この書式の淵源は前漢文帝期の匈奴に対する「皇帝敬問」の国書にあり、これらの書式はそのまま唐朝にも受け継がれている。南朝と東アジア諸国との交渉は、百済や倭の国内の臣下の編成や中国王朝の周囲の国々との秩序に関わるものもあり（倭王武の上表文）、南朝と東南アジア諸国との交渉に比べれば遙かに政治的色彩の強いものとなっている。言い換えれば、東南アジア諸国と南朝との交渉は、東アジア諸国と南朝との交渉とは全く異質な性格を有していたのである。

倭国は北朝とは没交渉であったが、朝鮮三国のうちで最も西に位置して中国と陸続きでもある高句麗は、南朝のみならず北魏以来の北朝とも密接な交渉を行っていた。北魏孝文帝の高句麗王雲（文咨明王）に与えた国書は、高句麗に対する北魏の規制力の強さを知る上で貴重な史料となる。前述のように、新羅は加耶地方を領有する六世紀半ばまでは南北朝との交渉はほとんど無かったが、百済は南下する高句麗の勢力に悩まされ、孝文帝の四七二年（実質的な君主は太上皇帝の献文帝）に北魏に遣使したことがある。この時に北魏に上《たてまつ》った三首の国書は真摯で詳細なものであったが、先に高句麗と関係を結んでいた北魏には受け入れられず、逆に四七五年に高句麗に攻められて大敗し、百済は漢城から熊津への遷都を余儀なくされてしまった。朝鮮三国のうち、中国王朝との交渉で高句麗が最も有利な位置にいる情勢はその後も変わりなかった。

しかし、隋が中国を統一するとその情勢は一変する。南北朝時代に南朝・北朝の双方に遣使していた高句麗・百済のうち、百済は機敏に動いて隋との対立を解消することができたが、高句麗と隋との対立は次第に険しくなり、遂に六一二～六一四年の煬帝の高句麗遠征まで突き進むことになる。もちろん高句麗も疲弊したが、隋にとっても自国の滅亡に繋がる大事件となった。西嶋氏は煬帝の高句麗遠征の原因に冊封体制の論理の存在を見出しているが、その原因を那辺に求めるかはなお今後の研究課題である。また、煬帝は高句麗遠征の前段階として六〇九年に吐谷渾を滅ぼしており、煬帝朝に隋の対外交渉は西域に深く伸びるようになる。このことは唐の国際関係を考える上でも注意すべき点であるが、『隋書』の外国伝は東夷伝から始まっている。南朝の正史の『宋書』『梁書』『南史』は異民族の中で南海諸国の伝を最初に配置するが、『後漢書』『三国志』（鮮卑伝・烏丸伝を東夷伝の前に置く）『晉書』『魏書』『周書』及び『北史』は、『隋書』と同様に東夷伝を最初に置いている。正史の外国伝の巻次の構成を見る限り、隋代までの南朝以外の中国王朝では、東アジア諸国との関係が重視されていたことを否定する必要はないであろう。なお、南朝の正史でも、『南斉書』は国内の蛮伝の後に東夷の高麗国（高句麗のこと、後半欠文）・百済国（前半欠文）・加羅国・倭国の伝を置き、その後に林邑以下の南夷の伝が続く。僅か五十字ではあるが、加羅国伝があるのは『南斉書』だけである。

四　唐代の国際関係の特色

『旧唐書』外国伝の巻次は突厥・西突厥・回紇・吐蕃の順で、『新唐書』では突厥・西突厥・吐蕃・回鶻の順となる。また、『新唐書』では東夷伝は西域伝の前に立つが、『旧唐書』では西域伝の後に退く。このように唐代になると、唐と北アジアから西域の諸民族との関係が重要になるが、唐初の国際関係は朝鮮三国の最初の遣使と唐朝による三国の王の冊立から始まった。また、冊立自体は異民族の側の事情で実現するものばかりではなく、隋や唐の側から戦略的に行う場合もあった。唐朝全体の異民族に対する王号や郡王号の授与の状態を精査してみると、郡王号は唐に内属した異民族の首長や有力者に授与されるのが基本である。もともと振国（震国）と名乗っていた渤海の王号は、当初は唐から授与された渤海郡王であり、後に渤海国王を授与されるようになると、渤海郡王は唐国内の官僚に授与された。渤海が日本に初めて遣使した七二七年には渤海郡王を名乗っており、唐の授与した郡王を名乗ることで、日本に対して自国の正統性を主張したものと思われる。

唐代では、玄宗朝を中心に周囲の多くの異民族に王号や国王号が授与されたが、その中には本国の名称を冠し子孫に継承される本国王と、唐朝に帰服したことを示す徳化王とがあった。本国王は可汗・賛普といった固有の首長号を名乗る有力異民族の君主に授与されることはないが、パミール高原以西の地域も含めた小国の首長には王号や多くは国王号が授与され、その中には何代か継承されるものもあった。従って、西嶋氏の言う冊封を中国王朝による東アジア諸国のみの君主承認の手続きと理解するのは誤りである。しかしながら、安史の乱以降に唐と周囲の諸国との関係が縮小すると、唐末まで王号の授与が継続して行われた対象は東アジアの新羅及び渤海に限定された。新羅は、唐初から唐末まで一貫して唐朝からその王が冊立された唯一の国であった。

以上のように見てくると、漢から唐までの長期間に亘って、一貫して中国王朝と密接な関係を保持していたのは東アジア諸国であった。ある時点時点で北アジアの遊牧民が中国王朝に強い影響力を及ぼすことはあるが、それは長期には及ばない。一方で、東アジアの高句麗は前漢末から唐初まで存続し、隋代までの中国王朝にとっては存在感の大きな近隣国であった。新羅が中国王朝と積極的に交渉し出すのは六世紀後半以降であるが、唐朝との関係は大枠では唐末まで揺るがなかった。従って、広く東部ユーラシアの範囲で捉えてみても、歴史的世界としての東アジア世界の存在を認めることは充分可能である。

西嶋氏の東アジア世界論は、王爵を中心とする爵位の授与の重視と、日本と朝鮮・中国等の東アジア地域との政治的関係を理論的に設定しようとする二つの側面を持つ。このうちの後者の側面が最近では特に批判の対象となるが、一九六〇〜七〇年代にはそうした問題設定は歴史学の課題として充分に意味を持っていた。また、西嶋氏は同時に中国古代における爵制の政治的役割にも強い関心を持っており、氏の東アジア世界論はその両面の関心が融合する形で提唱されたと私には思われる。そして、王爵（王号）授与の事例を丹念に拾っていけば、他の地域とは違う東アジア諸国に対する王号授与の特色を見出すことは可能である。西嶋氏は漢から唐までの国際関係の全ての側面を検討したわけではない。氏の問題関心からすればその必要は無かったのであろう。その点で、王号の授与に些か偏した西嶋氏の東アジア世界論に批判が投げ掛けられるのは当然である。しかしながら、その批判を承認した上でも、王号の授与に基づく東アジア世界の設定という西嶋氏の問題提起は、東アジア諸国と中国王朝との関係を考える上で今日でも有意義であると私は考える。ただ、冊封体制が有効に機能した時期としては、西嶋氏が冊封体制の存在を提起した「六―八世紀の東アジア」で詳述した唐代よりも、中国王朝との関係で東アジア諸国の位置が相対的に高かったことを考慮に入れれば、南北朝期により有効に機能したとする堀敏一氏の判断の方がより適切であると思われる。

五　歴史的存在としての東アジア世界

本書では、初めに西嶋定生氏と堀敏一氏との東アジア世界論を対比し、西嶋氏の東アジア世界論では冊封体制の機能した時期として唐代が重視されているのに対し、堀氏の東アジア世界論では南北朝期が冊封体制の最も機能した時期として認識されていること、及び冊封体制が機能する前提として中国王朝と北アジアの遊牧民との関係に注目していることとを指摘した。堀氏は漢代以来の国際関係の特質を示す用語として羈縻を第一に考えるが、その羈縻と唐初以来の羈縻州とを区別すべきであることも強調している。本書で私は爵号の授与に基づく冊封という西嶋氏の立場を継承したが、前章で概観したように魏晉以後は爵号以外にさまざまな称号が異民族にも授与されるようになる。今まで内容を紹介しなかったが、この点を谷川道雄氏の見解に依拠して整理すれば以下のようになる。

漢代に外臣に与えられた爵位には、王位以外に侯・君・長があった。高句驪王が王莽によって下句驪侯と降格、改称され、後漢が成立すると王位に復せしめられたように（『後漢書』句驪〈高句驪〉伝）、王と侯とは上位と下位との関係にあった。君は邑君、長は邑長を賜与されることも稀ではなく、この時期の授爵の態様は部族連合や有力部族の首長クラスに王・侯を、それを構成する大小の部（邑）落の長に君・長を授与した。谷川氏は、授爵の対象となる社会が多く部族制を構成原理としていたとすれば、中国王朝の直接支配の体制である郡県制とは歴史的段階を異にする、と指摘する。しかし後漢に入ると、王・侯・君・長などの外臣の爵位に加えて内臣の官爵授与の傾向が生じたが、その官爵には都尉・都護などの軍事的任務を帯びたものが多くなった。それは被授与者が漢王朝の出先機関と協力して周辺諸民族の討伐に力を尽くしていることとも密接に関わるものであり、彼等は今や単なる出身民族の首長ではなく、漢王朝の世界帝国維持政策に巻き込まれた辺境の軍事集団でもあった。

四世紀の五胡十六国時代に入ると、本書で度々述べたように、高句麗王は前燕の慕容皝によって従来の高句麗王に加えて、征東大将軍・営州刺史・楽浪公の官爵が与えられた。東晉ではさらに使持節・都督営州諸軍事がこれに加わるが、征東大将軍は征東将軍とされた。劉宋になると百済王にも使持節・督諸軍事・百済王の称号が加えられ、倭の五王にも倭国王（倭王）以外に、使持節・都督諸軍事と共に将軍号が授与されるようになる。これらの「持節」「都督（督）」「将軍」「公」という一連の官爵は、当時の中国各地に中央政府から派遣された州鎮の長官に与えられたものとほぼ軌を一にする。これら州鎮の長官は民政機構（州官）を持つと同時に軍府（府官）を開くが、その軍府の規模は兼帯する「将軍」号のランクと相応する。即ち、形式的には州鎮長官は皇帝の使臣として地方の行政と治安維持とに差遣《さいけん》されたものであったが、このような地方支配機構には自ずと中央分離的な傾向が孕まれてゆく。州官・府官の幹部たる長史・司馬のもとには各種の参軍（参軍事の略─金子）があったが、現地の土豪出身の参軍も少なくなく、州鎮長官が彼等に推されて反中央的行動に出る例も稀ではない。南朝の政権交代はそのような行動によって引き起こされた。

谷川氏のこれ以降の論述は割愛するが、結びで氏は以上の趣旨を「中国における中央集権政治の後退が、周辺諸民族の国家形成に大きな役割を果たしたということである」、と述べている（「東アジア世界形成期の史的構造─冊封体制を中心として─」、『谷川道雄中国史論集』上巻所収、汲古書院、二〇一七年、三二五頁。初出は一九七九年）。そして、中国社会は四世紀にわたる集権体制を自ら否定することによって、周辺諸民族の国家を包摂することができたのであり、一見逆説的であるが東アジアに一つの「世界」が確立するのはこのような構造的連関によってである、とする。谷川氏のこの論の基底には、中国国内の社会の在り方（共同体的原理）に関する氏の理解が存在するが、その点はここでは言及しない。谷川氏の見解で本書にとって重要な点は、漢代の王爵授与によって始まった中国王朝と周辺諸国との関係が、その後の将軍や都督諸軍事等の軍事関係の称号の授与も加わり、中国における南北両朝への分裂を経て再編成された、言い換えれば帝国としての弱体化、周辺諸民族の成長を経てより緊密な国際関係として東アジア世界が出現した、ということである。

私も前章では将軍号等の授与にも注意を払って、漢から唐までの中国を中心とした国際秩序の変化について概観した。しかし、持節（使持節）・都督諸軍事や将軍号の授与を通じても、中国王朝と北アジアや中央アジア諸国との関係は餘り浮かび上がってこない。漢と隋唐との間に挟まれた魏晉南北朝期は、中華帝国という観点から見れば中国王朝勢力の退潮期と見られるかもしれない。しかし谷川氏の論にもあるように、その間に中国王朝と周囲の諸国との関係は前代に比べて一層緊密になっていったのである。その中でも、南北朝期に現れた異民族全般に対する将軍号や都督諸軍事授与の事例が、南朝の後半期及び北朝ではほとんど見られなくなること、かつ同時期の王号授与の範囲が高句麗・百済・新羅の朝鮮三国に限定されてくることは、南北朝期の中国王朝の国際関係にあって朝鮮三国が一貫して重要な位置にあったことを物語っている。

こうした事実を受けて、隋朝でも建国当初から朝鮮三国との交渉が始まり、最後には高句麗との対立の激化が隋王朝滅亡の引き金となった。唐初でも朝鮮三国との交渉が最初であって、唐の安定化と西域経略の進展に伴って西域諸国への王号の授与も増えてくる。しかし、安史の乱以後の回紇（回鶻）や吐蕃の台頭によって唐と西域諸国との関係は衰退し、唐末まで王号等の君主号の授与を通した唐との交渉が確認できるのは新羅と渤海のみとなり、唐滅亡直前にこの二国の争長事件のあったことは第三部第八章で述べた通りである。突厥や回紇（回鶻）への可汗号の授与、吐蕃への賛普の授与を本書では扱っておらず、そこに本書の不充分な点のあることは自覚しているが、漢から唐という長期的な視点で見れば、中国王朝から周囲の諸国への王号授与の事実はその間一貫している。その王号授与に注意を向ければ、唐末に至るまでの朝鮮諸国や渤海といった東アジア諸国の存在は決して小さなものではなかった。

西嶋氏の東アジア世界論が、北アジア・中央アジアの遊牧諸民族と中国王朝との交渉を視野に入れていなかったことには、氏の論が形成された一九六〇〜七〇年代の時代的な制約もあったであろう。しかし、唐代までの西域諸国に対する王号・国王号の授与を視野に入れても、長期に亘る中国王朝に対する東アジア諸国の重要性は減衰していない。漢から唐までの中国王朝の国際関係全体で見ると、王爵の授与を中心とした東アジア世界という枠組は存在するし、南北朝期を中心にその枠組の存在は中国王朝にとっても充分に大きな意味を持っていた、というのが本書全体の結論である。

あとがき

はしがきにも記したように、本書は『隋唐の国際秩序と東アジア』（名著刊行会、二〇〇一年）の改訂増補版である。一昨年（二〇一七年）四月から二年間、國學院大學の大学院委員長を務めることになり、新しい研究は出来そうにないので、幸か不幸か名著刊行会の解散で絶版となってしまった同書の改訂を思い立った次第である。

私は卒業論文で本書第三部第三章「唐代の国際文書形式」の元となる論文を書き、東京大学大学院人文科学研究科の修士課程に進学したが、修士論文では『古代中国と皇帝祭祀』（汲古書院、二〇〇一年）の諸章の元となる論文を書いた。修士課程を修了すると高知大学文理学部（後に人文学部）に就職し、以来今日に至るまで卒論のテーマの延長である漢代から唐代までの国際秩序、特に冊封体制論・東アジア世界論に関連する諸問題と、修士論文で扱った漢から唐までの皇帝祭祀について検討してきた。一方、私が教鞭を執り始めた一九七五年頃から、日本古代史界では国家の祭祀儀礼の政治的役割に関心が集まり、「こういう儀礼については中国ではどうなっているんだ?」という質問を頻繁に受けて、皇帝祭祀については日本史研究者から絶えず課題を与えられる恰好になった。しかし、当時は中国の皇帝祭祀に取り組む研究者は皆無に等しかったので、自分で中国史としての課題を設定しては、高知大学やその後に奉職した山梨大学教育学部・教育人間科学部の紀要等に、皇帝祭祀に関する拙論を定期的に発表するようになった。

従って、三十～四十代にかけては主に皇帝祭祀に関する拙論の発表に精力を傾けたが、一方で本書の第一部

第三章「中国皇帝と周辺諸国の秩序」、第二部第一章「二～三世紀の東アジア世界」及び附論四「倭人と漢字」、第三部第二章「隋唐交代と東アジア」のように、一般読者を対象とした原稿も時々依頼された。また、唐代全体の国際秩序の在り方には持続的な関心を持っていたので、王号と国王号との区別を考察した第三部第四章「唐代冊封制一斑」や、王号と郡王号との被授与者の差異を論じた第三部第五章「唐代の異民族における郡王号」を発表した。一九八五年には山梨大学派遣の文部省在外研究員として三月から一二月まで中国に滞在したが、その間に甘粛省の天水市で蛇鈕印を実見したことをきっかけに、蛇鈕印に関する論考も上梓した（本書では割愛）。

その後、汲古書院の三井久人氏（現社長）と名著刊行会の菊池克美氏とから著書の出版を慫慂され、偶然ではあるが同じ二〇〇一年一月に『古代中国と皇帝祭祀』と『隋唐の国際秩序と東アジア』との二著を上梓した。ただし、その頃には漢唐間の皇帝祭祀については運用の実態も含めた総合的な研究を発表する必要も感じていたので、二〇〇六年には岩波書店の入江仰氏のお世話で、『中国古代皇帝祭祀の研究』を書き下ろしで出版した。

その最中の二〇〇五年一〇月には山梨大学教育人間科学部から國學院大學文学部に移り、同学部に在職しておられた鈴木靖民教授と東アジア世界・東ユーラシア世界に関する書物を編集執筆する機会が多くなった。第二部第二章「中華王朝の分裂と周辺諸国」、第四章「北朝の国書」はそうした拙論である。その前後には遣唐使の一員であった井真成の墓誌や、日本にも関わりのある禰氏一族の墓誌の西安での発見もあり、古代東アジア世界に関わる講演や原稿の依頼も再び増えてきた。そうして発表したのが第一部序章「古代東アジア研究の課題」、第一章「東アジア世界論」、第二章「東アジア世界論摭遺」の元になった諸論文、第三部第一章「東アジアの国際関係と遣隋使」、第六章「禰氏墓誌と唐朝治下の百済人の動向」である。第二部第三章「『宋書』夷蛮伝に関する覚書」は、法政大学の夜間の大学院に出講していた時に、浜田久美子氏等と同伝や「梁職貢図」を講読していて気附いた諸問題を後に纏めたものである。また、第五章「「後魏孝文帝與高勾麗王雲詔一首」について」は、同史料を見出した際に國學院大學法学部嵐義人教授が定年を迎えられ、寄稿の機会を得て執筆したものである。第三部までの他の拙論の執筆動機については省略する。第四部第一章「唐以前の東アジア諸国に授与される称号の特質について」は、二〇一五年一〇月五日に韓国・ソウルの東北亜歴史財団の研究会で発表した一文である。東アジア世界論に批判的な韓国人研究者に対して、東アジア世界への理解を深めてもらうことを念じて事例を概括的に提示して記した文であるので、本書の纏めとして活用した。終章「古代東アジア世界の特質」は書き下ろしであるが、西嶋定生先生の評価を受けるつもりで自分なりの結論を表明した。個別の論文のみならず私の立脚点も含めて、今後厳しい評価が出てくれれば甘んじて受けるつもりである。

山梨大学に奉職している間に優秀な卒業論文に接することが多く、それらの成果を公けにすることは学生諸君の励みにもなるので、石見清裕氏や江川式部氏等に来甲してもらって学生諸君の卒論発表会を度々開いた。そうした機会を経て、主に渤海と日本との国書を講読する研究会と、唐の代宗の喪葬儀礼である『通典』所載の「大唐元陵儀注」（元陵は代宗陵）を講読する研究会を山梨大学で行い、国書の会は石見氏の勤務先の早稲田大学でも行うようになった。國學院大學に移ってからは、二つの研究会を主に國學院大學で行い、前者の成果として『訳註日本古代の外交文書』（鈴木氏・石見氏・浜田氏との共編、八木書店、二〇一四年）、後者の成果として『大唐元陵儀注新釈』（汲古書院、二〇一三年）を刊行することができた。この二つの研究会参加者との学術交流の他に、高知大学・山梨大学の学生諸君の真摯に取り組んだ卒論の成果が無ければ本書は成り立ち得なかった。それぞれの学生諸君の卒論の何篇かは本書でも活用している。國學院大學では阿部加奈恵氏の卒論や修論の成果は本書で言及したが、金子ひろみ氏の卒論「南朝梁の外交とその特質」は、鈴木氏と私とが編集した『梁職貢図と東部ユーラシア世界』（勉誠出版、二〇一四年）に収録されている。他にもいろいろとお世話になった方々のお蔭で、定年を一年後に控えて本書を刊行することができるようになって感無量である。これまでの研究や教育で御縁のできたすべての方々に感謝の念を申し上げたい。

右に挙げた『訳註日本古代の外交文書』を編集する際に八木書店古書出版部の恋塚嘉《よしき》氏と度々話し合い、丁寧な本造りを進めていくことで意気投合した。そこで本書の刊行を思い立った時に恋塚氏に相談し、氏の御高配で八木書店古書出版部からの出版が実現した。しかし、これまで私は著書や論文を発表する際には初校・再校で二回ずつ原史料や参考文献に当たるように心懸けてきたが、大学院委員長になってからは校正にそれだけの時間を割くことは到底できない。恋塚氏はその点を承知して初校の内校でほとんど全ての原典に当たり、私の誤りを逐一訂正して下さった。漢籍には版本によって巻数の相違する場合がある等、すぐには指摘に従えないこともあったが、氏の尽力でかなりの誤植を訂正することができた。それでも直ちに照合できない原典もあり、それらについては過去の自分の校正を信じて、既発表の原稿のままとするより仕方がなかった。誤植については、お気附きの点を御指摘頂ければ幸いである。

最後になったが、本書の刊行に際して國學院大學の平成三〇年度出版助成金を頂戴することができた。國學院大學の関係者及び本書の刊行を御快諾頂いた八木書店古書出版部の八木乾二社長に厚く御礼申し上げたい。

二〇一九年一月

金子修一

【著者】
金子 修一（かねこ しゅういち）

1949 年生まれ。東京大学大学院人文科学研究科修士課程修了。高知大学文理学部助手・同大学人文学部助教授、山梨大学教育学部教授・同大学教育人間科学部教授を経て、國學院大學文学部教授。

〔主な著作〕
『日本古代交流史入門』（共編，勉誠出版，2017 年）
『訳註 日本古代の外交文書』（共編，八木書店，2014 年）
『梁職貢図と東部ユーラシア世界』（共編，勉誠出版，2014 年）
『大唐元陵儀注新釈』（編著，汲古書院，2013 年）
『中国古代皇帝祭祀の研究』（岩波書店，2006 年）
『古代中国と皇帝祭祀』（汲古書院，2001 年）
『新版 世界各国史 3 中国史』（共著，山川出版社，1998 年）
『王権のコスモロジー』（共編，弘文堂，1998 年）
『世界歴史大系中国史 2』（共著，山川出版社，1996 年）
　ほか多数

古代《こだい》東《ひがし》アジア世界史論考《せかいしろんこう》 —改訂増補 隋唐《ずいとう》の国際秩序《こくさいちつじょ》と東《ひがし》アジア—

2019 年 2 月 25 日　初版第一刷発行　　定価（本体 11,000 円＋税）

著者　金　子　修　一

発行所　株式会社　八　木　書　店　古書出版部
代表　八　木　乾　二
〒101-0052 東京都千代田区神田小川町 3-8
電話 03-3291-2969（編集）-6300（FAX）

発売元　株式会社　八　木　書　店
〒101-0052 東京都千代田区神田小川町 3-8
電話 03-3291-2961（営業）-6300（FAX）

https://catalogue.books-yagi.co.jp/
E-mail pub@books-yagi.co.jp

印　刷　上毛印刷
製　本　牧製本印刷

ISBN978-4-8406-2229-5

索　引

一，本索引は，事項・人名・史資料・研究者名の主なものを五〇音順に配列した。

一，→は参照を示した。

一，史資料について，本文の◯◯條・◯◯伝などの表記は本索引では◯◯伝に統一し，本文との統一は特に図らなかった。また，史料の旧字体も本索引では新字体で表示した。

事　項

【あ】

【い】

【う】

【え】

【さ】

【し】

【す】

【せ】

【ち】

【つ・て】

【と】

人　名

【つ・て】

【と】

【な】

【に・ね】

【は】

【ひ】

【ふ】

【へ・ほ】

【ま・み】

【も】

【や-よ】

【ら】

【り】

史資料

【あ・え】

【か】

【き】

【く】

【こ】

【さ】

【た】

【ち】

【つ・て・と】

【な行】

【は行】

【も】

【よ】

【ら行】

研究者名

【あ行】

【か行】

【さ行】

【た行】